U0516676

中國史學基本典籍叢刊

小腆紀年附考

上

〔清〕徐鼒 撰
王崇武 點校

中華書局

圖書在版編目(CIP)數據

小腆紀年附考/(清)徐鼒撰;王崇武校點. —北京:中華書局,1957.5(2023.5 重印)
(中國史學基本典籍叢刊)
ISBN 978-7-101-05143-8

Ⅰ.小… Ⅱ.①徐…②王… Ⅲ.中國-古代史-南明(1644~1663)-編年體 Ⅳ.K248.404.3

中國版本圖書館 CIP 數據核字(2006)第 048882 號

責任印製:陳麗娜

中國史學基本典籍叢刊
小腆紀年附考
(全二册)
〔清〕徐 鼒 撰
王崇武 校點
*
中 華 書 局 出 版 發 行
(北京市豐臺區太平橋西里 38 號 100073)
http://www.zhbc.com.cn
E-mail:zhbc@zhbc.com.cn
三河市鑫金馬印裝有限公司印刷
*
850×1168 毫米 1/32 · 25¼印張 · 4 插頁 · 336 千字
1957 年 5 月第 1 版 2023 年 5 月第 5 次印刷
印數:11001-12000 册 定價:98.00 元

ISBN 978-7-101-05143-8

校點凡例

一，本書以一八六一年（清咸豐十一年）原刊本爲底本，參校一八七八年（光緒四年）北京龍威閣刊本及一八八六年（光緒十二年）日本中國使館鉛印本。

二，本書記事採用綱目體，目例低綱一格，今仍其舊。其著者論斷，改用小字低兩格，以清眉目。原刻因尊清空格或另行頂格者，悉改連接。

三，原書避清帝名諱之字，如「顒」作「容」，「玄」作「元」，「胤」作「允」，「弘」作「宏」，「宁」作「㝉」等；及著者因遵當時功令改易明人指斥滿族之字，如「夷」作「彝」或「裔」，「虜」作「鹵」，「胡」作「湖」等；舊日敵視少數兄弟民族所用之字，如「回回」作「狟狟」，「儸倮」作「玀猓」等；均爲一律更正。

四，原刻於人名、地名、官名、日期等存疑之字，率皆闕文，茲以「□」記號代之；其可訂補者，所補字用括弧注於闕文之下。其他顯然訛誤之字句，可據他本及小腆紀傳訂正者依此。未敢決定者，仍予存疑。

五，原書以干支紀日，今悉注陰曆日次，並注公元於原有紀元之下，以便省覽。

小腆紀年附考自敍

敍曰：世運治亂之大小，人心之邪正分之也。易之占曰：坤變乾至二成遯，爲子弑父；至三成否，爲臣弑君。洪範五行傳之言天人感應也，曰彝倫攸敍，彝倫攸斁。彝倫敍則人心未死，天理猶存，兵戈水旱之灾，人力可施其補救。彝倫斁則晦盲否塞，大亂而不知止。孔子之作春秋以討亂賊，所以明君臣之義，正人心而維世運也。兩漢近古，氣節未盡泯亡，其禍變亦數十年而即定。自魏、晉、南北朝以及隋、唐、五代之季，人心波靡，倫紀蕩然，或一人而傳見兩史，或一官而命拜數朝，榮遇自誇，恬不知恥。故其間篡弑相仍，兩千年中，可驚可愕，絶無人理之事，層見迭出；蓋人心之變，世運之窮極矣。朱子憂之，作綱目一書，以昌明孔子之教，踵事春秋，而義例較淺顯，稍識文字者能讀之而知其説；於是愚夫婦亦曉然於君父之義，怵然於名節之防。故自南宋後七八百年中，有遞嬗之世，無篡立之君，極微賤之人知節義之重，則聖賢正人心而維世運之明效大驗也。臣鼒恭讀純廟實錄及御製勝朝殉節諸臣錄序，謂：「史可法、劉宗周、黄道周爲一代完人，其他死守城池，身隕行陳，瑣尾間關，有死無二，在人臣忠於所事之義，實爲無愧；朕深爲嘉予，不欲令其湮沒無傳。下及諸生、韋布、山樵、市隱之流，慷慨輕生者，亦當令俎豆其鄉，以昭軫慰。」凡賜謚者千六百餘人，入祀忠義祠者又二千餘人。命儒臣於通鑑輯覽之末，附紀福王年號，撮敍唐、桂二王本末，詮次死事諸臣。又命史館編明降臣劉良臣等百二十餘人爲貳臣傳，吳三桂等二十餘人爲逆臣傳。煌煌聖諭，至再至三，蓋以前聖人公天下之心，行後聖人正人心之教，大中至正，超越千古。而史臣惑忌諱之私，稗史習傳聞之謬，漏略舛錯，不可究詰。臣鼒仰遵純廟附書之諭，竊取春秋、綱目之義，原本正史，博采舊聞，爲小腆紀年附考一書。考而知其梗概者：則王鴻緒明史稿、溫睿臨南疆繹史、李瑤繹史摭遺、黃宗羲行朝錄、谷應泰明史紀事本末、楊陸榮三藩紀事本末也。參考而訂其謬誤者：甲申三月以前，則吳偉業綏寇紀略、鄒漪明季遺聞、李遜之三朝野紀、文秉烈皇小識、錢𣚚甲申傳信錄、陳濟之再生紀、某氏國變難臣鈔、戴田有桐城子遺錄、保定、榆林城守紀略暨國子監進士題名碑、貢舉考也。福王南渡事，則顧炎武聖安本紀、黃宗羲弘光實錄、李清南渡錄、三垣筆記、夏允彝幸存錄、文秉甲乙紀、許重熙甲乙彙略、應廷吉青燐屑、戴田有僞東宮僞后事略、某氏弘光大事紀、金陵膡事、揚州殉難觚、福人錄暨各省郡縣志、諸家詩文集也。唐、桂二王事，則錢秉鐙所知錄、瞿昌文天南逸史、閩人思文大紀、劉湘客行在陽秋、沈氏存信編、魯可藻嶺表紀年、馮甦劫灰錄、某氏南粵新書、粵游見聞、東明聞見錄、范康生倣指南錄、何卬甫風倒梧桐記、楊在紀事始末、鄧凱滇緬紀聞、遺忠錄、求野錄、也是錄、黃晞江陰城守紀、某氏贛州乙丙紀略、徐世溥江變紀、沈荀蔚蜀難敍、鄭元慶湖錄暨閩、廣各志書也。魯監國及賜姓成功事，則馮京第滃海紀、鮑澤甲子紀略、陳睿思閩海見聞、汪光復航海遺聞、某氏江東事案、江南義師始末、魯乘、舟山忠節表、江上孤忠錄、黃宗羲朱成功始末、江東旭臺灣外紀暨臺灣、廈門志、海外諸遺老詩文集也。臣鼒入史館後，始創是書。壬子（一八五二）冬，乞假歸覲，奉命辦理團練。干掫之暇，發家藏稗史，參互推勘，五歷寒暑。每月夜登陴，與諸同事相勞苦，輒舉書中忠義事，口講手畫，環而聽者，咸感喟不能自已。戊午（一八五八）春，揚州官軍移營浦口，士民額手相慶，臣鼒亦解團練事，需次入都，屬門下士汪達利繕寫成帙。方冀故鄉友朋參訂譌闕，乃五載金湯，一朝瓦碎，向時家藏之書燬焉無復存矣。登陴聽講之人，較書中死事之人爲更慘矣。獨臣鼒以孑然之身，遠宦數千里外，烽烟未息，羽檄交馳，脫幷是書灰燼焉，則臣鼒所以仰遵純廟聖諭，竊取春秋、綱目之義，汲汲以正人心、維世運之愚衷，與不才之軀同忽焉沒矣，是則梓而存之之意也夫！

咸豐十一年（一八六一），歲在辛酉，秋八月，六合彝舟甫徐鼒自敍。

小腆紀年附考目錄

小腆紀年附考卷第一

前翰林院檢討加詹事府贊善銜六合 徐鼒 譔

甲申，我大清世祖章皇帝順治元年（一六四四），春正月。〔明崇禎十七年〕

明莊烈愍皇帝諱由檢，光宗第五子也；明萬曆三十八年（一六一〇）十二月生。我太祖高皇帝天命七年爲明熹宗天啓二年（一六二二），封信王。又五年爲天啓七年（一六二七），我太宗文皇帝天聰元年也，熹宗崩，愍皇帝卽位，册妃周氏爲皇后，明年改元。崇禎帝承神、熹之敝，慨然有撥亂之志，誅客、魏，撤各邊鎭守內臣，天下想望治平。而求治太急，革廣寧諸部賞，殺毛文龍，而遼左事愈壞。又凶荒屢告，流賊大起。任事者多僨敗，帝乃果於誅賞，先後易置宰相幾五十人；督師諸臣以失機棄市者，後先相望；而宜興周延儒、烏程溫體仁、武陵楊嗣昌用事最久。體仁、嗣昌死，延儒誅，帝以廷臣爲不足用，乃復命內臣監軍，而國事愈不可爲矣。自天聰二年（一六二八）至崇德八年（一六四三），事詳明史。自我世祖章皇帝順治元年（一六四四）迄聖祖仁皇帝康熙二年（一六六三）小腆紀緒，明史所不可詳者，敬遵純廟分注福王年號、撮敘唐、桂二王本末之諭，爲小腆紀年焉。

臣鼒曰：紀年一書，紀福、唐、桂三王事也。始以莊烈帝何？原其始也。斷自順治元年春正月何？聖人御宇，日月維新，朝菌須臾，晦朔何數，春秋書「春王正月」之例也。帝、后之殉國，闖、獻之殘暴，文武臣工之死綏從逆，明史既詳之，茲復縷敘何？明史之爲書也，本明史官之書而筆削之，陵谷變遷之事館閣未及著錄，輶軒及於稗官，時地舛誤，忠佞混淆，謬戾紛紜，不可勝數，此固全書之憾而予小臣之所滋懼也。因而附著之，修史職也。古有之乎？春秋始於隱之立，而左氏原於惠之薨，猶此志也。

庚寅朔，明帝視朝，文武朝班亂。

文臣寓西城，而朝班在東；武臣寓東城，而班在西。是日，明帝視朝早，立班者止錦衣衛一人，奏：「羣臣不聞鐘鼓聲，謂聖駕未出。」令鳴鐘勿歇，門勿閉，久之無至者。乃諭謁太廟後受朝。呼駕鑾輿，則馬無一備，乃驅長安門外朝官所乘馬入端門。將登輦，司禮又以外馬不馴，奏止之。乃諭受朝後，拜廟再登座。文武官從東、西長安門入者，以天顏正視，不敢過中門。文官入武班，由螭頭下蹌而入東班，武官亦由文班蹌而入西班。朝罷，召對閣臣，揖，賜茶，閣臣云：「庫藏久虛，外餉不至，恃皇上內帑耳！」明帝默然良久曰：「今日內帑難以告先生！」語畢，淚下。

徐鼒曰：往者癸未（一六四三）之歲曾誤朝班矣，（考曰：明季北略引新史：癸未年春正之朔，聖駕升殿，文班止一首輔周延儒，武班止一勳臣。舊例，鐘鳴則東、西長安門俱開，朝臣俱擁擠在外；因諭開門，而到者仍寥寥，鴻臚未可唱齊班。久之，來者作踉蹌狀，十少五六，勉成禮焉。延儒上揭云：政本怠弛，以致廷臣慢誤，乞奪俸自臣等始。得旨姑免。說鈴引某氏談往，亦載兩失朝事，與北略同。）胡未期年而再失乎！亡國氣象，於斯見矣。顛倒未明，挈壺失掌，錯立無禁，司士失官，書曰亂，深譏之也。

大風霾，明鳳陽地震。

是日，大風霾，震屋揚沙，咫尺不見。占曰：「風從乾起，主暴兵城破。」明帝以風變禱於乩仙，有「官貪吏要錢，休想太平年」之語。先是，內殿多鼠，與人相觸而不畏；元旦後，鼠忽屛迹。乾清宮後廡陳設寶玉重器，忽自移其處。守者伺之，御榻重茵中，有溺而旋者，狐毛零落，其氣尚溫焉。

徐鼒曰：先書朝班亂而後書風霾何？史家之法，以人事爲主也。洪範曰：「曰蒙，恆風若。」

闖賊僭稱王於西安。

闖賊李自成者，陝西延安府米脂縣雙泉堡人也。父守忠，隸行太僕爲養馬戶。守忠之父海，海之父世甫，家頗饒。守忠娶金氏而無子，禱於華山，夢神告之曰「以破軍星爲若子」，而生自成。父母異之，呼爲黃來兒。〔考曰：傳信錄曰：初，李闖父死，母改適一軍士，調赴寧夏，軍士又死，遂流寓其地，與數少年通。時提篋往來軍士、民家鬻衣物，或男女有欲私者，爲之牽合焉。及闖僭號，人或爲母言其生辰及里居小字，相別歲月，並符。語頗聞於節度使陳之龍，遂密疏其事，改館，陰膳之，而所爲數少年者，居然享嫪毒之奉。數日，闖不按驗，章亦不下，至今寧夏人傳爲永昌皇太后云。鼒按：諸書皆云自成母死，且云禱於華山而生。時萬曆三十五年丙午，自成母當是二十許人；又二十三年，而自成始作賊；又十五年，而自成始僭號，自成母當是六十老嫗，亦不應有嫪毒之事。此或傳聞之謬，惡自成者樂而道之耳！〕六歲，記憶踰常兒，顧跳踉不可禁。長，名鴻基，與兄鴻名之子名過者偕就塾，不讀書，嗜拳勇。與同里劉國龍偕飲郊外，詣關廟角力，鐵爐七十三觔，自成隻手舉之，繞殿三匝，過與國龍不能也。乃大言曰：「大丈夫當橫行天下，自成自立。」即改名自成，號鴻基焉。三人數聚飲，守忠責之。自成私走延安，從教師羅君彥學刀槊，大喜，以書招過與國龍同往。守忠見書，覓之還，延羅於家，使三人師之。守忠旣死，自成益傲盪，盡亡其父貲，貸於邑之艾氏。艾著姓，有爲府同知者，邑人呼艾老舉人，以自成負其子錢也，執而抶之。自成數犯法，米脂令晏子賓者，械而游於市，將置之死，得脫。自成妻韓氏，故倡也，縣役蓋君祿與之通，自成殺淫者，與李過亡命甘州。〔考曰：艾同知、蓋君祿事，北略所言與綏寇紀畧小異，云：自成年十八，娶韓金兒，豔而淫。自成以事往延安，金兒與里棍蓋虎兒姦，適自成歸，殺金兒，蓋虎兒逸。署縣艾同知某以捉姦須雙，止殺妻，於律不合，笞二十，下獄。自成賄其門子丁姓二百金，得擬徒。自成以受金控憲語危之，丁懼，白於艾，艾出牒覆勘。自成以洩言，知不免，遂殺艾，走甘肅。甲申傳信錄載艾同知事與綏寇紀畧同。〕崇禎二年己巳（一六二九）二月，徵兵勤王，自成投爲隊長兵，隸參將王國麾下。國奉調過金縣，兵譁，自成縛縣令索餉，並殺國，遂反。安塞人高迎祥糾飢民王異爲亂，號闖王。〔考曰：自成從高迎祥事，北畧與綏寇紀畧亦小異，云：己巳二月，自成投爲隊長兵，隸總兵楊肇基麾下。甘肅東有盜警，自成欲結響馬爲爪牙，請往捕。有高如岳者，與自成戰良久，藝勇悉敵，乃結爲兄弟，而別以他級報功，陞把總。適徵兵檄至，肇基以參將王國爲先鋒，自成與大同左衞人劉良佐不服，刺殺之，聞高有衆八百，率所部往。高如岳，諸書皆作高迎祥，疑如岳是迎祥初名，猶自成初號鴻基也。計六奇曰：是一是二，存實以俟考。〕自成於高爲甥舅，往從之，將七千人，立一隊，號曰「闖將」。〔考曰：李自成初起事，傳說不一。甲申傳信錄云：自成家頗饒，世有里役。熹廟時，自成以里役徵稅，歲饑，逋稅者衆，稱債以償，猶不給，官司督之。其里艾同知又逼其債莫償，遂爲寇，劫人於秦、晉之間。貌甚魁壯，而鼻繖齒黃，短髮蓬鬆。崇禎改元，戊申正旦，大雪，自成與衆飮山中，衆有羨爲官者，自成曰：「若此世界，賄賂公行，文官必由七篇文字，武科也由策論；我輩不讀書，不識字，安敢望此。或者取皇帝，未可知也！」時自成酋長，皆躍然曰：「願哥爲之。」自成曰：「試卜之。」遂舉骰，一擲得六紅，大喜，飲過醉，衆皆起作朝賀狀。自成曰：「還當問天。」因以箭插雪中，拜而祝曰：「若可作皇帝，雪與矢齊。」其雪適與矢齊，遂自負焉。鼒按：谷應泰紀事本末謂自成家貧，爲驛書，與傳信錄里役逋稅稱債之說相近，當不妄。惟艾同知事，北略以爲勘獄激變，而傳信錄、綏寇紀略以爲同里逼債，事雖不一，然艾同知爲激變首禍人，無疑也。又北略補遺云云絕荒謬，當是好事者爲之。」掠邢氏爲妻，與高麈下羅汝才、劉國龍、賀一龍、馬守應、劉希堯等劫掠郡縣。朝議將推督下勦，衆懼，謀乘兵未至，掠平民充陣，遂分掠於河州、金縣、甘州之間。官兵迫之洮河，自成棄其衆，率七騎涉流而渡。岸上兵見黑雲如龍，自成既渡河，不之覺。先後寇鄖陽，破竹山、竹谿、房縣，走紫陽，入漢中。七年甲戌（一六三四），陝督陳奇瑜圍自成於車箱峽。初，自成在羣賊中不甚著，既縱橫楚、豫間，乃與過結顧君恩、高傑等自爲一軍，過、傑善戰，君恩善謀。車箱峽四山巉立，中亙四十里，居民從其巔穎大石擊賊，又投以火，飛走路絕。會大雨兩月，馬乏芻，死者過半。君恩謀曰：「吾輩掠婦女輜重，何不以之餌羣帥，僞降而狡焉以遁也！」因賄奇瑜左右以請，奇瑜受之。自成既出險，卽殺監視官；先後攻陷麟遊、永壽、靈臺、崇信、白水、涇州、扶風七州縣；知涇州事湘陰婁銹死之。〔考曰：本沅湘耆舊集。〕圍賀人龍、張天禮於隴州，洪承疇檄左光先〔考曰：明史、綏寇紀略諸書俱作左光先。按左光先，乃浙之巡按御史降賊，總兵自是祖光先。四王合傳、燕都日記俱作「祖」，不作「左」，可證也。明末武臣，祖姓爲多：祖大壽、祖大弼、祖寬、祖克勇，光先或其族歟？左、祖音近，光先名同，或以此致傳聞之誤耳。俟考。〕赴援，與人龍合擊，大破之。自成竄入終南山，已而東出陷陳州、靈寶、盧氏，與氾水賊合。聞左良玉將至，移壁梅山、溱水間。時朝命洪承疇與山東巡撫朱大典幷力擊賊。八年（一六三五）正月，老回回、闖王、革里眼、左金王〔考曰：左金王，亦作左藍王。〕、曹操、改世王、射塌天、八大王、横天王、混十萬、過天星、九條龍、順天王十三家七十二營，大會於滎陽，議敵官軍，未決。時自成猶爲闖將，進曰：「匹夫可奮臂，況十萬衆乎！今吾兵且十倍官軍，雖關、寧鐵騎至，無能爲也！計惟分兵隨所向立效，利鈍聽之天。」衆曰：「善。」乃鬮定革里眼、左金王南當川、湖兵，横天王、混十萬西迎陝軍，曹操、過天星扼河上，自成從闖、獻略東方，老回回、九條龍爲往來策應，射塌天、改世王爲迎陝軍後繼。破城下邑，金帛子女惟均。衆如自成言，殺牛馬祭天，飲餔。自成旣與諸賊陷鳳陽，焚皇陵享殿〔考曰：陷鳳陽事，資治三編云八年正月，文秉烈皇小識云二月。按北略、綏寇紀略云時方元夕，則正月無疑。〕羣賊合樂大飲。自成從獻忠求皇陵小閹善鼓吹者，不得，自成怒，遂與迎祥去。獻忠西趨歸德。陝督洪承疇會諸將於信陽，自成與羣賊懼，復入陝，總兵曹文詔、副將艾萬年、柳國鎮先後敗沒，羣賊大掠。洪承疇力禦之涇陽、三原間，羣賊不得過，乃由他道轉突朱陽關東出。而自成與迎祥獨留陝西，迎祥畧武功、扶風以西，自成畧富平、固州以東。八月，自成陷咸陽，殺知縣趙蹟昌；旋爲官軍所敗，遁歸涇陽。賊將高傑通於自成妻邢氏，懼誅，挾之降於總兵賀人龍。〔考曰：本綏寇紀略。又資治通鑑綱目三編：崇禎八年九月，曹變蛟追賊至醴泉，賊將高傑降。北略則云：七年八月二十四日，賊先鋒高傑降於賀人龍。初，傑與自成同夥，有驍勇名，稱翻山鷂。自成掠得邢氏，貌美，嬖之，將出掠，留輜重家口於老營，令傑護內營。邢氏使婢遺傑嘉旨及白綾帨，遂與之通。傑懼事泄，挈邢氏及家丁五十人降於賀人龍。綏寇紀略、溫睿臨南疆繹史高傑傳亦云：自成寇隴州，參將賀人龍來救，自成令傑遺書約其反，不報。使者歸，先見傑，城圍兩月不下，自成疑之，遣別將代之，令歸守營。自成後妻邢趫武多智，掌軍資，每日支糧仗，傑輒過邢氏，分合符驗。邢偉其貌，與之通，懼誅，偕降，隸人龍麾下。是傑降於賀人龍，非降於曹變蛟明矣。但自成於七年八月寇隴州，又兩月不下，遣將代傑，歸始通邢，懼事泄歸降。則在七年八月間，無傑降之理；疑傑降在崇禎八年也。烈皇小識亦云：七年閏八月降，疑誤。按綏寇紀略云：閏八月十九日云云，傑謀歸降而未定也。又云：八年八月二十四日，賊將高傑不得志於自成，竊其妻邢氏以降，明白確鑿之甚。」自成又屢爲洪承疇所敗，於乾州陣失其弟某，詭乞撫於監軍道劉三顧，三顧弗受。紿執眞寧知縣王家永。左光先擊之高陵、富平間，斬四百四十有奇。自成乃與迎祥先後出朱陽關，與獻忠合，陷閿鄉、陝州，攻洛陽。自成尋走偃師、鞏縣，略魯山、葉縣，陷光州；總理盧象昇敗之於確山，乃合迎祥、獻忠諸賊東走。十二月，圍廬州，知府吳太朴、知合肥縣熊文舉堅守不得下，凡六日，圍解。連陷含山、和州。和，大州也；賊以數萬騎仰攻，夜半，怪風作，城上火盡滅，守陴者不能立，賊乘以入，知州黎宏業、在籍御史馬如蛟及其弟運判如虬、諸生如虹、學正康正諫、訓導趙世選皆死之。賊黨混天王掠一美婦侑觴，賊醉寢，婦自縊，褫其衣而投之坑內。又有甘氏者，以巴豆湯斃一賊而逃。賊自和州趨江浦，都司汪之斌、徐元亨戰敗，遂圍江浦。應天巡撫遣游擊蔣若來助知縣李維樾繕守，賊登，若來搏諸城上，又縋而下，與之角，矢著其頰，裹創還戰。賊退復來，更與六合守備陳子王同扞蔽，得無陷。九年丙子(一六三六)正月，合諸賊，連營數十里，攻滁州；知州劉大鞏、太僕寺卿李覺斯督衆固守，火砲交發，燔其雲梯，賊死無算。賊乃掠婦女，裸而淫之；已而斷其頭，環向堞，植跗倒埋，露其私以厭砲，砲迸裂，或瘖不鳴。覺斯命取民間圊牏外嚮以厭勝之，賊復大創，怒攻益急。盧象昇在西沙河聞警，遣祖寬、羅岱、祖克勇疾馳救之，賊分騎來戰，日出至晡，賊始北。官兵自五里橋逐至關山之朱龍橋，橫屍枕藉，水爲不流。象昇亦引兵從定遠至，援枹大呼，直前搏賊，賊復大敗，北走鳳陽。漕撫朱大典列營陵牆，賊不敢攻，陷懷遠，掠靈璧、亳州，知州葉景先、守備查應才敗之於盧家廟，折入歸德，總兵祖大樂敗之穀熟集。二十七日走汴梁，總兵陳永福從歸德馳百四十里，及之朱仙鎮。天大風，賊不虞官軍過河，蹙之武穆廟中，砍一銀甲賊，官軍誤以爲闖王也。二月，賊攻密縣，不利，又敗於登封郜城鎮，走石陽。故總兵湯九州孤軍深入，敗歿。賊遂分兵走裕州，象昇追之。祖寬、祖大樂、羅岱等大戰於七頂山，殲自成精銳幾盡，乃復與迎祥分兵入陝西。迎祥由鄖、襄趨興安、漢中，自成踞南山，踰商雒，走延綏，敗總兵俞冲霄於羅家山，勢復振。五月，圍綏德州。六月，犯朝邑。七月，陝撫孫傳庭擊高迎祥於盩厔，破擒之。迎祥誅，賊衆推自成爲闖王。然自成在關中自鬬，別爲一軍，非迎祥死而暴領其衆也。是月也，自成犯階、徽。八月，匿隴州山中。九月，出汧、隴，犯鳳翔，於渭河鎮渡。十年丁丑（一六三七）正月，犯涇陽、三原，爲孫傳庭、曹變蛟所敗，自成偕過天星奔秦州。十月初三日，破寧羌州。寧羌州北爲陽平關，西北爲七盤關，與百年關並峙，而近烏道，通蜀廣元之朝天嶺。廣元，古葭萌，陝、蜀之隘也。自成既與羣賊破寧羌，乃分軍爲三：由黃壩攻七盤，由梨樹口麥坪入廣元，由平陽過青岡坪、土門塔向白水。總兵侯良柱歿於陣，賊結十七營於廣元烏龍山下，分兵守二郎關，破昭化，知縣王時化死之。破劍州，知州徐尚卿、吏目李英俊死之。破梓潼，分兵破江油，知縣馬宏源被執不死。彰明、安縣、羅江、德陽、漢州皆潰，溫江縣丞簿縱囚而逃。焚彭縣，掠郫縣，主簿張應奇死之。趨潼川、金堂縣，典史潘夢科死之。其由江油入者直犯成都，巡撫王維章不能禦。洪承疇來援，自成乃由洮州入番地，尋竄入岷州。十一年戊寅（一六三八）正月，官兵破之於梓潼，自成走白水。六月，由陽平復謀犯蜀，馬科、賀人龍拒之。乃走漢中，又爲左光先所扼，其黨皆降，自成東遁。洪承疇令曹變蛟設伏於潼關之南原，大破之，自成獨與劉宗敏、田見秀等十八騎竄商洛山中。諜者或云自成死矣。十二年（一六三九）夏，張獻忠叛於穀、房，自成乃招其徒，復大集。陝督鄭崇儉發兵圍之，而令曰：「圍師必缺，空武關一道俾之逸，而伏於商、雒、鄖、均，可一鼓擒也。」自成遂以其間奔楚，依張獻忠。獻忠謀殺之，復遁，潛伏陝右不出者幾二年。庚辰（一六四〇）九月，督師楊嗣昌圍之魚復山中，〔考曰：北略云：戊寅，張獻忠、羅汝才九股在房竹山中，自成來附，獻忠謀殺之，自成覺而逃去。己卯，自成自川潛渡入豫，取洛陽。一云戊寅自成寇襄，敗於左師，奔穀城，獻忠資以甲冑。走均，均賊王光恩降朝，勸與之俱，自成不應，去之鄖，屏北山中不出者二年。庚辰，楊嗣昌搜捕之，自成潛逃洛下，飢民從者數萬。計六奇曰：上云己卯入豫，此云庚辰逃洛，疑庚辰爲是。但一云獻謀殺自成，一云獻資自成甲冑。則又疑謀殺爲確，蓋張、李是兩不相下人。〕自成大困，欲自經，養子李雙喜止之。劉宗敏者，藍田鍛工也，有勇力。自成離其大營，偕宗敏步入叢祠中，惟孩兒軍張鼐者從，後僞封侯，賊中所稱小張侯也。〔考曰：張鼐，傳信錄作張鼎。〕自成知宗敏亦有反正意，太息曰：「人言我有天下分，若盍卜之於神，吉卽從我，不則殺我降。」宗敏曰：「諾。」納其刀於腰再拜，三投之，皆吉。起而殺其兩妻曰：「吾今死生從若矣。」軍中亦有殺妻子願從者。自成乃燒屯，攜輕騎，間道而奔河南。河南旱，斛穀萬錢，人心蠢動。杞縣舉人李巖者，初名信，逆案尚書李精白子也，士大夫羞與齒，信以爲憾，因亂，請之督府，捍衛鄉里，權宜竊兵柄，以報其所不平。嘗出家粟千石賑飢民，民德之，曰：「李公子活我！」會繩妓紅娘子作亂，擄信去，强委身事之。信不從，逃歸。有司疑其爲內應，執下獄。紅娘子來救，城中民應之，共出信，往歸自成，改名巖，僞署制將軍。〔考曰：李巖下獄事說亦不一：資治三編以爲繩妓紅娘子擄去，有司疑爲內應。北略則云：頻年饑，邑令宋某催科不息，巖進白暫休徵比，設法賑給，捐米二百餘石。無賴子聞之，譁於富室，引李公子爲例，不從，輒焚掠。宋出示禁戢，飢民擊碎令牌，集署前大呼。宋急邀巖議，巖曰：「免徵催，勸富室出米，減價官糶。」宋從之。衆曰：「吾姑去，無米再至。」宋懼，謂巖發粟市恩，以致衆叛，申撫按，批宋密拏李巖監禁，宋遂拘巖下獄。衆曰：「爲我而累李公子乎？」殺宋，劫巖出獄。北略補遺謂李巖勸令停徵，乃崇禎八年七月初四日事。按是時自成方爲官軍所迫，東西奔竄，李巖無從歸之，歸自成當在十三年冬十四年春，是時自成復振於河南也，距勸令停徵已六、七年，則下獄叛降之事，不爲此事甚明。蓋以李巖曾出粟賑饑，爲民所德，破獄出巖，亦民出之，故直以爲由捐賑下獄耳。其實捐賑在前，紅娘子事在後。資治三編之言近實。〕因說自成勿殺人，散所掠財物，收人心以圖大事。自成深然之。巖遣其黨僞爲商賈，傳言闖王仁義之師。又造謠辭，有「闖王來時不納糧」之語。時頻年饑旱，官府嚴刑厚斂，一聞謠言，人心思亂。盧氏牛金星者，亦舉人也，以磨勘被斥，〔考曰：資治三編云，盧氏舉人牛金星磨勘被斥。谷應泰紀事本末又云，有罪當戍邊。北略以爲貢生，歸自成，自成以女妻之。〔紀事本末則云，自成以其女爲妻。存以俟考。〕與其邑醫尙絅善，絅爲自成所親幸，介金星以見自成。自成奇其辨，與謀議帳中。車優及女阨者，亦盧氏人，常在帳中供奉。車優逃歸，遇牛之叔，具言金星通賊狀，舉宗唾詈之。無何，金星私歸竊妻子，宗人執首官，以車優爲徵，坐斬，後得減死論。聞自成之出河南也，謁見於牙門，自成大喜，僞署弘文館學士。金星進所善卜者宋獻策，亦河南人，善奇門遁甲，獻圖讖於自成曰：「十八子，主神器。」自成大喜，拜爲軍師。獻策面狹而長，身不滿三尺，右足跛，出入以杖自扶，軍中呼爲宋孩兒。十二月，破宜陽，殺知縣唐啓泰；移軍永寧，殺知縣武大烈，戕萬安王采𨫼，兵大振，連陷偃師，知縣唐日泰罵賊死。河南總兵王紹禹者，性貪，斷軍士糷、穀以自肥。福王常洵擁厚貲，援兵之過洛者，口語籍籍。既，王出三千金犒士，紹禹復以入己橐，兵益怒，乘夜招自成。十四年辛巳（一六四一）正月壬寅，自成圍河南府。紹禹兵有呼於城上者，賊亦呼而應之，執守道王允昌〔考曰：北略作王胤昌。〕揮刀殺守陴人，賊緣堞而上，城遂陷，殺士民數十萬，發藩邸巨室錢米以賑飢民。執福王並前兵部尙書呂維祺，維祺呼王曰：「名義甚重，毋自辱。」賊殺維祺。福王趺坐於地，賊逼之，閉目不語，已而大罵，因遇害。王體肥，重三百觔，賊菹而雜鹿肉食之，號「福祿酒」。王妃鄒氏，世子由崧，脫身走。王選侍孟氏、蕭氏、李氏、世子繼妃李氏皆自經。同時遇害者，維祺而下，有司則通判白守文、訓導張道脈、典史某、〔考曰：北略云：惟一典史不屈見殺，今據補。〕冗官武職共九人，王邸執事則劉顯典、錢福、李彰雲、焦如星、張鳴臯、杜一經等四十七人。內官崔升甫十三歲，抱王不去，亦死。紳士則知縣劉芳奕、韓金聲、行人王明、同知楊萃、推官常克念、舉人荀良翰等多死。自成乃以掾吏邵時昌爲僞總理;生員張旋吉、梅鼎盛等次第授僞官,月給銀八十兩,取賑金之餘付之,俾募兵守。二月,移軍攻開封,周王恭枵出帑金五萬兩犒士,與巡按御史高名衡、推官黃澍、知縣王燮同設城守。賊穴城,守者投以火,賊焚死,屍與城平,七晝夜不能下,解圍去。過密縣,怒而屠之;登封望風潰。七月,羅汝才棄張獻忠,自內鄉走鄧州,與自成合。時自成有衆五十萬,得汝才,軍益熾,合兵陷葉縣。守將劉國能與其妻自殺,有子方八歲,自成抱置膝上,欲收養之,兒不從,以小刀自刎死;國能,故賊將來降者也。八月,張獻忠爲左良玉所敗,走依自成。自成欲殺之,羅汝才謂留之使擾漢南,分官兵力,給以五百騎,使遁去。九月,自成敗陝督傅宗龍、保督楊文岳兵於新蔡。文岳奔項城。自成執宗龍,使誘項城,不從,殺之,遂屠項城。十月,圍左良玉於郾城,陷襄城。襄城貢生李永祺迎陝督汪喬年軍拒守。初,喬年之撫秦也,被命發自成祖父冢。米脂令邊大受者,河間府靜海縣人,健令也。有縣役詭孫姓,實自成族,大受詗知之,執而加拷,則曰:「吾祖墓去此二百里,在萬山中,聚而葬者十六冢,中一冢,始祖也,相傳穴爲仙人所定,有鐵燈檠醮火壙中,曰:『鐵燈不滅,李氏當興。』」如其言蹟之,山徑仄險,林木晦黑,果得李氏邨。邨旁纍纍十六冢,中一冢,發之有螻蟻數石,火光尙熒熒然。斵其棺,骨青黑色,毛被體而黃,腦後一穴如錢大,中盤赤蛇,長三四寸,有角,見日而飛,高丈許,以口迎日色,呑咋六七反而仍伏。喬年函髗骨並蛇腊之以聞。自成爲之嚙指恨。旣聞喬年出關,憤踊曰:「此發我祖冢者耶!圖之勿失!」解郾城之圍來迎戰。喬年一軍盡覆,斂殘卒保襄城;城潰,與副將李萬慶死之。萬慶,故賊將射塌天也。自成劓刖諸生百九十人，永祺匿免，屠其族。自成既再破陝督兵，乘勝陷南陽，殺唐王聿鎮。總兵猛如虎、參將劉士傑、游擊郭爾、守備猛先捷戰死，參將艾毓初、知府邱懋素、知縣姚運熙不屈死，鄧州知州劉振世、鎮平知縣鍾其碩、內鄉知縣龔新、舞陽知縣潘宏、通許知縣費令謀先後不屈死。十二月，連陷洧州、許州、長葛、鄢陵，遂陷禹州，殺徽王某，再圍開封。總兵陳永福射自成，中左目，幾死；殪其黨上天龍等。自成益怒。自成每攻城，不用古梯衝法，專取瓴甋，責一甲士取一磚，取磚已，穿穴。初僅容一人，漸至十人、百人，次第傳土以出。過三、五步，留一土柱，巨絙繫之。穿畢，萬人曳絙，一呼而柱折城崩矣。高名衡與陳永福於城上鑿橫道，聽其下有聲，以毒穢灌之，多死。自成乃卽城壞處，用火攻法，實藥甕中，火然藥發，名曰「放迸」。十五年壬午（一六四二）正月十三日癸未，城之圮者二十七處。自成用「放迸法」攻之，鐵騎數千馳譟，俟城頹，卽擁入。城故宋汴都，金人所重築也，厚可十丈，次亦八九丈。賊之穴城也，土石積如邱陵，已而火作，內土堅，外土浮，內未及穿，火外擊，死士漲於天，數千騎殲焉。自成駭而去，陷西華，屠陳州，副使關永傑、知州侯君耀、邑紳崔泌之、舉人王受爵皆罵賊死。睢州、太康、歸德、寧陵、考城數十郡縣悉殘燬，紳士通政使李夢宸、宣大巡撫張繼世各於其地嬰城死。商邱知縣梁以樟者與邑舉人徐作霖、吳伯裔、伯允集鄉勇守禦；攻圍七日夜，知府某與賊通，賊以二月二十七日攀堞入，作霖、伯裔、伯允死。賊刃以樟仆地，妻張氏與媵婢三十六人登樓自焚死；僕人王政負其幼子變以逃，以樟尋甦，遁於淮南。〔考曰：按南北略鈔撮而成，未經校正，且係活字版，訛舛尤多；今從綏寇紀略。〕知魯山縣楊呈秀、知郟縣李貞佐、汝州從事顧王家、知寶豐縣張人龍皆死，而貞佐並母喬氏、妻某氏皆殉，爲尤烈云。三月，自成復圍開封，以前之力攻而挫也，乃下令圍而不攻，持久以示必克。詔起孫傳庭爲總督，釋故尚書侯恂於獄，命督師。詔左良玉援開封。良玉至朱仙鎮，大敗，走襄陽。虎大威、楊德政、劉澤清之衆先後奔潰，河北軍望而自沮，開封樵蘇斷絕，人相食。羅汝才衆亦飢，謀徙去；自成分餽之，約破城，以東城所掠屬汝才，乃留不去。初，開封佳麗甲中州，羣盜心豔之，前後三攻，死傷無算，積憤，矢必拔，久懷灌城之謀，顧以子女珍寶山積，不忍棄之洪波。會城中有計決河灌賊者，爲自成所覺，官軍方鑿朱家寨，賊已移營高阜，多設巨筏艨艟，驅所掠民夫反決馬家口以灌城。天大雨經旬，黃流驟漲，兩口一時並決，聲聞百里。丁夫荷鍤者隨堤漂沒，賊營亦沈萬人，河流衝城北門入，穿東南門以出，流入渦水，人皆溺死。周王率宮眷及寧鄉、安鄉、永壽、仁和諸王露棲西城上，撫按以下皆從之。侯恂與監軍御史王燮擁王及二妃世子止河北之柳圈坊，〔考曰：柳圈，守汴日志作柳園。〕士民從而免者，不及二萬人。舉人張名表及其子允售、允準負其家神主、詩文稿與門人登筏，人衆筏沈，皆溺死。先是有褚生者，狂易，言多奇中，忽別所知，自沈於河，挽之不止，笑曰：「明年今日，人盡如我。」至是竟驗云。開封既沒，自成乃拔營西南去。時老回回馬守應、革里眼賀一龍、左金王賀錦、爭世王劉希堯、亂世王藺養成皆附於自成，號「革左五營」。〔考曰：一作爭世王賀錦，治世王劉希堯，左金王藺養成。按羣盜名號亦無定，茲從明史。〕十月，孫傳庭兵至南陽，自成合羣盜西行逆之。傳庭以高傑、魯某爲先鋒，左勷、蕭愼鼎爲後距。高、魯破自成於冢頭，追奔六十餘里。汝才來救，左勷軍先潰，諸軍繼之，喪材官將校七十八人。當傳庭出軍時，大雨，糧車不進，採青柿以爲食，是以甚敗，河南人所謂「柿園之役」也。復陷南陽，屠之。閏十一月，圍汝寧，保督楊文岳督衆固守，城上矢石如雨，而賊攻不休，副將馮某、趙某、參將王某皆戰死。賊從西北門入，執文岳，自成語之曰：「先生朝廷重臣，自不當屈，然時勢乃爾，公欲何爲耶？」文岳曰：「死耳，復何言。」與僉事王世琮罵賊，同遇害。世琮嘗與賊戰，矢貫耳而不動，人號爲王鐵耳者也。通判朱國寶、知縣文師頤俱死。自成是時雖殘破河南，然無所得，乃謀取襄陽爲根本，拔營走確山、信陽、泌陽，掠崇王由櫍及世子妃嬪以行。左良玉屯襄陽，不戢其軍，士民牛酒迎賊。十二月，賊趨白馬渡，良玉扼之江水淺處，賊死數千而渡如故。良玉大駭，拔營南行，襄陽遂陷，知棗陽縣郭裕、知宜城縣陳美、知穀城縣周建中、知光化縣萬敬宗皆不屈死。賊再破夷陵、荆門，偏沅巡撫陳睿謨奉惠王常潤走湘潭。十八日，荆州陷，湘陰王儼鉀全家遇害。二十八日，攻獻陵，陵軍柵木爲城，從城內射賊，賊發薪燒之，木城穿，遂毁享殿。十六年癸未（一六四三）正月二日，陷承天府，巡撫宋一鶴、鍾祥知縣蕭漢不屈死。巡按李振聲迎降，與自成通譜。欽天監博士楊承裕自詡有異能，能佐自成取天下，請發獻王梓宮，僞將王克生、僞知州張聯奎董其役，大聲起山谷，聯奎震死，失克生所在，懼而止。聯奎，宜城諸生，妻何氏，嘗以拒賊死者也。自成遣兵陷潛江、京山諸縣。乙巳（初十日），陷雲夢。丙午（十一日），陷孝感。丁未（十二日），屠黄陂。戊申（十三日），陷京陵，別將陷德安。自成馳檄黄州，有「三年免征，一民不殺」之語，愚民風靡。守將王允成棄城東下，方國安及諸將退屯漢口。自成逼漢陽，左良玉亦避而東下，南都大震。二月，湘、廣土寇導自成陷常德；常德積粟支十年，陳睿謨聞賊而逃，城遂陷。自是辰、岳諸府相繼陷，雲、貴路梗矣。時羣賊受自成約束，自成自稱「老府奉天倡義大將軍」，尋進「大元帥」；以羅汝才爲「代天撫民威德大將軍」。分其衆曰標營，領百隊，左右前後四營，各領兵三十餘隊，每隊馬兵五十，廝養小兒三十或四十有差，步兵每隊百或五十有差，共兵二百三十餘隊。〔考曰：北略云：自成兵共二百三十餘隊，總計馬步兵六百餘萬。此傳寫之譌也，按傳信錄，共兵二百三十餘隊，標營一百隊，左右前後四營，一百三十餘隊，每隊馬兵五十，廝養小兒三十、或四十有差，步兵每隊一百，或五十有差，總計馬步兵六萬，馬騾二萬。以數計之，當不遠也。〕隊立一標旗，行營望之而走。營將各制一坐纛，標營白旗，雜色號帶爲別，而纛皆用黑，左白右紅，前黑後黃，纛各隨其色。惟自成白鬃大纛，銀浮屠上無雉翎，狀如覆釜。自成每臨陣，領兵前向，五營以序直晝夜，他營次第休息，巡徼嚴密，人不得逃；逃者謂之「落草」，磔之。禁行囊藏白金，精兵許攜妻子，戒旁漁，生子棄弗育，收男子十五以上四十以下爲兵。一精兵容私從，爲之主芻掌械，司磨執爨，少者十餘人，駝驢少者十餘，載過城市，不令處室廬，寢與一單布幕。製綿甲，絨綻至百層，輕厚，矢砲不能入。一兵倅馬三匹，冬則掠茵褥藉其蹄，曰：「恐惡寒也。」剖人腹爲之槽，馬以此鋸牙思噬，若虎豹。軍止即出較騎射，曰「站隊」，及哺方畢。夜四鼓，蓐食以聽令。所過值崇岡絕坂，騰而直上，毋得旁踰。水惟黃河阻轡，淮、泗、涇、渭，人皆翹足踞馬背，或抱鬣緣尾，呼風而前，馬蹄所壅閼，水爲不行。下流淺不盈尺，步兵褰裳徑涉。臨陣列馬三萬，名三堵牆，前者返顧，後即殺之。戰久不勝，馬兵佯敗，追之，則步卒之伉健者，長槍三萬，擊刺若飛，馬兵回合，無孑遺矣。其攻城也：束手降者不殺不焚，守一日者殺十之三，二日十之七，三日屠。殺人束諸屍爲燎，謂之打亮。城將陷，步兵萬人周堞下，防縋城者，馬兵徼於外。張獻忠至殘忍，所攻城，一門陷則一門可逃；自成若覆舟於海，無噍類矣。諸營校所獲馬騾者上賞，弓矢鉛銃者亞賞，幣帛次之，珠玉爲下。自成不好酒色，脫粟粗糲與其下共之。羅汝才妻妾數十，被服紈綺，帳下有女樂數部，嗜酒，烹羊豚，厚自奉。自成常嗤之曰：「此老傭多嗜好，不足數也。」汝才有衆數十萬，倚山西舉人吉珪爲謀主。〔考曰：山西孝廉吉珪，北略作山東人元珪，傳信錄又云：王玄珪，山左人。未知孰是，疑此輩多半假名姓，故傳聞不一也。〕自成兵長於攻，汝才兵強於戰，兩人相須如左右手。所陷河南五十餘城，自成取十之六，汝才十之四，其下稍爲自成部所侵，屢以駑駘易其善馬，滋不平。汝才恃舊，常自呼曹操，呼自成老齊，爾汝之。自成之下宛、葉，克梁、宋，兵強士附，有專制心，汝才不爲下，間置酒譏語，挑之曰：「吾與汝起草澤，不自量至此。今當圖關中，割土以分王。」汝才粗疏，時又醉，張目答曰：「吾等橫行天下爲快耳，何專土爲！」自成意色大忤。賀一龍、馬守應既歸自成於開封，而一龍、守應惡相屬，請自爲一軍，頗與汝才善，自成疑之。其下荆、襄也，令守應守夷陵，規取澧州，一龍走德安，規取黃州。一龍至黃陂，前阻水，僅收左良玉殘兵八百人以歸，先過汝才營，屛人耳語，自成銜之，不遽發。吉珪謂汝才曰：「某觀李帥非容人者，今羣雄皆俯首，所頡頏者，我與革、左耳。將軍何不早爲計！」汝才始愯然，然弗爲備。汝才攻鄖陽，久不下，多死；所部怨自成。汝才亦以顯陵之異，疑天命未改，潛謀歸順。有黃州陳生者，客襄陽，以才智爲自成所識，又因吉珪以交於汝才，知其間，念二賊相圖，可並滅也，說自成曰：「汝才必爲變。」

自成不應。過汝才曰：「將軍苦人以惡馬易善馬，盍以字烙之，令識別自爲羣耶！」汝才曰：「善，生其爲我行之。」陳生故分前後左右烙馬字，而先烙其左爲一羣，報自成曰：「羅營東通良玉，馬用『左』字爲號矣。」自成偵之而信，盛爲具請羅、賀，汝才辭以疾，一龍至，宴笑甚懽。五鼓，已就縛，羅兵猶不之知。侵晨，以二十騎入汝才營，託言事，徑造帳中，汝才方櫛髮，即斬首，持以示其下曰：「汝才反，元帥令誅之。」一軍大譟。〔考曰：計六奇曰：他書載三月十四日甲辰，自成殺汝才，而史略與編年則載四月內。予謂自成三月初十殺革、左，明日復殺汝才，恐未必如此之速也。鼒謂計說非也，自成既殺革、左，則嫌隙既開，殺汝才勢不容緩，豈得遲至四月乎！傳信錄云：三月初七日，闖設酒以邀曹、革，曹疑不來，革至，爲闖所縛。初八日五鼓，闖率二十騎入曹營，即帳中斬之，其步兵俱入各僞將。是亦以殺二人爲連日事也。惟初七、初八，與初十、十一日稍不同耳。曹，謂曹操，即羅汝才也。〕自成先用賀錦、劉希堯以收一龍之心膂曰趙應元，俾慰誘其衆。汝才之將曰楊承恩，甥曰王龍，以其兵散去，先後皆入關，從孫傳庭。李汝桂以數百騎走安、廬，從左良玉。又有驍將楊承祖者，率衆投鄖陽守臣徐起元，鄖陽賴焉。其中軍楊山、旗鼓朱養民、他將王可懷、郝有法及汝才之叔戴恩皆慴伏，側目思報，亦未能以定。自成見吉珪勞勉，後因事殺之。陳生者，其謀亦爲自成所覺，見殺。自成徐按汝才軍簿，即舊將分隸之，參之以親信，於是兩軍皆屬焉。馬守應在澧聞變，調其兵回襄，不從，自成襲而殺之。又小袁營袁時中者，嘗以二十萬衆投自成，至是亦爲自成所滅。初，自成流劫秦、晉、楚、豫，攻剽半天下，然所至焚蕩屠夷，既連陷荊、襄、鄖、郢，席捲河南，有衆百萬，始有據城邑、擅名號之思。乃撰九問九勸辭，號召羣盜，易郡縣名號；設僞官職：一品權將軍，〔考曰：北略謂自成自稱倡義大元帥，爲一品，權將軍二品。傳信錄云：一品權將軍，二品副權將軍。鼒按傳信錄是也，自成既欲擅名號，必不肯自居臣下之名矣。〕二品副權將軍，三品制將軍，四品果毅，五品威武，皆將軍；六品都尉，七品掌旅，八品部總，九品哨總。自成諸子錦及妻弟高必正皆居帳中，號親信。李巖爲中營制將軍，與其弟牟頗檢束其下，勿縱掠。田見秀爲人寬厚，以權將軍提督諸營事。賊所過，多見全宥，見秀力也。劉宗敏嗜殺，狡悍善戰，賊倚之，亦爲權將軍亞焉。賀錦歸自蘄、黃，一見輸誠，自成以爲識所從，又甚得羅、賀兩營之心，拔爲制將軍，在諸將之右。帥標正威武將軍張鼐，自成養子也，又威武將軍黨守素副之。〔考曰：傳信錄作帥標副將軍黨守素。〕帥標左威武將軍辛思忠，又果毅將軍谷可成副之。標右威武將軍李友標、前果毅將軍任繼榮、〔考曰：北略作繼忠。〕標後果毅將軍吳汝義，〔考曰：北略作光義。〕此其中權親軍也。左營制將軍劉芳亮，左營左果毅將軍馬世耀，左營右威武將軍劉汝魁，右營制將軍劉希堯，右營左果毅將軍白鳴鶴，右營右果毅將軍劉體純，前營制將軍袁宗第，前營左果毅將軍謝君友，前營右果毅將軍田虎。後營制將軍李過，卽自成諸子也，左目眇，年少驍敢。後營左果毅將軍張能，後營右果毅將軍馬重僖。此五營二十二將者，凡進戰，視中權所向，四營制將軍各率其偏裨從。〔考曰：北略載：自成初破河南，稱闖王，設僞官：宋獻策，開國大軍師；牛金星，天佑閣大學士；唐啓源，提督四路戎馬大元帥；劉宗敏，權將軍；馮岳，毅將軍；谷大成，銳將軍；李巖，制將軍；苗人鳳，左先鋒；祖有光，右先鋒；管撫民，前先鋒；朱浦，壓隊大將軍；李承元，征西將軍；李牟，討北將軍；陳泯，鎭東將軍；張霖，圖南將軍；戈寶，正監軍；王年，左監軍；王賈，右監軍；柏止善，果將軍；王漪清，龍護將軍；張澤，豹略將軍；顧永，龍飆將軍；吳風，典迅將軍；趙禮，右擊將軍；孫世康，協鑾將軍；苗之秀，虎賁將軍。計六奇曰：「俱自成初時所定，後入荆州，更定九等。鼒按自成由秦入豫之時，牛、宋甫歸，羣盜亦未受其約束，未遑及此，疑傳聞之譌。」其次，則分地以定衞帥。襄陽，賊之腹心根本地也，設襄陽衞，左右威武將軍高一功、馮雄各領三千人，爲久戍荆州。襄之上游，設通達衞，用任光榮爲制將軍，配以六千人，守荆州。夷陵，楚、蜀之門戶，分通達衞左右威武將軍藺養成、牛萬才兵千四百人，佐以都尉張禮水師六百人共爲守。守荆門州者都尉葉雲林，本郟縣諸生，所將止六百人，則以有夷陵爲之蔽也。馬守應與賊相貳，改用威武將軍王文耀，配以荆州兵六千人守澧州。承天特置揚武衞，以果毅將軍白旺守安陸，而獻陵爲官軍所必爭，即左營都尉馬世泰爲分駐。又以威武將軍謝應龍守漢川，防左良玉之泝流西上也。汝寧衞威武將軍韓華美守信陽，北扼孔道；均平衞果毅將軍周鳳梧守禹、鄭二州，西備關中。諸鎮既磐牙屯據，乃改襄陽爲襄京，修故襄王宮殿居之。楊永裕勸以即眞，牛金星不可而止。自成外雖寢永裕議而心善之，頗采其言，以設官分職，置上相、左輔、右弼、六政府侍郎、郎中、從事等官，於要地設防禦使。府曰府尹，州曰牧，縣曰令。易印爲信，僭改崇王爲襄陽伯，邵陵王在城爲棗陽伯，保寧王某爲宣城伯，肅寧王術授爲順義伯。禹州曰均平府，承天府曰揚武州。其所授僞官自左輔牛金星、右弼來儀以下，吏政府侍郎石首喻上猷、戶政府侍郎江陵蕭應坤、禮政府侍郎招遠楊永裕、兵政府侍郎米脂李振聲、刑政府侍郎江陵鄧巖忠、工政府侍郎西安姚錫胤，郎中從事姓名之可考者二十餘人。惟吏政府顧君恩爲自成所親信。邱之陶者，禮部侍郎邱瑜之次子也。宜城陷，之陶爲自成所得，詐降焉，亦署兵政從事。其防禦使、府尹、州牧、縣令各率其屬。其府守有丞，有理刑，州有判，縣有簿。喻上猷薦荆州紳士，僞檄下，江陵舉人陳萬策自經死，李開先觸階死。五月，自成僞號新順王。與羣賊議所向，牛金星請先取河北，直搗京師；楊永裕請先據留都，斷漕運。顧君恩曰：「否否，留京勢居下流，難濟大事，其策失之緩。直搗京師，萬一不勝，退無所歸，其策失之急。不如先取關中，爲元帥桑梓之邦，建國立業，然後旁掠三邊，攻取山西，後向京師，進退有餘，方爲全策。」自成從之，遂造鐵鉤釘，爲越踰山險之用。六月，又造舟艦於京襄。時朝命擒斬自成賞萬金，爵通侯，進孫傳庭兵部尚書，總制勦賊軍務。傳庭之敗於柿園而歸陝也，造火車，募壯士，將俟賊飢而擊之。朝議謂其玩寇糜餉，傳庭不得已，乃督師出關。九月八日，次汝州，僞都尉李養純迎降，諜知賊老營在唐縣，精鋭屯襄陽，撤陝縣僞將吏歸屯寶豐，爲犄角勢。傳庭乃別遣游擊折曾修間道搗唐縣，而自以大軍攻寶豐，白廣恩、高傑、盧與福敗其援兵。十二日夜，克寶豐，誅僞州牧陳可新、僞州判姜渭、僞縣令周英、僞主簿劉溥，僞將蔣山、李大存、孫月等。十四日，次郟縣；自成率萬騎迎戰，前鋒陷陣，擒僞果毅將軍謝君友，砍自成坐纛，幾獲之。而我兵之搗唐縣者，亦於十二日夜半，破其城，殺賊家口，賊營痛哭，軍聲大振。會大雨糧竭，不得已，分軍迎糧，賊乘之，我軍還戰。賊陣五重，飢民處外，步卒次之，馬兵次之，驍騎之選者又次之，老營家口居中。我師已破其馬兵，遇驍騎之死鬬者而卻，火車奔，騎兵亦奔，賊鐵騎四面蹂之，步賊手白棓遮擊，中者首與兜鍪俱碎，遂大敗。自成空壁追，一日夜踰四百里，官軍死者四萬餘人，失兵器輜重數十萬。傳庭由垣曲走河北，急趨潼關，氣沮不復振。初，自成之出襄陽也，以邱之陶筦留務，之陶欲以奇計誤賊，蠟書遺傳庭曰：「督師與之戰，吾詭云左兵至，以搖賊心，彼返顧，則隨其後，我從中起，賊可擒也。」傳庭大喜，報以書，爲自成邏者所得。傳庭恃有内釁，故連營深入，之陶果舉火報左兵至，自成驗得其詐，之陶支解死。十月壬戌（初二日），自成姪一隻虎李過陷閿鄉，獲督師大纛。丙寅（初六日），以纛紿守關者，乘間突入關，高傑奔延安，白廣恩奔固原，陳勇奔秦州，高汝利奔漢中，傳庭與監軍喬元柱戰歿，〔考曰：傳信錄云：潼關陷，孫傳庭從間道入西安；西安陷，傳庭舊留西安喇嘛僧二百餘，卽日擁之西去。撫臣馮師孔不知所之，向傳殉難者謬。鼒按馮師孔事不可知，而孫傳庭之陣亡，明史本傳謂躍馬大呼而歿於陣，屍竟不可得。吳偉業雁門尚書行序亦云，獨身橫刀衝賊陣以歿，從騎俱散，不能得其屍。諸野史或云歿於潼關，或云歿於渭南，無西去之說。此當日軍中訛言，卽明史所云或言傳庭未死者也，宜辨正。又監軍喬元柱，明史孫傳庭傳、山西通志作喬遷高。鼒按吳偉業序、尤侗詠明史樂府自註總作元柱，二公當不謬。〕指揮李某、盛某、張某死之。連陷華陰、渭南、商州、臨潼，渭南知縣楊暄、商雒道黃世清死之。遂犯西安，守將王根子降，巡撫馮師孔戰死，按察使黃絅，〔考曰：烈皇小識作黃綱；三朝野紀又作王綱，並誤。〕知府簡仁瑞、長安知縣吳從義、指揮崔爾達、秦府長史章尙絅、〔考曰：諸書誤作世絅，綏寇紀略、烈皇小識又作世炯。〕御史王道純、焦源溥及其從兄宣府巡撫源清、山西參政田時震、磁川兵備祝萬齡、山東僉事王徵、舉人席增光、朱誼泉皆不屈死。掠鄜、延，知蒲城朱一銑死之；中部知縣朱新堞闔家死，〔考曰：朱新堞，計六奇曰史略一刻莘堞，野乘又刻朱新鏶，事同而名各異。甲申正月二十日，監軍霍達報秦中殉難諸臣，有朱新堞妻妾，近是。又文秉曰：按令爲朱新𨅊，乃晉宗，不知諸本何以皆作華堞。堞爲楚宗，時爲宣諭楚、豫、江北一帶義勇使，非令也，人習知其名而槪書之耳。按計、文兩君說徵異，茲從明史諸王傳。」

一未配妾亦投繯焉。自成僞授秦王存樞權將軍，永壽王誼保制將軍，秦世子妃劉氏請死，自成遣歸母家。以秦王殿爲宮，增舊殿爲九間。改西安府爲長安，曰西京。命所司一依李唐制度，以巡撫署爲吏政府，都司爲兵政府，按察司爲刑政府，西安分守道爲工政府。賜顧君恩女樂一部，賞入關策也。大發民修長安城，濠塹樓櫓倍於前。命楊永裕閱兵於渭橋，開馳道。每三日親赴教場校射，身衣藍布袍，張小黃蓋，乘馬，百姓望見黃龍纛，伏地呼萬歲。令民不得穿箭衣，以別軍民。以明年正月始，糧一石出草六千觔，民自輸送。命僞官試州縣生員，一等六政府屬，二等州縣，三等佐貳，名數以州縣大小爲差。遣李過、田見秀等分道追諸將，高傑絕蒲津以守。白廣恩以固原降，自成挈其手共飲，極歡。左光先聞之亦降。陳永福保山巔不敢下，自成遣廣恩招之，永福曰：「汴城之役，親集矢於王之目，懼無以全腰領。」自成曰：「各盡其事，何害！」折箭誓之，亦降。自成命田斌守西安，自往延安，大會羣賊，戎馬萬匹，旌旗數十里，詣米脂祭墓。墓向爲官軍所發，自成築土封之，訪其宗人，贈金封爵以去。改延安爲天保府，米脂爲天保縣。以三百騎行鳳翔，守將誘而殲之，回師疾攻，殺知府唐時明，居人俱盡。自成初入關，自以爲故鄉，所過郿鎮，慰諭父老，戒有所侵暴。未一月，而軍士束丁男以爲奴，突入廬舍，剽掠婦女。又以衣冠必不附己，諸舊臣故家徵而閉之空舍，榜掠索餉。責渭南南氏餉百六十萬，禮部尚書南企仲年八十三，遇害，企仲之子進士居業、業之從兄工部尚書居益皆炮烙死，秦人大失望。小吏邱從周醉入秦府，戟手罵曰：「若小民，踞王府稱尊，而所爲若此，何以得長久！」自成叱曰：「酗鬼，趣提去。」不以介意也。陝士大夫如惠世揚者，耆耇人望，亦受僞官。最甚者，張國紳覬作賊相，首倡僭號，又誘太僕少卿文翔鳳之室鄧夫人進之。鄧，江南令族，知史書，工詩，國紳以爲必見幸；自成顧重翔鳳名，怒曰：「若同輩，不能庇其伉儷而行媚我耶！」叱國紳斬之，禮鄧而歸之。〔考曰：本綏寇紀略。蕭按禮鄧歸之，似鄧夫人未嘗失所，而北略載鄧太妙賦詩事云：癸未冬，闖、陝蹂躪，鄧以才甚，爲寇盜所知，淪於闖，遁於秦，流離於幽、冀，嘗賦秋思一絶云：蒹葭一望碧連山，嫋嫋輕風拂翠鬟；秋色亦知亡國恨，卻教落葉盡成斑。據此，是鄧自闖歸之之後，又瑣尾流離他鄉者。蓋時方大亂，雖幸脫虎口，終難安然無恙耳。〕時賊兵所至風靡，惟榆林不下，兵備副使都任、原任總兵尤世威、世祿、李昌齡、侯拱極、王學書、王世欽、榆林世將王世國、世臣、副將惠顯、參將劉廷傑、郎中王家祿等瀝血誓師，分門拒守。自成遣辨士舒君睿說之，齎五萬金犒城中，手書曉譬禍福，城中不爲動，伏銳騎，開門延賊，賊入掩殺之，再戰，再破之，强弩疊射，賊死屍山積，乃以衝車環城穴之，城崩，遂陷；諸將不屈死。闔城婦女自盡，無一降者。〔考曰：榆林死難者不可勝書，詳載田有榆林城守紀略。又北略載諸將姓名多異同，並錄以備考。曰：原任副將翟文常、懷德、李登龍、張發、楊明、原任游擊孫貴、龍養崑、原任守備白愼衡、全家敍，現任游擊傳德、惠憲、潘國臣、李國奇、晏維新、陳二典、劉芳馨、劉廷傑、文侯國、現任守備尤勉、惠漸、賀天雷、楊以偉、掌印指揮李文焜皆不屈死。〕榆林爲天下勁兵處，地臨河套，既失守，遂擣寧夏，總兵官撫民迎降；遂陷慶陽，守道段復興、知府董琬、推官斬居聖、在籍太常少卿麻禧死之。自成執韓王亶瘠，大張僞榜，移檄河南郡縣，尋還西安。十二月庚辰，遣兵陷平陽。〔考曰：破平陽事，北略或云癸未十二月，或云甲申正月初八日。

傳信錄則云癸未十二月二十日。烈皇小識又云甲申二月。疑平陽之破，在癸未十二月，甲申正月始聞報，故傳言不一也。北略云：正月二十八日聞平陽之陷，都人大震。是前此無確信也。或云：平陽再陷，理或然也。〕殺宗室西河王等三百餘人，徇西北莊浪、涼州二衞，降之。遂圍甘州，乘夜雪陷之，巡撫林日瑞、總兵馬爌、副將郭天吉、中軍哈維新、姚世儒、同知藍臺、紳士羅俊傑、趙宦皆死之，殺軍民四萬七千餘人，郡縣望風降。惟西寧衞堅守不下，自成遣辛思忠攻破之，遂令守。進兵掠青海，黨守素以一軍守蘭州，置西寧節度使。〔考曰：綏寇紀略原註，以故監軍僉事陳之龍爲節度使。〕於是秦地悉歿於賊焉。明年，爲崇禎十七年甲申正月，自成乃稱王於西安，僭國號曰順，更其名曰自晟，改元永昌，造甲申曆，追尊其曾祖以下，加謚號，以李繼遷爲太祖。拜牛金星爲天祐殿大學士，釐定六政府尚書，益置學士弘文館、文諭院、諫議、直指、從政、統會、尚契司、驗馬寺、知政使、書寫房。以乾州宋企郊爲吏政尚書，〔考曰：北略、傳信錄並云：企郊，陝西乾州人，崇禎戊辰進士，官吏部員外郎回籍。〕平湖陸之祺爲戶政尚書。〔考曰：北略、傳信錄並云：之祺，浙江平湖人，萬曆己未進士，官陝西布政使，闖入潼關，首降。〕眞寧鞏焴爲禮政尚書，〔考曰：北略、傳信錄並云：焴，陝西眞寧人，崇禎辛未進士，官河南督學參政，降賊。〕歸安張璘然爲兵政尚書，〔考曰：按烈皇小識，甲申二月，破平陽，知府張嶙然迎降。北略則云：張燐然號松瞻，浙江湖州烏程人，崇禎庚辰進士，官郎中，僞戶政府少堂。又云：甲申九月十六日，浙撫任天成劾張嶙然爲賊親任，俱不云何時降賊。傳信錄則云癸未十二月二十日，平陽知府張嶙然先降，其言近實。又綏寇紀略原註云：有渭南舉人王命誥者，亦爲自成兵政尚書。北略、烈皇小識、傳信錄並云：吏政宋企郊，戶政楊建烈，禮政鞏焴，兵政喻上猷，刑政陸之祺，工政李振聲；與綏寇紀略小異。〕餘官從自襄陽者，陞賞賊帥，給珠琲瓌寶人二升，銀千兩。權將軍、制將軍封侯，果毅將軍以下封伯，封子男。汝侯劉宗敏、澤侯田見秀、蘄侯谷英、亳侯李錦、〔考曰：綏寇紀略原註，李錦目亦眇，軍中呼小李瞎子。〕磁侯劉芳亮、僕侯張鼐一曰義侯、綿侯袁宗第、淮侯劉國昌、岳侯某者失其名。伯七十二人，光山伯劉體純、太平伯吳從義、巫山伯馬世耀、桃源伯白廣恩、鄢陵伯劉某、武陽伯李佐、文水伯陳永福，其可考者也。伯以下封子三十人，男五十五人。定軍制：有一馬儳行列者，斬之；馬騰入田苗者，斬之。兵死，令妻妾縊以從，無別配。按冊，步兵四十萬，馬兵六十萬。兵政楊王休爲都肄。〔考曰：北略、傳信錄俱云：王休，北直鹽山人，崇禎庚午舉人，官陝西潼關兵備，首降賊。〕出横門以至渭橋，幟志環轉不絕，金鼓動地，用怖三秦。鑄大錢直白金一兩，次當十錢，當五錢。平物價。設科目試士，寧紹先充考官，用定鼎長安賦，拔扶風舉人張文熙爲第一，草僞檄；弘文學士李化麟，〔考曰：按北略、傳信錄，李化麟乃京師陷後被執始降者，此何以云。俟考。〕臺諫宋儒等頌功德，張形勢，以指斥乘輿，脅汗州郡，爲長驅逼京師之計焉。

臣鼒曰：予觀自成驅敺羣盜，横行海內，雖曰凶暴，蓋亦有過人之才焉。天豈欲假此賊爲斧斤，使斲喪明室，而佑啓聖人耶？不然，何車箱峽之困，魚復山之危，瀕於死而得脫也。李巖、牛金星、宋獻策者，狙詐之才，爪牙可用，方之近代，蓋亦張元、李昊之流。乃使作賊石勒能用張賓，下第黃巢力亡唐室，魯朱家之言豈無謂歟！闖賊不名何？書盜之義也。曰僭稱王何？別於稱帝之辭也。

壬寅（按：壬寅爲正月二十五日，此爲壬辰之誤，卽正月初三日。）〔考曰：事以日紀，本之明史，參以諸書，要歸有據。〕

其有不日者，或歧聞闕疑，或瑣事從略。此其凡例，後不更詳也。」明帝召見左中允李明睿。

明睿，南昌人；以總憲李邦華、總督呂大器特薦，起田間，召對德政殿。明睿疏請親征，言：「成祖出漠北，世宗幸承天，上宜先幸山東，駐蹕藩邸，卽鳳陽爲行在，麾召齊、豫之師，二路夾進，則西征可以破賊，此中興良策也。」又屏左右，陳賊信頗惡，惟南遷可緩目前之急。明帝曰：「此事未可易言。」因以手指天。明睿曰：「天命微密，當內斷聖心，勿致噬臍憂。」明帝曰：「此事我久欲行，外邊不從奈何？爾宜密，洩則罪汝。」還宮，賜宴文昭閣。

徐鼒曰：召見何？特起之辭也。明睿起自田間，召對賜宴，恩遇隆矣，所陳止此，豈所云宏濟艱難者耶！謂事無可爲，則箕山、潁水自在也。

癸巳（初四日），明工科曾應遴請令紳富捐賑。

應遴言：「今之紳富，皆衣租食稅，安坐而吸百姓之髓者，平日操奇贏以愚民而獨擁其利，臨事欲貧民出氣力以相護，無是理也。秦藩富甲天下，賊破西安，府庫不下千百萬。倘平日少取之民，有事發以犒士，未必至此！紳富捐賑，亦救民撥亂之策也！」

徐鼒曰：捐賑者，謀國之最下策也。然是時士大夫燕雀處堂，坐擁金穴，國亡家破，頂踵俱糜，可嗤亦可憫也。應遴之言，亦彼昏不知者之藥石歟！

明兵部尚書馮元飆罷，以張縉彥代之，仍兼翰林院學士。

縉彥，河南新鄉人；以進士歷清澗、三原知縣，行取主事。戊寅三月，疏言：「臣任清澗知縣，於兵情賊勢，親見有素。蓋賊之得勢在流，而失勢在止；長技在分，而窮技在合；乘時在秋夏，而失時在冬春。昔大賊王嘉胤破河西，據其城，曹文詔奪門斫殺，而嘉胤殲。李老柴破中都，據其城，巡撫練國事督兵攻圍，而老柴擒。神一元破寧塞，據其城，左光先等與戰，而一元死。譚雄破安塞，據其城，王承恩等攻圍，而譚雄誅。此皆守而不去之賊，故速其死也。過天星、老回回、混十萬等，所破城邑無算，官軍未至，旋即奔逸，此皆流而不居之賊，故緩死也。賊入晉、豫，分頭成部，自秦及汝、雒以至江北，無處不被賊。豈賊眞有數十百萬，蓋分股以牽制我兵，故見多也。前總督陳奇瑜驅天下之賊，盡入漢中，出棧道，正可一鼓而滅，乃以招安致敗，不可復收。古人以八日而平賊數萬者，利其合也。夏秋之間，芻糧在場圃，足供士馬之資；冬春非攻城破堡，不能得食，官軍促之則尤易。故時有利有不利也。今欲破賊，惟在亂其所長而使之短，破其所得而使之失；直截以攻之，分爲兩軍，一追一駐，賊當之必破矣。賊黨雖衆，其先倡者不過一二支，故盡一股則論賞，不必事平彙敍；縱一股卽論罰，不許報級塞責。誠如此，賊不望風而靡，未之有也。」明帝是之。尋以召試，改翰林院編修。給事中沈迅薦其知兵，改兵科都給事中。縉彥疑尙書楊嗣昌嗾迅使之去翰林，疏劾嗣昌，又議五案大法一疏，爲時所稱。會馮元飆見賊勢張，稱病去，薦李邦華、史可法自代；明帝不從。擢縉彥爲兵部尙書。〔考曰：參貳臣傳三朝野紀。又縉彥升兵部尙書，貳臣傳以爲十六年事，北略謂正月初四日。〕縉彥言：「浙省自舊撫熊奮渭潦倒之後，海上僅有虛名，民壯則多人奴役占，鄉勇則虛應故事，將領則總纛虛懸，參將以下皆紈袴，儲備則鋒朽藥銷，餉供則奇荒大疫，道殣相望，豈直一方之利害而已。」既闖賊逼畿輔，副都御史施邦曜語縉彥，急厲士卒固守，檄天下勤王兵入援，縉彥不爲意，後竟降於賊。元飆與兄元颺名振一時，推爲大、小馮。元飆在諫垣頗多讜論，元颺任天津巡撫；國變後，相繼病歿。

徐鼒曰：縉彥抵掌談兵，洞中機要，宜思宗破格用之也。受事未久，大變旋遘，先既不能以一策濟變，後復不能以一死報國。南渡之日，幸藉名以復官，鼎革之後，又反顔而受職。卒以飾名獲罪，禍及身家，宜矣！君子見危致命，若元飆者，君子惜其去之不早也！

小腆紀年附考卷第二

前翰林院檢討加詹事府贊善銜六合　徐　鼒　譔

丙申（初七日），明曾應遴奏江西事。

應遴言：「臣鄉江右，自橋頭失守而賊從永破吉，插嶺兵破而賊破萍及袁，益王走閩中，建昌潰於十一月初二日，撫州、南豐陷於初七日。」並言贛已失守。所奏皆十六年張獻忠陷江西事也，而撫臣報尚杳然。

徐鼒曰：曰奏江西事何？罪撫臣也。是時海內土崩，有踰月聞者，有踰歲聞者，獨江西事歟！罪諸臣之泄泄沓沓，亦以見裁驛站之害也。庸人謀國，敗壞豈一事哉！

戊戌（初九日），明兵部得闖賊牒文。

自成遣劉宗敏、李過率衆二萬爲前鋒，所過皆破。自成得報，曰：「可長驅矣。」留李友等數人守西安，自率馬步兵五十萬從禹門渡河，復陷臨晉、河津、洚州諸城。垣曲知縣某遣生員鄉民於稷山迎，遞降表。賊所下城邑，即置僞官，移牒兵部約戰，言三月十日至。〔考曰：北略云，每歲正月初八日燃燈，至十八日止，作元宵節。是年連夕皎月，九門不閉，每門自城外入者以千百計，守者曰：「何每夕見其入，不見其出也？」賊腰纏數百金，大者買將，小者買兵，各貪其賄，不核也。及三月賊至，守者脫衣反服，俱平日號衣也。見有不反服者，卽刀砍之，遂大潰。蓋元宵賊已萬千伏城內矣。甀按：此言未知信否，姑附錄之。」署文以大順永昌年號。兵部執訊之，乃京師人從涿州還，遇逆旅人暴病，予十金，使代投者，兵部以爲詐，斬之。

徐甀曰：得賊牒文何？駭辭也。

明山西逃兵南下，僉都御史總督漕運巡撫鳳陽等處路振飛遣兵防河。

振飛，字見白，廣平曲周人也；天啓乙丑進士。時山西逃兵南下，江北震恐，振飛遣副將金聲桓守徐州，周任鳳守泗州，周爾敬守淸口，令鄉里團練義勇，犒以牛酒，得兩淮間勁卒數萬人。三月，山西全陷，福、周、路、崇四王避賊，同日抵淮。大將劉澤淸、高傑等亦棄汛地南下，振飛接之，不失其歡焉。

徐甀曰：書官何？嘉之也。宇內土崩，危疆累卵，而能戍卒不叫，義士同仇，李全之悍，未擾淮安；韋叡之威，屹然重鎭。古所云封疆之臣，殆其選歟！

丁未（十八日），明工科彭琯請下蠲詔，酌補陷城各官。

琯奏：「往者逆賊犯楚，實由人心惑於『三年不征，一民不殺』之僞示耳。又見撫臣李乾德懸示免征，亦復踴躍。倘皇上大下蠲詔，更當何如？近傳十六、十七年寬赦，何如寬之十八年，使賊滅後猶有餘力，並奇荒赤地通行酌免，使老幼奉檄泣下，非目前第一義乎！武昌破時，沿江積屍千里。州縣收復，原任官戴罪不敢任事；選補之臣，功名與性命較則輕，決不赴，何益地方之緩急！請陷城各官，除開門倡逃外，調補無官地方，以聯絡人心，似爲切要。」是時吏部奏：「寇窺渡，三晉披靡，議復保督、重察警，厚儲防、緝煽惑、急練戰、謹聯絡六事。而緝煽惑，則責之陝人爲科道官者。」進士石嶐又言:「願單騎赴陝,北連甘肅、寧夏之兵,外連羌部,募勇輸餉,勦寇立功,否亦內守西河,扼吭延安,使賊不得東渡。」明帝悅,欲用之。李建泰言:「俟臣西行酌用之。」乃已。

徐鼒曰:陷城官不罪而官之可乎?天步艱難,政宜含垢,琯之言,亦權宜策也。緝煽惑責之秦士大夫當矣,然是時賊黨充部院,掾吏輦重貨賈販都市,不啻千百人,秦士大夫胡昏不知也!若石嶐者,欲奮螳臂以當車,恃丸泥以塞險,志則可嘉矣,亦安見其必有功乎!

壬子(二十三日),明劉孔昭弒其叔父萊臣。

孔昭之祖尙忠繼妻胡氏,生萊臣,嫡嗣也,應襲誠意伯爵,尙忠卒而萊臣幼,孔昭父藎臣以庶子冒襲焉。藎臣死而孔昭復冒之,萊臣不能無言,孔昭誘而斃之。

徐鼒曰:孔昭襲爵矣,不爵何?黜之也。厥後攘臂殿廷,訐逐冢宰,狼子之禍,由家及國。春秋之書弒,傷王室之衰也。

癸丑(二十四日),星入月中。

占曰:星入月中,國破君亡。

乙卯(二十六日),明遣李建泰出師。

建泰,山西曲沃人;以進士歷官國子祭酒。崇禎十六年五月,擢吏部右侍郎。十一月,以本官兼東閣大學士。性慷慨,負重名,善治生,家貲百萬。嘗欲輸財以佐軍,止之者曰:「君行且相,奈何以貲進?」旣相,而賊已過河,明帝憤懣不食,臨朝而嘆,建泰曰:「主憂如此,臣敢不竭駑力,願馳至太原，出私財購死士，倡率鄉里，十萬之衆可集也。」明帝大悅，曰：「卿行，朕當倣古推轂禮，親餞郊外，不敢輕也。」是日，建泰出師，〔考曰：傳信錄云：十六日，命輔臣李建泰督師，十七日從兵逃歸云云，誤也。當作二十六日、二十七日，蓋十六日建泰揭請出師，二十六日始遣將也。北略言之甚詳，烈皇小識、三朝野紀總同。〕命駙馬都尉萬煒以特牲告廟，明帝臨軒加勞，賜龍節一、尙方劍一，百僚侍班，備法駕，御正陽門樓親餞，自午門至正陽門外，官軍旗旛十餘萬，五府掌印侯伯、內閣六部都察院掌印京營總協侍坐，御席居中，御用金臺爵嵌大寶石，諸臣用金杯，鴻臚贊禮，御史糾儀，將軍侍衞。樂作，明帝親遞酒三杯，曰：「先生此去，如朕親行。」命內璫爲之挂紅簪花，鼓樂導尙方劍出，又賜手敕曰：「朕仰承天命，繼祖弘圖，自戊辰至今甲申，十有七年矣，兵荒連歲，民罹干戈，流毒直省。今卿代朕親征，鼓厲忠勇，選拔雄傑，其驕怯逗玩之將，貪酷倡逃之吏，當以上方劍從事。行間一切調遣賞罰，俱不中制。卿宜臨事而懼，好謀而成，眞勦眞撫，蚤蕩妖氛，旋師奏凱，勒名鐘鼎。」建泰拜謝，明帝爲之起，凭欄目送之，良久返駕。授凌駉職方司主事，介松年戶科給事中銜，郭中傑假副總兵爲中軍，西洋人湯若望隨行，修火攻水利。敕河東分守李正修罪，軍前効用，從建泰請也。是日，大風揚沙，占曰：「不利行師。」臨軒時，殿梁響聲作，建泰肩輿出宣武門數武，左輔折，諸臣餞於護國寺，建泰自言印綬發張如斗，同官相與賀，識者知其不祥焉。進士程源私謂凌駉曰：「此行也，兼程抵太原，收拾三晉，猶可濟也；三晉失守，無可爲矣。」丙辰（二十七日），次涿州，總兵王家美兵逃歸者三千人。過廣宗，以兵不戢爲紳衿所拒，攻破之，殺鄉紳王佐，笞知縣張弘基。過東光，亦不納，留攻三日，破之。

初，建泰恃家財佐軍，既聞家破，氣沮，日行三十里，逡巡畿內而已。

徐鼒曰：予觀建泰毀家紓難，上表出師，意氣可謂壯哉！采薇工歌，秬鬯延錫，申甫之榮，蔑以加茲！亮節殊勳，亶其報國！而乃荀偃之師，遷延境上，哥舒之拜，匍匐賊庭，何其憊也！曰遣出師者，愧之也。

明南京地震。

守備太監韓贊周奏也。

丙辰（二十七日），明以工部尚書范景文、禮部侍郎邱瑜並兼東閣大學士。〔考曰：范景文、邱瑜之入閣，三朝野紀云，正月二十九日，資治三編亦係之正月。明史帝紀作正月丙辰，當從之。北略以為二月初二日。〕

景文，字夢章，吳橋人；萬曆壬子進士，授東昌推官，治行高等，擢吏部主事，歷文選員外郎，署選事。逆黨魏廣微，同鄉也，景文不一詣其門，尋移疾歸。周順昌被逮，誣贓數千，洗槖代償，幾罹不測。崇禎初，起太常少卿，尋巡撫河南。乙巳，大清兵南下，景文率八千人入援，駐都門，再移昌平，遠近恃以無恐。明年三月，擢兵部添注左侍郎，練兵通州，綜理有法，尋以父喪去。七年，起南京右都御史，進兵部尚書，參贊機務。景文定營制，簡家丁，治樓船，練火器，池河、滁州、廬州、江浦之警，往援輒有功。景文謂非戰無以守，非守江無以守京、守陵，非守江北無以守江南，疏數十上。時楊嗣昌奪情，廷臣爭者多被譴，景文疏救，忤旨除名。十五年，召拜刑部尚書，未至，改工部。至是與邱瑜同入閣。瑜，宜城人，天啓乙丑進士，由庶吉士授檢討，崇禎中，屢遷少詹事，歷禮部左右侍郎。孫傳庭之出關也，瑜謂安危所係，慎勿促之輕出，俾鎮定關中，猶可號召諸將，相機進勦。明帝不能從，入閣未久，而京師陷，景文死之。瑜作絕命詞，將投繯而未決，賊擁去，掠死。

徐鼒曰：計六奇謂世之訾邱瑜者，以其遲死被刑耳，惟是遺筆在未執之前，被執即城破之日，事與願違，尤當曲諒。若瑜者，縱不得與景文比烈，較之陳演、魏藻德輩，似難同日而語，斯亦平情之論哉！

己未（三十日），明晉王求桂奏晉疆危急。

闖賊陷明閿鄉。

明召對廷臣，大學士蔣德璟乞罷。

德璟，字申葆，福建晉江人，以天啓壬戌進士，改庶吉士，授編修。崇禎時歷遷少詹事，尋擢禮部右侍郎。楊嗣昌卒於軍，命九卿議罪，德璟謂嗣昌倡聚斂之議，又匿失事，飾首功，宜按仇鸞事追正其罪。不從。十五年二月，擢禮部尚書兼東閣大學士。嘗進御覽備邊册、諸邊撫賞册及御覽簡明册，帝嘉納焉。又言：「合部運津運各邊民運屯鹽通爲計畫，餉額可足，而加派可裁。」因復條十事以責部臣，然卒不能盡釐也。癸未六月，桐城生員蔣臣召對中左門，言：「鈔法可行，歲造三千萬貫，一貫直一金，歲可得金三千萬兩。」戶部侍郎王鼇永亦云：「初年造三千萬貫，可代加派二千餘萬，以蠲窮民。此後歲造五千萬貫，可得五千萬金。所入既多，將金與土同價，除免加派外，每省發百萬貫，以佐各官養廉之需。」乃設內寶鈔局，晝夜督造，募商發賣，而一貫擬鬻一金，無肯應者，京商騷然，卷篋而去。德璟因言民困已極，且宜安靜。及內寶鈔局請遣各璫催督采取桑穰，戶部請以北新關稅銀抵杭、嘉、湖桑穰銀，五城御史請於畿內州縣多方句解鈔匠，德璟票擬俱不許。帝不懌，俱發改票，德璟回奏，不聽。語詳紀傳。至是給事中光時亨疏言練餉殃民，追咎首爲此策者。德璟擬旨云：「向時聚斂小人倡議搜括，致民窮禍結，誤國良深。」〔考曰：明史綱目三編俱以光時亨追論練餉，德璟擬旨爲議南遷時語，誤也；茲從三朝野紀諸書。〕帝不悅，召閣臣及吏戶二部臣入文華殿，取時亨疏，詰以聚斂小人主名？德璟不敢斥言楊嗣昌，以原任戶部尙書李待問對。明帝曰：「朕如何是聚斂，只欲練兵。」德璟曰：「皇上豈肯聚斂，因旣有舊餉五百萬，新餉九百餘萬，復增練餉七百三十萬，當時部科實難辭責。且所練兵馬安在，薊督抽練兵四萬五千，今只三萬五千；保督抽練三萬，今止二千五百；保鎭抽練三萬，今止二三百。若山、永兵七萬八千，薊、密兵十萬，昌平兵四萬，宣、大、山西兵、陝西三邊兵名二十餘萬，一經抽練，將原額兵馬俱不問，徒增七百三十萬之餉耳，民安得不困！」明帝曰：「倪元璐已並三餉爲一。」德璟曰：「戶部雖並三餉爲一，州縣追比，只是三餉。」明帝震怒，責其朋比。德璟力辨。諸臣爲申救。倪元璐以鈔餉係本部職掌，自引咎。明帝意少解。德璟退，又言：「近日邊臣每言兵馬只以練餉立說，或數千，或數百，抵塞明主，而全鎭新舊餉，兵馬數萬，概言不足，是因有練餉而兵馬反少也，臣私心恨之。又近日直省各官每借練餉名色，追比如火，致百姓困窮，遇賊輒迎，臣又私心恨之。蓋致外無兵，內無民，且並餉亦不能完。故推咎於練餉之人，冒昧愚戇，罪當死。」因引咎出直。都給事中孫承澤、汪惟效爭之皆力。德璟初以山西新陷，未敢輒去。又以廷臣連章見留，避嫌具疏辭朝，至三月二日，得旨允放，仍賜銀幣乘傳去。

徐鼒曰：聞之吳偉業曰：明初各邊養兵，取給於屯鹽民運，闕支京帑，始自正統，迄萬曆末，亦止三百餘萬。今抽餉練餉，計二千餘萬，民窮財盡，而兵反少於往時。據德璟所陳，當時蠹國諸臣，眞萬死不足以塞責。顧思宗好訐惡直，見延儒、體仁、嗣昌輩語多迎合，又猥捷便巧；德璟不免戇直，口操閩音，以此見斥，而曰「朕非亡國之君，卿等皆亡國之臣！」豈其然乎？曰召對乞罷，見思宗之剛愎，不能用直言也。

是月，獻賊陷明夔州。

獻賊者，賊張獻忠也，陝西膚施人。〔考曰：本綏寇紀略、彭遵泗蜀碧。明史云：延安衛柳樹澗人。北略云：榆林人。〕與李自成同歲生，長從軍，隸總兵王威，犯淫掠當刑。別將陳洪範來謁，奇其狀貌，請而釋之；同犯者十七人皆伏法，獻忠鞭一百，免，亡關中爲盜。〔考曰：北略云：獻忠從塾師，拳殺同舍生，家貲數千金俱盡，父逐之。或異其貌，問之，知文而勇，收以爲子，與之延師，又毆死兩生逸去。燕謂獻忠安能知文，此與李自成詠蟹之事同爲鄙儒陋說，不足信也。〕崇禎三年（一六三〇），陝西賊大起。王嘉胤據府谷，陷河曲；獻忠以米脂十八寨應之。獻忠身長而瘦，面微黃，鬚長一尺六寸，慓勁果俠，軍中號爲「黃虎」。明年（一六三一）六月，嘉胤敗死，其黨王自用復聚衆三十六營，獻忠及高迎祥、羅汝才、馬守應皆爲之渠，自相名目，獻忠又號「八大王」。十月，就撫於三邊總督洪承疇。明年（一六三二）三月，復叛，與高迎祥、羅汝才轉寇山西郡邑。七年（一六三四），獻忠犯信陽、鄧州，遁入應山，爲洪承疇所逐，奔商、洛，遁盩、鄠間，與李自成陷澄城，寇平涼、邠州，旋與羣賊出潼關，寇嵩、汝。八年（一六三五）正月，羣賊十三家七十二營大會於滎陽，議敵官軍，馬守應欲北渡，獻忠嗤之，守應怒，李自成爲解，乃議分兵定所向。獻忠與迎祥、自成略東方。始獻忠與迎祥並起，自成乃迎祥偏裨，不敢與獻忠並；

及是，遂相頡頏。連破河南、江北諸縣，焚皇陵。已自成以事怒，與迎祥棄獻忠西去，獻忠乃獨東走，趨廬州，圍之。知府吳太朴率軍民固守，賊將二大王已登月城，守者發砲不然，大懼。有許宦妾某，邊妾也，善騎射，馳告曰：「未祭砲耳。」囓指出血，灑砲上，躬自爇火，砲然，賊斃。又一丐遇賊，投身水中，忽躍起掣一賊入水，斃之。〔考曰：本某氏太白劍。〕凡七晝夜不克，始遁走。掠巢縣，殺知縣嚴覺及其妻子，舉人陸合新、諸生徐奇死之。攻舒城，知縣章可試塞三門，開西門以誘之，賊陷坑奔潰，死千人。賊復裸婦人數千，詈於城下，少愧沮，即磔之。是月戊寅（二十七日），陷廬江；在籍御史盧謙、舉人張受畢、尹周、百戶樊孔學死之。遂陷無為州，〔考曰：北略云：正月二十八日，陷無為州。〕逼桐城；知縣楊爾銘〔考曰：按明史張國維傳、綏寇紀略作陳爾銘。〕年少有才，賊木牛長梯多毀於砲石。徽人黃仙崖又以木為砲，貯火藥，謬謂金寶給賊，賊爭取之，皆糜碎焉。賊掠城外，一婦有色，賊渠飲之酒，婦擲盃罵賊，賊縛之橋柱，裸而磔之。既度不可攻，乃西去。〔考曰：以上本汪有典史外及戴田有孑遺錄。〕陷潛山，犯太湖，知縣金應元、訓導扈永寧死之。連陷宿松、應天，巡撫張國維聞賊逼安慶，率副將許自強等赴援，守備朱士允、指揮包文達與其友善槍者石電俱戰死。〔考曰：本虞山錢氏文集及北略。〕自強遇賊宿松，殺傷相當。安慶山民槃石投賊，賊多死。乃越英山、霍山而遁，道麻城，合馬守應走商州，會高迎祥於鳳翔。已復出商、洛，屯靈寶，合兵而東，總兵祖寬大破之於葛家莊。追至嵩縣九皋山，又破之。又遇於汝州圪料鎮，復大敗，伏屍二十餘里。獻忠憤，合迎祥、自成兵於龍門、白沙，寬自斷後，士卒殊死鬬，賊又大敗；乃合羣賊犯江北。丙子九年（一六三六）正月，總理盧象昇敗之於朱龍橋。羣賊竄擾豫、楚，散而復合。十二月，獻忠駐營應城，故示羸；城中一僧勇而寡謀，率衆千餘出戰，賊棄輜重走，衆爭取之，賊旋馬突至，斬僧，縱騎大殺無遺；城遂陷，知縣某死之。尋圍雲夢，不克。丁丑十年（一六三七）正月，官軍敗之於黃岡，復合諸賊東下，烽火達淮、揚，間道犯安慶。詔左良玉、馬爌、劉良佐合兵援之，賊敗走潛山之天王古寨。良玉不肯搜山，北去。賊入英山，阻險種田，爲持久計。遊騎出太湖，連蘄、黃諸賊，參將程龍、潘可大、游擊陳于王、蔣若來等與戰於酆家店，賊多死。四月二十七日，賊七營俱至。諸將合屯拒賊，賊麾數萬騎繞之。總兵許自强乘高舉燎，使知救至，諸將潰圍出，不得，手自擊殺百人，矢盡援絕，龍引火自焚死，于王自刎死，可大屍不獲，若來雜馬圉服以免。同死者把總武舉詹兆鵬以首觸石死，王希韓力盡死，陸王猷爲賊臠割死，百戶王宏猷爲賊鋸齒斷足死，武舉莫顯驊、唐世龍、千總王定遠、周嘉皆陷陣死，撫標張全斌、俞文夔、顧應宗、蔣達、潘象謙、李靖先後皆死。先是張國維選才武良家子成此一軍，一戰而盡，安慶愈不支。按臣張煊乞援於總兵牟文綬，文綬偕劉良佐率馬步九千人於閏四月之十八日破之於掛車河，賊皆遁。獻忠入湖廣。戊寅十一年（一六三八）正月，左良玉、陳洪範大破之於鄖西。獻忠假官旗號襲南陽，門未啓而良玉至，呵問爲何家兵，獻忠倉皇走，副將羅岱追及之，矢著其額，又射貫其左手中指於弓檠上，良玉揮刀拂其面，賊將孫可望力格乃免。〔考曰：孫可望救獻忠，據某氏雞窗賸言補。〕逃至麻城，良玉一晝夜追至穀城，又破之。當是時，豫、楚之賊十五家，總理熊文燦刊招撫令於通都，曰心示諭諸家賊，待以不死。正月，闖塌天劉國能降於隨州。二月，馬士秀、杜應金降於信陽。獻忠所將三千人皆精卒，分四營，每營一將主之，其一將韓城人薛姓者，偏盲有計謀，首輔薛國觀之子姪行也，說獻忠以約降取富貴。獻忠天性兇黠好殺，然頗感陳洪範救己之恩，刻栴檀爲像，每飯必祝之。既屢敗，創甚，大懼，知官軍中有陳將軍，喜曰：「此豈吾故人邪？」詗之良是，乃飾名姝，齎美珠文幣以進，曰：「獻忠蒙大恩不及報，公豈遂忘之也。願率所部隨馬足自効。」洪範大喜，言於總理熊文燦，承制命監軍道張大經受其降。巡按御史林銘球、分巡道王瑞旃謀於左良玉，欲俟獻忠至而執之；文燦不可。獻忠時已入穀城，分屯羣賊四郊，舉人王秉眞、諸生徐以顯爲之具牒，以百口保獻忠無他心。所謂韓城人薛姓者，走京師，出入國觀邸中，且遍見諸權貴，自國觀以下多私受其幣，不知獻忠之爲賊矣。初新野丁舉人之妹婚於河南，在塗爲獻忠所得，而生子，即邑紳松江知府方岳貢之虛第，以頓其孥。方爲守有清名，獻忠移書與之曰：「使人人不愛錢如公，獻忠何自作賊！」既又聘穀城敖生員之女弟爲妻，改故納降駐兵之王家河爲太平鎮，曰：「吾欲與穀人同之也。」制府檄至，獻忠捧手再拜，嗚咽流涕，自以未能放兵，不肯入襄陽，具櫜鞬迎銘球於舟，拜跪有禮節。穀士民以爲獻忠誠降，相賀於道。文燦初撫海寇，得重賄，襲故事行之，獻忠笑謂其下曰：「此欲芝龍我也。」既文燦爲之請官、請餉、請關防，朝議多異同。則又怒謂其下曰：「此欲劉香我也。」初具軍狀備調遣，既三檄之不應，楚撫余應桂言於文燦曰：「獻忠惡已有端，可先發擒也。」獻忠知之，則移文鄖撫戴東旻曰：「公等疑我。」穀城下有河，漢、沔所匯處，獻忠立關梁，征其稅，月數千金。陳洪範軍士獲義武營關防於草中，請即以給獻忠，不許，則益驕，要挾無厭，乞職銜，索月餉，請以淝、陝、廬、靈、閿五州縣屯馬步兵；文燦疏留中不下。獻忠性不耐，疊几案於營中，教其衆猱升，上下循環不已。數入城，詰知縣阮之鈿曰：「廷議云何？」之鈿迎其意以緩之。既而所請多不遂，則掠於野。之鈿告其營將，則曰：「借餐耳，得餉自止。」又掠及闤闠，一城爲囂。之鈿風以禍福，獻忠醜詈之。有瞽者王又天，監軍張大經客也，善星學，獻忠取己與其子干支示之，又天再拜賀，屏人謂之曰：「此貴不可言。」獻忠輒心動。潘獨鼇者，應城諸生，與邑紳爭田，不平，殺知縣以反，遂投賊。徐以顯者，陰譎無賴，進獻忠以孫、吳兵法，造三眼槍、狼牙棒、埋伏、連弩、團營、方陣、左右營諸法，獻忠大歡樂之，頗用其計謀。會羅汝才以雙溝之敗，亦詣文燦降，獻忠與遙爲聲援。左良玉謂獻忠叛形愈著，請討之，文燦冀以激變分謗，故露其事而留良玉飲宴以羈之。己卯十二年（一六三九）五月六日，獻忠毀城、劫庫、放囚，之鈿聞變飲酖，未絶，賊突入索印，不與，則揮刀刃之。之鈿死，家人出印。賊縱火焚衙舍，之鈿骸骨爲燼。脅林銘球上書求封襄陽，不從，遂殺之。陳洪範所遣將馬廷寶、徐起祚助防穀城者，獻忠脅與俱去，王秉眞以畏死從獻忠，遂與於亂。明經敖某者，獻忠老之，縱使出；獻忠娶敖氏，其族女，明經不之知也。方岳宗者，岳貢之兄，獻忠初拘之索賄，既知其無錢，而方爲人任俠使氣善飲，好談論，嘗共飲，方曰：「無多酌我，我好酒狂。」獻忠笑曰：「此何害，直當痛飲爲樂耳！」方以此嘗醉，拳毆獻忠背，裂其衣；獻忠壯之，不爲忤。其反也，坐城頭驅百姓夷雉堞，方遙呼曰：「張敬軒將軍救我！」敬軒者，獻忠招降時所以自號也，獻忠揮以手曰：「爾尚未出邪？」命開西門，放方氏大小畢出。獻忠至狠戾，然以居穀城久，其叛日，亦不甚殘殺。留書於壁，白己之叛，總理使然。

具條上官姓氏，而列所取賕之月日、多寡，且曰：「襄陽道王瑞旃，不受獻忠錢者，此一人耳！」聞者愧焉。當是時，文燦招降寇九營，措置鄖陽，而房縣有其三：羅汝才屯於東以及南北，謂之曹操營；白貴屯於北以及東，謂之小秦王營；黑雲祥屯於西，謂之整十萬營。獻忠曰：「吾必約汝才同反；然房不破，汝才反不決也。」鼓行而西。知房縣郝景春者，才令也，其子諸生鳴鑾力萬人敵，發砲石斃賊，賊負板穴城，鳴鑾爇鑊油灌之斃；又擊傷獻忠左足，殺其所愛馬；遣間入賊壁，陰識獻忠所臥帳，將夜襲擒之。而指揮張三錫宿與汝才通，開門揖汝才入，城遂陷，景春父子並其僕陳宜皆死之。十三家降賊一時同反；惟王光恩獨奮曰：「丈夫自立門戶耳！今獻忠反，我輩亦反，是下之也。即公等能，我恥不爲！」嚙將指出血，歃牲盟焉。獻忠七月二十二日去房縣，左良玉偕羅岱追之；良玉易岱爲前軍而己隨其後。至羅猤山，〔考曰：明史流賊傳、綏寇紀略並同，而明史左良玉傳又作羅猴山，紀事本末作羅睺山，俟考。〕軍乏食，摘樹葉爲糧。賊伏兵山岨中以待。岱與副將劉元捷分兵進，兩山草木稠雜，伏兵四起，岱馬足挂於藤，抽刀斷之，蹶而復進，棄馬登山。賊圍急，岱發箙中數十矢，賊多傷，矢盡，被獲。良玉大敗，奔還，軍符印信盡失，棄軍資十餘萬，士卒死者萬人。獻忠謀入陝，陝督鄭崇儉率諸將扼興安。賊犯興山、太平等縣，屯秦、蜀之交界；分兵闚合江，窺大寧，川撫邵捷春遣兵與副將王之綸、方國安拒之。八月，敗績於湯家灞，都司何明戰死。九月，方國安之部將岳宗文、譚鈜破賊於三尖峯，又破之於黑水河。獻忠與汝才分其軍，自白水之碧魚口入秦，合江之蕭家坡入楚。文燦待罪襄陽，不知所出。十月朔，楊嗣昌代文燦督師。明年庚辰（一六四六）閏正月二十四日，左良玉合諸軍擊賊於枸坪關，獻忠敗走，規取太平縣以休士馬。良玉駐軍漁渡溪，鄭崇儉亦引兵來會。獻忠聞兩道俱至，乃移營九滾坪以待，據瑪瑙山。官軍以二月初四日追賊於九滾坪，不見賊。初七日，始抵瑪瑙山。賊乘高鼓譟，氣甚盛。良玉下馬披荆榛，相險易，周覽者久之，曰：「吾知所以破賊矣！」分所進道爲三，左兵當其二，陝兵當其一，令曰：「聞鼓聲而上。」左右夾擊，賊陣堅不可動；官軍奮勇鏖戰，賊潰墜崖澗者無算，追奔四十餘里，左兵斬首二千二百八十有七，掃地王曹威、白馬、鄧天王等賊渠十六人皆死，降賊監軍張大經亦爲官軍所誅。獻忠妻妾九人，被獲者七。獲僞金印一，鏤金龍棒一，僞令旗、令箭各八，卜卦金錢二，馬贏千餘頭，甲仗軍資以數千計。陣降賊將三百三十八人。陝兵斬首一千三百三十有三，降賊將二十五人。賀人龍部卒獲賜熊文燦準撫獻忠敕書；別將收獻忠大刀，上鏤「天賜飛刀」四字。〔考曰：北略載良玉破獻忠事，與諸書頗異，且月日不符，蓋不足信，錄之備考。北略云：六月，左良玉遣降將劉國能圍獻於太平縣之瑪瑙山中，獻食盡，分兵四出抄糧，不得糧歸者，盡殺之。未歸者，詣嗣昌降，良玉使國能將之，詐稱糧至，獻開營延入，國能大破之，斬首萬級，掃其營壘，擒其妻孥，與徐以顯、潘獨鼇等送襄陽獄。獻忠攀藤越嶺逃去。〕是月，湖廣將張應元、汪之鳳乘勝逐北；十六日，及之於水右壩，斬馘九百。獻忠又走岔溪、千江河，四川將張令、方國安又破之。張令者，故奢崇明降將，年七十餘，能馬上用五石弩，爲賊所憚。獻忠既由千江河之十二灣轉入柯家坪，其地崇牙錯峙，箐薄綿亙。令深入被圍，猛氣彌厲，以五千人與數萬賊相持十三日，救至乃解，殺賊已數千人。人龍等追敗之於鹽井，斬首千五百有奇。諸將又連破之木瓜渡、黃墩，斬首四千二百八十有二，獻忠率千餘騎竄興、歸山中，勢大蹙。四月，左良玉進屯興安、平利諸山，連營百里。獻忠遣間操重賓說良玉圍而不攻，因得與山民市鹽芻米酪，收散亡，養痍傷，久之，掩旗息鼓，走白羊山，而西與羅汝才合。時汝才與過天星從寧昌窺大昌、巫山，欲渡江而爲官兵所扼，汝才頗憂之。獻忠雖屢敗而氣益盛，立馬江岸，不前赴者輒斬之。賊爭死鬬，官軍退走，賊乃渡江，結營萬頃山、苦桃灣，其別部陳於紅茨岸、青平寨，歸、巫大震。楊嗣昌聞之，七月，引軍出夷陵，顧虛怯不能進取，監軍萬元吉集川將守歸、巫諸隘，而檄陝將賀人龍、李國奇、湖廣將張應元、汪之鳳、張奏凱等專擊賊。湖廣兵自達州入夔，營於土地嶺，而賀人龍逗撓不至，獻忠悉銳來攻，應元等苦戰不決，賊分兵從後山下突乘之，應元中流矢，突圍出，收殘卒拒賊於巴霧川，之鳳走他道，渴飲斗水卧，血凝臆而死，所將潘映奎亦死。時川撫邵捷春用其將邵仲光之言，謂大昌之上中下馬渡水淺地平，難持久，乃扼水寨之觀音巖爲第一隘，而夜叉巖、三黃嶺、磨子巖、魚河洞、下涌諸處各分兵三四百人以守。元吉以分兵力弱爲憂，賊果於九月先突觀音巖，窺下馬渡無備，破之。元吉急檄諸將邀之於譚家嶺、七箐坎、乾溪，而張奏凱以專兵屯淨壁。已而獻忠從竹菌坪突過淨壁，陷大昌，進屯開縣。張令中弩死；石砫司女將秦良玉亦敗。捷春收其兵屯梁山，獻忠以梁山河水深，不得渡，而達州河淺，乃自開縣西走，復東向趨達州，方國安不能拒。賊遂渡河長驅，捷春退屯綿州，扼涪江。賊疾走陷劍州，趨廣元，將間道入漢中，總兵趙光遠、賀人龍拒之於陽平關，乃復走巴西。張應元合楚、蜀兵邀之於梓潼，戰小利，賊反鬬被衄，川將曹志耀、王光啓、張世福力戰卻之，降將張一川、張載福歿於陣，涪江軍聞之遂潰。獻忠屠綿州，趨內江。有土司家將毛文者，敗之於東瓜崖，殺賊渠曹四，賊乃偃旗鼓走成都；穴城將穿，城中有董卜蠻者，出與戰，賊大敗，死萬人，乃遁。〔考曰：本蜀碧。〕十一月，楊嗣昌既疏逮邵捷春，乃進軍駐重慶。萬元吉饗士於保寧，用猛如虎爲正總統，張應元副之，率軍趨綿州，分屯要害。元吉自間道走射洪，遏蓬溪以待賊。賊方屯安岳之周里場，諜知官軍且至，宵遁。官軍遏其歸路，賊轉掠什邡、綿竹、安縣、德陽、金堂間，所至空城遁。十二月，獻忠陷瀘州。瀘州三隅皆形銳而面江，惟立石站一路可北走。賊既走絕地，元吉謀以大兵自南搗其老巢，伏兵旁塞玉蟾寺，蹙賊北竄永川，逆而擊之。而永川令戴堯雲者先期遁，嚮導無人，元吉按行城中，惟丞、簿一二人。賊渡南溪，陝軍縱之，遂越成都，走漢川、德陽，入巴州。十四年辛巳（一六四一）正月，嗣昌自統舟師赴雲陽，檄三軍陸行追賊，元吉慮賊或東突，勸嗣昌分軍出梓潼扼歸路，不聽。既諸將從瀘州躡賊後，賊果折而東反，歸路盡空，不可復遏。自巴抵達，及於新、開，官軍追及開縣之黃陵城，日晡雨作，諸將請以詰朝戰，參將劉士傑奮曰：「吾四旬逐賊，今乃及之，縱使佚去，吾不能也。」擐甲持矛曰：「大丈夫獨取獻忠耳。」猛如虎鼓其衆並進，士傑所當摧陷，賊大披靡。獻忠登高望我師，見無陝兵旗幟，而左兵亦擕沮不前，士傑孤軍跳盪，後無繼者，乃密抽壯騎潛箐谷中，乘高大呼馳下，左兵先潰，士傑及游擊郭開、如虎之子猛先捷皆戰死。前兵既覆，如虎率牙兵苦戰，中軍馬智挾如虎潰圍出，旗纛軍符盡失。嗣昌在雲陽，聞敗，謀歸楚顧根本，傳箭召潰兵順流東下，賊已席捲出川西，燒新、開驛置，楚、蜀消息中斷。賊大隊已至當陽，而襄陽未之知也。初，獻忠之敗於瑪瑙山也，良玉擒獻忠妻敖氏、高氏及徐以顯、潘獨鼇送襄陽獄，獨鼇詭姓名黃岡劉若愚，願見督師言事，稱：「難生有治平天下之略，不幸陷賊，今自歸。」嗣昌詰之曰：「爾才學爲張獻忠用盡，尙有遺餘爲朝廷用邪！且獻忠不識字，爾草飛檄以逆天罵國，死有餘罪！」始俛首。隨行書吏尹曰鳳謂宜早殺之，嗣昌不可，乃並前所執敖氏之兄及養子惠二者同繫襄陽獄。知府王承曾年少佻易，每晚囚簿呼名，悅敖氏、高氏之豔，託以問賊中事，笑語頗洽。獄吏多與賊通者，獨鼇等得以脫桎梏，防禦頗疏。嗣昌以獻忠飄忽，嘗移文爲戒。承曾笑曰：「是詎能飛至邪！」獻忠旣敗官軍於開縣，卽東走，留羅汝才拒鄖撫袁繼咸兵，自率輕騎，一日夜馳三四百里，殺督師使者於道，取軍符，遣劉興秀等二十八騎僞爲官軍，持符驗夜叩襄陽城。巡道張克儉納之，處其人於承天寺。夜半火起，襄陽府端禮門亦火，賊隊疾馳至，城中大亂，獨鼇毀狴犴，偕敖氏、高氏以出。昧爽賊盡入城，承曾突圍走，克儉及署知縣事李大覺、推官鄺曰廣、游擊黎民安〔考曰：據廬州忠義傳補。〕死之。獻忠縛襄王翊銘坐堂下，屬之酒曰：「吾欲斷楊嗣昌頭，今借王頭，使嗣昌以陷藩伏法；王其努力盡此酒。」遂殺之，投屍火中，福清王常澄逃免，潛覓翊銘屍，拾顱數寸以歸。貴陽王常法並宮眷俱遇害。時二月初六日庚戌也。〔考曰：北略、紀事本末謂襄陽陷，賊發銀十五萬以賑飢民。襄陽守兵數千，軍資器械山積，盡爲賊有。綏寇紀略則云：獻忠以全隊未至，懼良玉之詣其後也，張伯鯨餉銀數十萬在城中，不及問，居兩日卽去。未知孰是，姑兩存之。〕初九日癸丑渡江，破樊城。十五日己未，陷當陽、郟縣。二十一日乙丑，陷光州、新野。嗣昌行抵荊州之沙市徐家園，慙懼自殺。獻忠復合汝才之兵東下，破光州北城，殘商城、羅山、息縣、信陽；聞官軍在蘄州，乃燒固始西關，分兵犯茶山、應城。四月二十五日，陷隨州，知州徐世淳巷戰，陷胸穴股以死；其子肇梁亦死，兩妾及婢僕死者二十人。賊破信陽，獲左良玉旗幟，假之以趨泌陽。六月初六日夜大雨，乘以入，知縣王士昌不屈死。圍唐縣，再攻應山，應山之民工射獵，毒弓矢傅人肉沸爛，故賊再攻不克。七月，獻忠圍鄖陽，王光恩禦之，多殺傷，獻忠遁走。會總兵黄得功麾下叛兵投之，賊大振，拔鄖西，羣盜蟻附以萬計，東掠地至信陽。獻忠素憚左良玉，既屢勝而驕，則謂良玉爲不足畏，諸將妻孥之在襄陽者，獻忠又盡戕之，故良玉軍距躍思鬭。八月，良玉從南陽進兵追及之於信陽，大戰，斬其頭領沙某，奪馬萬餘匹，降其衆數萬。獻忠射傷股，乘夜東奔，鄖撫邀其前，良玉將馬進忠躡其後，過龍岡、蘇家坂、兔兒溝、五股泉，四遇皆大斬獲，獻忠負創，不能馳，保其婦女小子，日行數十里。良玉自鄖北發追之，賊已入掌握，而自與安轉饋信陽百二十里，大雨五日夜，江漲道絕，將吏首尾離置數十處，獻忠走而免，官軍四面蹙之。羅汝才既與獻忠不合，走别道詣李自成，獻忠前驅八哨，又爲自成所邀取，諜者謂獻忠矢貫脛已斃，詗之，乃在商、固山中。先是革、左五營竄英、霍間，將越險隘合獻忠；獻忠亦以奔敗而思與之通也。九月，出商城之牛市畈，取道向英山，監軍孔貞訓、副將王允成大破之於望雲寨，獻忠衆散且盡，乃因汝才以奔自成。當襄陽之陷，獻忠自詡威名出自成右，及軍敗往歸，所從不過數十騎，自成欲以部曲遇之，獻忠不肯屈，自成將殺之，汝才止之，資以五百騎，麾曰：「亟引而東，合革、左，此地非若所當留也！」獻忠乃東奔，道糾土賊一斗穀、瓦罐子等，衆復盛。會李自成破官軍於項城，督師丁啓睿、左良玉以兵救汴，獻忠得以其間走英、霍，就革、左約，則大喜。十五年壬午（一六四二）正月，陷潛山。二月，陷全椒。三月，圍舒城。舒城缺令，參將孔庭訓在籍，編修胡守恆同飭守備。庭訓兵淫掠，舒人逐之，庭訓怒而降賊，教以衝棚穴城，穿數處，守恆督守堙者塞之。賊射書約降，守恆焚諸堞。賊復射書，購長鬚翰林千金，或勸守恆割鬚遁，守恆不可。四月初三日，城陷，賊刺守恆腹以矛，數十創而死。獻忠改舒城曰得勝州。初六日，陷六安州。州有川將覃世勛、乙邦木、王憲設守，世勛毆知州朱謀赤於廷，爲州人所逐，遂通賊以陷城。州人千戶張國正、喬乃遷鬭死；諸生江源洞刳目截舌，含血噴賊死；劉鉉劈首幾裂，躍起斫數賊，趺坐石上死；〔考曰：按史外廬州忠義傳云：鉉弱冠能文，美丰姿。又曰：趺坐石上死，家人覓得之，左右手握兩刀如植鐵。其父呼曰：「兒，賊去矣，父在此。」乃脫手仆。是鉉乃美少年，而史閣部祭文則曰：耆民劉鉉等何也？廬州府志亦作劉紘，豈別有耆民劉鉉而茲則紘邪！俟考。〕韓光祖斷喉碎屍死；守備王希韓被獲死。獻忠取其郊保蓮花寨之民以益其軍。聞學使者將按廬州，遣賊數百人挾書囊筆襲儒衣冠以入，漏三下，卷甲趨之城上，舉火以應，城遂陷。道臣蔡如衡，督學徐之坦，合肥令湯登貴縋城遁，知府鄭履祥、在籍參政程楷、諸生蔡世和、吳士任、趙嗣蕃、葛一本、指揮同知趙之璞、武進士金玉度、義民朱應珍死之。尋陷無爲州，在籍光祿寺少卿錢策、諸生錢振綱、副榜吳之默、義民路寬、王加惠死之。〔考曰：本廬州忠義諸公傳。徐之坦亦作之垣。〕六月，陷廬江，還屯舒城之白馬金牛洞，習水師於巢湖，合老哨三十二營、小哨二十四營，會皖口。七月，復陷六安，獲男女，悉斷其右臂。〔考曰：本某氏怡曝堂集。又紀事本末云：男女各斷一臂，男左女右。〕太監盧九德以總兵黃得功、劉良佐之兵戰於夾山，敗績，江南大震。鳳陽總督高斗光、安慶巡撫鄭二陽俱逮治，起謫籍馬士英代斗光。獻忠焚樅陽，奪商舟，募櫂船卒，謀犯南京，聞得功、良佐兵且至，命賊將一堵牆營於古城長嶺，潛山之險阨處也。步騎九十哨，分爲四營。九月二十四日夜半，得功等至，緣山背譟而升，賊大擾，越崖澗奔，官軍追之，自古山、天井湖、老鸛頭、黃泥港六十里，橫屍無算，一堵牆焚死，奪畜產數萬，救回難民數萬人，賊腹心謀士、婦豎皆盡。於是散而西，攻桐城，得功救之，射獻忠，幾獲之，走蘄水。會官軍擊袁時中於潁，獻忠乘虛出天堂山，拔營至三祖寺，以三百騎襲破太湖。十一月，再攻桐城，執守將廖應登並其從騎竇成，擁之至城下招降，不從，皆殺之。賊築臺掘隧，知縣張利民隨機應之，嚙指血祭砲，殺獻忠愛將李混江，得功救又至，賊乃走。〔考曰：綏寇紀略、某氏太白劍謂獻忠東去陷桐城，屠之；誤也。蕭按桐城未嘗陷，屠，戴田有才遺錄自敍云：吾桐瀕於陷者屢矣，而卒獲免；可證也。〕會左良玉避自成東下，盡撤湖廣兵自從，獻忠聞之，又襲陷黃梅。十六年癸未（一六四三）正月，陷廣濟，尋陷蘄州，賊令紳士冠帶自東門入，由西門出，盡殺之。執在籍巡隴右道李新，令跪拜，新罵曰：「死賊，爾非陝西人乎？本道在陝西，爾餧馬賤卒爾，恨未斬副爾。」抱父屍就刃。獻忠以掌擊膝曰：「快哉老子，今日看殺汝等求生不得，獨汝眞好漢。」諸生張效鍾、陳正皆以罵賊棓殺；〔考曰：本顧景星白茅堂集。又云：獻忠大書驛壁：山前山後皆出松，地平平地柳成陰；桃李笑柳柳笑松，千秋萬古還是松。關西張秉吾題弔李新云云，是獻忠旣字敬軒，又字秉吾也。〕遂屠城。蘄水鄉宦周之任與賊通，二月，遂陷蘄水，縣丞楊明時死之。〔考曰：本毛先舒東苑文鈔蘄尉楊存吾傳。存吾，明時字也。〕方獻忠之未至也，衆謀守禦，每鄉宦養兵三名，饒某不可；旣獻忠集之教場，饒夫婦願以金二十萬免死，獻忠殺之，括其家得三十萬。復陷蘄州，執分守道許文歧。獻忠故識文歧，頗禮之。文歧見賊衆多黃、麻人，與同繫舉人奚鼎鉉謀約以從中擊賊，柳圈爲號，降賊諸生王固懷泄其事，遂見殺。〔考曰：按楊存吾傳，文歧乃賊再破蘄州時被執者，諸書未分別言之。史外云：洩謀者爲黜生王國統，嘗姦官家婦，被公褫責，遂蓄恨以報。或謂爲逆衿王固懷，豈固懷卽國統歟？〕先是有飛雀萬餘投蘄之南城濠樹杪，發火，鬼白晝騎牆上揶揄人，火器不爇自震，黃州南城門哭。州人聞蘄水之破也，棄城逃，惟女子不及行，賊入城，擇其姣麗者，驅以夷城，緩者斬指墮腕，血淋漉壁間。三日城平，乃殺之以塡塹。〔考曰：綏寇紀略女子夷城乃陷黃州事，而北略某氏嘯虹筆記流寇志則云屠蘄州事。按蘄州再破，與陷黃州時事相連，故紀載易舛，惟綏寇紀略與明史同，今從之。〕州有無賴張以澤集亡命迎賊，鄉官歐陽玖、諸生李時棨拜馬首降，副使樊維城、貢生馮雲路、諸生易道暹及其子爲瑚、爲璉死之。四月，獻忠連陷麻城。楚士大夫僕隸之盛甲天下，而麻城尤甲於全楚，梅、劉、田、李諸右姓家僮不下三四千人，雄張里閭間。寇之將作也，思齊以尺伍爲捍蔽，聽其糾率同黨，坎牲爲盟，曰里仁會，諸家競飾衣冠以誇耀之。其人遂炮烙衣冠，推刃故主，城中大亂。城外義兵圍之，里仁會之人大懼，其渠湯志殺諸生六十人，而推其與己合者曰周文江爲主，縋城求救於獻忠。獻忠自殘敗後，步卒多降於自成麾下，惟騎士七千人，聞麻城使至，大喜，進兵城外，義兵解圍走，獻忠遂入麻城。城中降者五萬七千人，獻忠別立一軍，名曰新營，改麻城爲州，以文江知州事。故金吾劉僑獻二妾、數萬金於賊以免。賊尋陷羅田，於是張以澤、李時棨等獻策渡江，招星辰湖漁人具舟，獻忠悉師沿江上犯。漢陽、武昌大震，議守城。楚王有積金百萬，三司請貸，不許，在籍大學士賀逢聖因長史徐學顏入見計事，王命中人出高帝分封時金裹交椅一，曰：「此可佐軍，他無有。」逢聖哭而出，捐貲召募，僉謂宜士著，適承天、德安潰兵俱下，楚王募之爲軍鋒，以學顏領之，號楚府兵。武昌參將崔文榮者，壯烈士也，潛師渡江襲賊，斬六百級，衆不敵，乃還。漢陽陷，議撤江上兵城守，文榮言坐困非策，爭之不得。五月五日，賊從團風渡襲武昌縣，入之，駐軍樊口，文榮以副將胡某扼之洪山寺。是時賊大營尚在江北，會楚府募兵官張其在者，罪被笞，往投賊，而李時榮之族居省城，約內應，賊乃全軍從鴨蛋洲渡，直逼城下。逢聖、文榮壁武勝門，盡力拒守，賊大掠金沙洲，攻轉急，道臣王揚基詭言有事漢陽，傳箭開門，同推官傅上瑞棄城遁。楚府兵開保安、文昌二門納賊，文榮方出鬪，回兵，闔城扉不及，躍馬鳳凰山，持矛大呼，賊攢刺之，洞脅死。徐學顏左臂殊，右臂持刀不仆，支解死。游擊朱士鼎旣斷左右手，縛筆於臂，作書招集舊卒，訓練如常，久之乃死。賀逢聖衣冠北向再拜，賊揮之去，曰：「此賀佛也！」逢聖以巨舟載家屬出滋陽湖，中流鑿沈之，全家溺死。〔考曰：逢聖之死，傳說不一。啓禎野乘曰：公冠履蟒衣，詣楚王府，將奉王同死。時府已爲獻忠所據，遂見執，乃曰：「我欲親見獻賊，罵之而死。」衆不令見，乃北向五叩頭畢，投緇陽橋下而死。夫人危氏、子覲明皆死之。仲子光明守八分山墓，聞難來奔，又死之。子媳曾氏、陳氏、孫三人，一僕萱命皆死，合門二十餘人。又北略附記江陰馮生云：賊將盡殺城中男女，逢聖曰：「汝何不殺我，免殺百姓。」賊不忍加害，送至獻忠老營，公言如前。獻忠曰：「依汝言，全了他屍罷。」蓋欲驅民入江也。此又與野乘小異。又滋陽湖一作緇陽，又作墩子湖。〕與都留守沈壽崇、通判李毓瑛、知縣鄒逢吉、知嘉魚縣王良鑑、貢生黃岡馮雲路、諸生汪陛延、熊雯、明睿皆死之。獻忠以篗輿籠楚王沈之水；〔考曰：諸書作沈之江。啓禎野溗、紀事本末作沈之西湖。」見庫中金，嘆曰：「有財如此而不設守，朱鬍子眞庸兒也！」見楚府碧玉簫，長尺有九寸，曰：「此何用？」碎之。賊宣言宗室降者不殺，楚宗多投牒，亦有庶民攙入者。既而白刃交下，欲自辨而頭已落。先是有異人呼於途曰：「一羣豬，屠伯至矣。」果驗。男子十五以上，二十以下，錄爲兵，餘連項就戮。賊持刀者腕爲脫，乃佯開漢陽門縱之去，門逼江，鐵騎圍而蹙之，自鸚鵡洲達於道士洑，浮胔蟻動，水幾不流。踰月，人脂厚累寸，魚鱉不可食。婦女別而鬻，有殊色者入婆子營，亦置隊長，監以賊目，收其直給軍用。漢口人周洪卿者，首其地富人，多亡匿，搜牢之，獲千餘舟，士女溺死無算。獻忠乃據楚王府，鑄「西王之寶」，改武昌爲天授府，江夏爲上江縣。以周文江爲僞兵部尙書，張其在爲僞總兵前軍都督，李時榮爲僞巡撫，謝鳳洲爲僞守道，蕭彥爲僞巡道，陳馭六爲僞學道，給僞敕印。以周綜文僞知天授府，沈會霖僞知漢陽縣，黃元凱僞知黃州。開科試士，取七十八人，補二十一州縣官併佐貳，各賞銀有差。以興國州柯、陳兩姓土官悍勇，招降之。題詩黃鶴樓，令其下屬和。發楚邸金賑難民，蘄、黃等二十一州縣悉附。初，李自成聞獻忠得漢陽，忌且怒，榜曰：「擒獻忠者，賞千金。」及聞取武昌，復遣人賀之曰：「老回回已降，曹、革、左皆殺，行將及汝矣。」獻忠卑詞齎金寶答之，自成留其使。而左良玉之軍復西上，遣總兵方國安、徐懋德、馬士秀破賊於蘄州黃石港。諸生程天一集鄉兵二萬，擊賊於大冶，殺僞知縣奚鼎鉉，沈會霖聞風遁。官兵次黃州，白雲寨長易道三執黃元凱，遂復黃州。獻忠聞楚師漸集，乃留張其在、謝鳳洲等守城，以養子名四虎者駐金沙洲，而親率大營爲浮橋於金口，悉衆西渡，分軍爲三：一軍白羅山，一軍白石磯，一軍蒿洲。屯舟師於湖中，息馬山谷，將以窺岳州、長沙，未發而左營諸將毛顯文、常國安、郎啓貴、于自成、段鳳翔、秦天祿等連營而前，次於陽邏堡，蘄、黄四十八寨民兵皆應。常國安以舟師先進，賊騎百餘夾江而射，國安轉戰自白雲閣至金沙洲，四虎先期遁，官軍奪其舟百艘，賊騎反走。翌日，攻漢陽，賊開門出戰，官軍敗之於鱡魚套，遂乘以入。張其在焚黄鶴樓及宗人府第，率諸賊開保安門西走，斷王會橋以防追者，謝鳳洲自殺，僞知縣漢陽燕某、蒲圻涂良極、黄岡王爾忠等悉被擒。鳳督馬士英屯壽州，遣六安諸生黄鼎潛行入麻城諸寨，謀之劉僑、田生蘭、周從極等，説周文江以反正，斬賊將方子雄於鱡魚套中，擒湯志，數其罪磔之，傳首壽州。官軍别將徇興國、大冶，監軍道王瓚屯武昌，沔陽知州章曠駐漢陽，黄安、黄陂，皆自殺其僞令，上流三郡悉定。獻忠已率衆西行，左兵鐵騎營追及之於金口，擒其殿後僞總兵鄧雲程誅之。獻忠時已陷咸寧、蒲圻，岳州大震。沅撫李乾德、總兵孔希貴、監軍道許璟率兵二萬守陳陵磯，令民他避，匿壯士健馬，詭稱父老約降。賊入伏發，殲其前部，刵四人以歸之。獻忠怒，益進兵，乃蔽林植旆爲疑兵，埋大砲，積薪翳之，賊誤舉爝，則砲大發，殺賊數百。再置巨艦中流，計矢石可及，卻不進，度賊矢且盡，奮擊，大敗之，三戰三捷。獻忠乃悉衆二十萬，百道仰攻。八月初五日丙寅，力屈城陷，乾德、希貴走長沙。戊辰（初七日），賊前鋒至湘陰，城已空。獻忠既得岳州，謀北渡，卜於洞庭神者三，不吉，投珓大詬。將渡，風大作，覆舟。獻忠怒，連巨舟千艘，載婦女焚之，水夜明如晝。遂騎而逼長沙。長沙，故吉王封處也。惠王之去荊州也，亦走長沙，兩王相見，日憂賊，顧不知修備。去長沙六十里有烏道，可柵而守，推官蔡道憲請之，王不能應，自堞其宮，擊柝徼巡而已。巡按御史劉熙祚檄長沙總兵尹先民、副將何一德以萬人守羅塘河，孔道貴屯三稍磯，道憲醵官錢爲柵，斷陸道，未成而賊入之，先民、一德降。楚撫王聚奎時在城中，詭出戰，率所部遁。李乾德氣沮，偕熙祚、道貴奉吉、惠二王走衡州。賊遶城呼道憲名：「吾軍中知爾名，毋自苦！」道憲手注弩射之。丙戌（二十五日），城陷，百計誘降，置小樓中二十有四日，罵不絕，遂遇害。健卒林國俊等九人，追侍道憲，亦不屈，賊並殺之；內四卒奮曰：「願瘞主屍而死。」賊義而許之，解衣裹道憲骨，葬之而後自剄。在籍給事中史可鏡以豪橫爲鄉里所仇，降於獻忠，爲僞長辰常巡撫，教獻忠取辰、沅、靖，其箋表稱獻忠曰「陛下」，曰「新朝」，曰「聖主」。獻忠去，士人縛以獻李乾德，加拷訊，械送南都，伏誅。又有武進士趙某者，力能曳兩牛倒走，亦降於獻忠。獻忠麾下孫可望、李定國皆以勇猛爲義子，賜姓稱王；趙後至，欲較武藝，定崇卑，與可望馳馬徒搏，握可望而舉之。遂以趙爲二王，可望爲三王，定國爲四王。後獻忠入川，慮軍士多攜婦人，趙獨先殺其妻子，獻忠大悅。久之，竟被殺焉。〔考曰：本北略。又某氏柳軒叢語云：獻賊有美僮名二孩子，時年十八，技武絕倫，嘗與黃靖南對陣，甫出戰，僮飛矢中其手，黃幾敗，怒甚，伏兵擒之。愛其勇，欲令降，僮不應。侯笑曰：「聞賊夜臥汝腹上，本鎮亦能撫汝，何不速降。」僮堅不允，絕其食死。天下事固有不可解者，附記之。〕獻忠既陷長沙，以蒲圻令李鳳起僞知岳州府，通守任爲弼爲僞長岳道，馳檄遠近。尹先民、何一德願効前驅，獻忠僞封爲世襲伯。庚寅（二十九日），陷衡州，桂王及吉、惠二王走永州，獻忠拆桂邸殿材至長沙造僞殿，令尹先民守衡州，而追三王於永州。劉熙祚親督水師禦賊，遣兵護三王入廣西，而自入永州死守，城陷，被執，囚之永陽驛中，閉口絕食，題絕命詞於壁。臨以白刃，大罵，賊殺之寧鄉孔廟中。〔考曰：本綏寇紀略、北略、史外、劉熙祚傳。又熙祚之死，有三說：啓禎野乘云：護諸藩冒死斷後，爲賊追縛。史略云：入州死守，奸人開門，被執。陳皇士劉熙祚傳則云：熙祚巡按至永州，部院莊祖誨催餉四集，賊乘之，祖誨先行，熙祚殿後，賊望見偏裨，跪白馬前，知爲重臣，突擁之去。按三說不同，惟北略與綏寇紀略、史外同。今從之。〕同時死難者，湖南道參議陳璸、知湘陽縣楊開、知衡陽縣張鵬翼、知翼東縣陳道壽、知臨湘縣林不息、知衡山縣董我前、湘陰縣丞賴萬耀、長沙府照磨莫可及、教授蔣道亨、教諭歐陽顯宇、彭允中皆死之。寶慶、常德陷，同知朱國柱死之。〔考曰：陳璸、朱國柱見北略。陳道壽見綏寇紀略。餘見明史忠義傳。〕獻忠修怨於故督師楊嗣昌，發其祖父冢，葬有年矣，斬屍，乃見血焉。嗣昌母朱氏死之。〔考曰：諸書不載朱夫人死節事，惟北略云：夫人朱氏，湖廣武陵人，薊遼巡撫楊鶴無山公夫人也。賊執夫人，夫人罵曰：「吾天朝命婦，豈從爾亂賊哉！」遂死之。〕是時湖南郡縣糜爛，將吏非降則逃，惟道州以守備沈至緒力戰得全。既而賊再至，再戰，馬驚仆，歿於陣。其女雲英持矛號哭趨賊營，奪父屍還。賊環擲之，雲英左右支格，莫能傷，竟完守入保，因是道州終不破。獻忠將犯辰州，自桃源以上，嶺峻灘險，土司以兵守辰龍關，度不可上，乃已。九月，獻忠屯衡州，分軍犯廣西全州、江西袁州。尋歸長沙，開科取士。戊午（二十七日），陷萍鄉。〔考曰：紀事本末作戊子陷萍鄉。誤也。按曆法，是月無戊子日，當作二十八日戊午。〕十月初四日甲子，陷萬載、袁州，於是瑞州、臨江、新喻，分宜之人皆空。獻忠遣別將趨連州，廣東南、韶州府屬城皆逃。道臣王孫蘭兵不滿百，請救不應，遽自經。潯、桂、賀、全之間，蔑有固志矣。左良玉之副將吳學禮既復袁州，而兵不戢，江西巡撫郭都賢檄撤其兵，賊聞之，自長沙突至，戊寅（十八日），一騎至吉安城下，城上聚觀不爲備，其人以鐵鉤援城半壁之樹，躍而上，守者驚潰，大隊馳入，城遂陷。是日諸縣同陷。賊設僞官，改吉安爲親安府，廬陵爲順民縣。賊將張其在馳檄袁州，兵民皆竄，復陷袁州。獻忠在長沙，增兵爲九營，四營皆老卒，五營皆新附。遣賊將馬賜下臨湘。時岳州已爲官軍所復，十一月癸巳（初三日），賊復遣四將圖之，沿江設伏，藏輕舟於汊港，以巨艦載重貲順流下，官軍邀擊之，賊逆流佯走，官軍奪其貲入舟，舟重不能速行。賊輕舟四出圍之，夾擊官軍，死無算，賊乘勝復陷岳州。壬寅（十二日），明帝詔承天太監何志孔勞左良玉軍，移鎮武昌。良玉乃令馬士秀趨長沙擣賊後，令馬進忠趨袁、吉迎擊其前。甲寅（二十四日），士秀敗賊於臨湘，追及之岳州城下。賊將混天龍步騎數千拒南岸，以輕舟順流邀官軍，士秀三分其軍，以殿後者交射南岸賊，乘風直上，繞賊舟後，反擊之，賊大敗，盡奪其舟。南岸賊疾入城，諸軍四面乘城，賊突門，復走長沙，斬首四千級，遂復岳州。丙辰（二十六日），進忠復袁州，盡誅僞官，斬首三千級，奪賊馬五百，弓矢數萬。時老回回爲李自成據荆州，獻忠既屢敗，乃與修好合兵，勢益横。十二月，連陷建昌、撫州、南豐，總督呂大器無兵不能救，而賊前鋒艾四者又再敗馬進忠於蒲圻，良玉兵之在武昌者，咸震動。有勸賊取吳、越者，顧獻忠終忌良玉在，乃決計入蜀。是年正月，自岳陽渡江，虛設僞官於江南，大隊俱北。女將秦良玉圖全蜀形勢上之巡撫陳士奇，請益兵守十三隘，士奇不能用；復上之巡按劉之勃，之勃許之而無兵可發。賊掠男女數十萬，挽舟逆流上，日行一二十里，至巫山梅子坡，飢死大半，顧隘口無人遮守，遂長驅入夔州，秦良玉馳援，衆寡不敵潰，蜀事始不可爲矣。

臣鼒曰：諸書載明流賊闖、獻事，庸人僨國，烈士死綏，與夫驕將悍卒之蔑上無等，可驚可愕、可歌可泣之事不一端，明史旣不能盡載之，而稗官家言又舛駁不可復紀，本春秋依經立傳之例，列而考之，而當日天下大勢可得指陳焉。夫二賊明之賊，而非大淸之賊也，曷爲不曰明闖賊、明獻賊也？傳曰：天下之惡一也，聖人天下一家，中國一人，弧矢之威，何分內外，山海關之捷，鳳凰坡之誅，蓋亦阪泉、涿鹿之師哉！

獻賊陷明萬縣。

江水漲，賊留屯者三閱月，民皆逃。賊紿曰：「降者不殺。」旣出，悉驅之入水，執貢生吳獻棐，强以爲僞參軍，不受；斷臂解腕而死。其子之英痛父，亦被磔焉。

獻賊陷明梁山，副榜高宗舟拒戰死。

宗舟率鄉勇守北門，城陷，歸家，令妻孥自盡，作書付僕達父所，而身率家奴二十餘人巷戰，重傷死。

又庠生古元直之妻譚氏亦罵賊觸階死。

徐鼒曰：自陷夔州以下，悉不日何？闕疑也。貢生副榜婦女均無守土之責者也，其死也，曷爲或書或不書？曰：吾於紀年之殉節者，褒其節並錄其功，其有能執干戈以衞社稷者，雖婦女亦書。

小腆紀年附考卷第三

前翰林院檢討加詹事府贊善銜六合　徐鼒　撰

二月庚申朔，明帝視朝，得賊書。

平旦視朝，得僞封，詞甚悖；末云：「限三月望日至順天會同館暫繳。」舉朝失色。朝罷，遂不復問。

徐鼒曰：得賊書何？駭辭也。

辛酉（初二日），闖賊陷明汾州，知州侯君昭、知汾陽縣劉必達死之。陷陽城，知縣張履旋死之。

李自成率兵五十萬，於沙渦口造船三千，掠民船萬餘，渡河，乘勝陷蒲州及汾州，殺知州侯君昭。必達袖出罵賊文，賊殺之，其義勇范奇文刺殺一僞都尉而自殺。履旋，尙書張愼言之子也；爲賊所執，貽書其父曰：「與其虧體辱親，不如殺身明志。」遂投崖死。南都贈御史。時山西瓦解，兵科韓如愈猶言晉寇訛傳也。

壬戌（初三日），闖賊陷明懷慶，盧江王載堙及其子翊欙死之；福王由崧走衞輝。

載堙，鄭簡王祁鍈之玄孫也；城陷，冠服坐堂上，賊欲屈之，罵曰：「吾天朝藩王，肯降汝逆賊邪！」賊殺之。擁翊欙北行，過定興，於旅店作絕命詞，不食死。由崧，福恭王常洵之長子。李自成陷河南，殺常洵，時由崧爲世子，裸而逃之懷慶。明帝發御前銀萬兩，后、妃、太子暨懿安皇后、宣懿康昭妃、溫定懿妃各發銀有差，命王裕民、冉興讓、葉高、粟標齎往慰卹。癸未（一六四三）七月，由崧襲封，親擇宮中寶玉帶賜之。由崧尋奏王寶無存。是夜，懷慶陷，偕其母鄒太妃出東門，兵間相失，走衞輝，依潞王。

徐鼒曰：不曰棄其母何？恕辭也。中宵倉皇，路隅涕泣，骨肉離散，事非得已，詆以棄母，無乃刻諸。南都立君，有福王不忠不孝之議，至有疑王寶無存，爲世子竊以獻賊者。由崧雖愚，胡樂爲此！此蓋惡之者已甚之詞，非篤論也。子華之背父，既無明徵，許止之不孝，宜從末減；所謂衆惡必察歟？載堙父子負乎日月爭光矣！

丁卯（初八日），闖賊陷明太原，〔考曰：明史帝紀，丙寅，太原陷，此從北略。〕晉王求桂降，巡撫蔡懋德等死之。

懋德字維立，崑山人，萬曆己未（一六一九）進士。由推官歷擢右僉都御史，巡撫山西。李自成已陷河南，懋德以疲卒三千禦之河上，遣副將陳尚智防河津。以保德州告急，歸鎮省城，爲御史汪宗友所糾，革任聽勘；代者未至，尚智投賊爲前驅，賊遂於初五（六）日乙丑薄太原。或勸懋德以候代卸責，懋德不可，誓衆登陴，遣牙下驍將朱孔訓、牛勇、王永魁督兵五千出戰；孔訓傷於砲，勇、永魁陷陣死，一軍盡歿。困守兩晝夜，丁卯（初八日），風沙作，砲裂城東南角樓，賊乘風緣梯上，守將張雄爲內應，城遂陷。懋德手遺疏付監紀賈士瑋曰：「君以此疏上聞，俾朝廷知今日尚有不逃不降從容死節之臣也。」中軍應時盛先殺其妻子，隨懋德同縊死。同死者布政趙建極，河南永寧人，其家守王范寨，爲自成所屠，建極五子皆死；至是建極罵賊死，一門遂盡。按察副使兼糧道藺剛中，陵縣人，初議城守，以陽和標兵三千驕蹇，慮爲賊應，移之南關外，城中以安；後城陷，果陽和叛兵應之也。遇害時，首隳復躍起丈餘，賊衆驚愕辟易。冀寧道畢拱辰，掖縣人；副使毛文炳，鄭州人；知府孫康周，安邱人；長史范志泰，虞城人；其姓名無可考者，四十六人。〔考曰：北略記與蔡懋德同時殉難者，有巡按陳純德，他書俱不載。按北略誤也，純德死於賊入京師之後，在殉難文臣二十一人之中，南都有諡典，賜祀旌忠祠。傳信錄謂城陷被執，死於嚴刑。國難錄注，二夾留用。雖未知殉難與刑辱孰是，然決非死於太原也。啓禎錄又有朱忠者，亦未詳。〕賊屍之城上，遂移檄云：「君非甚暗，孤立而煬蔽恆多；臣盡行私，罔上而公忠絕少。甚至賄通官府，朝廷之威福日移；利入戚紳，閭左之脂膏盡竭。」又云：「公侯皆食肉紈袴，而倚爲腹心；宦官悉齕糠犬豕，而借其耳目。獄囚纍纍，士無報禮之心；征斂重重，民有偕亡之恨。」讀之無不扼腕者。〔考曰：北略補遺載自成僞詔，無「公侯皆食肉紈袴」以下八句，或傳寫脱漏，抑作僞者爲之，姑附錄於此。詔曰：上帝監觀，實推求莫；下民歸往，祇切來蘇。命既靡常，情尤可見。粤惟往代，爰知得失之由；鑑往識今，每悉治忽之故。爾明朝久席泰寧，浸弛綱紀。君非甚暗，孤立而煬蔽恆多；臣盡行私，比黨而公忠絕少。賂通宮府，朝端之威福日移；利擅宗紳，閭左之脂膏殆盡。肆昊天聿窮乎仁愛，致兆民爰苦乎祲災。朕起布衣，目擊憔悴之形，身切痌瘝之痛。念茲普天率土，咸罹困窮，詎忍易水燕山，未甦湯火。躬于恆冀，綏靖黔黎。猶慮爾君若臣，未達帝心，未喻朕意，是以質言正告：爾能體天念祖，度德審幾，朕將加惠前人，不吝異數，如杞如宋，享祀永延，用章爾之孝；有室有家，民人胥慶，用章爾之仁。凡茲百工，勉保乃辟，綿商孫之厚祿，賡嘉客之休聲。克殫厥猷，臣誼靡忒。唯今詔告，允布腹心。君其念哉，罔怨恫於宗公，勿阽危於臣庶。臣其慎哉，尙效忠於君父，廣貽穀於身家。謹詔。〕

徐鼒曰，死節不可勝書，則附錄之，嘉死節不以貴賤殊也。亘寇長驅，連城瓦解，諸君子駢首喋血，之死靡佗，是尙可以貴賤殊乎！惜不獲舉四十六人者而傳之也。〔考曰：綏寇紀略載同死者，原任都司張宏業、百戶彭鯤、晉府典仗樊子英、諸生朱霞、樊維藩、魏選奇、千戶司鼎、指揮劉秉鉞、馬負圖、韓似雍、原任守備申鼎欽、晉府儀衞司瞿通犨、牧所千戶王德新、北城鄉約江明、龍門通判宗室朱敏夵，其四十六人之可考者歟！〕

明薊遼總督王永吉、巡撫楊鶚、吏科都給事中吳麟徵，〔考曰：吳麟徵，三朝野紀、北略作吏科都給事中。傳信錄云：太常寺卿吳麟徵具疏力贊其事。大行驂乘篇謂以吏科都給事中晉太常寺卿，當不謬；而睿謨留憾篇載殉難諸臣，又云大理寺正卿兼大司馬提督軍務吳麟徵。舛駁如是，由傳聞之無徵也。按甲申正月，公實爲吏科。北略二十一云：故事，掌吏垣者，計吏竣，即擢太常；獨公不至宰相之門，一駁再駁，政輔乞骸，公命始下。此甲申三月初七也。其言詳核，可以證正月之非太常寺卿矣。至大理卿、大司馬、提督諸衞，疑奉命守城時特加，諸書不及詳耳。〕請撤寧遠總兵吳三桂入衞；不果行。〔考曰：棄寧遠議，北略載於正月三日，此從綏寇紀略。傳信錄載於太原陷後。〕

往歲職方趙光抃出關察核，疏請棄山海關外寧遠、前屯二城；議者謂棄地非計。至是，闖賊入山西，王永吉搤楊鶚之臂而歎曰：「上倚吾薊門一旅，今所調習整練者幾何，而可以禦賊！計莫若撤關外四城而守關，召吳三桂之兵入衞京師。都下公卿莫肯先發，吾兩人於責無所諉，其何可以不請！」鶚曰：「善。」相與共爲奏。明帝持以示閣臣陳演、魏藻德，愕視不敢對，退言曰：「上有急，故行其計，事定而以棄地殺我輩，奈何！」吳麟徵爭曰：「此何時，而可顧後患罔決！」諸人不得已，請以三桂之父襄入爲中府提督，召見熟計。襄至，明帝諮以棄地守關策，襄對曰：「祖宗之地，尺寸不可棄。」

明帝曰：「此朕爲國家大計，非謂卿父子棄地也。賊勢甚迫，料卿子方略足以制之乎！」襄曰：「臣揣賊據秦、晉，未必即來，即來，亦遣先驅嘗我耳。若逆闖自來送死，臣子必生擒之以獻。」明帝笑曰：「逆闖已百萬，卿何言之易！」襄曰：「賊聲言百萬，實不過數萬耳。中原烏合，未遇邊兵交手戰；往時諸將皆無制之兵，見賊輒潰降，以五千人往，則益賊五千，以一萬人往，則益賊一萬，遂使賊勢愈熾。今彼屢勝而驕，初未見大敵也。朱仙鎮之左帥，可謂大敵矣，敗在我兵多降賊；郟縣之秦督，可謂大敵矣，敗在我兵多秦人。若以臣子之兵當之，直成擒耳！」明帝曰：「卿父子之兵幾何？」襄頓首曰：「臣罪萬死；臣兵按册八萬，其實三萬人。」明帝曰：「此三萬人皆驍勇敢戰乎？」襄曰：「若三萬人皆戰士，成功何待；今日臣兵不過三千人可用耳。」明帝曰：「三千人何以當賊百萬？」襄曰：「此三千人非兵也，乃臣襄之子，臣子之兄弟。臣自受國恩以來，臣食粗糲，而三千人皆細酒肥羊；臣衣布褐，而三千人皆紈羅紵綺；故能得其死力。」明帝曰：「需餉幾何？」襄曰：「百萬。」明帝驚曰：「何用多餉？」襄曰：「百萬猶少言之也，三千人在外皆有數百金莊田，今捨之入關，給何地屯種；額餉少十四月，作何法清補。關外尚有六百萬生靈，委之非算，驅以同入，作何道安插。百萬恐不足濟，臣何敢妄言！」明帝曰：「卿言是，內庫止七萬金，金銀什物二三十萬耳。」乃下捐助令，羣臣言人人殊，遂格不行。後賊逼，明帝決計行之，而內閣請降旨問三桂，數日往返，遂遲師期，三桂抵豐潤，而京師已前一日陷矣。

徐鼒曰：不果行何？惜之也。計六奇曰：寇氛日逼，三輔震恐，撤兵入關，西行遏寇，亦救急之一策，閣臣持之，蓋泥於前說而不知變也。初年方內安謐，無故棄邊地，失天險，是漢棄涼州之議也，故識者謂爲非計。至末年，寇躪中原，名都大藩潰陷相望，而關外所存止於六城，緩急輕重，大異昔日，而庸臣膠柱之見，猶不知釋疆場之憂，救堂奧之急，卒至强寇壓境，京師淪陷，悲夫！

辛未（十二日），明帝下詔罪己。〔明史作壬申，此從北略諸書。〕

闖騎九百至黎城，僞官令里胥報富民驢馬數，遣他將陷臨晉。明帝乃下罪己詔曰：「朕嗣守鴻緒，十有七年。深念上帝陟降之威，祖宗付託之重，宵旦兢惕，罔敢怠荒。乃者灾害頻仍，流氛日熾，忘累世之豢養，肆廿載之凶殘，赦之益驕，撫而輒叛；甚有受其煽惑，頓忘敵愾者。朕爲民父母，不得而卵翼之；民爲朕赤子，不得而懷保之；坐令秦豫邱墟，江楚腥穢，罪非朕躬，誰任其責！所以使民罹鋒鏑，蹈水火，殣量以壑，骸積成邱者，皆朕之過也。使民輸芻輓粟，居送行齎，加賦多無藝之征，預徵有稱貸之苦者，又朕之過也。使民室如懸罄，田卒汙萊，望烟火而無門，號冷風而絕命者，又朕之過也。使民日月告凶，旱潦薦至，師旅所處，疫癘爲殃，上干天地之和，下叢室家之怨者，又朕之過也。至於任大臣而不法，用小臣而不廉，言官首鼠而議不清，武將驕懦而功不奏，皆由朕撫馭失道，誠感未孚，中夜以思，跼蹐無地。朕自今痛加創艾，深省夙愆；要在惜人才以培元氣，守舊制以息煩囂。行不忍之政以收人心，蠲額外之科以紓民力。至於罪廢諸臣，有公忠正直，廉潔幹才，尙堪用者，不拘文武，吏兵二部，確核推用。草澤豪傑之士，有恢復一郡一邑者，予官世襲，功等開疆。卽陷沒脅從之流，能舍逆反正，率衆來歸，許赦罪立功；能擒斬闖、獻，仍予通侯之賞。於戲！忠君愛國，人有同心；雪恥除兇，誰無公憤。倘懷祖宗之厚澤，助成底定之大勳。思克厥愆，歷告朕意。」〔考曰：北略載此詔於三月十一日己亥，補遺載二月頒罪己詔云：上以災異迭見，遂頒罪己詔，遍布天下，傳諭內外、大小諸臣，通行各省直等衙門，俱要省刑撤樂，不許宴飲，不得迎送。裳服用布製成，專尙樸素，不加華飾。詔云：奉天承運皇帝詔曰：朕以薄德，迭罹天災，蝗旱頻仍，生民塗炭；寇勢披猖而莫勦，人心渙散以難收。皆由朕罪日深，是致朕心日拙。茲特詔爾朝野諸臣，直言無隱，盡諫無私，或禁閉邪心，或開陳善道。務使天心感格，世轉雍熙，庶得朕恪允中，臣民胥慶。爾其欽哉！」

徐鼒曰：興元罪己，軍士流涕。當日之詔，民胡不感？豈民情之不古若歟？苛政旣深，寇氛日迫，鋌而走險，何知愛君！有國者尙省厥愆於民心未去之日也。〕

闖賊陷明忻州，知州楊家龍死之。連陷代州，參將閻夢夔死之。

家龍字惕若，曲陽人；知寧鄉縣七年，流亡復業。遷忻，抵任，賊卽至，謂民曰：「此城必不守，我出，爾民可全也。」出城罵賊死。夢夔，鹿邑人。

闖賊進薄明寧武關，總兵周遇吉悉力禦之。

十五日甲戌，賊前鋒至大安驛，傳達京師，分遣僞官於山東、河南州縣代任。士民苦征輸之急，逐其官，執香迎導。乙亥，自成至忻州，官民迎降。進攻代州，五臺知縣某降。總兵周遇吉者，字萃菴，遼東錦州衞人也。性質魯，然用兵多智謀，起行伍，積功至京營游擊，數討河南、湖廣賊。自成之圍太原也，遇吉請濟師於朝，朝命副將熊通以兵二千赴援；叛將陳尙智迎之河干，令說遇吉降。遇吉叱曰：「爾統兵二千，不殺賊，反爲賊作說客邪！」斬之，傳首京師。賊逼代州，遇吉憑城固守，連戰十餘日，殺賊萬餘；兵少食盡，退守寧武關。〔考曰：諸書皆云，賊逼寧武關，周遇吉固守，不云先守代州，退守寧武，惟明史、綱目三編言之，蓋諸書以退守爲周公諱也。〕

徐鼒曰：不日何？闕疑也。或曰自成於十五日薄寧武，或曰十六日始至忻州。

己卯（二十日），明遣內官監制各鎮。

是時，始聞山西全陷，命內官監制各鎮：寧、前，高起潛；天津、通、德、臨、津，盧維寧；眞定、保定，方正化；宣府，杜勳；順德、彰德，王夢弼；大名、廣平，閻思印；衞輝、懷慶，牛文炳；大同，楊茂林；薊鎮中協，李宗化；西協，張澤民。兵部尚書張縉彥疏言：「糧餉中斷，士馬虧折，督撫危擔欲卸；若一時添內臣十員，不惟物力不繼，抑且事權分掣，反使督撫藉口。」不聽。

徐鼒曰：思宗卽位之初，親鋤逆奄，何其明也。天步孔艱，殷鑒不遠，初衷頓改，覆轍相尋。遂使悍帥以不敵奴才爲憾，叛監以富貴自在相嬉，豈天奪之魄歟？觀軍容使之書，綱目之所深惡也。

庚辰（二十一日），大雪，人凍死。

徐鼒曰：紀灾也。洪範五行傳曰：「聽之不聰，厥咎急，厥罰恆寒。」

辛巳（二十二日），明給事中馬嘉植、韓如愈以催解外項出京。

命催解浙、直、京、邊正項，並改折贓贖，及周延儒、朱大典、吳昌時贓銀。〔考曰：北略：戊辰日，諭刑部：張國維中樞溺職，一徒豈足以蔽辜。又諭：吳昌時，依律處斬；馮源等附近充軍，財產並罪輔周延儒贓產，籍沒充餉。

又諭：周延儒見賄忘法，本當全沒財產，量追二十萬，著周正儀、周弈封完納。吳昌時量追五萬，俱免籍沒。烈皇小識亦載此諭於闖賊至忻州之後。似昌時棄市，乃十七年二月事。而明史周延儒傳則云：癸未十二月，延儒賜繯，吳昌時棄市。北略引他書，亦云癸未十二月初七日五鼓，延儒賜繯，昌時棄市。且不應一日內論處斬、籍沒，又諭量追免籍沒也。疑論處斬、籍沒，乃癸未十二月，諭免籍沒、量追，乃甲申二月事也。附考於此。〕時賊信漸逼，諸臣託差南竄焉。

徐鼒曰：遣之也，曰以催解出京何？譏二臣之託而逃也。主憂臣辱，主辱臣死；褰裳去之，誰與事君？北略載同命者有內官王坤。略之何？無足責也。

明保定副將謝嘉福殺巡撫徐標，〔考曰：明史言總督兼巡撫。北略、烈皇小識俱言巡撫。〕偕知眞定府邱茂華叛降於闖賊。

徐標，濟寧人，天啓乙丑（一六二五）進士，巡撫保定右副都御史，時守眞定，斬賊使，碎僞牌。知府邱茂華聞賊警，先遣家人出城，標執茂華下獄。標麾下中軍謝嘉福〔考曰：紀事本末、北略俱云中軍某，惟戴田有保定城守紀略、陳僖甲申上谷紀事云：徐標行部至眞定，爲副將謝嘉福所殺。明史嘉福作加福。〕伺標登城晝守禦，劫而殺之，出茂華於獄。茂華遂檄屬縣叛降賊，時二十三日壬午也。近京三百里，寂無言者。

甲申（二十五日），闖賊陷明彰德，執趙王常諛。〔考曰：本明史諸王傳。〕

乙酉（二十六日），明以魏藻德、方岳貢爲文淵閣大學士。

藻德，順天通州人，崇禎庚辰（一六四〇）進士。廷試後，召對，因自陳戊寅（一六三八）清兵入時，臣爲舉人，守通州，遂賜狀元及第。累加少詹事兼東閣大學士，主癸未（一六四三）會試。無一建白，而爲明帝所親信。岳貢，湖廣穀城人，天啓壬戌（一六二二）進士。〔考曰：北略云：魏藻德順天涿州籍，應天上元人。方岳貢崇禎辛未進士。傳信錄云：藻德，順天通州籍。岳貢壬戌進士。按進士題名碑、傳信錄不誤。〕爲松江知府，有廉能聲。以戴罪徵逋，至無級可鐫，乃逮下獄。朝士訟其清，擢山東漕運副使；癸未九月，擢副都御史。岳貢上言：「清言路以收人心，定推遷以養廉恥，責吏治於荒殘，儲將才於部伍。」明帝是之。至是，進藻德禮部尚書、文淵閣大學士，總督河道屯練，往天津；進岳貢戶部尚書兼兵部尚書、文淵閣大學士，總督漕運屯練，往濟寧：蓋爲南遷地也。旣不果行，遂止藻德等不遣。

徐鼒曰：谷應泰謂時有言各官不可令出，出卽潛遁者，遂止二臣不遣。蓋循當日野史舊說也。吳偉業、文秉之書，謂是舉爲南遷地，得其實矣。官不備書何？譏二臣之不足任也。

明罷戶部尚書倪元璐，以大理寺丞吳履中爲戶部侍郎，管尚書事。

元璐，字汝玉，號鴻賓，浙江上虞人，天啓壬戌（一六二二）進士。時魏忠賢用事，媚奄者方請建祠國學；元璐以編修典江右試，以「皜皜乎不可尚已」命題，聞者咋舌。忠賢誅，逆黨猶據要路，立趙黨、孫黨、熊黨、鄒黨之目，以錮東林。崇禎元年（一六二八）正月，元璐疏曰：「凡攻崔、魏者，必引東林爲並案。夫以東林爲邪黨，將復以何名加崔、魏？夫東林亦天下之才藪也，但或繩人過刻，持論太苛，謂非中行則可，謂非狂狷則不可。議者能以忠厚之心曲原此輩，而獨持已甚之論苛責吾徒：臣所謂方隅未化者此也。韓爌淸忠有執，上所鑒知，而廷議殊有異同；詞臣文震孟正學強骨，二月言官，旨言獲罪，今起用之旨再下，謬悠之論日甚：臣所謂正氣未伸者此也。總之，臣論不主調停而主別白，不爭二臣之用不用而爭一日之是非。至書院爲逆璫矯旨拆毀，併宜葺復。」二年（一六二九）四月，又疏燬三朝要典，略曰：「臣觀挺擊、紅丸、移宮三議，閧於淸流，而三朝要典一書成於逆豎，其議不必不兼行，而其書不可不速毀也。主挺擊者力護東宮，爭挺擊者計安神祖；主紅丸者仗義之言，爭紅丸者原情之論；主移宮者弭變於幾先，爭移宮者持平於事後：各有其是，不可偏非也。而奈何逆璫害人則借三案，羣小求榮則又借三案，而三案之面目全非。於是崔、魏諸奸創立私編，標題要典。三案者，天下之公議；要典者，魏氏之私書。三案自三案，要典自要典，翻卽紛囂，改亦多事，惟有燬之而已。」明帝嘉納之。黃道周以建言忤時，不與經筵官選，元璐疏請以己秩讓之；由此益爲當事所忌，稍遷南國子司業。尋上制實八策、制虛八策疏，譏切朝政，中有云：「治之根本，惟在綵綸，勿以大猷付之悠忽，勿以瑣務示其周詳；恩怨不横於胸，好惡必循人性；毋徒傷元氣而情面仍浮，毋浮慕精明而叢脞實甚。凡侃言必有深慮，毋一筆抹殺以遏羣謀；凡至慮必有定歸，毋雙票游移以嘗上意。毋以意見仇獨立之士，毋以聲顏拒來告之人。」所言皆深中時病。甲戌（一六三四）除翰林院侍讀，上言：「邊臣之情歸命監軍，無事稟成爲恭，寇至推諉百出；陽以號於人曰：『吾不自由也。』陛下何不信賞必罰以待其後，而必使近習之人使藉口迄用無成哉！始陛下曰：『行之有績卽撤。』

今行之無績，益宜撤。」不聽。乙亥（一六三五）轉國子監祭酒，丙子（一六三六）四月，有黃安縣生員鄒華者薦舉朝士，列元璐名。元璐因上言：「鄒華下士，薦及朝紳，如是而望朝廷之上昂首舒眉，豈可得乎！」明帝是之。七月，誠意伯劉孔昭劾元璐以妾冒妻封，遂罷歸。（考曰：本北略。又傳信錄云：丁丑，遂放歸。北略載劉孔昭之參在丙子七月。）壬午（一六四二）冬，大清兵薄淮、徐，起元璐兵部侍郎兼學士；元璐募健丁數百騎，夾馳入京。明帝聞之甚喜，召對，條賊情邊事稱旨，命具本以聞。元璐上言：「制東邊宜分東西二路，而幷力攻東路，東破則西自解。圖闖賊宜以九江爲中權，武昌爲前茅，淮陽爲後勁。又宜假督輔以利權，一切屯鑄鹺榷之務悉聽便宜。」又爲邊防用閒一疏，明帝嘉納之，擢戶部尚書。元璐以浙人例不爲戶部辭，不許。時言利者進開採之策，元璐疏言開礦有六害，議遂寢。闖賊入秦，元璐奏賊既入秦，則圖賊不在秦而在晉，晉有備而後進可攻、退可守；請蠲沿河租稅，多築敵臺，汰冗兵，厚死士。未及行，而山西陷。至是，當事者謂詞臣不任錢穀，解元璐部務，還講筵。以大理寺丞吳履中爲戶部侍郎，管尚書事。履中爲御史時，有聲，嘗上言用溫體仁、楊嗣昌爲二失；旣管部務，無所表見。京師陷，元璐投繯死，履中竟降賊被掠。

徐鼒曰：連書二事何？譏黜陟之不當也。元璐侃侃持論，深識事機，臺省諸公，無出其右，而乃置之閒散之地，易以闒冗之才，甚矣思宗之闇於用人也！

丁亥（二十八日），明徵天下兵勤王，召對羣臣於文華殿。

先是，左都御史李邦華與左庶子李明睿私議南遷，上親行與東宮孰便，明睿曰：「太子少不更事，稟命則不威，上親行便。」〔考曰：本北略。〕邦華恐朝論不合，欲以太子居南中爲之漸，疏曰：「國家並建二京，原以供時巡、備居守。皇上卽不南遷，宜令太子、諸王居舊都，一繫天下之望。臣南人也，必有言臣以遷自便者，臣願隨皇上執管鑰，而分遣信臣良將扞牧圉以南發。皇太子以撫軍主器之重，暫違定省，號召東南，共圖滅賊，卽皇上赫聲濯靈，益以丕振。上以副二祖之成算，下以定四海之危疑。」疏未下，有旨命諸臣會議戰守事於東閣。明睿見衆論狐疑，未有所定，奮曰：「易云『利用爲依遷國』，尚書盤庚言遷事，唐再遷而再復，宋一遷而南渡，諸君何所疑而諱言遷乎！」朝士錯愕未應，惟少詹事項煜與邦華計頗翕。翼日，明帝怒坐平臺，召閣臣前曰：「憲臣密奏，勸朕南遷。」陳演〔考曰：綏寇紀略第言召閣臣，無陳演、蔣德璟名，此據三朝野紀補。〕因以明睿、煜姓名及持說本末奏。明帝曰：「祖宗辛苦百戰，定鼎此土，賊至而去，何以責鄉紳士民之城守者！何以謝失事諸臣之得罪者！且朕一人獨去，如宗廟社稷何！如十二陵寢何！如京師百萬生靈何！逆賊雖披猖，朕以天地祖宗之靈，諸先生夾輔之力，或者不至此。如事不可知，國君死社稷，義之正也，朕志決矣！」蔣德璟曰：「太子監軍，亦萬世計。」明帝曰：「朕經營天下十幾年，尚不濟，孩子家作得甚事！」明日，給事中光時亨參明睿邪說。明帝面詰時亨曰：「一樣邪說，只參明睿，何也？諸臣平日所言若何，今國事如此，無一忠臣義士爲朝廷分憂，而所謀乃若此邪！」先是命科臣左懋第往南中察舟師士馬之數，天津巡撫馮元颷請以輓漕之三百艘待命於直沽口，密旨允行。明帝非不欲南遷，自慚播越，將俟舉朝固請而後行；而陳演輩既不肯擔事，又賊鋒已蔓，無萬全策，故藻德、岳貢河漕之命已行而中止。演之罷相前一日也，明帝有「朕要作，先生偏不要作」之語，蓋深以爲憾也。

徐鼒曰：計六奇之言曰：邦華以身殉國，是南遷之議，所以愛君而非以避死也。獨是明嗇之說亦有未善者：上縣行於賊未至時，則人心駭懼，都城勢若瓦解；遷於賊之將至時，則長途荆棘，有狼狽之憂。故爲上計，不如死守社稷，得古今君道之正；而令大臣默輔太子南行，以鎮根本之地，繫天下之心，號召東南爲勤王之舉，此當日良策也。乃君愛其名，臣惜其死，盈廷聚訟，無肯執咎，哀哉！

戊子（二十九日），明陳演免。

演，四川井研人，在閣一無籌畫，惟以賄聞。王永吉之請撤寧遠入衞也，演與魏藻德持不可，且謂寇無足慮；後召對羣臣，明帝私語演曰：「此事要先生一擔。」演默然不答，蓋言南遷事也。賊逼，演不自安，且謀脫禍，遂引疾入辭，自言無狀當死。明帝怒曰：「汝死不足蔽辜」，叱之出，猶賜路費五十兩，馳驛歸。演貲多，不能遽行，延半月而及禍。

徐鼒曰：不書官何？削之也。聞之錢䵸曰：演於周延儒罷後，頗見信任，一時臺省拜延儒門下者盡投演門。帝微聞其負寵，私語臺臣曰：「人言演不廉，奈何？」答曰：「曾是此相而不廉乎？」嘻，觸邪之臣而公論如此，明之所以亡也。

三月己丑朔，明昌平兵變。

昌平兵譟，焚劫一空，命撫臣何謙帶罪安職。

明京師戒嚴。

所向。

李自成入畿輔,京師洶洶,傳賊且至。明帝諭府部:寇氛孔棘,戒嚴城守。命部、院、廠、衞、司捕各官譏察奸宄,申嚴保甲之法。設邏卒,禁夜行,巡視倉庫草場。是日宣府告急,命鎮朔將軍王承胤偵賊所向。

明諸生張鐸請太子監國南京。

是日,召見鐸於中左門,鐸言三策,首請太子監國南京,擇重臣輔之。

徐鼒曰:特書何?明監國爲當日之要策也。

明魏藻德請自出京議餉;不許。

藻德爲脫身計,明帝諭在閣佐理;命黃希憲、路振飛加意兵餉。

徐鼒曰:不許矣,猶書之何?誅藻德之心也。

明釋遣戍有罪內官朱晉等閒住。

徐鼒曰:大臣在獄者尙多,不之釋,而釋內官何歟?特書之,譏思宗之闇也。

闖賊陷明寧武關,〔考曰:計六奇曰:抄本載三月初一日,寧武陷。遺聞載三月初八丙申陷。編年載之陳演乞休後。甲乙史載三月初九日丁酉,屠寧武。他本第云三月而不誌日,獨本傳載二月二十四日屠寧武,以楊志榮出揭陳顚末,則本傳似爲有據。莫釐山人曰:按遺聞相持半月,則宜以三月初一日爲據。〕太子少師、中軍都督府左都督、鎮守三關總兵周遇吉,兵備副使王孕懋死之。

自成薄寧武關,傳檄:五日不下,且屠。遇吉悉力拒守,砲傷萬餘人。會火藥盡,或言:「賊勢重,可款也。」遇吉曰：「戰三日，殺賊且萬，若輩何怯邪！勝之一軍爲忠義，不勝縛我以獻，若輩可無恙。」於是開門奮擊，殺賊數千人，夜率壯士二百縋城入賊營，復大敗之，賊退二十里。持半月，而援兵不至，乃開門僞降，伏健兵，殺其四驍將。遇吉平時購選部下胡婦二十人，人皆絕悍，騎射精捷，支粟與裨將俸等，選健丁之無藝者各一人，事之如夫婦，臨陣非至急不役胡婦，以故殺賊過當。賊既屢創，懼欲遁。或爲賊謀曰：「我衆彼寡，但使主客分別，以十擊一，蔑不勝矣。請去帽爲識，見戴帽者輒擊之。」引兵復進，我兵不能支，城遂陷。遇吉徒步跳盪，手格殺數十人，矢集如蝟毛。被執，罵不絕口，賊縛之高竿上，射殺之。〔考曰：遇吉之死，或曰縛之高竿上射死，或曰磔於市，或曰自刎。〕夫人劉氏亦驍勇多能，率婦女登屋而射，矢無虛發。賊縱火焚之，盡死。胡婦二十人者伏室中，洞開其門，繫遇吉所乘駿馬於衢。賊衆固心憚遇吉，不敢驟窺其室，而又豔心駿馬，試引牽之，胡婦即發强弩，連斃數百人，矢竭，亦赴火死。孕懋，字有懷，霸州人，以進士歷太原知府，遷寧武兵備。賊遣說降，孕懋斬之，與遇吉共守。孕懋既自殺，妻楊氏亦投井殉之。賊憤甚，遂屠寧武。自成檢前後殺死將士凡七萬人，曰：「寧武雖破，死傷過多，自此達京師，大同、宣府、居庸重兵數十萬，盡如寧武，吾輩豈有孑遺哉！不如還陝圖後舉。」夜既深，忽報大同總兵姜瓖降表至，自成喜甚，厚款之。坐甫定，而宣府總兵王承胤表亦至，〔考曰：宣府總兵王承胤，北略作王通。按前後史有王承胤無王通，或承胤亦名王通歟？〕且以百騎來迎。自成遂一意長驅，既入京師，有半面失手足者，皆寧武所砍傷，嚙指告人曰：「周總兵眞好漢，再有此一鎭，我屬安得到此！」故言遇吉者，莫不驚嘆悚服，號稱大人。

徐鼒曰：備書官何？嘉死節也。全晉失守，畿內土崩，寧武一關，岌然孤注，而乃以即墨未下之城，効睢陽死守之節，雖螳螂當車，有類丸泥之勢，而老羆臥道，足寒貉子之心。迨乎登樓射賊，闔室灰塵，麾娘子之軍，婦女知義，縣將軍之胄，雖死猶生；此志也，與日月爭光可也。若孕懋者，附驥尾而彰矣。

庚寅（初二日），明帝召對百官。

召府、部、錦衣、詹、翰、科、道各官於中極殿，問禦寇策。奏對者三十餘人，皆考選科道練兵加餉常談，駙馬鞏永固請簡重臣守都城，聖駕南巡，徵兵親討。明帝意不決，諸臣亦皆言其誕妄；既退，乃議分守九門。是日，大學士蔣德璟允放歸。

明命內監及各官分守九門，諭文武官輸助。

京城武備積弛，太倉久罄，命各門分守，勳臣一，卿亞二，諭文武輸助。初議僉民兵，魏藻德曰：「民畏賊，一人走，大事去矣。」明帝然之，禁民上城。

徐鼒曰：不曰命各官及內監，而曰命內監及各官何？譏思宗之信任宦官也。

辛卯（初三日），明大學士范景文、都察院左都御史李邦華等請奉太子撫軍江南；（考曰：李邦華之請，甲乙史以爲初六日事；燕都日記亦然。）給事中光時亨阻之，不果行。

是日，李建泰疏請南遷，明帝召對平臺，景文、邦華暨少詹項煜請先奉太子撫軍江南；時亨大聲曰：「奉太子往南，意欲何爲？將欲爲唐肅宗靈武故事乎？」景文等遂不敢言。明帝復問戰守之策，衆臣默然。明帝嘆曰：「朕非亡國之君，諸臣亡國之臣爾！」遂拂袖起。

徐鼒曰：曰阻之不果行何？罪時亨之誤國也。聞之計六奇曰：使時亨罵賊而死，雖不足贖陷君之罪，尚可白志之靡它，而竟躬先從賊，雖寸斬亦何以謝君於地下乎！然則守國之說，借孤注以要名，而非所以忠君也。

明命原任兵部尚書張國維催督浙、直兵餉。

國維字玉笥，東陽人，天啓壬戌（一六二二）進士，知番禺縣。崇禎元年（一六二八）擢刑科給事中，劾罷魏黨，〔考曰：繹史有劾魏黨爲忠賢所逐云云，誤也，國維於崇禎元年始擢給事中。〕**陳時政五事，進禮科都給事中，遷太常少卿。七年（一六三四），授僉都御史，巡撫應天、安慶等十府。是冬，賊犯桐城，官軍覆沒。國維年方壯，一夕鬚髮頓白。請於朝，割安慶、池州、太平，別設巡撫，以史可法兼任其事，安慶之不隸江南，自此始也。又於蘇、松間捍海築塘，濬渠通漕，民德之。入爲兵部尚書。十六年（一六四三），大清兵入畿內，檄趙光抃拒戰螺山，師潰，言者交詆之，逮下獄。國維知庫藏空虛，乃倡開事例一法，殺人行劫者，皆得輸金贖罪。謂己一至江南，數百萬可立致。明帝頗惑其說，會蘇民詣闕乞貸，即宥出，召對中左門，以原官馳赴江、浙督餉。拜命後，星夜南行，得不及於難。**

徐鼒曰：聞之李遜之三朝野紀曰：國維在諫垣時，不附同鄉溫體仁之黨，然亦不爲崖異。鎮撫蘇、松，與民休息，民頗頌之。中樞之任，值時事多艱，科道交章論列，有曰「深揖打恭，便成職業」，亦略其大而苛其細也。弘光時再任戎政，先幾乞身。南都既覆，錢塘畫守，卒能竭力盡節，以死畢事。噫，是亦可以傳矣！汲汲避害，或欲留其身以有爲乎！文秉烈皇小識之言，或已刻歟！

壬辰（初四日），明欽天監奏帝星下移。詔百官修省。

時災異迭見，二月，塡失光道，星如雨下，熒惑怒角，河鼓坼，搖光坼芒角，黑眚；三月朔，營頭晝隕，聲如雷，東南蚩尤旗見。大學士魏藻德夜聞刀兵之聲，入其寢，舉家又聞哭泣聲。太倉張采家李生黃瓜，采嘆曰：「李生黃瓜，民皆無家，亂其至矣。」常州五牧鎭農家陳姓者，其壁上日影中，見行人來去不絕，長不盈尺，頭面鬚髮手足畢具，或持兵器，或車騎冠履，或甲冑，最後一人衣黃袍，冕旒乘輦，羣力士擁衞之。觀者如堵，一月始滅。是日欽天監奏帝星下移。詔百官修省，而羣臣飲酒高會，如太平時。

徐鼒曰：傳信錄謂羣臣高會如太平時，其言或未信乎？鼒聞之京師父老曰：正陽門外梨園館，自成入彰義門始踉蹌散。然則范門聞鐘事倘不謬。

明封諸將。

詔封總兵吳三桂平西伯，左良玉寧南伯，唐通定西伯，黃得功靖南伯，給敕印。劉澤淸、劉良佐、周遇吉、高傑以下，予級有差。

明福、周、潞、崇四王南奔。

先是，詔諭諸藩捐貲守國；乃往往寇未至而長史、推官倡議遠遁。有韓王、益王者，亦棄藩他避，諭令回國。

徐鼒曰：特書何？爲南都議立張本也。

闖賊陷明大名府，兵備副使朱廷（按：原誤庭，據明史本傳改）煥死之。

廷煥，單縣人，崇禎甲戌（一六三四）進士，以知府累遷兵備副使。（按：明史本傳作知廬州大名二府，即以兵備副使分巡大名。）知時勢將傾，託其幼子於鎮江知府錢良輔。賊將劉宗敏傳牌至，廷煥碎其牌，勵衆戍守。城陷，賊縛廷煥大木上，射之，罵不絕，死，合家殉焉。

明命襄城伯李國禎提督城守。〔考曰：傳信錄、燕都日記以襄城伯李國禎提督城守爲初四日事，北略記於初二日，又註於初五日。〕

國禎有口才，數言兵事。先是，請於京營外選練，俸糧增給，歲費二十餘萬，乞御書營額；明帝親書「共武堂」賜之。京師外城庳薄，自左安門迤西，無復新河之阻，御史裴希儁請挑窩坑限馬足，於總監協三臣內分一人專任外城，國禎請率所領當新橋南之衝，明帝以爲能。癸未（一六四三）八月，使代恭順侯吳維英總督京營戎政。賊旣逼，明帝問曰：「卿平日言强兵足餉，今日奚若？」應聲曰：「臣兵未嘗不强，皇上無餉耳。」每召對，大臣多跪奏，國禎立語睨視，幾無人臣禮。被命督練兵守門，國禎日坐西直門，兵無主帥，亦無實籍，賊至遂潰。

徐鼒曰：予始讀陳濟之再生記謂國禎爲賊所逼，作詩痛哭，服藥死。又無名氏燕都記謂國禎見自成以頭觸地，爭三大事，闖從之，斬衰送葬畢，縊死。以爲言不謬也。長讀魏禧集，力辨其非；後讀乾隆四十一年大學士舒赫德、于敏中奏採訪明季殉節事，有李國禎誤國辱身，而谷應泰紀事本末乃謂其激烈殉義，足見野史之冒濫難憑云云。疑野史中無紀其實者矣。晚得錢䡵甲申傳信錄讀之，委曲詳盡，載之以爲丹書焉。

癸巳（初五日），明李建泰兵潰於河間。

建泰病甚，兵遂潰。戊戌，寧武報至，京都大震。程源謂魏藻德曰：「建泰何爲尚住河間！其標下總兵馬稔有兵萬人，令速赴居庸與唐通協守，猶可鎮撫萬一。」不聽。

徐鼒曰：曰潰於河間何？罪建泰之逗留也。出師四旬矣，猶在河間乎！赤眉之衆已踏破乎長安，高克之師猶逍遙乎河上。易曰「弟子輿尸」，使不當也。

闖賊陷明河間，知府方文耀死之。

文耀，龍溪人，以郎中擢知河間府。城陷，不屈，賊杖之，罵不絕，死。

徐鼒曰：諸書不載河間陷日，書於兵潰河間後何？蒙河間之事而類書之也。北略紀南宮知縣彭士宏殉節事，亦不載城陷日，附記於此。賊長驅畿南，所至款附，士宏勵衆城守。衆謂邑小不支，士宏曰：「擊賊不勝，死亦瞑目！」衆環泣曰：「如生靈何？」士宏知人心已去，緋衣坐堂上。賊入問：「何不備糗糧？」士宏罵曰：「我朝廷官，而爲賊備糧乎！」賊怒斬之。

明設黃綾册，募百官蠲助；封疆重犯，許蠲贖。

吏部尚書李遇知議以勳戚世臣加爵，大小諸臣論奬，各捐助餉銀，在獄犯官如曾纓、董象恆、侯恂、王志舉、王永祚、陳睿謨、鄭三陽凡七人，充餉贖罪。

徐鼒曰：予少時讀野史，謂京師戒嚴，帝不發內帑，守城兵人給錢二十，令妓家出銀五錢，百金之家亦出銀五錢，人心益離。後自成入京，取銀十七庫。竊怪思宗之多藏厚亡也。繼讀某氏崇禎遺聞曰：熹宗在位七年，帑藏懸罄，將累朝所貯銀甕、銀盌、尊鼎重器，輸銀作局傾銷，故餉銀多有銀作局三字者。甲申（一六四四）春，廷臣請勳內帑。夫內帑惟承運庫耳，錢糧解承運庫者，一曰金花，二曰輕齎；金花銀所以供后妃金花及宦官宮妾賞賚，輕齎銀以爲勳戚及京衞武臣俸祿。承運庫外有甲乙等十庫，貯方物者也。天財庫貯錢者也，古今通籍庫，貯書畫符券誥命者也，東裕庫貯珍寶者也，外東庫亦貯方物，無金銀也。城破惟東裕庫珍寶存耳，安有所謂十餘庫積金者，而紛紛謂懷宗不發內帑者何哉！予始信野史之誣，而又怪數百年之積累，何匱乏若是也！及觀吳偉業綏寇紀略補遺謂祖宗朝藏鏹累萬萬，自逆奄大去其籍；守者見上明察，恐闕而爲罪，相戒弗聞。錢軹甲申傳信錄云：闖搜宮黄金止十七萬，銀止十三萬，皆因魏璫與客氏偷空；闖甚失所望，夾官搜銀之令由是酷矣。然則偉業謂豎頭須誤之，豈不諒哉！

甲午（初六日），明始棄寧遠，徵王永吉、吳三桂率兵入衞。

徐鼒曰：曰始棄何？惜行之晚也。

明徵唐通、劉澤清率兵入衞；澤清不奉詔，大掠而南。

澤清白面朱脣，甚美；將略無所長，惟聲色貨利之是好。初，以總兵鎭山東，率五千人渡河救汴，壁壘未成，賊來爭，相持三日，互有殺傷，忽拔營去，惶遽奔迸，士卒爭舟，多溺死。癸未（一六四三）七月，請於青、登諸山開礦煎銀；〔考曰：北略載二十五日甲申，總兵劉澤清請於青、登諸山開礦煎銀，著巡撫設法。按時事不應有此，南略以爲癸未七月事，近是。故附辨於此。〕詔巡撫設法。甲申（一六四四）二月，移澤清鎭彰德，不奉詔，而虛報捷。〔考曰：劉澤清虛報捷事，北略載於三月初十日，誤也。澤清已南下矣，何暇爲此！當在移鎭彰德時。〕命以兵扼眞定，又不從；大掠臨清南下，所至焚劫一空。通八千人入衞，壁齊化門外，陛見曰：「臣藉二祖列宗之威靈，皇上如天之覆庇，願捐軀報効，使元兇速就殲夷。」明帝慰勞倍至，賞銀四十兩，其兵八千八十二人，人銀五錢。命太監杜之秩監其軍。通不悅，謂：「上大帥我，又以內官節制我，是我不敵一奴才也！」隨奏衆寡不敵，當往居庸關，設險以待；拜疏即行，不俟朝命。是日，大同告急，命內官謝文舉火速赴任。

徐鼒曰：曰不奉詔何？罪澤淸之跋扈，且爲南都四鎭專橫張本也。

明論平浙寇許都功，擢紹興推官陳子龍爲兵科給事中；不受。

子龍，字臥子，松江華亭人。幼穎異，工舉子業，治詩古文宗法魏、晉。以經世自任，與郡人立幾社，海內宗仰之，與江右艾南英齊名。登崇禎丁丑（一六三七）進士，授惠州推官，改紹興推官，折節下士。東陽諸生許都者，豪傑自喜，嘗從上海舉人何剛學，剛謂之曰：「子居天下精兵處，高皇帝嘗用之平亂矣，盍不成一旅以待用乎？」都歸，散財結客，招致數千人，陰以兵法部署，思得一當。同郡舉人徐孚遠見而奇之，謂子龍曰：「許都國士，朝廷方破格求才，倘假以職，隱然干城也。」子龍因與都遊，數薦之，上官不能用。東陽令姚孫棐，桐城人。託備亂，斂士民貲，坐都萬金；都家實中產，自請減輸。適義烏奸人假中璫名招兵，事發，於都無涉也，孫棐文致之，摘所刻社稿姓字，謂都結黨謀逆，持之急。時都有母喪，會葬山中者數千人。孫棐疑有變，遽告監司王雄。雄遣使收捕，都黨有馮龍友、戴法聰者，萬人敵，拒捕者，即葬所用白布裹頭而反，故人號曰「白頭兵」，擁都爲主。旬日間，聚衆數萬，下東陽、義烏、浦江，遂逼郡城。然都一無所殺掠，遣從者謝長吏而已。巡按御史左光先與孫棐同里，聞變卽調兵行勦，所至屠掠；民各保寨拒敵，官兵大敗。王雄欲撫之，語子龍曰：「賊聚糧據險，官軍不能仰攻，非久持不克；我兵萬人，止五日糧，奈何？」子龍曰：「都昨遣使投誠，某以事大未許，今惟有進勦耳。」方拔營，而都使再至，子龍請自往察之，遂單騎往責都。〔考曰：北略、三朝野紀紀子龍諭許都，乃遣蔣若來齎書往諭都與其同事十三人詣獄。繹史、綏寇紀略補遺謂子龍單騎往諭，挾都見雄，復挾都徇山中，散遣其衆，始以二百人來降。紀各不同。　鼒按北略載二月二十二日，御史吳邦臣奏浙寇立翦，諭部陳子龍、蔣若來才長定亂，作何優異。是蔣若來齎書往諭可據，但齎書後，都未必卽降，且其衆未散遣，殺都而安得不亂，則必如繹史紀略所云而後可也。蓋蔣若來齎書往諭，都有降意，子龍始單騎再往耳。綏寇紀略補遺略同。繹史但謂都遣使投誠，無齎書往諭事。又以蔣若來爲游擊，破都圍婺之兵，與北略以蔣若來爲生員少異耳。今依綏寇紀略詮次，而錄其異文如此。〕曰：「汝以豪傑自命，今何故反！官兵四面至，汝棲窮山，旦暮耳。」都泣而訴東陽令，且曰：「惟公活之！」子龍曰：「汝罪無生理，今惟自縛見王公，幸得不誅，勦賊自贖耳。」都慨然曰：「請從公往。」其黨大譁，以爲當決死戰，往則受縛耳，因欲加刃於子龍。都遍諭之，始寂然。遂以三騎從出山，子龍陰計，向順者惟都，其黨皆不可測，官兵欲得都以爲首功，萬一都出，爲別營將士所奪，則撫局壞而餘黨必叛。因語都：「將士無不欲剸刃於若，若至營，但稱都部將。」都然之，夜半至營，子龍馳入見雄，告以故。雄召都諭之曰：「爾歸語都，若以二千人自縛，當待以不死。」都唯唯。子龍乃復挾入山中，衆以都不返也，皆甲以待，見都至，則大喜，願散去。乃以二百人降，王雄喜於免過，而諸將東謂賊可反掌得，懷忿煽浮言，比登山，見狹隘險絕，始咋舌不敢言。然猶託名搜巢，縱火燒民居，殺人者數十里。婺郡紳姜應甲者，必欲誅都。子龍以殺降不祥，力爭，不得；請誅首惡，赦從者，又不得。竟殺都等六十餘人於江滸。三月初六日，光先奏大寇就殲。有旨陳子龍定變可嘉，授兵科給事中，子龍深痛負都，不赴也。紀其事曰：激變之虐令不誅，受降之功績不敍，官軍勦殺平民，株連無辜，賊平數月，猶騷擾不得寧云。

徐鼒曰：都非寇也，曰浙寇何？懲亂萌也。都以一書生處亂世，好兵聚客，走險拒命，既昧保身，又干國紀，所謂好勇不好學歟？予以恕詞，非所以懲亂也。若子龍者，君友之間，兩無負矣。不受者，嘉子龍，且以赦都也。

乙未（初七日），明總兵姜瓖叛，降於闖賊，大同陷；〔考曰：明史帝紀載三月庚寅朔，賊至大同，姜瓖降。按三月己丑朔，非庚寅朔，帝紀誤也，茲從北略，傳信錄紀於初七日。〕代王傳𪉖、巡撫衞景瑗等死之。〔考曰：明史、綏寇紀略、三朝野紀、烈皇小識載同死者有督理糧儲戶部郎中徐有聲。按北略載有聲於從逆諸臣下，註僞戶政府屬。傳信錄載入跖餔遺鬱，註再四掠死。似有聲無死於大同事。又按王巖異香集巡撫朱公傳作總兵徐三樂、郎中朱有聲，豈死事者自朱有聲，涉徐字而誤乎！然與他書不合。又明史載同死者有山陰知縣李倬，廈門志有大同參將陳弼心，他書亦不載，附錄以備考。〕

景瑗，字仲玉，號帶黃，陝西韓城人。天啓乙丑（一六二五）進士，崇禎四年（一六三一）以推官徵授御史，劾首輔周延儒、侍郎曾楚卿憸邪，不見納。出按眞定府，父喪，不俟命竟歸。服闋，起故官，疏救給事中傅朝佑等，忤旨，左遷行人司正。歷尙寶、大理丞，進少卿。十五年（一六四二）春，擢右僉都御史，巡撫大同，聲績甚著。自成之入西安也，楡林總兵姜讓先趨降，大同總兵姜瓖，讓之弟也；自成將犯山西，宣大總督王繼謨檄瓖扼河上；瓖納款而還，〔考曰：本傳信錄、明史衞景瑗傳。按瓖之叛，既云降於大同，而諸書又言自成至宣府，叛將白廣恩以書約總兵姜瓖降。北略補遺載廣恩書曰：「侍生某頓首拜：國事如此，台臺稔知，無容置喙矣。但我輩久爲文臣所抑，不啻狗馬之賤。今闖王强盛，奸佞在朝，我輩雖欲樹功，決至反招奇禍，不若共建降旗，以圖富貴，台臺諒能鑒其始終而幡然從事矣。特此奉約，仍乞賜鴻音，以慰下懷。戎事旁午，餘不盡贅」云云。是瓖降於宣府，非降於大同乎。非也，大同、宣府之陷，只間一日，聲勢相連，或瓖已降於大同，而廣恩不知，故以書招之，或廣恩書在前，其實瓖不待廣恩之約而始降也。前寧武叛之夜，已云姜瓖降表至矣。蓋大同、宣府之陷，俱由 姜瓖，故記大同事者載之大同，記宣府事載之宣府，紀居庸事並載之居庸，其實均不妄也。〕而景瑗不知也，邀瓖歃血守。瓖因宣言曰：「巡撫秦人，將應賊矣！」代王疑之，不見景瑗。會景瑗亦以足疾不時出，瓖因得主兵事，僞遣兵助諸郡王分門守。賊抵城下，瓖卽射殺永慶王，開門迎賊，紿景瑗計事。景瑗出，始知其變也，罵瓖曰：「反賊，與我盟而叛，神其赦汝邪！」自成執景瑗之母，脅降。景瑗曰：「此膝不屈第二人，可卽殺我，我固應痛詈汝，以老母姑忍耳。」大呼皇上而哭。自成曰：「忠臣也，勿殺！」景瑗頭觸石，血淋漉。拘之營中，數日，自經於海會寺。母夫人之被執也，曰：「我命婦，子爲大臣，豈食賊食！」亦罵賊死。兵備道朱家仕，陝西河州人。瓖之迎降復入城也，其部卒見家仕，驟馬衝之。家仕見事去，反走入署，出槖金二千，給從吏曰：「我未取大同民一絲，此皆自攜來，今罄囊與汝輩，爲我疊石揜井，以畢我志。」舉家十六人盡投井中，衆爲揜土，哭而去。總兵朱三樂自刎死。生員李若葵合家九人自縊，先題曰：「一門完節」。代王並其宗室遇害。知府董復、鄉官韓霖俱降。自成入城，縛姜瓖而數之曰：「朝廷以要害重鎮寄若，若何首降？」命斬之。闖將張天林〔考曰：三朝野紀作張天琳。〕曰：「殺降非所以勸歸順也。」遂釋之，以天林鎮大同。瓖謝之，天林曰：「國家創業，招徠固應如此，何謝爲！」自成趨宣府，瓖復請先導，至陽和，語其次弟瑄並降賊。及自成之敗於關門而遁也，瓖走陽和，假瑄部疾趨大同。城守者聞吳三桂兵且至，不欲啓，天林曰：「此獨瓖來，必酬勸王不殺也。」命啓門。瓖入，即斬天林并其黨何天相等，據寧武、代州沿邊諸邑，投誠大清，睿親王多爾袞令攝總兵事。瓖請以明棗强王裔朱鼎珊嗣藩大同，奉明宗祀；睿親王切責之。旋隨英親王阿濟格征陝西有功，統攝宣、大諸鎮。順治六年（一六四九），以叛誅。

徐鼒曰：瓖之請以明裔嗣藩也，爲故國計乎？欲挾以自重耳。一門賊子，兩朝罪人，據其顛末，見鴟梟之終不革心也。

明以翰林院庶吉士陳名夏爲戶兵兩科給事中兼翰林院修撰。〔考曰：陳名夏之命，北略載於初九日。〕名夏先有招募山東義勇等事疏，是日，召對中左門，因言淮、揚要害，宜練兵重鎮，稱旨，即御前拜是命。時檢討方以智、行人劉中藻〔考曰：中藻北略、傳信錄云官行人，南疆繹史同。或作中書，誤也。〕各請出外募兵，俱不報。城陷後，名夏降於賊。順治二年（一六四五），降於大清，積官至弘文院大學士，順治十一年（一六五四），以事誅。以智，字密之，桐城人。中藻，字薦叔，福安人；事見後。

丙申（初八日），大風霾，晝晦。

是日，明帝召戶部侍郎吳履中問庫銀幾何？對曰：「僅存八萬。」明帝曰：「以備城守，邊餉不可發。」履中言：「若無九邊，京師安守！」不聽。

明副總兵姜瑄、道臣于重華叛降於闖賊，陽和陷。

瑄，卽讓、瓖之弟也。〔考曰：明史云：瓖兄瑄，故昌平總兵也，勸瓖降，似瑄降賊在前。又明史亦無姜讓其人，今從傳信錄。〕重華，青城人，以邊材薦仕者。迎賊十里外，官民或椎牛載酒以先，或預爲大膳進食，至有掠民子女以獻者。

明監視宣府太監杜勳、總兵王承胤叛降於闖賊，宣府陷。〔考曰：北略載初八日，宣府陷，初九日，陽和陷。傳信錄互異，按傳信錄近是。三朝野紀云：賊旣陷陽和，長驅至宣府，陽和在大同之西，無陷在宣府後之理。北略引朱之馮傳則云十一日賊抵城下。〕巡撫朱之馮等死之。

之馮，本名之裔，字樂三，〔考曰：北略云：字樂山，號勉齋。王巖異香集云：字德止。茲從明史。〕徐州人，入順天大興籍。中天啓乙丑（一六二五）進士，〔考曰：本題名碑錄、異香集。〕崇禎二年（一六二九），由主事進員外郎，坐事謫布政司理問，遷行人司副，歷刑部郎中、浙江驛傳僉事、青州參議，捕盜擊豪强，有聲，進副使。齎表入都，寄家屬濟南。城破，妻馮氏匿姑及子，而自沈於井。姑李氏聞之，絶粒死。之馮廬墓側，服闋，起河東副使，殺通賊大猾朱全宇，部內以寧。之馮自妻死，不再娶，上疏曰：「婦事夫，猶臣事君也；臣婦馮氏不負臣，臣敢負國乎！臣於國，願如臣婦之於家也。」請改名之馮。十六年（一六四三）正月，擢右僉都御史，巡撫宣府。是時賊由陽和長驅至宣府，之馮登城誓衆。而勳與承胤已納款矣，懼之馮不從，乃請之馮守北城。之馮慮京師失北門，疏請重兵守居庸。賊諜聞之，曰：

「撫院以人心離叛，請兵屠矣。」會朝廷命一將屯保安，衆益譁。俄賊至，勳裨砲鳴騶，出城三十里迎賊，之馮尚登陴懸賞，無一應者，叩頭曰：「願中丞聽軍民納款，全一城性命。」俄報賊已從南門入，滿城百姓，胸前黏「順民」二字，焚香跪接。之馮憤甚，指紅夷大砲曰：「汝曹試發之，可殺數百人。賊雖殺我，無恨矣！」衆莫應，自起燃火，兵民競挽其手，之馮乃奪士卒刀自刎。〔考曰：朱之馮之死，紀事本末、三朝野紀云自刎，甲乙史、烈皇小識云賊殺之。北略引本傳則云縊死。又諸書有云：鄉紳張羅彥自殺，誤也。羅彥死於保定之陷，與宣府無涉，詳見戴田有保定城守紀略。〕衆棄其屍於濠中。後自成兵敗，前任巡撫李鑑舉兵誅僞將，求之馮屍，死五十餘日矣，面如生，奠而葬之，以姚時中配享。時中者，宣府廩生也，知監鎮有二心，嘆曰：「以死勤事者朱中丞耳，吾當從其後。」題壁孔子廟曰：「殺賊無權，偷生不義，妻子無知，付之不計。」衣巾自縊死。〔考曰：本異香集、史外。〕同時死者，督糧通判朱敏泰、副將寧龍、繫獄總兵官董用文、副將劉九卿、在籍知縣申以孝，其他婦女死者，又十餘人。

徐鼒曰：諸書言姜瓌降於宣府，此言總兵王承胤何？紀實也。瓌叛而後瑄叛，瑄叛而後陽和陷，賊得長驅至宣府，記事者追敍之情事然也。實則宣府自有總兵。王承胤亦名王通，傳信錄謂其欲縛之馮以降，北略引朱之馮傳，謂通已潛遣騎齎降表迎賊，故自成陷寧武關夜，有瓌與承胤表至云云也，烏可歸獄於瓌而使承胤之罪不著哉！不日何？闕疑也。

明劉澤清戕兵科給事中韓如愈於道。

如愈嘗疏論澤清不法事，澤清賂以重幣，弗納，加詬讓。至是，如愈以催餉過東昌戴家廟，澤清遣兵劫殺之，曰：「尙能論我主將否也？」如愈身中數創，挺挺不撓，惟言：「幼子不應殺。」劫者曰：「無與小兒事。」舍之去。

徐鼒曰：戕者何？甚澤淸之罪也。公羊傳曰：戕者殘賊而殺之也。鎭將殘賊王人，變之大者，故變文書之。前奉使譏如愈，此罪澤淸何？義各有當也。如愈君子也，責之婉；澤淸亂人也，誅之嚴。

明淮安巡按御史王燮誅賊黨鞏克順以徇。

燮字雷臣，黃陂人，崇禎丁丑（一六三七）進士。知河南祥符縣，三守危城，以才力稱。是時莅任淮安，有僞選淮安知府鞏克順行牌淮上，燮碎其牌，擒克順，斬以徇。燮自任守河，而託路振飛守城，士民恃以屹然。〔考曰：本南略。〕

徐鼒曰：特書何？嘉燮也。僞牌所至，壺漿相迎，豈民之無良哉！無良有司以撫循之，遂匍匐而謂他人父耳。迅誅僞官，綏輯百姓，燮其加人一等哉！

戊戌（初十日），明徵戚璫助餉，進太康伯張國紀侯爵。

是日，按籍令勳戚大璫助餉，遣太監徐高宣諭嘉定伯周奎爲倡，奎謝曰：「老臣安得多金！」高泣諭再三，奎堅辭；高拂然起，曰：「老皇親如此，大事去矣，多金何益！」奎不得已，捐萬金。明帝少之，奎求助於后，后應以五千金，奎匿之，輸三千焉。太監王之心最富，獻萬金，諸內官大書於門曰：「此房急賣。」雜出雕鏤玩好售於市。魏藻德輸銀五百，陳演旣放未行，召入，極言淸苦，以從未向吏兵部討一缺爲辭。百官相率以衙門省直彙出先後所捐二十餘萬，惟太康伯張國紀二萬，餘不及也。進國紀侯爵。又議前三門巨室輸糧，諸巨室不樂而止。十七日，賊薄城，有厚載門小民捐銀三百兩。又一老人居彰義門外，時避入城，罄所積四百金，痛哭輸戶部。又優人王四者，捐四百金。

徐鼒曰：特書何？傷之也。諸書紀賊之拷掠諸臣也，周奎銀五十二萬，珍幣數十萬；王之心十五萬，玩好稱之；陳演以四萬兩送僞權將軍劉宗敏家，劉喜甚，後爲怨僕所告，先後搜掘黃金三百六十兩，銀四萬八千兩，珠寶盈斛。其總於貨寶也，不待問矣。而乃城門之火，已及池魚，積薪之堂，自嬉巢燕；置君親於不問，甘唾罵以如飴。卒之，季倫滅門，利歸奴輩；夷甫營窟，見笑羯胡。挾身而齒亦無存，殺汝而璧其焉往。彼昏不知，大夢斯覺，可恨亦可嗤矣。連類記之，以爲剖腹藏珠者之殷鑒也。

己亥（十一日），明再頒罪己詔，始盡免加派三餉。

賊乘勝直下，日召羣臣議，絕無良策。明帝見舉朝無人，每回宮，痛哭而入。是日，頒罪己詔，盡捐加派三餉；募擒李自成者，爵伯，銀萬兩；諸脅從許帶罪立功；各路官兵義勇水陸並進。廷臣有勸南遷者，明帝怒曰：「諸卿平日專營門戶，不爲朝廷出力。今日死守，夫復何言！」諭兵部：訛言及家眷出城者，擒治。省釋監犯，復罪廢諸臣冠帶，給城軍半歲糧。然餉實無出，賊復以金誘之，士卒解體。庶子馬世奇每朝罷，嘆曰：「不可爲矣！」

徐鼒曰：曰始盡免何？譏行之不早也。唐莊宗之阻於嚣子谷也，勞執仗者曰：「金銀給爾。」對曰：「陛下與之太晚，得者亦不感恩。」嗚呼，何行之不早也！

明命司禮太監王承恩提督內外京城，總督薊、遼王永吉節制各鎮，便宜行事。

廷臣惟議閉門，止出入，餘無一籌議。增外城兵則內闕，增內則外闕。李國禎每事遜王承恩，科臣戴明說劾之，後明說亦降於賊。

壬寅（十四日），明南京孝陵夜哭。

日色兩旬無光。是夜，風色陰慘，沙塵漲天，南京孝陵哭。癸卯（十五日），日色益晦，正陽門外關帝廟旗竿劈爲兩截，橫道上。

明起復太監曹化淳守城，收葬魏忠賢屍。

化淳昔事忠賢，奏言：「忠賢若在，時事必不至此。」因傳諭收葬忠賢遺骸。〔考曰：本馮夢龍燕都日記。〕

徐鼒曰：特書之，譏思宗之謬也。

明總兵唐通、太監杜之秩〔考曰：杜之秩，傳信錄作杜勳。後杜勳縋入城，亦有作杜之秩者。又作杜秩亨，或勳與之秩一人而二名歟？或以其同姓杜而傳聞致誤邪？按三朝野紀、烈皇小識則確是兩人。〕叛降於闖賊；居庸陷，〔考曰：居庸之陷，北略、紀事本末謂十五日癸卯，日風晦，賊抵居庸。烈皇小識亦載於癸卯，日色益晦。後聾道人遇變紀略以爲是日報居庸關陷。傳信錄則云十三日陷，十四日報聞。〕巡撫何謙遁。

賊由柳溝抵居庸關，柳溝天塹，百人可守，竟不設備。總兵唐通、太監杜之秩迎降，撫臣何謙逃，京西郡縣望風瓦解，將吏或降或遁。僞權將軍劉宗敏移檄至京師云，「十八日入城，至幽州會同館暫繳。」

京師大震。屯三大營於齊化門外，勳戚卿貳，分直坐門。

徐鼒曰：唐通之降也，或曰迎降；或曰通迎戰，忽營中一虎冲躍，通驚仆，被虎擒嚙。賊衆四合，虎卸皮下，乃賊將谷大成僞扮者。通就執，乃降。總之，爲降將軍無疑也。不日何？闕疑也。

闖賊陷明昌平州，〔考曰：計六奇曰：他本載昌平十二日破，李守鑅死，而甲乙史載十二日李守鑅死，十六日昌平陷。予謂十二殺守鑅，則昌平之破可知，載十六者，十六始報上耳。鼒謂計說非也，昌平去京師九十里，烏有十二日破，而十六日始聞之理。且賊鋒剽忽，豈有十二日已破昌平，遲四日後始至京城，使得具守備，賊計不如是之拙也。三朝野紀、明亡述略、烈皇小識、紀事本末俱云十六日昌平陷，傳信錄云十五日。〕總兵李守鑅死之。

賊焚十二陵，分兵掠通州。

是日黎明，昌平陷，諸軍皆降。守鑅罵賊不屈，手格殺數人，人不能執，賊衆圍之，乃自刎。賊遂焚十二陵享殿，伐松柏，傳檄京師，分兵掠通州糧儲。明帝方御殿，召考選諸人問裕餉安人，滋陽知縣黃國琦對稱旨，授給事中，餘以次對。未及半，忽秘封入，明帝覽之色變，卽起入。諸臣立候移刻，命俱退，始知爲昌平失守也。

明京營兵潰於新橋南，闖賊遂薄京師。

先是，賊信急，王承恩以守城不如守關，白遣萬人往。乃賊不由居庸，從柳溝抄陵後以入；萬人失道，未嘗與賊遇。李國禎謂守不如戰，發三萬人營新橋南，據八陣圖，包十五里以爲屯。賊至沙河；聞砲響，則三萬人齊潰，甲仗火器盡以資賊。賊自西山達沙河，連營無隙地，竟夜火光燭天。京兵羸弱數萬人，餉久闕，又無炊具，人給百錢，市飯爲餐，無不解體。而賊自入中原，破秦、晉，窺畿輔空虛，潛遣其黨輦金錢，氈罽爲大賈，列肆都門，或挾貲充衙門掾吏，刺陰事。都中遣撥馬探之，賊厚賄結之，撥馬無一還者。有數百騎至齊化門，迤平則門而西。〔考曰：北略、傳信錄謂賊於十六日夜犯平則門。按十七日遠塵衝天，寇深矣，至俄攻平則，彰義門矣云云，是十六日夜尚未犯門也。蓋雖未犯門，而自沙河連營直進，已薄京師矣。又北略載京營之潰於十七日，誤也。綏寇紀略補遺謂賊至沙河，聞砲響，則三萬人潰散，則是十六日事。〕

營兵詰之，曰：「陽和兵之勤王者。」實賊候騎也。

小腆紀年附考卷第四

前翰林院檢討加詹事府贊善銜六合　徐　鼒　譔

乙巳（十七日），闖賊圍明京師。

是日早朝召對，諸臣皆惶恐莫對，噓唏淚承睫。明帝書御案：「文武官個個可殺，百姓不可殺。」示司禮監王之心，隨拭去。吳履中復申捐貲募兵議，魏藻德曰：「營兵屢守城倘膽怯驚走，百姓非素習，益畏懼，恐致誤事。」乃止。昧爽，開西直門，納避難者。內官坐城上，以令箭下，門立啓。勳戚大臣無敢詰問。漏巳刻，急足叩城下曰：「遠塵衝天，寇深矣。」內臣使騎探之，報曰：「遊騎也。」不爲意。日午，有五六十騎，彎弓貫矢，突至西直門，大呼開門，始知寇至。守卒亟發砲，斃二十騎，難民死數十人，門始閉。須臾，賊大至，方報過蘆溝橋，俄攻平則、彰義各門矣。砲子如雨，火光際天。范景文、周鳳翔、馬世奇聚語殿門，李國禎匹馬馳入，汗沾衣，內侍呵止之，國禎曰：「此何時也，君臣即欲相見，不多得矣。」入伏地哭曰：「守城軍不用命矣，鞭一人起，一人復臥，奈何！」明帝哭，諸臣亦哭。因命內官乘城，括中外庫金犒軍，內官自以爲有勞，益負氣謾罵文臣曰：「若等平時竊富貴，今事急，而苦吾輩用力。」有文臣職分守者，上城視守具，亦赤棒格之曰：「爾何知！」諸臣坐視而已。

闖賊攻明平則門，京營將軍賀珍、千總徐文樸戰死。

珍屯平則門外，部下纔千騎，殺傷至二百騎，猶力戰，度不敵，叱卒：「去！我自一人當之！」有數卒不忍去，從珍陷陣死。文樸屯德勝門外，率所部迎戰，至平則門，苦鬭死。珍，保定人；文樸，順天人。

〔考曰：本錢䎃甲申傳信錄。〕

徐鼒曰：特書何？嘉死節，且以愧諸臣也。京營部將千百計，平時糜餉，臨敵投戈，死國事者，二人而已。噫！

丙午（十八日），闖賊縱明叛監杜勳入城。是日，明京師外城陷。

丙午早，喧傳勤王兵到，蓋唐通叛兵，詭索餉也。巳刻，黄沙障天，日無光，忽風雨，雷雹交作，九門道無行人。砲聲益急，緣城廨舍傾圮，流矢墜城中如蝟。賊仰語守兵曰：「亟開門，否且屠矣。」守者空砲揮手示賊，賊稍退，砲空響而已。賊驅城外居民負木石塡壕，急攻。我發萬人敵大砲，誤傷數十人，守者驚潰，闔城號哭奔竄。明帝嘆息，與閣臣言：「不如大家在奉先殿完事！」左諭德楊士聰、衞允文入直，語閣臣：「左良玉、吳三桂俱封而遣劉澤清，臨清地近，可虞也。」揭上，封澤清東平伯。自成對彰義門設座，晉王、秦王左右席地坐；杜勳侍側，呼城上人：「莫射，我杜勳也。可縋下一人以語。」守者曰：「留一人爲質。」勳曰：「我杜勳一無所畏，何質爲！」提督太監王承恩縋之上，勳言：「闖人馬强衆，議割西北一帶分國王並犒軍銀百萬，退守河南。」明帝召見平臺，魏藻德在焉。勳言：「闖既受封，願爲朝廷內遏羣寇，尤能以勁兵助制遼藩，但不奉詔與覲耳。」明帝語藻德曰：「事已急，可一言決之。」藻德默然，俯首而已。明帝憂惑，不能坐，倚龍椅後立，再四詢，藻德終無一詞。明帝命勳且回話，計定，另有旨。又有守陵監申芝秀自昌平降，亦縋城入，備述賊犯上語，請遜位。明帝叱之。內臣請留勳，勳曰：「有秦、晉二王爲質，不返，則二王不免矣。」乃縱之還。勳與守璫耳語良久，語不聞。〔考曰：北略有勳勸皇上自爲計，遂進琴弦及綾帨云云，妄也。勳隻身入城傳賊語，招同類是意中事，豈敢逼帝自殺乎！又勳語王相堯、褚憲章曰：吾輩富貴自在也。此亦妄也，是何言，豈可在城上昌言於衆乎！綏寇紀略補遺謂與諸璫耳語良久，語不聞，是也。又褚憲章，傳信錄以爲十七日放砲炸死，綏寇紀略補遺亦載之內臣殉難中。〕勳既出，明帝推龍椅倒地而入，藻德遂出。賊駕飛梯攻西直、平則、德勝三門。太常卿吳麟徵登城，見勢不支，馳入告。至午門，遇藻德，曰：「皇上煩甚，已休息，不必入也。」麟徵流涕，請得以非時見，藻德手挽之出。左都御史李邦華至正陽門，欲登城爲中貴所拒。兵部尚書張縉彥奏曰：「臣屢欲覘城上守禦，爲監視抑沮。今曹化淳、王化成縋賊杜勳上城，恐有不測。」手詔遣縉彥按之。至城，沮之如故；示以上命始登。問杜勳安在？云：「昨暮上，今晨下之；已上聞，無容致詰。尙有秦、晉二王在城下，亦欲通語。」縉彥曰：「二王既降賊，如何可上！」化淳拂衣去。因閱城上守卒寥寥，兵部侍郎王家彥痛哭曰：「監視將營兵調去，李襄城處尙有十之四，家彥所守兩堵僅一卒。」語未竟，城下坎牆聲急，王承恩砲斃數人。化淳、化成飲酒自若。明帝召駙馬都尉鞏永固以家丁護太子南行，對曰：「臣等安敢私蓄家丁！即有之，何足當賊！」乃召王承恩飭內員備親征。申刻，彰義門忽啓，蓋曹化淳獻城也。賊大衆馳入，官軍鳥獸散焉。

徐鼒曰：吳偉業之言曰：自崔、魏以後，內璫視權寵爲固然；見主上之且信且疑，王裕民、劉元斌未能免於刑戮，雖恩禮弗改，將必有以大失其心，一遇危急，即渙然離矣。且京營已矣，東廠、錦衣衞虎冠之卒不下數千，豈有賊在畿甸，奸細布列，城中緝事者恬焉不察，此曹子烏足任也。自古國蹙君危，必有大臣領城門兵，爲之扞圉，以同其生死。今以刀鋸闒宂之流，如兒戲，以至於敗；忠如王承恩者，幸得以其身從。嗚呼！三百年來，君臣隔絕，其密邇萬不及北司，人主孤危，已落近倖之手。雖以帝之明察，前後左右罔非刑人，兵制軍機，牽於黃門之壅遏，不能釐舉，緣此抵於危亡，而終與宦者同絕。可以見宮府之情暌，而安危之計誤也。其所由來，非一日之積矣，可不戒哉！

丁未（十九日），明帝崩於萬歲山。是日，明京師內城陷，皇后周氏及大學士范景文等死之。

丙午（十八日）夜，明帝聞外城破，徘徊不能寢，同王承恩登萬歲山，望烽火燭天，回乾清宮，硃書諭成國公朱純臣提督內外諸軍事，夾輔東宮。命內臣持至閣，閣臣已散。回宮見皇后曰：「大事去矣，爾爲天下母，宜死！」后慟哭曰：「妾事陛下十八年，卒不聽一語，今日同死社稷，亦復何憾！」明帝悽愴不復顧，輒意氣自如。御便坐，呼左右進酒，正色而進金巵者十數皆釂，左右慴伏仰視，不敢動。大聲傳趣兩宮及懿安后自盡，曰：「莫壞皇祖爺體面。」宮人復命，猶以娘娘領旨對，叩頭跪起如平時。既而曰：「傳主兒來！」謂太子、永、定二王也。太子二王入，猶常服。明帝曰：「此何時，弗改裝乎？」命持敝衣至，爲解其衣換之；且手繫其帶而告曰：「社稷傾覆，使天地祖宗震怒，實爾父之罪也；然爾父亦已竭盡心力。汝今日爲太子，明日爲平人，在亂離之中，匿形迹，藏名姓，見年老者呼之以翁，少者呼之以伯叔，萬一得全，來報父母仇，無忘我今日戒也！」左右不覺哭失聲，班始亂。

明帝起,入中宮,見后已自經,拔劍撞其懸而轉之,知已絶,乃入壽寧宮。長平公主年十五,方哭,明帝曰:「汝何故生我家!」揮之以刃,殊左臂。斫昭仁公主於昭仁殿,年六歲矣。巡西宮,刃袁貴妃,撲地未殊,復刃所御妃嬪數人。乃召王承恩入語移時,復進酒對飲。時漏三鼓,乃攜承恩手,微服易韡,手持三眼槍,雜内監數十人,皆騎而持斧,出東華門,至齊化、崇文門,不得出,走正陽門,(考曰:帝微服易韡,奪正陽門事,綏寇紀略補遺以爲入宮飲酒,后妃自盡前事,北略諸書以爲后妃自盡後事,敍次詳核,今從之。)守者疑内變,砲矢相向,告之曰大駕,乃止。還至白家巷,望城上懸白燈者三。初與守城官約,以白燈三爲城破之信也。知大事已去,因過朱純臣第問計,閽人以在外赴宴辭。走安定門,門堅不可啓。漏五下矣,乃回宮御前殿,手自鳴鐘集百官,無一至者。乃散遣内官,自經於萬歲山之壽皇亭。亭新成,所閱内操處也。王承恩對縊。時宮中大亂,内監宮女譁而迸出東華門,昧爽,天忽雨,雲霧四塞,俄微雪。賊砍楊樹爲雲梯,使孩兒軍從東北猿升而上。孩兒軍者,賊所選童子,習殺掠,閔不畏死;一云翦毛賊者也。守兵見孩兒軍上,卽棄衣投刀避,下城。賊入東直門,光時亨降。頃之,各門俱啓。或云曹化淳弟曹二内應;或曰王相堯開門迎也。賊千騎入正陽門,抱箭投曰:「持歸,閉門者不死!」衆閉門。又呼開門者不死,於是開門。設大順永昌香案,書「順民」二字於門焉。史所紀殉難者,文臣二十人,妻子奴僕殉者:大學士吳橋范景文投龍泉寺古井死,一妾殉。翰林院學士上虞倪元璐(按:元,原誤文,今改。)酬酒漢壽亭侯像前,自縊死,一門十三人殉。刑部侍郎澤州孟兆祥守正陽門,不屈死,妻何氏,子進士章明、婦王氏殉。庶子山陰周鳳翔賦詩自經死,二僕殉。諭德杞縣劉理順書絕命詞自經死，妻萬氏，妾李氏，子孝廉，並婢僕十八人殉。庶子無錫馬世奇作書別母，自經死，妾朱氏、李氏殉。兵部郎中霍州成德哭奠梓宮，歸殺幼子，偕母張氏自經死，妻張氏、一妾、一妹殉。主事金鉉投御河死，母張氏聞之，投井死，鉉妾王氏、弟諸生錝殉。檢討休寧汪偉與妻耿氏兩繯分左右縊死。御史鄞縣陳良謨賦詩與妾時氏分兩繯死。冠帶危坐文丞相祠仰藥死者，左都御史吉水李邦華。〔考曰：李邦華，諸書或云自縊，傳信錄以爲仰藥死。按傳信錄是也，自縊則中懸，安得冠帶危坐乎？〕投城下折臂復自縊死者，兵部侍郎莆田王家彥。〔考曰：王家彥之死，啓禎錄云：都城破，賊忿甚，提刀段斬之，或云自刎死。編年云：公守德勝門，城陷，自投城下不死，折臂足，其僕掖入民舍，自縊死。賊燔民舍，焚其一臂，餘體僕收歸。一云賊斬之城樓，仍以火焚其身。今從綏寇紀略補遺、傳信錄。〕縊未殊，復仰藥死者，副都御史餘姚施邦曜。〔考曰：計六奇曰：編年載公縊時，僕解之，復蘇，公叱曰：「若知大義，毋久留我！」乃更飲藥而卒。然他書俱載自縊。〕焚生平著述，絕吭死者，大理寺卿烏程淩義渠。作書訣家人，自縊死者，少卿海鹽吳麟徵。巡城遇賊，罵不屈死者，御史武進王章。賦詩自縊死者，戶科給事中新昌吳甘來，吏部員外如皋許直。投井死者，太僕寺卿永平申佳胤。〔考曰：申佳胤他書有載自縊者。按北略，至王恭廠，有井泓然，斷袖躍入云云。則確是投井。今從之。〕武臣四人，太傅新樂侯劉文炳與弟左都督文耀驅其家男女十六人，投大井中，縱火自焚死。〔考曰：諸書言文炳祖母瀛國夫人年九十餘，亦投井死，誤也。綏寇紀略補遺謂瀛國以壽終，與明史合。〕駙馬鞏永固與其子女五人，環安樂公主之殯宮，自焚死。惠安伯張慶臻闔家自焚死。宣城伯衛時春闔家自縊死。以上諸臣，南都贈謚，祀旌忠祠，史不備載。南都未贈謚者，文臣則御史一人趙譔罵賊死。中書舍人三人，宋天顯自縊死，〔考曰：宋天顯，諸書俱云自縊。北略引遺聞云：賊迫書僞詔，天顯擲筆謾罵觸階死。〕滕之祈、〔考曰：紀事本末、傳信錄作滕之所。按所乃祈之譌，北略又譌作勝之所。〕阮文貴投御河死。〔考曰：本北略、傳信錄、紀事本末。〕戶部員外一人，寧承烈；〔考曰：本徐懋賢忠貞軼紀。〕光祿署丞一人，于騰蛟；〔考曰：本北略、紀事本末，傳信錄亦作署正于騰雲。〕副兵馬司一人，姚成；〔考曰：本北略、紀事本末、傳信錄。〕太醫院吏目一人，楊元；〔考曰：本傳信錄。〕咸自縊死。經歷四人，毛維張、〔考曰：本北略、傳信錄。〕詹應鱗〔考曰：本忠貞軼紀。〕被執罵賊死，施溥仰藥死，〔考曰：本北略。〕張應選投御河死，或曰縊死。〔考曰：參北略、傳信錄。〕又濮州知州馬象乾、〔考曰：本忠貞軼紀，傳信錄作馬象。〕順天府推官劉有瀾、〔考曰：本北略、綏寇紀略補遺。計六奇曰：一載刑辱諸臣名，劉有瀾不堪打夾，以銀簪刺喉而死。〕知事陳貞達、〔考曰：本北略、綏寇紀略補遺。傳信錄作陳自達。〕訓導孫順、高攀桂、張體道、閻汝茂、徐蘭芸，咸自縊死。〔考曰：本綏寇紀略補遺，北略謂教官五人，縊死明倫堂上，惜遺其名氏，玆從綏寇紀略補遺錄。〕寶坻訓導常朝珖罵賊死。〔考曰：本忠貞軼紀。〕武臣則都督周鏡，后族也，夫婦同縊死。錦衣衛僉事田宏祚、宏謨，貴妃族也，宏祚自縊死，宏謨被殺死。〔考曰：參北略、綏寇紀略補遺。〕指揮王國興、〔考曰：王國興，紀事本末謂聞變自縊死。傳信錄謂舉火焚其正寢，危坐而死，賊至，撥煨燼見其屍，猶南面正坐焉。又傳信錄列之戚臣中，未知何據。明史劉文炳傳附紀新城侯王國典亦焚死。意典乃興字之譌。諸書中所云王皇親者，卽其人也。〕鎮撫魏師貞〔考曰：本忠貞軼紀。〕自焚死。同知李若璉，尚書若琳弟也，自縊死。〔考曰：本北略、傳信錄。諸書或作李若珪。〕千戶高文采合家縊死。〔考曰：本北略、傳信錄。〕又自縊死者，前昌平守禦任之華、〔考曰：本傳信錄、忠貞軼紀。〕都督僉事李明善、游擊劉文質、指揮宋延福。巷戰死者，參將陳嘉謨。〔考曰：本忠貞軼紀。〕又百戶三人：王忠者，勸庶吉士周鍾死，鍾不從，乃自經死；〔考曰：本北略、紀事本末、傳信錄。〕吳登俊者，自經死；〔考曰：本忠貞軼紀。〕毛姓者，舉家三十口投井死。又吳弁者，夫婦同縊死。〔考曰：本傳信錄。〕太監則王承恩外，贈謚者一人李鳳翔，城破自殺者也。〔考曰：本綏寇紀略補遺。〕史不備載。南都未贈謚者三人：司禮監高宇順自焚死，〔考曰：本傳信錄。綏寇紀略補遺載高時朗，未知即其人否？〕田太監、〔考曰：傳信錄云住白塔寺後。北略亦言白塔寺田姓人。〕呂太監、〔考曰：董以寧國儀集云：金鉉死時，有呂胖者，亦內監也，視之曰：「渠能死，我不能死邪！渠遠我，我偏近之。」自沈死。〕白太監，自縊死。未仕而死者，儒士張世禧，二子懋賞、懋官殉。〔考曰：本北略、紀事本末、綏寇紀略補遺。傳信錄作張士祿。〕生員曹文耀死，子肅、時敏殉。〔考曰：北略云：文耀庠士，自殺，妻張氏生四子：遜、肅、敏、毅，一女順。文耀父妾妻、遜妻李氏、毅妻鄧氏、順及乳母孟氏，與肅、敏八人同縊。傳信錄作曹持敏，餘與北略多同。按綏寇紀略補遺有順天諸生曹肅，與其弟時敬，合門盡節。敬乃敏之譌，持敏乃時敏之譌，蓋敏亦名時敏也。〕陳正國偕母狄氏死，弟正儀、正中殉。神樞營號頭阮文相死，弟文彩、子生員謙暨男女九人殉。闔門死者，生員馬化龍，布衣楊國震、秦文舉、張時燧、〔考曰：本忠貞軼紀。〕田祥宇、〔考曰：本傳信錄。北略云：居民田氏，合門自焚，即其人歟？〕李夢禧、〔考曰：本北略、傳信錄。北略作李小槐，傳信錄云：夢禧字小槐。〕磨坊李姓、〔考曰：本傳信錄。〕傳神畫士楊鉉、〔考曰：本明史湯文瓊傳。北略有江米巷傳神畫士某，夫婦自縊，意即其人歟？〕北城皁隸某。〔考曰：本傳信錄。〕赴水死者，生員蔣士忠。自縊死者，藺之莞、周士貴。〔考曰：本忠貞軼綖。明史亦作藺衞卿、周讜。〕慟哭嘔血死者，童生王文彬，或曰周某。〔考曰：參北略、傳信錄。〕絕食死者，布衣范箴聽。〔考曰：本明史湯文瓊傳。〕慟哭梓宮前，觸石死者，布衣湯文瓊；南都贈文瓊中書舍人，祀旌忠祠，餘不及焉。其贈謚祠祀而可疑者，則自襄城伯李國禎而下，戚璫爲多，〔考曰：按綏寇紀略補遺載附祀武臣十五人，除衞時春外，餘或降賊而被掠死者，內臣則附祀六人。有王之心者，亦以富爲賊掠死。〕削不書。其都中婦女殉難〔考曰：如北略所載搖全哥、張氏、王氏之類。又忠貞軼紀所載甚多。〕暨直省士民之聞國變而死者，〔考曰：如長洲諸生許琰、畫士計翼明之類。〕附見他事，或有不具書者，別詳佚史忠烈傳焉。

徐鼒曰：先書帝崩而後城陷何？見帝之從容殉國，而非戕於賊也。傳曰：「國滅，君死之，正也。」思宗信任匪人，回惑大計，馴至禍敗，豈無咎焉。然而捐軀殉難，亡國之正，千古一人。觀其徘徊南宮，酌卮便殿，灑淚而訣，藐孤割愛，而刃柔福，二百年後生氣懍然，以視晉懷、愍，宋徽、欽之身爲係虜，淪喪雖同，賢愚天壤矣。忠良喋血，婦孺同仇，固人心之不死，亦王澤之孔長，九原之靈，復何恫哉！前史無書皇后死之者，紀年於后妃皆詳書之何？彼晉之羊后，隋之蕭后，獨非人歟？嘉死節，不以婦女殊也。

闖賊入明宮，宮人魏氏、費氏死之。

賊之未破城也，僞軍師宋獻策占曰：「十八日大雨，十九日辰時破城。」至是竟驗。自成拔箭去鏃，向後軍發三矢，約曰：「兵入城，傷一人者斬！」以爲令。忽黑氣湧門而出，獻策曰：「凶氣也，避之。」導自成以午刻由德勝門入，自成氈笠縹衣，乘烏駁馬，擁精騎百餘，僞丞相牛金星、尚書宋企郊等五騎從之。過象房橋，羣象悲鳴，淚下如雨。太監王德化率內官三百人，先迎於德勝門，自成命照舊掌印。曹化淳導自成從西長安門入，自成仰天大笑，發一矢，中坊之南偏。至承天門，顧諸賊曰：「我一矢中其中字，必一統。」射之中「天」字下，自成愕然。牛金星趨進曰：「中其下，當中分天下。」自成投弓而笑。入宮，問帝所在，僞尚璽卿黎志陞進曰：「此必匿民間，非重賞嚴誅不可得，大事不可忽也。」乃令獻帝者伯爵，賞金萬兩，太子、二王金千兩；匿者夷族。自成登皇極殿，據黼座。劉宗敏、牛金星檄百官於二十一日朝見，願回籍者聽自便；願服官者，量力擢用；抗違不出者，罪大辟；隱匿之家連坐。禁民間諱自成字。遂偕劉宗敏等數十騎入大內，宮人魏氏大呼曰：「賊入，我輩必遭汚。」躍入御河死，從者積二百人。費氏投眢井，賊出之，見其姿容，爭相奪，費氏詭曰：「我長公主也。」賊擁以見自成，驗非是，賞僞帥羅某。費氏復紿曰：「我實天潢也，將軍冠服告衆以尙帝室女，不亦榮乎！」羅喜，置酒，費氏伺其醉，利刃斷其喉，大呼曰：「我一宮人，得斃賊一頭目足矣。」遂自刎死。自成大驚，收葬之。掌書宮人杜氏、陳氏、竇氏爲自成所取，而竇氏尤寵，號曰竇妃；張氏者亦變焉。又熹宗任妃者，魏忠賢之養女也，冒稱懿安皇后，盛妝出迎賊；賊既敗，挾金寶逸出宮，遇無賴少年，託跡數百里外。歲餘，所挾罄，復語人曰：「我先朝皇后也。」縣令聞於朝，我章皇帝惡其行穢，賜死。〔考曰：賀宿懿安事略云：順治庚子，余至燕，遇舊時內侍王永壽，曾管事宮中，余乃問張后陷賊乎？王奄嘆曰：傷哉此言也，然亦有說。熹宗時，忠賢養女任氏，京師小家女，貌麗而心狡，忠賢蓄之以進，立爲貴妃。妃素見惡於后。李賊入京師，宮中鼎沸，后聞變自縊。永壽已目覩其死，而任卽盛妝出迎賊，紿曰：我天啓皇后也。賊首信之，卽擁去。事賊未幾，賊倉卒行遁，任氏潛挾金寶逸出宮，遇無賴少年，與之暱。少年慮京師不可留，擕之去，託迹數百里外。居歲餘，少年不善治生產，任氏所挾已罄，復語人曰：「我先朝皇后也。」鄉人不敢匿，白之縣令，令聞於朝，遞送入京。章皇帝惡其行穢，賜死。其死之年月，予老不能記矣。余聞之，太息良久，乃知野史所傳實任氏非張皇后也，微王奄辨之，當世誰白其誣哉！綏寇紀略補遺謂后縊而未絕，僞將軍李巖知爲后，禁其下勿侵犯，欲送還太康家，后仍從容自縊死。據二說，則后自縊宮中矣，而北略、紀事本末又云后青衣蒙首，徒步入成國公第，何傳聞之譌也！賀宿曰：即如青衣蒙首，宜無盛妝迎賊之理，則從賊斷爲任氏無疑。」　賊之入宮也，見袁貴妃、長平公主仆於地，〔考曰：北略、烈皇小識謂公主仆地未絕，尚衣監何新入宮，救公主甦，公主曰：「父皇賜我死，何敢偷生。」新曰：「賊入恐公主遭汚，且避之國丈府中。」乃負之出。與傳信錄小異。〕嘆曰：「上太忍。」令扶還本宮調理。公主强起，出就嘉定伯第。章皇帝定鼎，下所司給袁貴妃居宅，贍養終其身。公主上書言：「九死臣妾，跼蹐高天，願髡緇空王，稍伸罔極。」章皇帝不許，求得故駙馬周顯，令復尚主，土田邸第，金錢車馬，錫予有加。公主涕泣，踰年病卒。賜葬廣寧門外之賜莊焉。

臣鼒曰：幼讀明史熹宗懿安皇后張氏傳，心賢其人。讀甲申紀事諸書，謂思宗將走煤山，請后自裁，后不從，爲闖所得，竟同去。竊怪其與史不類也。後得丹陽賀宿所紀任氏事，乃恍然於訛言之有由也。

闖賊僞封明皇子爲宋王。

明帝七子：長太子慈烺，次懷隱王慈烜，三定王慈炯，周后出也。四永王慈炤，五悼靈王慈煥，六悼懷王，田貴妃出也。皇七子所出莫能詳，〔考曰：明史亦以爲田貴妃出。〕皇五子以下皆早殤。崇禎二年太子立，十四年定王封，十五年永王封。初，皇子走周奎府，不得入，匿於內官之外舍，內臣獻之，自成封之宋王，命皇子跪，皇子怒曰：「吾豈爲若屈邪？」曰：「汝父何在？」曰：「死壽寧宮矣。」曰：「汝家何以失天下？」曰：「誤用賊臣周延儒等耳。」自成命劉宗敏善養之，語在廷者曰：「我將以杞、宋之禮待之。」皇子往來皆乘騾。

徐鼒曰：不曰明太子，曰皇子何？〔考曰：甲申紀變錄只言皇子。〕明之亡也，惟太子事多疑案。北都之太子，錢鳳覽爭之攝政王者也；南都之太子，高夢箕啓之馬士英者也。形迹各殊，眞贋莫辨，揆之見闖之事，兩無合焉。北略謂見闖者太子、定王，無永王，傳信錄謂見闖者定王、永王，無太子。北略謂封太子爲宋王，太子不屈，傳信錄則謂未嘗封也。然觀左良玉爭北來太子疏中，有李賊逆亂，尙錫王封之語，是僞封非無據也。渾之曰皇子者，闕疑也。

戊申（二十日），明天津兵備道原毓宗〔考曰：傳信錄作宗原毓。〕劫巡撫馮元颺、總兵曹友義叛降於闖賊，理餉部臣唐廷彥死之。〔考曰：理餉部臣非官名也，曰理餉部臣唐廷彥者何？傳信錄謂廷彥四川雲陽舉人，北略謂之餉部。鼒按明史職官志：永樂中遷都北京，置京倉及通州諸倉，以戶部司員經理之。宣德五年，命李昶爲戶部尙書，專督其事，遂爲定制。以後或尙書，或侍郎，俱不治部事。萬曆二年，另撥戶部主事一人陪庫，每日偕管庫主事收放銀兩，季終更替。九年裁革，命本部侍郎分理之。十一年復設。二十五年，以右侍郎張養蒙督遼餉。四十七年，增設督餉侍郎。崇禎間，有督遼餉、寇餉、宣大餉，增設三四人。又云：天津巡撫萬曆二十五年以倭陷朝鮮設。按設侍郎督餉，設天津巡撫同時。今廷彥與馮元颺同在天津，稱曰餉部，其侍郎之督餉者乎？否則陪庫之主事也。故曰理餉部臣，闕疑也。傳信錄謂爲舉人，意廷彥以舉人授官歟？〕

先是，巡撫馮元颺聞寇逼京師，聚將士泣血誓勿二，無一人應者。進士程源以書勉餉部唐廷彥曰：

「馮津撫倡義，曹帥友義亦有心人，今糧廣兵衆，據賊腹而俟恢復，中興之奇勳也。」廷彥卽邀源入城議戰守。比源至，則防海兵大譟，劫餉庫藏，毆廷彥幾死。兵備道原毓宗者，秦之蒲州人，赴官時遇賊，賊禮之，留其母爲質，縱之爲內應。至津，則張皇賊勢相離間。二十日戊申，都城報至，毓宗率紳士迎降，總兵曹友義單騎斬關出，毓宗率兵邀執之，劫元颺迎賊，元颺不屈，副將金斌與總兵婁光先、指揮楊維翰俱稱表降。廷彥不從，與一子俱死。時賊分騎走通州，叛弁魏廣勝出糧餉賊，州遂破。童生任之和方讀書，聞之，趨拜母，出門赴河死。涿州奸人朱萬祺糾參將李某及紳士迎賊，諸生萬世道投井死。又諸生張彪者，亦涿州人，糾衆起義兵，謀洩死。〔考曰：本傳信錄。〕

徐鼒曰：任之和、萬世道、張彪三君子者，守死善道，其湯文瓊、許琰之流乎！史傳闕如，褒卹不及，類書之以闡幽焉。

己酉（二十一日），始知明帝崩狀。

初，明帝之將登萬歲山也，揮諸璫歸守諸門，故駕崩不知所在。所乘馬踣地齧草，守亭一璫識之曰：「此上所乘也。」一跡而得之。明帝以髮覆面，服白袷短藍衣，玄色緣邊，白背心，白紬袴，左足跣，右足有綾襪，紅方舄。衣前有血詔云：「朕登極十七年，致敵入內地四次，逆賊直逼京師。雖朕薄德匪躬，上干天咎，然皆諸臣之誤朕也。朕死，無面目見祖宗於地下，去朕冠冕，以髮覆面，任賊分裂朕屍，勿傷百姓一人！」〔考曰：諸書載帝遺詔不一，甲乙史云：詔云：「因失江山，無面目見祖宗於地下，不敢終於正寢。」止言墨書，不言血。某氏日星不晦錄云：上嚙指出血，書於衣袂曰：「朕之失天下，皆因文官不合心，武臣不用命，以致如此。文武可殺，百姓不可殺。」錢邦芑甲申紀變錄云：胸前書數行云：「朕不德，以致失國，羞著衮冕見祖宗於地下。」又傳聞宮中御案有遺詔云：「朕即位十七年，五經□□，日切憂懼，不意任用匪人，致有今日。統大兵者在外當協民心，以固國本，愼之愼之！」烈皇小識、傳信錄、綏寇紀略補遺載詔語略同甲乙史。惟烈皇小識云：袖中書一行。傳信錄云：書血詔於前襟。綏寇紀略補遺云胸書。蓋各就傳聞紀之，故不一耳。」又墨書一行云：「百官俱赴東宮行在。」蓋猶謂閣臣已得硃諭也。自成命以兩扉舁帝及王承恩屍置東華門側，給錢二十緡，市柳木棺，枕土塊，覆以蓬廠。少頃，后屍亦從東華門出，上覆錦被，遂撤以覆帝。明日，遷於茶菴，有兩僧誦經，老太監四五人焉。百官疏請禮葬，僞文諭院顧君恩曰：「諸公半屬沽名，豈爲舊朝廷起見也！」碎其疏，擲之。已而殿上青衣持僞硃批云：「帝禮葬，王禮祭，二子待以杞、宋之禮。」百官又求帝禮祭，自成許之。壬子（二十四日），出梓宮二，以丹漆殯帝，黝漆殯后，加帝翼善冠、袞玉、滲金靴，后袍帶亦如之，設祭一壇；諸臣有哭拜者。乙卯（二十七日）移梓宮於城外。昌平州吏目趙一桂率士民醵錢三百四十千，啓田貴妃之墓，移田妃棺於石床右，帝梓宮中，后梓宮左。帝有棺無槨，移田妃之槨而用之。〔考曰：顧炎武昌平山水記云：思陵在昌平州鹿馬山南，距西山口一里。先是崇禎壬午，田貴妃薨，卜地於此，營建未畢，都城失守。賊舁帝后梓宮至州署，吏目趙一桂同士民醵錢葬之田妃墓內。其門外之右，爲司禮太監王承恩墓，以從死附葬焉。又譚吉璁肅松錄云：順天府昌平州署吏目趙一桂爲開壙捐葬崇禎先帝及周皇后共歸田妃寢陵事：恭照明陵坐當昌平州天壽山。卑職於崇禎十七年正月署州捕，遭際都城陷，故主縊崩。至三月二十五日，順天府僞官李紙票：爲開壙事，仰昌平州官吏卽動官銀僱夫，速開田妃壙安葬崇禎先帝及周皇后梓宮。四月初三日發引，初四日下葬，毋違時刻。彼時州庫如洗，監葬官禮部主事許作梅因葬主限迫，亦再三躊躇。卑職與好義之士孫繁祉、白紳、劉汝樸、王政行等十八人，共捐錢三百四十千，僱夫啓閉。其壙中隧道長十三丈五尺，闊一丈，深三丈五尺，督修四晝夜。至初四日寅時，始見壙宮石門，用拐釘鑰匙推開頭層石門，入內，香殿三間，陳設祭器，中有石香案，兩邊列五色紬緞，侍從宮人生前所用器物衣服俱盛大紅箱內，中懸萬年燈二盞。殿之東間，石寢床一座，鋪設裁絨氈，上疊被褥龍枕等物。又開二層石門入內，通長大殿九間，石床長如前式，高一尺五寸，闊一丈，田妃棺槨即居其上。初四日申時後，故主靈到，即停於祭棚內，陳設豬羊金銀紙劄祭品，同衆舉哀，祭奠下葬。卑職親領夫役入壙宮內，將田妃移於石床之右，次將周后安於石床之左，後請崇禎先帝之棺居於正中。田妃葬於無事之時，棺槨俱備，監葬官見故主有棺無槨，遂將田妃之槨，移而用之。三棺之前，各設香案祭器畢，卑職親手將萬年燈點起，遂將二座石門關閉。當時掩土地平，尚未立塚；初六日，率捐葬鄉耆等祭奠，號泣震天，逾時方止。復傳附近西山口撥夫百名，各備掀掘筐擔，舁土築完。卑職同生員孫繁祉亦捐金五兩，買磚修築周圍牆高五尺有餘。幸大清朝定鼎，特遣工部復將崇禎先帝陵寢，修建香殿三間，葺牆一週，使大明故主不致沈淪於荒郊，君后升遐猶享血食於後世，雖三代開國，不逾是也。地宮例書某帝之陵，合以石板奉安梓宮之前，時倉卒不及礱石，以磚代之，朱書「大明崇禎皇帝之陵」，鈐之以鐵，乃仁和龔佳育所書。陵前饗奠祭器俱備，香案五器全設，神牌三，石青地，雕龍邊，以金泥之，上題思宗、周后、田妃謚，石碑題「莊烈愍皇帝之陵」。甲申四月，密雲副將張璣率兵至昌平城下，射血書於城中，於是生員孫繁祉、同鄉官王延、投舉人楊春茂等，倡義殺賊，縛賊渠李道春、周祥同赴長陵祭奠，磔之。又以僞官劉愷澤等四人獻俘於崇禎皇帝之陵，亦磔之，具文哭奠焉。」我大清兵入京師，以禮改葬，令臣民服喪三日焉。先是，有傳帝啓大內鐵篋，得圖一軸，頗類聖容，跣足被髮而中懸者，至是竟驗云。〔考曰：大內鐵篋，語近荒誕，然諸書皆有之。綏寇紀略補遺云：十年，上過宮中一秘殿，老閹以先朝所封，戒勿動；上命啓之，得古畫數幅，有一人帶進賢冠者七，曰：「官多法亂。」有數十人隔河對泣，曰：「軍民號泣。」妄男子得傳聞，形之章奏，上亦弗詰，人乃以爲信。北略云：大內有密室，劉誠意留秘記，鐍縫甚固，相戒非大變勿啓。癸未秋，大清兵圍城，先帝欲啓視，掌印內臣固諫，不聽。室中惟一櫃，發之得繪圖三軸：一繪文武百官手執朝服朝冠，被髮亂走。上詰問內臣，叩頭答曰：或恐官多法亂。二繪兵將倒戈棄甲，窮民負襁奔逃，內臣又曰：想軍背叛也。上勃然變色，內臣請止，上必欲展第三軸，軸中像酷肖聖容，身穿白背心，右足跣，左足有襪履，被髮中懸。內臣密言於國丈。長洲陳濟生假館嘉定府，與聞之。三朝野紀所記略同。烈皇小識云：宮中有庫，累朝不開，上至是忽欲開閱，璫以從來未開爲言，上意甚堅，璫不敢逆。開進，空無所有，止後架貯小紅箱一隻，預書崇禎某年某月某日開，上以其預定也，益異之，啓視止畫三軸，一則無數軍民相背而立，上曰：「此殆言軍民背反邪？」二則官吏士民，倉皇逃竄狀，上曰：「嘻，亂離不遠矣！」三則一人被髮赤體，儼然御容。羣璫相顧動容，上憮然不樂而出。〕

闖賊發明倉庫，戶部主事范方死之。

方，字介卿，同安人。天啓辛酉（一六二一）舉鄉試第一，官戶部主事，司倉鑰。自成下令盤倉庫，向方取鑰，方叱之曰：「此鑰乃朝廷物，非爾賊所可問者！」自成怒斬之。時爲之語曰：「生爲眞解元，死爲眞主事。」〔考曰：本江東旭台灣本記。〕

明臣陳演、朱純臣等投職名於闖賊。

賊初入時，縉紳盧冠裳貫禍，悉毀其進賢冠；至是賊命本等吉服入朝，倉卒覓冠梨園中，費三四金。演等將表勸進，承天門不啓，則露坐以俟，有以擁擠被長班棍逐者。戶部侍郎黨崇雅、給事中介松年、御史柳寅東各方巾、色衣自西長安門騎馬入內；蓋柳、黨在通州降，介在保定降也。近午，太監王德化自中左門出，遇兵部尚書張縉彥，詈曰：「明朝江山，都是汝與魏閣老壞了事！」呼從人批其頰，縉彥垂涕而已。諸臣遇賊黨，咸强笑深揖。宋獻策至，數人跪問：「新主出朝否？」宋詈曰：「汝曹不劉爲幸，些時尚不耐邪！」日晡，自成出，據黼座，牛金星、宋獻策諸僞官分東西坐，執舊縉紳唱名花點，令曰：「應點遲，以軍法從事！」怒翰林衞允文、楊昌祚、林增志、宋之繩等削髮，呼卒拔去餘毛，顧諸賊曰：「城破能死，便是忠臣，若身體髮膚受之父母，不敢毀傷，削髮之人，不忠不孝，留他何用。」點至周鍾，顧君恩下揖云：「主上飢渴求賢，當破格擢用。」語牛金星曰：「此名士也。」自成曰：「名士如何？」牛曰：「善爲文字。」自成曰：「何不作見危授命題？」自成初不諳文義，自竄西川，頗事學問，而應對便給矣。拔九十二名送僞吏政府宋企郊聽用，分三等授官，榜而示之焉。自成又命太監杜秩亭擇內臣供使令。先是有江西劉貢士者，授徒京師二十年，中貴多出其門，是年三月，與秩亭夜登高阜，覩天象，連呼曰：「不好不好，主上有難！」秩亭曰：「門生趨避何如？」劉怒曰：「汝曹食君祿，應盡忠報國，乃問吉凶，得毋有異心乎？吾未受職，猶可遠遯。」次日，出平則門，不知所之。

明李建泰叛降於闖賊。保定陷，保定府同知攝府事邵宗元、前光祿寺少卿張羅彥、後衞指揮劉忠嗣等死之。〔考曰：戴田有保定城守紀略，劉忠嗣作宗嗣，今從明史正。〕

明帝之命李建泰出師也，以御史金毓峒監其軍；毓峒，保定人也。甫出京，而宣、雲報陷，命毓峒留守保定。入城，散家貲犒士，勉之曰：「戮力固守，以衞京師，此睢陽之烈也。」士爲感泣。前光祿少卿張羅彥者，清苑人，戊辰（一六二八）進士，前軍都督府僉事張純仁子也。純仁六子：長進士羅俊，羅彥其次也，次羅士、羅善、羅喆、羅輔；善諸生，輔武進士也。〔考曰：按保定城守紀略謂羅彥兄弟五人，無羅士，今從明史張羅俊傳及傳信錄。〕羅彥少從父塞上，習戎事，初官行人，奉使旋里，清兵三入，羅彥助守禦，皆有功。是年春，賊既逼，總兵馬岱介而見羅彥曰：「賊分兩道來：任珍自固關，劉芳亮自河間，吾當出鎭蠡縣，居衝要以待敵，請先殺妻子，以決死戰，城守之事，惟公等任之。」旦日，岱果殺妻子十一人，率師去，羅彥兄弟乃與署府事同知邵宗元及後衞指揮劉忠嗣主城守事，收召鄉兵得二千人，與邑人都給事中尹洗、前邠州知州韓東明、前平涼通判張維綱、左衞巡捕指揮文運昌、舉人劉會昌、孫從範、張爾翬、高涇、貢生郭鳴世、王聯芳、諸生賀誠、王世琦、何一中、王之挺、韓楓等，刑牲盟北城上。適眞定副將謝嘉福以反書至，羅彥裂之，分汛設守，部署稍定。會總監方正化，知府何復先後至，正化舊守保定有功，與羅彥善，因以識宗元，於號令無所更。復之來也，誓必死而後入，宗元欲以印授之，復曰：「吾當同死耳，不可臨敵易主，以搖視聽也。」李建泰軍道潰，所齎金帛數萬，衞者僅親軍五百人，退抵城下，使其中軍郭中杰、李勇因金毓峒以求入，毓峒謂羅彥、宗元曰：「吾等不可使督師陷賊。」乃開城納之。明日，劉芳亮兵抵城下，呼曰：「何以不降？」羅俊顧其下厲聲曰：「欲降者取我首去！」劉忠嗣挺劍曰：「有不從張氏兄弟死守者，齒此劍。」怒目髮上指，衆諾聲如雷；賊驚顧，退五里而舍，是月二十日也。明日，賊大至，環攻。中人有縋至方正化所者，始知京師陷，羅彥、宗元哭曰：「曩止城守，今則復君父仇矣！」北向泣拜，又羅拜，重訂盟，毓峒大出銀牌，懸之堞，羅彥出私財佐賞。賊攻西北隅，射書入城，說以國亡誰與守，建泰得之，以示方正化、何復曰：「宜爲闔郡生靈計，得一印用降書，足以免。」正化泣不應。復曰：「太守未嘗受印也，卽有印，復必不爲此。」乃召宗元，宗元至，而自顧其肘曰：「前日何公讓印而宗元不辭，以城守先在宗元耳。念事急，且與印同死，卽何公爭亦不與，肯與閣下印降書乎！宗元，江南一老貢生，下吏薄祿，不肯北面事賊；閣下以宰相專征，不圖報萬一，乃爲人趣降，獨不念皇帝親祖正陽門，君臣相別時乎？」建泰語塞，其從兵叩刃欲殺宗元奪印，宗元擲印於地，拔佩刀自刎，左右力持之。俄而羅彥、毓峒馳至，取印納宗元懷中，曰：「亟上城禦賊。」羅彥自爇西洋大砲，令人綴崇禎錢一枚於項，以示戴主意。又令以大砲擊賊者，立予三百金，凡砲矢中賊與爲賊所傷及誤自傷者，各賞有差。賊少退，劉宗亮斬其部領數人，復急攻，遶城大詬張吏部，砲飛蔽天，守者猶不懈。二十四日巳刻，賊火箭中城西北樓，何復焚死，方正化爲亂兵所殺，火光中見白旗黑纓者殺人，曰：「督師軍反。」城遂陷。建泰率通判許曰可、知縣朱永康迎降。先是建泰之護餉入城也，方正化訊此銀何用，建泰曰：「此餉銀犒軍者也。」正化曰：「眞定已陷，前去無可犒，我爲先生發之。」盡舉所載銀散之軍中。而銀多建泰私橐，內藏黃金過半，借餉役車載以西歸者。既爲正化所散，默然不語，而心甚銜之。白旗者，其中軍郭中杰、李勇與賊約爲號者也。賊旣乘城，羅彥歸至家，書壁上曰：「光祿寺少卿張羅彥義不受辱，誓死井亭。」

視其妻妾幼子子婦入井，而後自經。有三犬守之不去，一賊跳足過，犬嚙之，絶其拇，羣賊駭，藉槀埋之。羅俊擊賊刃脱，兩手抱一賊，齧其耳，血淋漓口耳間。大呼曰：「我進士張羅俊，不降者我也！」羣賊刺殺之。初羅輔欲衞羅俊潰圍出，羅俊不從，至是射殺數賊，矢盡，馳馬橫刀砍賊，賊圍之，裂屍死；羅善投井死，羅彥之子晉、羅俊之子諸生伸，皆不屈死。宗元自投城下，罵賊死；手猶握印不解，賊斷其兩指，取印去。忠嗣先城未破前一日，手授其婦弓弦，令自盡，身登陴抗賊；既被執，猶奪刀殺兩人，剜目劓鼻而死。毓峒守西城，城陷，一綠衣賊追毓峒入三皇廟，毓峒拳擊賊仆地，擕監軍御史印投廟前古井死。武舉金振孫者，毓峒從子也，衣銀鎧，戴胄佩劍大呼曰：「我金振孫，金御史姪，城頭殺賊者，我也。」賊支解之。文運昌同妻宋氏死，韓東明投井死，張維綱罵賊死，高逕死於水，孫從範被殺，張爾翬同妻唐氏死，郭鳴世手擊賊死，賀誠同妻女死，何一中同妻趙氏死，王之挺同妻齊氏及三子二女死，韓楓同妻王氏死。〔考曰：本保定城守紀略、綏寇紀略補遺。〕同時武臣殉難者，前密雲副總兵呂應蛟爲總監方正化延入共守者，短兵鬭殺十餘賊而死，守備張大同與子之坦力戰死，世職指揮則劉洪恩、戴世爵、劉元靖、呂九章、呂一照、李一廣，中軍則楊儒秀，鎮撫則管民治，千戶則楊仁政、李尚忠，紀勳趙世貴、劉本源、侯繼先、張守道，百戶則劉朝卿、劉悦、田守正、王好善、强忠武、王爾祉，把總則郝國忠、申錫，皆殉城死。〔考曰：明史何復邵宗元傳、陳僖甲申上谷紀事、保定城守紀略並同，而名姓微有異。如呂應蛟、呂九章之呂，城守紀略皆作李。呂一照，上谷紀事、城守紀略並作李照。劉元靖，城守紀略作劉元清。楊儒秀，上谷紀事作梁儒秀，城守紀略作梁儒孝。田守正，上谷紀事作田守政。强忠武、王爾祉，上谷紀事誤作强忠、武爾社。今並以明史爲正。惟紀勳之勳，明史作勳，勳乃勳之譌字也。〕左衞巡捕于仲淹射賊墜城死。〔考曰：本保定城守紀略。〕主簿沙潤明、材官王尊義、醫官呂國賓、王鑛、王之琯殺死。諸生自賀誠等五人倡議城守外，殉難者有杜日芳、王紘、馮澤、王允嘉、吳栻、韓廷珍、楊善譽、何光岳、韓紹淹、頡學曾、王敬嗣、王繼桂、趙居晉、王昌祚、孫誠、趙世珩、楊拱辰、王建極、阮積學、王世珩、王致中、周之翰等二十二人。儒士則王景曜罵賊，射死，黃棟火箭燒死，劉士璉自縊死。布衣得知姓名死狀者，劉宗向不屈迎刃死，田仰名與田自重約互殺其妻，乃皆縊死。楊强子刃賊不中，自刎死。張加善縊死。鄭國寧擊賊不中，李懋倫罵賊，王捷、張智、劉養心、朱永寧、胡來獻、胡得銀拒賊，俱殺死。〔考曰：甲申上谷紀事保定城守紀略同，惟王鑛，城守紀略作王璜，馮澤誤作馬澤，楊善譽作楊善舉，張加善作張嘉善，胡得銀作胡得迎，爲小異耳。〕婦女之殉節者，則張羅俊一門十八人，陳氏一門九人，高氏娣姒二人，錦衣衞千戶賀誥一門十一人，進士王延緉一門五十二人，別詳佚史列女傳中，不具書焉。初，自成聞保定堅守，議出師，既陷，猶欲屠之，或止之曰：「京師既亡，猶固守此，忠義也，何可盡殺。」乃止。然城中死屍皆滿，僞官使軍士舉之，三日不能盡，怒，始與城守之尹洗、劉會昌、王聯芳、王世琦執而殺之。〔考曰：甲申上谷紀事、保定城守紀略同。惟王延緉一門，上谷紀事五十二人，城守紀略作六十人。〕愛會昌之勇，拽入城西古廟，露刃詰之曰：「數省盡降，爾何敢拒！」會昌罵曰：「我布衣無職，恨天下無人，致爾小醜狂犯宗社，欲臠李賊肉以報先帝耳！」鬚髯怒張。賊驚其勇，百計誘之，不屈，梟其首而懸之西關街市焉。〔考曰：本北略、傳信錄。〕賊又懸賞購張氏、金氏子弟之存者，得毓峒姪肖孫，問毓峒子所在，備極炮烙，終不言，竟得免。劉芳亮居二日，率降臣李建泰等入京師，留僞將張洪守保定。洪之收諸下邑也，馬岱居蠡縣，勢不支，自刎弗殊，洪縛而致之自成，以將斃故得脫，後爲僧，不知所終。〔考曰：甲申上谷紀事、保定城守紀略同。〕

徐鼒曰：錄死節諸人，冠以邵、張、劉三人者何？不可勝紀，則擇其人以冠之，即書「大學士范景文等死之」之例也。何復爲知府，金毓峒爲監軍御史，呂應蛟爲副總兵，俱顯秩，不以冠之何？始倡城守者邵、張、劉三人也，嘉其節，並錄其功，故冠之也。

壬子（二十四日），闖賊設僞官，授明降臣職。

自成自居西安，建置官吏。至是，益盡改官制。改內閣爲天祐殿，廢詹事府，改翰林院爲弘文院，六部爲六政府，文選司爲文諭院，六科給事中爲諫議，十三道御史爲直指使，太僕寺爲驗馬寺，尚寶司爲尚璽寺。〔考曰：一云尚寶司更爲尚契司。〕省太常、鴻臚屬禮政府，通政司爲知政使，主事爲從事，中書爲書寫房，巡撫爲節度使，布政司爲統會，兵備爲防禦使，〔考曰：一云更按察爲防禦使，今從明史。〕知府、州、縣爲尹、爲牧、爲令，正總兵爲正總權，副總兵爲副總制，五軍府爲五軍部，守備爲守旅，〔考曰：一云武臣守備爲守領。〕把總爲守旗。太監不得過千人。改印曰符、曰劵、曰契、曰章，凡四等。服領尚方，以雲爲級，一品至九品雲如其品；帶用犀、銀、角三等。廢輿乘馬。凡銓選悉宋企郊主之。受職者給小票，向禮政府領契，外選者限三月後取家眷，戶政府給行旅費。僞官最著如牛金星、宋企郊諸爲賊親任者，叛降最先，不更列書。次井陘道烏程方大猷、□□楊建烈、知縣張嶙降於山西，戶部侍郎寶雞黨崇雅、御史梓潼柳寅東降於通州，例授原官僞侍郎、直指使。知府武進董復、舉人韓霖降於大同，分授僞同知、參謀。〔考曰：韓霖，北略又云授禮政府從事。〕御史登封傅景星、〔考曰：傅景星，北略載之從賊入都諸逆臣中，傳信錄卷二亦云自成攻陽和，得進士傅景星。〕副郎青城于重華降於陽和，分授僞兵政府郎中、從事。給事中解州介松年降於保定，授僞從事。陷京師後，惟前兵部尚書歸德侯恂出於獄，授僞工政府尚書。〔考曰：侯恂，北略云僞工政大堂。又云二十三日，諸臣點名，恂與宋企郊、張燐然等左右兩班列坐。傳信錄則云闖召見新放獄五品以下官，並授僞職，獨三品以上不召見。故侯恂亦未召見。後數日以侍郎官恂，恂不受，因以大拜要之，俟東征歸如約，而敗回不果，恂亦潛遁，似恂未受僞職者。而明史流賊傳謂三品以上，獨用故侍郎侯恂，則北略言近實。〕禮部侍郎華亭楊汝成賄賊黨上表，自成授原官。〔考曰：傳信錄云：汝成初賂求免刑，王旗鼓欲薦授職，以衰老固辭。北略則云：北來單先開以老釋歸，後開以刑死。國變錄云：夾一夾，以古玉金壺託周鍾送王旗鼓仍授職。又引本鄉公討檄註云：汝成以妾數人送劉宗敏、牛金星，得不殺。上表有云：陛下問罪燕都，威行夷夏，弔民江左，澤及昆蟲。伏念臣汝成衰殘無力，願爲放牧之牛，摩頂知恩，甘效識途之馬。其門生鎖青縉已降賊，呼劉宗敏爲恩主，預求寬典。又力薦於牛金星，得列春卿云。蕭謂討檄言不必盡實，而聾道人某遇變紀略亦有汝成衰殘無力四語，道人在京師，聞見當確，不得謂討檄之無因也。〕工部侍郎湖口葉初春授僞工政府侍郎。〔考曰：明史及北略云：初春官太僕寺卿，僞兵政府少堂。傳信錄云：官太僕寺卿，授尚璽寺卿。烈皇小識則云工部侍郎葉初春，與貳臣傳同，今從之。〕餘三品以上者，悉拘執，不授官。四品下污僞職者，翰詹四十九人。少詹吳縣項煜以門生黎志陞薦，爲僞太常寺丞。〔考曰：北略傳信錄云：煜字仲昭，號水心，南直吳縣人，天啓乙丑進士，官少詹兼侍讀。僞太常寺丞賊黨黎志陞，其甲戌所取士也。薦煜大拜，煜卽昌言於衆曰：「大丈夫名節既不全，當立蓋世功名，如魏徵、管仲可也。」及授太常，氣沮；奉僞命祀泰山，馳驛變服遁，逕走南都。綏寇紀略補遺云：賊於三月十九日破京師，水心於四月十八日巳刻陪都嗣君卽位，身與拜舞之列，爲陳御史所糾，其月日可考，當時欲以汙僞署殺之，以三千餘里之遠，不一月重繭而至，更有何地何日可以從賊？鼒按吳偉業於項煜、周鍾事頗多開釋，其說亦允，然究之不能死，則無可辨也。〕信陽何瑞徵以牛金星考選首名，爲僞弘文院掌院學士。〔考曰：北略云：瑞徵河南汝甯信陽人，崇禎戊辰進士，教習庶吉士。傳信錄云：瑞徵至院，衙門匾額有先朝年號者悉去之。甲乙史云：瑞徵斂庶常裴希度等銀，請牛金星至署，飲到任酒。〕庶子招遠楊觀光以理學名家，爲自成所重，又以論郊天見喜，授僞兵政府侍郎，尋改僞禮政府尙書。〔考曰：北略云：觀光，山東登州招遠人，崇禎戊辰進士，官右庶子、兼侍讀，僞禮政府右侍郎。徐凝生國難紀云：四月初十日，賊召觀光入文華殿，問郊天何以不茹葷酒，不近女色，不行刑，亦有說乎？楊叩頭曰：「天人一氣所感，不茹葷酒欲其心志清明，不近女色欲其呼吸靈爽，不行刑欲養天地慈和之氣，以感格上穹。」賊云：「有理。以後先生常進來講」。留坐侍茶。辭出打恭，自成送至簷下，亦答躬。先於三月廿四日召一次，語不傳。甲乙史云：是日持門生刺見劉宗敏，四轎開棍，儼然都堂。四月十三日，觀光以家眷隨而出，至望風臺，被殺。傳信錄又云：初授僞兵政府侍郎兼弘文院侍讀學士，後改禮政府尙書。〕諭德嵩縣韓四維輸金求爲國子監司業，賊鄙之，降授弘文院修撰。〔考曰：北略云：四維順天昌平州籍河南嵩縣人，崇禎辛未進士，官諭德，願輸銀二萬，求爲國子監司業，賊鄙之，降爲修撰。〕檢討番禺梁兆陽倡助餉說，投手版於宋企郊，諛自成神武不殺，比隆唐、虞，自成大喜，授僞兵政府侍郎。〔考曰：北略云：兆陽廣東番禺人，崇禎庚辰進士，官檢討，僞兵政府侍郎。二十日，首倡助餉之說，與同志求仕者，各齎五千金，託宋企郊先投手本，廿三日，即召見，叩頭云：先帝無甚失德，以剛愎自用，故君臣血脈不通，以至萬民塗炭，灾害並至。闖賊云：朕只爲這幾個百姓，故起義兵。兆陽即叩頭云：「我皇上救民水火，自秦入晉，歷恆、代抵都，兵不血刃，百姓皆簞食壺漿以迎王師，眞神武不殺，直可比隆唐、虞，若湯、武不足道也。臣遭逢盛世，敢不精白一心，以答殊恩。」闖賊大喜，留坐侍茶，意甚款曲。兆陽出語門生貢士伍世魁，因傳於衆。」庶吉士金壇周鍾，復社名士也，爲牛金星、顧君恩所知，授僞簡討，時傳其勸進表，最爲詬病焉。〔考曰：北略云：鍾字介生，南直金壇人，崇禎癸未庶吉士，僞弘文館簡討，賊中深慕其名，呼爲周先生。勸進表實出其手，逢人便誇牛老師極爲嘆賞，同館多含涕忍恥，幾幸生還，惟鍾揚揚得意，乘馬拜客，屢過梓宮，揮鞭不顧。沈國元大事紀云：勸進文有云：「比、堯舜而多武功，邁湯、武而無慙德。」甚至斥先帝爲獨夫，有臣子萬不忍言者，傳爲鍾筆。又有存杞存宋句。龔鼎孳向人曰：「此語出吾手，周介生想不到此。」傳信錄云：顧君恩薦之牛金星，金星首用之，次日即至牛所遞門生帖，撰登極詔。嘗云：「江南不難平也。」或語鍾以闖殘殺太甚，萬難成事。鍾曰：「太祖初起亦然。」綏寇紀略補遺曰：介生不死，實大負生平，至所云勸進表，乃元末紅巾語，見載輟耕錄，遽以之入爰書，行大法，讒口嗷嗷，此何說乎！迹其禍本，劉澤清曾金幣聘之，不應；介生有季弟，嘗同飲阮懷寧家，壞坐大罵，介生不爲謝，以此兩人切齒，傳成其獄。李舒章雯以詩弔之曰：「亂世身名可自由，恨君不及鄭台州；劇秦新論何曾草，月旦家評總世仇。」汝南從兄弟晚歲睚眦不合，緣飾訛傳，外人遂指左驗，舒章之詩，蓋實錄也。鼒按勸進文不必爲鍾筆，即其兄弟相仇，國亡不死，倫常之地，全不可問，更安問其他乎！備載諸家說，見下流之不可居也。」〕修撰武進楊廷鑑以翦髮授僞編修，與鍾爭草詔者也。〔考曰：北略云：廷鑑南直武進人，崇禎癸朱狀元，官修撰，翦髮欲遁不得，降，授僞弘文館編修，僞相牛薦楊與周鍾草詔，兩人互爭，幾至攘臂。〕編修授原官者溧陽陳名夏，〔考曰：北略云：名夏字伯史，南直溧陽人，崇禎癸未會元、探花，官編修兼戶兵兩科都給事中。一妾，京師人，聞變，送妾歸母家，因匿焉。逢覘賊，縛解僞刑官王所。王遙見呼曰：「公得非溧陽陳伯史先生乎？」陳曰然。王解所縛，揖之曰：「先生識某否？」曰：「不識也。」王乃山西諸生，數年前南遊無所遇，至溧陽，陳曾留一飯，贈銀五星，久已忘之矣。至是王述其事，留寓中飲食之，薦授編修。〕授僞修撰者靜海高爾儼，檢討授僞編修者膚施劉世芳，庶吉士授僞簡討者周鍾而外，華亭朱積，亦名士也。授原官者，祥符史可程，閣部史可法弟也。以長班報名被執，授原官者，眞定梁清標，夷陵黃燦，山陰魯㚖，韓城李化麟，懷寧劉餘謨，霑化李呈祥，豐城史垂譽，安邑呂崇烈，保山龔鼎也。〔考曰：龔鼎，諸書作龔鼎雲，涉下文雲南字而誤衍也。從進士題名碑校定。凡受職刑辱諸臣姓名外誤者，皆依題名碑改正，註不具詳。〕庶吉士項城趙頻以與牛金星同年，改僞直指使。檢討臨川傅鼎銓，庶吉士會稽王自超，待詔韓城高來鳳，俱改僞從事。庶吉士改外職者，遂平魏天賞爲淮揚僞鹽運使，秩最崇；次僞防禦使西鄉楊棲鶚，〔考曰：史外有楊梅鶚，明史又有梅鶚，或另是一人。〕晉江楊明琅；明琅斥崇禎帝爲亡國君者也。檢討改順慶僞府尹者，南昌張之奇；檢討改僞州牧者，沂縣孫一脈；庶吉士改僞州牧者，達州李長祥，安福劉肇國，麻城傅學禹，南昌羅憲汶；最下改僞縣令者，檢討趙玉森、〔考曰：傳信錄云：玉森南直無錫人，庚辰進士，官翰林院檢討，三月二十八日，授僞職，爲四川內江縣。玉森爲宋企郊舊友，因請曰：「玉森能知順逆，乃以詞臣爲下吏，何以風示來者！」企郊曰：「非不欲爲公周旋，所託令親一事，挽回上意，用力已竭耳！」〕玉森求改山東近地，企郊許之。後營改京職，未授。所云令親者，秦汧也。汧之姑，玉森之妻，汧始觸罪，賴玉森挽回，始得授職。」庶吉士大名成克鞏、崇德吳爾壎、桐城姚文然、蒙陰高珩、清苑張元錫、陽城白允謙、番禺劉廷琮也。授職不詳何官者，武陵胡統虞、晉江李元琳、杞縣何允光、待詔保定張國泰也。始不屈而終授原官者，庶吉士東莞張家玉也。〔考曰：傳信錄云：家玉廣東東莞人，上書於闖曰：「前明朝翰林院庶吉士，今請賓歸順張家玉，謹百拜稱賀於大順皇帝陛下，陳情左右：君王既定鼎於天下，必以尊賢敬德爲基，是不浚人之忠者所以有忠臣，不浚人之孝者所以有孝子。家玉得君未及一年，有親尙有四老，君王處此，當賓禮而不臣之。且比例於晉處士陶潛，旌別其門曰：『明翰林庶吉士張先生之廬』，庶不傷人臣子之心，不辜蒼生之望。不然，臨以刀鋸，設以鼎俎，家玉者形影相笑，從容而樂蹈之，耿耿此心，誓無後悔。」又上書曰：「前明朝翰林院庶吉士，今請賓歸順處士張家玉，百拜陳情於大順皇帝陛下，忠臣義士，於明爲多，勸義奬忠，於順爲盛。是故如范景文、周鳳翔等當亟爲明卹贈之，劉宗周、黃道周等當亟爲明隆禮之，又如史可程、魏學濂等當亟爲明尊養之。而非但爲明隆禮尊養之，首孝而順，人知有父；首忠而順，人知有君也。至若家玉，殷人從周，願學孔子，但區區賓禮，而乞縶之以明者，蓋不特見君王之高，實欲遂君王之大也。當此多士多方尙在危疑驚懼之時，莫若將家玉旌而別之，刻其書以布之四方，得一人以收拾天下人心，勝精兵十萬可知也。如其不允所請，決不墮泥塗爲班皂，羞歸鄉里爲父母僇，誓殺身爲牲，少備天子大享上帝，刀鋸鼎俎諒非負氣守節者所隱忍而規避也。榮之辱之惟命，生之死之惟命。」書上，闖見之。家玉見闖，長揖不跪。闖怒，縛午門外，欲剸之，顏色不變，卒操刀問曰：「降否？」家玉曰：「不降。」至三日，闖復逮入，喝曰：「當凌遲汝。」家玉不爲動色。又言：「當凌遲汝父母。」家玉乃跪。遂釋。時家玉父母遠在廣東，凌遲非可驟及，不知家玉何以遽出於此！後四月十八日，闖遁。家玉潛遁歸。」〕降授司務而後賦詩死者，嘉善魏學濂也。〔考曰：北略、傳信錄云：學濂浙江嘉興嘉善人，忠節公大中之仲子，孝子學洢弟也。癸未庶吉士，授僞職司務，大失其意。四月十九日，作絕命詞自縊。詩曰：「忠孝千古事，於我只家風。一死輕鴻毛，臨難須從容。有血灑微軀，官卑非侍中，有舌且存之，亦遜常山公。因約同志友，延頸受霜鋒，不能張空拳，與彼爭雌雄。不能奉龍種，再造成奇功，死且有餘罪，何敢言丹忠。所痛母垂白，七十仍尸饔，未葬凡五喪，留與子姪封。人生誰百年，壽殀死所同，我比兄與弟，我年爲獨豐。高堂無復悲，譬不生阿儂，辭母卻就父，生死猶西東。骸骨雖不歸，即瘞此詩筒，墓木有拱時，清韻入楸松。」又曰：「始聞天子且出亡，繼云亡後放還鄉，既望義旗起四方。三者於今皆已矣，當死不死眞羞惶。幾家闔門自焚死，幾人投繯從天子，王章不屈磔城樓，金鉉躍入御河水。街頭男女不讀書，西城井中何累累，耳聞眼見美殺人，美人不已還自嗔，死忠死孝家常事，我竟不死將誰臣。君亡國破雖易代，正統日月虛懸在，待彼篡位我死之，我死固晚免下拜。但恨有書報老親，云兒不死休酸辛，兒今羞愧活不得，爲孃愛此全歸身。」又貽書付子，諄諄以子孫非甲申以後生者，雖令讀書，但期精通理義，不得仕宦爲言。文學曹君爾坊曰：「結連豪傑，意在報韓，隱忍圖存，冀翼皇嗣，至必死而未死，可歸而不歸，人臣處此，亦極難耳。卒以立孤勿克，感憤自經，雖不成程嬰存趙之功，庶無忝姜維復漢之節。」燾按此論甚允，惟既不能早死，則百喙莫解耳。北略附載嘉興公討檄，出自仇口，無足信也。〕年老賊棄不用者，晉江何九雲也。〔考曰：忠佞紀事紀諸書僞職小異，如劉世芳改府尹，梁清標、李化麟、趙頻俱外任。王自超原官，魏學濂雖改外，仍留京用。〕科道二十七人，戶科給事中祥符劉昌以與牛金星同鄉，授僞太常寺卿，最用事。工科竇雞高翔漢〔考曰：解學龍傳云兵科高翔漢。〕亦以與賊同鄉，入城即授僞都直指使。以原官授僞諫議者，吏科滄州戴明說、〔考曰：忠佞紀事作防禦使。〕禮科嘉定申芝芳、刑科祁門光時亨、〔考曰：北略、傳信錄云：時亨南直祁門人，崇禎甲戌進士，官刑科，巡視東直門，迎降。十九日，闖逆召見，面加獎勵，諭以原官視事。時亨寄書其子有云：「諸葛兄弟分事三國，伍員父子亦事兩朝，我以受恩大順，汝等可改姓走肖，仍當勉力讀書，以無負南朝科第。」〕進賢朱徽、工科永州彭琯也。給事中改授僞直指使者，兵科合肥龔鼎孳也。〔考曰：北略云：鼎孳南直合肥籍，江西撫州臨川人，崇禎甲戌進士，官兵科僞直指使。每謂人曰：我願死，奈小妾不肯何！小妾者，所取秦淮娼顧媚也。鼒按鼎孳事，亦見馬士英疏及貳臣傳。〕御史以原官授僞直指使者，掌河南道南昌涂必泓、〔考曰：必泓事詳見聾道人遇變紀略。〕四川道晉江蔡鵬霄、廣東道南靖陳羽白、陝西道汾陽張懋爵、〔考曰：解學龍傳云司員陳羽白、張懋爵。〕宗室朱朗縈也。御史改僞弘文院庶吉士者，陝西道韓城衞禎固、〔考曰：史外有衞禎國，當是固字之譌。〕遵化裴希度也。〔考曰：解學龍傳云司員裴希度。忠佞紀事云：裴希度爲僞諫議。〕改僞從事者，戶科松江楊枝起僞文諭院從事。故事，選司最重，宋企郊專政，枝起侍立唱名而已。同改者，巡按寧國江永詔、仁和金汝礪、〔考曰：解學龍傳云舉人金汝礪。〕刑科隴西郭充也。〔考曰：本北略。〕改外職者，河南道咸寧韓文銓授僞山西太原節度使，爲賊守城，力屈，死之，迹最奇。〔考曰：北略謂韓文銓爲僞諫議，傳信錄則云：李闖西遁，踉蹌還陝，委以晉事，與僞權將軍陳永福守太原，拒清兵甚力，城陷，死之。則爲節度使近實，今從之。〕次刑科青州孫承澤、安東蘇京改僞防禦使。次河南道麻城熊世懿、兵科金谿傅振鐸分授僞府尹同知。最下則兵科常熟時敏叩吏部門，大呼報名，得授僞四川宜賓縣令。〔考曰：北略云：敏南直常熟人，崇禎丁丑進士，官兵科。敏當城破時，客問作何計較？敏徐曰：天下將一統矣。赴選時，適吏部門閉，叩門大呼曰：我兵科時敏也。既授僞選，出都，聞賊敗，遁歸故里，其家已爲里中兒借名焚掠，波及族黨。敏歸，公然張蓋，訟之有司，自稱本科。知南都理逆案，攜家遠避去。〕**刑科上海翁元益初擬授僞諫議，夜被賊傷面，以貌陋改僞四川縣令焉。**〔考曰：傳信錄以爲原官，今從北略、忠佞紀事。〕**又有給事中長沙廖國遴、山東道上虞徐一掄者，不詳授何職也。六部屬六十五人，禮部郎中江西劉大鞏授僞大理寺卿，秩最崇。**〔考曰：傳信錄作劉大澤誤，依題名碑正。傳信錄又載劉大鞏授僞從事，亦誤以爲二人耳。〕**吏部員外鄭州金煉色授僞諫議，戶部主事漳州張鳴駿**〔考曰：明史給事中張鳴駿。〕**授僞直指使。**〔考曰：本北略引國難錄，又載刑辱諸臣中。〕**次吏部高陵郭萬象、解州侯佐、南昌熊文舉、戶部德清方延祚、宣城孫襄、濟寧陳扆誦、□□徐有聲、南和李甲、華州姬琨、光化陳聯璧、禮部梁山涂原、新昌吳泰來**——泰來者殉難吳甘來之同胞弟也、**晉江吳之奇、**〔考曰：本傳信錄、題名碑有之琦、之奇二人，俱晉江人。〕**兵部館陶耿章光、南直朱國壽、諸暨方允昌、刑部滄州劉慶蕃、休寧吳文熾、**〔考曰：本北略、傳信錄云：朱國壽僞縣令。〕**□□李登雲、工部江陵金震生、**〔考曰：烈皇小識作金震出，侯核。〕**餘姚潘同春，**〔考曰：本傳信錄。北略誤作潘國春，依題名碑正。〕**皆以郎中主事原官分授僞六政府屬者也。武進孫節雲、**〔考曰：烈皇小識誤作孫節。〕**豐城葉澍、長沙趙開心、湘鄉賀久邵，以原官授僞政府司務者也。**〔考曰：參北略、傳信錄。賀久邵，北略作僞職從事。〕**改僞國子監助教者，工部錢塘繆沅，亦曰僞戶政府從事也。**〔考曰：參北略、傳信錄。忠佞紀事云：繆沅，助教。〕**改外職者，吏部郎中萊陽左懋泰，懋第之弟也，報名被掠，輸銀萬兩，授僞密雲防禦使；或曰選授僞兵政府侍郎，鎮守山海關。**〔考曰：北略云：第二榜特選兵政府左侍郎左懋泰鎮守山海關等處地方。〕**光祿寺卿膠州張若麒，先以督戰失機，下獄，至**

是與侯恂、楊枝起同出獄。自成召見若麒，自稱寧、錦督戰之功，又言天下事壞於黨人數十年；自成深然之，授僞山海關防禦使。又有刑部主事常熟歸起先者，亦授僞防禦使；或曰縣令也。〔考曰：忠佞紀事作防禦使，傳信錄作縣令。〕海寧劉廷諫以吏部郎中改僞府尹，〔考曰：北略、忠佞紀事同，傳信錄作同知。〕莆田吳箎〔考曰：北略云：賊不識字，其僞勅告示，多別字，如廢弛訛費弛，事務訛事騖，有戶部吳箎爲賊用，復其官，賊每呼其名爲吳虎云。〕以戶部郎中，寧晉高去奢以禮部主事，俱改僞州牧。以郎中主事改僞縣令者，吏部公安侯偉時、曲周王顯、戶部晉江楊雲鶴、汝陽傅鷟祥、禮部長洲湯有慶、無錫張琦、兵部南昌鄒明魁、夏縣張愼學、無錫秦汧、刑部懷遠朱受佑、沅江黃昌允、工部□□王之鳳、樂平趙之璽。最下授僞教諭者，江津程玉成也。授僞官不詳何職者，戶部渭南南廷鑄、安肅鄭爾圻、芮城王鳳林、蒲州李鍾秀、三原王高才、光州胡之彬、曲沃衞周祚、□□程之瓚、禮部都昌余忠宸、晉江黃熙允、兵部瀘州黃紀、兗州修廷獻、□□馮秉淸也。京堂以下二十人，通政司參議長洲宋學顯授僞驗馬寺卿。方諸僞官之勸進也，自成遜謝曰：「伊、周豈不能爲湯、武，其不爲湯、武者，伊、周之所以傳也。」學顯曰：「看書到此，非天授歟！」其諂諛類此。〔考曰：本傳信錄。計六奇曰：國難錄註學顯原官非也。〕自成改國子監爲三堂，以司業爲正堂，學錄爲左，博士爲右，授司業懷慶薛所蘊原官，改大理寺正錢位坤並爲僞司業。〔考曰：傳信錄云：自成改國子監爲三堂云云，必非無據。北略、忠佞紀事謂所蘊僞祭酒，位坤僞助教，與傳信錄異，今從傳信錄。〕所蘊號召諸生作文字，〔考曰：北略云：考監生首題莅中國而撫四夷也，又題爲厚也高也，一監生破題云：地天交泰，聖人所以大一統也。所蘊大喜，列第一。〕以待自成幸太學。位坤初不用，旣夤緣宋企郊赴部，時語人曰：「我明日此時便非凡人。」京中因有不凡人傳。尙寶司卿歙縣吳家周授僞太常寺卿，〔考曰：本傳信錄、忠佞紀事，而北略則云僞大理卿。又傳信錄曰：家周見牛金星，言南方脆弱，願包納餉銀數十萬，免其刑掠。金星云：如果包得即與上疏，但干係非小。家周逡巡而退。〕太僕寺少卿曹欽程授僞文諭院從事，光祿寺少卿李元鼎授原官。〔考曰：本貳臣傳。北略云：元鼎太僕寺丞，僞太常寺卿。〕以大理寺評事改僞政府屬者，羅山周蘭。國子監博士改僞政府屬者，掖縣李森先。〔考曰：北略、傳信錄、烈皇小識作李森先。忠佞紀事作李春先。題名碑又作李林先。按作森是也。〕助教改僞政府屬者，桐城吳道新。〔考曰：北略、忠佞紀事同，傳信錄云僞學正。〕行人改僞政府屬者，新鄉許作梅。光祿寺署丞改僞政府屬者，武進吳剛思，吳江沈元龍。元龍頗用事，爲吳中逋客主人焉。行人改僞學正者，孝義張元輔也。〔考曰：烈皇小識以元輔爲官行人，國變錄以元輔爲員外。〕改僞防禦使者，光祿監事漳浦林□□、〔考曰：獻賊叛穀城，殺巡按御史林銘球，而北略、忠佞紀事又云，改僞防禦使爲光祿監事漳浦林銘球，疑銘球二字有誤，闕之俟考。〕行人曲沃李不著，中書科掌科劉明英也；〔考曰：傳信錄曰：授虁州防禦使，北略列之刑辱諸臣中。〕改僞府尹者，行人華陰王于曜、中書舍人掖縣姜金允；改僞縣令者，行人廣信程兆科、學正□□王皋、中書舍人翼城史起明也。〔考曰：傳信錄作啓明，依題名碑正。〕授職不詳何官者，行人□□吳允謙、□□李之奇、順天照磨□□龔彝、□□侯以顯也。〔考曰：烈皇小識所載從賊諸臣，不詳僞職，亦有刑辱未受僞職者，吳允謙以下四人，諸書不載，惟南略載七月二十五日，劉孔昭薦錢位坤疏云，長安所刻國變錄，爲奸徒借題害人，不止龔彝受屈之語。然疏出孔昭，亦難憑信，姑識於此。〕外任者，順天巡撫商州宋權以首進降表，授原官僞順天節度使。前豫、楚總督益都任濬被執不屈，尋釋之，授僞四川防禦使。〔考曰：本傳信錄。鼒按宋權、任濬二人，諸書不載，蓋以降大清後俱顯爵，或諱之耳。〕山東布政參議翼城王則堯授僞順天府尹。〔考曰：傳信錄云：三月二十二日先授僞職，到任，四月初一日，考試生員題目：天與之，若大旱之望雲霓也。〕又有江西陳之龍以陝西監軍道降賊，授僞陝西節度使；鄒平呂弼周以河南驛傳道僉事降賊，授僞淮安防禦使；未詳何時降也，或曰之龍降於寧夏云。〔考曰：陳之龍見傳信錄、綏寇紀略註，呂弼周見顧炎武聖安本紀紀路振飛王燮事。〕推官一人，無錫顧芬改僞同知。〔考曰：傳信錄亦云知縣。〕知縣六人，無錫王孫蕙〔考曰：明史以王孫蕙爲禮部主事。〕謁宋企郊，獻表，大爲自成所賞，授僞長蘆鹽運使。〔考曰：傳信錄曰：孫蕙南直無錫人，甲戌進士，歷歸善知縣，調濬縣知縣。三月十六日，應召對，孫蕙伏陛言君辱臣死之義，繼以哭，改授銓曹，命未下。十九日，城陷，城中哭聲震沸，孫蕙語家人曰：「毋恐，吾自有定心丸在此。」命取竹一竿，曳黃布一幅，大書大順永昌皇帝萬萬歲！將布懸門，徧拉同籍往迎，馬素修太史不可，走語趙玉森曰：「百行以孝爲先，君太公年高，圖晝錦足矣，不爲徐庶，忍心爲趙苞邪？」玉森頷之，出語張琦、秦汧，與語意合。二十日，同謁僞政府宋企郊，各執手板陳姓名，孫蕙袖中忽出一紙，拱手加額曰：臣王孫蕙進表。諸人出不意，慮觸忌，殊恐。宋閱表微笑，且頷曰：「好文字。」衆乃嘆服弗如。是日晨起，復過馬太史，太史方沐浴更衣，將就縊，端坐正寢。孫蕙覼縷道新天子仰慕德意，太史大怒，叱曰：「此言何爲至於我！」孫蕙語猶未了，乃命從者挽出之。即日孫蕙赴僞都督劉歆，二十六日，選授長蘆運使。先是顧芬、黃繼祖、吳達俱選四川令，是日，秦汧、張琦、趙玉森亦授僞令，皆無錫人也。宋企郊語孫蕙曰：「貴里同事七人，公何以至此？」孫蕙曰：「皆新天子不棄之知，老大人甄拔之力。」宋曰：「非也，主上以公表及周庶常草詔，堪作新朝雙璧，薄以一官相報耳。」時選者止給僞印，孫蕙獨加僞勅一道，僞帥高將軍送馬二匹，牛丞相以下皆餞行。時南人欲歸者，慮道梗，求附行。孫蕙曰：「新天子在上，萬一耳目所及，謂我私挾南人，必嚴詰不便。」皆固謝之。二十九日，發都門，笥中錦袍失去，從馬太史僕許姓强假以出。儀仗中列欽命督鹽旂二面，錦袍乘輿張蓋，設鼓吹前導，闌過先帝后梓宫前，見俯伏而哭者，孫蕙竦肩睜視，一瞥而去，不出輿一揖也。乘傳所過，府以下迎送唯謹。行近德州，城中豎大明中興旗號，詢知爲德州盧御史名世㴶者，糾集義師，截殺僞官。又聞吳西平兵且入復京師，孫蕙乃棄儀仗，焚僞勅，埋印，磨滅行李上監運封識，又恐行李累重，復棄之，假作乞人以歸，至中途倒斃。」〕**孫蕙而下**，**蘄水周壽明授僞揚州防禦使次之**。〔考曰：忠佞紀事作周壽期，今從題名碑正。〕**次新昌黃國琦授僞揚州府尹**，〔考曰：傳信錄國難錄同。北略、忠佞紀事作縣令。又南略載十二月十二日胡時亨奏，謂黃則僞吏部掌硃封者。〕**次太倉孫以敬改僞州牧**。〔考曰：北略又云：以敬集友人寓所，或言城破，友人倉皇辭去，孫徐步歸寓，則賊將已拘家奴矣，問主人何在？不肯言，竟斃杖下。以敬竟投單爲僞刑政府從事。〕**原官授僞縣令者**，**黃繼祖**、**吳達**，**皆無錫人也**。**不詳授何僞職者**，**安福彭三益也**。〔考曰：見烈皇小識。〕**進士授僞太僕寺丞者一人**，**丹陽賀王盛**；〔考曰：忠佞紀事作賀武盛，依題名碑正。〕**授僞防禦使者三人**，**涇陽武愫**、**孟津李際期**、〔考曰：傳信錄曰：際期服闋進京，二月二十五日，爲選司所阨，怒甚，闖既入，通其姻婭，遂授職。〕**平陽王道成**；〔考曰：傳信錄曰：城陷即降，授僞職青州防禦使，四月十九日，道成單騎至州，州中人皆請命，相視不敢動。〕**僞府尹二人**，**順天楊儆**、**河南鎖青搢**；**僞州牧一人**，**鄞縣徐家麟**，**或曰僞山東防禦使也**；〔考曰：傳信錄紀家麟於州牧中云，齎僞印契出都，至山東，義兵截擒僞官，家麟棄印而逃。北略引國難錄云：家麟僞山東防禦使。〕**僞縣令五人**，**井研胡顯**、**嘉定施鳳儀**、**上饒徐敬時**、**扶風王秉鑑**、〔考曰：解學龍傳云：山西副使王秉鑑。〕韓城高辛允也；〔考曰：烈皇小識以爲推官，又南略胡時亨奏施鳳儀管儀仗時，語賊不可用亡國之器，願自賠十金造者，未審以何僞職管儀仗也。徐敬時見忠佞紀事，後甲午正月，有進士徐敬時舉兵廣信，被殺，是亦傳鼎銓張家玉流也，附志之。〕教職一人，清苑王爾祿也。舉人授僞知政使者二人，王學先，〔考曰：北略云：庚午舉人，傳信錄云：壬午舉人。〕王順杞，學先里居未詳，順杞順天人，以寇急探親宜府，降賊隨入京者也；僞防禦使一人，山西王皇極；僞府尹一人，平定高丹桂；僞縣令三人，武大正者，里居不可詳，授山東僞平原令，又宛平王仙芭，〔考曰：北略云：第三榜特授宛平縣歸順舉人王仙芭山東濰縣令。〕福建鄭逢蘭，亦授僞縣令焉。生員授僞縣令者一人，順天王明，僞府尹王則堯考選吏政府，除官第七名者也。爵里不可詳者，僞弘文館學士王華、僞鴻臚少卿張魯、僞從事王奇才、程光貞、僞司務董獻廷。又有冉希舜、韓士偉、俞忠賓、張應麟者，亦不詳授何僞職也。未陷京師時，武臣降賊者不列書，降於陷後者，往往爲賊殺死，惟都司武進董心葵，〔考曰：據某氏談往，心葵名廷獻。〕故周延儒門下客也，賊出之獄。心葵言中國情形及江南勢要，自成大賞之，顧亦不詳授何僞官焉。其有降賊而未授官者，求之宋企郊，企郊曰：「諸公何不解事！新天子御極，自當另用一番人。」諸人既絕望，始以漸逃歸，既未授僞職，故名亦不著。自黨崇雅以下，南都逆案漏略者，悉著稗官家，其有名列逆案而今不可詳者，則王承曾、向列星、李棡、王之牧、梅鶚、吳嵩允、顧大成、姜荃林八人也。

徐鼒曰：諸臣先後降賊，概係之壬子何？瑣事類書，無足日也。不曰叛降，曰降臣何？明諸臣之初心，非有背逆，偷生畏死以至此極也。夫國亡君死，爲人臣者，仗戈匡復，宏濟艱難，計之上也。能死者次之。既不能爲其上，又不肯爲其次，隱忍貪昧，廉恥道喪，名辱身危，愧恨莫及，如魏學濂者，亦可哀矣！吳爾壎、張家玉、傅鼎銓之晚節自蓋，所謂能改過者乎！餘子瑣瑣，誅不勝誅，連類悉數，不已猥乎！嗚呼！此春秋三叛人名之義也。

闖賊殺明勳衞武臣之投職名者。

自二十一日，百官投職名，凡勳衞武臣，聚一隅，不許星散。是日斬諸平則門外，凡五百餘人。

徐鼒曰：曰殺投職名者何？明諸臣之非以抗賊見殺也。

癸丑（二十五日），闖賊拷掠明臣之猶在其官者。

百官之投職名也，用者旣分三等授僞職，其不用者，每官用馬兵二人，執刀隨之，驅往西華門外四牌樓街，鐵索鎖，五人一串，驅逐如羊豕然，少遲，鞭梃雨下，有仆地暈倒者。頃之，忽傳僞旨云：「前朝犯官送權將軍劉處分。」旣至，劉方擁妓懽飲，命兵士回營守之。明日復至劉所，以次論贓，內閣十萬，部院京堂錦衣帥七萬，科道吏部郎五萬、三萬，翰林一萬，部屬以千計，勳戚無定數。凡輸納見銀加二，首飾十不當一，衣服羅緞以次定減，珠玉玩好概不用。能繳者立搜進之，不能卽嚴刑。一賊將領長班五十人，緝訪官民藏蓄。長班一人限日訪事二件，名曰公刺。如云某有金，卽拷掠。劉又造新夾棍，木有棱，鐵釘連綴，夾人輒骨碎死。門立二柱，磔人無虛日。劉署不可悉容，則分置僞權將軍田虎、制將軍李遇，以次轉屬部將，至各營兵官監押健兒，皆得夾人。又有炮烙、火尺、掤弦之法，目所未覩。有賊黨所夙仇者至，縛而臠割之焉。〔考曰：燕都日記曰：賊黨有夙怨無不立報，如總兵王朴重辟在獄，子琦以千金託陳君美營幹，君美欺琦，而沒其金，至是琦在賊黨，遣召君美，縛而臠割之。〕初令百官助餉，猶禁淫掠民間，自各官輸不足額，押令稱貸商賈，金銀罄，則繼以紬緞，商人錢貨一空。又令十家一保，一家逃則十家同斬，十家中有富戶，則點取籍沒馬騾銅器。至薪米亦令輸營，飢死掠死者甚衆，顧其名氏不可紀，其勳戚輔臣暨朝官之著於稗官家者，等而錄之如左焉。掠而納銀復被殺者，勳戚大臣，武職爲多，最著者成國公朱純臣。賊至，獻齊化門，與陳演表勸進。尋自成入內閣，見崇禎帝命純臣輔東宮硃諭，因誅之，籍其家。〔考曰：傳信錄云：二十二日申刻，傳僞旨處斬。按燕都日記云：二十六日降賊臣朱純臣、陳演率百官勸進，是純臣不死於二十二日。〕襄城伯李國禎之就縛也，自成呵之曰：「汝受天子重任，既不能堅守，又不能死節，覥顏受縛，意將何求？」叱送權將軍追贓，與其妻同掠死。〔考曰：傳信錄云：追贓數四，殘剝而斃。其妻亦爲賊所掠，褫盡底衣，抱之馬上，大呼曰：此襄城伯李國禎之夫人也。勳臣婦女被掠甚多，無辱甚於此者。〕大學士陳演、魏藻德拘閉劉宗敏家，演獻銀四萬兩，劉甚喜。一怨僕告之，賊掘金銀珠寶如僕言，遂被刑。自成之東行拒吳三桂也，先一日，演與定國公徐允禎等皆見殺。藻德納金銀萬計，劉宗敏詰以首輔致亂，藻德言先帝無道，宗敏怒而批其頰，掠死，並逮其子斬之。〔考曰：傳信錄云：二十日午刻，同陳演留閉劉宗敏家屋中，藻德自窗隙語人曰：「如欲用我，不拘如何皆可，鎖閉此房何爲？」二十一日，同邱、方二相發營中羈守之，辱加拷掠，吐金銀以萬計。四月朔，宗敏夾訊藻德曰：「若居首輔，何以致亂？」藻德曰：「本是書生，不諳政事，兼之先帝無道，遂至於此。」宗敏曰：「汝以書生擢狀元，不三年爲首輔，崇禎有何負汝，詆爲無道！」呼左右掌其嘴數十，仍夾不放。藻德謂用事王旗鼓曰：「願以女奉將軍爲箕帚妾。」王旗鼓鄙而蹴之，唾罵不絕，益加拷掠，凡六晝夜，夾腦至裂而斃。復逮其子訊之，對以家實無銀，若父在猶可從門生故舊措置，今父已死，何處可得！賊揮刀斬之。又云：魏實無女，何忍汚至此！此王旗鼓面與苕溪沈氏言之。〕邱瑜、〔考曰：北略云：將投繯未決，是夜，賊擁至窩鋪，用兩賊幫宿，求死不得，劉宗敏逼勒助餉，押歸寓，乘間服冰片死。傳信錄云：四月十二日，闖命斬陳演、徐允禎等，邱、方二相所繫主將命監押者殺之，因以繯具進，二相各自縊。按傳信錄是也。〕方岳貢〔考曰：北略曰：京抄云，夾獻銀四千兩，布四百疋。尙拷不止，乃獻下江南策。方公頗自好，必不至此，疑出仇口。雲間何剛等辨揭，謂公屢自縊不死，賊騎擁去逼降，公不屈，詈不已，遂極拷掠，凡二日夜，搜寓所，僅得布袍五襲，犀帶一圍，欽賜元寶二錠，賊大詫曰：閣老何一貧至此！於是獨不釋公。繼而李賊問夾者何人？賊黨指公名。李曰方某淸官，安得有金銀！始得釋。四月十三日，賊忽擁太子出都，十七喧傳太子墜馬死。公撫膺大叫，勺水不進。二十六日，整衣冠絕吭而死。又似有意爲方公周旋。蜀人吳邦榮國變錄註，夾二夾，完贓三千兩，不死，留用。他單又有註同陳演戮死者，均不可信。鼒按傳信錄近實。〕被掠納銀，亦以賊東行先一日見殺。先後死者，吏部尙書李遇知、〔考曰：北略引大事記云：入贓四萬六千兩，夾死。〕英國公張世澤、〔考曰：傳信錄云：世澤父惟賢，挺鞭搜宮，立先帝，有佐命勳，世澤與其夫人被掠死，仁者傷之。〕定遠侯鄧文明、揚武侯薛濂、〔考曰：傳信錄曰：濂天性暴戾，好搒撻平民掠財，善事權要，惡不上聞，賊追其贓，被掠最酷而死，聞者稱快。初濂拷掠數日，囊已竭矣，不勝再掠，詭言藏金在宅，須自發之。賊令二人舁往其宅，已爲賊將佔久，諸物盡爲賊有矣，舁還，越二日死。〕博平侯郭振明、〔考曰：傳信錄曰：振明於戚臣中頗稱賢，二月初，猶募宿儒於五城設教，令民閒子弟負笈就學，使貧者不以脯脩，當時賢之。〕武定侯郭培民、永康侯徐錫登、鎭遠侯顧肇迹、西寧侯宋裕德、懷寧侯孫惟藩、太康伯張國紀、淸平伯吳遵周、新建伯王先通、〔考曰：傳信錄云：遵周、先通戮以祭旗。〕永寧伯王長錫、彰武伯楊崇猷、安鄉伯張光燦、南和伯方履泰、都督周鑑、李國柱、劉岱、冉孔悅、駙馬都衞冉興讓、錦衣衞千戶梁清宏、李國祿，或追贓掠死，或賊東行時殺死，以爲殉難者，謬也。〔考曰：計六奇曰：勳臣之死，多不可信，蓋爲襲爵地也，況主其事者爲吾郡之宗伯某某乎！黄金有靈，青史無色矣。〕三四品京堂掠死者，太常寺卿金壇王都，或曰釋而遁也。〔考曰：傳信錄云：初八日，釋夾，舁至家即死，而北略列之幸免諸臣，忠佞紀事列之遁跡之臣，未知孰是。又北略以爲崇德人，誤也，據題名碑改。〕國子監祭酒淸苑孫從度以悍妻駡賊觸怒被掠死。〔考曰：甲乙史云：從度病臥金臺會館，有羅將軍來居，孫遣僕持名刺致意。羅大怒，即騎入內驗疾。孫妻素悍，迎而駡之。羅命鐵索縶其頸，並舁孫過已寓，拷孫立斃，妻十指俱斷，乃承史藻寄窖多金，得七千兩，由是翰林皆坐餉萬金。國變錄云：夾四夾，追銀四百兩，死於家。傳信錄云：追銀萬計，死於寓所，銀數不同。疑甲乙史可據。又諸書皆云祭酒，北略以爲官太僕卿。〕科道則給事中成都顧鋐、青浦李世祺、御史莆田鄭楚勳、〔考曰：本傳信錄。〕新昌馮垣登、〔考曰：或作登垣，或作恒登，今從題名碑正。〕零陵陳純德，〔考曰：傳信錄云：純德督順天學政，撤考還京，城陷被執，死於嚴刑。忠佞紀事亦云受刑之臣。北略引國難錄云夾留用。〕皆掠死。惟新昌俞志虞嘗奏太子宜監國南京，不見聽，城陷，旣自縊，家人救之，突邏卒至，遂被縶受掠，釋至家，憤病死。〔考曰：本傳信錄。〕或曰，純德亦殉難焉。〔考曰：明史暨北略謂陳純德乃城陷後自縊死者。〕部屬以下掠死者，工部郎中青浦李逢甲、主事湖口鄒逢吉、中書博士□□吳之瑞也。掠後死者，工部侍郎常熟陳必謙，〔考曰：北略云：必謙，常熟人，夾二次，傷被幽。同幽者，展轉嘆息。必謙枕一石塊，鼾寢如常。逃歸，遇土賊，傷其掌指，數日病死。〕知興化府會稽曹惟才也。掠死復生者，兵部主事長洲申濟芳也。

〔考曰：北略云：濟芳，長洲人，爲長班所首，被執，賊謂相國之後，必多蓄，而濟芳實貧，夾損一足，與陳必謙同幽一兵房中，是夜死者數人，申亦與焉。移至館，乃復活。甲乙史云：四月初九，東報已急，在繫者盡釋，惟留申濟芳數人，各予繩自縊死後，各人加五棍，濟芳舁歸，入殮復蘇。〕掠未死者，兵部侍郎泰州張伯鯨遁最早，尚書新鄭張縉彥被掠後，脱身走太原，挾壯士，黄冠，遯而南。〔考曰：北略附記張一方、蔡元吉事云：縉彥脱身至太原，一方、元吉投僞將陳永福，差往河南，永福疑之，留驛符不發。及縉彥計脱，奔豐峪山，著黄冠，走盤陀地，皆土黔炙人肝而食。賊追捕甚急，忽一方、元吉俱至，遂脱於難。他書以爲戮死者，誤也。〕吏部侍郎孝感沈惟炳、上元雷躍龍、兵部侍郎嘉興金之俊、諭德南昌李明睿於賊東行時釋出，遁。先後被掠者，通政司參議漢中趙京仕、給事中鄧州李永茂、寧都曾應遴、太倉錢增、御史莆田黄熙能、武進何肇元、郎中大興劉獻績、黄岡朱茀煌、惠安張正聲、敍州聶一心、主事澄海蕭時豐、鍾祥李向中、常熟趙士錦、丹陽彭敦歷、懷寧劉若宜、晉江楊元錫、華亭王鍾彥、中書博士□□朱國詔、光祿寺丞仙遊林蘭友、太常博士江津龔懋熙、知鉅野縣同安蔡國光也。元錫十四歲登甲科，時人榮之；既敗節，詆之尤甚焉。鍾彥或云自縊死也。入銀不掠者，嘉定伯周奎以身免，〔考曰：北略曰：城既破，有兵數人到府，奎厚犒之，即去。已而有賊將張姓者至，踞其室，奎夫人卜氏姑媳皆自縊。卜即先后所自出也。諸子皆縛去，兵士辱奎特甚。復有權將軍李至，張避去，李見奎謙讓之極，頗憐之，乃以小屋數間撥與，幸免於刑死。子鉉夾未死，幼子鐶、鍾，孫澄、淸、澤俱存。一云李牟數奎平日鄙吝，督令負薪擔水以辱之。殉難實錄云：周奎正在求死就縊之際，被賊擒去，送僞刑官，三夾不死，坐贓七十萬，府第藏庫什物田產俱沒入，將軍李牟據其宅。傳信錄云：賊之殺勳戚大臣也，奎獻銀十萬，美女十人，得不殺，仍賞銀千兩。諸說不同，並存俟考。〕刑部尙書掖縣張忻及其子庶吉士端入銀萬兩釋，工部堂邑張鳳翔入銀釋。〔考曰：傳信錄誤作張鳳山，蓋漏寫翔字，又涉註中山東字而誤衍山字也。北略引野史又誤作張允翔，今從題名碑改正。〕戶部侍郎吳履中入金銀不免，復進揭祈哀釋。〔考曰：履中被拷掠，入黃金八十兩，銀六百兩，復受夾。四月八日，履中進揭哀懇，署銜云：原任大理寺丞升戶部侍郎到任十七日吳履中，遂釋。北略引國難錄云：託周鍾賄王旗鼓，授大理寺卿。未知信否也。〕詹事府詹事晉江張維機與其僕同被掠，僕奪刀自刎死，維機入銀釋。〔考曰：北略引國變錄云：維機夾二夾，頭箍一箍，仍夾其僕二夾，奪賊刀自刎死。計六奇曰：奪刀自刎烈矣，惜乎其晚也。按六奇誤以僕之自刎爲維機自刎也。傳信錄云：維機官正詹，其僕同縶，共拷掠，一僕不堪，奪刀自刎死。維機至夾及腦，入贓釋，無自刎事也。又北略以維機官吏部侍郎，與傳信錄亦異。〕又少詹事井研胡世安、諭德濟寧楊士聰、〔考曰：傳信錄云：被執，以賊卒王敦武食其先公之德，力護不加刑，入贓釋。北略以爲僞戶政府少堂並引徐凝生國難紀云：親見門黏欽授官銜。按僞戶侍有楊王休、楊建烈二人，或因姓楊而傳聞致誤歟？〕編修程鄉李士淳、檢討桐城方以智、〔考曰：北略云：以智充定王講官，聞變走出，遇蘇人陳伯明，倉卒通名，相與嘆泣。陳留至寓所一宿，次早家人同四卒物色及之，挾往見僞刑官，逼認獻銀若干，後乘間逃歸。〕御史山陰吳邦臣、前鳳陽總督嘉祥高斗光、郎中順天沈自彰、〔考曰：史外作沈日彰。〕主事山陰丁時學皆先後入銀釋，侍講方拱乾以美婢賂賊將羅姓者釋。〔考曰：北略、傳信錄並云拱乾聞城破，尙臥牀上，引刀割鬚，未及半，爲家人抱持，旋止，竟爲賊執。方以美婢四人賂賊將羅姓者，得免夾，隨爲何瑞徵、楊廷鑑力薦可爲宰相，蓋瑞徵乃其同年，廷鑑其門生也。方家眷悉住廷鑑寓中。四月初三夜，僞尙書張嶙然騎至方所，深談良久，云：「不日大用，老先生無過慮。」

此係方一小童逃回南都所言。小童甚狡，羅將復欲得之，方已許贈，此童畏賊逃回，回時方尙未實授官，但青衣小帽額帖黃紙順字耳。〕釋而留用者，戶部侍郎淄川王鼇永、靜海王正志、工部侍郎宛平劉餘祐、〔考曰：北略引野史云：賊兵大索本地鄉紳，如周鏘、劉餘祐、梁以樟、米萬鍾、吳邦臣、沈自彰等，咸蜂聚其家，恣意掠取，與籍沒無異。按周鏘、梁以樟、米萬鍾不見他書，附志於此。〕順天府尹棲霞郝晉也。〔考曰：傳信錄以爲官刑部侍郎，又郝晉、郝傑，郝皆作霍，誤也，今從題名碑正。〕入銀仍不釋被掠者，御史平湖曹溶、〔考曰：傳信錄云：被獲重掠，悉索寓中，納二百兩，賊心未厭，嚴刑傷足，舁出，又納五十兩，發王旗鼓再拷。王爲山右諸生，嘗讀溶文，諭楊枝起招之受職，以創不能行，又數日，闖遁，客勸其倡守城以待太子，而遇大清。〕教授崑山沈涜先也。自張伯鯨以下，或死或不死，無能以義屈賊者，惟刑部員外郞麻城陳鵬舉不投揭被執，叱使跪，不屈，椎擊幾斃，其僕請以身代，賊義而兩釋之。又知州周之茂者，亦麻城人，亦以不跪折臂死，爲能挺然不屈於賊焉。

初，賊之拘縶百官也，半勳戚文武大臣，不及閒秩；旣各以事觸賊怒，而賊黨之乘勢橫行者，遂以次拘縶，而鮮能脫免。以削髮被拘者，〔考曰：北略補遺載宋獻策疏曰：明朝削髮奸臣，吏政府不宜授職。此輩旣不能捐軀殉難以全忠義，又不肯委身歸順以事眞主，顧乃巧立權宜，徘徊歧路，忠節旣虧，心迹難料云云。自成批云：「削髮奸臣，命法司嚴刑拷問，吏政府不得混敍授職。」〕諭德韓城衛允文、中允宣城楊昌祚、編修瑞安林增志、溧陽宋之繩、主事南昌吳孶昌、中書科中書福州陳翔、行人霸州郝傑、鄞縣謝于宣、進士□□李起龍。之繩以楊廷鑑、周鍾之薦於王旗鼓也，囚而不夾；起龍亦以瘋免夾焉。以投井被拘者，中書博士金壇呂兆龍；〔考曰：明史給事中呂兆龍。〕釋後遁，以塗面僞聾被拘者，庶吉士新喩萬發祥；以抗言顧回籍被拘者，行人福安劉中藻，俱夾而後釋焉。〔考曰：傳信錄以萬發祥爲僞縣令，劉中藻爲酷刑死，皆誤也。〕爵里不可詳者，有張昌齡、李天柱、宋之顯、吳伯宗、范志方、張泰徵，〔考曰：本傳信錄小字註。〕或夾死，或不死。又有拘而未夾者，有楊若橋、汪光緒，〔考曰：本北略引國變錄。〕爵里亦不可詳也。既而僞軍師以帝星失明，奏請停刑，然死者已過半矣。有御史某，得爲宗敏幕客，歌唱狎暱，獨免於禍，降官之年少者，戲弄至不可道焉。

徐鼒曰：不曰拷掠明臣之投職名者何？紀實也，諸臣亦有以不投職名被禁者矣。然則何以不別白之，曰：無足論也。諸臣既不能以死報國，又不能遁跡保身，依違不決，以陷於囚虜，辱亦甚矣，吾惡乎別白之。禮曰，「刑不上大夫」，養廉恥也。有明待士孔厚，獨廷杖一事，歷代所無。上既不以廉恥待其下，下亦不以廉恥自待，勢去柄移，毒痡遂遍，豈天所以報作法之涼歟？不然，何酷烈之似也！

闖賊縱其黨淫掠。

賊之初入城也，禁淫掠，殺犯罪者四人；民間信之，嘻嘻自若。既而賊將距巨室籍子女爲樂，而兵士以搜馬、搜銅爲名，沿門蜂聚，初曰「借鍋爨」，少焉曰「借床眠」，頃之曰「借汝妻女姊妹作伴」。藏匿者，徧搜，不得不止。愛則摟置馬上，或一賊挾三四人，不從則死，從而不當意亦死，一人而不堪衆嬲者，亦死。安福衚衕一夜婦女死者三百七十餘人。有士子以女被姦，告之賊官，賊官謂女曰：「汝認姦便斬頭。」遂坐誣殺士子。僞兵政府侍郎王某爲同鄉人示禁兵掠，劉宗敏大怒，訴諸自成，罷職繫獄，越宿出之。有徽州人汪箕者，貲數十萬計，家室不保，乃獻下江南策，願爲先鋒前進，自成喜，以問宋獻策，策曰：「此蟬脫殼之計也。」自成悟，箕遂掠死。

甲寅（二十六日），明降賊諸臣勸進。

諸臣表有云：「獨夫授首，四海歸心。比堯、舜而多武功，邁湯、武而無慚德。」南中所傳爲周鍾語者也。自成遂詐稱符命，出銅鑪漆盒各一，刻永昌年月日文，云得之大內；又詐飾番僧稱西域天竺國知中國有新天子登極入賀者。自成偶升御座，內臣進冕旒，頭痛如裂。又見白衣人長數丈，手劍怒視，座下龍爪鬣俱動。見宮中御用服器，輒震慴，若有物憑之。以此不敢遽僭號。至四月朔，宋獻策奏帝星不明，宜速正位。牛金星亦以爲言，乃釋鴻臚寺官之被拘者，復原官習儀，以候卽位。自成嘗至萬壽山，觀將士騎射，從者數千人。

乙卯（二十七日），明吳三桂襲殺闖賊兵，遂據山海關，乞降於我大清。

三桂字長白，南直高郵人，遼東中後所籍，提督京營吳襄子也。崇禎初，以武舉歷官都督、指揮。後襄坐失機下獄，擢三桂總兵。十四年（一六四一），薊、遼總督洪承疇出山海關，會八總兵於寧遠，三桂偕王樸、〔考曰：樸，一作朴。〕馬科、楊國柱等與大清兵戰於松山，國柱敗歿，樸誅，而三桂僅鐫秩。未幾，奉命鎭寧遠，所部精兵四萬，遼民七八萬，皆耐搏戰，而夷丁突騎數千，尤驍悍，北門鎖鑰，恃無恐。旣而闖賊日逼，乃起襄提督京營。旋封三桂平西伯，徵其兵入援。三桂徙寧遠五十萬衆日行五十里，比至豐潤，而京師已陷，遂頓兵山海關，猶豫未有所決。自成執襄，令作書招三桂曰：「汝以君恩特簡，得專閫任，非眞累戰功歷年歲也；不過爲强敵在前，非有異恩激勸，不足誘致，此管子所以行素賞之計，而漢高一見韓、彭，卽予重任，蓋類此也。今爾徒飭軍容，徘徊觀望，使李兵長驅直入，旣無批吭擣虛之謀，復乏刑格勢禁之力，事機已去，天命難回，吾君已逝，爾父須臾，嗚呼！識時勢者亦可以知變計矣。昔徐元直棄漢歸魏，不爲不忠；子胥違楚適吳，不爲不孝。然以二者揆之，爲子胥難，爲元直易。我爲爾計，不若反手銜璧，負鑕輿棺，及今早降，不失通侯之賞，而猶全孝子之名。萬一徒恃憤驕，全無節制，主客之勢旣殊，衆寡之形不敵，頓甲堅城，一朝殲盡，使爾父無辜並受戮辱，身名俱喪，臣子均失，不亦大可痛哉！語云『知子者莫若父』，吾不能爲趙奢，而爾殆有疑於括也。故爲爾計，至屬至屬！」遣降將唐通齎書並銀四萬兩犒師，而別令賊帥率兵二萬，守關拒之。三桂得書，遂令賊將入關代守，而自率精銳赴燕京降。行至灤州矣，途遇其父妾某與一逃奴偕，問曰：「吾家無恙乎？」曰：「籍之矣。」「吾父無恙乎？」曰：「拘縶矣。」三桂沈吟久之，厲聲曰：「我那人亦無恙乎？」那人者，愛姬陳圓圓也。三桂以千金得之某戚家，〔考曰：陳圓圓，諸書亦作陳沅，亦作陳圓。按吳偉業圓圓曲、鈕玉樵觚賸、沈虬圓圓偶記、陸次雲圓圓傳俱作陳圓圓，今從之。又三桂得圓圓始末，諸書各異。傳信錄云：十六年春，戚畹田弘遇遊南京，吳閶歌妓陳沅、顧壽名震一時，弘遇欲之，使人市顧壽得之，而沅尤幽豔，價絕高。客有千弘遇者，以八百金市沅獻之。是歲，弘遇還京病卒，吳襄入京，三桂遣人持千金隨襄入田弘遇家買沅。闖入京師，僞權將軍劉宗敏處田弘遇第，聞壽從優人潛遁，而沅先爲吳襄市去，乃梟優人七人，而繫襄索沅。襄具言遣送寧遠已久，宗敏堅疑不信，故掠襄。北略諸書並同。陸次雲圓圓傳略曰：田畹者，懷宗妃之父也。甲申春，流氛大熾，妃謀所以解帝憂者，進圓圓，帝穆然，旋命歸畹第。闖迫畿輔，帝急召三桂對平臺，錫蟒玉上方，守山海關。寇既深，長安富貴家胥皇皇，畹憂甚，圓圓曰：「當世亂而公無所依，禍必至，曷不締交於吳將軍，吳慕公家歌舞有時矣。公鑒於石尉不借人看，玉石焚時，能堅閉金谷邪！盍以此請，當必來。」畹然之，躬迓吳觀家樂，出羣姬調絲竹，皆殊秀，一淡妝者，情豔意嬌，三桂不覺其神移心蕩也。顧謂畹曰：「此非所謂圓圓邪？洵足傾人城，公寧勿畏而擁此邪！」畹不知答，酣飲間，警報踵至，畹前席曰：「設寇至，將奈何！」吳遽曰：「能以圓圓見贈，吾當保公家先於保國也。」畹勉許之。吳即命圓圓辭畹，擇細馬馱之去。帝促三桂出關，三桂父襄恐帝聞其子載圓圓事，留府第。三桂出而闖賊旋拔城矣。闖向襄索圓圓，且籍其家，而命其作書以招子也。襄進圓圓，自成驚且喜，遽命歌奏吳歈。自成蹙額曰：「何貌甚佳，而音殊不可耐也！」即命羣姬操阮箏琥珀，己拍掌以和之。顧圓圓曰：「何如？」圓圓曰：「此曲祇應天上有，非南鄙之人所及也。」自成甚嬖之。及怒戮吳襄，並其家口，欲殺圓圓。圓圓曰：「聞吳將軍捲甲來歸矣，徒以妾故興兵；殺妾何足惜，恐其爲王死敵，不利也！」自成欲挈圓圓去，圓圓曰：「妾豈不欲從大王行，恐吳將軍以妾故而窮追不已也。爲大王計：宜留妾綏敵，當說彼不追，以報王之恩遇也。」自成然之。三桂既得圓圓，旋受王封，時命圓圓歌，圓圓歌大風之章以媚之。吳酒酣，恆拔劍起舞，作發揚蹈厲之容，圓圓奉觴爲壽，以爲其神武不可一世也。吳益愛之。專房之寵，數十年如一日。其蓄異志，陰結天下士，相傳多出於同夢之謀云云。鼒按諸書皆云圓圓爲劉宗敏所得，不云事闖，又諸書不云圓圓入宮，惟此傳與鈕玉樵觚賸、沈虬圓圓偶記言之，而所記入宮之事，又微異。陸云由田畹與貴妃進之，鈕、沈兩君則云由周嘉定伯及母后進之。又圓圓爲女道士事，此傳亦無之，觚賸略云：崇禎末，流氛日熾，而大江以南民物晏如，方極聲色之娛，吳門尤盛。有名妓陳圓圓者，花明雪豔，獨出冠時。維時田妃擅寵，兩宮不協，烽火羽書，相望於道，宸居爲之憔悴，外戚周嘉定伯以營葬歸蘇，將求色藝兼絕之女，由母后進之，以紓宵旰憂，且分西宮之寵，出重貲購圓圓，載之以北，納於椒庭。一日侍后側，上見之，問所從來。后對左右供御，鮮同里順意者，茲女吳人，且嫻崑伎，令侍櫛盥耳。上念國事，不甚顧，遂命遣還。故圓圓仍入周邸。延陵方爲上倚重，奉詔出鎮山海，祖道者綿亙青門以外，嘉定伯出女樂佐觴，圓圓在列，延陵深屬意焉。詰朝使人道情於周，周許諾，延陵千金爲聘，限迫即行，未及娶也。嘉定伯盛具匳媵，送其父襄家。未幾，闖陷京師，貴臣巨室悉加纍縶，初索金帛，次錄人產，襄亦與焉。闖挾以招其子，許以通侯之賞。家人潛至帳前納降，忽問陳娘何在？使不能隱，以籍入告。延陵遂大怒，按劍曰：「大丈夫不能自保其室，何以生爲！」即作書與襄訣，勒軍入關，縞素發喪，隨天旅西下，殄賊過半。賊憤襄，殺之，懸其首於竿，襄家三十八口，俱遭屠戮。蓋延陵已有正室，亦遇害，而圓圓翻以籍入無恙。闖棄京出走，各委其輜重婦女於途，延陵追度故關，至山西，晝夜不息，尚未知圓圓之存亡也。其部將已於都城搜訪得之，飛騎傳送，延陵方駐師絳州，聞之大喜，結五綵樓，備翟茀儀，親往迎迓。順治中，延陵進爵爲王，圓圓將正妃位，辭不承命。延陵乃別娶中闈，後婦悍妬，圓圓能順適其意，屏謝鉛華，獨居別院。圓圓之養姥曰陳，故幼從陳姓，本出於邢，府中皆稱邢太太。久之，延陵潛蓄異謀，邢窺其微，以齒暮請爲女道士。戊午，滇南平，籍其家俱入禁掖，邢氏獨不見於籍云。沈記略同觚賸。鼒按諸傳記非有眞據，皆依附吳偉業圓圓曲而爲之詞，存之以廣異聞可也。又陳其年婦人集亦云：圓圓字畹芬，戚畹武安侯劫置別室中。侯，武人也，圓圓苦不自得云。」以邊事急，留之京師，爲僞權將軍劉宗敏所得。奴不能隱，曰：「籍入矣。」三桂抵几於地，鬚髯奮張曰：「大丈夫不能保一女子，何以生爲！」叱左右斬來使。參將馮有威進曰：「當收其金幣，使彼不及備，何必殺此僞官！」三桂遂佯喜曰：「願一見東宮而即降。」報書復命。益募兵至七千人，卷旆馳還，襲殺賊守關兵，賊將負重傷逃。三桂遂據山海關，與副將夏登仕等歃血盟，而登仕本秦人，有降賊心，三桂知之，酒次，以女許字登仕，割襟定約，委諸將守關，而己任戰事，遣副將楊坤、游擊郭雲龍奉書乞師於我大清，略曰：「三桂以蚊負之身而鎮山海，思堅守東陲而鞏固京師也。不意流賊犯闕，奸黨開門，先帝不幸，九廟灰燼。今天人共憤，衆志已離，其敗可立待。我國積德累仁，謳思未泯，各省宗室如晉文、漢武之中興者，容或有之。三桂受國厚恩，欲興師問罪，奈京東地小，兵力未集，乞念亡國孤臣忠義之言，合兵以滅流寇，則我朝之報北朝，豈惟財帛而已哉，將裂地以酬，不敢食言。」先是，我章皇帝命攝政睿親王多爾袞率兵經略中原，既得三桂書，乃命漢軍齎紅夷砲進發山海關。自成聞三桂之據關也，切責劉宗敏，而遣唐通統兵禦三桂。又遣白廣恩往永平救援。

徐鼒曰：曰襲殺闖賊兵何？不予三桂以討賊之名也。其始也，國破君亡，託於父命，則稽首降賊；既以床第之私，效倚庭之哭。彼其昏淫頑逆之心，曷嘗有一君父仇讎之說哉！而論者僅誅其晚節，猶盛稱其復仇，抑遠於誅意之旨矣。

明總漕巡撫路振飛、巡按御史王燮治兵淮安。

振飛既遣金聲桓等將兵防河，乃會淮安七十二坊集義兵，坊舉生員二人爲坊長，爲副令，自爲操演，戒作輟，夜則巡邏，以備非常。既聞京師陷，振飛集紳士出塘報於袖中曰：「代我者至，將縛我出迎乎！抑勉力一守乎！」振飛泣，衆皆泣。乃散漕糧四千石於民，與按臣王燮同心固守，淮城以安。

徐鼒曰：前書振飛防河，爕誅賊黨矣，此並書何？嘉二臣之協和也。往者遼東之敗，城非卑陋也，兵非寡弱也，經撫不和，遂潰散而不可復收耳。夫大廈非一木所支，戮力同心，庶濟艱險。彼怙權相軋者，亦有愧於二臣哉！

小腆紀年附考卷第五

前翰林院檢討加詹事府贊善銜六合 徐鼒 譔

夏四月戊午朔，明南京兵部尚書史可法誓師勤王，次於浦口。

可法，字憲之，號道鄰，大興籍祥符人也；世爲錦衣百戶。母尹氏，方娠，夢文天祥入其舍，生可法。以孝聞，亦慷慨自許，好讀書，舉崇禎戊辰（一六二八）進士，累官南京兵部尚書，參贊機務。甲申三月以前事詳紀傳。是月朔，聞賊犯闕，乃與戶部尚書高弘圖、工部尚書程註、都察院右都御史張愼言、兵部侍郎呂大器、翰林院詹事兼侍讀學士姜曰廣、太常寺卿何應瑞、應天府府尹劉士禎、鴻臚寺卿朱之臣、太常寺寺丞姚思孝、吏科給事中李沾、戶科給事中羅萬象、河南道御史郭維經、山東道御史陳良弼、廣東道御史周元泰、山西道御史米壽圖、陝西道御史王孫蕃、四川道御史朱國昌誓告天地，馳檄勤王。檄曰：「竊聞遭時有道，類多以文事之盛而絀武功；遭會非常，正可以國恩之洪而徵臣節。故天寶亂，而常山、睢陽之事著；靖康靡，而宗澤、李綱之氣烈。彼皆㥯從上作，亹可預知，然且俠骨錚錚，與艮嶽之峯而並厲，義風烈烈，援霓裳之奏以爭鳴；況休命篤於上天，明德光於青史，有若本朝者乎！力掃凶氛，二祖之廓清，號同盤古，治從寬簡，累朝之熙洽，象擬華胥。迺至今上特興，弘謨益備，孝廟之溫恭儼在，世祖之祖武重光，當冲齡而掃恭、顯之氛，立清宮府，於召對而發龔、黃之嘆，總爲編氓。以寇起而用兵，是虐民者寇也，而兵非得已；以兵興而派餉，是糜餉者兵也，而餉非自私。顧猶詔旨勤頒，有再累吾民之語。每遇天灾修省，無一時自逸之心。蔬膳布袍，眞能以天下之肥而忘己之瘦；蠲逋宥罪，不難以一人之過以就臣之名。是宜大業之弘昌，何意諸艱之駢集！理誠莫解，事有可陳。思爲蒼生而得人，上之張羅者誠廣；責以赤心而報主，下之自失者難言。家家有半閒之堂，事事同小兒之戲。果能功名比曹武惠，詎妨好官之得錢；竟無肝膽似漢淮陰，曾念一人之推食。成俗大都爾爾，賢者亦並悠悠。壅蔽實繁，擔當何狀。圖之不早，病已成於養癰；局尙可爲，涉必窮於滅頂。悲夫！悲夫！邊塵未殄，寇燄旋騰；血濺天潢，烽傳陵寢。秦稱天府，誰能封以一丸；晉有伯圖，無復追其三駕。迺者介馬橫馳夫畿輔，羽書不絕於殿廷，南北之耗莫通，河山之險盡失。天威不測，極知漢天子自有神靈；兵勢無常，豈得謝太傅但憑歌嘯。留都係四方之率，司馬有九伐之經。義不共天，行將指日。克襄大舉，實賴同仇。請無分宦遊，無分家食，或世貴如王、謝，或最勝如金、張，或子虛之以貲起，或輓輅之以談輿，乃至射策孝廉，明經文學，亦往往名班國士，槖爲里雄；合無各抒壯謀，各團義旅，仗不需於武庫，糗無壅於郇廚，飛附大軍，力爭一決。但羣策直承黃鉞，豈賊運得有白頭，醜類立殲，普天大酺，此則萬代之所瞻仰，雖九廟亦爲之鑒臨者也。倘策未暇於卽戎，必義且先於助餉，多或抵小國之賦，少則割中人之家，幸濟危機，何弦高之牛足惜，卽非長物，亦曹洪之馬是求，各付有司，轉輸留計。此則事彌從變，氣易爲豪。至登壟巨商，聯田富室，若與縉紳並舉，亦自分誼攸殊。然使平準法行，卽陽翟之雄，豈得舉其奇貨，又如手實令在，將處士之號，未可保其素封。凡稱多算之有餘，總賴聖恩之無外，欲與共爲義士，多方亦賴同盟。偶值佳緣，毋忘善誘，譬以同舟之誼，但凡在千八百國，疇非王臣，揆諸恤緯之心，決不至二十四城，遂無男子。嗚呼！親郊乃雍容之事，唐莊尚有崇韜，出塞本僥倖之圖，漢武乃逢卜式，矧茲何日，敢曰無徒。不惟社稷之憂，卽是身家之算，始賊之巧於爲餌，時亦有優孟之仁，迨我之旣入其樊，莫不嬰地獄之罰。齊姜、宋子相率而入平康，珠戶綺窗所過便成甌脫，來俊臣之刑具，則公卿之被拷者痛嘗，鄭監門之畫圖，與老弱之受害者酷肖。是皆難民所說，足令聽者寒心。夫連歲報陷，如西安、太原、武昌等處皆行省也，其中金穴，何止一家，若一時之牛酒不乏，雖八公之草木可驅，只坐一慳，遂成胥溺，豈不寃哉！欲圖穩著，須問前車，誠清夜而念上恩，雖何曾之萬錢，有難下咽；更援古以籌時策，豈王衍之三窟，便可藏身！同舟卽是一家，破巢必無完卵，可不思之思之又重思之哉！法等智不足以效謀，憤何辭於卽死。實切執殳之願，輒通托鉢之呼。人理尚存，我求必應。如纏情阿堵，絕念封疆，睢陽之援竟停，則霽雲抽誓言之矢；荊州之粟獨擁，則溫嶠有迴指之旗。封章上達於北辰，奮筆敢駕於南史，是爲過計，亦屬癡衷，見起君親，約昭天日。法等無任斫地呼天，搥心瀝血之至！」渡江抵浦口，聞北京陷，可法痛哭，首觸柱，血流至踵。議提兵決戰，羣僚諸將請先擇君以定南都，可法乃身還南京。是時勤王之師，南都諸臣，外有在籍兵部侍郎徐人龍、主事雷演祚、浙江台紹道傅雲龍，與台州知州關繼縉、通判楊體元、推官張明弼、知縣宋騰熊，在籍前靖江知縣臨海陳函煇，又臨川僉事曾益、吳郡諸生王聖風、徐玠等，皆刑牲誓師，各有檄文，並不著錄。惟陳函煇一檄爲世所傳。文曰：「嗚呼！故老有未經之變，禾黍傷心;普天同不共之仇,戈矛指髮。壯士白衣冠,易水精通虹日;相君素車馬,錢塘怒擊江濤。嗚呼!三月望後之報,此後盤古而蝕日月者也。昔我太祖高皇帝手挽三辰之軸,一掃腥羶;身鍾二曜之英,雙驅誠諒。歷年二百八紀,何人不沐皇恩;傳世一十五朝,寰海盡行統曆。迨我皇上御宇,十有七年於茲矣,始政誅璫,獨勵震霆作鼓;頻年禦敵,咸持宵旰爲衣。九邊寒暑,幾聲呼庚呼癸之嗟;萬姓啼號,時切己溺己飢之痛。雖舉朝肉食之多鄙,而一人辰極之未遷,遽至覆甌,有何失序。嗚呼!卽爾紛然造逆之輩,疇無累世休養之恩。乃者啖逼神京,九廟不獲安其主;腥流宮寢,先帝不得正其終。罪極海山,貫知已滿;慘深天地,誓豈共生。嗚呼!誰秉國成,詎無封事!門戶膏肓,河北賊置之不問;藩籬破壞,大將軍置若罔聞。開門納叛,皆觀軍容使者之流;賣主投降,盡弘文館學士之輩。乞歸便云有恥,徒死卽係忠臣;此則劫運眞遭陽九百六之爻,而凡民並值柱折維裂之會矣!安祿山以番將代漢將,帳中豬早抽刀;李希烈自汴州奔蔡州,丸內鴆先進毒。鳳旣斬於京口,剖屍之僇安逃;景亦斃於舟中,跛足之凶終盡。無强不折,有逆必誅。又況漢德猶存,周曆未過,赤眉、銅馬,適開光武之中興;夷羿、逢蒙,難免少康之並僇。臣子心存報主,春秋義大復仇。業賴社稷之靈,九人已推重耳;誠憤漢賊之並,六軍必出祁山。嗚呼!還跡金人,亦下銅盤之淚;隨班舞馬,猶嘶玉陛之魂。矧具鬚眉,且叨簪紱。身家非吾有,總屬君恩;寢食豈能安,務伸國恥。握拳透爪,氣呑一路鼓鼙;嚙齒穿齗,聲斷五更鼓角。共灑申包胥之淚,誓焚百里視之舟。所幸澤、綱張翼宋之旗,協恭在位;願如恂、禹挾興漢之鉞,磨厲以須。二三子何患無君,金陵咸尊正朔;千八國不期大會,江左賴有夷吾。

莫非王土，莫非王臣，吾請敵王所愾；豈曰同袍，豈曰同澤，咸歌與子同仇。聚神州赤縣之心，直窮巢穴；抒孝子忠臣之憤，殲厥渠魁。班馬叶乎北風，旂常紀於南極。以赤子而扶神鼎，事在人爲；卽白衣而效前籌，君不我負。一洗欃槍晦蝕，日月重光；再開帶礪山河，朝廷不小。海內共扶正氣，神明鑒此血誠！謹檄。」未幾，奉南都詔，不許草澤勤王，諸路兵皆罷。

徐鼒曰：曰次於浦口何？譏之也。顧炎武之言曰：陪京向稱重地，兵馬整飭有素，一聞賊逼京師，卽當星馳赴援，奮不返顧。今先帝大行旬餘日矣，至是始議勤王，於被髮纓冠之義何居！夫是時桐、廬、光、汝之賊，窺伺陪京，勢難輕動；況千里赴援，鞭長莫及，炎武之論毋乃刻諸！顧鼒以爲不然者，闖賊陷潼關，破榆林，殘全晉，蹂寧武，兩月前，已駸駸有逼長安之勢矣。使諸君子先期誓衆，擐甲星馳，則懷光至而奉天圍解，西平入而九廟重安，又何至以柏舉之亡，勞申包胥倚庭之哭，米賊之拒，啓法孝直獻蜀之謀哉！君子謂秦伯河上之師，不足以言勤王也。

辛酉（初四日），明降賊臣輩焴燬太廟神主。

時僞禮政府已改定朝儀、官職、名號、士大夫相接體制，刊刻成書，暨登極演禮，頒詔釋菜郊天祀廟之期，焴不俟期，卽於是日移太祖神主於歷代帝王廟，餘悉燒燬。

徐鼒曰：書盜例不名，焴何以名？特誅之也。焴爲明之大臣，非牛、宋側陋失志之人比也，廉恥之不惜，倫常之不知，並鬼神在天之靈亦不畏，蓋亂臣賊子中無忌憚之尤者矣！故書名以誅之。

闖賊命其黨考選舉人。

是日，牛金星吉服至吏政府，同宋企郊考舉人，（考曰：燕都日記云：出天下歸仁焉、莅中國而撫四夷也、自天祐之吉无不利等題。又云：順天僞尹考童生，出天與之，及大雨數千里；考生員，出若大旱之望雲霓也等題。」就試者七八十人，取者實授舉人，不取者革退，僞示各省鄉試於中秋舉行，其三考吏員監生告考者，俱不許焉。

丙寅（初九日），闖賊鑄九璽，不成。

自成既定登極期，癸亥（初六日），召父老至武英殿，問民間疾苦。乙亥（十八日），釋諸在繫官，遣僞將董學禮率兵南下，白某催餉天津，又遣大小智勇果毅僞將軍分駐北直等處，畿內、山東、河南赴任僞官，多秦、晉生員之無賴者，奸淫貪殺，民不聊生，盜賊四起。臨淄、濟南之間行道不通，武定州東南市皆賊，濱州城外殺人如麻。自成號其老營兵爲老本，給米止數斛，馬豆日數升，老本頗怨之。先是，鑄永昌錢，字不成文。是日鑄九璽，又不成，自成始懼。

徐鼒曰：自成發難荆、襄，流毒秦、晉，蕩神京，殘原廟，彼其心豈自以爲盜賊哉，蓋亦以天命自疑矣！劫運既終，詐力亦屈，向之狂噬而莫抵禦者，卒亦不能全軀命而逭天誅，雖曰凶惡使然，抑孰非天爲之哉！特書之，見神器之不可力爭也。

己巳（十二日），闖賊率衆拒吳三桂，大殺明勳戚大臣。

初，三桂之報賊書以願見東宮也，賊計以定王往，三桂檄自成曰，必得太子而後止兵。致書絶其父曰：「兒以父蔭，熟聞義訓，得待罪戎行，日夜勵志，冀得一當以酬聖眷。屬邊警方急，寧遠巨鎮，爲國門戶，淪陷幾盡，兒方力圖恢復，以爲李賊猖獗，不久即當撲滅，恐往返道路，坐失事機。不意我國無人，望風而靡。吾父督理御營，勢非小弱，巍巍百雉，何至一二日內便已失墜。使兒捲甲赴闕，事已後期，可悲可恨！側聞聖主宴駕，臣民僇辱，不勝眦裂。猶意吾父素負忠義，大勢雖去，猶當奮椎一擊，誓不俱生，不則刎頸闕下，以殉國難，使兒縞素號慟，仗甲復仇，不濟則以死繼之，豈非忠孝媲美乎！何乃隱忍偷生，甘心非義，既無孝寬禦寇之才，復愧平原罵賊之勇。夫元直荏苒，爲母罪人，王陵、趙苞二公，並著英烈，我父嚄唶宿將，矯矯王臣，反愧巾幗女子！父既不能爲忠臣，兒亦安能爲孝子乎！兒與父訣，請自今日。父不早圖，賊雖置父鼎俎之旁以誘三桂，不顧也！」又移檄遠近，略云：「闖賊李自成以么麼小醜，蕩穢神京，日色無光，妖氛吐燄，豺狼突於城闕，犬豕據於朝廷，弑我帝后，刑我搢紳，戮我士民，掠我財物，二祖列宗之怨恫，天壽淒風，元勳懿戚之誅鋤，鬼門泣日。周命未改，漢德可思，誠志所孚，順能克逆，義兵所向，一以當千，試看赤縣之歸心，仍是朱家之正統。」自成聞之大驚，謀之劉宗敏、李牟，諸僞將躭樂已久，殊無鬬志。自成乃殺陳演、魏藻德、朱純臣等六十餘人於東華門外，下令親征，挾皇子、吳襄自隨，劉宗敏、李過皆從，而命李牟、牛金星居守。辛未（十四日），西長安街有私示「立東宮爲帝，改元義興」云云，莫識所從來。降臣何瑞徵以壬申望日參牛金星，金星諭以譌言四起，各自謹懼，少出門。由是降官皆生悔心，有爲僧道乞丐而遁者，或僞死蓋棺竅其下而出城焉。

壬申（十五日），明路振飛、王燮誅降賊臣呂弼周。

弼周者，原任河南驛傳道，燮座師也。擕僞參將王富赴僞防禦使之任，游擊駱舉伴迎之，中途執以解燮，叱使跪。弼周罵曰：「人也不認！」燮曰：「亂臣賊子，我認得誰！」叱左右截其耳，細鞫其事賊及聖上、東宮所在，弼周不答。解至軍門，振飛舉觴勞駱舉，簪花旁立，縛弼周、富於柱，集善射者立二十步外，人發一矢，射者盡，乃剮之，衆情大悅。時僞制將軍董學禮襲據宿遷，振飛命鹽城守備王某擊破之。又擒僞官胡來賀、宋自誠、李魁春沈于河，斬叛將趙洪順等，威震河上。

徐鼒曰：聞之顧炎武曰，二臣此舉，深得誅討之義矣！

癸酉（十六日），我大清師次西拉塔拉。

攝政王報三桂書曰：「向欲與明修好，屢行致書，今則不復出此，惟有底定國家，與民休息而已。夫伯思報主恩，不共流賊戴天，眞忠臣之義也。伯雖向與我爲敵，今勿因前故懷疑。昔管仲射桓中鉤，後稱仲父；伯若率衆來歸，必封以故土，晉爵藩王，國仇可報，身家可保，世享富貴，如山河之永也。」

是日，賊前鋒至永平，三桂與之十三戰，勝負相當焉。

吳三桂與闖賊戰於一片石。

甲戌（十七日），自成大隊至永平，三桂兵少，結虛營於關外，使民詭爲軍士，執旗鼓守之，自成薄外營，營中老弱盡死，長驅城下，圍之數帀。山海城者，關內鎭城也，東二里許，有羅城外拒。自成慮三桂東遁，出奇兵二萬騎，從山海城西一片石口北出而東，突外城，薄關門，三桂不能遁。攝政王度勢已迫，乃盡發騎兵而西，將至外城，則見火砲東向擊，疑不敢進，駐營歡喜嶺。三桂遣使者相望於道，凡八往返，全軍始至，合十四萬騎。三桂見大清兵至，則從砲擊隙道突圍，馳入壁中見攝政王，薙髮稱臣，以白馬烏牛祭天地，歃血爲誓。攝政王命三桂爲前鋒，英王阿濟格、豫王多鐸各將萬騎，由東西水關分道入，自統大兵爲後隊，敗賊前鋒唐通數百騎於一片石。〔考曰：野史，自成使唐通復招三桂，三桂佯喜，誑通出關，與大淸兵合戰，當卽此時事。〕三桂入關，髡其民，不及薙髮者，裂白布纏身爲識，攝政王以賊不可輕敵，又慮三桂不可信，乃命三桂開關嘗賊，大戰於一片石，日暮方罷。

己卯（二十二日），〔考曰：燕都日記、請兵始末俱云，十九日丙子，吳三桂與賊戰於一片石。二十日丁丑，英、豫二王助三桂破自成。二十一日戊寅，自成使人議和。而明史、東華錄、逆臣傳則云，二十一日，吳三桂與自成戰，二十二日己卯，我兵助三桂破賊。今從之。〕我大淸兵大破闖賊於山海關，闖賊走永平。

是日，自成兵二十萬，自北山橫亙至海，我兩軍對賊而陣，三桂軍其右，我軍其左，尚不及賊陣之半。三桂悉銳卒搏戰，其姪國貴躍馬陷陣，士卒無不一以當百。自卯歷辰，殺賊數千人。賊張兩翼圍三桂數重，衝盪數十合，呼聲震海嶠。及午，大風揚沙，兵賊不辨。我軍大呼者三，風止。英、豫二王率鐵騎二萬，白標爲號，從三桂陣右，衝賊中堅，如風發潮湧，所向摧陷。自成方挾明皇子登高岡觀戰，有僧進曰：「此必東兵也，宜急避之。」俄塵開，見甲而辮髮者，陣遂動。自成麾蓋先走，賊衆望之，遂土崩。逐北四十里，僵屍遍野，溝水盡赤。劉宗敏最驍悍，亦負重傷歸。自成走永平。

闖賊殺吳三桂之父襄及其家屬。〔考曰：自成殺吳襄事，諸說不一：謂自成初出兵時殺者，北略云：初九日，自成得吳三桂絕父書，卽盡戮吳襄家口三十餘人，下令親征。謂自成兵敗卽殺者，傳信錄云：闖殺襄，懸首於纛，自乘千里馬，逃歸京師，殺三桂母及眷屬。謂自成兵敗還京師後始殺者，請兵始末後附記野史云：自成得三桂絕父書，復使唐通往，三桂佯喜曰：「家君見在羈囚，恐旦夕不保，桂方悔恨。但東國之兵已入內地，惟一戰敗之，庶可捲甲趨朝耳。」通大喜，出關合戰，大敗，退走吳營，忽砲發，吳兵殺出，內外受敵，通遁走。三桂遍張沿途告示，又有順治元年四月二十六日榜文一道。自成聞之，遂殺吳襄全家。四王合傳云：自成馳入京師，挾吳襄上城，以招三桂，三桂射殺左右挾者，自成遂斬襄，懸其首於城，並家口三十餘人盡殺之。烈皇小識亦云：自成奔還京師，四月二十四日也。三桂同淸兵壓城而軍，自成遂殺襄並其家口。鼒按自成東出時，猶遣唐通議和，則無出兵時即殺襄之理，兵敗即殺襄，亦無遣王則堯等奉太子議和之理，則殺襄斷在走永平後也。明史謂三桂先驅至永平，自成殺吳襄，奔還京師。綱目三篇、永明王紀略補並同，今從之。闕疑，故不日也。〕

英、豫二王令三桂急追賊，賊將唐通出戰，爲三桂參將馮有威所敗。〔考曰：四王合傳云：爲馮有威所殺，誤也。按綏寇紀略云：乙酉二月，自成之敗也，李錦在榆林，唐通從黄甫川過河，以自成遇其家之酷也，故別爲一軍以抄其後。錦與通鬭，殊有勝負，詳繹文義，自成敗後，通又降於我軍，自成虐其家，故云云也。請兵始末又云：四月初四日，三桂破山海關，唐通迎降，亦誤也。後唐通兩次講和，安得於四月初四日即降三桂乎！蓋通之降在自成棄京師後也。〕自成乃遣降臣王則堯、張若麒奉太子如三桂營議和，三桂送則堯於我軍，攝政王斬之，趣三桂進兵，自成乃殺襄，懸首於纛，還京，又殺襄家屬三十餘人。

徐鼒曰：不曰殺明京營提督吳襄，而曰殺吳三桂之父何？罪三桂也。

癸未(二十六日)，闖賊走還京師，縱其黨大掠。

初，自成之東出也，牛金星冠帶具內閣儀仗，往來拜謁，誇其鄉人，限商人三日開店，弛九門出入之禁，既微聞自成敗，乃復嚴門禁。毁城外民居佛寺，運兵器上城，爲守禦計。是日，自成自永平馳千里馬，一日夜至京師，大隊入城，無復紀律，夜肆淫掠婦女，哭聲震天，投井死者不勝計。民間傳言吳三桂擁太子入城，令臣民爲先帝發喪，降賊官薛所蘊以宋獻策密令出京，熊文舉、龔鼎孳、涂必泓皆短襖戲袴，幅絹蒙妻妾首，狼狽出平則門，竄榛莽間，席地號嘆。聞攝政王與朝紳蕩滌前穢，乃復入京受官焉。〔考曰：詳聾道人遇變紀略。〕

乙酉（二十八日），明高傑寇揚州。

傑，字英吾，米脂人。初爲李自成先鋒，後以通自成妻邢氏而懼，偕以降於賀人龍。孫傳庭之督秦中也，令傑與白廣恩爲前鋒。潼關不守，率其下李成棟、楊繩武十三總兵，有衆四十萬，渡河大掠皆中，鼓行南下，邳、泗之間驚呼高兵至，居者喪失魂魄。抵揚州，焚掠城外，揚人厚犒之，不聽。是日，圍揚州。江南北大震。

徐鼒曰：高傑總兵而伯爵者，曰寇揚州何？惡之同於賊也。傑以降盜膺閫寄，受封爵，不思感恩圖報，乃復逞其虺蜴之性，魚肉吾民，是所謂殺越人于貨，凡民罔不譈者也。烏可以既受朝命而諱之哉！

丙戌（二十九日），明游擊高桂、義民許來春起兵誅闖賊僞官於泰安州。

京師陷，知州朱萬欽聞之逃，僞防禦使牌示「軍至軍妻，軍去民妻」八字，州人大懼。繼又逮紳士趙某掠餉。〔考曰：紳士趙某，原記作大行樸菴趙公。〕於是原任游擊高桂、鄉民許來春糾百餘人奪門入，執僞防禦並其黨數十人斬之。僞將郭昇自兗州來，聞防禦誅，攻陷州城，桂、來春死之。同死者，治中蕭協中、生員□國鉉投井死，舉人徐栴城頭罵賊死，生員王德昌巷戰死，房伯龍、黃應瑞、劉孔訓

蕭獻吉、楊應薦、胡會隆、趙聖文先後不屈死，布衣馮魁軒闔家自焚死。〔考曰：本王度僞官據城記。〕

徐鼒曰：自桂以下，皆舉義不克而死者，不曰死之，曰起兵何？大倡義也。狷介之士容有死節而不能倡義者，倡義則仇賊，仇賊則必死，君子以爲有必死之心而後動於義，故舉其大者以書焉。夫草茅未仕之臣死國事者，昔人以爲過情，例之未嫁女之守貞，茲何以許之哉！詩曰：「普天之下，莫非王土，率土之濱，莫非王臣。」凡有血氣之倫，皆有君親之義，國亡君死，勳戚文武反顏事仇，而草茅忠義之士乃能仗戈匡難，奮不顧身，事雖無成，志則可取矣！此綱目之所以書韓人張良歟！

明貢生馬元騄、生員謝陛起兵誅闖賊僞官於德州。

香河知縣朱帥欽者，慶藩宗室也。棄官走吳橋，僞防禦使閻傑囚之德州。時酷比餉銀，截指割筋，逃匿者，火其家，民不堪命。元騄、陛一呼而起，執傑與僞州牧吳徽文〔考曰：徽文亦作徵文。〕訊之，僞州牧乃不識一字，言係紅旗手，押解山西生員赴州牧任，生員賄以百金，使代任者，衆臠而食之。〔考曰：本程正揆滄州紀事。〕奉帥欽權稱濟王，移告遠近，兗、青、登、萊諸州皆堅壁自守。陛即南中謠傳以爲故相謝陞者也。

徐鼒曰：不曰何？以事類書，且闕疑也。

明兵部職方司主事凌駉起兵誅闖賊僞官於臨清。

駉，字龍翰，歙縣人。崇禎癸未(一六四三)進士，以主事贊畫督師李建泰軍。建泰降賊，駉遁至臨清，因商人之資募兵三千，權州印，部署鄉勇，斬僞防禦使王皇極等三人，復臨清、濟寧，傳檄山東，略曰：「跡今逆賊所恃，無過假義虛聲，假義則預免民租，虛聲則盛稱賊勢，以致浮言胥動，舉國若狂。愚懞無知，開門揖寇，闖城一啓，毒楚交加。一官而徵數萬金，一商而派數千兩，非刑拷比，罔念尊賢，縱卒姦淫，不遺寡幼，將軍出令，先問女人，州縣升堂，但求富戶。」於是山東、河北土寨來歸者甚衆，與德州謝陞遙相應焉。

臣鼒曰：當日之起兵誅僞官者，猶有巡撫宋權、李鑑，御史曹溶等，何以不類書乎？是皆以賊爲贄，投誠聖朝，攀龍鱗而附鳳翼，立功名以自顯者，非諸君子知其不可而爲之者比也。宜詳國史貳臣傳，茲不得以類書焉。

丙戌（二十九日），闖賊僭稱帝。是夜，焚宮殿西走。

自成既決計西行，是日，僭號於武英殿，追尊七代爲帝后，立妻高氏爲皇后，稱大順永昌元年。牛金星代行郊天禮。午後，運草入宮，留殘卒數千人，擁大隊而行。祖光先、谷可成殿後。須臾，五鳳樓火起，延燒宮殿、太廟及九門城樓，賊兵私寓亦火，城外草場皆火，夜如白日，餘賊飛馬殺人。百姓各以牀几塞巷口，或持梃突出擊之，賊東西馳，不得出，多斃。於是士民議城守，搜遺賊。自成在途聞之，將遣兵屠城。會吳三桂兵已有過都城而南者，遂止。初，牛金星嘗入朝議登極，在途怒癲僧，命殺之，僧笑曰：「和尚一個頭，汝輩幾萬頭，卻如何！」語畢，失僧所在。僞軍師宋獻策亦嘗云：「我主只可爲馬上王，溷過幾年而已。」既入京師，果敗亡不復振云。先數日，賊拘銀匠數百，鎔所掠金及庫藏器皿爲大磚而竅其中，搜民間騾馬盡載以西，故潰散而貲財不匱。劉宗敏、田見秀、谷英、張鼐、袁宗第、劉芳亮、李錦七僞侯者，每賞珠一大斗，金銀一車，幣千端。士卒從北都歸者，腰皆有黄金環寶。飲邨人酒，擲金與之，或給珠一握，無所吝。白廣恩家珊瑚高累尺，皆禁中物也。後自成再去，長安居民爭入所居搜金銀，中夜失火，燒秦王府幾盡，回民之有力者得最多，故大富者衆。數十年後，關中人猶從雨後泥土中拾得珍珠云。

明參將曾英敗獻賊於忠州。

賊至忠州，英率水師迎戰，火其舟百餘，賊死千計。及英還守涪州，賊遂悉衆屯忠州葫蘆壩。

明馬士英以兵迎福王由崧於江上。

士英，字瑤草，貴陽人。與懷寧阮大鋮同中萬曆丙辰（一六一六）會試，又三年成進士，授南京戶部主事。天啓時，遷郎中，歷知嚴州、河中、大同三府。崇禎三年（一六三〇），遷山西陽和道副使，尋擢右僉都御史，巡撫宣府。到官甫一月，檄取帑金數千，餽遺朝貴，爲鎮守太監王坤所發，坐遣戍，尋流寓南京。時大鋮坐逆案失職，以避賊至，與士英相結甚歡。周延儒之内召也，大鋮輩金錢要以援己；不可，則以士英屬之。十五年（一六四二）六月，鳳陽總督高斗光被逮，遂起士英爲兵部右侍郎，兼右僉都御史，總督廬、鳳等處軍務。永城人劉超反，士英誘而縛之以獻於朝，又堵禦流寇有功。闖賊逼京畿，福王、潞王、周世孫各棄藩南奔，諸王皆宮眷隨行，獨福王子然與常應俊等數人流離飄泊，士英陰使人導之，借淮撫路振飛舟南行。已而北京凶問至，南都諸大臣議立君，惠王、瑞王、桂王道遠難致，諸王之在淮上者，福王屬親，而在邸多不類事；潞王倫次疏而有賢聲，意多屬焉。時史可法督師在浦口，前侍郎錢謙益、兵備僉事雷演祚入説侍郎呂大器曰：「潞王，穆宗之孫，神宗猶子，昭穆不遠，賢明可立。福恭王覬覦天位，幾釀大禍，若立其子，勢將修讐三案，視吾輩俎上肉。」大器然之，遂與都御史張慎言、詹事姜曰廣移牒可法，言福王有不孝、虐下、干預有司、不讀書、貪、淫、酗酒七不可立。士英亦遣其私人傳語可法，謂立君以賢，倫序不宜固泥。可法信之，即答以七不可之說，身還南京。士英欲居擁戴功，既得可法移文，即結靖南伯黃得功暨高傑、劉澤清、劉良佐等，移書諸大臣，謂以序以賢無如福王，責可法當主其議，發兵擁王至儀徵。可法始知爲士英所賣，倉卒議迎立焉。

徐鼒曰：以兵迎何？罪士英之專制也。神京傾覆，宗社邱墟，立君既不可緩，福王未爲失正，事機呼吸，聚訟盈廷，匪以兵迎，事靡有定，斯亦祭仲行權之旨哉。然則何以罪士英也？春秋之法，誅心而已，士英非有利社稷安民人之心，貪孱王爲奇貨，挾悍將以要盟，其罪烏可逭哉！

五月戊子朔，兩星夾日。

是月軒轅絕續不常，大小失次，至十月乃復，天狗下尾長白竟天。

徐鼒曰：特書何？紀異也。

我大清攝政睿親王多爾袞檄吳三桂西行追闖賊。

明太子在三桂軍中，傳諭京師，西江米巷商人聞之，乃合貲爲三桂家發喪，具棺衾殮之。三桂請護太子入京師，攝政王不許，檄之西行，三桂乃送太子於高起潛所，或云逸於民間，旋入皇姑寺；或曰太子非眞也。三桂追賊至定州清水河下，斬其僞果毅將軍谷可成，祖光先墜馬傷足，自成復大敗。三桂以賊將首級遙祭其父，奪回金銀，賞將士，故論者亦以此多三桂之能復仇焉。

庚寅（初三日），我大清攝政睿親王多爾袞入北京。

初，都中聞太子在吳軍，原任御史曹溶率衆城守，搜餘賊，錦衣衛都指揮使駱養性與侍郎沈惟炳等立崇禎帝位哭臨，備法駕迎太子於朝陽門，望塵俯伏，及登輿，非太子也，衆駭愕間，前騶者麾都人悉去白冠，則我大清攝政王率滿洲兵入城矣。城上白標驟遍，紫禁布氈廬，諸臣具勸進表，我大學士范文程僞爲不知者，諭衆曰：「我國皇帝去歲登極矣，何勸進之有！」傳令自初六日癸巳，始爲崇禎帝設位帝王廟，哭臨三日，謚爲懷宗端皇帝，周后爲烈皇后，改葬於田貴妃之寢園。從賊最著如熊文舉、楊枝起、朱徽者，亦澌前穢，同哭臨焉。時都民搜斬餘寇不已，因下令薙髮者即非賊，於是官民悉薙髮無遺焉。

明馬士英、史可法奉福王由崧監國南京。

先是，四月甲申（二十七日），南京守備魏國公徐弘基、提督操江誠意伯劉孔昭、尙書高弘圖、程註、南京守備司禮監韓贊周及張愼言、呂大器、姜曰廣集議於朝，大器時典禮、兵兩部，頓筆不肯下，給事中李沾厲聲曰：「禮莫重於尊君，兵莫先於衞王，衆議僉同，公獨持異，沾請得以頸血濺公衣矣！」劉孔昭亦詈大器不得出言搖惑，大器不敢復言，乃以福王告廟。乙酉（二十八日），諸臣具啓迎於儀徵。丙戌（二十九日），王舟次觀音門。丁亥（三十日），百官迎見於龍江關。王素衣角帶哭。五月戊子朔，王乘馬自三山門入，至孝陵，從臣請自東門御路入，王遜避，自西門入，至享殿，禮畢，謁懿文太子陵，乃自朝陽門入東華門，步行謁奉先殿，出西華門，駐蹕內守備府爲行宮，百官進見，王赧然欲避。史可法言：「殿下宜正受。」又陳戰守大計，謂當素服郊次，發師討罪，示天下以必報仇之義，王唯唯不能答。己丑(初二日)，百官謁王於行宮；靈璧侯湯國祚訐戶部措餉不時，其言憤絮，太監韓贊周叱之起，呂大器曰：「此非對君體。」御史祁彪佳亦以爲言。羣臣旣退，議監國登極，張愼言曰：「國虛無人，可遂卽位。」史可法曰：「太子存亡未卜，倘北將挾以來，奈何！」劉孔昭曰：「今日旣定，誰敢更移。」祁彪佳曰：「監國名正，蓋愈推讓，益彰王之賢德。且總師討賊，申復國恥，示海內無因以自利之心，而江北諸大將，使共預推戴，則將士亦歡欣，然後擇吉登大寶，布告天下。」徐弘基等然之，議遂定。是日大臣勸進，箋再上，王許監國。庚寅(初三日)，王行告天禮，祝文飄入雲霄，衆異之。升殿，百官行四拜禮，徐弘基跪進監國寶，百官再行四拜禮，乃退。發大行皇帝喪，大赦天下；其新加練餉及崇禎十二年以後一切雜派並各項錢糧，十四年以前實欠在民者，悉免之。俄有傳後日卽登極者，蓋呂大器以異議懼禍，請登極以自媚也。祁彪佳曰：「今日監國，明日卽位，事同兒戲，宜待發喪除服議之。」乃止。

徐鼒曰：潞王之在杭州也，命內官博訪古玩，拒監國之請，稽首歸命。是其懦弱無能，豈所謂賢明可定大計者乎！論者謂潞王立，而錢謙益爲相，其敗壞不在馬士英下。然則當日之擁立福王者固私，而議立潞王者亦未爲公也。使文武諸臣援倫敍之正，屛功罪之私，迎少康於遯荒，奉琅琊以纂統，則馬士英、劉孔昭輩，既不能以擁戴要君，而諸君子亦何至以定策之二心，爲羣邪所挾制哉！門戶既分，蘭艾錯出，貪鄙無恥如錢謙益者妄附淸流，進其簧鼓，遂使史彌遠以定策居功，商太史以爭立懼罪，僭始旣涵，禍餤斯熾，春秋責備賢者，可法豈無罪焉！先士英於可法者，見可法之制於士英也。

明以張愼言爲吏部尙書。

愼言，字金銘，陽城人，舉萬曆庚戌（一六一〇）進士，官南京吏部尙書，掌右都御史事。南都官名吏隱政事皆決於北，愼言從衆僉名而已。時朝廷新建，以愼言宿德重望，命專理部事。

壬辰（初五日），明以史可法爲東閣大學士兼兵部尙書，高弘圖爲東閣大學士兼禮部尙書，並入閣辦事。

馬士英爲東閣大學士兼都察院右都御史，仍督鳳陽等處軍務。

弘圖，字研文，膠州人，萬曆庚戌（一六一〇）進士，官南京戶部尙書。甲申三月以前事詳紀傳。時以弘圖物望所歸，改禮部尙書、東閣大學士，與可法同入直。方廷推時，劉孔昭攘臂欲入閣，可法曰：「本朝無勛臣入閣例。」孔昭勃然曰：「卽我不可，馬士英有何不可？」又議起廢，衆推鄭三俊、劉宗周、徐石麒，孔昭特舉阮大鋮，可法曰：「此先帝欽定逆案，毋庸議！」自是始搆怨焉。

徐鼒曰：聞之顧炎武曰：國破君亡，普天同痛。可法等當戴罪供職，不得援登極推恩常例，希正揆席。春秋之法，賊不討，仇不復，則君不葬，服不除，寢苫枕戈，無時而終事也。當日若宣昭此義，士英雖奸，何名而入，孔昭邪說，何由而起。惜乎可法諸臣之見不及此也。備書之，交譏之也。

明命兵部員外郞萬元吉宣諭各鎭。

時高傑兵大掠江北，聲言欲寄家江南，約劉澤淸刻日渡江。史可法請發戶部銀萬兩，遣元吉宣諭犒賞。元吉者，南昌人，天啓乙丑（一六二五）進士，授潮州推官，捕盜有聲，以計典鐫級爲永州檢校。督師楊嗣昌薦其才，改大理寺評事，軍前監紀，能調和諸將，馳驅兵間，未嘗一夕安枕。以母喪歸，癸未（一六四三）起南京職方司主事，進郎中。時以四鎮不和，元吉請行，扁舟造傑壘，告之以戢兵聽朝命。傑曰：「吾欲寄家，」元吉曰：「公等將進取淮北，而幷孥淮南甚便，過江逼天子輦轂地，非公等兼爲國家意也。」諸將應曰：「諾。」顧獨眈視揚州。揚州居天下膏腴，有新舊二城，子女環寶累萬。萬元吉上疏曰：「揚州、臨淮、六合所在兵民相角，兵素少紀律，民近更乖張，一城之隔，民以兵爲賊，兵以民爲叛，環攻弗釋，猝有寇至，必至驚竄，眞今日莫大之憂也。江北郡邑接連山東、河南，賊騎處處可到，勢必需兵堵勦，臣等雖有愛民之心，無銷兵之術，就中調停，惟是官兵經過駐扎地方，使城外居民，盡移城內，聽兵住空房，嚴禁毀傷，仍諭居民出城貿遷，有司將領共相防護，禁搶掠。則民不苦兵，兵不恨民。臣前監軍楚、蜀時，行之甚效，其在今何獨不然乎！」揚州士民王傳龍亦公疏云：「東省附逆，淮揚人自爲守，不意賊警未至，而高兵先亂，殺人則積屍盈野，汚淫則辱及幼女，新舊城環圍絕糧已經月餘，何不恢已失之州邑，而殺自有之良民也。」時江南巡撫鄭瑄奏：「江北劉澤清兵欲渡江，三吳百姓呼吸變亂，臣遣書高、劉二帥，不肯止兵，請敕操江武臣速援京口、鳳陽。」參將戈士凱亦報劉澤清沿途殺劫，逼攻臨清。

明以張應元爲承天總兵。

癸巳（初六日），明爲崇禎帝發喪。

是日，我攝政王亦命臣民爲崇禎帝舉哀。

甲午（初七日），明以姜曰廣爲東閣大學士兼禮部尚書，前禮部尚書王鐸爲東閣大學士，並入閣辦事。曰廣辭，改禮部左侍郎入直。

曰廣，字居之，新建人。萬曆己未（一六一九）進士，改庶吉士，授編修。〔崇禎〕十五年（一六四二），擢詹事掌南京翰林院。京師陷，諸大臣議所立，曰廣與呂大器主立潞王，而諸帥奉福王至江上，於是文武官並集守備太監韓贊周宅，令各署名。曰廣曰：「此大事，請告奉先殿而後行。」明日，至奉先殿，諸勳臣語侵史可法，曰廣呵之，於是羣小咸自攝焉。廷推閣臣，遂不與；及再推詞臣，以王鐸、陳子壯、黃道周名上，而首曰廣，乃與鐸並命。鐸，孟津人，天啓壬戌（一六二二）進士，亦以庶吉士授編修。崇禎十一年（一六三八）春經筵，進講唯天下至聖章，旁及時事，有「白骨如林」語，莊烈帝切責其敷衍支吾。明年，大學士張至發奏東宮出閣，時設侍班四人，講讀六人，校書二人，皆以翰詹兼任，廷議舉黃道周，至發屏之，而以鐸爲侍班；尋乞假歸。十七年（一六四四）三月，擢禮部尚書，未至而京師陷，至是以入閣召焉。

明以周堪賡爲戶部尚書。

明起張國維以原官協理京營戎政，改呂大器爲吏部左侍郎，以練國事爲戶部右侍郎，解學龍爲兵部左侍郎，賀世壽爲刑部右侍郎，何應瑞爲工部右侍郎。

是時可法、弘圖收召人望，自尚書都御史侍郎以下，通政司則劉士楨、右通政則侯峒曾、大理卿則鄭瑄、光祿卿則許譽卿、太常卿則朱之臣、少卿則左懋第、國子監祭酒則羅大任，召謫籍之科道章正宸、揚時化、莊鰲獻、熊開元、袁愷、姜埰、張煊、李長春、喬可聘、詹爾選、馬兆義、鄭友立、李曰輔、李模等復原官，調倪嘉慶、華允誠、葉廷秀爲文選司官，其給事中李沾以下諸人亦各升轉。雖人不皆賢，而或以物望，或以資格，銓法秩然。自劉孔昭憤不入閣，李沾覬覦卿貳，馬士英乘之而入，而逆案諸人接踵起，國事始大壞矣。

徐鼒曰：詳紀何？喜初政之有可觀也。

明衡王□□起兵，誅闖賊僞官於青州。〔考曰：明史諸王傳有兩衡王，一興宗子允熞，一憲宗子祐楎，二傳均無崇禎年間嗣王名及誅僞官事，存之俟考。〕

衡王率諸生驅殺僞官，請徙內地，時河北、山東各殺僞官稱起義，濟寧有鄉官潘士良者，〔考曰：貳臣傳云：士良萬曆癸丑進士，累官刑部右侍郎。〕以回兵楊科等入城，殺僞將、僞道科，自爲總兵，而奏請士良爲總河。未幾，回兵朱繼宗又殺楊氏而自爲總兵。〔考曰：南都甲乙紀云：楊科奏潘爲總河，而自爲總兵，後邊鎭諸將篇又云：殺副將楊朴一家，而自爲總兵，朴豈科之壞字歟？抑科、朴本二人歟？俟考。〕時前兵部侍郎張鳳翔亦起兵誅僞官於東昌，後大清兵迫，乃棄東昌南歸。

臣鼒曰：張鳳翔起兵誅賊，旋應南都，與宋權、李鑑之以賊爲贄，投誠大清者異矣，何以不書？惡其不克終也。

乙未（初八日），明起前都察院左都御史劉宗周原官，辭不受。

宗周，字啓東，號念臺，山陰人，學者所稱蕺山先生也。萬曆辛丑（一六〇一）進士，崇禎帝迂其言而嘆爲忠,歷官至都察院左都御史,竟以請釋熊、姜之獄忤旨,斥爲民,年已六十有四,歸二年而京師陷。宗周徒步荷戈,詣杭州,以發喪討賊責巡撫黄鳴駿。鳴駿曰:「哀詔未至,當静以鎮之。」宗周勃然曰:「君父變出非常,公專閫外,不思枕戈泣血,激勵同仇,顧藉口静鎮,作逶避計邪!」鳴駿唯唯。明日,復趨之,則曰:「發喪必待哀詔。」宗周曰:「嘻,此何時也,安所得哀詔哉!」既發喪,問師期,則曰:「甲仗未具。」宗周嘆曰:「是烏足與有爲哉!」乃與前侍郎朱大典、前給事中章正宸、熊汝霖召募義旅,將發而福王立,起宗周故官。宗周以大仇未報,不敢受職,尋上疏自稱草莽孤臣,言:「今日宗社大計,舍討賊復仇無以表陛下渡江之心,非毅然決策親征,亦無以作天下忠臣義士之氣。至討賊次第,一曰據形勢以規進取。江左非偏安之業,請進而圖江北,今淮安、鳳陽、安慶、襄陽等處,雖各立重鎮,尤當重在鳳陽,而駐以陛下親征之師。中都固天下之樞也,東扼淮、徐,北控豫州,西顧荆、襄,而南去金陵亦不遠,以此漸恢漸進,秦、晉、燕、齊當必響應,兼開一面之網,聽其殺賊自効,賊勢益孤,賊黨日盡矣。一曰重屏藩以資彈壓。地方之見賊而逃也,總由督撫非才,不能彈壓,遠不具論,即如淮、揚數百里之間,兩節鉞不能禦亂賊之南下,致淮北一塊土,拱手而授之賊。尤可恨者,路振飛坐守淮城,以家眷浮舟於遠地,是倡之逃也。於是鎮臣劉澤清、高傑遂相率有家屬寄江南之說,尤而效之,又何誅也!按軍法臨陣脱逃者斬,臣謂一撫二鎮,皆可斬也。一曰愼爵賞以肅軍情。今天下兵事不競極矣,將悍兵驕,已非一日,今請陛下親征,所至亟問士卒甘苦而身與共之,乃得漸資騰飽,徐張撻伐。一面分别各帥之封賞孰應孰濫,輕則量收侯爵,重則并奪伯爵,軍功旣核,軍法益伸，左之右之，無不用命。夫以左帥恢復焉而封，高、劉敗逃也而亦封，又誰爲不封者！武臣旣濫，文臣隨之，外廷旣濫，中璫從之，臣恐天下聞而解體也！一曰嚴舊官以立臣紀。燕京旣破，有授僞官而逃者，有在封守而逃者，有在使命而逃者，於法皆在不赦，急宜分別定罪。至於僞命南下，徘徊於順逆之間者實繁有徒，尤當顯示誅絕。行此數者，於討賊復仇之法，亦略具是矣。若夫邦本之計，貪官當逮，酷吏當誅，循良卓異當破格旌異，則有安撫之使在。而臣更有不忍言者，當此國破君亡之際，普天臣子，皆當致死，幸而不死，反膺升級，能無益增天譴！除濫典不宜概行，一切大小銓除，仍請暫稱行在，少存臣子負罪引慝之誠！」又疏言：「賊兵入秦踰晉，直逼京師，大江以南固晏然無恙也，而二三督撫曾不聞遣一人一騎北進以壯聲援，賊遂得長驅犯闕，坐視君父危亡而不之救。則封疆諸臣之宜誅者一。旣而大行之凶問確矣，敷天痛憤，奮戈而起，決一戰以贖前愆，又當不俟朝食，而方且仰聲息於南中，爭言固圉之事，卸兵權於閫外，首圖定策之功，安坐地方，不移一步。則封疆諸臣之宜誅者二。然猶或曰事無稟承，迨新朝旣立，自應立遣北伐之師。不然而亟馳一介，使齎蠟丸，間道北進，或檄燕中父老，起塞上名王，共激仇恥，哭九廟，安梓宮，訪諸王。更不然，則亟起閩帥鄭芝龍，以海師直擣燕都，令九邊督鎮，卷甲銜枚，出其不意，合謀共奮，事或可幾。而諸臣又不出此，紛紛制作，盡屬體面，僅令吳鎮諸臣一奏燕京之捷，將置我南中面目於何地。則舉朝謀國不忠之宜誅者三。而更有難解者，先帝升遐，頒行喪詔，距今月餘，未至臣鄉，在浙如此，遠省可知，時移事換，舛謬錯出，卽成服祗成名色，是先帝終無服於天下也。則今日典禮諸臣之宜誅者四。至罪廢諸臣，量從昭雪，自應援先帝遺詔而及，乃概用新恩，卽先帝誅璫鐵案，詔書蒙混，勢必彪虎之類，盡從平反而後已。君父一也，三年無改之謂何！嗟乎已矣！先帝十七年之憂勤，念念可以對皇天，泣后土，一旦身殉社稷，罹古今未有之慘，而食報於臣工乃如此之薄！仰惟陛下再發哀痛之詔，立興問罪之師，請自中外諸臣之不職者始。」（考曰：以上兩疏，明史、南疆繹史多刪節原文，惟南略較詳備，今參訂焉。）詔報曰：「親統六師，光復舊物，嚴文武恇怯之大法，激臣子忠義之良心，愼新爵，劾舊官，朕拜昌言，宣付史館。」中外爲之悚動。時宗周本無意於出，謂朝中黨禍方興，何暇圖賊，而一時奸人，雖不利宗周，又恥不能致之。及方出，而彈劾踵至，不少假借，由是羣小側目，馬士英、高傑、劉澤清尤深嫉之焉。

徐鼒曰：備書官何？嘉之也。曰辭不受何？大其守春秋討賊復仇之義也。然則其言可用乎？南都立國，藩鎭是賴，是皆麤暴猛厲之夫，縱之則驕，激之則叛，故史可法之委曲撫綏，論者譏其懦，而吾獨有以諒其時勢之難也。宗周侃侃正論，以激其怒，使之抗疏誣詆大臣，輕朝廷之威而速黨錮之禍，豈非君子之過歟？傳曰：國君含垢，貴知時也。

明馬士英率兵入朝。

時楚督袁繼咸請入覲，詔止之。士英拜疏卽行，率兵由淮赴江，船千二百艘，先至者焚劫淮安西門外。王燮駐清江浦，令坊義士排立兩岸，不許一舟停泊，一人上岸，凡三日始畢。士英至江干，上疏勸進，並以史可法七不可之書奏之王，可法始不安。

徐鼒曰：曰率兵入朝何？明士英之劫制廷臣也。削其官，深絕之也。

明遣御史祁彪佳宣諭諸鎭。

彪佳，字宏吉，一字虎子，山陰人，弱冠，成天啓壬戌（一六二二）進士，歷官御史，以刷卷南畿，便道還家，聞京師陷，慟哭赴南都。福王至，羣議援宋高宗故事立爲兵馬大元帥，彪佳曰：「今與宋不同，宋時徽、欽固在也，今海內無主，盍如景泰稱制監國。」議乃定。首陳紀綱法度爲立國本，次及發號、用人二事，又疏陳致治大本，王嘉納之。時高傑猶掠揚州，士民奔避，無賴者乘間剽敓。廷議以彪佳按吳有威望，命往宣諭，斬倡亂者數人，宣布赦文，甄別有司臧否，一方遂安。

戊戌（十一日），明吏部尙書張愼言陳中興議。

「一曰議節制。淮安、廬、鳳、荆、襄鎖鑰重地，宜命鎭撫大臣分戍增保，扼守險要，東西闗閫首尾相援，添戰艦於江、淮之間，郡縣積穀，爲倉卒轉運之資。二曰議屛藩。諸王流離南竄，宜擇浙東名山郡邑及閩、粤間暫居焉。其護衞官屬，暫從節省。三曰議開屯。江北地廣，今爲畿輔，若招集流離，開立屯田，擇其邑之豪，以百夫屯爲百夫長，以千夫屯爲千夫長，連其什伍，教之兵陣，就使守禦，亦强富之一策也。四曰議招徠。河北淪陷，郡縣設立僞官，有能誅擒者賞。五曰議寬宥。諸臣陷賊，事非得已，不宜以風聞苛議，堅其從賊之想，若自拔來歸，宜隨才錄用。六曰議褒卹。忠烈之臣，如范景文、倪元潞、李邦華等，宜贈卹以慰幽魂，次第詳核勿遺。七曰議銓敍。起廢之條不可不愼，若逆案諸人無容更議，其在戍籍廢居者一從淸論，不撓毀譽。八曰議漕卒。北漕萬有餘旗，柁工挽夫實繁有徒，今漕登近地，此十餘萬人無室無鄉，游食不已，爲患非細，安插宜急也。」王嘉納之。〔考曰：本南疆繹史本傳。按明史作中興十議，曰節鎮，曰親藩，曰開屯，曰叛逆，曰僞命，曰褒卹，曰功賞，曰起廢，曰懲貪，曰漕稅。不載原疏，玆從繹史。〕

明大學士高弘圖陳新政八事。

弘圖請移蹕中都，進山東，以示大舉討賊，疏陳新政八事：一宣義問。請聲逆賊之罪，鼓發忠義。一勤聖學。請不俟釋服，日御經筵。一設記注。請召詞臣入侍，日記言動。一睦親藩。請如先朝踐極故事，遣官齎璽書慰問。一議廟祀。請權附列聖神主於奉先殿，仍於孝陵側望祀列聖山陵。一嚴章奏。請禁奸宄小人借端妄言，脫罪僥倖。一收人心。請蠲江北、河南、山東田租，毋使賊徒藉口。一擇詔使。請遣官招諭朝鮮，示牽制之勢。王褒納焉。

明命趙光遠鎮守四川。

明貴州民何兆仰作亂。

明定京營兵制，罷錦衣衞、南北兩鎮撫司。

史可法請裁去南京內外守備參贊各衙，依北京舊制，設京營府衞，簡精壯，募義勇以實之；侍衞、錦衣鑾儀諸司所隸軍役，當多事之日，悉宜入伍操練，毋坐耗錢糧。至錦衣鎮撫司官不必備，亦所以杜告密，節繁費，收人心，於新政有裨者也。又言操江舊兵單弱，請增設九江、京口兩鎮文臣二人協理戎政。王並從之。

明分江北爲四鎭，以高傑、劉良佐、劉澤淸、黃得功分統之。

史可法疏言：「從來守江南者必於江北，當酌地利設四藩，以淮、揚、廬、泗自守，而以鳳、徐、滁、六爲進取之基，督師駐揚州，居中調遣。其四鎭則各自畫地：澤淸轄淮、海，駐淮安，山陽、淸河、桃源、宿遷、海州、沛縣、贛楡、鹽城、安東、邳州、睢寧十一州縣隸之，經理山東一路；高傑轄徐、泗，駐泗州，以徐州、蕭縣、碭山、豐縣、沛縣、泗州、盱眙、五河、虹縣、靈璧、宿州、蒙城、亳州、懷遠十四州縣隸之，經理開、歸一路；劉良佐轄鳳、壽，駐臨淮，以鳳陽、臨淮、潁上、潁州、壽州、太和、定遠、六安、霍邱九州縣隸之，經理陳、杞一路；黃得功轄滁、和，駐廬州，以滁州、和州、全椒、來安、含山、江浦、六合、合肥、巢縣、無爲州十一州縣隸之，經理光、固一路。各設監軍一員，一切軍民聽統轄，州縣有司聽節制，營衞原存舊兵聽歸併整理，荒蕪田土聽開墾，山澤有利聽開採，仍許於境內招商收稅，以供軍前買馬制器之用。每鎭額兵三萬人，歲供本色米二十萬，折色銀四十萬，聽各鎭自行徵取。所收中原城池，卽歸統轄，寰宇恢復，爵爲上公，與開國元勳同世襲。賊在河北，則各鎭協防淮、徐，在河南，則各鎭協守泗、鳳，賊自河北、河南分道來犯，則各鎭嚴兵固守。其鳳陽總兵應改副將一員，察每歲所入約米二百四十萬，銀五六百萬，各兵支用，所存無多。所望諸臣核實兵實餉之中，爲實戰實守之計。更立督師，節制諸鎭，如此則諸鎭各衞其地，無不致力，而受成於督師，機不遙度，事不中制，士氣奮而民心定，江南庶幾可保矣。」從之。

徐鼒曰：養鷹之說曰：「飢則爲用，飽則颺去。」諸將未立寸功，遽膺分土，徒以長其傲慢不臣之氣，烏可以言恢復哉？且使幸而成功，亦尾大不掉之勢也。然則可法胡爲出此謀也？曰：不得已也。諸將各擁强兵，分據江北，能禁其不竊踞自尊乎？不能也。鋤而去之，能保其不爲敵用乎？不能也。既不能制其死命，而又不能撫之以恩，此永明王所以失之於孫可望也。假以朝命，使恩猶出之自上，此亦亂世馭驕將不得已之術也，尙無以此訾謀國者哉！〔考曰：甫按應廷吉青燐屑云：史公嘗謂廷吉曰：天下事決裂至此，職由四鎭尾大不掉。昔之建議封四鎭者，高弘圖也，從中主張贊成其事者，姜日廣、馬士英也，依違無所救正者，余也。是史公亦深悔之，亦見封四鎭非史公本謀也。〕

明遣御史陳丹衷宣諭江北。

明起前兵部尙書張國維以原官協理戎政。

國維出都十日而都城陷，召以原官協理戎政，尋追敍平山東盜李青山功，加太子太保，蔭子錦衣僉事。國維請建三輔以藩南京：以京口爲東輔，蕪湖爲西輔，京師爲中輔，各設重兵鎭守，不果行。徐石麒之去位也，廷議以國維代之。阮大鋮私取中旨用張捷。國維知事不可爲，遂乞省親歸。

明以李沾爲太常寺少卿，提督四夷館。

時新設文臣協理操江，吏部推沾爲之。沾故善操江，劉孔昭懼分其任，乃求陞常少。

明以御史郭維經爲應天府丞，仍兼原職；固辭，不許。

維經，字六修，江西龍泉人。天啓乙丑（一六二五）進士，授行人；崇禎初，遷南京御史。疏詆溫體仁，崇禎帝切責之，以憂去。久之，起故官。諸臣之議立潞王也，維經持不可。福王立，進應天府丞。維經積勞干擢，都人賴之，令仍兼御史巡視中城。李沾因嗾維經劾吏部尚書張慎言有私，維經旋悟爲沾所賣，具疏引罪。復以加銜爲魏忠賢陋習，力辭；不許。尋上言：「聖明御極將二旬，一切雪恥除兇收拾人心之事絲毫未舉。今僞官縱橫於鳳、泗，悍卒搶攘於瓜、儀，焚僇剽掠之慘漸逼江南，而廟廊之上不聞動色相戒，惟以慢不切要之務盈庭訾議，致啓旁門，矚捷足，營鑽窺之穴隙，作富貴之階梯，舉朝人心如狂如醉，匹夫匹婦呼天憤鬱，釀成災祲。乞令內外文武諸臣洗滌肺腸，盡去刻薄偏私及恩怨報復故習，一以辦賊復仇爲事。」疏入，報聞。

明起在籍主事王重爲文選司郎中。

時銓曹乏員，張慎言以在籍主事王重家在金壇，可立致，推之，李沾持不可，曰：「是受我贄四十金者。」慎言曰：「僕起家三十年，贄十二金而止，公安得以四十金贄乎？僕老矣，須舊銓郎乃解事。又地近，其人廉否，僕自有提衡，不能混也。」沾益銜之。

徐鼒曰：侍郎以下黜陟不書，李沾、郭維經、王重之官何以書？傷朋黨之禍，謹消長之機也。

明起顧錫疇爲禮部尚書。

錫疇字九疇，崑山人，萬曆己未（一六一九）進士，改庶吉士。天啓中，以檢討削籍。崇禎初，起原官，累擢少詹事、禮部侍郎。是時以尚書起諸家。

明以總兵鄭鴻逵鎮九江，黃蜚鎮京口。

鴻逵，芝龍弟也。蜚，得功同姓，稱兄弟者也，舊登、萊總兵。

明雞澤生員殷淵起兵拒闖賊，不克，死之。

賊檄諸生就選，不應，且死，或以勸淵，叱之曰：「好頭顱，暫寄項上耳，賊必不可見也！」已聞北都陷，發喪哭臨，與諸生黃公祐等起義。事敗，死之。

小腆紀年附考卷第六

前翰林院檢討加詹事府贊善銜六合　徐鼒　譔

壬寅（十五日），明福王即皇帝位於南京。

戊戌（十一日），羣臣勸進箋三上，王許之。禮部請祀地祇，命侯郊天日一併舉行。己亥（十二日），修奉先殿。壬寅，王卽位武英殿。詔曰：「我國家受天鴻祚，奕世滋昌，保大定功，重熙累洽，自高皇帝龍飛奠鼎，而已卜無疆之曆矣。朕嗣守藩服，播遷江、淮，羣臣百姓，共推繼序，跋涉來迎，請正位號。予暫允監國，攝理萬幾，乃累箋勸進，拒辭弗獲，謹於五月十五日，祗告天地宗廟，卽皇帝位於南都。猥以藐躬，荷茲神器，惟我大行皇帝英明振古，勤儉造邦，殫宵旰以經營，希蕩平之績效；乃潢池盜弄，鐘簴震驚，燕畿掃地以蒙塵，龍馭賓天而上陟，三靈共憤，萬姓同仇。朕涼德弗勝，遺弓抱痛，敢辭薪膽之瘁，誓圖俘馘之功；尙賴親賢戮力匡勳，助予敵愾。其以明年爲弘光元年，與民更始，大赦天下，加在京文武官一級，無級可加者進勳階一級，給新銜誥命。督撫監司守令，給見任官銜誥命。補謚廕前朝大臣之有勞績品行者，存問在籍閣臣六部堂官，遣配及閒住者，復原職。三品以下情可原者，採訪酌用。諸藩流寓者，撫按善爲安置。宗室在南京者，按時給糧。公侯伯常祿往日本折三七關支，或中半兼支者，俱於折色中給本色一半，石折銀七錢，以示厚意。王公子孫各廕一子，入監讀書。七十以上年高有德者，給冠帶，細民量給膳米。忠義殉難者，廕謚建祠。舉人副榜廩貢監生不得遏抑以塞賢路。山林草澤有奇才異能堪以匡時禦亂者，從公保舉，試驗罔效者，舉主連坐。北直、山東、河南、山西、陝西、遼東文武官生不從賊，在南者文官吏部察明推陞赴用，其生員寄應天府學考試，其武弁赴部驗明寄俸。在京各衞陷賊各官有能返邪歸正者，寬其前罪，殺賊自效者，以軍功論。免弘光元年糧十分之一，北直、山西、陝西全免五年，山東、河南三年，江北、湖廣蠲十分之五，江西、四川十分之三，其折漕稅契及上供柴炭派擾商民者，一切釐革。詔到日，星速頒行，匿隱支飾者訪明究問。於戲！弘濟艱難，用宣九伐平邦之政；覃敷闓澤，並沛三驅解網之仁。新綍煥頒，前徽益懋。布告天下，咸使聞知。」先是諸臣議赦書蠲免，史可法曰：「今天下半壞，軍餉繁費，恐未可盡除。」故次第免之焉。是日，降賊少詹事項煜混入朝班，衆逐之。

徐鼒曰：陸宣公曰：以言感人，其本已淺。當日黄巾縱横，赤縣鼎沸，銅駝荆棘，泥馬倉皇，天步艱難，維其棘矣。使其君臥薪嘗膽，下向檜之令，其臣反身茇舍，急征膳之謀；則讀靈武即位之詔，殉國益堅，聞興元罪己之言，流涕以奮，固已。乃當日二十五條之頒，祗尋常登極布告之文，憲憲泄泄，無可感人，而野史言淮撫路振飛宣詔民間，有赦免錢糧語，衆情歡騰，可知赤子忠愛之心，梏亡於苛政，鼓而奮之，捷於桴鼓耳。向使諸賢未去，逆案未翻，亦安見天下事之不可爲哉！

明以內官韓贊周爲司禮監秉筆太監，盧九德提督京營。

徐鼒曰：特書何？傷宦官之害與明相終始也。詩曰：「殷鑒不遠，在夏后之世。」啓、禎中官之害，南都君臣所耳聞而目覩者，奚俟遠鑒哉！朝政維新，革除宜急，胡憒憒若是也。嗚呼！此明之所以亡也。

癸卯（十六日），明以馬士英掌兵部事，入閣辦事。大學士史可法自請督師江上，許之。

士英至京，謂可法曰：「我馭軍寬，頗擾於民，公威名著淮上，公誠能經營於外，我居中帥以聽命，當無不濟者。」可法以士英之入，勢不兩立，乃曰：「居者守，行者禦，敢辭難乎！」遂請行。京師士民譁曰：「何乃奪我史公？」太學生陳方策、諸生盧渭疏言：「淮、揚，門戶也，京師，堂奧也，門戶有人而堂奧無人可乎？」疏中有「秦檜在內，李綱在外」之語，朝野以爲名言。〔考曰：本應廷吉青燐屑。又卓海帆師相家藏史公與某手札云：「學安老弟復書，書來具見盛意，法寧不知彼人之力保法守揚州，非欲自收其權，然揚州重任，使彼人居之，保無他慮乎？法何敢辭，正所以無愧於先帝也。以身矢之，苟有一息，敢弗黽圖。此意唯老弟知之。所云澤字，謹已留意，此人之無能，法亦深悉，此時聊借其兵力，果有期收復，可緩抑之。老弟默喻法意爲是。近日消息益不佳，獨木支大廈，苟危，法死有餘恨。書至此，淚落如綆矣！餘復，並叩佳祉，不專一具。七日三更可法。」鼐按札中彼人指馬士英，揚州重任云云，知公非特避士英，兼爲揚州慮也，苦衷益見矣！」

徐鼐曰：先書士英入閣而後可法督師何？明可法之出，避士英也。嗚呼！邪正消長之機，宗社存亡之辨，於斯見矣！

明分應天、蘇松爲二巡撫，以太常寺少卿左懋第爲右僉都御史，巡撫應天。

懋第，字仲及，號蘿石，萊陽人。崇禎辛未（一六三一）進士，爲韓城知縣有聲。父喪，三年不入內，事母盡孝，擢戶科給事中。〔考曰：史外云：考選吏科給事中。〕庚辰（一六四〇），以大旱請賑畿南，天果雨。是年春，奉命督兵湖、襄，聞變，誓師而北。會南京建號，入見，流涕陳中興大計，遂有是命。

明加前督師丁啓睿太子少保、兵部尚書。

啓睿，永城人。初以楊嗣昌薦，由陝西巡撫擢兵部侍郎兼右僉都御史，代鄭崇儉總督三邊軍務，庸怯無能。李自成圍開封，啓睿避賊不敢戰。崇禎帝切責之，不得已，會諸將於朱仙鎮，大敗，喪馬贏七千，將士數萬，敕書印劍俱失，褫職下吏，久之釋歸。南都立，夤緣馬士英充爲事官，督河南勸農勦寇諸務。會李自成屢爲大清兵所敗，中原豪傑多殺僞官反正，啓睿之弟啓光分守睢陽，與副將盛時隆等密會歸德知府桑開第、舉人丁魁南、郭爌、余正紳，計擒歸德府僞管河同知陳奇、商邱僞知縣賈士俊、柘城僞知縣郭經邦、鹿邑僞知縣孫澄、寧陵僞知縣許承蔭、考城僞知縣范雋、夏邑僞知縣尙國俊並各僞契送南都。經邦以天暑病死，餘就誅。

明以忻城伯趙之龍總督京營戎政。

先是，崇禎帝特旨召對，之龍與撫寧侯朱國弼各賜御監馬百匹，命國弼督漕務，之龍守禦南京。〔考曰：本程正揆滄州紀事。〕故有是命。

明總督漕運巡撫鳳、淮路振飛罷，以田仰代之。

高傑之南也，馬士英欲倚爲重，遣迎之。振飛謂大將宜禦寇門庭，不得入內地，阻之不令前。傑遂取道鳳陽至揚州。士英之道淮入朝也，振飛禁舟兵不得上岸，又留其火器禦賊，士英滋不悅。初，撫寧侯朱國弼奉命督漕，聞賊勢急即離鎮，擅取淮安庫寄福建京餉十餘萬以行，振飛力爭，故國弼亦銜之。及士英當國，國弼亦進保國公，用事，遂共排振飛，起田仰代之。仰，劉孔昭之私人也。士英怒未已，更誣振飛侵餉。得旨提問，闔郡士民訟寃，得免。振飛亦旋以母喪去任焉。

明進靖南伯黃得功爲侯。

得功字浒山，〔考曰：一作字虎山。〕開原衞人，甲申三月以前事詳紀傳。

明進寧南伯左良玉爲侯。

良玉，字崑山，臨清人。由軍校積官至總兵，屢破賊，而驕蹇不奉法。所部多降將，亦不盡用良玉法。甲申三月以前事詳紀傳。京師陷，良玉縞素率諸將旦夕臨，諸將前請曰：「天下事皆當關我公，今南中立君，挾天子以坐詔，我輩宜乘其未定，引兵東下可也。」良玉拊膺而號曰：「不可，世守武昌，此非先帝之旨乎！先帝甫棄天下而我背之，是幸國家之變以自利也。南中立君，我自以西藩爲効，有過此一步者，良玉誓之以死。」盡出所藏金銀綵物凡二三萬，散之諸將，曰：「此皆先帝賜也，受國厚恩，禍變至此，良玉何必獨有之乎！」於是良玉哭，諸將噭然皆哭。副將馬士彥奮曰：「有不奉公令復言東下者，吾擊之。」以巨艦置砲斷江，衆乃定。既大封四鎭爲侯伯，推恩，進良玉爲侯，委以上流之任，詔書到而良玉賀表亦至。時李自成敗於關門，良玉以其間復荆州、德安、承天，詔以收復陵園爲良玉功，責所司補給十六年楚餉缺額四十萬，而何騰蛟爲楚撫，袁繼咸爲江督，騰蛟共良玉收拾武昌，同心固守。繼咸爲李邦華所推許，邦華死北都難，其客李猶龍又在良玉幕中，故兩人交最合。良玉兵無慮八十萬，號百萬，前五營爲親軍，後五營爲降軍，每春秋肄兵武昌諸山，以一山幟志爲一色。良玉建大將旗鼓於射堂，周麾一呼，旆而立者山谷爲滿。其閱軍法，兩人夾馬馳，曰過對，馬足動地，殷如雷聲，聞數十里。諸鎮兵惟高傑最强，不及良玉遠甚。然良玉自朱仙鎮之敗，親兵良將大半死，其後歸者多烏合，法令不復相攝。良玉亦老且病，無復中原意矣！

徐鼒曰：亡明之天下者，左良玉也。論者咎其瑪瑙山之養寇，朱仙鎮之喪師。夫瑪瑙山之養寇誠然，朱仙鎮之敗豈良玉所願出哉！迹其角逐二賊，遇獻忠則捷，遇自成則敗，豈其材力優於獻忠，而絀於自成歟？獻忠殘剝淫掠如餓豺狼，故良玉得乘其敝。自成之再出河南也，詭託仁義之師，號召飢民，爲所愚者，簞食壺漿之恐後。而良玉之標掠顧甚於賊，焉得而不敗哉！古名將之治軍也，取民家一笠者斬，豈有無制之師而可抗敵哉！吾故未遑責其養寇之不忠，而先責其爲將之不仁也！

明封高傑興平伯，劉澤清東平伯，劉良佐廣昌伯。

良佐，字明輔，大同左衞人。初與高傑同居李自成麾下，傑護內營，良佐護外營。傑降後，良佐亦歸朝。或曰：故淮督朱大典部將也。崇禎十年（一六三七），流賊羅汝才合其黨搖天動等衆二十餘萬，分屯柏鄉之練潭、石井，良佐同總兵牟文綬擊敗之。又屢敗革、左、袁時中，護祖陵有功。十五年（一六四二），同黃得功大敗張獻忠於潛山，嘗乘花馬陷陣，故亦號花馬劉云。時與傑、澤清並封爲伯，傑、澤清事已見前，澤清自云先帝已封伯而詔不達，故三人同日拜，澤清後獨進侯。〔考曰：南疆繹史劉澤清傳云：是冬進爵爲侯。〕

乙巳（十八日），明史可法陛辭。

可法陛辭，加太子太保、兵部尚書、武英殿大學士，命百官郊餞，給銀二十萬兩。可法請以總兵劉肇基、李棲鳳、于永綬、卜從善、金聲桓隨征，薦舉人李遴、主事何剛軍前監紀；從之。一應軍需，詔戶部卽給。可法既出，劉孔昭益無顧忌，高、張諸臣不能安其位矣。

徐鼒曰：特書何？惜之也。

明以大理寺丞祁彪佳爲右僉都御史，巡撫蘇、松。

先是北京之變，諸生檄討其搢紳授僞職者，姦人因之，焚劫以爲利，項煜、錢位坤、宋學顯、湯有慶四家蕩洗無遺。又焚時敏家，三代四棺俱毁。彪佳奏：「民情囂動，借名義憤，與其振之使懼，不如威之使服，國法誠申，人心自正。宜將從逆諸臣先行處分，使士庶無所藉口，則焚掠之徒可加等治。」許之。彪佳復榜諸衢曰：「叛逆不可名，忠義不可矜，毋借鋤逆報私怨，毋假勤王造禍亂。」未幾，嘉定華生家奴客句合他家奴及羣不逞近萬人，突起劫燬，各縛其主而杖之，踞坐索身券。彪佳捕斬數人，餘盡搒諸獄。令曰：「有原主來保者，得貰死。」於是諸奴搏顙行丐原主以免。募士爲蒼頭軍，親教戰。〔考曰：本毛奇齡西河全集祁忠敏傳。〕尋詔復設廠衞緝事官，彪佳上言：「洪武初，官民有犯，或收繫錦衣衞，當事者因非法凌虐，高皇帝乃於二十年焚其刑具，送四刑部，是祖制原無詔獄也。後以煅錬羅織爲事，雖朝廷爪牙，實權臣鷹狗，舉朝知其枉，而法司無敢雪，慘酷等於來、周，平反從無徐、杜，此詔獄之弊也。永樂間，設立東廠，始開告密，無籍兇徒投爲厮養，誣告遍及善良，赤手立致鉅萬，招承多出於拷掠，怨憤充塞於京畿，欲絕苞苴而苞苴彌甚，欲清姦宄而姦宄益多，此緝事之弊也。若夫刑不上大夫，祖宗忠厚立國之本，及逆瑾用事，始去衣受杖，刑章不歸司敗，撲責多及直臣，本無可殺之罪，乃加必死之刑，血濺玉階，肉飛金陛，班行削色，氣短神搖，即卹錄隨頒，已魂驚骨削矣。朝廷徒受愎諫之名，天下反歸忠直之譽，此廷杖之弊也。三者弊政，當永行禁革。」疏入，羣奄共撓之，大學士姜曰廣力爭，乃命五城御史察訪，不設緝事官。時高傑、劉澤清開藩江北，顧未嘗忘情江南也，憚彪佳威望，無一卒渡江者。傑駐瓜州，嘗以書剋期會於大觀樓，意彪佳文士畏縮，必不敢輕渡江。至期，風大作，彪佳掉小舟，從小吏數人，出沒波浪中，須臾泊岸，傑大駭異，撤兵衞下拜曰：「不意公之勇亦如是也！」彪佳披肝膈，勉以共獎王室，慷慨流涕，傑曰：「傑閱人多矣，如公者甘爲之死。公一日在吳，傑一日遵公約矣。」張筵歡飲而別。馬士英輩嫉彪佳甚，嗾私人朱統鑨劾之，御史張孫振希士英旨，亦劾彪佳，謂：「初沮登極者，立潞王也。」是年十一月，彪佳移疾去，吳民泣而送之，遂隱於雲門山。

明命參將王之綱迎母妃於河南郭家寨。

馬士英奏聖母流離，當急圖迎養。但以兵往，恐有阻滯，參將王之綱曾在河南招撫李際遇，得其歡心，宜密諭史可法遣之，遂命之綱迎母妃於郭家寨。

己酉（二十二日），我大清固山額眞譚泰等破闖賊於眞定，賊走平陽，遂走韓城。

賊走眞定，吳三桂導我固山額眞譚泰及遼撫黎玉田合兵追及之。自成屢敗而憤，勒精騎，依山爲陣，大呼曰：「今日決死鬬，不求人助，乃爲豪傑耳。」於是縱兵大戰，自辰至酉，互有殺傷。忽狂風東來，卷沙蔽日，賊營旌旗俱折，三桂射自成，中肩，遂狼狽遁入平陽。牛金星以自成之敗也，有他志，而李巖者，向固勸自成以不殺者也。其在京師，劉宗敏居田弘遇第，李巖居嘉定伯周奎府，宗敏日殺人，而巖於士大夫無所拷掠，又嘗以大義脫懿安后於厄，而俾之從容自死，軍中多稱之。宋獻策極與善，密說曰：「十八孩兒之讖，得毋爲公乎？」巖雖不敢應，然殊自喜。牛金星聞之，因側目。定州之敗，丁啓睿等誘執僞官送南都，傳言河南全境皆反正，自成大驚，與其下謀之，巖曰：「誠予臣以精卒二萬，馳至中州，郡縣必不敢動，卽動亦可得而收也。」金星勸從其請，旣而自成以爲疑，金星見其疑也，進曰：「河南天下形勝地，且巖故鄉，若以大兵與之，是假蛟龍以雲雨，必不制矣！」自成曰：「若何以勸我從之？」金星曰：「巖蓄叛志已久，臣始勸從之，以安其心耳。且巖與主上同姓，前聞宋軍師讖語，欣然有自負色；今河南反，彼不候軍令，不薦他將，而自請兵，目中已無主矣。國兵新敗，人心動搖，遂欲乘機竊柄以自王，是豈復可信乎！不如除之，無貽後患。」自成曰：「善。」明日，金星以自成命，盛爲具，與巖帳飲，伏壯士，幷其弟牟執而戮之。宋獻策聞二李之死也，扼腕憤歎。劉宗敏按劍切齒罵曰：「彼無寸箭功，敢殺兩大將，我當手劍斬之。」文武不和，軍士解體，自成遂不能復戰，而謀歸西安。時楡次、太谷、定襄諸郡聞自成敗，殺僞官拒守，自成攻屠之，徙三晉鄉紳富戶入關中，留降將陳永福與僞府尹韓文銓守太原，永福以射目不殺之故，與文銓効死守。自成身率大軍過河，駐韓城，爲策應。自成性好殺，初以李巖言，謬爲仁義，及巖死，兵又屢敗，輒復强很自用，住韓城二十五日，鞭撻縣官，斬斮掾吏，召里甲而刑劓之，韓人莫必其命。在道怒僞吏政尚書宋企郊私其親故，鎖其頸至西安，釋之，使視事如故。三晉士大夫皆迫劫以行，以故太常卿張第元爲僞兵政尚書，給事中耿始然爲僞刑政尚書。第元之從於韓城也，自成猝問之曰：「爾家在河北無恙乎？」第元倉卒不識忌諱，謾應曰：「人皆以其爲賊官相屠害。」自成大怒，立誅之。始然懼失自成指，於刑政所奏讞，輒當之以死，牛金星謂之曰：「君爲其職，奈何無所平反？」始然稍敢爭執，自成手其奏，怒不測，金星密以告，始然惶恐，夫婦皆自縊。鞏焴之爲僞禮政，自成命以更定威儀服式，不稱意，杖之幾斃。是年八月，自成新立其祖禰廟，將以己生日往祀，焴仿古法爲山龍袞衣，自成被之，忽寒栗，索火，左右爇炭於位，禮卒不成。怒焴曰：「若移兩山於肩以壓我！」將加僇，金星力救免。僞戶政侍郎李天篤初論戍，尋縊殺之，妻子財物皆賞軍。延安僞府尹賈我祺以贓穢死於市，僞直指伍中愷謫爲軍，僞牧令以下如鄜州牧袁某、三水令李三楚、朝邑令某並其教官某等皆以受賕用銅鑕斬。民盜一雞者死，惴惴焉莫敢犯法。自成又頗自文飾，呼其下，相曰平章，尚書曰樞密，自以不知書，命其下教之作字，又令講通鑑而聽之，輒用己意臧否。少時飢困，盜主人羝羊，鞭之見血，既得志，不修布衣之怨，秦人亦以此異之。其僭稱王也，大風霾。破京師後，種種怪異。既歸秦，怪風作於西安，麗譙、象魏俱敗，識者策其敗焉。

明鳳、淮巡撫路振飛擊降賊將董學禮，敗之。擒降賊官武愫，送南都。

僞制將軍董學禮襲據宿遷，適僞防禦使武愫至，學禮與僞漕儲方允昌、僞督餉白邦政置酒宴之。學禮遣兵衞送僞示至徐州，舉人閻爾梅碎牒大罵，愫下之獄。〔考曰：南疆繹史、福王紀略以誅呂弼周、擒武㦗爲一時事，誤也。誅呂弼周是四月十五日壬申事，武㦗之擒是五月二十五日事，南略記載分明。又南略載閻爾梅在獄賦詩云：「死國非輕死逆輕，鴻毛敢與泰山爭；楚襄未必無三戶，夏復由來起一成。日月有時經晦蝕，乾坤何日不皇明！寵新豈是承恩者，空自將身買賊名。」又南略云，五月二十三日，擒董學禮及從者十三人斬之，誤也。學禮後降大清，授一等子，官至湖廣提督，康熙五年死，見貳臣傳。」時振飛候代，命鹽城守備王某復宿遷，淮坊義士縛武㦗獻諸朝，振飛大享士於淮安府學中，敍有功文武八十餘人，與按臣王燮安席行酒，觀者鼓舞。史可法疏曰：「闖賊入關以後，僞官一到，爭思奉迎，督撫手握兵權，不能碎一僞牌，斬一僞使。淮安官民固守，牌到則碎之，使到則斬之，賊騎逼河上則邀擊敗之，賊將如董學禮、白邦政等俱躑躅而不敢前，義兵一二十萬，聲勢之壯，猶若長城，振將卒同仇之氣，堅民間死守之心，東南奠安，實賴此舉。伏乞優擢示勸，庶忠義之士感奮，而偷生苟免者知所愧恥矣。」

徐鼒曰：聞之汪有典曰：「武㦗有僕某率匡㦗以義，方㦗受賊僞職，索吉服出迎，僕大慟曰：「奴聞主憂臣辱，主辱臣死，此何時，不奔喪哭臨，而吉服事賊乎！」叩頭出血。㦗叱之去，僕曰：「李賊貪淫無道，上干天怒，下拂人情，吾不忍見主人之失身且罹禍也！」遂絕粒死。嗚呼！㦗固無足責矣，顧智何出其僕下哉！

庚戌（二十三日），明劉孔昭訐吏部尚書張慎言於朝。

孔昭故善阮大鋮，必欲起之，因詔內有逆案不得輕議之語，慎言持正不可奪，置酒酌諸勳臣，謀逐之，湯國祚、趙之龍皆諾。時慎言條議酌用北來諸臣之法，因薦原任督師大學士吳甡、吏部尚書鄭三俊。是日早朝畢，孔昭挈國祚、之龍呼九卿科道於廷，大罵慎言，謂：「排忽武臣，結黨行私，薦吳甡、鄭三俊，有悖成憲，眞奸臣也！」叱咤聲徹殿陛，愼言立班不辨。給事中羅萬象言：「愼言平生具在，安得指爲奸邪！」孔昭出袖中小刀逐愼言於班，曰：「殺此老奸！」愼言於叢人中展轉相避，班行大亂。太監韓贊周從殿上大聲叱之曰：「從古無此朝儀。」孔昭始約刀伏地痛哭，謂愼言舉用文臣不及武臣，囂爭不已。王曰：「文武宜和衷，何得偏競。」乃出，復具疏劾愼言推補倖濫，薦舉更爲可異，愼言原懷二心，告廟定策，阻難奸辨，不可不誅。愼言疏辨，因乞休。萬象言：「首膺封爵者四鎭也，新改京營，又加二鎭銜，何嘗不用武臣！年來封疆之法，先帝多寬武臣，武臣報先帝者安在！祖制以票擬歸閣臣，以參駁歸言官，不聞委勳臣以糾劾也。使勳臣得兼糾劾，文臣可勝逐哉！」御史王孫蕃亦疏言：「吏部職司用人，推官升官外別無職掌，奈何廷辱冢宰！」明日，大學士高弘圖疏言：「文武官各有職掌，卽文臣中各部不得侵；吏部之權用人，乃愼言事孔昭一手握定，非所私卽謂之奸，臣等皆屬贅員矣。薦甡票擬實出臣手，三俊五朝人望，臣終以爲不可不用，是臣罪不減愼言。竊念朝廷之尊，尊於李勉，天子之貴，貴以叔孫，臣忝輔弼，坐視宸陛幾若訟庭，愧死無地，乞賜罷斥。」姜曰廣亦引疾求去。王柔不能問，遣鴻臚慰留弘圖、曰廣、愼言而已。孔昭之怒愼言也，馬士英實陰嗾之，史可法聞之，嘆曰：「黨禍起矣！」因疏曰：「先帝用人原無成心，傅宗龍、孫傳廷起自纍囚，張鳳翔、袁繼咸、馬士英起自戍籍，當吳甡奉命南征，以候唐通兵不至，遲則過之所可原者，卽諸臣以爲不可，亦須平心入告，何至痛哭喧呼，滅絕法紀，使驕將悍卒聞之，不益輕朝廷長禍亂邪！昔主辱而臣死，今主亡而臣生，凡在臣工，誰能無罪。國難之作，勳臣之殉國者誰，文臣固多誤國，武臣豈盡矢忠。若各執成見，文武水火，國家朋黨之禍自此開，人才向用之途自此塞，臣不願諸臣存此見也！」

〔考曰：南略、南疆繹史載此疏互異，蓋皆就原疏刪節，今參訂之。〕

徐鼒曰：聞之顧炎武曰：愼言以統鈞大臣，孔昭廷辱之，無法紀也。無法紀，是無君父也。書曰訐者，明愼言之無罪也。愼言無罪而孔昭之罪著矣。

明以萬元吉爲太僕寺少卿，監江北軍。

初，高傑、黃得功、劉澤清爭揚州，旣傑卒駐揚，得功心薄之，以兵爭之，不勝。朝議以元吉能輯睦諸將，使監江北軍，元吉致書得功，期共勠力王室。得功報書，自明無他，欲聯絡各鎭，鼓勇殺賊。元吉錄囊傳示傑、澤清，始稍戢。元吉之陛辭也，疏言：「主術無過寬嚴，道在兼濟，官常無過任議，義貴相資。先皇帝初莅海宇，懲逆黨用事，斲削元氣，力行寬大，諸臣狃之，爭意見之玄黃，略綢繆之桑土；大患當前，束手無策。先帝震怒一時，宵壬遂乘間抵隙，中以用嚴之說，凡告密、廷杖、加派、抽鍊新法備行，使在朝者不暇救過，在野者無復聊生，然後號稱振作。乃中外不寧，國家多故，小人用嚴之效如是。先帝悔之，更崇寬大，悉反前規。諸臣復競賄賂，恣欺蒙，每趨愈下，再攖盛怒，誅殺方興，宗社繼沒。蓋諸臣之孽，每乘於先帝之寬，而先帝之嚴，亦每激於諸臣之玩，則以寬嚴之用偶偏也。昨歲孫傳庭擁兵關中，識者以爲不宜輕出，出則必敗，然已有逗撓議之者矣。賊旣渡河，臣卽與閣臣史可法、姜曰廣請撤關寧吳三桂，俾隨路迎擊，先帝召對，亦曾及此，然已有蹙地議之者矣。及賊勢薰灼，廷臣勸南遷，勸出儲監國南都，語不擇音，亦權宜應爾，然已有邪妄議之者矣。由後事而觀，咸追恨違者之誤國，設事幸不敗，必共服議者之守經。天下事無全害亦無全利，當局者，必怵無全利之害，誰敢違衆獨行，旁觀者，偏見無全害之利，必欲强人就我。年來督撫更置，專視苞苴，封疆功罪，悉從意見，禦寇實著，概乎未講，國事因之大壞，則以任議之途太畸也！」又言：「朝廷不當偏安，宜仍南京故名，示不忘恢復；而減錦衣旗尉，罷南北鎮撫，以杜告密。」又言：「賊今被創入秦，垂涎東南，轉盼秋深，出漢、商則徑抵襄城，出豫、宋則直窺江北，兩處兵民積怒深怨，民必爭迎賊以報兵，兵更退疑民而進畏賊，恐將士之在上游者卻而趨下，在北岸者急而渡南，金陵武備單弱，何以當此。臣入都將近十日，竊覘人情皆積薪厝火，安寢其上，舌戰徒紛，實備不謀，一旦有急，不識諸臣置陛下於何地，得毋令三桂等竊笑江左人物乎？從來戰勝首廟堂，在廷無公忠共濟之雅，未有能立功於外者。中外大小臣工宜洗前習，猛勵後圖，毋急不可居之功名，毋冒不可違之清議，捐去成心，收集人望，萃衆志以報大仇，集羣謀以制大勝，社稷身名並受其福矣！」元吉身在外而心於朝廷，前後論奏甚多，如請修建文實錄，復尊號，褒祀靖難時及近日北都四方殉難諸臣。又以前護軍四川，丁艱回籍，先後目擊訪問最眞者，陣亡之總兵猛如虎，調護秦兵之監軍副使曹心明，未蒙褒錄，薊遼舊督趙光抃，受事破軍之後身先被創，竟與誤國督師駢首西市，併乞昭雪。朝議多從之。

明設勇衞營，以太監李國輔監督。

徐鼒曰：特書何？譏任宦官也。

壬子（二十五日），明高傑兵猶在揚州，進士鄭元勳爲州人所殺。

傑頓兵揚州城下，巡撫黃家瑞不知所計，兵備道馬鳴騄帥士民晝夜堅守，元勳慮拒守而城未必全，親詣傑營遊說，傑大喜，置酒，酣飲達旦，厚金帛遺之，具陳定居維揚無他意，退兵五里外。會城中人殺其遊騎，傑怒，肆剽掠，元勳請迎原任薊督王永吉往解紛，傑以揚人先殺起釁爲詞，且言與撫臣約：「曲在兵，鎮斬之；曲在民，撫斬之。」永吉以聞於元勳。二十五日壬子，撫道登城議事，元勳語於衆曰：「高帥來，敕書召之也，彼手馬相國聘札以相示，〔考曰：應廷吉青燐屑云：先是士英用金幣往聘番山鷂，弘光帝手詔有將軍以身許國，帶礪共之等語。〕且言入城當鎮慰父老，一無動。苟如是，卽南京且聽之入，況揚州乎？如傑言先殺啓釁，誠當禁懲，否則禍且不測。」衆曰：「城下殺人如是，元勳不見邪？」元勳曰：「亦有楊誠狀賊者，豈盡由高鎮邪！」楊誠者，營將姓名也。誠標兵多不法，故元勳言及之。衆誤以爲揚城也，大呼曰：「元勳與高反，賣吾城！」捽其首而臠割之，其僕殷報亦以護主死焉。鳴騄走泰州，傑攻城益急，王命史可法往解之，傑素憚可法，趣其下宵取暴骨而埋之，入帳灑然變色，可法故示以坦易，偏裨而下召見慰勞，因責傑曰：「將軍之所以貴顯者，以有君命也，如不奉詔而妄冀非屬之地，則諸軍與揚州之民，皆得彎弓而射將軍矣！」傑色沮，然浸易可法，以元勳死無罪，請誅首惡，納其兵，不許，則止可法於其軍，屏其左右，易所親信者杖刀侍側，可法談笑不爲動，徐草奏以瓜州予傑，曰：「鎮臣在瓜，臣在揚，調停於兵民之間，釋其猜嫌，同歸於好。」又疏言：「高兵之南下也，初到不無騷擾，及鎮臣斬數十人以徇，地方官民可以諒矣。乃撫臣黃家瑞漫無主張，道臣馬鳴騄一味偏徇，聽百姓日守河邊草際，取零兵殺之，用是釁不可解。鄉紳鄭元勳親到高營，所以爲百姓，而百姓乘元勳一言之誤，殺之撫臣坐次，碎其身首，撫臣威令之謂何！罵兵殺兵以爲愛民，而不知適以害民，臣於二臣不能無憾，乞察首惡，一重創之，庶綱常不至盡壞。」王諭部院議處，而揚州士民詣闕保任撫道，王乃優詔恕之。時劉澤清亦大掠淮上，劉良佐至臨淮，士民張羽民等亦拒不納，可法以次按部，皆聽命，視傑加謹。可法遂開府揚州。

徐鼒曰：前書高傑寇揚州矣，此曰高傑兵猶在揚州者何？甚惡之詞也。弄兵戕民，旬月不解，蔑法怙亂，不臣之罪極矣。鄭元勳者既不能如墨翟之守宋，又不能如仲連之解紛，不自度量，妄干衆怒，遂以開門揖盜之疑，蹈從井救人之悔。孔子曰：「愚而好自用，賤而好自專，如此者，烖及其身者也。」其元勳之謂歟！

明論翊戴功，進勳臣、內官祿蔭。

進魏國公徐弘基左柱國，撫寧侯朱國弼、安遠侯柳祚昌、靈璧侯湯國祚、誠意伯劉孔昭、東寧伯焦夢熊、成安伯郭祚永各加二級，祿米五十石。太監韓贊周、盧九德世蔭錦衣衛指揮僉事。劉澤清蔭一子錦衣衛正千戶世襲，以史可法奏澤清先帝時已封伯爵也。國子監典籍李模疏曰：「今日諸臣能刻刻認先帝之罪臣，方能紀常勒卣，蔚爲陛下之功臣。日者廟廷之爭，幾成鬧市，傳聞遐邇，不免輕視朝廷。原擁立之事，皇上不以得位爲利，諸臣何敢以定策爲名。甚至侯伯之封，輕加鎮將。夫鎮將事先帝未收桑榆之效，事陛下未彰汗馬之績，按其實亦在戴罪之科，而予之定策勳，其何以安！倘謂勸進有章，足當夾輔，抑以勗勉敵愾，無嫌溢稱。然而名實之辨，何容輕假。夫建武之鄧禹，猶慙受任無功，唐肅宗之郭子儀，尚自詣闕請貶，願諸大臣倡率中外，力圖贖罪，必大慰先帝殉國之靈，庶堪膺陛下延世之賞。至於絲綸有體，勿因大僚而過繁，拜下宜嚴，勿因泰交而稍越，繁纓可惜，勿因近侍而稍寬，然後綱維不墮，而威福日隆也！」〔考曰：南疆繹史李模列傳云：封四鎮爲侯伯，模上言云云。按疏中廟堂之爭，幾成鬧市，是在孔昭廷訐愼言之後，當是此時上也。又繹史載疏文不全，茲從南略。〕疏入，報聞。模，字子木，吳縣人。天啓乙丑（一六二五）進士，初知東莞縣，有聲，入爲御史。以巡按眞定，劾分守中官，左遷，尋復爲河南道御史。馬、阮亂政，嘆曰：「事不可爲矣！」即請告還家，里居三十餘年而終。

徐鼒曰：特書何？譏爵賞之濫也。爵賞者，國之大柄也，爵必有德，賞必有功，則人競於道德功名之途，而苞苴交通之弊絕。韓昭侯之愛敝袴，豈無謂哉！有明南渡，貴倖在朝，悍將在外，始以爵賞爲羈縻，終以權勢相傾軋，紀綱既亡，宗社隨之，君子讀李模之疏，不能無憾於史可法也。

癸丑（二十六日），明召對大學士高弘圖、馬士英、姜曰廣於行宮。

王謂弘圖曰：「國家多故，倚賴良深，先生何言去也？朕於行政用人未習，卿等所言無有不從，勿疑有他！」弘圖曰：「冢臣張愼言清正有品，如推劉宗周、黃道周、吳甡，假先帝在，今亦必用之，北都失節之臣不可用，江南見存者，又不合勳臣意，將誰用乎？若武職則有兵部在，不可並責冢臣也。」弘圖又言近臣貪黷狀。王曰：「朕固聞之，諸臣通賄，出之袖中，誠可唾也！」時屢勤召對，先後無虛日，自高、姜去後，馬士英當國，王拱手聽之，不復預聞政事矣。

明遣史可法祭告祖陵。

可法祭畢，上疏曰：「臣伏見二陵松楸如故，佳氣鬱鬱，知萬年靈祚之方未艾也。惟是北顧神州，山河頓異;感痛塡膺,不能已已。連歲鳳、泗之間灾異迭見,天鼓一月數鳴,地且三震,以致今春羅茲大禍。先帝躬神明之質,敬天法祖,勤政愛民,一十七年有如一日,尙不免身殉社稷,抱恨千古,天命之難諶,而地靈之不足恃,於此可見。陛下踐祚之始,祇謁孝陵,哭泣盡哀,道路感動,若使躬謁二陵,親見鳳、泗境中萬井悲風,千里赤地,蒿萊極目,雞犬無聲,湯沐遺黎,死亡殆盡,其嗚咽悲憤,又不知何如也。伏願陛下堅此一心,愼終如始,察天人相與之故,考祖宗靈爽之依,處深宮廣廈則思東北諸陵魂魄之未安,享玉食大庖則思東北諸陵麥飯之無展,膺圖受籙則念先帝之臨淵集木何以忽遘危亡,早朝晏罷則念先帝之克勤克儉何以卒隳大業;戰兢惕厲,無敢刻忘,則二祖列宗在天之靈必爲請命上帝,默相陛下光復中興。若晏處東南,不思遠略,濫恩施,開告密,賢奸無辨,威斷不靈,老成激而投簪,豪傑因之裹足,竊恐祖宗怨恫,天命潛移,東南一隅猶未可晏然自保也!」王嘉答之。

徐鼒曰:時同命者,左良玉祭告顯陵也,何以不書?無足紀也。

乙卯(二十八日),明封吳三桂薊國公。

馬士英奏三桂敗賊,命封薊國公,世襲。刑部侍郎賀世壽因上疏曰:「今日更化善治,莫若肅紀綱而愼刑賞,如吳三桂奮勇殺賊,拜爵方無愧色;若夫口頭報國,豈其遂是干城;河上擁兵,曷不以之敵愾。恩數已盈,功名莫立,輕此名器矣。」疏入,報聞而已。〔考曰:鼒按南略載此疏不詳月日,據南都甲乙紀附於乙卯日,又疏中吳三桂云云,當因封三桂而上疏諷諸將也。又南略誤作賀世奇,茲從明季遺聞正。〕

明以陳子壯爲禮部尚書。

子壯，字集生，南海人。萬曆己未（一六一九）進士第三人，授翰林院編修，累官禮部侍郎。甲申三月前事詳紀傳。以禮部尚書召，至蕪湖而南都不守，乃馳歸。

六月丁巳朔，〔考曰：南疆繹史福王紀略作戊午朔，誤也。按曆法，是月乃丁巳朔。〕日有食之。

是月，淮城雨黃沙，大風蔽日，當塗有星隕清源門內劉姓家，隕火十餘處，照耀如白晝，異鳥來作恨聲，俗謂之恨虎。四川日月無光，赤如血，人仰視北斗，不復見。有大星出西方，芒燄閃爍不定。

明增淮、揚兵三萬。

允馬士英之請也。

明大學士高弘圖督漕江上。

弘圖請暫輟閣務，督漕江上，許之。

徐鼒曰：弘圖之請，蓋避士英也。何以書？內小人而外君子，消長之機也，故謹志之。

庚申（初四日），明頒河北、山東詔。

先是，我大清攝政王之入北京也，諭官民曰：「曩者我國欲爾大明和好，屢致書不答，以致四次深入，期爾悔悟耳。豈意堅執不從！今被流賊所滅，事屬既往，不必論也。且天下者，非一人之天下，有德者居之；軍民者，非一人之軍民，有德者主之。我今爲爾朝雪君父之仇，破釜沈舟，一賊不滅，誓不返轍。所過州縣地方，能削髮投順，開城投款，卽予爵祿；抗拒不遵，盡行屠戮。有志之士，正幹功立業之秋，如有失信，何以服天下乎！」馬士英以聞，曰：「北朝此論，是不知中國已有主矣，宜頒詔北行，以安中外臣民之心。」會濟寧都司李元和殺僞官劉濬、尹宗衡、張問行、傅龍等九人，因降賊原任兗西道副使王世英解南都，開封府推官陳潛夫、寨勇李遇知、劉洪起殺僞官南附，史可法亦乞選使臣齎監國卽位二詔，慰山東、河北軍民心，故有是命。

壬戌（初六日），明上崇禎帝后謚號。

帝謚曰紹天繹道剛明恪儉揆文奮武敦仁懋孝烈皇帝，廟號思宗。后謚曰孝節貞肅淵恭莊毅奉天靖聖烈皇后。大學士高弘圖所擬也。諭曰：「考據典則，備極徽隆，不必再改，卽頒詔行。」

徐鼒曰：旣曰不必再改矣，後復改之，何也？甚矣王之回惑於小人也！

明以杜弘域提督大教場，楊振宗鎭守安慶，趙光遠提督川、陝。

時光遠鎭守漢中，命未至，已降於賊。

癸亥（初七日），明馬士英薦逆案阮大鋮，命復冠帶陛見；大學士高弘圖、姜曰廣遂乞罷。

大鋮，懷寧人，萬曆丙辰（一六一六）進士。機敏猾賊，有才藻。天啓初，由行人擢給事中，以憂歸。御史左光斗讜直有聲，大鋮以同里故，倚以自重。四年春（一六二四），吏科都給事中缺，大鋮次當遷，光斗招之，而趙南星、高攀龍、楊漣等以察典近，大鋮輕躁不可任，欲用魏大中；大鋮至，使補工科，心憾之。陰結奄黨，寢推大中疏，吏部不得已，更上大鋮名，卽得請。大鋮自是附魏忠賢，與楊維垣、倪文煥、霍維華爲死友，造百官圖，因文煥以達忠賢。然畏東林攻己，不一月，遽告歸，大中遂掌吏科。大鋮憤甚，私語所親曰：「我猶善歸，未知左氏何如耳。」已而汪文言獄起，逮漣、光斗、大中等六人，又逮攀龍等七人，大鋮對客詡詡自矜。尋召爲太常少卿，即謹事忠賢而又慮禍，每入謁，輒厚賄閽者還其刺。居數月，復乞歸。忠賢誅，大鋮函兩疏馳示維垣，其一專劾崔、魏，其一以七年合算，謂天啓四年後亂政者忠賢而翼以呈秀；四年以前亂政者王安而翼以東林。傳語維垣，若時局大變，上劾崔、魏疏，脱未定，則上合算疏。會維垣方並指東林、崔、魏爲邪黨，與編修倪元璐相詆，得之大喜，爲投合算疏以自助，聞者切齒。崇禎元年（一六二八），起光祿卿，御史毛羽健劾其黨邪，罷去。明年，定逆案，論徒，贖爲民。流寇偪皖，大鋮避居南都，招納遊俠，談兵說劍，覬以邊才召。時金壇周鑣、無錫顧杲、長洲楊廷樞、貴池吳應箕、蕪湖沈士柱、宜興陳貞慧、餘姚黃宗羲、鄞縣萬泰等，皆復社中名宿，聚講南京。流賊擾江北，烽火及於瓜步，諸名士且疑大鋮爲內應，刊留都防亂公揭逐之，列名者百四十八人。大鋮獨身逃匿牛首之祖堂，使其腹心收買檄文，愈收而布愈廣。大鋮懼，始閉門謝客。大中之子學濂以蔭入南京國子監，出其訟父寃血書疏稿，與左、繆、周、顧、高、黃、李諸死奄難者之孤大會於桃葉渡，齊聲詈大鋮。〔考曰：本史外吳副榜傳。〕諸名士嘗飲酒高會，觀大鋮所撰燕子箋劇，大鋮使其家優闌入伶人別部中，竊聽諸名士口語，諸名士酒酣，輒戟手詈大鋮爲快，大鋮聞則嚼齶，槌牀大恨。〔考曰：本史外周禮部傳、黨禍紀略。〕歸德侯方域者，尚書恂之子也，負才氣，與貞慧、應箕善，亦以避亂寓秦淮，暱歌姬李香君，大鋮欲納交方域，介以求解於諸名士，方域未忍拒。李香君曰：「陳君有高義，吳君尤錚錚，公子奈何以阮公負至交乎！」方域乃絕之，大鋮愈猜愧。十六年（一六四三），左兵掠武昌東下，大鋮遂颺言方域與左有舊，且應之於內，方域遁而免。〔考曰：本吳副榜傳、侯方域壯悔堂文集。〕大鋮既見絕於諸名士，惟同年生馬士英以削職遣戍，流寓南都，與大鋮爲莫逆交。周延儒之再召也，次揚州，大鋮輦金爲壽，求湔濯。延儒曰：「吾此行，謬爲東林所推，子名在逆案，可乎？」大鋮沈吟久之曰：「瑤草何如？」瑤草，士英別字也。許之。士英因得起用。大鋮乃更與劉孔昭、太監韓贊周、李承芳暱，北京陷，中貴人悉南奔，因贊周得遍結驩。王之立也，初非諸大臣意，大鋮與羣奄私言東林當日之所以危貴妃、福王者，使備言於王以潛傾史可法等。羣奄極口譽大鋮才，士英又亟欲起用以酬之，乃特舉大鋮知兵，謂當赦其前罪，補臣部右侍郎。又言：「臣至浦口，與諸臣面商定策，大鋮從山中致書於臣及操江劉孔昭，戒以力掃邪謀，堅持倫序，臣甚韙之。」並白其附璫贊導無實跡，璫敗，按門籍，無大鋮名，可證也。士英卽自擬旨，暫予冠帶陛見。大鋮既入見，則上守江策，陳三要兩合十四隙疏，其言娓娓可聽。將退，士英奏曰：「大鋮名在丹書，非其罪也。」大鋮因奏寃陷狀，引大學士高弘圖爲證，以弘圖素不附東林，必不忌己也。弘圖曰：「大鋮頃陳兵事，臣不知兵，無所參駁，若其起用，關係非細。昔崔、魏亂政，風教墮地，先帝定逆案以遏羣邪，大鋮與焉。臣不知其果知兵與否，但以先帝明鑒，豈容擅改！卽如士英奏，乞下羣臣集議，則大鋮用亦光明。」士英憤然曰：「臣非徇私納賄，何不光明之有？」弘圖曰：「何必受賄，一付廷議，國人皆曰賢，用之可也。」出，卽具疏乞休。姜曰廣力爭，不得，亦乞休。疏曰：「臣前見文武紛競，旣慚無術調和，近見逆案掀翻，又愧無能豫寢。遂使先帝十七年之定力頓付逝波，陛下數日前之明詔竟同反汗。梓宮未冷，增龍馭之淒涼；制墨未乾，駴四方之觀聽。惜哉維新，遂有此舉，但恐忠臣裹足，志士灰心。臣遭遇聖明，備員政府，不能扶危持顛，有負生平。必待羣言交責，始求罷斥，良亦晚矣。夫祖宗會推之典，行之萬世者也，昨日大鉞之起，竟出內傳。夫斜封墨勅，種種覆轍，史册昭然。臣觀先帝之善政雖多，而以堅持逆案爲盛美，先帝之害政間有，而以頻出口宣爲亂階。用閣臣以內傳矣，用部臣、勳臣以內傳矣，用大將、用言官以內傳矣，而所得閣臣則淫貪巧猾之周延儒、逢君浚民姦險刻毒之溫體仁、楊嗣昌、偷生從賊之魏藻德也，所得部臣則陰邪貪狡之王永光、陳新甲，所得勳臣則力阻南遷盡撤守禦狂稚之李國楨也，所得大將則紈袴支離之王寵、倪僕輩，所得言官則貪橫無賴之史堃、陳啓新也。凡此皆力排衆議簡自中旨者也，乃其後效亦可覩矣。陛下亦知內傳之故乎？總緣鄙夫熱心仕進，一見擯於公論，遂乞哀於內廷。見其可憫之狀，聽其一面之辭，不能無動者，亦人情也。而外廷口談清議之人，亦有貪婪敗類之事，授之口實，得以反脣，而內廷攻之者，盡皆如此也。間有以事情密聞於上，及得上之意旨，則又轉而授之。于是別創新法，令之面試平臺，祇須一語投機也。夫立談取官，同登場之戲劇，下殿意得，類贏勝之販夫，天下事從此不可爲矣。臣昔痛心此弊，亦於講藝敷陳，未及暢語，至今隱恨。小人何知，求進而已，陰奪會推之柄，陽避中旨之名，此豈可爲訓哉！先帝一誤，皇上豈堪再誤！天威在上，密勿深嚴，臣安得事事爭之。但願陛下深宮有暇，溫習經書，取大學衍義、資治通鑑視之，周宣、漢光何以復還前烈，晉元、宋高何以終狃偏安，武侯之出師何惓惓以親君子遠小人爲說，李綱之禦敵何切切以信君子、勿問小人爲言，必能發聖心之天明，破邪說於先覺，然後國恥可得雪，中興可得期也。臣待罪綸扉，朝廷未肅，風俗未淳，兵民之危疑未解，江河之備禦全疏，半壁東南，有同幕燕，就死無地，終夜撫膺，而責臣者叢至矣。苟好盡言，終蹈不測之禍，聊取充位，又來鮮恥之譏，鬱鬱居此，臣今誠病，恐後日求病而死，亦不可得耳。陛下與其用臣之身，不若行臣之言。不行其言而但用其身，是猶獸畜之以供人刀俎也！」〔考曰：明史、南疆繹史姜曰廣傳、南略諸書載此疏詳略互異，蓋皆著錄時刪改，今參訂。〕疏入，王溫旨慰留。士英大慍，疏言「弘圖、曰廣、呂大器諸人護持局面，於所愛而登之天者，卽曰先皇帝原無成心也。於所忌而錮之淵者，卽曰先皇帝逆案不可翻也。其妄莫甚」。大鋮亦疏辨。〔考曰：疏曰：「臣於天啓甲子，見逆璫魏忠賢與外門戶諸人終擕始合，擅政弄權，時爲吏科都給事中，力請終養，以避其焰。後蒙起用，臣守官太常少卿，七十日卽乞差還山，竄跡窮山，不入城中。及忠賢擅竊威福，皆臣在山林息影惟恐不深時也。且當天啓年間，從無一官之躐，一字之諛，一椽之建。且點將錄內，勒入臣名於其中，冀殺臣後快。臣與崔、魏諸黨，不惟風馬牛不相及，且冰炭水火之不相容，亦既昭然矣。逆案寃及於臣者，蓋謂臣在科時，孫愼行以紅丸邪議，搖動皇祖母、皇考。是時旨下九卿科道會議，給事中魏大中上言，內有張差、崔文昇，所謂先帝之賊也，張差所由，誰不知鄭國泰所爲，宜究問主使。又有李可灼之藥，不合之崔文昇不備；崔文昇之逆，不溯之張差不明；鄭國泰、鄭養性，方從哲之罪，不參之三案不定。宜悉置諸人以應受之法，此皆大中大逆不道，血口汚天語也。臣與同官正色斥之，且語曰：三朝仁孝無間，凡爲臣子處此，安得以無根之言挑釁骨肉。故堅持不出議單，今三朝要典具在，可覆按。而同鄉左光斗迫臣出議甚力，臣不之應，從此大中與中之黨恨臣入骨。適臣俸在彼前，思奪臣首垣，百計排沮，臣浩然致歸，黨怒不釋。臣與相國馮銓有文字交，歸過涿州，一晤卽行，而大中門客汪文言遂誣臣與銓以叩馬獻策。夫臣與銓在涿州，忠賢在深宮近侍，其馬安得而叩之？況相國今合家殉難而死，生平忠佞，定於蓋棺矣。後大中以巧救姦人汪文言，疏糾忠賢，爲忠賢所仇，被逮以死。記光斗、大中死於乙丑之秋，而乙丑之秋正臣躬耕山居之日，里中衿紳父老可問也，又安得一身以贊導邪！至臣七年合算一疏，極論倡紅丸之孫愼行，爲時所嫉，此乃忠賢典刑以後所條上者，曾有半字爲彼逆惡解嘲者邪！且當時倡造逆案之侯恂，今公然從賊，爲工部侍郎矣；主造逆案之輔臣韓爌，今公然開門迎賊，賊以安車迎入長安矣；所云報復臣有疏者，卽今受賊僞戶部司務之魏學濂也。而門戶諸臣，乃欲以受賊僞命，亂臣賊子之仇口爲臣孤臣孽子之定案，豈尚有人心者乎！今諸臣抵死攻迫，臣安得不一直陳當日之情事，以上告君父，下告天下萬世哉！」鼒按此疏及顧炎武駁語並見聖安本紀，今備載之，見佞人文過之巧如此。」是時士英必欲起大鋮，而羣議持之急，又弘圖、曰廣未去位，故起用中旨遲回月餘而後行，然自是朝端益水火矣。

徐鼒曰：先書薦逆案阮大鋮，而繼之以高、姜乞罷何？見君子小人消長之機之間不容髮也。夫大鋮之阿附逆閹，畏東林之攻而引身屢去，蓋非無忌憚之心矣。溷跡聲伎，已無聊賴，而諸君子必欲竆筆舌之鋒，錮之逋亡之藪，孔子曰：「人而不仁，疾之已甚，亂也。」然則起用大鋮者，何以爲罪魁也？曰：方防亂公揭未出之先，彼其求解公論，自詡邊才，不過欲遂其富貴功名之願，非必有倒行逆施之心也，暨乎怨毒已深，强很自用，彼之欲伺隙而寢處我者，豈復可爲調停之說哉！蓋清議亟而縉紳之禍延，亦逆案翻而南都之亡決矣。

明戶科給事中羅萬象疏劾阮大鋮。

萬象疏言：「輔臣薦用大鋮，或以愧世無知兵者，然大鋮實未知兵，恐燕子箋、春燈謎卽枕上之陰符，而袖中之『黃石』也。伏望許其陛見，以成輔臣吐握之意，禁其復用，以杜邪人覬覦之端。」

徐鼒曰：諸臣先後上疏，不更別白何？以事類書，且明公惡也。自羅萬象以下備書官何？嘉之也。何嘉乎爾？諸君子侃侃持論，蓋合乎是非之公矣。

明應天府丞兼御史郭維經疏劾阮大鋮。

維經疏言：「逆案成先帝之手，今實錄將修，若不書此案，則赫赫英靈，恐有餘恫，非陛下所以待先帝；書之而與起用大鋮對照，則顯顯今古，未免少愆，並非輔臣所以愛陛下也。惟願陛下愛祖宗之法，並愛先帝之絲綸。」既而史可法進調停之說，謂前監國詔有逆案不許起用一則，臣爲删去，後來何故復入，此示人以隘。維經駁之以爲失言。士英、大鋮深嫉之。

明兵部職方司郎中尹民興疏劾阮大鋮。

民興，字宣子，平陽人。崇禎中，由進士歷擢本司郎中。周延儒之督師也，民興從軍贊畫，延儒被譴，民興亦下吏除名，久之始釋。南都立，起故官，疏言：「熹廟時，崔、魏煽逆，士大夫喪恥忘君，幾成苞孽之固，遂至先帝末載，天子下席，諸臣或匍伏而拜爵，或獻策以梯榮，皆忠孝不明之流禍也。聲罪討逆，司馬職也。今抗顏堂上者，一逆案之阮大鋮，即行檄四方，何以消跋扈將軍之氛！古者破格求才，惟曰使貪使詐，不曰使逆；逆案可翻，則崔、魏亦可卹，周鍾諸逆皆可使才宥過矣。」未幾，謝病歸。

明御史左光先疏劾阮大鋮。

光先，光斗弟也；崇禎時，以御史巡按浙江，與平許都之亂。疏言：「阮大鋮線索逆黨，殺臣兄光斗及魏大中、楊漣。士英云，冒罪特舉，明知無復有罪之者矣。皇上不改先帝之政，臣忍忘不共之仇邪？」旣而許都餘黨復亂，大鋮黨乃以光先激變，逮問，光先閒行走徽嶺，緹騎索不得，乃止。

明太僕寺少卿萬元吉疏劾阮大鋮。

明御史王孫蕃疏劾阮大鋮。

明御史陳良弼疏劾阮大鋮。

明兵科給事中陳子龍疏劾阮大鋮。

明錦衣衞指揮懷遠侯常延齡疏劾阮大鋮。

延齡，字喬石，開平王遇春之十二世孫也。崇禎中，疏陳時政，凡十二上；崇禎帝嘉納之。熊、姜獄起，抗章請釋二臣罪，又致書周延儒，以文彥博救唐介故事相激勸，朝論韙之。至是，與廷臣交章劾大鋮，不報，遂挂冠去。南都亡，與妻氏徐，魏國公女，偕隱金陵，種菜爲生。歿後，友人醵金葬之雨花臺側。〔考曰：本南疆繹史摭遺勛戚世祿諸列傳、錢秉鐙田間集、厲鶚樊榭山房續集開平王孫種菜歌。〕

徐鼒曰：諸臣劾阮大鋮，終之以懷遠侯何？喜勳臣之有人也。前明開國功臣，徐、常並著，中山福履延奕世，而開平後嗣式微，論者傷之。予讀吳興楊氏書，而知開平後裔之大有人也。延齡事載明史，足辨南疆繹史迎降之誣。又有常元亮者，亦開平王孫，與東甌王十三世孫湯南金爲詩友。南金於崇禎時官錦衣衞指揮，南都立，馬、阮亂政，乞放歸。桂王之入緬甸也，斷粒卒。南金旣卒之明年，元亮訣妻子，告墳墓，將航海說鄭成功大舉，之澉浦，之乍浦，之舟山，覓渡不得，遂發憤蹈海死。吁，其事有足悲矣！附志之。

明給事中李清疏請追議開國以來諸臣謚。

清，字映碧，揚州興化人；大學士春芳五世孫，禮部尚書思誠之孫也。以崇禎辛未（一六三一）進士，授寧波推官，擢刑科給事中，請宥李善長十世孫世選假敕之獄〔考曰：南疆繹史勘本曰：世選爲韓國善長十世孫，洪武時駙馬都尉祺坐父罪死，其子盛慶，卽臨安公主出，貶績溪爲民。主號泣上前，上手賜龍封，許二百十六年執此見主，復故爵。世選於崇禎初，具奏呈驗，而敕中譌「祺」爲「棋」，以胡惟庸爲容，善長死年且不符，讞獄者乃援妄假敕書律論辟。司寇鄭三俊批其牘曰：若善長之功，雖百世宥之可也。淸善其言，力請釋之。然世選已長繫十年矣。所呈龍封紙墨鈐印，嚴重久遠，實非外間倉卒所能辨，是豈高皇故爲斯誤以塞主請而開後世疑案邪？〕遷工科，出使淮南，會北都陷，復命南都，進本科都給事中。上言：「陛下自中州播遷後，櫛風沐雨，備極辛苦，漢光武之不忘麥飯豆粥，唐太宗之不忘質衣僦舍，皆從安樂憶艱難以勵儉也。陛下亦宜持此自勵，則安不忘危，侈源塞矣，否則奢用必至多藏，多藏必至厚斂，厚斂必至繁刑，恐全盛之天下膏血亦殫，況今日乎！乞申飭內外，廢無用之金玉，罷不時之傳奉；勿謂奢小而爲之，勿謂儉小而不爲，則宗社幸甚，臣民幸甚！」又言：「當今各鎮自爲守土計，增設兵馬，需求器械，曾不念司農之艱，各監局爲御用計，增索金錢，務求華靡，曾不顧司空之匱。且昔以天下供天下不足，今以一隅供天下有餘乎！乞敕各部察見徵之數，通行會計，量入爲出。」皆報聞。又請裁宮中獸炭，歲省費一千八百餘金。嘗陳內治之說，引規時事，言「子胥之揣句踐曰：『爲人能辛苦。』何謂辛苦？毋荒於燕觴，毋荒於瓊宮、瑤臺、南金、和賓是也。」是時廟堂修文法，飾太平，無復報讐討賊之志，而清於其間，亦請追謚開國名臣、靖難死節、武、熹兩朝忠諫諸臣，加成祖朝奸諛大臣胡廣、陳瑛等惡謚，更請追封馮勝、傅友德爲王，賜之謚，皆議行。懿文太子時已尊爲孝康皇帝，清請與興獻並祀別廟，奉孝宗爲不祧之宗。不見聽。北都之陷，鎮遠侯顧肇迹等十五人爲賊所殺，勳臣朱國弼等請如殉難贈廕廟祭。清言：「肇迹等或禁或拷，斗膏賊刃，非死難也。同時文臣邱瑜、方岳貢何嘗不以拷禁死，而褒譏相半，祠祭猶懸，何獨文武異施乃已！」明年，二月，進大理寺卿，又請更思宗廟號，修實錄，及惠宗實錄；並允之。四月，遣祭南嶽。南都亡，歸隱於家，以著述自娛，閱四十年乃卒。清在省號爲清正，然所爭皆細事，無裨國計，議者亦以此惜之焉。

徐鼒曰：昔陽城爲諫議大夫，七年不言朝政，及罷陸贄，相裴延齡，則伏閣極諫。是時逆案翻覆，老成屏棄，其於安危存亡之故，較之贄、延齡之進退，蓋十倍焉，清胡默無一言，而泄泄然不急之務哉！鄞縣全祖望謂清所著三垣筆記，語最和平，宅心仁恕，當時多氣節士，雖於清議有功，然亦多激成小人之禍，使皆得如清者，則黨禍自消矣。此蓋有爲言之，而未識清之本末也。清之祖禮部尙書思誠，始媚稅監高寀，復翰林原官，又以「純忠體國，大業匡時」之語，疏頌魏忠賢，定入逆案，清嘗辨其冤，部議逾月始允。〔考曰：本聖安本紀注〕然則逆案者，清之所心痛而不忍言者也，諒其心，固不必苛其言哉！

甲子（初八日），獻賊陷明涪州。

賊徒健鬬者十餘萬，負載者倍之，置橫陣四十里，左步右騎，翼舟而上，犯涪州。陳士奇之在重慶也，命其將趙榮貴扼梁山陸道，守道劉鱗長與參將曾英守涪以扼江。賊至，榮貴望風遁，英戰而敗，退至五里望江關，賊追及，砍傷其頰，英手殺數人，跳而免，與鱗長走川南，賊遂陷涪州。〔考曰：聖安本紀云，已巳陷涪州。綏寇紀略、蜀碧則云六月八日。〕

明命潞王常淓居杭州。

是時諸王播遷，命惠王居肇慶，德安王居廣陵，崇王二子寓台、處二府。吉王歿於淮安舟中，命於安吉孝豐卜葬。七月壬辰，又命惠、桂二王駐廣西；魯、潞、周、崇四王駐浙東。

徐鼒曰：特書何？爲杭州失守張本也。

明起戍籍錢謙益爲禮部尚書，協理詹事府事。

謙益，常熟人，以萬曆庚戌（一六一〇）一甲進士，授翰林院編修。天啓元年（一六二一），主試浙江，閹黨作東林黨人同志錄，列謙益名。〔考曰：南略載點將錄云：天罡星托塔天王李三才、及時雨葉向高、天巧星浪子錢謙益、聖手書生文震孟、白面郎君鄭鄤、霹靂火惠世揚、鼓上阜汪文言、大刀楊漣、智多星繆昌期等共三十六人，地煞星神機軍師顧大章、靑面獸左光斗、金眼彪魏大中、旱地忽律游士任等共七十二人。鼒按某氏遺愁集所載與此小異，蓋當時外間傳鈔，增減刪改，不能無異。遣愁集云：王紹徽爲魏忠賢乾兒，官至吏部尚書，進退一人必稟命於忠賢，時稱王媳婦。嘗造點將錄，傾害東林，忠賢閱其書，歎曰：「王尚書嫵媚如閨人，筆挾風霜乃爾，眞吾家之珍也。」愈親愛之。其稱東林，開山元帥托塔天王南戶部尚書李三才、總兵都頭領天魁星呼保義大學士葉向高，天罡星玉麒麟吏部尚書趙南星，掌管機密軍師天機星智多星右諭德繆昌期、天閒星入雲龍左都御史高攀龍，協同參贊軍務頭領地魁星神機軍師禮部員外顧大章、掌管錢糧頭領天富星撲天鵰禮部主事賀烺、地狗星金毛犬尙寶司少卿黃正賓、正先鋒天殺星黑旋風吏科都給事中魏大中、左右先鋒地飛星八臂哪吒吏部郎中鄒維璉、地走星飛天大聖浙江道御史房可壯、五虎將天勇星大刀手左副都御史楊漣、天勇星豹子頭左僉都御史左光斗、天猛星霹靂火大理寺少卿惠世揚、天威星雙鞭手浙江道御史袁化中、天立星雙槍將太僕寺少卿周朝瑞。所列李應昇、蔣允儀、解學龍、吳爾成、孫愼行、陳于廷、錢謙益、文震孟、方震孺、徐憲卿、鄭三俊、毛士龍、夏嘉遇、周順昌、何士晉、趙時用等，皆南直人也。一時更有東林朋黨錄、東林同志錄、天鑒錄、東林籍貫諸種。又御史盧承欽疏，歷舉東林，亦有副帥、前鋒、敢死軍人、土木魔神諸目，見三朝野紀，皆以爲王紹徽撰，惟南略則云阮大鋮撰。」又作點將錄云：「天巧星浪子錢謙益。」尋爲御史陳以瑞所劾，罷歸。崇禎元年（一六二八），起故官，不數月，擢詹事禮部侍郎。會推閣臣，謙益慮禮部尙書溫體仁、侍郎周延儒並推則名出己上，屬門人給事中瞿式耜言於主推者，擯體仁、延儒，以成基命及謙益等十一人列上。先是，謙益主試浙江時，所取士錢千秋，首場文以俚語「一朝平步上青天」句分置七義結尾，爲給事中顧其仁舉發，謙益先知，即具疏劾奸人金保元、徐時敏僞作關節撞騙，下刑部鞫訊，時敏、保元皆遣戍，千秋亦論遣，謙益奪俸。至是，體仁追論謙益賄賣關節，不當預選。崇禎帝乃御文華殿召對諸臣。輔臣錢龍錫頗右謙益，崇禎帝命禮部進千秋卷，閱竟，責謙益，謙益引罪，遂褫職，下法司議，以謙益自發在前，不宜坐。體仁復言獄詞出謙益手，詔下九卿科道再勘，乃坐杖論贖，千秋荷校死。十年（一六三七）正月，常熟人陳履謙以爭產事，浼謙益、式耜關說，不得，嗾其黨張漢儒訐二臣貪肆不法，體仁擬旨逮問。巡撫張國維、巡按路振飛交章白其寃。

謙益嘗爲太監王安作碑文，爲司禮曹化淳所知，獄急，求救於化淳，履謙、漢儒偵知之，乃爲「款曹和溫」之詞，颺言之。款曹者，謂化淳出王安門，宜款之；和溫者，謂與體仁有隙，宜和之。體仁密以聞，請並坐化淳罪。化淳懼，自請案治，得履謙奸狀，並體仁密謀，履謙、漢儒刑斃，獄乃解。謙益既削籍歸，益放蕩聲色，吳中名妓柳如是者，年二十餘矣，言於人曰：「吾非才如錢學士者不嫁。」謙益聞之，曰：「天下有憐才如此女子者乎！」於茸城舟中與柳冠帶合巹，備花燭儀，賦催妝詩八首，雲間縉紳大譁，滿船載瓦礫歸，謙益怡然自得也。歸築絳雲樓以處之，稱爲繼室，號河東君。柳頗涉文史，常衣儒服，飄巾大袖，出與四方賓客談論，故謙益又號爲柳儒士。〔考曰：本沈虬河東君記。〕方崇禎帝凶問至南都，謙益與柳冠插雉羽，戎服佩刀，跨馬入國門，如梨園所演明妃出塞狀，觀者大駭。〔考曰：本夏完淳續幸存錄。〕已而諸臣議立君，謙益推戴潞王常淓，與馬士英不合。王既立，謙益懼得罪，更疏頌士英功，士英乃引謙益爲禮部尚書。謙益復力薦阮大鋮，命柳奉觴上壽，〔考曰：高安朱芷汀題袁翼邃懷堂集王義士柳枝詞後云：「才人末路腸偏熱，倩女歡場酒最腥；博得金冠珠一頂，佃夫座上醉初醒。」注：才人謂謙益；倩女，謂柳；佃夫，謂大鋮。大鋮據要津，謙益以妾柳氏出爲奉酒，大鋮贈珠冠一頂，謙益命柳謝，移座近之。又王義士名澐，陳子龍弟子，子龍死，澐收葬之，故稱義士。〕而大鋮憾不釋，妖僧大悲之獄，幾不免焉。南都亡，謙益降於大清，越十年，死於家。其族人御史錢朝鼎，先以危事賂謙益求援，謙益死，乃詬遣於柳，柳盡出其貲，猶不已，乃投繯死焉。〔考曰：本沈虬河東君記、錢孺飴錢氏家變錄。鼒按家變錄不言受朝鼎賂，諱之也，然所載虞山令瞿四達公揭云：朝鼎居官狼藉，登白簡，浼錢夫子挽救，得豁重罪，乃反誣以受賂，朝暮逼索云云。又載嚴武伯致錢求赤書云：仁兄此揭，不過爲索逋而起云云，脫非謙益受賂，亦安有此索逋之説哉！」

臣鼒曰：謙益負文章重望，羽翼東林，主持壇坫，百年後文人猶豔稱之。論者徒誚其不死國難，而餘事無述焉。而不知其名辱身危者非一日之積矣。獻臺之媚，瓦礫盈舟；同乘之羞，招摇過市；身死未寒，破巢毁卵。夫豈無罪而獲斯報於宗族鄉黨也！純廟之論曰：「謙益一有才無行之人。」眞萬世斧鉞之公哉！

丙寅（初十日），明吏部尚書張愼言致仕。

愼言連疏求去，且云：「臣按河南，以劾布政馮明盛倡逃，爲其子馮銓所中傷，遣戍肅州，嗣先帝擢刑部侍郎，讞獄不當，閒住十餘年，今待罪銓曹二十日，又爲孔昭所指，止有一去而已。僞官至陽城，臣子履旋投崖死，國難家變，慟無生理，臣當與緇黄爲伍矣。」旣得請，賚銀幣，給應得誥命恩蔭，愼言力辭，其表云：「先帝山陵未卜，而臣之祖父先受綸綍；青宫皇子安在，而臣之子孫妄叨恩蔭！況風塵不定，逐虎驅狼。回首長安諸陵，松楸麥稷，諸臣何以爲心，而侈口言功乎！」愼言流寓寧國，孤孫間關來侍，愼言曰：「祖孫相聚足矣。」國亡後，鬱鬱疽發背，戒勿藥卒。

徐鼒曰：是時工部尚書程註亦致仕矣，茲獨書之何？嘉之亦惜之也。何嘉乎爾？嘉其潔身也。何惜乎爾？惜其去國也。

明禮部請册立皇后，不許。

詔以列聖先帝之讐未報，不許。

徐鼒曰：曰不許何？春秋之法，賊不討不書即位，特書以嘉之。

明以游擊吳志葵爲總兵，鎭守吳淞。

先是，江北諸鎭兵不戢，眈眈思渡，志葵以游擊隨撫臣鄭瑄鎭京口，悉心守禦，江上以安，故有是命。

明劉澤清疏訐吏部左侍郎呂大器，又疏薦張捷等。

澤清疏攻大器，謂其前巡撫甘肅時殺總兵柴時華爲掀私忿，官吏部時起王重掌選司爲受賄，比周鑣、雷縯祚爲心懷異圖。又薦張捷、鄒之麟、張孫振、劉光斗及在逃督撫之王永吉、郭景昌。時士英欲起張捷，而大鋮素恨縯祚，故嗾澤清爲之。〔考曰：鼒按福王紀略載澤清此疏於十三日己巳，南略載此疏於十八日甲戌，而明史、南疆繹史呂大器傳云澤清疏劾大器遂乞休去。諸書俱云十七日癸酉呂大器致仕，則澤清此疏在癸酉前明矣。當從福王紀略爲正。〕

徐鼒曰：特書何？罪澤清之罔上無等也。聞之顧炎武曰：武弁而操大臣之短長，閫外而預廟堂之黜陟，上下易位，冠履倒置，至此極矣。

明命太監王肇基督催閩、浙金花銀。

肇基，卽王坤也。崇禎時，嘗肆惡淮、揚，戶科羅萬象具疏論之，高弘圖以方爭阮大鋮，不便執奏，請身往督催，因過肇基言之，肇基悟，上疏辭止。

明太監谷國珍自增敕書字於御前。

國珍，鳳陽守陵太監也，請敕書，內閣撰文進呈，國珍於御前自增「照總督行事」五字，尋奏請監司、總兵以下行屬禮。

徐鼒曰：事可駁矣，然當日亘瑠之橫，類此可駁者多矣，君莫之問，臣莫之爭，多則莫之駁矣。莫之駁則何以書，駁其莫之駁也。

癸酉（十七日），明大理丞詹兆恆進欽定逆案，馬士英亦於是日進三朝要典。

兆恆，字月如，江西永豐人，崇禎辛未（一六三一）進士，由知縣徵授南京御史，屢陳時事。南都立，疏言：「目前大計，兵餉爲急，今北漕已漸入南，而停泊江、淮者尚衆，運弁旗甲折乾盜賣，宜申敕計臣，在淮者令督臣路振飛督之，在京口者令漕臣白抱一督之，星夜銜尾入南，立運登庾，無露泊江干以資盜糧。」從之。未幾，擢大理寺丞。阮大鋮之冠帶入見也，兆恆疏言：「自崔、魏煽禍，毒危宗社，幸先帝入繼大統，芟除內難，慮奸人凶黨，窺伺生心，於是欽定逆案頒行天下，以首惡正兩觀之誅，黨從列春秋之案，凜如也。然御極十有七年，此輩日夜合謀，思然溺灰，幸先帝神明內斷，堅持不移。夫黨人巧爲蒙蔽，妄謂憐才，賊亂之才適足以敗國。陛下蹕駐龍江，痛心先帝，與諸臣抱頭痛哭，百姓莫不洒血搥胸，願思一報。近聞燕、齊之間士紳皆白衣冠，籲先帝而呼天，驅殺僞官，各守關隘。此誠先帝德澤在人，有以激發其忠義耳。今梓宮夜雨，一坏未乾；太子諸王，六尺安在！國仇未報，悲痛常在聖心，而忽召見大鋮，還以冠帶，使屢年欽案遽同糞土，豈不上傷在天之靈，下短忠義之氣哉！陛下試取書觀之，應亦悔左右之誤國矣。」〔考曰：諸書載此疏詳略互異，今據南略及詹大理傳訂補。〕疏入，命取逆案進覽，兆恆即呈進，而士英亦於是日進三朝要典，大鋮卒起用。蝗蝻錄之作也，兆恆與焉。九月，以大理寺少卿奉命祭告。事竣，遂引疾歸里。

徐鼒曰：並書之何？罪士英之無君也。自來小人欺君罔上，不過上下手於賢奸疑似之間，其昭然冊書者，雖巨奸大憝亦不敢置喙也。逆案定於思宗，要典成於逆閹，此天下臣民所共昭者，士英即欲背清議，亦胡爲抗王章哉！傳曰：有無君之心而後動於惡也。

明吏部署部事左侍郎呂大器罷。

大器，字儼若，四川遂寧人。崇禎戊辰進士，歷官南京兵部右侍郎兼禮部事。北都陷，南中議立君，大器主錢謙益、雷縯祚言，立潞王常淓，議未定，而馬士英及諸將擁福王至。王旣立，遷大器吏部左侍郎。張愼言之起王重也，李沾遷怒於大器，上勳臣憤激有因疏云：「當馬士英手札迎立皇上，黎明集議，大器綰禮、兵二部，紆回不前，劉孔昭怒形於色，臣等面折大器，因得俯首就列，清晨迎駕，大器又欲停留，文臣啓事屢登，武臣封爵未定，所以有殿上之爭也。」王曰：「朕遭時不造，痛深君父，何心大寶，當日効忠定策諸臣，朕已鑒知，餘不必深求。」大器遂乞罷，不許。旣士英與孔昭比，欲盡起逆案諸人，大器知必不爲時所容，乃倡言以攻士英，疏曰：「近年溫、周擅權，老成凋謝，奸庸僨事，中原陸沈。皇上中興，一時雲蒸蔚起，不意馬士英濁亂紀綱，顚倒邪正。士英非以賄敗遣戍，借名知兵而爲鳳督者哉！重兵入朝，靦顏政府，南國從來藹藹，一經唆撥，而殿陛喑啞叱咤者，藐至尊爲贅旒矣。逆案一書，先帝手定，而士英悍然不顧，目無先帝，何論陛下。且士英有何勞績，倏而尙書宮保，倏而金吾世廕，其子以銅臭列銜都督，女弟之夫未履行陣，冒授總戎。若越其杰、田仰、楊文驄等皆先朝罪人，盡登膴仕，名器僭越，莫此爲甚。總之，吳甡、鄭三俊，臣不謂無一事之失，而端方亮直，終爲海內正人之歸；士英、大鋮，臣不謂無一技之長，而奸回邪慝，終爲宗社無窮之禍。」〔考曰：明史南疆繹史本傳、南略、聖安本紀載此疏詳略互異，今參訂。〕疏入，王勖以和衷體國。會劉澤清又劾其心懷異圖，遂致仕去。大器慮有後禍，以手書監國告廟文送內閣，明無他意，而士英憾未釋，嗾李沾復劾之，遂削籍逮治，以蜀地盡失，無可蹤跡而止。

徐鼒曰：大器蓋機權幹略，有用之才也，使盡所展布，未必無救於時，乃以定策二心，爲羣邪所齮齕，狼狽去國，爲可憾也。考士英、澤清諸人無足責，吾獨惜夫大器者，挾趨避之術以事君，而不克爲純臣也。

明兵科給事中陳子龍疏請募練水師。

子龍時以原官召，疏言：「寇破恆、代，漸逼京師，臣妄意聯絡海舟，可資應援，因與長樂知縣夏允彝、中書舍人宋徵璧等捐貲召募。神京淪陷，先帝升遐，飲血崩心，呼號無地！伏思君父之仇不可不報，中原之地不可不復，然必保固江、淮以爲中興之根本。守江之策，莫急水師，海舟之議，更不容緩。幸松江知府陳亨志切同袍，氣雄擊楫，多方措置，以求成旅，適史可法、萬元吉手書以江上守禦方殷，望此一軍共爲犄角，不妨動支正供，以俟銷算。臣等推職方司主事何剛忠勇性成，清介絕俗，專司募練，而佐以山陰知縣錢世貴、舉人徐孚遠、李素、廩生張密，已買沙船二十五隻，募材官水卒一千餘名，其制造器甲，修船練藥，則中書舍人董庭、都司李時舉、生員唐俟等分理，一月之內，可以就緒。夫千人在長江，如雙鳧乘雁，不足爲重輕。然使江南諸郡各爲門戶之計，則萬人亦不難致。臣等亦聊盡精衞之心，倡怒蛙之氣而已。」〔考曰：大事記云：子龍六月十八日疏。〕疏入，從之。又疏言：「自古中興之主，如少康、周宣皆躬親武事，漢之光武、唐之肅宗莫不身先士卒，故能光復舊物，從未有身居法宮，履安處順，而可以戡定禍亂者。臣瞻拜孝陵，依依北望，不知十二陵尙能無恙否？先帝先后之梓宮何在？與言及此，陛下當嘗膽臥薪，宵衣旰食；羣工庶尹亦宜砥礪鋒鍔，奮發意志，以報仇雪恥是務。竊聞山東、河北義旂雲集，咸拭目以望南師。朝廷晏然，置之度外，何以收三齊抗手之雄，慰燕、趙悲歌之士乎！臣恐天下豪傑知朝廷不足恃，不折而歸賊，則羣然有自王之心矣。伏望陛下速幸京營大閱，復弭節江滸，大集舟師，分命武臣至蕪湖、京口，以視險要，固根本，下詔親征，六師並發，令一軍由歸、亳以入汝、雒，次潼關，一軍由襄、鄧以攻武關，出廣、漢，巴、蜀之甲，燕、晉之師，則用之爲奇兵，爲聲援，逆賊授首，可計日待矣！」又言：「臣入國門再旬矣，人情泄沓，無異昇平，清歌漏舟之中，痛飲焚屋之內，臣不知其所終矣。其始皆起於姑息一二武臣，以至凡百政令皆因循遵養，臣甚爲之寒心也！」又疏陳備邊三害，請收復襄陽，皆當時至計，而莫之能用也。太僕少卿馬紹愉之奉使也，陛見，言及陳新甲主款事，王曰：「如此，新甲當卹。」羣下愕然相顧。少詹事陳盟曰：「可因命予卹，且追罪嘗劾新甲者。」時廷臣懲劉孔昭殿上相爭事，無敢言者。子龍與同官李清交章力諫，乃獲已焉。

丙子（二十日），明馬士英免，尋復令視事。

黃澍者，以御史巡按湖廣，監左良玉軍，偕承天守備太監何志孔入朝，求召對，面糾馬士英奸貪不法，涙與語俱。王大感動，顧高弘圖曰：「黃澍言殊有理，卿識之。」命進御座前，澍益數其罪，以笏擊士英背曰：「願與奸臣同死。」士英號呼曰：「陛下視之。」王搖首不言，良久曰：「卿等且出。」澍退，復疏曰：「士英有十可斬之罪：鳳陵一坏土，國家發祥之地，士英巧卸重擔，居然本兵，貽皇上以輕棄祖宗之名，是謂不忠。國難初定，人辦必死之志，爲先帝復仇，士英居肥擁厚，有何勞苦，明聖之前，動云勞苦多年，是謂驕蹇。奉命討獻，而足未出蘄、黄一步，奉命討闖，而足未出壽春一步，躭延歲月，以致賊勢猖狂，是謂誤封疆。獻賊僞兵部尚書周文江引賊破楚，教賊下江南，及左鎮恢復蘄、黄之後，周文江之金朝以入，而參將之薦夕以下，是謂通賊。黄鼎私鑄闖賊銀印，託言奪自賊手，士英蒙厚賞，黄鼎等俱加副將，今麻城士民，有「假印不去，眞官不來」之謠，是謂欺君。皇上中興，人歸天與，士英施然以爲非我莫能爲，其目中無朝廷久矣，金陵之人，有『若要天下平，除非殺了馬士英』之謠，是謂失衆亡等。生平汚貪，清議不齒，幸以手足圓滑，偶脱名於逆案，一朝得志，遂薦同心逆黨阮大鋮。大鋮居朝爲逆賊，居家爲匪類，三尺之童，見其過市必唾罵之。士英蔑侮前朝，矯誣先帝，迹其所爲，恨不起逆黨於地下，而與之同謀，是謂造叛。減剋兵糧，家肥兵瘦，平素不能行恩，臨事豈能用武，一旦有急，挾君父而要之，皇上破格殊恩，士英動云是我面奏，善則歸君，其義謂何，是謂招搖騙詐。宸居寥落，長江浩浩，士英不聞嚴御警蹕，緊防江流，而馬匹兵械，劄營私居，以防不測，何其愚！以保金帛，何其智！以守園陵，何其怯！以壯甲第，何其横！是謂不道。上得罪於二祖列宗，下得罪於兆民百姓，舉國欲殺，犬彘棄餘，以奸邪濟跋扈之私，以要君爲賣國之漸。凡此十可斬也。士英有此十大罪，皇上卽念其新功，待以不死，當削去職銜，責之速赴原任，廣聯聲援，庶可以慰祖宗在天之靈，謝億兆人之口。而奸狡日深，巧言狂逞，此豈一日可容於堯、舜之世哉！」方澍之糾士英於朝也，何志孔佐澍言士英罔上行私事。秉筆太監韓贊周叱之，曰：「御史言事是其職掌，內臣操議殊傷國體。」即執之。王私諭贊周曰：「馬士英所爲如此，宜行退避。」士英遂引疾，盡移直房器具以出，侑以金器，分餽舊奄。田成、張執中二奄向上泣曰：「皇上非馬公不得立，若逐馬公，天下將議皇上背恩矣。且馬公在閣，諸事可不煩聖慮，馬公一去，誰復有念皇上者！」王默然。田成即傳諭士英入直辦事，隨有旨「何志孔本當重處，輔臣急爲求寬，具見雅量，姑饒他」。民爲之謠曰：「要縱奸，須種田；欲裝啞，莫問馬。」時澍連上十疏，王不得已，屢諭其赴楚，乃去。〔考曰：南略云：時澍連上十疏，七月初二日丁亥，著黃澍星回地方，料理恢復承、襄。〕

徐鼒曰：既復令視事矣，猶曰免何？見小人之易進難退，而比周爲可懼也。臣能觸邪，不畏彊禦；君能從諫，不俟終朝；意者天亦悔禍之延，而牖王心邪！乃鬼蜮技工，狼狽勢倚，優施夜泣，張讓叩頭，遂使回嗔捷於轉圜，反汗輕如兒戲，良可懼哉！不曰黃澍劾馬士英何？不與澍以能劾也。曷爲不與其能劾？澍之劾士英者，挾左良玉以自重也；不然，疏斬檜頭，笏擊泚面，庶幾烈丈夫哉！

丁丑（二十一日），獻賊陷明重慶府，瑞王常浩、巡撫陳士奇等死之。

重慶下流四十里曰銅鑼峽，江路所必經，士奇宿重兵以守。獻忠既入涪州，分舟師泝流犯峽，而己則登山，疾馳百五十里，破江津縣。掠其船，順流下，不三日而奪佛圖關，銅鑼峽反出其下，兵驚擾不能支，遂潰。賊傅城下，士奇等日夜登陴，以火罐滾砲擊賊，死無算。賊裸婦人向城而罵。城三面臨江，皆石壁，西南有磚城數十丈，賊發民墓凶具，負以穴城。是夜陰雲四合，賊藏火藥於城角，晨起，箭砲齊發，磚石皆飛，城遂陷。瑞王常浩，神宗第五子，自漢中避賊來闕南道，陳纁與之俱，隴西士大夫多從之，至是同遇害。王好佛，不近女色，丞監以下皆化之。吳民有解瑞府糧者，無行費，必厚給使歸，其死也，衆見王乘白氣，冉冉而沒，人謂之兵解云。士奇，字平人，漳浦人也，文學士，而廷臣以知兵薦，遂以督學擢右僉都御史，巡撫四川。軍政廢弛，朝議命川北道龍文光代之。既謝事，而夔州告陷。或勸之去，士奇不可。城陷，被執，罵賊死。同時死者，知府王行儉，字質行，宜興人；巴縣知縣王錫，字古由，新建人，同罵賊死，而錫尤烈。錫嘗先後敗賊於墊江、銅鑼峽，賊刲其左臂，縛樹上，射殺之，爇而烙焉。指揮顧景聞城陷，入瑞王府，以己馬乘王，鞭之走，遇賊，呼曰：「寧殺我，毋犯帝子！」王被戕，景亦死之。賊集重慶軍士三萬七千人，殊其臂而縱之。是日，雷電晝晦，暴風飄瓦，木盡拔，操刀者自相斫，獻忠驚且仆，既怒而詬曰：「我殺人，何與天事！」架大砲向天擊之，俄晴霽，遂肆僇。瑞王之就執也，雷方震，獻忠曰：「若再雷者釋之。」已而竟不免。獻忠駐重慶十二日，拔營去，過故總兵鄧玘墓，下馬長揖曰：「好漢子，使此人在，吾安能至此！」

明合州諸生董克治起兵拒獻賊，不克，死之。

賊分兵掠合州，克治傾家貲，募勇壯，與戰於長安坪，不勝，退據硐中，賊誘以爵位，不動。相守月餘；賊鑿山梯硐火薰之，凡三千人，感克治風義，至死無二心者，時比之田橫云。

明永川縣義民蔣世鉉起兵拒獻賊，不克，死之。

賊犯永川，世鉉集義勇二百人，攖城固守，戰於東門，被執。勸之降，瞠目大呼曰：「速殺我，不降也！」賊寸磔之。賊又欲授舉人梁士騏官，士騏怒罵被殺。

明贈死難沭陽知縣劉士熤山東僉事。

戊寅（二十二日），明封福府千戶常應俊爲襄衞伯。

應俊本革工，王之出亡也，應俊負之行雪中數十里，脫於難，故有是命。同命者靑浦知縣陳燫爲中書舍人。大學士王鐸弟鏞，子無黨，世襲錦衣指揮使。俱隨扈有功者也。

己卯（二十三日），明趙之龍請改思宗廟號，不許。

之龍糾高弘圖議廟號之失，謂思爲下謚。之龍不識字，李沾嗾之也。弘圖疏辨，詔仍舊。

明以徐石麒爲吏部尙書。

石麒，字寶摩，嘉興人，天啓壬戌（一六二二）進士，歷官兵部尙書，最後以熊、姜之獄忤旨落職。李明睿之倡議南遷也，廷臣不能決。石麒聞而嘆曰：「膠柱死守，亦非臣子愛君父之道也，苟翠華南幸，各鎭撫之兵騰勇奮發以謀恢復，亦不爲無策，倘觀望狐疑，至求遷不得，尙忍言哉！」爲文檄同志起義兵，北首赴難，而烈帝凶問至矣。南都立，以右都御史起諸家，未至，改吏部尙書，再疏辭，舉鄭三俊自代。不許，乃入朝，陳省庶官、愼破格、行久任、重名器、嚴起廢、明保舉、交堂廉七事，皆褒納之。

徐鼒曰：同日爲工部尙書者有何應瑞，何以不書？無所表見也。南略載補遺云：南都之變，以死聞者，有尙書何瑞徵。夫瑞徵從賊，六等罪中人也，無由爲尚書，蓋應瑞之譌耳。附志之。

明詔兵將調集，聽本處撫臣節制。

督撫部將于永綬、劉肇基、陳可立、張應夢領馬兵千人駐防京口，而浙江入衞都司黃之奎亦部水陸兵三四千戍其地。馬兵以賤値攫小兒瓜，傷兒額，浙兵不平，縛馬兵投之江。馬兵大恨，馳馬來鬭，浙營守備李大開呵之，不下，大開抽矢射數人，馬兵遂大鬨，射殺大開，恣焚掠，死者四百人，譁而曰：「四鎮以殺搶封伯，吾何憚不爲哉！」巡撫祁彪佳馳往定之，事聞，王以四將馳千餘兵，紀律不彰，仇殺駭聽，令赴史可法軍前核治。嗣後兵將調集，聽本處撫臣節制，著爲令。

臣鼒曰：特書何？戢兵安民之法無善於此也。咸豐癸丑（一八五三）仲春，粵賊陷金陵，連陷鎮江、揚州，上命大臣琦善、向榮分督江南、北軍，時黑龍江兵之駐浦口者肆淫掠，江浦縣令曾勉禮不敢問。適夷船入江，向帥檄鼒與六合縣令溫紹原往定夷酋約，浦口民遮道號呼，鼒以情聞於琦帥，帥札江浦、六合縣令，無論何項兵丁，有姦淫婦女、搶掠錢財者，準地方官捆拏究辦。迄今兩載，兵民相安。夫兵與民素非親知，忽焉逼處，無相愛之誼而多相畏之疑，故語言睚眦之間，往往囂然而不可制，小則馬兵之鬨鎮，大則高兵之寇揚，謂非處置之無法以致此也！重官之權以攝將，祛民之疑以安兵，使主客無猜而兵民相衞，蓋亦因時之制哉！

明以巡按御史王燮爲右僉都御史，巡撫山東。

燮奏皇太子、定王、永王俱遇害，故擢是職。然路振飛既去位，燮又以升行，劉澤清自是營窟淮安，城中田仰不能制，淮事不可爲矣。

癸未（二十七日），我大清兵克德州，明前大學士謝陞、御史趙繼鼎、盧世㴶迎降。

時我攝政王命固山額眞巴哈納、石廷柱以兵下山東州郡，陞等奉權濟王帥欽迎降。詔帥欽以知州用，繼鼎、世㴶授御史，陞以大學士原銜管吏部尚書。〔考曰：本貳臣傳。〕先是德州貢生馬元騄、諸生謝陞之殺僞官起義也，南中訛傳謝陞爲謝陞，加陞上柱國，世㴶工部侍郎，與吳三桂同賜敕書。及陞之降也，其表文即冒德州功焉。〔考曰：按表文帥欽已降，而南略則云濟王走死。又東華錄云：王鼇永啓報齎送故明德王朱由櫟降表。〕

明以邱磊爲山東總兵官。

明贈死事吏部員外郎程良籌光祿寺少卿，擧人劉申錫知州，生員楊之金教授。

賊將白旺之陷蘄、黃也，僞令田助公守孝感，良籌以白雲寨義兵逐之，助公遁至德安請兵，與良籌戰，良籌督兵過他寨，寨破被擒，旺强之降，不屈，會左良玉遣惠登相攻德安，旺以左兵之來，乃良籌召之也，殺之城上。申錫家饒於貲，養死士百人，倡義於應山、孝感、雲夢間，後爲旺所殺，百人皆戰死。〔考曰：本綏寇紀略補遺。〕

明命總兵黃斌卿防禦京口。

明安、盧巡撫張亮請解職，討賊自効。

亮，四川人。崇禎某科擧人，歷官楡林兵備參議，有能聲，薦改安、盧兵備。以討賊功，擢右僉都御史，巡撫其地。南都立，亮疏言：「南北只隔一河，賊若從山東來，則淮、徐據黃河之險，我能守之。

若從河南來，則無險可守。今茫無稽察，致壟斷者飽載而販於賊巢，濱河者所司何事而疏玩若此哉！乞飭嚴加盤詰，販賣者治以通賊之罪。」亮又疏言：「賊勢可圖，請解職視賊所向，督兵進討。」而馬士英意殊不在賊，詔亮還任。明年四月，左夢庚陷安慶，被執，挾與俱北，乘間赴水死。

臣鼒曰：楊逆踞金陵，官軍逼之兩年而賊不困者，接濟未斷也。小民迫於飢寒，趨利如騖，賊又倍其利以誘之，縱之則不知止，治之則不勝誅，讀張亮疏爲慨然矣。

小腆紀年附考卷第七

前翰林院檢討加詹事府贊善銜六合　徐鼒　譔

秋七月丙戌朔，明祀高皇帝以下於奉先殿，以崇禎帝后祔祭。

明吏科給事中章正宸疏陳時事。

正宸，字羽侯，號格菴，會稽人。崇禎辛未（一六三一）進士，選庶吉士。溫體仁招之不往，改禮科給事中。遇事敢言，忤座主首輔周延儒，編管均州，事詳紀傳。甲申（一六四四）三月，太常吳麟徵還掌科，薦以自代，命甫下，而京師陷。偕劉宗周號哭荷戈，趣浙撫黃鳴駿發喪出師，鳴駿謝之，乃召募義旅，將發，而福王立，召復故官。疏言：「今日江左形勢，視晉、宋爲更難，當事者泄泄偷息，處堂自娛。兩月以來，聞文吏錫鞶矣，不聞獻馘；武臣私鬬矣，不聞公戰；老成引遁矣，不聞敵愾；諸生捲堂矣，不聞請纓。如此而曰興朝氣象，臣雖愚知其未也。今惟有進取爲第一義，進取不銳則守禦必不堅。比者河北、山左忠義響應，結營寨，殺僞官，爲朝廷効死力，不及今電掣星馳，倡義申討，是靡天下之氣而坐失事機也。宜急檄四鎮渡河，聯絡河北、山東諸路，齊心協力，互爲聲援，使兩京路通，而後塞井陘，絕孟津，據武關以攻隴右，恐賊不難旦夕殄也。陛下宜縞素誓師，駐蹕淮上，聲靈所及，人切同仇，虎豹貔貅，勇憤百倍。今部院寺司各署不稱行在而工作煩興，議者已占陛下志圖偏安，天下事變皆生意外，將何以待之。宜嚴敕諸大臣速簡爾車徒，某舊額，某新增，水幾何，陸幾何；速備爾芻糗，幾何本，幾何折，主幾費，客幾費；選爾將帥，某堪監纛，某堪分閫；審爾形勢，某地建鎮，某地設堡，某處埋伏，某處出奇；修爾干戈，繕爾城塹。進寸則寸，進尺則尺，阨險處要，大勢已得，天下大矣，不患無人，臣未見張、岳、韓、劉之傑不應運而出也。」〔考曰：南略載此爲七月初二日丁亥疏。〕又疏陳銓政：「一名器宜愼，輦金鑽營，寧免瓜李之誚。一職掌宜專，用人歸吏部，今有咨送者，有薦舉者，有徑行奏討者，冢臣所執幾何。一封疆宜肅，不斬誤國之臣，不激報國之氣。一廢官宜飭，爵重則人乃勸，法守則士知恩，纍纍起廢，不自靜聽，豈不聞律有罷吏不入國門之禁！」〔考曰：此疏見聖安本紀附錄。〕既而馬士英謀以中旨起阮大鋮，先內傳張有譽爲戶部尙書，正宸封還詔書，以有譽雖賢，而傳陞之弊必不可啓。旋安遠侯柳祚昌受士英旨薦大鋮，正宸又力爭，且曰：「朝廷如此舉動，邸報流傳，見臣姓名尙挂仕版，必相顧駭愕，謂負掖垣職掌，萬死何辭。乞放臣歸里。」正宸清嚴方正，爲淸流所倚賴。同官沈允培常言：「章君不特怒時可畏，卽笑時亦可畏也。」士英輩忌之甚，轉爲大理寺丞，實奪其言路也。已見國事日非，乞假歸。

徐鼒曰：蕺山先生之開講也，格菴首從之，顧生平不甚講學，曰：「力行不在口說也。」味格菴之言，而當日之聚徒開講，爭門戶，事標榜，蓋其所不屑爲矣。正以律身，忠以事上，不爲利疚，不爲威怵，古之遺直，此其選歟！

明建寧知縣蔣芬自請勤王。〔考曰：甲乙史載此爲初二日丁亥事。〕

芬捐貲造火器，募勇士朱千斤、劉鐵背等，三請勤王，其詞曰：「幸而迅掃狂氛，社稷之福；否則斷脰決腹，以明國家三百年養士之報，亦無負三十年讀書之心。」聞者壯之。巡按陸清源以聞。時廣西巡撫方震孺、松江知府陳亨、給事中李維樾與兄僉都御史李光泰先後措餉，募兵入衞，而廷臣泄泄，不以爲意。

徐鼒曰：特書何？嘉之也。何嘉乎爾？當日之勳戚世臣，封疆大吏，厝火不戒，處堂自嬉，芬以小臣而伏闕請纓，功雖無成，志則可嘉矣。故書之以愧當日諸臣也。

戊子（初三日），明追上福恭王及妃姚氏，神宗妃鄭氏尊號。

恭王，爲貞純肅哲聖敬仁懿恭皇帝；妃姚氏，爲孝誠端惠慈順貞穆皇太后；神廟鄭貴妃，爲孝寧溫穆莊惠慈懿憲天裕聖太皇太后。

明遙尊母妃鄒氏爲太后；追號故妃黄氏、李氏爲后。

鄒氏本京師人，爲福恭王次妃，王之生母也。王走衞輝，與母相失，即位後，遣迎未至，遙尊爲恪貞仁壽皇太后，王元妃黄氏，繼妃李氏，皆早逝，追謚黄妃曰孝哲懿莊溫貞仁靖皇后，李妃曰孝義端仁肅明貞潔皇后。明年三月，童妃獄後，更上黄妃謚曰孝哀慈靖恭惠溫貞偕天協聖哲皇后，封妃戚黄九鼎爲雒中伯。

明追上懿文太子、建文帝、景泰帝謚號。

追復懿文皇太子廟，謚曰興宗孝康皇帝；妃常氏曰孝康皇后。追上建文帝謚曰嗣天章道誠懿淵恭覲文揚武克純篤孝讓皇帝，廟號惠宗；后馬氏曰孝愍溫貞哲睿肅烈襄天弼聖讓皇后。追尊恭仁康定景皇帝謚曰符天建道恭仁康定隆文布武顯德崇孝景皇帝，廟號代宗；貞惠安和景皇后汪氏曰孝淵肅懿貞惠安和輔天恭聖景皇后。

徐鼒曰：按廟謚舊典，代宗即世宗，明有世宗矣，而景帝號曰代宗，不重出乎？顧炎武曰：當南京新立，邦典繁多，禮部尚書顧錫疇素不考古，一切謚號，聽其門人謝復元撰定，以不學之宗伯，任委巷之小夫，謚册一頒，天下用爲譏笑。閻若璩嘗私質之遺臣李清，答語與炎武說同，附志之，告議禮者焉。

庚寅（初五日），明以左懋第爲兵部右侍郎兼都察院右僉都御史，經理河北，聯絡關東軍務，奉使於我大清。

高弘圖奏北使事宜：一、於天壽山特立園陵，改葬梓宮。一、割山海關外地。一、歲幣以十萬爲率。一、國書宜如古可汗之稱。一、使禮宜遵會典，不應屈膝，以致辱命。時議遣使而難其人，懋第以母喪請終制，不許。因請使北，詔加是職，與左都督陳洪範、太僕寺少卿兼職方司郎中馬紹愉偕往。紹愉，崇禎時與陳新甲通款事於我朝，爲懋第劾罷者也。懋第疏言：「臣此行致祭先帝后梓宮，訪求東宮二王蹤跡，誼不敢辭，但經理通和兩事也。如欲用臣經理，則乞命洪範、紹愉出使，而假臣一旅，偕山東撫臣收拾山東以待。如用臣與洪範北行，則去臣經理聯絡之銜，而罷紹愉勿遣。」皆不許。臨行又言：「臣此行生死未知，敢願以辭闕之身効一言。臣所望者恢復，而近日朝政似少恢復之氣，望陛下時時以先帝之仇北都之恥爲念。瞻高皇之弓劍，則念成祖列宗之陵寢見有離黍之傷；撫江左之遺民，則念河北、山東之版圖不免陸沈之禍。更望嚴諭諸臣，整頓士馬，勿以臣北行爲和議必成，勿以和成爲足恃，必能渡河而戰，始能扼河而守，必能扼河而守，始能畫江而安。」又言：「先帝殉難臣少，由諫諍臣少也。遠如幽、燕之地，勿以在遠而忘，近如汲、眞之流，勿以逆耳而棄。」衆韙其言。齎金千兩，銀十萬兩，幣數萬端，吏卒三千人護行。時史可法駐泗州，與懋第相見，謂曰：「經理具文耳，通和詔旨也，公宜疾行無留。」以故所至山東豪傑稽首願效驅策者皆不敢用，慰遣而已。八月渡河，次滄州，聞吳三桂已改封平西王，乃遣使以策命先授三桂，喻來意。三桂不發書，緘册上攝政王。王怒。十月，至張家灣，令以百人入授四夷館，洪範無言。懋第曰：「是以屬國見待也。」爭之再四，乃改鴻臚寺，且遣官騎迎之，建旄乘車，肅隊而入。懋第斬縗大絰，迎者訝曰：「吉禮也，而凶服將之，可乎？」懋第曰：「國喪也，並有母喪，國喪臣所同，母喪所獨也。」迎者不能詰。十四日戊辰，我內院大學士剛林至，戎服佩刀坐堂上，責朝見；懋第欲以客禮，反覆折辨，聲色俱厲。索國書，不答，以所齎金幣及陵工之犒先之。時我朝初定中原，中朝故事猶未深晰，所往復辨論者，皆諸降臣之指，而懋第慷慨不撓。剛林嘆曰：「此中國奇男子也！」厚爲客禮待之。懋第既不得謁陵，乃陳太牢於寺廳，率將士喪服三日哭，攝政王聞而益重之。

臣鼒曰：烏程溫睿臨曰：江南雖立，敗亡之餘耳，而我朝應天順人，將相之豫和，士馬之强盛，甲兵之堅利，嚴嚴乎有席捲囊括之勢。爲江南計者，重兵固守河、淮，而遣智辨之士卑詞納款，願爲我朝輸歲幣，畫大河爲界；降臣家屬之在城者，厚予賑撫以繫其心，毋令進說內叛，猶恐未必聽從也。而乃晏然自大，執承平故事，而又佐以陰奸悖逆之陳洪範，是知不屈膝爲不辱命，而不知啓釁之爲敗國也。臣鼒以爲其說殊不然。是時闖、獻尙稽天誅，燕、齊多梗王化，使江南得賢令主，用賢去奸，和輯將士，則淮上四鎮不皆棘門、霸上之軍，江左義兵賢於新野、下江之衆，君臥寢室之薪，臣鼓中流之楫，縱無望燕、雲之大業，亦可支琅琊之偏安。計不出此，而欲卑詞納款，以緩王師，則鼎臣奉使，何解臥榻之言，錢俶稱臣，已入汴梁之邸，徒蹈瀛國人奴之辱，無救厓門覆舟之亡。至謂撫卹降臣，以冀其不進說內附，則吳三桂之冊封，洪文襄之壇祭，曷嘗動其廉頗用趙之心，而爲不狃全魯之計哉！謬說徒滋，無足論已。

明命總兵金聲桓駐防揚州。

聲桓，字虎臣，遼東人。初爲總兵黃龍裨將，與王師戰於旅順，龍敗死，聲桓家口被俘，脫身走入關，投左良玉軍，積功至都督同知，總兵官。是年春，路振飛調將防河，聲桓團練兩淮間，得衆數萬。史可法請之從征，已命駐防揚州。

明定守護鳳陵兵。

定戍兵五千人。

明以六等定從逆諸臣罪。

是時，成國勳衞宋元臣自言雜擔夫出京，御史汪承詔自言拒僞政府點用，侍郎吳履中、巡撫郭景昌亦紛紛自理，行宮前章奏雜投。詹事項煜於王之卽位也，混入朝班。於是通政司劉士楨請嚴封駁參治之令，令北歸諸臣靜聽朝廷處分，不得紛然奏辨。會舉朝以逆案攻阮大鋮，大鋮憤甚，見從逆諸臣，有附會淸流者，倡言曰：「彼攻逆案，吾作順案與之對。」以李自成僞國號曰順也。士英因上疏曰：

「縉紳之貪橫無恥，至先帝末年而已極。結黨行私，招權納賄，以致國事敗壞，禍及宗社。闖賊入都之日，死忠者寥寥，降賊者强半。侍從之班，清華之選，素號正人君子之流，如科臣光時亨力阻南遷之議而身先迎賊，龔鼎孳降賊後每語人以小妾不肯爲辭。其他逆臣，不可枚舉。臺省不糾彈，司寇不行法，臣竊疑焉。更有大逆之尤者，如庶吉士周鍾勸進未已，復上書勸賊早定江南，寄書其子，稱賊爲新主，盛誇其英武仁明及恩遇之隆，以搖惑東南親友。昨臣病中，東鎮劉澤清來見，誦其勸進表云：『比堯、舜而多武功，邁湯、武而無慚德。』又聞其過先帝梓宮之前，揚揚得意，竟不下馬。臣聞之不勝髮指。其伯父周應秋、周維持皆魏忠賢門下走狗，鍾又爲闖賊之臣，梟獍萃於一門，逆惡種於前世，臣按律謀危社稷，謂之謀反，大逆不道，宜加赤族之誅，以爲臣民之戒。今其胞兄周銓尙廁衣冠之列，堂弟周鑣儼然寅清之署，均當連坐，以清逆黨，其餘從賊諸臣分別定罪，庶國法伸而人心儆，於新政不無小補矣。」於是三法司倣唐制，以六等定罪，其大逆淩遲處死者五條：凡從賊攻陷京師及爲賊毁宗社，易門榜者；凡倡率勸進，及爲賊草僞詔者；凡部院詹事翰林三品以上大臣，從賊受僞命，而親信用事者；凡文武封疆大吏，如督撫總兵降賊者；凡京堂科道部屬等官，爲賊畫策規取地方者。以上如本犯不歸，歸而又逃，悉收繫其妻子，籍沒其家產。其斬決不待時者三條：凡四品京堂及翰詹科道受賊僞命居要地，比原職加崇者；凡方面分巡分守知府等官降賊者；凡文武封疆大吏，聞變先逃者。其絞者六條：凡獻玉帛，獻子女，以媚賊求免者；凡內外衙門官，僅受僞命者；凡在巡方及布按三司分巡分守知府等官，遇變而逃者；凡被賊拷掠，不能自決，仍受僞命者；凡受僞命而爲賊疏遠者；凡各衙門奉差，如管屯管河榷關督餉等官，雖無封疆之守，而棄職潛逃者。其流者二條：凡內閣重臣及部院等三品以上，詹事翰林五品以上，即不從賊而偷生潛逃者；凡旣受僞命復自疏遠，見賊未敗而脫身南還者。以上斬絞流共十一則，如各犯認罪自投，擬減本罪一等。如遁歸匿形，蓄謀叵測，照本罪加一等，仍收繫其親屬。其徒者二條：凡候考候選卽無官守，卽未受僞命，而浮沈賊中，賊奔乃還者；凡遇賊變，爲賊脅留，而未受僞官者。其杖者一條，凡爲賊所拘，未受僞官，而乘間先歸者。王曰：「北都淪喪，帝后升遐，巷戰死節者，遂無一人。且反面事仇，甘心降賊，爲之指斥先帝，規弁海宇，人心已喪，法紀何存。其絞罪以上，法司行撫按官逮解來京候訊；流罪以下，撫按官依律訊處，具奏。其有身雖陷賊，能改圖歸正，擒殺賊首，及以兵馬城池來歸，或爲內應，克立大功，或爲內間，效忠本朝者，仍從優陞賞，不用此例。」尋刑部尙書解學龍定一等應磔者：宋企郊、牛金星、張嶙然、曹欽程、李振聲、喩上猷、黎志陞、陸之祺、高翔漢、楊王休、劉世芳等十一人也。二等應斬決者：光時亨、鞏焴、周鍾、方允昌等四人也。三等應絞者：陳名夏、楊枝起、廖國遴、王承曾、原毓宗、何孕光、項煜等七人也。四等應流者：王孫蕙、梁兆陽、錢位坤、侯恂、王秉鑑、陳羽白、申芝芳、金汝礪、黃繼祖、楊廷鑑、劉大鞏、郭萬象、裴希度、張懋爵、吳達等十五人也。五等應徒者：宋學顯、沈元龍、方拱乾、繆沅、呂兆龍、傅振鐸、吳剛思、方以智、傅鼎銓、張家玉等十人也。六等應杖者：潘同春、吳泰來、張琦、王于曜、周壽明、向列星、李棡、徐家麟等八人也。自絞以下，聽贖俟定奪者：何瑞徵、楊觀光、張若麒、方大猷、黨崇雅、熊文舉、葉初春、龔鼎孳、戴明說、孫承澤、劉昌、涂必泓、張鳴駿、薛所蘊、趙京仕、高爾儼、衞周祚、黄紀、張襄等十九人也。其另存再議者：翁元益、郭充、魯𡨥、吴爾壎、史可程、王自超、白允謙、梁清標、楊棲鶚、張元琳、呂崇烈、李化麟、朱積、趙穎、〔考曰：亦作趙頻，又作趙潁。〕劉廷琮、侯佐、左懋泰、吴之琦、鄒明魁、許作梅、龔懋熙、王顯、王之牧、王皋、梅鶚、姬琨、朱國壽、吴嵩允等二十八人也。士英擬旨云：「周鍾不當緩決，陳名夏等未蔽厥辜，侯恂、宋學顯、吴剛思、方以智、潘同春等擬罪未合，新榜進士盡汚僞命，不當復玷班聯。」令再議。明年正月，學龍擬周鍾、光時亨各加一等，潘同春諸臣皆候補小臣，受僞無據，仍執前議。時馬、阮必欲殺周鍾，而學龍欲緩其死，乃謀之次輔王鐸，乘士英注籍上之，且請停刑。鐸即擬俞旨，士英怒之，大鋮嗾保國公朱國弼、御史張孫振詆學龍曲庇行私，削學龍籍，然馬、阮報復爲事，褒誅任意，方以智以無罪見逮，〔考曰：南略甲申八月二十七日，御史王孫蕃奏：方以智自虧臣節，復撰僞書，以亂是非，命逮以智。〕方拱乾以特旨免罪，李逢申以掠死受卹，〔考曰：南略十二月二十日受僞命李逢申贈太僕寺卿。鼒按諸書逢申乃掠死。〕惟向附東林者不得免焉。

徐鼒曰：爰書所據，得之傳聞，原馬、阮之意，不過藉以快恩仇，制黨人，立威自重，非爲國家明正典刑也，何足書？且從逆姓名，前已敍列之，茲錄其案，不已贅乎？曰：此春秋欲蓋彌彰之義也。夫賊檜巨奸，能拒邦昌之僞命；子雲賢者，亦汚新莽之大夫。一事衡人，詎成定論！然名節至重，君子謹之。存彼竹刑，昭茲鼎鑄，此傳鼎銓、張家玉諸人所由泣血搥心而悔之不及者也！

明加河南義勇劉洪起、李際遇總兵官。〔考曰：聖安本紀、南略並云七月初九日事。〕

崇禎間，河南羣盜起。劉洪起者，西平鹽徒，與其弟洪超、洪道及諸劉之洪勛、洪禮者，結寨自保，嘗夜遣人入賊營，取其馬，賊憚之，呼爲劉扁頭。官權授爲西平都司。奉巡按御史楊繩武檄，捕泌陽盜郭三海之黨張五平、侯鷺鷥誅之，與汝寧沈萬登、登封李際遇並雄河南羣寨間。沈萬登，眞陽大俠也。七年甲戌（一六三四），汝人盛之友者起岳城，萬登聚衆應之，稱順義王。之友等尋破滅，萬登乃請降。李際遇，登封人，幼讀書，不應童子試，而以飲食結交礦徒。有陳金斗者，自謂受天書，能占候望氣，際遇信之，乘旱荒以倡亂，官軍擒金斗並際遇妻子殺之，際遇乘馬走脱，與于大忠等各結土寨。際遇踞登封之玉寨，大忠踞嵩之屏風寨，大忠凶慘，而際遇差平善，以故鄰寨多歸之。崇禎十五年壬午（一六四二），李自成陷汝寧，授沈萬登爲僞威武大將軍，萬登不受，而與洪起等謀收復。鳳督馬士英承制命爲副總兵，自成既連陷河南州郡，際遇等請降，而洪起兄弟獨不可，洪超、洪道留守寨，洪起一日夜走七百里，求救於左良玉，棘刺破足，不知痛。十六年（一六四三）二月，洪起在西平，數與老回回戰，誅汝州僞官，土寇趙發吾等歸之，有衆十萬，以忠勇稱，而際遇亦殺僞官自効，崇禎帝下詔褒獎。自成在襄陽，命一隻虎出河南，殺袁時中，大置僞官，僞防禦使金有章虐於汝州，萬登計縛之，併僞汝寧府尹鄧璉等磔於市，太監盧九德以聞，得旨優敍。當是時，自成圍李際遇於玉寨，甚急，會督師孫傳庭之兵出潼關，圍乃解，諸將亦莫能出兵助督師戰，而以其間完守入保。十七年甲申（一六四四）春，沈萬登之中軍王民表殺洪起弟洪禮而攫其金。洪起稱兵復仇，合其黨郭黃臉、金皋、趙發吾以圍萬登於汝州。汝人糧糗牛馬俱盡，掘野草，煑瓦松，終之以食人。彰德司理陳朱明（考曰：後改名潛夫。〕爲兩家議和，萬登顧不從。五月朔，城破，洪起執萬登並其黨磔之，乃自稱左平南麾下副將軍，南至楚、潁，北抵大河，無不奉約束。六月，自成僞權將軍袁宗第聞洪起破汝，自德安馳而至，洪起棄城復走左良玉軍。宗第踞城五日，移營入陝西，洪起乃自楚歸，擒南陽、開封諸僞官，傳送南都，詔加際遇、洪起總兵官，潛夫巡按御史。潛夫以諸將中惟洪起最効忠，請予掛將軍印，不許。洪起自稱受勅書，進宮保，州縣以下聽署用，即汝寧御史公署爲帥府，設棨戟旌旗焉。

明定京營如舊制。

依北都舊制爲五軍、神樞、神機三大營，各一營至十營，以團練總兵官六人分統之，杜宏域、楊御蕃、牟文綬各統一營至五營。卜啓光、竇國寧、胡文若各統六營至十營。

戊戌（十三日），明馬士英乞休，不允。

明劉澤清疏訐都察院左都御史劉宗周。

宗周被召，在道，連疏請告，不得命，乃抗疏劾馬士英曰：「陛下龍飛淮甸，天實予之，乃有扈蹕微勞，入內閣，進中樞，官銜世廕，晏然當之不疑者，非士英乎！於是李沾侈言定策，挑激廷臣矣。劉孔昭以功賞不均，發憤冢臣，朝端譁然聚訟，而羣陰且翩翩起矣。借知兵之名，則逆案可以燃灰；寬反正之路，則逃臣可以汲引，而閣部諸臣且次第言去矣。中朝之黨論方興，何暇圖河北之賊，立國之本紀已疏，何以言匡襄之略。高傑一逃將也，而奉若驕子，浸有尾大之憂，淮、揚失事，不難譴撫臣、道臣以謝之，安得不長其桀傲，則亦恃士英卵翼也。劉、黃諸將各有汛地，而置若弈棋，洶洶爲連雞之勢，至分剖江北四鎮以慰之，安得不啓其雄心！則皆高傑一人倡之也。京營自祖宗以來，皆勳臣爲政，樞貳佐之，陛下立國伊始，而有内臣盧九德之命，則士英有不得辭其責者。總之，兵戈盜賊皆從小人氣類感召而生，而小人與奄豎又往往相表裏，自古未有奄官用事而將帥能樹功於方域者。惟陛下首辨陰陽消長之幾，出士英仍督鳳陽，聯絡諸鎮，決用兵之策。史可法即不還中樞，亦當自淮而北，歷河以南，别開幕府，與士英相犄角，京營提督，獨斷寢之，書之史册，爲弘光第一美政。」王優詔答之，而促其速入。士英益怒，佯具疏辭位，且揚言於朝曰：「劉公自稱草莽孤臣，不書新命，是明示不臣也。」吏部候考宗室朱統鑽言：「宗周請移蹕鳳陽，鳳陽高牆所在，蓋欲以罪宗處皇上，而與史可法擁立潞王，其兵已伏丹陽，宜急備。」是時，浙撫黄鳴駿入覲，兵抵京口，與防江兵相擊鬭，士英聞之而信，亦震恐。澤清初倚東林，極重宗周，至是恨甚，具疏痛詆，言：「宗周勸往鳳陽，爲謀不忠，料事不智。抗疏稱孤臣，無禮；陰撓恢復，不義；欲誅臣等，激變士心，召生靈之禍，不仁。」疏未下，復草一疏，並署黄得功、高傑、劉良佐名上之。言：「諸人往以梃擊、紅丸，謀害皇祖母、皇考，今歲迎立時又力戴疏藩，詆誣聖德，非臣等與馬士英、朱國弼歃血訂盟，書約可法翊戴，則天位久屬他人。宗周謀危聖躬，已見於駐鳳陽一疏。鳳陽無城郭，止有高牆。陛下新承大統，欲安置於烽火凶危之地，此必非宗周一人逆謀，乃姜曰廣、吳甡合謀也。曰廣心雄膽大，行詭言堅，不快陛下之得位，故密通死黨，宗周先翦除内外翊戴諸忠，然後迫劫乘輿遷居耳。乞逮曰廣、甡、宗周三奸付法司，明正其謀危君父之罪。如甡等入都，臣等即渡江赴闕，面詰其奸，正春秋討賊之義。」疏入，舉朝大駭。先是，澤清錄稿示傑，傑曰：「我輩武人，乃預朝事邪？」得功亦馳奏不預聞，士英尼之不上；史可法不平，以諸鎮不知入告。澤清聞之，即言：「疏實己出，而良佐知狀，可法駁議，是何居心？」良佐黨於澤清，亦疏言：「宗周力持三案，爲門戶主盟，倡議親征，圖晁錯之自爲居守，司馬懿之閉城拒君，陛下既不爲諸姦所容，莫若順成其志，暫幸鳳陽。」高弘圖言於王，傳諭曰：「昔漢宣起於艱難，魏、丙合志；唐肅興於靈武，李、郭同心。今者袒分左右，口搆玄黃，天下事不堪再壞，諸臣各宜和衷集事，息競圖功，庶幾君臣之間禮全終始。」宗周不得已受命。方宗周之在丹陽僧舍也，澤清輩遣刺客數輩迹之，見其正容危坐，不忍加害。以七月十八日入朝，仍居蕭寺。給事中陳子龍疏言：「憲臣老成清直，海內盡知，今入國門，不得一望天顏，在陛下以方諭大臣和衷，恐憲臣戇直，奏對之際復生異同。然臣以陛下疑畏君子之機從此而生，恐君子有攜手同歸之志，陛下誰與共濟天下哉！」〔考曰：此疏見南溮略。〕疏入不省。〔考曰：明史稿三王傳、繹史福王紀略載澤清疏訐於八月，誤也。按三王傳載七月十三日戊戌馬士英乞休，不允。即宗周疏劾士英時事。又繹史本傳云：宗周以七月十八日入朝，則澤清疏訐亦七月時事。蓋宗周劾士英，而後士英乞休；士英乞休，而後澤清訐宗周；王諭解之，而後宗周入朝也。〕

徐鼒曰：先書士英乞休而繼以澤清疏訐何？見小人之表裏爲奸也。自來廷臣假藩鎮之力以除異己，即其事出於正，亦未有不覆國者，況以無道行之乎！內外交通，紀綱隳裂，士英、澤清胡足責，吾獨惜宗周之好直而絞也。

明追削溫體仁謚，尋復之。

禮部尚書顧錫疇請追賜文震孟等諸臣謚，而削體仁謚，以正褒誅大義；從之。未幾，御史張孫振劾錫疇險邪，命錫疇致仕去，議如舊。

徐鼒曰：疇復之何？傷孱王之播弄於小人也。

明予福府內臣蔭襲。

蔭福府內臣屈尙忠、田成、張執中等弟姪各都督同知、世襲錦衣衞指揮使。兵科陳子龍因上請愼名器疏，謂：「陛下間關南返，從官幾何，衞士奄尹，寂寥無幾。今大位旣登，來者何衆，不遏其流，何所底止！必將人誇翼贊之功，家切從龍之念，傷體害政，非國之福。夫勸功誘善，惟在爵賞，豐、沛故人，文墨小吏，自昔爲嫌；朱紫盈門，貂蟬滿座，尤關國典。願陛下愼持之。果係服勞有功，但當賞之金帛，不應授以爵位，以貽曹風不稱之譏，犯大易負乘之戒。」不聽。

庚子（十五日），明擢開封推官陳潛夫爲御史，巡按河南。〔考曰：南略云：七月庚子日。〕

潛夫初名朱明，字元倩，錢塘人。崇禎丙子（一六三六）舉人。癸未（一六四三）冬，除開封推官，輒抗疏言時事，請召對，不報。時大河以南五郡盡爲賊據，開封被河灌，虛無人，長吏皆寄居封邱，有勸潛夫勿往者，不聽。會叛將陳永福縛巡按御史蘇京去，潛夫募民夫千人，請於巡撫秦所式及總兵卜從善、許定國共追勦，莫應。潛夫乃以十七年甲申正月，奉周藩渡河，居杞縣，召旁近長吏，設高皇帝位，歃血誓守。時開封東西諸土寨，攻殺無已。潛夫聞西平寨副將劉洪起勇而好義，殺賊有功，躬往說之。〔考曰：史外云：土寨婁道一者，最狡滑，潛夫單騎造其營，勉以忠義，道一叩頭聽命，授以告身，爲偏裨，諸賊爭降附。按諸書無婁道一名，其漏記歟，抑婁音同劉，道一其別名歟？俟考。〕五月五日，方誓師，而京師報陷，乃縞素慟哭，率洪起兵先驅至杞，俘僞官。僞巡撫梁啓隆聞風遁去。遂渡河而北，大破賊將陳德於柳園，獲牛馬輜重無算。時李自成已敗走山西，洪起擒南陽、開封諸僞官，潛夫露布傳送南都，朝中大喜，擢監軍御史巡按河南。潛夫乃入朝，言：「中興在進取，王業不偏安，山東、河南地尺寸不可棄，其間豪傑結寨自固，大者數萬，小亦千人，莫不引領以待官軍。今四鎮之兵不下數十萬人，而齊、魯、汴、豫尙皆安堵。誠分命藩鎮，一軍出潁、壽，一軍出淮、徐，馬首北向，使天下知朝廷有不忘中原之心，則人心思奮。更頒爵賞鼓舞，計遠近，畫城堡，俾以自守。而我督撫將帥屯鋭師於要害以策應之，寛則耕屯爲食，急則荷戈乘墉，一方有警，前後救援，長河不足守也。汴梁義勇，臣聯絡已定，旬日可集十餘萬衆，稍給糗糧，容臣自將，臣當荷戈先驅，諸藩鎮爲後勁，則河南五郡可復。五郡既復，畫河爲固，南聯荆、楚，西控秦關，北臨趙、衞，上之則恢復可望，下之則江、淮永安，此今日至計也。兩淮之上，何事多兵，督撫紛紜，並爲虛設。若不思外拒，專事退守，舉土地甲兵之利委之他人，臣恐江、淮亦未可保也。」當是時，開封、汝寧間列寨百數，洪起最大；南陽列寨數十，蕭應訓最大，洛陽列寨亦數十，李際遇最大。諸將中，獨洪起志在効忠，潛夫請予掛印爲將軍，馬士英不聽，而用其姻婭越其杰爲巡撫。潛夫自九月入覲，便道省親，五日即馳赴河上，所建白皆不用。其杰老憊不知兵，兵部尙書張縉彥總督山東、河南軍務，止提空名，不能馭諸將，他寨聞潛夫來，頗有歸意。是年冬十月，蕭應訓復南陽及泌陽、舞陽、桐柏諸縣，遣其子三傑來獻捷，潛夫飲之酒，爲授告身，鼓吹旌旗前道出。三傑喜過望，謁其杰；其杰故爲尊嚴，厲聲詰責，詆以賊。三傑大恨，萌異心。潛夫按行諸寨，皆列旗帳鼓吹迎送；其杰間過之，諸寨輒閉門不出。其杰恚，謂潛夫實使之，譖於馬士英。歲終，召潛夫還，以凌駉代之，潛夫亦遭外艱歸。

徐鼒曰：特書何？嘉之也。當時多縱横才，徐孚遠、何剛諸人好抵掌談兵，顧疏闊不可用。而潛夫所陳，洞合機宜，就其措注危疆，驅策羣寇，蓋非殷深源之虚聲、陳同甫之豪氣所可同日語矣。扼於權奸，不竟其用，惜哉！

乙巳（二十日），明在籍主事郭〔考曰：亦作部。〕獻珂敗闖賊於桃園。

僞將宋朝臣兵至杜勝集，舊兵部職方主事郭獻珂微服村居，召標將張成初與戰於桃園，斬朝臣。〔考曰：桃園未詳所在。〕

徐鼒曰：功微矣，特書何？春秋之義，以討賊爲正也。

己酉（二十四日），明中旨以吏部右侍郎張有譽爲戶部尚書，大學士高弘圖封還詔書；不聽。

有譽，字難譽，江陰人。天啓壬戌（一六二二）進士，歷擢南京戶部右侍郎，兼右僉都御史。抵任，則福王立矣。內官張執中監收白糧，勒費杖斃解戶，有譽疏論之，收其胥役送獄，執中稍斂。因召對，言：「一年經費須千餘萬，今所入僅八百萬，惟有裁冗兵、節冗食、汰冗費，自宮中始。願聖明躬行節儉，爲天下先。」時士英銳意起大鋮，而廷臣持之急，思以中旨用之，難以發端，以有譽人望也，傳旨用爲戶部尚書。弘圖謂有譽才望堪用，而中旨必不可開，與吏科給事中章正宸封還詔書，不許。兵科陳子龍亦疏言：「計臣清端敏練，百僚所服，但古制爵人於朝，與衆共之，墨敕斜封，覆轍可鑒。萬一異日有姦邪乘間，左右先容，銓司不及議，宰輔不及知，而竟以內降出之；臣等不爭，則倖門日開，爭之則已有前例。立國之始，臣願陛下愼持之也。」亦不聽。自是中旨紛然矣。

臣鼒曰：書中旨何？惜會推之法廢而倖進之門開也。然則會推之法無弊乎？明季朋黨之禍，激於會推，我朝列聖之諭曰：「臺諫把持，最爲明季陋習。黜陟之權，朕自操之，諸臣不得與聞。」蓋以會推爲殷鑒也。然則何以惜之？一人獨斷，羣工欽承，此聖明天子之事，非可論於中主也。是時王政不綱，姦邪在側，會推不廢，則正論猶存；中旨頻行，則私門日進。上下不交，小人道長，明之所以亡也。

庚戌（二十五日），明劉孔昭薦降賊臣錢位坤。

徐鼒曰：特書何？勳臣而參銓部之權，逆臣而汚薦賢之牘，紀綱掃地，至斯極矣。

辛亥（二十六日），明釋安置鳳陽高牆前唐王聿鍵。

聿鍵，太祖九世孫，小字長壽。其先唐定王桱，太祖第二十三子，〔考曰：南疆繹史唐王紀略誤作二十二子，玆從明史太祖諸子列傳正。〕封於南陽。父器墭，唐世子；母毛氏。祖端王碩熿，惑於嬖妾，欲立其愛子，囚世子於承奉司。聿鍵時年十二歲，〔考曰：黄宗羲行朝錄、錢澄之所知錄俱云方三歲。〕亦從之讀書，識大義，處患難而意氣不挫。年二十有八，尚未請名。世子爲其弟毒死，碩熿諱之，將傳國於次子，分守道陳奇瑜、知府王之桂〔考曰：五字據南略閩紀、所知錄補。〕入弔，謂碩熿曰：「世子薨逝不明，又不立其子，事且露。國法重，無忽也！」碩熿懼請名，立爲世孫。崇禎五年壬申（一六三二），碩熿薨，聿鍵嗣位，年三十一矣。選妃曾氏，諸生曾文彥女。七年甲戌（一六三四），流寇入河南，南陽當其衝，城庳薄，聿鍵捐千金修築。知府陳俊豪〔考曰：行朝錄、所知錄俱作陳振豪。〕弗授工，聿鍵以爲言，詔逮俊豪下獄。已又援潞王例，乞增兵三千人，以陳永福爲參將領之；不許。八年（一六三五）冬，賊再犯南陽，聿鍵疏言：「臣府護衛一千二百人，近制以其半爲汴梁班軍，給撫臣策使，惟明詔念郡城單弱，以全軍見還。」崇禎帝報之曰：「南陽番軍班直，祖制已久，朕不敢變。」時海內多故，崇禎帝思廣羅賢俊，召見宗人，遴其才，擢之官。發金匱書，得高皇帝制曰：「宗室子孫入爲中朝官者，得以其階換。」於是下詔，援祖制郡王子孫文武堪用者，考驗授職。禮部右侍郎陳子壯執不可，聿鍵歷引前代故事詆之，援據經傳，皆有本。子壯尋下獄。聿鍵好尊宗藩體統，總督盧象昇過南陽，不朝，聿鍵劾奏之。又所建請，多與廷臣相牴牾，崇禎帝亦不之善也。九年（一六三六）秋八月，京師戒嚴，聿鍵率護軍勤王，又殺其兩叔，汝南道周以興〔考曰：行朝錄作周以典。〕止之，不聽。至裕州，巡按御史楊繩武以聞，下旨切責。會前鋒值寇，亡其內豎二人，乃返國。部議廢爲庶人，安置鳳陽高牆，押發官同知張有度欲以檻車行，聿鍵自裁，不殊。至鳳陽陵，奄索賄不得，用祖制墩鎖法以困苦之，病幾殆，曾妃刲股以進，始愈。時有望氣者，以高牆中有天子氣，言於淮撫路振飛，振飛假賑罪宗，入牆，見聿鍵，心異之。詢知吏虐狀，疏請加恩罪宗，置吏無狀者石應詔於法。南都立，大赦，出高牆七十五案，凡三百四十一人，〔考曰：本南都甲乙紀。〕聿鍵亦出。禮部請復王爵；不許。

徐鼒曰：特書何？爲閩中監國張本也。不曰罪宗何？明聿鍵之無罪也。

明候考宗室朱統鑽疏訐大學士姜曰廣。

士英、大鋮必欲逐曰廣，嗾朱國弼、劉孔昭以誹謗先帝誣衊忠臣李國楨爲詞，交章詆爲黨人。時議復設廠衞，曰廣言：「緝事不除，宗社且不可知。」會蘇松巡撫祁彪佳上疏力諫，曰廣擬旨俞之，不從，則疏爭之。士英、大鋮益怒。朱統𨨗者，南昌建安王府鎮國中尉，吏部候考者也。希士英旨，疏言曰廣定策時懷異志，詞連史可法、張愼言、呂大器等。疏入，高弘圖票擬究治。王坐內殿，召輔臣入，厲聲曰：「統𨨗吾一家，何重擬也！」且責弘圖疏召可法還朝爲非是。踰二日，〔考曰：南略載統𨨗前疏爲七月二十六日辛亥事，後疏爲二十九日甲寅事。〕統𨨗復疏劾〔考曰：按顧炎武聖安本紀云：大鋮怨曰廣甚，統𨨗一疏未愜意，右諭德李明睿與曰廣同邑相忌，嗾明睿參之，明睿辭。乃募建安王統□再出此疏。又曰：統𨨗猶曰宗生不辨菽麥者耳。統□固建安王也，堂堂藩王乃爲大鋮所驅，無良極矣。據此，是再疏非統𨨗上矣。然按劉士楨，袁彭年不由通政司云云，與建安王不合，且諸書亦無另一人之說，蓋炎武時避居常熟之郊，於朝事亦多得之傳聞，不盡確也。〕曰廣五大罪：一、引用東林死黨鄭三俊、吳甡等把持朝政，以劉士楨通政，沮遏章奏，以王重爲文選，廣植私人。二、令楊廷麟出劇盜於獄，交聯江河大俠與水陸姦弁，日窺南都聲息，非謀劫遷，則謀別戴。三、庇從賊諸臣。四、納賄。五、姦媳。請並士楨、重、廷麟及劉宗周、陳必謙、周鑣、雷演祚俱置之理。劉士楨抗疏謂：「曰廣勁骨戇直，守正不阿。統𨨗何人，揚波噴血，飛章越奏，不由職司，此眞奸險之尤者，豈可容於聖世！」禮科袁彭年曰：「祖制中尉必具啓親王，給批齎奏，若候吏部，則與外吏等，應從通政司封進。今何徑何竇直達御前，宜加禁戢。」不聽。〔考曰：時總督袁繼咸、給事中熊汝霖亦有疏，惟是汝霖疏中有以匿帖而逐舊臣語。按匿帖是八月十一日丙寅事，宗周去國是九月初九日甲午事，則汝霖上疏是九月無疑。繼咸方在楚，亦當是九月上疏也。〕

徐鼒曰：候考宗室何？疏而賤之之詞也。疏賤也而參宰輔，冠履倒置，萋菲橫行，至斯極矣。

壬子（二十七日），明福王詔諭羣臣。

時羣臣紛爭日甚，王諭曰：「朕遭百六之運，車書間阻，方資羣策，旋軫故都，乃文武之交爭，致異同之日甚。先皇帝神資獨斷，彙納衆流，天不降康，咎豈在上！爾諸臣尚鑒於前車，精白乃心，匡復王室。若水火不化，戈矛轉興，天下事不堪再壞，且視朕爲何如主！祖宗成憲，弗尚姑息，各宜欽承，朕言不再。」

明改正閣臣銜，以尚書兼大學士。

南都初立，庶務草創，以大學士兼尚書，非制也。至是改正，以尚書兼大學士。

明大學士高弘圖請召史可法入直，不報。弘圖乞休，亦不許。〔考曰：繹史高弘圖傳曰：士英矯旨切責，因力求去。〕

我大清攝政睿親王多爾袞遣使致書於明督師大學士史可法。〔考曰：史公答書爲九月十五日，而諸書皆載此事於七月者，蓋是時南北間阻，七月遣使，至九月而始達也。東華錄載此爲六月事。〕

攝政王聞南都立，遣南來副將韓拱薇等齎書貽可法曰：「予向在瀋陽，卽知燕京物望，咸推司馬。後入關破賊，得與都人士相接，識介弟於清班，曾託其手泐平安，拳致衷曲，未審何時得達？比聞道路紛紛，多謂金陵有自立者。夫君父之讐，不共戴天。春秋之義，有賊不討，則故君不得書葬，新君不得書卽位；所以防亂臣賊子，法至嚴也。闖賊李自成稱兵犯闕，荼毒君親，中國臣民不聞加遺一矢；平西王吳三桂界在東陲，獨效包胥之哭。朝廷感其忠義，念累世之夙好，棄近日之小嫌，爰整貔貅，驅除梟獍。入京之日，首崇懷宗帝后謚號，卜葬山陵，悉如典禮；親郡王將軍以下一仍故封，不加改削；勳戚文武諸臣咸在朝列，恩禮有加。耕市不驚，秋毫無擾。方擬秋高氣爽，遣將西征，傳檄江南，連兵河朔，陳師鞠旅，戮力同心，報乃君國之仇，彰我朝廷之德。豈意南州諸君子苟安旦夕，弗審事幾，聊慕虛名，頓忘實害，予甚惑之！國家之撫定燕京，乃得之於闖賊，非取之於明國也。賊毀明朝之廟主，辱及先人，我國家不憚征繕之勞，悉索敝賦，代爲雪恥。孝子仁人，當如何感恩圖報。茲乃乘逆賊稽誅，王師暫息，遂欲雄據江南，坐享漁人之利，揆諸情理，豈可謂平！將以爲天塹不能飛渡，投鞭不足斷流邪？夫闖賊但爲明朝祟耳，未嘗得罪於我國家也。徒以薄海同仇，特申大義。今若擁號稱尊，便是天有二日，儼爲敵國。予將簡西行之銳，轉旆東征，且擬釋彼重誅，命爲前導。夫以中華全力受困潢池，而欲以江左一隅兼支大國，勝負之數無待蓍龜矣。予聞君子之愛人也以德，細人則以姑息。諸君子果識時知命，篤念故主，厚愛賢王，宜勸令削號歸藩，永綏福祿。朝廷當待以虞賓，統承禮物，帶礪山河，位在諸王侯上。庶不負朝廷申義討賊，與滅繼絕之初心。至南州羣彥翩然來儀，則爾公爾侯，列爵分土，有平西王之典例在。惟執事實圖利之。晚近士大夫好高樹名義，而不顧國家之急。每有大事，輒同築舍。昔宋人議論未定，兵已渡河，可爲殷鑒。先生領袖名流，主持至計，必能深維終始，豈忍隨俗浮沈，取舍從違，應早審定。兵行在即，可西可東，南國安危，在此一舉。願諸君子同以討賊爲心，毋貪一身瞬息之榮，而重故國無窮之禍，爲亂臣賊子所笑，予實有厚望焉。記有之：『惟善人能受盡言。』敬佈腹心，佇聞明教。江天在望，延跂爲勞，書不宣意。」可法表上其書，勸王爲自强計；卽自具答書曰：「南中向接好音，法隨遣使問訊吳大將軍，未敢遽通左右，非委隆誼於草莽也。誠以大夫無私交，春秋之義，今倥偬之際，忽奉琬琰之章，眞不啻從天而降也。循讀再三，殷殷致意。若以逆賊尙稽天討，煩貴國憂，法且感且愧。懼左右不察，謂南中臣民偸安江左，竟忘君父之仇，敬爲貴國一詳陳之。我大行皇帝敬天法祖，勤政愛民，眞堯、舜之主也，以庸臣誤國，致有三月十九日之事。法待罪南樞，救援莫及，師次淮上，凶問遂來，地坼天崩，山枯海泣。嗟乎！人孰無君，雖肆法於市朝，以爲泄泄者之戒，亦奚足謝先皇帝於地下哉！爾時南中臣民，哀慟如喪考妣，無不拊膺切齒，欲悉東南之甲，立翦凶仇；而二三老臣，謂國破君亡，宗社爲重，相與迎立今上，以係中外之心。今上非他，神宗之孫，光宗猶子，而大行皇帝之兄也。名正言順，天與人歸。五月朔日，駕臨南都，萬姓夾道歡呼，聲聞數里。羣臣勸進，今上悲不自勝，讓再讓三，僅允監國。迨臣民伏闕屢請，始以十五日正位南都。從前鳳集河清，瑞應非一，卽告廟之日，紫氣如蓋，祝文升霄，萬目共瞻，欣傳盛事。大江湧出柟梓數十萬章，助修宮殿，豈非天意也哉！越數日，遂命法視師江北，刻日西征。忽傳我大將軍吳三桂借兵貴國，破走逆成，爲我先皇帝發喪成禮，掃清宮闕，撫輯羣黎，且罷薙髮之命，示不忘本朝。此等舉動，振古鑠今，凡爲大明臣子，無不長跪北向，頂禮加額，豈但如明諭所云『感恩圖報』已乎！謹於八月，繕治筐篚，遣使犒師，兼欲請命鴻裁，連兵西討。是以王師旣發，復次江、淮，乃辱明誨，引春秋大義來相詰責。善哉言乎！然此爲列國君薨，世子應立，有賊未討，不忍死其君者立說耳！若夫天下共主，身殉社稷，青宮皇子，慘變非常，而猶拘牽不即位之文，坐昧大一統之義，中原鼎沸，倉卒出師，將何以維繫人心，號召忠義！紫陽綱目踵事春秋，其間特書：如莽移漢鼎，光武中興；丕廢山陽，昭烈踐祚；懷愍亡國，晉元嗣基；徽欽蒙塵，宋高纘統。是皆於國讎未翦之日亟正位號，綱目未嘗斥爲自立，率以正統予之。甚至如玄宗幸蜀，太子即位靈武，議者疵之，亦未嘗不許以行權，幸其光復舊物也。本朝傳世十六，正統相承，自治冠帶之族，繼絕存亡，仁風遐被。貴國昔在先朝，夙膺封號，後以小人搆釁，致啓兵端，先帝深痛疾之，旋加誅戮，此殿下之所知也。今痛心本朝之難，驅除亂逆，可謂大義復著於春秋矣。若乘我國運中微，一旦視同割據，轉欲移師東下，而以前導命元兇，義利兼收，恩仇倏忽，獎亂賊而長寇仇，此不惟孤本朝借力復仇之心，亦甚違殿下仗義扶危之初志矣。昔契丹和宋，止歲輸以金繒；回紇助唐，原不利其土地。況貴國篤念世好，兵以義動，萬代瞻仰，在此一舉。若乃乘我蒙難，棄好崇仇，規此幅員，爲德不卒，是以義始而以利終，爲賊人所竊笑也。貴國豈其然乎！往者，先帝軫念潰池，不忍盡戮，勦撫互用，貽誤至今。今上天縱英武，刻刻以復仇爲念，廟堂之上，和衷體國，介胄之士，飲泣枕戈，忠義兵民，願爲國死。竊以天亡逆闖，當不越於斯時矣。語曰：『樹德務滋，除惡務盡。』今逆賊未伏天誅，諜知捲土西秦，方圖報復，此不獨本朝不共戴天之恨，抑亦貴國除惡未盡之憂。伏乞堅同仇之誼，全始終之德，合師進討，問罪秦中，共梟逆賊之頭，以洩敷天之忿。則貴國義問，照耀千秋，本朝圖報，惟力是視。從此兩國世通盟好，傳之無窮，不亦休乎。至於牛耳之盟，本朝使臣，久已在道，不日抵燕，奉盤盂從事矣。法北望陵廟，無涕可揮，身陷大戮，罪應萬死，所以不即從先帝於地下者，實爲社稷之故，傳曰：『竭股肱之力，繼之以忠貞。』法處今日，鞠躬致命，克盡臣節而已。即日獎率三軍，長驅渡河，以窮狐兔之窟，光復神州，以報今上及大行皇帝之恩。貴國即有他命，弗敢與聞，惟殿下實昭鑒之！」〔考曰：史公答書，原札尚存內閣，書用紅帖寫，皮面寫啓字，蓋印曰「督師輔臣之印。」每頁四行，寫連抬頭共二十字一行，列銜云：「大明國督師兵部尚書兼東閣大學士史可法頓首謹啓大清國攝政王殿下。」書尾署云：弘光甲申九月十五日。

又南略云：桐城何亮工爲史公幕賓，此書乃其手筆。〕

臣鼒伏讀純廟之諭曰：幼年即羨聞我攝政睿親王致書明臣史可法事，而未見其文。昨輯宗室王公功績表傳，乃得讀其文，所爲揭大義而示正理，引春秋之法，斥偏安之非，旨正詞嚴，心實嘉之。而所云可法遣人報書，語多不屈，固未嘗載其書語也。夫可法，明臣也。其不屈正也；不載其語，不有失忠臣之心乎？且其語不載，則後世之人將不知其何所謂，必有疑惡其語而去之者，是大不可也。因命儒臣物色之書市及藏書家，則亦不可得；復命索之於內閣冊庫，乃始得焉。卒讀一再，惜可法之孤忠，歎福王之不慧，有如此臣而不能信用，使權奸掣其肘而卒至淪亡也。福王即信用可法，其能守長江而爲南宋之偏安與否，猶未可知；而況燕雀處堂，無深謀遠慮，使兵頓餉竭，忠臣流涕，頓足而歎，無能爲力，惟有一死以報國，是不大可哀乎？且可法書語，初無詬誶不經之言，雖心折於睿王，而不得不強詞以辨，亦仍明臣尊明之義也。余以爲不必諱，亦不可諱，故書其事於右，而可法之書，並命附錄於後焉。

明太僕寺少卿萬元吉奏大清兵南征。

元吉奏平西王吳三桂牌至濟寧，稱奉大清攝政王旨云云，執政謂款使已行，不以爲意。

八月丙辰朔，日有食之。

丁巳（初二日），明福王親祀孔子。

明命光祿寺少卿沈廷揚餽吳三桂軍，廷揚疏止之；不許。

廷揚，字季明，崇明人。爲人多智，好談經濟。崇禎中，由國子生爲中書舍人，議復海運，稱旨。命赴淮安，專督海運事宜，加光祿寺少卿。南都立，命以原官督餉，餽江北諸軍，疏言：「臣歷年海運，有舟百艘皆高大完好，中可容兵三百人；水手亦皆熟知水道，便捷善鬬。今海運已停，如招集水師，加以簡練，則二萬人之衆，足成一軍，亦長江之衞也。」疏上，不報。已廷臣有請由海道出師北伐者，嘆曰：「誠使是策得行，願爲前軍。」已而不行，命運米十萬餉三桂軍，廷揚以道梗不可行，祈止之；不許。

明罷偏、沅巡撫，以楊鶚爲兵部右侍郎兼都察院右僉都御史，總督川、湖、雲、貴、廣西軍務。

明加閣臣銜。

史可法少保兼太子太保武英殿大學士，高弘圖太子少師文淵閣大學士，姜曰廣太子少保文淵閣大學士，馬士英太子太師武英殿大學士，王鐸太子少保文淵閣大學士，各予廕有差。

徐鼒曰：是舉也，或曰加翊戴新恩，（考曰：本南都甲乙紀。）或曰以太后至，（考曰：本繹史姜曰廣傳。）均之濫也，故略之。

明以賀世壽爲戶部尚書，總督倉場。

壬戌（初七日），明復東廠，降禮科給事中袁彭年爲浙江按察使照磨。

彭年，公安人，崇禎甲戌（一六三四）進士。疏言：「高皇帝時不聞有廠，相傳文皇帝十八年始立東廠，命內臣主之，此不見正史，惟大學士萬安行之，亦不聞特以緝事著。嗣後一盛於成化，然西廠汪直踰年輒罷，東廠尙銘有罪輒斥。再盛於正德，邱聚、谷大用相繼用事，逆瑾扇虐，天下騷然。三盛於天啓，逆魏之禍，幾危社稷，近事之明鑑也。自此而外，列聖無聞。夫卽廠衞之興廢，而世運之治亂因之。頃先帝亦嘗任廠衞緝訪矣，乃當世決無不營而得之官，中外亦有不脛而走之賄。故逃網之方卽從密網之地，而布奸僞之事又資發奸之人以行。始猶帕儀交際，爲人情所有之常，後乃贓賄萬千，成積重莫返之勢。豈非以奧援之途愈祕而專，傳送之關愈曲而費乎！究竟刁風所煽，官長不能行法於胥吏，徒隸可以迫脅其長上，不可不革也。」疏入，王責其狂悖沽名，降三級調外。〔考曰：甲乙紀載八月二十九日甲申，禮科袁彭年奏江陵舉人陳萬策、李開先不受僞檄事，豈彭年被謫後又留用邪？抑彭年早奏聞，至二十九日始下部邪？俟考。〕

徐鼒曰：曰降某官爲某官何？明不當降，以嘉之也。無行如彭年，猶足嘉乎？君子有不善而諱之，則或以君子小惡爲無傷；小人有善而沒之，則或以小人爲善爲無益。君子不懼於失足，而小人無望於蓋愆；無惑乎爲善者之少，而爲不善者之多矣。隨事見褒貶而無所假借於其間，所以明是非之公而大勸懲之義也。

明起前薊督丁魁楚巡撫承德、襄陽等處。

魁楚，河南永城人，以失機遣戍，崇禎戊寅（一六三八），納餉援例得歸。總兵劉超之叛也，劫魁楚與衆紳爲疏訟冤，魁楚計款之，超平敘功，復職。至是會推總制，乃起用。

徐鼒曰：何以書？爲閣事張本也。不備書官何？削之也。

獻賊陷明資陽縣，知縣賀允選不屈死。

允選，丹陽舉人。被執不屈，賊處之別營，至乙酉（一六四五）冬，被殺，十七口俱死。〔考曰：按綏寇紀略賊騎兵自資陽破成都，是破資陽在成都前也。〕

徐鼒曰：不屈死何？歷二年而不屈，是所謂從容就義者歟？不日何？闕疑也。

甲子（初九日），獻賊陷明成都，蜀王至澍、太平王至渌、巡撫龍文光、升巡撫前巡按劉之勃等死之。

賊自重慶趨成都，州縣望風瓦解。蜀王謀遷於滇，巡按劉之勃力持不可。內江王至沂與之勃爭，王乃以六月十三日成行，守門卒洶洶亂，輜重有被掠者，迺止。之勃請王出貲募士殺賊，王以祖制不典兵爲辭。城中一日數驚，火藥局灾，雷震王寢殿，大雨雹。王懼，方出財招募，三日無應之者。七月，新撫龍文光、總兵劉佳允率兵三千從川北來，謀設守，而王宗大姓逸去者半。八月之五日，賊騎兵自資陽，水兵自洪雅、新津薄城下，佳允出戰敗還。文光見濠涸，急遣郫縣主簿趙嘉煒決灌縣堰水以益之。初九日，大雷電，雨如注，守陴者不能立，賊火攻如取重慶法，西北陬錦江樓崩，木石飛空，賊蠭擁入；不踰時，灌縣水至，而城已陷矣。王與其弟太平王至渌、妃邱氏、宮人素馨等投井死。文光，馬平人，天啓壬戌（一六二二）進士，歷官川北參政，擢右僉都御史，代陳士奇巡撫四川。賊已逼成都，文光自順慶馳赴之，城陷，投浣花溪死。〔考曰：明史云：戮於濯錦橋。〕之勃，寶雞進士，賊以同鄉欲用之。之勃罵不屈，賊縛於端禮門外，攢矢射之，之勃厲聲曰：「寧多剮一刀，少殺一百姓。」賊磔其屍。同時文臣殉難者：按察副使張繼孟、兵備副使陳其赤、僉事張孔教、升建昌兵備僉事劉士斗、同知方堯相、華陽知縣沈雲祚、成都知縣吳繼善、蜀府長史鄭安民、郫縣主簿趙嘉煒、教授何某等十一人。繼孟，扶風進士。以御史論事忤旨，出爲知府，進副使，分巡川西。被執，幽之大慈寺。獻忠之僭號也，欲用之，不屈，被殺；妻賈氏從死。其赤，崇仁進士。以吏能擢副使，轄成都，投百花潭死。孔教，會稽舉人，不屈死。子以衡，匿不告其母孔氏，孔知之，刀斷喉死。〔考曰：明史云：以衡奉母南竄，孔教死，匿不使知。踰年，孔詣以衡書室，見副使周夢尹請卹典疏，痛絕，罵以衡曰：「父死二年，我尚偷生，使我無顏見汝父地下。」遂取刀斷喉死。〕士斗，番禺進士，成都推官，之勃薦升建昌兵備。賊逼，之勃促之行，士斗曰：「安危死生同此耳。」方之勃與賊語，士斗呼曰：「此賊也，公不可屈。」獻忠命捽以上，反顧之勃語如前，遂闔門被殺。堯相，黃岡人，與之勃請餉於蜀王，不應，遂投王府河，以拯起被執，遇害於萬里橋。雲祚，太倉進士。賊破夔州，雲祚走謁蜀王，陳守禦策，不見用，與之勃、士斗俱幽於大慈寺，絕粒半月，不死。賊餽之食，雲祚躍起大罵曰：「我欲食賊肉，豈食賊粟邪？」遂同遇害。〔考曰：蜀碧云：雲祚有幼子荀蔚，友人匿之山中，越二十年始歸。〕繼善，亦太倉進士，服闋，補成都令，上書於蜀王，累數百言。〔考曰：繼善書載在蜀碧，其詞曰：高皇帝衆建藩輔，碁置繡錯，數年以來，踣命亡氏，失其國家。此數王者非眞有敗德失道，見絕於天也，直以擁富貴之貲，狃便安之計，爲賊所利而不思自全，此非殿下前車之鑒乎！今楚氛日惡，秦關失守，曹、闖、姚、黃陸梁左右，殿下付之悠悠而不恤。夫全蜀之險在邊不在腹，若設重戍於夔門、劍閣，誠足自固，否則黃牛、白帝亦屬夷庚，黑水、陽平更多歧徑；迺欲坐守門庭，謂爲設險，不可解者一也。往者闖曾撲滅，獻賊逃遁，只以闖兵力有虧，獻地利不習，今日荆、襄撤其藩籬，秦、隴寒其脣齒，揣量賊情，益無顧忌；而欲援引前事，冀倖將來，不可解者二也。至於錦城之固不及秦關，白水之險豈踰湘、漢，此可恃以無虞，彼何爲而失守；且城如孤注，救援先窮，時及嚴冬，長驅尤易，累卵不足喻其危，厝火不足明其急，而猶事泄泄，以幸苟免，不可解者三也。爲殿下計：宜召境內各官諮諏謀議，發帑金以贍戍卒，散朽粟以慰飢民，出明禁以絕厮養蒼頭，錮積逋以免流離溝瘠，募民兵以守隘，結彝目以資援，政教內修，聲勢外振，則可易危爲安，轉禍爲福。苟或不然，蜀事誠莫知所終，竊爲殿下危之。」王不能用。」城破，一家三十六人同遇害，或曰，降賊被殺。〔考曰：繼善之死，見吳偉業文集及蜀碧，而顧炎武聖安本紀注、毛奇齡趙少府墓誌銘謂繼善實未死；他書亦有謂繼善降賊者，存之以俟考。〕安民不屈死。〔考曰：安民見明史張繼孟傳、蜀碧。〕嘉煒，山陰人，決堰還，遇賊射之，投水死。〔考曰：蜀碧云：嘉煒子慶騏，自浙走萬里求父屍不得，遇堰夫，告以死處爲三渡口，招魂葬焉。又毛奇齡趙少府墓誌銘略同。〕何教授者，失其名，坐明倫堂上，夫婦自縊死。〔考曰：本蜀碧。〕武臣之最著者：劉佳允，川北進士，偕文光赴浣花池死。同死者，總兵張奏功、世襲指揮馬震、張卜昌、羅大爵、劉鎮藩、阮士奇、參將徐蛟、都司僉書李之珍，或陷陣死，或巷戰死。〔考曰：諸書皆云出戰者劉佳允，惟明史稿則云總兵劉鎮藩出戰而敗，赴水死之。不言佳允，豈佳允又名鎮藩歟？按蜀碧則確是二人，並志之以俟考焉。〕給事中吳宇英、工部主事蔡如蕙聞蜀藩殉難，死。順天府治中莊祖詔同弟致仕按察司祖誥同罵賊死。大理寺正王秉乾驅闔家投井死。宣化府同知王履亨被執投江死。東流知縣乾曰貞以磚斃一賊死。皆致仕在籍者也。〔父子同死者二人：明經趙鴻偉及子進士昱，明經邱之坊及子庠生祖福，皆以賊召不應死。夫妻同死者二人：內江張於廉，致仕彭澤知縣也，與妻鍾氏同罵賊死；安縣監生李賓生，宣、大總督鑑之子也，與妻董氏並自縊死。賊大搜藩宗，朱氏兄弟某者投水死，妻李氏姐妹而娣姒也，聯袂投江死。諸生王某之妻熊氏罵賊死。又有聞蜀藩殉難死者，則郫縣舉人江騰龍。不應賊召死者，則諸生劉繼皐、費經世、劉宏芳，皆其姓名可考者也。〔考曰：本蜀碧。〕是役也，獻忠將盡屠蜀人，僞平東將軍孫可望流涕諫曰：「王轉戰十年，所過屠滅，無尺寸之地以守，非將士相從意也。今出萬死爭斯土，庶幾爲王成霸業耳。若又屠其衆，某等何用生爲！請王手中劍，刎頸先百姓死矣。」獻忠乃止。士民爭門，阻於城闉，不得出，驅之至中園；中園者，先主練兵處也，獻忠列其兵爲甬道，閱民而過之，壯婦少男，皆入其營中，父子夫婦相失散，巷市搜牢一空焉。〔考曰：明史稿曰：賊將戮人，忽有龍尾下垂，賊以爲瑞，遂停刑。〕

徐鼒曰：嘗聞明高皇諸子，蜀獻王好學，高皇呼爲蜀秀才，選名儒侍講幄，購藏圖書甚富。而世傳獻王得鴻寶之書於內府，子孫善黃白治化。然皆積不用，恃其都爲天險，無復遠慮。以祖宗之制不典兵，不與民事，故請餉弗聽，請召募弗聽。夫蜀自甲戌（一六三四）乙亥（一六三五）之間，賊兵蹂躪者再。亂之初生，既無曲突徙薪之智；死其將至，又無臨渴掘井之謀。火已燃眉，珠猶剖腹，此與福、楚諸藩頑愚一轍，亦可傷矣。自監司以下何以不書？不可勝書，則以大員冠之，亦書大學士范景文等死之之例也。

獻賊陷明崇慶，知州王勵精死之。

勵精，蒲城人。成都既陷，州人聞風先避，其僕勸之去，勵精不可，具朝服北面拜，復西向如禮，從容於甬壁書「孔曰成仁」數語。登樓,以利刃縛柱,貯火藥樓下。倏報賊騎渡江,縱火焚樓,觸刃貫胸死。所書字風雨不滅。後二十餘年,州人建祠祀之。祀畢,壁即頹,遠近歎異。

獻賊陷明新津、漢州。

新津拔貢王源,長邑人也,爲賊所執,與妻徐氏並不屈死。有袁氏者,諸生藍燦妻也,燦死於賊,袁氏聞而自縊。漢州江某妻陶氏,被執不辱,偕其子婦張氏罵賊死。又有張氏婦者,聞賊逼,自紉其衣,投井死。數日出其屍,顏色如生。

獻賊陷明彭縣、什邡。

賊將孫可望略彭縣,諸生祝丕傳負母逃,賊追及,求以身代母,不許,遂大罵同死。劉昌祚,亦諸生,被執不屈,死。魯城隍者,失其名;城隍其綽號也,被執至成都,大罵,賊割其舌噀血復罵賊,寸磔死。業醫徐履端者,赴水死。其女子死者,劉姓妻黄氏,死於雷打廟;趙姓妻官氏,先縊死其數女而後自縊;什邡顧姓妻賈氏,焚其室,偕子婦某氏縊死火中。

獻賊陷明縣州。

時關南道劉宇揚妻李氏、侍郎劉宇烈妻張氏、大學士劉宇亮妻宋氏避西山白崖溝,賊將劉文秀訪得之,三氏相謂曰:「吾姑昔日涪水遇盜,懼辱投水死,吾輩受汚,何以見姑於泉下?」同縊死。宇亮子裔盛受僞官,妻王氏曰:「汝可作賊官,吾不能作賊妻也。」亦縊死。

獻賊陷明緜竹,義民楊國杜戰死。

國柱，貢生可賢子也。先是，崇禎庚辰（一六四〇），獻賊犯緜竹，獲可賢，挾之曰：「汝子國柱守城，召之降，則免。」可賢佯許，臨城，語其子曰：「賊不滿千，汝第堅守，勿以我爲念！」賊殺之，至是城陷，國柱率士民數萬巷戰，力竭，駡賊死。典史卜大經偕其僕自縊死。邑民黄守學以孝聞，賊圍城，母柳氏自縊死。守學殮畢亦縊死。諸生陶修吉同妻龐氏被縛，中途投崖死。顧生妻留氏抱幼女投井死。文姓妻刁氏有美色，賊逼之，駡愈厲，支解死。楊生妻蕭氏、王姓妻袁氏，俱拒賊死。

獻賊陷明仁壽，知縣劉三策、舉人賈鍾斗、生員劉士愷、龍明新戰死。

三策，饒州舉人。賊至，誓死守，每謂人曰：「事迫矣，吾惟有不動心三字耳！」鍾斗、士愷、明新先後起兵拒賊，城陷，與三策俱死之。士女同死者：貢生顧鼎鉉，諸生陳素、陳應新、左灼及灼妻閔氏。又有辜氏女者，及笄未嫁，自刎死。或曰：三策死於十三年，是時死者爲顧繩詒。

明井研義民雷應奇起兵拒獻賊，不克，死之。

應奇素負俠氣，賊至，曰：「柰何郡縣無一殺賊者？」糾義勇拒於高境關，追至桑園，力殺數賊，死焉。

徐鼒曰：曰「戰死」，曰「不克死之」何？嘉其不徒死也。在野草莽之臣，無必死之義也。虎狼孔迫，雞犬皆驚，强者走險，弱者引決，非必皆西山之恥周粟，東海之奮秦帝也。其人與事爲鄉黨所耳熟者，學士聞而志之，而窮簷蔀屋之駢死無可考者，可勝數哉！有事可紀則別白書之，亦能執干戈以衛社稷則不殤之義也。

獻賊陷明汶川。〔考曰：蜀碧作汝川縣。按明史四川無汝川縣，汝川乃汶川之譌。〕

邑歲貢高仲選偕其子女投江死。

徐鼒曰：自陷崇慶以下悉不日何？無可考也，則以事類書之。

戊辰（十三日），明太后鄒氏至自河南。

太后至自河南，命靈璧侯湯國祚告於南郊，輔臣高弘圖、姜曰廣迎於郊外。次日，諭戶兵工三部搜括以備賞賜，御用監請一應器物並宮殿陳設金玉値數十萬兩。於是工部尚書何應瑞、侍郎高倬疏請節省，不聽。尋命修西宮之西園爲皇太后宮，封太后弟鄒存義爲大興伯。

明起前兵部右侍郎樊一蘅總督川、陝軍務。

一蘅，字君帶，宜賓人，萬曆己未（一六一九）進士，以知縣入爲吏部郎中，崇禎三年（一六三〇），遷榆林兵備參議。流賊多榆林人，又久荒，飢民益相挺爲盜，一蘅撫創殘，修戎備，討斬申在庭、馬丙貴，平不沾泥，累遷右參政，分巡關南。總兵曹文詔敗歿，羣賊迫西安，總督洪承疇令一蘅監左光先等軍，連破賊，又屢挫賊於漢中。十二年（一六三九），擢僉都御史，代鄭崇儉巡撫寧夏，被劾罷歸。十六年冬（一六四三）用，薦起兵部右侍郎，總督川、陝軍務，道阻，命不達，至是復申前命。

明起戍籍越其杰（亦作傑。）巡撫河南，兼轄潁、亳二州軍務。

時馬士英借危疆爲名，欲起阮大鋮爲河南巡撫，廷臣持不可，乃用其杰。其杰，貴州舉人。崇禎時，歷官按察司僉事，以貪遣戍，閒居金陵，士英之妹夫也，故有是命。

明命吏部察才品堪用者，發督撫軍前，補地方官。

史可法疏曰：「國家設四藩於江北，非爲江左偏安計也；將欲立定根基，養成氣力，北則爲恢復神京之計，西則爲澄清關、陝之圖，一舉而遂歸全盛耳。聖明在上，忠義在人，君父之仇恥特深，海宇之羣心競奮，乘時大舉，掃蕩可期，所慮者兵戈擾攘之中，不復有百姓耳！無百姓，何利於有疆土。故此時擇吏不緩於擇將，而救亂莫先於救民，所謂得一賢守如得勝兵萬人，得一賢令如得勝兵三千人，正今日之謂也。前此北都未破，求牧方殷，非不有破格之陞除，何曾收得人之實效。地有難易，缺有炎冷，兵荒破殘之區，卒舉而授之庸人，此豈白面書生所能勝任！目今人才告乏，東南缺員，安能復塡西北之缺，則銓選法窮，安得不改爲徵辟！往時保舉多係慕羶，故捷足蠅營，眞才裹足。今西北則危地也，危則人人思避，而眞從君父起念者，乃始投袂相從。宜令撫按司道及九卿科道，各舉才膽過人堪拯危亂者一人，赴臣軍前効用，酌補守令缺員，二年考滿，平陞善地；三年考選，優擢京曹。有靖亂恢疆功能殊異者，立以節鉞京堂，用示酬勸。再如江北、山東、河南一帶，有能保護地方爲民推服者，卽係桑梓之邦，亦可權宜徑用。總求天恩破格，假臣便宜，決不敢濫用匪人，自誤進取也。」王命吏部察廢員及舉貢監生才品堪用，願効力危疆者，咨發督撫軍前，以補地方缺官。〔考曰：本南都甲乙紀。〕

明中旨以張捷爲吏部左侍郎，吏科給事中章正宸爭之；不聽。

捷，丹陽進士，以知縣入爲御史。崇禎時，坐事除名贖徒。南都立，劉澤淸首薦捷，馬士英繼之，廷議多持不可，以魏國公徐弘基薦，遂內傳起故官。給事中章正宸以內批非制，爭之，得旨：「前解學龍薦葉廷秀亦徑批陞，何以寂無一言！」〔考曰：本南都甲乙紀。又明季遺聞云：以兵部侍郎解學龍薦內批原任戶部主事葉廷秀爲都察院堂官。〕

徐鼒曰：葉廷秀之內批不爭固已，張有譽之內批不嘗爭之乎？總之，有張捷、阮大鋮之內批，而姑以有譽、廷秀嘗之也。陳子龍之言曰：「爭之則已有前例」，是士英所以箝衆口夫。

丙子(二十一日)，明逮禮部員外郎周鑣、山東按察司僉事雷縯祚下獄。

鑣，字仲馭，號鹿溪，金壇人。父泰時，雲南布政使。鑣舉鄉試第一，崇禎戊辰(一六二八)進士，官禮部主事，抗疏論不當寵任內官，罷斥言官，崇禎帝怒，斥爲民，自是知名。鑣伯父尙書應秋，叔父御史維持，以黨附魏閹，列逆案，鑣深恥之。通籍後，即交東林，矯矯樹名節。阮大鋮之廢居金陵也，鑣與諸名士爲留都防亂揭帖逐之。大鋮懼，而匿身牛首山。或謂大鋮曰：「周鑣之名，以訐公而重，諸名士之黨，又以訐公者媚鑣。」於是大鋮怨鑣刺骨。鑣從弟鍾，與鑣以才相忌，各招致門徒，立門戶，兩家弟子遇於塗，不交一揖。鍾旣降賊，鑣門人徐時霖等益被以惡名。南都之議立君也，呂大器、姜曰廣主潞王，鑣與雷縯祚往來遊說，故馬、阮欲以此致二人於死。縯祚字介公，太湖人也。崇禎庚午(一六三〇)舉於鄉，崇禎帝思破格用人，命舉貢悉就銓用，凡二百六十三人，時號庚辰特用。縯祚得刑部主事，踰年，擢武德兵備僉事，劾督師范志完縱兵淫掠，折餉行賄，召入朝，與志完面質於中左門。縯祚因言周延儒招權及其幕客董廷獻通賄狀，延儒由是被放。志完誅，而令縯祚回任。縯祚初覬得總憲，故極意攻擊，及是頗沮喪，廷臣遂以是忌之。縯祚，曰廣之門人也。士英欲逐曰廣，乃令朱統鍡誣劾之，而指鑣、縯祚爲曰廣私黨，士英亦劾周鍾從逆，牽連及鑣。於是鑣與縯祚及鍾等俱逮治。鑣之叔父維持與鑣弟前蕭山知縣銓奏言：「家門不幸，鑣、鍾兄弟成隙，鑣私刻燕中紀事、國變錄諸書，僞撰勸進表、下江南策以誣鍾；且鏕於陛下登極首倡異謀，是鍾罪止一身，鏕實罪在社稷也。」獄急，鏕屬御史陳丹衷致書幣求解於士英，爲邏者所獲，丹衷坐謫。御史羅萬爵上疏痛詆鏕，且徧詆東林。明年三月，誅妖僧大悲，御史王懩因言：「斬百大悲，不如斬周鏕、雷縯祚；二人者，妖所由興也。夫眞主既出，海內帖然，乃今日冒稱皇子，明日冒稱皇后，希踵王郎故智，實由二人譏訕新政，造謗宮闈，故訛言繁興。若不立斬二人，恐魚腹藏書，狐號叢野，乘間竊發。」阮大鋮亦曰：「陛下龍飛之初，可爲寒心，曰廣尙不敢爲賈充，而縯祚公然欲爲成濟，宜立正西市。」會左兵犯闕，檄中有搆陷鏕、縯祚語，士英、大鋮益怒，謂二人實召左兵，趣賜自盡。乃各作家書，又互書先帝遺臣於腹，投繯死；遺命勿葬，如伍子胥抉目事，置棺雨花臺側，未浹月而南都破矣。

徐鼒曰：特書何？傷之也。鏕矯矯樹名節，而兄弟相殘賊；縯祚冀以攻訐獲光寵，皆未爲聞道者矣。何傷乎爾？是時馬、阮欲以黨禍殺清流，校尉四出，善類一空，馴致老成掛冠，晉陽興甲，倉皇泥馬，荆棘銅駝。人之云亡，邦國殄矣！同時逮者，有周鍾、項煜、光時亨、武愫，何以不書？誅所當誅，常刑也。〔考曰：繹史云：司寇高公倬擒鍾至，開新竹篦對衆杖之數十，斬於市。南略云：鍾殺於大中橋，臨刑謂衆曰：殺我天下遂太平乎？時年四十四。又談往云：項煜出獄，走慈谿，慈谿素惡之，沈諸河。〕

明贈吳三桂父勷遼國公。母祖氏遼國夫人。

劉澤淸請褒封吳勷，使三桂銜恩，劉孔昭奏：「三桂父子効忠，宜加殊禮。」時舉朝皆知三桂無心故國，而奸黨故欲崇之。

徐鼒曰：特書何？譏謬也。

明命王永吉戴罪總督山東軍務。

從高弘圖、何應瑞請也。

庚辰（二十五日），明選淑女及內官。

先是，八月丁巳（初二日）給事中陳子龍奏言：「中使四出搜採，有女之家黃紙帖額，閭井騷然，明旨未經有司，殊非法紀。又收還內員，慮市井無賴自宮希進，先朝若瑾若賢，皆壯而自宮者也。」御史朱國昌亦言：「歷選宮嬪，必巡司州縣開報，今未見官示，棍徒擅入人家。」乃命禁訛傳棍徒詐騙。二十五日庚辰，忽傳皇太后懿旨，遴選中宮。尋命選淑女於杭州。內官田成、李國輔分路廣選，隱匿者鄰人連坐，民間大擾，晝夜嫁娶，貧富良賤妍媸老少俱參錯，合城若狂。〔考曰：往浙內臣田成，野史亦云田壯國。〕

明賜北都死節諸臣謚，立旌忠廟。

正祀文臣二十八人：范景文贈太傅，謚文貞；倪元璐贈太保，謚文正；李邦華贈太保，謚忠文；王家彥贈太子少保，謚忠端；孟兆祥贈刑部尚書，謚忠貞；施邦曜贈左都御史，謚忠介；淩義渠贈刑部尚書，謚忠清；吳麟徵贈兵部右侍郎，謚忠節；周鳳翔贈禮部左侍郎，謚文節；馬世奇贈禮部右侍郎，謚文忠；劉理順贈詹事，謚文正；汪偉贈少詹事，謚文烈；申佳胤贈太僕寺少卿，謚節愍；吳甘來贈太常寺卿，謚忠節；陳良謨贈太僕寺少卿，謚恭愍；陳純德贈太僕寺少卿，謚恭節；王章贈大理寺卿，謚忠烈；許直贈太僕寺卿，諡忠節；成德贈大理寺卿，諡忠毅；金鉉贈太僕寺少卿，諡忠節；兆祥子孟章明贈河南道監察御史，諡節愍。勳戚則張慶臻諡忠武，鞏永固諡貞愍，劉文炳諡忠壯，劉文燿諡忠果。內臣則王承恩諡忠愍。疆臣則衛景瑗贈兵部尚書，諡忠毅；朱之馮贈右都御史，諡忠壯；周遇吉贈太保，諡忠武。其諸臣家之殉難婦女，建坊旌表。生員許琰，贈翰林院五經博士。〔考曰：許琰字玉仲，吳縣諸生，聞北都陷，祭告先祠，毀家募士，誓殺賊。五月五日，友出蒲酒觴之，琰擲於地，拂衣竟去，與諸生哭臨文廟。御史某者，鼓吹呵殿吉服入，琰突前褫其帶，叱責之，御史慚，謝罪去。投繯者再，以救不死，出投胥門江。適潞王泊舟江干，遣人馳救，召問故，泣對曰：「君仇不可不報，京師不可不復，逆寇不可不誅，臣子不可不死，吾非惡生也，將以愧今之食其祿而不能死其難者。」王大義之，適友人至，强拔之歸；家人固守之，伺間不得，宛轉哀號，絕粒月餘死。鄉人私諡曰潛忠先生，會弔者數千人，至是進士王曰俞以褒贈請，贈翰林院五經博士，從祀旌忠祠，詳南略。〕布衣湯文瓊贈中書舍人，立廟於雞鳴山，賜額旌忠。其不當從祀而濫與者：勳戚則李國楨、朱純臣以下十六人，內臣則李鳳翔、王之心以下六人，皆勳臣內璫之私人也。其姓名無足詳焉。

明改前大學士王應熊爲兵部尚書，總督川、廣、雲、貴軍務，賜尚方劍，便宜行事。

應熊，字非熊，巴縣人，萬曆癸巳（一五九三）進士，歷官大學士，甲申三月前事詳紀傳。時以張獻忠殘破四川，故有是命。

癸未（二十八日），明封總兵鄭芝龍爲南安伯。

芝龍，字飛皇，〔考曰：亦作黃。〕小字一官，福建南安縣石井人也。世爲府掾；七歲，戲拋石，中知府蔡善繼冠，擒訊之，奇其貌而釋之。長有膂力，蕩逸不喜讀，附海舶至日本，有倭婦翁氏，悅一官，遂聘焉，即延平王成功母也。海澄人顏思齊者，亡命日本，與其黨二十八人出沒臺灣、金、廈之間。思齊死，衆禱諸天，擲碗得聖筊而碗不破者，立爲主帥，一官三擲而碗不破，遂以爲主，改名芝龍。天啓六年（一六二六）三月，犯金門、廈門。四月，犯廣東之靖海。甲子（按：四月無甲子，此爲五月二十三日），地方當事者以蔡善繼有抛石不責之恩，擢爲泉州巡海道，芝龍詣泉州降。而巡撫朱欽相第令繳船隻軍器，候安插，芝虎說龍曰：「此欲散我黨羽耳。」乃揚帆去。崇禎元年（一六二八），犯閩之銅山，敗都司洪先春。犯金門，獲游擊盧毓英，芝龍縱之還，且曰：「朝廷苟一爵相加，東南可高枕矣。」都督俞咨皋，大猷之子也，檄千戶馬勝、百戶楊世爵勦之鎮海衛，敗死，乃大調兵船會勦。或議避之粵東，芝龍曰：「咨皋膏粱紈袴，徒讀父書，何足懼哉！」大破之浯嶼。咨皋遁入廈門，給事中顏繼祖糾之，咨皋褫職。於是芝龍縱横沿海，當事者莫敢問焉。秋七月，巡撫熊文燦從泉州知府王猷之請，遣盧毓英招之。芝龍降，重賂當道搢紳，惟少詹林釬不見其使，反其牘，背署之曰：「人有向善之心，而不與人爲善者，非也；與人爲善，而又因以爲利者，亦非也。」遂以義士鄭芝龍收鄭一官題奏委爲海防游擊，〔考曰：詳江東旭臺灣外紀。又南略載鄭芝龍小傳云：芝龍年十八，以戲父妾事覺，逃之洋舶。芝龍固姣好，賈商悅之，與俱，日就島主宴飲歌舞，島主有新寡女悅之，即延平王成功母也。逾年，附商舶歸，中途爲海盜所劫，盜嬖之。海盜有十寨，寨各有主，芝龍之主患痼疾，九主爲之宰牲療祭，芝龍泣求其主，乞祭後會飲爲放一洋，衆諾之，劫四艘直數十萬，於是芝龍之富逾十寨矣。其主死，芝龍遂主其寨，始通家耗。置蘇、杭兩京珍玩，興販琉球、朝鮮、眞臘，占城諸國，掠潮、惠、肇、福、汀、漳、台、紹之間。南略謂芝龍族姪壻翁某所述，宜可憑信，然謂芝龍爲漳州府人，已屬大謬，又其間情事多影響，不逮臺灣外紀之詳愼遠矣。〕積官至都督同知。劉香老之亂，按察使曾櫻以百口保芝龍，芝龍感激。八年乙亥（一六三五）四月，芝龍合粤兵擊香老於四尾遠洋，香老勢蹙，自焚溺死。〔考曰：南略云：芝龍幼習海情。海盜多故盟，自就撫後，海船不得鄭氏令旗，不能往來。每船例入三千金，歲入千萬計，自築城於安平，海可泊船，逕達海。其守城兵餉，不取於官，凡賊遁入海者，檄付芝龍，取之如寄。〕芝龍既平香老，遂以海利交通朝貴，寖以大顯。有同官陳謙者，嘗與芝龍盟於廣州。南都立，謙陳追勦三策，部議謂其切時務，且與閩帥交善，令齎勅書金帛獎諭芝龍，調其兵六千人入衞，歸鄭鴻逵統領。比啓勅書，乃誤書南安爲安南，芝龍愕然，謙曰：「安南則兼兩廣，若南安僅一邑耳，請留券而易詔。」芝龍大喜，厚贈而別，未復命，而南都陷。鴻逵，芝龍弟也，時充總兵官，次芝豹及猶子彩，〔考曰：諸書並以彩爲鴻逵子，今以事考之，殆不然也，故云猶子，以存疑。〕並爲水師副將。又有芝虎者，勇冠三軍，以征劉香老歿於海。

徐鼒曰：特書何？爲閩事張本也。閩之亡，由芝龍降也；芝龍之降，由陳謙死也。故據其始事以列於篇。

明命停文武官薦舉，禁非言官而上疏者。

明革楚撫王揚基任，聽勘。

尋命揚基與李乾德各帶罪往王應熊軍前理餉。

明中旨以阮大鋮爲兵部添註右侍郎，都察院左都御史劉宗周疏諫；不聽。

大鋮雖召對月餘，而廷臣爭之急，故起用之旨不遽下。安遠侯柳祚昌與大鋮相比，薦大鋮知兵，乃命添註兵部右侍郎，禁朝臣不得把持阻諫。劉宗周疏言：「當年爭吏垣，致魏大中死於詔獄，實大鋮主使。祖宗故事，大僚必廷推。迺者中旨屢降，司農之後繼以少宰，而大鋮又爲司馬，其墨敕斜封之漸，有不待問者。大鋮進退，實係江左興亡，乞寢命。」王不聽，尋命大鋮兼僉都御史，巡視江防。大鋮亦具疏曰：「天下事全被黨人斷送，今再不堪斷送矣！根基初安，寇敵交訌。凡我臣工，請問寇如何勦？敵如何款？兵如何招、如何練？餉如何足、如何運？藩鎮如何聯屬？寨衆如何撫安？君上之封疆與自己之性命，全然置之高閣，惟從事於搆鬬之場，不亦大夢不醒之甚邪！先帝神明英斷，原非喪邦之主，而諸臣必欲結黨以朦之，猷不獲展，謀不克成，欲用者必不得用，欲去者必不令去，諸臣之黨羽雖成，而高皇帝百戰之乾坤，先帝一家之性命，已破壞崩阻矣。把持誤國之臣究亦不免，縊者縊，拷者拷，髡者髡，其喪心從賊狼狽逃回者，天誅不漏，名臭身騈。回頭猛想其當初苦結黨以孤主勢者，自己亦何便饒利益之有哉！」疏繁不具錄，其巧詆文過如此。

徐鼒曰：雲間夏氏續幸存錄曰：「大鋮誓師江上，衣素蟒，圍碧玉，見者叱爲梨園裝束。」嗟乎，杖鉞麾旄之任，即倡優排演之場，國之不亡，安可得哉！大鋮疏何以錄也？孔子曰：「惡利口之覆邦家。」惡其言之足聽也，其所言，乃其所自狀夫！

我大清兵擊敗闖賊兵於府谷。

是月，自成僞總兵李過自新安糾賊三萬，犯府谷，逼大同。大兵擊之，殲殪過半，李過中創，竄歸綏德。

小腆紀年附考卷第八

前翰林院檢討加詹事府贊善銜六合　徐鼒　譔

九月丙戌朔，明高傑襲黃得功於儀眞之土橋，史可法乃和解之。

初，得功故守廬州，史可法慮傑跋扈，移得功於儀眞相牽制，傑故忌之深。登萊總兵黃蜚與得功同姓，稱兄弟，道出維揚，乞兵爲護，得功率輕騎三百，出高郵以迎。三叉河守備胡茂楨遽以報傑，傑疑其圖己，乃伏精卒中道，邀擊之，而別遣千人，間道襲儀眞。得功至土橋，解鞍下馬作食，伏兵猝起。得功出不意，亟舉鞭上馬，而飛矢雨集，所乘馬値千金，中矢踣，騰上他馬逸去。傑之遣兵也，戒必生致得功。有梟健十七騎，舞槊直前，得功大呼反鬬，奪其槊，人馬披靡。發腰間所餘七矢，殪七人；矢盡，揮長刀，復殪其三。跳入頹垣中，哮聲如雷，追者不敢逼，乃及於大軍以免，惟從行三百騎皆歿。傑所遣千人襲儀眞者，夜至。守將邱鉞、馬岱偵知，相與謀曰：「高兵來，以主帥他出也。姑以舊城委之，天明，主帥至，內外夾擊，吾事濟矣。」令士卒飽食，且休於城外，碁置炬火爲疑兵。傑兵疑，不敢進，望見炬火，以爲營盤也，砲矢齊發，夜半，與火藥俱盡，馬岱開門出擊，盡殲之。得功還聞知，益大怒，自以於同事無纖芥嫌，一朝見襲，瞋目切齒，誓與傑決死戰。可法命監軍萬元吉解之百端，而詗者謂得功兵且至，傑大言曰：「曩千人，維揚猾少，吾故驅之，假手黃君，吾之士卒詎至於敗也。」

會得功有母之喪，可法入弔，立而語之曰：「土橋之釁，無愚智知傑不義；今將軍以國故親故，蠲盛怒，使歸其曲於高，而將軍收名於天下也。」得功色稍和，然以失亡三百騎爲憾，可法命監紀應廷吉等如傑營，曰：「靖南聽我矣，君何愛百騎而害大事乎！」傑如命償馬，馬羸多斃，可法自出三千金代之償；又令傑以千金爲得功母賵，憾始稍解焉。

徐鼒曰：「乃」者何？難詞也。既不能以德化，而又不可以法制，不得已而和解之者，其事愈卑，而其勢亦愈難矣。

明復前薊督趙光忭官。

明布衣方翼明疏劾馬士英，下之獄。

翼明，浙江奉化人。

明以都督僉事張成福充山東、河北總兵官。〔考曰：聖安本紀作張福成，南都甲乙紀作張成禮，今從明史稿。〕

從馬士英請也。

明高傑請瓜州、泰興、邵伯鹽稅助軍。

時四鎭私設行鹽理餉總兵監紀等官，自畫分地，商賈裹足，民不聊生。

辛卯（初六日），明福王御經筵。

明命撰起居注。

從高弘圖請也，尋設起居注六員，珥筆記事。

明裁各省布政使司右布政使。

明逮湖廣巡按御史黃澍，不至。

初，錦衣衛劉僑以罪遣戍，私以玉杯古玩由周文江進於獻賊，賊即署爲指揮使。比左良玉兵復蘄、黃，僑削髮遁，澍持之急，而士英納僑賄，召至京，復其職，即令以私書訐澍受賂，澍疏辨。〔考曰：南略云：七月二十二日丁未，黃澍辨馬士英見誣疏云：麻城劣生周文江爲獻賊兵部尙書，有錦衣遣戍劉僑託文江進美妾玉杯古玩數萬金於獻，即用僑爲錦衣大堂，比左良玉恢復蘄、黃，僑削髮私遁，尋送赤金三千兩，女樂十二人於士英，今年四月，士英委黃鼎署印麻城，麻城洶洶幾亂，鄉紳請臣彈壓，僑獻銀三千兩助軍。臣批云：正苦無糧，眞可愧挾貲以媚賊者，仰即收貯。臣言隱而諷矣。既還武昌，黃鼎代爲解銀一千兩、玉帶二圍、珠冠一頂。臣又批云：軍中無婦人，何用珠冠；大功未成，不須玉帶，仰即變價濟餉。臣巡方衙門收支皆有司存，士英以僑私書爲言，試命將臣原書呈覽，則清濁立見矣。〕士英又嗾楚宗室朱盛濃訐澍凌逼宗室，己隨疏糾之，擬旨奪官逮問。澍乃匿良玉軍中，陰令衆譁索餉，再逮皆不至。士英由是與良玉有隙。

徐鼒曰：特書何？傷王之不綱而臣之交訌也。春秋之義，有所挾以抗君命者皆爲叛，倚强藩爲逋藪，視王命爲弁髦，豈俟徽州之役而始決爲不臣也哉！

明修思宗實錄。

甲午（初九日），明太子太保東閣大學士姜曰廣罷。

曰廣旣連被汚衊，求罷益力，陛辭日，至御殿，羣臣陪列。曰廣曰：「微臣觸忤權奸，自分萬死，聖恩寬大，猶許歸田。」馬士英勃然曰：「我爲權奸，汝且老而賊矣！」即叩頭言：「臣從滿朝異議中，推戴皇上，願以犬馬餘生歸老貴陽，避賢路。如陛下留臣，臣亦但多一死。」曰廣叱之曰：「擁戴是人臣居功地邪？」士英曰：「我無功，以汝謀立潞藩故有功耳。」王曰：「潞王朕之叔父，賢明當立，兩先生毋傷國體。」既出，復於朝門相詬罵。曰廣骨鯁廉介，有古大臣風，扼於奸邪，未竟其用，天下惜之。

乙未（初十日），明都察院左都御史劉宗周罷。

宗周再疏乞休，許馳驛歸，臨行，復疏陳五事：「一曰修聖政，毋以近娛忽遠猷。國家不幸，遭此大變，今紛紛制作，似不復有中原志者。土木崇矣，珍奇集矣，俳優雜劇陳矣，內豎充庭，金吾滿座，戚畹駢闐矣，讒夫昌，言路阨，官常亂矣，所謂狃近娛而忽遠猷也。一曰振王綱，毋以主恩傷臣紀。自陛下即位，中外臣工，不曰從龍，則曰佐命。一推恩近侍，則左右因而秉權；再推恩大臣，則閣部可以兼柄；三推恩勳舊，則陳乞至今未已；四推恩武弁，則疆埸視同兒戲。表裏呼應，動有藐視朝廷之心；彼此雄長，即爲犯上無等之習。禮樂征伐漸不自天子出，所謂褻主恩而傷臣紀也。一曰明國是，毋以邪鋒危正氣。朋黨之說，小人以加君子，釀國家空虛之禍，先帝末造可鑒也。今更爲一元惡稱寃，至諸君子後先死於難，死於殉國者，若有餘戮。揆厥所由，止以一人進用，起無限風波，動引三朝故事，排抑舊人，私交重，君父輕，身自樹黨而坐他人以黨，所謂長邪鋒而危正氣也。一曰端治術，毋以刑名先教化。先帝頗尙刑名，而殺機先動於溫體仁，殺運日開，怨毒滿天下。近如貪吏之誅，不經提問，遷科罪名，末科罪名，先追贓罰。又職方戎政之奸弊，道路嘖有煩言，雖衞臣有不敢問者，則廠衞之設何爲！徒令人主虧主德，傷治體，所謂急刑名而忘教化也。一曰固邦本，毋以外釁釀內憂。前者淮、揚告變，未幾而高、黄二鎮又治兵相攻。四鎮額兵各三萬，不用以殺敵而自相屠戮，日煩朝廷講和，今日遣一使，明日遣一使，何爲者！夫以十二萬不殺敵之兵，索十二萬不殺敵之餉，亦必窮之術耳。若不稍裁抑，惟加派横征，蓄一二蒼鷹乳虎之有司，以天下殉之足矣，所謂積外釁而釀內憂也。」王優詔報聞。宗周以宿儒重望，爲海內清流領袖，既出國門，都人士聚觀嘆息，知南都之不可有爲也。

明戶科給事中吳适疏留姜曰廣、劉宗周，不聽。

适，字幼洪，號静齋，長洲人。崇禎丁丑（一六三七）進士，以知縣行取，南都立，官戶科給事中。疏言維新五事：「一曰信詔旨。朝廷之有絲綸，所以彰示臣民，俾知遵守。邇因事變錯出，前後懸殊，用人之途，始愼而繼以雜；誅逆之典，初嚴而終以寬。禁陳乞矣，而矜功誦寃者章日上；重爵賞矣，而請廕乞封者望日奢；鎭帥屢責進取，而逡巡不前；軍需頻督轉輸，而庚癸如故；欲期畫一，宜重王言。一曰核人才。人才爲治道所從出。頃者典籍無稽，錢神有徑，人思躍冶，初任輒冀清華；官多借題，行間每增監紀。羶逐之謀愈切，卸擔之術偏工，起廢而薰蕕並進，懸缺則暮夜是求，以致薦牘日廣，啓事日登。今後求才務寬，用人務嚴，寧重嚴於始進，毋追恨於僨轅。一曰儲邊才。將帥之略，豈必盡出武途，如唐之節度，文武兼用，內外互遷。請飭中外，蓬蓽之彥，非韜鈐之略勿講；辟舉之選，非軍旅之才勿登。拔勇騎射，日日講求，共激同仇，以振積懦。一曰伸國法。陷北諸臣已有定案，但恐此輩輦金求翻，既以寬其不死者，昭皇上之浩蕩，尤當以絕其覬用者，明臣子之大防。一曰明言責。祖宗設立六垣，與六部相表裏，是故糾彈之外，復有抄參。倘掖垣僅取充位，則白簡只貴空懸。抄發本章，一胥吏事，豈先王設官意哉。望陛下亟進讜言，見諸施行，毋批答徒勤，而實効罔著。」又疏言：「國恥未雪，陵寢成墟，豫東之收復無期，楚、蜀之摧殘頻甚。又況畿南各省到處旱灾，臣鄰消長多虞，將帥玄黃搆釁。伏惟陛下始終兢惕，兼倣祖制早午晚三朝，勤御經筵而親儒臣，尚茅茨而省工作，嚴爵賞而重名器，諸凡無藝之征，一概報罷。被灾之地，確覈酌緩。墨吏必懲，蠹胥必殛，根本之計，孰大於此！」尋又疏請「定期日講，舉行午朝，俾閣部大臣以及台垣散秩，咸得躬膺清問，即於披對之餘，探疾苦以疏民隱，核功罪以勸疆臣，明是非以黜邪佞」。及曰廣、宗周同時去位，适又抗疏言：「曰廣、宗周歷事五朝，忠心亮節久而彌勁，應亟賜留。」疏入，皆不聽。

明吏科給事中熊汝霖疏陳時事，詔奪俸三月。

汝霖，字雨殷，餘姚人。崇禎辛未（一六三一）進士，由知縣以治聲擢戶科給事中。尋以言事忤旨，謫福建按察司照磨。南都立，起原官，轉吏科。汝霖言：「諸臣爭誇定策，罔計復仇，始之武與文爭，繼而文與文角，殿廷之上無人臣禮，此豈立國之規哉！」馬士英銳意起大鋮，汝霖言：「陰陽消長，間不容髮，國家必欲求奇才，草澤中尚不乏人，何至擇及丹書，閣臣此舉，無乃負先帝負皇上乎！臣自丹陽來，知浙兵爲邊兵所擊，火民居十餘里。有言四鎮以殺掠獲封爵，我亦何憚而不爲。臣意四鎮必毅然北征，一雪此恥，今戀戀淮揚，何也？況一鎮之餉多至六十萬，勢必不能供，卽倣古藩鎮法，亦當在大河以北開屯設府，曾奧窔之內而遽以藩籬視之乎！」及大鋮起佐兵部，汝霖言：「旣以大鋮爲知兵，當置之有用之地；若但優游司馬，樞輔已饒爲之，何須添置！」旣而曰廣、宗周相繼去位，汝霖乃疏言：「臣觀目前大勢，卽偏安亦未可穩，兵餉戰守四字改爲異同恩怨。朝端之上，玄黄交戰，卽一二人之用舍，而始以勳臣，繼以方鎮，固圉恢境之不講，而舌鋒筆鍔之是務。俄以匿帖而逐舊臣矣，〔考曰：南都甲乙紀八月十一日丙寅，長安街遍黏匿名帖指謗吳甡、劉宗周，皆李沾所爲。〕俄以疏藩而參宰輔矣。輔臣曰廣，忠誠正直，海內共欽，么麽小臣，聽誰主使，且聞上章不由通政，內外交通，飛章告密，墨敕斜封，端自此始。近復中外喧傳，將復廠衞。夫廠衞樹威牟利，縉紳慘禍所不忍言，小民雞犬亦無寧日，此尚可爲國乎！先帝憂勤十七年，曾無失德，而廠衞一節未免府怨臣民。今日締造之初，如育嬰孩，調護爲難，豈可便行摧折！陛下試思先朝之何以失，卽知今日之何以得。先帝篤念宗藩，而聞寇先逃，誰死社稷，保舉換授，盡是殃民，則今何以使躍冶不萌而維城有賴。先帝隆重武臣，而死綏敵愾，十無一二，叛降跋扈，肩背相踵，則今何以使賞罰必當而惠威易行。先帝委任勳臣，而官舍選鍊，一任飽颺，京營銳卒，徒爲寇藉，則今何以使父書有用而客氣是屏。先帝簡任內臣，而小忠小信，原無足用，開門延敵，且噪傳聞，則今日何以使柄無旁操而恩有餘地。先帝不次擢用文臣，而邊才督撫，誰爲捍禦，超遷宰執，羅拜賊廷，則今何以使用者必賢而賢者必用。」疏入，奪俸三月。踰月，以奉使淮南，陛辭，疏言：「朝端議論日新，官府揣摩日熟，自少宰樞貳悉廢廷推，四品監司竟進詹尹，追贓定罪無煩司寇。蹊徑疊出，謠諑繁興。一人未用，便目滿朝爲黨人；一官外遷，輒訾當事爲可殺。市井狡獪，眈眈得官，置國卹於罔聞，逞私圖而得志，黃白充庭，青紫盈路，六朝佳麗，復見今時，獨不思他時稅駕何地邪！」不報。

徐鼒曰：觀汝霖疏思宗云：「自戒嚴以來，疏凡二十上，百不行一，而所揣敵情，不幸言中。」蓋冀思宗之悔悟也。顧以言過激而得罪。夫思宗之憂勤，猶聽之不聽若是，南都君相復何責哉！

明命黃斌卿移屯九江，鄭鴻逵屯鎮江，黃蜚屯蕪湖采石。

丁酉（十二日），明以王之綱爲總兵官，鎮守河南。

之綱，宛平人，官中軍都督府都督同知。至是，掛盪寇將軍印，充總兵官，守河南。〔考曰：時左良玉部將中亦有王之綱者，性殘忍，好以人爲糧，裸而懸之，灌沸湯以蕩其肺腑，而後烹之。別號摃子，百姓聞其名，皆奪魄。楚紳士祝世英、樊維城、劉宗祥皆爲所殺。是否兩人，附識之以俟考焉。

明敘江北文武多年戰功，加馬士英少傅，仍兼太子太師、建極殿大學士，廕一子錦衣衛指揮僉事，世襲。

徐鼒曰：敘多年戰功何？遠無可稽之詞也。備書何？愧之也。

明以王瀠爲右僉都御史，巡撫登、萊、東江等處。

明以牟文綬爲總兵官，鎮守荊州。

時荊州未復，命文綬自施夷衛收集士兵，出夔州以圖之。

明以王允成署總兵官，鎮守岳州。

明命黃得功移駐廬州，以防桐、皖，劉良佐進復黃、汝，高傑移駐徐州，進復開、歸。明興平伯高傑率兵赴鎮。

史可法銳意復中原，出巡淮上，閱澤清、良佐軍，虛夸不足用。惟高傑所統四萬人皆山、陝勁卒，欲使爲前鋒，念其人雖暴抗，然慷慨識機變，可說而動，乃與傑往復論事，多所獎借。有僧德宗者，談禍福奇中，傑亦折節稱弟子，問曰：「弟子他日得免於禍乎？」僧曰：「居士起擾攘，今歸朝爲大將，爲通侯，此不足爲居士重，惟率衆從史居士，儒家稱聖人，我法所謂菩薩，與之一志併力，可謂得所歸矣。徒問老僧，無爲也。」傑不覺斂容服。傑之妻邢氏，饒權智。傑嘗語人曰：「吾以自助，非貪其色也。」邢氏見可法出至誠，乃亦勸傑傾心。可法喜曰：「吾事集矣。」乃命王相業監其軍，奏李成棟、賀大成、王之綱、李本深、胡茂楨爲大將，曰速驅之，可以專制河南，而傑以將吏妻子暴露野次爲辭，請入居揚州，紳民多震動。可法自遷於東偏行署，以督府爲之舍，邢氏約其兵聽節制，始安堵，傑乃治裝行。九月之十日，祭旗，疾風折大纛，西洋砲無故自裂，傑曰：「此偶然耳。」遂於十月十四日登舟。時推官應廷吉私謂人曰：「旗斷砲裂，已爲不祥；今十四日俗稱月忌，又爲十惡大敗；何故登舟？」時可法方圖河南，郎中黃日芳、僉事陸遜之叩之廷吉，廷吉曰：「明年太乙在震，角亢司垣，始擊掩壽星之次，法當蹶上將。天下事未可知也。」已而師竟無功。廷吉，字棐臣，鄞縣人。天啓丁卯（一六二七）進士，知碭山縣，左光先薦其才，擢淮安府推官，赴督師軍前，爲監紀。廷吉精天文，用句股三式之學，可法倚之。

徐鼒曰：高傑書爵何？予之也。跅弛不羈之才，而能服銜勒，爲人用者，良馬也；臃腫拳曲，不中繩墨之木，而能爲匠石用者，良材也。傑擾攘起家，殘忍好殺，而能感史閣部之忠，改行革心，誓師進取，其視澤清、良佐輩之頑嚚比周，蓋天壤矣，君子所以嘉改過哉！

明追賜開國功臣、靖難死節、武熹兩朝忠諫諸臣封謚。

徐鼒曰：何以書？譏也。然則封謚未當乎？是皆二百年來所宜昭雪褒䘏者也。何以譏？梓宮藁葬，宗社陸沈，臥薪嘗膽之秋，豈潤色太平之事乎！

甲辰(十九日)，明以吏部右侍郎黃道周爲禮部尙書，掌詹事府事。

道周，字幼平，漳浦之銅山人也。銅山在孤島中，有石室，自幼坐臥其中，故其門下士稱爲石齋先生。少家貧，讀書羅浮山，山水暴漲，墜澗中，溯流而出，遇異人，授以讀書之法。過目不忘，爲文典奧，原本經術。〔考曰：本繹史。又史外云：家貧業農，年二十四，始發憤讀書，不屑應童子試，郡縣禮聘之始出，與繹史小異。〕登天啓壬戌(一六二二)進士，改庶吉士，歷編修，擢右中允，以論楊嗣昌下獄，謫戍辰州。嗣昌敗，召道周還，復故官，道周遂稱病歸，詳見紀傳，不具錄。南都立，起吏部右侍郎，道周不欲出，士英遣人諷之曰：「人望在公，公不起，欲從史可法立潞王邪？」道周不得已乃趨朝，陳進取九策，至是陞禮部尙書，掌詹事府事。見朝政日非，乃自請祭告禹陵，臨行上言：「今欲東收兗、濟，北略漳河，西取應、安，然後問洛陽之鐘虡，掃成德之松楸，上規天壽，此曠日持久，其道誠難。必如臣愚計，得一沈鷙之將，簡士三萬，齎糧百日，出贛榆韋橋，東踰破車，度臨朐，歷博興，直上鹽山，抵滄州。此間千四百里皆荒曠，如升虛邑。惟臨朐、安邱、樂安、陽信之間，稍有屯聚，可因糧而食。盡七晝夜至武清，渡白溝，出其不意，從天而降。然後致陛下哀痛之意，祭告灑掃於十二陵，與長安士民抆淚而覲九廟。還則兵分兩道：一下臨清，以收兗、濟；一下邯鄲，以收彰、衞；其用力甚少，奏功甚鉅，此耿弇所發憤於祝阿，劉裕所歡呼於大峴也。」夜泊龍江關，夢高皇帝至，厲聲曰：「卿舍我去邪？」道周製一衣，刺「大明黃道周」於裾，語門人曰：「南都必敗，當以識吾屍耳。」

明以左良玉子夢庚掛平賊將軍印。

良玉舊爲平賊將軍，旣封藩，乃以印畀其子。

徐鼒曰：特書何？譏也。孱主之於强藩，猶慈母之於驕子，日思結其懽，惴惴焉恐不得一當，固其驕悍之性不可馴，亦其君父之有以長其惡也。夫良玉之跋扈，固不假其子之助虐；而主威日輕，胡以立國！唯名與器，不可以假人，尙其戒之哉！

明令童生納銀，免府州縣試。

馬士英請免童生府州縣試，上戶銀六兩，中戶四兩，下戶三兩，徑送學院收考，其銀以充兵部招練軍器之用；從之。已而溧陽知縣李思謨竟以不令童生納銀，降五級。

明禁擅立官戶。

命鄉官與監生齊民較田多寡，一體當差，不得擅立官戶。

明命河南巡撫越其杰募兵屯田。

給其杰銀十五萬，令自募兵屯田。

丙午(二十一日)，明督師大學士史可法視師清江浦，以圖中原。

可法於二十一日丙午駐清江浦，奏以李成棟爲徐州總兵官，賀大成爲藩標先鋒，總兵官陸遜之爲大梁屯田僉事，胡蘄忠知睢州，冷時中爲開封通判，李長康爲開封推官，以經略中原。命標下總兵李世春駐泗州，張天祿駐瓜州，許大成領忠貫營李栖鳳駐睢寧，劉肇基駐高家集，張士儀駐王家樓，沈通明駐白洋河，馬應魁爲中軍副將，翟天葵、陶匡明爲旗鼓，汪一誠爲參將，以分任防河副使黃鉉、主事何剛、知縣吳道正分理糧餉，知縣應廷吉爲軍前監紀。〔考曰：本青燐屑〕又與諸鎮分汛地，聽自擇便利；其王家營而北至宿遷，最衝要，可法自任之，緣河南岸築壘焉。時高傑刻期進取開、歸，可法亟請餉於朝，而馬士英以鎮將與可法協爲不利己，陰裁抑之。可法因疏言：「臣皇皇渡江，豈直調和四鎮哉？朝廷之設四鎮，豈直江北數郡哉？高傑請進取開、歸，直擣關、洛，其志甚鋭。臣於六月請糧，今九月矣，豈有不食之卒可以殺賊乎！」士英益靳之不發，數詔趣出師，可法舉示四鎮，皆曰：「不給我餉，而責我戰乎！」由是坐困。既而阮大鋮遷兵部尚書，高、姜諸賢相繼去位，可法乃上言：「近來人才日耗，仕路日淆，由名心勝而實業不修，議論多而成功絶少。遇清卿台省，則曰謀猷經濟非其人不可；遇錢穀之任，則曰此危地何爲困我。此推彼卸，始付庸人，倏用倏更，有同兒戲，即偶出特簡，亦必百計求全，非託病則棄官，曾無爲國家實心任事者，以致敗壞至此。今事勢更非昔比，必專主討賊復仇，舍籌兵籌餉無議論，舍治兵治餉無人才。有摭拾浮談，巧營華要者，罰無赦。停不急之官，罷不急之務，俾大小臣工併力恢復，則中興之業可成。」王優奬之，而不能行。又言：「欲用大鋮者以才，爭大鋮者以逆案也。大鋮即可用，何必罪爭者；即不可用，當採羣議，何至以一人壞天下事乎！」不聽。

徐鼒曰：大書特書何？從綱目書丞相亮治兵漢中之例也。然則何貴乎爾？亮之言曰：「鞠躬盡瘁，死而後已！」此萬世人臣之則哉！

明稱福恭王陵爲熙陵。

即皇考恭皇帝陵也，尋議建特廟。

明命僉都御史湖北巡撫何騰蛟仍舊職。

騰蛟字雲從，貴州黎平衞人，天啓辛酉（一六二一）舉人。崇禎中，知南陽縣，地當衝要，數摧賊鋒。又從巡撫陳必謙破賊安皋山，幷討平土寇，能聲大著。遷兵部主事，進員外郎，出爲懷來兵備僉事，調口北道。丁母憂，巡撫薦其才，將奪情，固辭歸，服闋，起淮、徐兵備，境內肅然。癸未（一六四三）冬，晉右僉都御史，巡撫湖北。時湖北盡陷，止武昌一府爲左良玉屯軍所，騰蛟與良玉交驩，一軍帖服。福王之立也，詔至，良玉部下有異議，騰蛟乃以劍自隨，曰：「社稷安危，繫此一舉；倘不奉詔，當以此身付三尺劍耳。」會江督袁繼咸暨良玉所寘正紀官盧鼎力請開讀如禮，事乃定。時朝議將遷騰蛟他省，命丁魁楚巡撫承德、襄陽等處，兵部員外郎李向中疏言：「臣鄉湖廣，窮民散亂，軍旅空虛，萬一逆賊競武昌，則江南豈得安堵？臣謂荆、襄宜設重鎭，募大兵以據上游，與淮、鳳諸處相犄角，使賊騎不得馳驟漢、廣，庶可保障江南。且承天爲陵寢重地，應早爲整頓，左鎮駐劄武昌，隱有虎據在上之勢，而撫臣何騰蛟，一腔忠義，千里干城，小民依之，若嬰兒之求慈母，將士信之，若手足之應腹心；亦可謂上下相安，而軍民各得者矣。近聞有陞遷別省之說，夫保江南不在逼處江干，而在扼其要領，則臣省荆、襄，最爲急矣；安臣省者，拒賊猶後，而馭兵爲先，則撫臣其不可更矣。」乃命丁魁楚另用，騰蛟仍撫湖北，尋晉兵部右侍郎，兼撫湖南，而改魁楚總督兩廣軍務。〔考曰：李向中疏見某氏大事記。〕

徐鼒曰：明史、三王紀略及溫氏繹史，俱云命丁魁楚另用，何騰蛟兼撫湖北，誤也。騰蛟爲湖北巡撫久矣，未改他命，何云兼撫。蓋是時丁魁楚有巡撫承德、襄陽之命，騰蛟將遷他省，故李向中之疏云云也。曰仍舊職者，紀實也。

庚戌（二十五日），明開佐工事例。

武英殿中書銀九百兩，文華殿中書千五百兩，內閣中書二千兩，待詔三千兩，拔貢一千兩，推知銜二千兩，監紀職方萬千不等。時爲之語曰：「中書隨地有，都督滿街走，監紀多如羊，職方賤如狗。相公只愛錢，皇帝但吃酒，掃盡江南錢，塡塞馬家口。」明年二月，授輸納富人翰林待詔，更有「翰林滿街走」之語。然止兩殿中書及改貢者銀入於官，其職方、待詔、監紀、追贓、起廢，則向權門投納，故御史郝某又有官買私賂，量出剩餘助公之疏也。

徐鼒曰：自納粟拜爵之事興，而變本加厲者，爛羊屠狗，胡可問焉。傳曰：作法於貪，弊將若之何？仲尼所以惡作俑者夫。

明許都餘黨復亂，奪浙江巡撫黃鳴俊〔考曰：一作駿。〕官，逮前巡按御史左光先。

八月，義烏、東陽許都餘黨復亂，鳴俊奏光先誘殺許都，不行善政，以致煽動。王諭在朝浙臣直奏，兵科陳子龍前說都歸命者也，常以殺降負都爲恨，言東陽再亂，因縣官誅求激變，乃逮前東陽令姚孫棐。〔考曰：南略多譌舛不足據，然此處作姚孫棐似較諸書可據。他書孫棐作孫榘。按朱彝尊明詩綜：孫榘字心甫，天啓壬戌進士，知龍游、晉江二縣，擢御史，謫上林典簿，遷主事，歷郎中、尙寶司卿。自另是一人，或因同爲浙東知縣而誤傳。〕光先以庇孫棐同逮，奪鳴俊官。光先爲光斗弟，又嘗劾阮大鋮，故大鋮欲以激變陷之，朝士無敢言者。蘇、松巡撫祁彪佳獨言：「許都之變突發，東陽、義烏、浦江皆無堅城，光先調兵措餉，不一月而元兇授首，兩浙復安。夫弄兵揭竿，至於破城據邑，其罪豈不當死？當日兵威所迫，賊已窮蹙而後乞命，與陣擒無異，非誘降也。設誅勦不力，養虎貽患，國難方張，事何可問？豈可反以激變罪之乎？」於是大鋮並切齒彪佳焉。〔考曰：本某氏甲乙編年。〕

徐鼒曰：子龍、彪佳皆忠誠純白君子也，其論許都事胡分茅設蕝之若是！子龍說都降，而不能全都之命，我負伯仁，心所慚恨；彪佳據法以言之，則都豈有生理哉！君子之心，各有當也，何必同！

明再賞定策功，加李沾都察院左都御史，逮前侍郎呂大器。

明進封朱國弼保國公。

明停宗室換授。

是年冬，齊藩宗長知域等請換授官，不許。

明諭吏、兵二部量用北來官。

時陷賊諸臣南還，史可法言：「諸臣原籍北土者，宜令投呈吏、兵二部，註名錄用，否則絕其南歸之心。」又言：「北都之變，凡屬臣子皆有罪，若在北者始應從死；豈在南者獨非人臣！即臣可法，謬典南樞，臣士英叨任鳳督，未能悉東南兵甲疾趨北援；鎮臣澤清、傑以兵力不支，折而南走。是首應重論者，臣等罪也。乃因聖明繼統，斧鉞未加，恩榮疊被；而獨於在北諸臣毛舉而概繩之，豈散秩閒曹責反重於南樞鳳督乎？宜摘罪狀顯著者，重懲示儆；若僞命未汚，身被刑辱，皆當姑置不問。其曹，逃避北方，徘徊後至者，許戴罪討賊，赴臣軍前効力。」廷議並從之。

徐鼒曰：昔李綱作相，首嚴邦昌僞命之誅，而論者咎其失策，豈輕名節哉？王業艱難，政宜含垢；以故鄴士通袁，孟德手焚其牘；黃權降魏，昭烈不罪其孥，非徼安反側之心，亦以寓招徠之意。此其事惟史公能變通之，而非蕺山、石齋諸賢所肯出者也。

甲寅（二十九日），明吏部尙書徐石麒罷。

石麒剛方清介，下吏寒士有才者汲引不遺餘力，與人言移日不倦，而不可干以私。中貴田成輩納賂請屬，拒不應。時馬、阮植黨樹私，權傾中外，石麒以法裁之。士英欲得侯封，諷司禮監韓贊周入言之。石麒奏曰：「世宗以外藩入繼，將封輔臣伯爵，而楊廷和、蔣冕謙不受。今國恥未雪，諸臣列土自榮，不愧廷和等邪！且俟海內清晏，議之未晚。」又言：「恭王殉難，先帝尙遺一勳臣、一黃門、一內侍審唁具殮；今先帝梓宮何處，封樹若何？僅遣一健兒應故事，則羣臣之悲思大行祇具文耳。」

士英惡之。御史黃耳鼎、陸朗有物議，石麒以年例出之。朗賄奄人內傳留用，石麒發朗內通之罪。朗恚，詆石麒。耳鼎亦疏訐石麒枉殺陳新甲以敗和局，士英助之。石麒乃歷陳自有東事以來主款之誤，且言：「先帝之誅陳新甲也，曰陷我七親藩，七藩之中，恭皇帝居一焉，皇上忘之乎？」因引疾乞休。命馳驛去，其後死於嘉興之難。

明淮、揚巡撫田仰疏爲劉澤清請餉。

澤清在淮安，選義坊之健者入部，肆掠於野。仰無如何，乃爲請餉。王曰：「東南額餉不滿五百萬，江北已給三百六十萬，豈能以有限之才，供無已之求？」不許。或問澤清：「敵來則若何？」曰：「吾立福主，此地供吾休息；萬一有事，則擇江南一善地去耳。」澤清粗解文義，貌如書生，而性殘忍，平居畜兩猿。一日，宴其故人子，酌酒金甌中，呼猿捧之跪送客。客以猿狀猙獰，逡巡不敢受。澤清笑曰：「若怖乎？」命取囚來，撲階下，刳其肝腦，和酒置甌中付猿，捧之前，飲嚼立盡，顏色自若。

明劉澤清殺副總兵劉孔和。

孔和，字節之，長山人，故大學士鴻訓子也。性豪邁，工詩文，北都陷，起兵長白山，殺僞縣令，聞王師已破賊，遂率衆南下；澤清使客說之，因以兵屬焉。澤清嘗爲詩示坐客，衆交口譽之，孔和不語，强問之，則大言曰：「國家舉淮東千里付足下，不聞北向發一矢，詩卽工，何益國事；況未必工邪？」澤清怒，罷酒，坐客皆震懾。孔和拂衣徐出，澤清呼壯士二十人，追及舟中，拉殺之。時朝命爲副總兵，命下，而死已三日矣。

徐鼒曰:此事日月不可詳,姑類志之。顧炎武聖安本紀謂澤清弑叔父劉孔和,蓋當日傳聞之誤也。或曰同里,或曰同姓,專殺則有之,故曰殺副總兵。

冬十月乙卯朔,我大清世祖章皇帝定鼎北京。

明鑄「弘光通寶」錢。〔考曰:南都甲乙紀載於初三日丁巳。〕

丙辰(初二日),明以鄭芝龍爲總兵官,鎮守福建。

丁巳(初三日),明錢謙益疏頌馬士英功,雪逆案寃。

謙益以定策異議自危,遂諂附馬、阮以自解。士英欲起用蔡奕琛、楊維垣,恐物論不容,以謙益人望也,屬薦之。謙益乃阿士英指,疏列四事:曰嚴內治、定廟算、振紀綱、惜人才。其請定廟算也,有云:「先臣孫承宗言:『以文統武,極是弊端。』臣觀三十年來,文臣出鎮專征,鮮不覆敗,其綽有成算,克奏膚功者,承宗之後,馬士英一人耳。先帝以楚事付左良玉,而舊疆恢復;以閩事付鄭芝龍,而嶺海無虞。此專任武將之明效也。」其請惜人才也,「一曰資幹濟。今天下非才乏也,分門戶,競愛憎,修恩怨,即其胸中了然,如喑者之不能言,魔者之不能寐,有物以限之也。今人才當摧殘剝落之秋,以真心愛惜,以公心搜訪,庶可共濟時艱。臣所知者:有英穎特達如蔡奕琛、馮元颺及某某者,謀國任事,急病攘夷之選也。有老成典型如唐世濟、范鳳翼、鄒之麟及某某者,端委廟堂,疏穢鎮浮之選也。有公望著聞者,詞臣余煌、道臣陳洪謐之流也。有淪落可惜者,科臣陶宗道、楊兆升及某某之流也。二曰雪寃滯。欽定逆案諸臣,未免軒輊有心,上下在手,陛下既以贊導無據,拔阮大鋮而用之矣；若虞廷陛、楊維垣、虞大復、吳孔嘉、周昌晉乞下部詳察錄用，許其自新，亦渙羣破黨之一端也。」又云：「蔡奕琛曾以復社抗疏攻臣，臣心知其誤，固已釋然置之矣。天下多事，將伯助予，中流遇風，吳越相濟，果有嫌隙，固當先國家之急而後私仇，況臣本無仇於奕琛乎！臣親見門戶諸臣，植黨營私，斷送社稷，斷送君父，何忍復師其故智，且他日獨不思見先帝於九原乎！逆案之賈繼春、阮大鋮者，皆慷慨魁壘男子也。」疏數千言，煩猥不盡錄。大旨在頌馬士英功，雪逆案諸臣冤，而奕琛見中有魁壘男子語，則不喜，颺言於朝曰：「我自宜錄用，何藉某之薦牘誚我！」聞者笑之。〔考曰：蔡奕琛德清人，萬曆丙辰進士，崇禎時官侍郎，坐薛國觀黨敗。〕

臣鼒曰：特書何？罪謙益之無恥也。謙益謬附東林以爲名高，既以患得患失之心，爲倒行逆施之舉，勢利薰心，廉恥道喪，蓋自漢、唐以來文人之晚節莫蓋無如謙益之甚者。純廟斥毀其書，謂不足齒於人類，蓋以爲有文無行者戒哉！

獻賊陷明邛州，川南道胡恆、知州徐孔徒死之。

恆，竟陵人，官川南道，駐節邛州。賊至，恆命幕客汪光翰出調兵來援，未至而城陷。恆與其子之驊戰死，妻樊氏，妾成氏、馮氏，之驊妾周氏，僕京兒、弩來，婢女二人俱從死。惟之驊妻朱氏及幼子峩生得脫。孔徒，江西人，賊欲生降之，不屈死。時賊屯兵文筆山，驅士女登城環守，徹夜鳴鉦，假寐者立斬。日未曛，即不許舉火；覘有燈光及耳語者，收之；左右數十家皆坐。

獻賊陷明蒲江，知縣朱蘊羅死之。

藍羅，江夏舉人。城陷，巷戰被執，全家俱死。

明邛州舉人劉道貞起兵拒獻賊，戰於雅州小關山，大破之。

道貞，字墨仙，天啓辛酉（一六二一）舉人。賊陷邛，道貞走沈黎，與指揮使曹勛合謀起兵；賊至雅州，道貞及勛拒戰於小關山，大破其衆，斬千餘級。自是嚴道以南不被寇害。

戊午（初四日），明錦衣衛捕得行賄於李沾者，詔勿問。〔考曰：本南都甲乙紀。〕

錦衣馮可宗捕得江陰人行賄於李沾者，士英爲之請於王，詔勿問。時士英比周羣小，賄賂公行，門下僧利根爲次餽獻之高下。沾嘗進玉帶，慮士英不之重，屬利根稱爲至寶，士英遂以進於王，王每服以御朝。〔考曰：本續幸存錄。〕故輔周延儒子奕封乞恩免贓，有舉人汪庶者，與延儒弟正儀聯姻。士英微時，嘗貸於徽商汪曙而不應，心銜之，以曙與庶同音，乃擬旨於汪曙名下追贓，免奕封所坐六萬之半，而坐曙贓六萬。時王禁朝臣宴會，而士英、大鋮與羣小每夕醵飲爲常。

徐鼒曰：特書何？罪士英之無忌也。

己未（初五日），明以降賊臣張縉彥總督北直、山西、河南、河北軍務，給事中李維樾疏糾之；不報。

縉彥前以兵部尚書汚僞職，賊敗西行。縉彥至太原，偕降賊陳永福之部將大同張一方、懷慶蔡元吉脫身走豐峪山，著黃冠，走盤陀，炙人肝而食。八月之五日，擒府縣僞官於新鄉，僞都尉黃某追襲，一方伏林中射殺之，乃俱南還。〔考曰：本北略附記。〕縉彥乃更詐言集義勇，收復列城，大學士王鐸薦之，士英納其賄，授原官，總督北直、山西、河南北軍務，便宜行事。維樾劾之曰：「縉彥闇劣失機，寸斬莫贖，逆賊入宮，青衣候點。總督何官？顧畀賊臣，胡刑賞倒亂如此也？」不報。〔考曰：崇禎時，江浦知縣李繼樾擒斬賊諜，追賊鏖戰，論功陞賞。弘光時，繼樾升科道，江浦人劉肇名述之甚詳。繼樾其維樾之譌歟？抑本兩人也？附志之。〕

庚申（初六日），明太子太保文淵閣大學士高弘圖罷。

弘圖四疏乞歸，允之。弘圖家本素封，亂後無存，挈一幼子寓蘇州之僧寺。久之，入浙，居紹興；人乞一面不可得。

辛酉（初七日），明命太監孫元德督催錢糧。

壬戌（初八日），明劉澤清薦降賊臣黃國琦、施鳳儀，御史胡時亨疏糾之；不報。

澤清招商船爲水營，薦黃國琦監軍。時亨疏言：「近來文武升授，皆出勳臣之口，至從逆僞官，靦面求進。武臣不效命，謂文臣掣其肘，今不又武臣掣文臣之肘乎！」又言：「國琦則僞吏部掌硃封者，施鳳儀則管儀仗，時語賊不可用亡國之器，願自賠十金造者，此何人而辱班行乎！」不報。〔考曰：前載國琦、鳳儀所授僞職，與時亨奏不合。〕尋以國琦監王永吉軍，鳳儀行鹽揚州。

甲子（初十日），明鳳陽地震。丙寅（十二日），再震。己巳（十五日），鳳陵一日三震。

自崇禎壬午（一六四二）、癸未（一六四三），鳳陽地屢震，至是又連震，其初竇頂中有聲如雷，東西動盪者數十晝夜，而震乃發。鳳撫田仰以聞。尋太監谷國珍奏：「十五日己巳，鳳陵一日三震，有聲如吼。」

明誠意伯劉孔昭弑其祖母胡氏。

胡氏，誠意伯劉尙忠之繼妻也。出揭謂孔昭父蓋臣，莫氏婢巧雲所生，不當奪嫡，並及孔昭殺萊臣事；孔昭縊殺之。

徐鼒曰：前弑萊臣，削爵以黜之，玆不削爵何？義各有當也。萊臣之死在正月，是時秦、晉淪陷，畿輔瓦解，舉國倉皇之際，孔昭得漏網焉，法不行而法自在也，故誅止孔昭。今朝政維新，論功錫賞，上號追謚，粉飾不急之務，次第行之，而使弑逆元兇，抗顏五等，靦競朝堂，司寇不行汚宮壞室之誅，同列不聞沐浴告君之請，是三綱淪，九法斁，天下之大變也。削爵，誅孔昭也；不削爵，誅當日之不誅孔昭者也；故曰：義各有當也。

壬申（十八日），漳、贛賊犯明汀州之古城，把總林深、鄭雄戰死。

時閩中盜賊蜂起，由興、泉流入漳州，巡撫張肯堂捕之，賊走汀境，而粤賊閻王總者，亦出沒贛州相呼應。汀郡告急，肯堂乃遣把總林深、鄭雄、傅云麟將五百人援之，未抵汀，賊已陷古城鎮，屠割甚慘。或聚嬰兒巨甕中，注沸湯糜爛之；或驅數十童子閉岑樓中火之；或剖孕婦腹，射男女中否以爲笑樂。鎮去郡五十里，倉皇中，援兵適至，深與雄皆健將也，誓破賊。後傳餐推鋒徑進至觀音鋪，墮伏中，左山右澗，急據山，則峭不可登，裹創死戰。賊舉火，蓬枯風迅，飛走皆窮，死者三百十二人，深、雄戰死，云麟走免。賊死者亦二百餘人。始賊輕官兵，既知其敢戰也，退入贛州境，汀郡獲全。

癸酉（十九日），明改丁魁楚總督兩廣軍務。

徐鼒曰：特書何？爲廣州唐藩事張本也。

明追復景泰帝母妃吳氏爲皇太后，建文帝長子文奎爲皇太子，上謚號。

追復景帝生母賢妃吳氏爲皇太后，謚曰孝翼溫惠淑愼慈仁匡天錫聖皇太后。建文帝長子文奎曰恭愍皇太子；弟允熥，吳王，謚悼；允熞，衡王，謚愍；允熙，徐王，謚哀；追封建文少子文圭爲原王，謚懷；並祔祀孝康陵。復江都、宜都、南平等四郡主曰公主，耿睿、于禮爲駙馬都尉。

甲戌（二十日），明以鄭鴻逵掛鎮海將軍印。

明中旨以張捷爲吏部尚書，蔡奕琛爲吏部右侍郎，楊維垣爲通政使。

徐石麒罷，馬士英擬用張國維代之，而阮大鋮乃密邀內奄取中旨授捷，士英愕然，而無如何也。捷旣爲諸奸用，悉奉其指揮，諸麗名逆案、及謀翻逆案被譴者盡起用。文選郎中劉應賓挾馬、阮勢，納賄無虛日，捷晝諾而已。一月中題授中書百餘人，監紀推官數十人。

徐鼒曰：侍郎以下例不書，玆牽連書之何？傷小人之彙進也。三人以外，不具書何？不勝書也。

乙亥（二十一日），明以張秉貞爲右僉都御史，巡撫浙江。

秉貞，前江西按察司副使也。

丙子（二十二日），明停冬至郊祀，以來年正月合祀天地於南郊。

洪武元年（一三六八），中書省臣進郊祀議，分祭天地於南北郊。冬至，祀昊天上帝於圜丘，以大明夜明星辰太歲從祀。夏至，則祀皇地祇於方丘，以五嶽五鎮四瀆從祀。太祖如其議行之。建圜丘於鍾山之陽，方丘於鍾山之陰。十年（一三七七）秋，太祖感齋居陰雨，覽京房灾異之說，謂分祭天地，情有未安,命作大祀殿於南郊,謂人君事天地猶父母,不宜異處,定每歲合祀於孟春,爲永制。十二年(一三七九)正月,始合祀於大祀殿。太祖親作大祀文,並歌九章。永樂十八年(一四二〇),京都大祀殿成,規制如南京。嘉靖元年(一五二二),世宗既定明倫大典,益覃思制作之事,欲斟酌古法,釐正舊章。大學士張璁等言,祖制無敢輕議。給事中夏言疏言:「國家合祀天地及太祖太宗之並配諸壇之從祀,舉行不於長至而於孟春,俱不應古典,宜令羣臣博考詩、書、禮經及漢、宋諸儒之定論及太祖國初分祀之舊制,陛下稱制而裁定之,此中興大業也。議者以太祖之制爲嫌,然知合祭乃太祖之定制爲不可改,不知分祭固太祖之初制爲可復;大祀文乃太祖之明訓爲不可背,不知存心錄固太祖之著典爲可遵。且皆太祖之制也,從其禮之是者而已。」於是作圜丘。是年十月工成。明年夏,北郊及東西郊亦以次告成,而分祀之制遂定。至是禮部尚書顧錫疇上言:「合祀分祀,後先互異,但議禮於今,物力告匱;當刪繁就簡,從高皇合祀之制爲便。」乃停冬至郊祀,而命以來年正月合祀天地於南郊。

明令直省贖鍰,解部充餉。

馬士英請令戶部給直省印單,撫按分給所屬司道府州縣官,凡贖鍰自杖以上註單內,解部充餉,其不入單者,以贓論;從之。

明命王永吉暫駐河上,料理戰守。

劉澤清言:贛、沭、沛、邳、曹、單、開、歸處處皆有大清兵,陳洪範、左懋第渡河無期,王燮、邱磊赴任無地，今大清將已在沂、郯，應令邱磊渡海，先收登、萊、邳、宿，修清河廢城，使馬化豹、柏承馥防守。

馬士英奏賜王永吉一品斗牛服色，少隆接待北使之禮，且駐河上，擇險要地方，料理山東、河北戰守事宜，俟洪範等還日，奏請進止。

明以兵部左侍郎解學龍爲刑部尚書。

學龍，字石帆，興化人。萬曆己丑（一五八九）進士，累擢南京兵部侍郎，以救黃道周得罪，逮詔獄，杖八十，遣戍。南都立，起故官，擢刑部尚書。時方治從賊諸臣，馬、阮視賄爲出入，學龍定擬再上再駁，而學龍仍執前議。大鋮之黨張捷、楊維垣聲言欲劾學龍，遂引疾去。詳紀傳。

戊寅（二十四日），明加左良玉太子太傅。

明停今年決囚。

明予秦、楚殉難諸臣祭葬。

明定兵額。

江北督撫四鎭各額兵三萬，楚撫額兵一萬，京營額兵萬五千，四鎭各本色米三十萬石，銀四十萬兩，左良玉稱是，各鎭有差。（考曰：本青燐屑。）而部臣無餉可給。左良玉奏承德將士餓死，鄭芝龍奏黔兵萬里荷戈，三月缺餉，王切責部臣。

癸未（二十九日），太白星晝見。

光芒閃爍中有刀劍旗幟，似鬭鬬象，大小贏縮不常。

漳州賊破明雲霄。

賊破雲霄，據其城，官軍討之，賊走大埔。

明以候考宗室朱統𨱇爲行人司行人。

以疏逐姜曰廣、劉宗周也，統𨱇不悅，語人曰：「須還我總憲。」其妄如此。

徐鼒曰：行人微者也，何以書？明小人之蠅集羶附，朋謀罔上，爲可懼也。

十一月戊子（初四日），明西宮成，賜名慈禧殿。

明桂王常瀛薨。

王，神宗子也。初封衡州，獻賊之亂，王徙寓廣西之梧州，以病薨。長子安仁王由㰒，襲封，旋病卒。丙戌（一六四六）春，閩中立王少子永明王由榔爲桂王，即永曆帝也。〔考曰：南都甲乙紀謂諡王曰端。劉湘客行在陽秋亦云端王，而明史三王紀略則曰桂恭王常瀛；且云南都陷，諸臣欲奉恭王監國，聞閩中立而議遂寢。是年王薨於蒼梧，似王之薨在南都亡後也。亂後聞見，言人人殊，附志以俟考焉。

己丑（初五日），明鳳陽皇陵災。

太監谷國珍奏：皇陵是日災，松柏皆燼。

徐鼒曰：特書何？紀異也。

明開屯海中玉環諸山。

明命前唐王聿鍵居平樂。

徐鼒曰：特書何？爲閩中監國張本也。

明命生員納銀入貢。

廩生銀三百兩，增生六百兩，附生七百兩，尋令廩生加納通判。

明總兵邱磊下獄死。

磊，鄒平人。少爲諸生，有才名。走遼東，詣軍門上書，嘗與左良玉從軍摽掠，坐法論斬，磊願以身獨任罪，而免良玉於死，磊繫刑部獄。崇禎十三年（一六四〇），良玉捐萬金救之。侯恂再出督師，奏以磊爲山東總兵，與劉澤清不相能。澤清之南下也，過安東，磊掠其輜重，澤清慮爲儕輩笑，匿不聞，而請命磊渡海收登、萊。磊於白沙祭海，將以眷屬輜重北發，澤清搆之於督師史可法，謂其有異謀。初六日庚寅，磊以百餘騎至安東，副總兵柏承馥紿磊進署，突兵擒之，下淮安獄。澤清自往唁之，置酒把臂嗚咽，諭獄吏小心承値，會當疏請。無何，得旨賜自盡，議者多寃之。良玉之東下也，蓋亦因磊死云。

徐鼒曰：明史、三王紀略、南都甲乙紀諸書皆云「邱磊有罪下獄死」。玆不云有罪者何？莫須有之獄，何以服天下也。

明寄流寓諸生於淮安府學。

劉澤清幼時習舉子業，以毆殺一隸走京師，應兵部將材舉第一，故頗自詡能文，大治淮邸，費千金，搆水閣，招諸生吟詠歌頌，奏請安流寓青衿，以便科舉；遂有是命。

明命遼王□□居台州。〔考曰：按明史世表：遼於隆慶二年國除，未聞續封，茲遼王者何人歟？南都甲乙紀載諸王甚多，如居祁陽王於邵武，居臨汝王於武進。按祁陽王企鋑、臨汝王睦隵皆萬曆初年襲封，幾五十年，蓋已薨逝，而襲封者則無可考。又云：居西鄂王於寧國。西鄂於正德七年國除，此時何從襲封？疑南都草創，諸宗冒襲者多，部臣亦無從核別，姑志於此。使後之補世表者，有所斟酌焉。〕

甲午（初十日），我大清兵克明海州。

旣破海州，豐、沛盡降，我撫臣方大猷以魚臺生員胡增光、欽光二人分知縣事。

乙未（十一日）夜，明端門外火。是日，我大清兵攻邳州，明署推官沈冷之率衆固守。

丙申（十二日），明督師史可法遣兵復宿遷，進援邳州。

先是，初四日戊子，爲可法誕辰，舟抵雀鎭，報我將夏某闌入宿遷，〔考曰：疑是總兵夏成德。〕亟召衆官，俱未至，惟應廷吉從。可法問曰：「諸葛孔明何如人也？」廷吉曰：「王佐才。」曰：「陳壽言將略非其所長。」廷吉曰：「孔明調度，壽豈能窺測，鞠躬盡瘁數言，萬世人臣之軌則也。」可法改容曰：「年兄教我矣！天變如許，年兄何不言之？」廷吉曰：「此敢臆說乎！」次日，抵白洋河，命廷吉監劉肇基軍，高岐鳳監李棲鳳軍，進取宿遷，我將夏某拔營遁，遂復宿遷。〔考曰：參明季遺聞、靑燐屑。按諸書俱云十一月我兵入宿遷，南略引他書則云十月十七日辛未。今按靑燐屑云：十一月初四日，報入宿遷，則是十月事至十一月始報聞也。故不紀我兵入宿遷日，而但據遺聞復宿遷日書之。〕越數日，夏某復圍邳州軍於城北，肇基、棲鳳進軍城南，相持半月，各引去。報至南都，士英大笑。時楊士聰在坐，驚問何爲，士英曰：「君以爲誠有是事邪？此史道鄰妙用也。歲將暮矣，將吏例應敍功，錢糧例應銷算，爲敍功銷算地也。」〔考曰：楊士聰當作楊文驄，而諸書皆作士聰。〕

琉球世子尚賢入貢於明。

告襲位也。

明蘇、松巡撫祁彪佳罷。

徐鼒曰：前傳已詳之，玆復特書何？惜賢者之去位也。

己亥（十五日），明劉澤清疏請分汛防河。

澤清奏：「清將夏成祖〔考曰：亦作夏成德。〕已發濟寧，楊方輿在宿遷，臣今議分汛防河，三里一保，百步一圈，築牆挑濠，王燮、田仰、王永吉自安東至，徐、蕭、碭屬督輔，開、歸屬越其杰，候左懋第回日另圖也。」從之。尋田仰奏：「清將已駐沂、莒二州，哨馬至沭、楡，遼人趙福星以兵五千守宿遷，乃命王永吉總督防河，劉、高二將聯絡張縉彥、王燮分布河北，王灤移駐淮上，黃得功、劉良佐移駐近地，以援邳、宿。」

庚子（十六日），獻賊僭稱帝於成都。〔考曰：明史云庚寅，綏寇紀略云十六日庚子，非庚寅也。〕

獻忠踞藩府，稱帝，僭號大西，改元大順，以成都爲西京；汪兆麟爲左丞相，嚴錫命爲右丞相，設六部尚書：南充江鼎鎮禮部尚書，彭縣龔完敬兵部尚書。養子孫可望平東將軍，李定國安西將軍，劉文秀撫南將軍，艾能奇定北將軍；四人者皆賜姓張，封爲王。以王尚禮爲中軍府都督，白文選爲前軍府都督，王自奇爲後軍府都督。又有馬元利、劉進忠、凌三品、張能第、張化龍者，皆爲將軍焉。易王府正殿爲金天殿，以府門外屋爲朝房，詔民間皆稱老萬歲。又建東西二府，以可望、定國居之，命皆稱千歲。是日，殿前賜各官袍服，令丞相以下朝罷集朝房議事，首議開科取士，以漢川樊某爲狀元。〔考曰：一云狀元姓劉。〕獻忠自爲萬言策，歷評古今帝王，以西楚霸王爲第一。又自爲「聖諭」，刻諸石。其略云：「天以萬物與人，人無一物與天地，神鬼明明，自思自量！」命嚴錫命作註解發明之。分其兵爲一百二十營，虎威、豹韜、龍韜、鷹揚爲宿衞，設都督總督領之。立大營十、小營十二於南門五里外，中置老營，獻忠自居之，名御營。諸門各設一兵部，二都督，以譏訶出入。爲保甲法，甚嚴，民出城者，先期報某甲姓名，以某事出，約某日歸，合符驗而入，失期者，十家駢斬。禁其下勿觸諱，凡郡邑人物，犯必改。石碑有明朝年號及獻忠字者鑱其字，否者立死。有詗事小兒數千夜行街巷，聽人語，犯者白堊識其門，黎明而收者至。俚語曰：「張家長，李家短。」犯者亦在收中。獻忠笑曰：「此我家勝自成之讖也。」釋之。設鑄局，取藩府古鼎玩器寺院銅像鎔液爲錢，其文曰「大順通寶」。諸神像首百鍊不化者，盡棄之。〔考曰：知府冀應熊拾而埋之北關外，題其碣曰佛塚。賊錢精緻光潤，不類常銅，至今得者作婦女簪花，不減赤金云。〕聘井研故大學士陳演女爲僞皇后。其迎入也，自老營架橋高數十丈，踰城直達藩府，左右五綵欄檻，結錦綳，絡以明珠象星辰，首尾懸水晶燈籠象日月，望之如長虹亙天，迷離奪目。諭衆曰：「天賜后也。」其兄爲國戚。不十日，皇后賜死，其兄亦受極刑。獻忠黃面長身，虎頷，人號「黃虎」。性狡譎嗜殺，一日不流血滿前，輒悒悒不樂。其將卒以殺人多少敍功。

然是時侈然有帝蜀心，故未大縱戮。既以郡縣義兵誅僞官，賊衆屢挫阻，始有勦絕蜀人之心，肆屠剿焉。

徐鼒曰：錢塘馮景紀明亡九道人事。有狗皮道人者，被狗皮，乞食成都市，每向人作犬吠聲。獻忠入寇，道人突至馬前，大作犬吠聲。賊策馬逐之，道人故徐徐行，馬不及也。射之，中其首不入。賊駭以爲神。獻忠僭僞號，集百官，道人忽被狗皮來列班行，犬吠不止。賊命縛之，道人益犬吠，俄而盈廷，如數千犬吠，城中犬從而和之。獻忠大聲呼衆，衆不聞，蓋爲犬聲亂也。懼而退，始不聞犬聲，道人亦不知何往。又有銅袍道人張閑者，聯銅片服之，飲於市，則烏烏大慟。活死人江本實者，明亡，棄家入終南山，仙去。之三人者，皆蜀人。雖皆詭異不經見之事哉，然其志可悲矣！

獻賊陷明龍安。

賊將張化龍陷龍安，諸生梁道濟偕妻楊氏不屈死。賊又遣劉進忠、馬元利等略川北。

徐鼒曰：自兹以下，概係之庚子何？時日有可考，則日紀之；無可考則類書之。

獻賊陷明安岳，在籍兵備副使竇可進死之，進士王起峨起兵拒戰，敗死。

可進，崇禎庚辰（一六四〇）進士，官雲南兵備副使，城陷，罵賊；賊剝其皮，磔之。起峨，字如蘇，可進同榜進士也。倡義，得萬餘人，戰敗，沒於陣。

獻賊陷明潼川，知州陳君寵死之。

君寵，字簡之，新化人。萬曆戊午（一六一八），舉湖廣鄉試第一，官羅川知縣，擢知潼川州，賊幽之五顯祠，從容賦絕命詩，自經死。〔考曰：被拘口占示守者二首，其一云：「世局竟如此，吾身安所逃；未能誅鼠輩，死亦等鴻毛。」其二云：「俯仰慚天地，君親恩兩違；吏民休我惜，已視死如歸。」以上見沅湘耆舊集。〕同時殉難者，舉人李永蓁稱病臥床，舁至成都，張目不言，遂遇害。廩生李錦中，以僞官考試，閉戶自經死。女子之罵賊死者：進士李某妻吳氏，舉人黃某妻張氏，歐某妻黃氏，貢生楊某妻朱氏。賊連陷樂至，楊某妾荆娘，亦不屈死。

獻賊陷明中江，教諭單之賓死之。

獻賊陷明遂寧，諸生羅璋戰死，遂陷蓬溪、射洪。

璋奉母避山中，賊圍之，大戰，殺數人，母得脫，璋遇害。原任內江縣教諭姚思孝不屈死。賊獲蓬溪譚某妻陳氏，欲汙之，大罵，不從死。

獻賊遣其黨據保寧。

先是，闖賊命其將馬科寇川北，獻忠至，走陝西，闖遣賀珍統前鋒王老虎等復來爭，孫可望與戰而敗。獻忠自往救之，過梓潼之七曲山，見文昌廟題額張姓，曰：「此吾祖也。」追上尊號曰始祖高皇帝。獻忠不知書，其僞官進諛，比於李唐之追王混元，謂文昌之後宜帝巴蜀，誑耀百姓，建太廟於山，鑄像祀之。落成賦詩，自嚴錫命以下皆有恭和御製詩刻石紀焉。嘗欲屠保寧城，有僧破山爲請命，賊持犬豕肉曰：「啖此者從汝。」破山曰：「老僧爲百萬生靈，忍惜如來一戒乎！」遂嘗數臠，因以免。既而賀珍回陝，獻忠命劉進忠入據之。

徐鼒曰：不曰陷保寧，曰據保寧何？是時保寧已非明有，闖失之，獻據之，等焉爾，故變文以書之。曰遣其黨何？嫌與據成都同也。

獻賊陷明南部，知縣鄭夢眉死之。

獻賊寇明通江，知縣李存性拒卻之。

存性守禦甚嚴，賊不能近，乃僞爲官兵，將襲城，道遇童子紿之曰：「勿言我兵也。」童子佯諾之，及城門，乃大呼曰：「賊至矣。」遂被殺，存性爲文祭之。邑人王某妻閻氏遁深林中，被執，觸樹未死，罵賊，賊殺之。羣烏環屍，哀鳴不散。

獻賊陷明東鄉、劍州、梓潼、昭化、廣元。

東鄉貢生冉璘挈家避天台寨，賊追及，偕其子宗孔不屈死。璘母楊氏、妻向氏闔室自焚。劍州生員李某妻罵賊剮腹死，貢生張某女罵賊，刃穿胸死，梓潼生員蒲某妻趙氏投江死，魏某妻趙氏投繯死，昭化生員賈某母李氏、任某母吳氏並罵賊死，廣元生員李猶龍抗節死。

獻賊遣其黨據順慶。

賊將馬元利下順慶，守之。

明在籍禮部郎中李含乙起兵復廣安州，與其裨將王樹極皆戰死。

含乙，渠縣人，由進士任禮部郎中，丁憂里居，募軍士，得數千人，圍廣安城，幾克，適馬元利來爭，力戰被執。邑人王樹極從含乙爲裨將，已潰圍出，見含乙被獲，反戈殺數人，同不屈死。

獻賊陷明西充，在籍御史李完死之。

完，西充人，以進士官御史，致仕歸。賊入城，不屈死。同時婦女死者：杜氏婦避賊張都溝，罵賊斷臂死。孝廉陳某女，貢生張某女罵賊死。又巴州廩生楊某妻李氏投江死，岳池劉氏婦拒賊死。

獻賊陷明南充，諸生樊明善、陳懷西戰死。

初，巡撫龍文光駐節順慶，明善聞北都陷，喪服詣軍門曰：「鼎湖新逝，臣子不共戴天；公聞變三日矣，而無所施爲邪？」文光深謝之，至是，破家禦賊死。懷西，邑武生也，賊誘之官，懷西曰：「寧作明朝武生，不爲逆賊元老。」賊斬之，懸首東門，其子某哀痛死。又有諸生馬孫鸞者，見賊殺懷西，大罵割舌死。

獻賊陷明營山，諸生王光生戰死。

賊犯營山，光生戰於北關，被執不屈死。

獻賊陷明大竹，武生王蘋隨其父某戰死。

蘋聞賊入川，語父曰：「食國家水土，力不能報，畢命可耳。」其父拔刀殺數賊，力竭死。遂擒蘋，罵不絕口死。

獻賊陷明儀隴，義民王爾讀戰死。

爾讀，邑人王皋家僕也。賊追縣令李時開，將及之，爾讀奮身禦賊，令奔脫，爾讀被殺。

徐鼒曰：王爾讀者，人奴耳，曰義民何？進之也。魯人所以不殤汪錡歟？

獻賊陷明眉州，遂陷夾江。貢生黎應大謀討賊，不克，死之。〔考曰：蜀碧云：陷烏江。按四川無烏江，眉州南界夾江，或夾江之譌歟？〕

應大潛結鄉鄰之倡義者，圖恢復；事露，賊支解之，子照斗、照逵、照鸞同日遇害。

獻賊陷明嘉定，知州朱儀死之。

儀，字象先，涇縣人，崇禎庚辰（一六四〇）特用榜進士。賊大至，蟻附攻城。儀束蒿灌脂，焚而投之，城陷而復完者再。賊怒，攻益急。城中矢竭糧盡，儀謂其子命錫曰：「大義無過君親，不可爲不義屈。」妻胡氏奮然曰：「臣死君，忠也；子死父，孝也；妾獨不能爲夫死節乎？」以金簪刺喉死。儀朝服北向拜，命家人舉火，與命錫及胡氏之骸同燼。〔考曰：本四川通志嘉定府志。〕城陷，賊殺諸生郭大年，其妻楊氏自城上躍入江中死，賊改州爲府，以僞官任元祜守之。

獻賊陷明犍爲。

僞守任元祜促舉人周正之官，不從，被殺，其子成儒與少弟奔賊營，抱父屍大哭，賊並殺之。又陳天祐者，夫妻同遇害。賊舁其二女與中，二女抗聲曰：「我陳氏女，往與父母同死一處，斷不玷我鄉里。」抵營門，見父母屍，躍身撞石大罵，賊並殺之。賊索諸生省試，邑人彭大同、張廷機抗節見殺。大同妻任氏自縊死，廷機妻梅氏投水死。

獻賊陷明滎縣，知縣秦民湯死之。

民湯，漢陽人，被執不屈，叢射死。

獻賊陷明敍州，在籍前湖廣布政司尹伸死之，諸生熊兆柱、李師武、魚嘉鵬謀討賊不克，死之。

伸，字子求，宜賓人，萬曆戊戌（一五九八）進士。避亂山中，被獲，大罵求死，賊重其名，欲生致之，舁至井研，罵益厲，賊不堪，乃殺之。兆柱倡義討賊，師武附之，被獲，兆柱罵曰：「天運至此，任爾戕戮。」賊剝其皮鞔鼓，懸之城門。嘉鵬率衆殺僞官，被縛拷訊，其黨厲聲曰：「自我爲之，恨不擒斬獻逆耳，他人何與！」與師武同磔死。舉人周元孝及諸生劉苞、晏正寅、王應世、郭大勳、李合宗、梁爲憲、余智俱抗節死。又周壩操舟人某，賊命之渡，不應，問船所在，亦不應，脅以刃，忿怒，拳擊賊，賊殺之。婦女死者：自尹伸妻邵氏、妾夏氏、子婦楊氏外，總督樊一蘅妻李氏，罵賊裂屍死；妾夏氏，懸髮於梁，支解死。前兵部侍郎劉之綸妻楊氏劊兩乳死。余智之妻楊氏罵賊死。

獻賊陷明興文，知縣艾吾鼎死之。

吾鼎，漢陽人也，崇禎庚辰（一六四〇）特用榜進士。

獻賊陷明筠連、高縣、珙縣、慶符、隆昌。

時敍州屬邑皆陷，紳民殉難者，珙縣舉人向科，前江陵知縣也，闔家死。慶符人張祖周投繯死。婦女則筠連蘇某妻毋氏墜崖死，高縣陳某女三姑投水死，隆昌諸生劉茲妻盧氏抱夫屍哭罵，被殺死。

獻賊陷明納溪。

納溪有二王氏婦，一爲生員閔某妻，被劫投繯死；一爲生員易某妻，不受汚，投崖死。

獻賊陷明瀘州。

原任澤州知州韓洪鼎，原任推官韓大賓俱不屈死。方旭及方伯元、曾薦祚、鍾子英，皆諸生也，賊掠生員至營中，有泣訴求脫者，旭叱之曰：「丈夫死卽死耳，乞憐何爲！」賊支解之。伯元亦罵賊被殺，薦祚投水死，子英與妻同投江死。

明瀘州衞指揮王萬春起兵拒獻賊，不克，死之。

萬春見賊所至多降，忿怒，率屯兵拒戰數日，兵敗被執，全家死之。

明義僧晞容起兵破獻賊於豹子硐。

晞容，七寶寺僧也。賊攻豹子硐，晞容曰：「硐中數百萬生靈，豈可坐視其死？」糾鄉勇五百人拒戰，身先衝殺，賊大敗，硐圍解，前後殺賊千計。一日賊突至，遂爲所害。

徐鼒曰：義僧何？變文以起例也。紀年之錄忠義也：先錄其功，婦女也，奴僕也，僧也，概以義許之。將以愧夫士大夫之不如婦女奴僕與僧者。

明以李永茂爲僉都御史。巡撫南贛、汀、潮等處。

辛丑（十七日），明史可法疏論恢復事宜。〔考曰：南略云十一月十七日辛丑疏，甲乙史則云十二日。〕

疏曰：「自三月以求，陵廟荒蕪，山河鼎沸，大仇在目，一矢未加。臣備員督師，死不塞責。晉之末也，其君臣日圖中原，而僅保江左；宋之季也，其君臣盡力楚、蜀，而僅固臨安。蓋偏安者恢復之退步，未有志在偏安，而遽能自立者也。大變之初，君臣灑泣，士庶悲哀，痛憤相承，猶有朝氣；今則兵驕餉屈，文恬武嬉，頓成暮氣矣。屢得北來塘報，皆言清必南窺，水則廣調唬船，陸則分布精鋭。黄河以北，悉爲清有，而我河上之防百未料理，人心不肅，威令不行，復仇之師不聞及關、陝，討賊之詔不聞達燕、齊，晏然以不共戴天之仇置諸膜外；遂使北朝翻得以僭逆加我，轥我使臣，蹂我近境，是和議斷斷不成也。一旦寇爲清幷，必以全力南侵。卽使寇勢鴟張，足以相扼，必轉與清合，先犯東南。宗社安危，決於此日。今卽庳宮室，菲飲食，嘗膽臥薪，破釜沈舟，尚虞無救；況臣觀廟堂之規畫，百事之經營，尚有未盡然者乎！夫將之所以能克敵者氣也，君之所以能馭將者志也，廟堂之志不奮，則行間之氣不張。夏之少康不忘逃出自竇之志，漢之光武不忘蕪蔞爇薪之時，臣願皇上之爲少康、光武，不願左右暬御之臣以晉元、宋高之說進也。憶臣初迎聖駕時，陛下言及先帝則泣下沾襟，恭謁孝陵則淚痕滿袖。皇天后土，實式鑒臨。曾幾何時，頓忘斯志。先帝以聖明罹慘禍，此千古以來所未有之變也。先帝待臣以禮，馭將以恩，國家變出非常，在北諸臣死節者寥寥，在南諸臣討賊者寥寥，此千古以來未有之恥也。庶民之家，父兄被殺，尚思穴脰斷胸，得而甘心，況在朝廷，顧可膜置！以臣仰窺聖德，俯察人情，似有初而鮮終，改德而見怨。以清之强若彼，而我之弱如此；以清之能行仁政若彼，而我之漸失人心如此，臣恐恢復之無期，而偏安未可保也。今宜速發討賊之詔，嚴責臣與諸鎮悉簡精鋭，直指秦關，懸上賞以待有功，假便宜而責成效，絲綸之布痛切淋漓，庶海内忠臣義士聞風感激，必有投袂而起者矣。國家遭此大故，陛下嗣登大寶，原與前代不同，諸臣但有罪之當誅，曾無功之足錄；幸免斧鑕，已爲大幸。臣於陛下登極詔稿删去加恩一條，不意頒發之日仍復開載，貽笑敵人。今復恩外加恩，紛紛陳乞，貂璫滿座，保傅洊加，名器之濫，於斯爲極。似宜稍加愼重，以待有功，庶使戮力行間者有所激厲。至兵行討賊，最苦無糧，搜括不可行，勸輸亦難繼，宜將內庫一切催解，湊濟軍需。其餘不及之工役，可已之繁費，一切報罷；朝夕之晏旰，左右之貢獻，一切謝絶，即事關典禮，萬不容廢，亦宜概從儉約。蓋盜賊一日不滅，海宇一日不寧，即有深宮曲房豈能晏處？即有錦衣玉食豈能安享？此時一舉一動，皆人情向背所關，鄰國窺伺所及，必陛下早作夜思，念祖宗之鴻業，復先帝之深仇，振舉朝之精神，萃四方之物力，以併於選將鍊兵之一事，庶乎人心可鼓，天意可回耳。臣待罪戎行，不宜復預朝政，然安內實攘外之本，故敢痛切直陳，唯陛下留意！」王優詔答之。〔考曰：南略載旨云：「覽奏具見忠悃。朕於皇考先帝深仇，朝夕未嘗去念。但外解不至，百用匱詘，時復亢旱，催科實難，西宮大婚，日從省約，內庫物料，正在議折。卿凡有忠讜，不妨密切敷陳，討賊詔書即頒行云云。」而遺聞則云疏入不省，蓋面從而實不從也。」可法前後疏凡數十上。每繕疏，循環諷誦，嗚咽不自勝，幕下士皆爲飲泣。而王方耽聲色，馬、阮爭門戶，於出師聚餉未暇及也。可法督師幾一年，行不張蓋，食不重味，夏不箑，冬不裘。年四十無子，妻欲爲置妾，可法曰：「王事方殷，敢戀兒女私乎！」遂無子。軍中値歲除，封印文移交，至手自批答，自辰至酉。夜三鼓，謂軍吏曰：「今夕除夕也，索酒試飲。」酒未至，復呼曰：「禮賢館諸秀才當共飲，顧夜已半，可齎酒貲分餽之。」吏往，乃獨酌。庖人報曰：「中饗士肉已盡。」乃索鹽豉下之。可法素善飲，數斗不亂，軍興以來，竟絶飲。不解衣就寢者七閱月。當夕滿酌徹醼，隱几臥，將旦，僚吏畢集，軍門外門未啓，軍吏遙謂曰：「相公方隱几臥，奈何！」知府任民育曰：「相公此夕臥，不易得也，勿驚之！」戒鼓人更擊四鼓。可法寤，天已曙，大驚，聞鼓聲，怒曰：「何敢亂吾軍法！」傳令縛鼓人斬之。諸將士長跪言：「相公久勞苦，始得一夕暇，不忍相驚，故亂鼓聲以待。此知府意也。」可法意解。亟具盥漱，啓門，北向賀畢，將吏上謁，民育更前請罪。可法曰：「公固愛我，奈何以私愛變常法！」乃赦鼓人，然自是不復隱几臥矣。後以事益冗，監軍郎中黄日芳敏練，欲留之同舟，辭曰：「日芳老矣，豈能久侍公，公亦宜節勞！發書走檄，僚士優爲，徵兵問餉，有司專責，何必晝夜損神，躬親庶務乎？且兵殺機也，當以樂意行之，將死官也，須以生氣出之，汾陽所謂生氣滿前也。」是時黄河清，泗州麒麟見，可法謂應廷吉曰：「是非休徵歟？將謂有建武、紹興之事也。」廷吉曰：「西狩獲麟、未聞爲尼山之瑞。」可法默然。

明命總兵王之仁掛鎮倭將軍印，加劉承胤右都督。

明吏科給事中吳适抄參趙之龍、柳祚昌薦人疏。

時忻城伯趙之龍薦陳爾翼，适抄參爾翼頌魏忠賢，薦崔呈秀，不可用。之龍再疏爭之，适疏言：「祖制，科臣專封駁之權，未聞勳爵參駁正之司。勳臣黨邪求勝，不幾背明旨而蔑祖訓乎？」尋安遠侯柳祚昌薦程士達督理京營，适抄參祚昌非有標營之責，何得侵樞戎職，奪銓部權！是時張捷、阮大鋮日阻撓六部權，專以結黨斂賄，濁亂黜陟爲務。适在垣中，抄駁侃侃。懷慶知府郭儀鳳疏言掛冠勤王，且誣巡撫方震孺貪狀。适駁參：「郡守無勤王之例，掛冠非入援之名；儀鳳不候憲檄，非奉明綸，擅離職守，飾詞妄瀆。察撫臣清執有素，儀鳳穢迹著聞，必懼題參，先行反噬，自應嚴究，以杜刁風。」光祿寺署丞張星疏求考選科道，适駁參：「星以縣令躁進，掛察典，不惟清華望斷，亦已仕進階絕，無端幻想，欺君實甚。」中書舍人張鍾齡以監軍請給部銜，适參：「職方何官，監軍何事，若果報國有心，何官不可自効？藉口贊畫，輒請高銜，躁進尤甚。」保定侯勳衛梁世烈請襲爵，适參：「國難以來，雖王侯重臣悉羅鋒刃，而其間脱身圖存埋名溷俗者固亦不乏。該勳何以逆料其家之必殲，而忍以子嗣乎？萬一本宗匹馬來歸，將奪諸該勳以授之乎？抑姑仍之且兩封乎？該勳世受國恩，誠恢復有志，何難倡諸勳舊，破家從軍，上爲先帝復仇，下爲諸勳雪恥。爾時訪問本支有無存否，然後請諸朝命，復祖爵，不亦休乎？昔李晟收復長安，令軍中五日內不得輒通家信，今長安未復，非諸臣問家之日也。」尋遂安伯勳衛陳濬請襲，适又參：「自都邑變遷，山河阻絶，世次無憑，單詞莫信。該勳一請再請，視五等之封同土塊之乞，將與栄傭都督一醉告身可以乘時拾芥而攘取乎！」适於疏劾抄參，不少假借，而部臣竟置不理，旋駁旋用，於是職掌掃地矣。〔考曰：本甲乙編年。〕

徐鼒曰：特書何？予之也。千人諸諸不如一士之諤諤，如适者無愧科臣矣。

明命魯王以海移居台州。

徐鼒曰：特書何？爲浙東監國張本也。

明潁州生員盧鴻上七政曆。

丁未（二十三日），日短至，**明淮安地震。**

徐鼒曰：一陽初生而地震，陰不藏陽也。孱主立國，微陽之象也。臣下搆釁，震之象也。故連而書之。

明以張鳳翔爲兵部尚書，巡撫蘇、松，盧若騰爲右僉都御史，督理江北屯田，巡撫廬、鳳。

明命太監高起潛提督江北軍餉。

明諭部臣毋倖濫。

諭兵部以職方監紀多倖濫。又諭禮部以諸臣陳乞可厭，宗室呼籲難憑，宜愼辨之。

己酉(二十五日)，明命總兵黃斌卿改駐安慶。

斌卿偵知左良玉難制，請改駐皖、池；從之。

明山西道御史沈宸荃疏劾張縉彥、王永吉、何謙、邱祖德、黃希憲、魯化龍罪，命逮何謙等，宥縉彥、永吉勿問。〔考曰：南略引諸書皆云十二月二十五日事。〕

宸荃號彤菴，慈谿人。崇禎庚辰(一六四〇)進士，授行人，奉使旋里，南都立，擢山西道御史。初言五事，曰：破方隅以立臣表，端品望以立臣模，礪廉潔以清臣操，殫心力以供臣職，息凌躁以安臣分；皆切時病。又言：「疆埸之情形日變，臣下之泄沓日深，儀文興作，粉飾太平，黨邪醜正，喜譽惡直，幾不知宗社孔棘，國事阽危也。餉入六百餘萬，而淮、徐四鎭及督師歲計已需二百四十餘萬，江、楚藩鎭，督撫各標，京營京口、浦口各鎭，其所需又豈淮、徐比哉！即小民賣男鬻女，有司敲骨剝髓，亦未能足，非陛下卧薪嘗膽時邪！且北望山陵，麥飯無展，中原河北，淪爲異域。今西北風塵，尚有東南託足；倘東南復起烽火，則將稅駕何方？觸目心悲，又何暇計及服御儀文之間乎？」會縉彥、永吉挫衄無功，宸荃乃抗疏劾之曰：「經略山東、河南者，王永吉、張縉彥也。永吉失機之將，先帝拔爲總督，貸其罪，隆其任，恩亦渥矣！乃擁兵近甸，不救國危，奉身先竄。緍彥以部曹驟典中樞，率先從賊。此二人者，卽加以赤族，亦不爲過。陛下以封疆故屈法用之，自宜奮力圖功，洗滌前恥，而逡巡觀望，未聞荷戈先驅，死何以見先帝，生何以對陛下？昌平巡撫何謙失陷諸陵，罪不容赦。至都城旣陷，先去以爲民望，如河道總督黃希憲、山東巡撫邱祖德、魯化龍等，尚可容其偃臥家園乎？」得旨：「緍彥、永吉勿問，何謙等法司提究。」尋又疏爭郊天改期事。是時朝政大亂，宸荃獨持正，掌道張孫振恨之。明年，以年例出爲蘇、松兵備僉事。

庚戌（二十六日），明命總兵許定國鎭守開封、宛、雒，掛鎭北將軍印。

定國，太康人，由行伍官山東游擊，以平白蓮教功遷副將。崇禎時，禦流寇掃地王等於太康，有功，授山西總兵官。李自成之圍開封也，監軍御史王燮趣定國統兵渡河，次沁水一夕潰；被逮論死。尋赦罪，授河南總兵官。項城伯常應俊薦其實心恢復，請鑄印給之；乃有是命。定國勇猛絕人，嘗與少年聚飲，躍起，手攀簷前椽，身蹈空，左右換手，走長簷數遍，顏色不變。〔考曰：本某氏柳軒叢談。〕其守河南某城也，賊奄至，箭如雨，定國立敵樓，以刀左右揮，箭盡兩斷，笑向賊曰：「若乏乎？急歸，人障一版來，受吾箭。」一賊挾版至，射以鐵箭，貫入於版死焉，賊驚遁。〔考曰：本某氏舟居閒話。〕

徐鼒曰：備書何？爲睢州之變張本也。

明榷酒稅。

酒一觔稅錢一文，從馬士英請也。

辛亥(二十七日),明築金山、圌山城。

祁彪佳爲巡撫時,裕軍儲八萬,以二萬佐史可法軍需,其六萬儲之鎭江庫。貴陽楊文驄者,字龍友,馬士英之戚也。以廢員起兵部主事,歷員外郎、郎中,監軍京口,欲漏其賦而無辭,以金山踞大江中,控南北,請築城以資守禦,並築圌山爲犄角勢。馬士英爲請於王,從之。

徐鼒曰:特書何?譏也。陳潛夫曰:不務進取,專事退守,舉土地甲兵之利委之他人,雖江、淮亦未可保也。爲南都計者,畫河而守中策也,守淮下策也,至守江則無策矣。且卽守江,則金山百丈之高,築壘安營,巨艦置砲,據形勢以助屯,候聯舟師,謂非天塹之險歟,城之則何益也。

明劉澤淸薦降賊臣時敏開屯海上,蘇京駐廟灣防海,從之。

尋澤淸又請令時敏開屯大瞿山。

明興平伯高傑疏薦舊臣黃道周等。

傑薦黃道周、黃志道、解學龍、劉同升、趙士春、章正宸爲衆正,吳甡、鄭三俊爲萬世瞻仰,金光宸、熊開元、姜埰無愧社稷臣,金聲、沈正宗夙儲經濟。疏入,報聞。

徐鼒曰:逆案曰薦矣,降賊臣曰薦矣,茲亦曰薦何?春秋之例,美惡不嫌同辭也。夫傑與澤淸等夷耳,一則黨惡,一則薦賢,一念公私,賢庸天壤。紀年於能改過者予之,亦勸懲之旨哉!

明自五月不雨至於是月,河流竭,太湖可涉人。

或曰:自四月不雨至九月,蘇、常尤甚。河竭湖淺可涉,耆百年來所未有也。時邊警日逼,王深居禁中，惟漁幼女，縱酒演劇，工役不已，宴賚不貲，佃練湖，放洋船，鹽場、蘆洲之課，搜括殆盡。內則張執中、田成，外則阮大鋮、楊維垣，比周固寵，政以賄成。二十九日癸丑，王不豫幾殆，輔臣入候起居，與羣閹竊竊私語，外庭莫敢詰，或榜門笑罵，羣小亦莫之怪也。〔考曰：諸書所紀甚多，署士英門曰：「兩朝丞相，此馬彼牛，同爲畜道；二黨元魁，出劉入阮，豈是仙蹤。」榜兵部門曰：「闖賊無門，匹馬横行天下；元凶有耳，一人直入中原。」又詩曰：「金刀莫試割，長弓早上弦，求田方得祿，買馬卽爲官。」又有「掃盡江南錢，塡塞馬家口」之語。時馬、阮朋奸聚語，率至夜分始散，都人又有「天昏地慘鬼語祕」之語。

十二月乙卯朔，我大清兵下河南。

大將軍豫親王多鐸前鋒渡河，沿河寨保望風歸附，許定國、李際遇已潛遣人約降，而南中猶不知也。

明命荆王□□居九江府。〔考曰：明史荆王慈煛於天啓二年襲封，十六年正月，張獻忠陷蘄州，慈煛先一月薨，未詳嗣王爲何人。國變後，玉牒無可稽，姑闕其名以俟考。〕

明加兵部侍郎練國事尚書，仍莅侍郎事。

國事，字君豫，永城人，萬曆丙辰（一六一六）進士，由知縣徵授御史。崇禎元年（一六二八），擢太僕少卿，進右僉都御史巡撫陝西。六年（一六三三）冬，總督陳奇瑜誤信賊降，檄諸軍勿擊賊，大掠鳳翔、麟游、寶雞、扶風、汧陽、乾州、涇陽、醴泉，奇瑜委罪國事以自解。國事疏辨，而事已不可救，乃逮下獄。九年（一六三六）丙子正月，遣戍廣西，久之，敍前功赦還，復冠帶。南都立，召爲戶部左侍郎，改兵部，是月加尚書，仍莅侍郎事。

明逮助餉福建右參議夏尙駉。

馬士英票旨謂「道臣而捐萬金，操守可知，況汀寇猖獗，貽害地方，著革職提問」。或曰：怒其無私進也。

徐鼒曰：聞之顧炎武曰：以助餉被逮，非其罪矣。然使尙駉廉以律己，惠以利民，士英將以何罪罪之乎？是尙駉亦與有罪焉耳。

丁巳（初三日），明進劉澤清、劉孔昭侯爵，孔昭辭，許之。

時駙馬齊贊元頌孔昭翼戴功，賞不酬勞，馬士英請進二劉侯爵，孔昭辭，許之。未幾，柳祚昌自言定策功高，斥之。

明禁巡按御史訪拏。

從劉澤清請也。

庚申（初六日），我大清兵圍明邳州，凡三日。

辛酉（初七日），明命何騰蛟以兵部侍郎總督川、湖、雲、貴、廣西軍務，兼督糧餉，召楊鶚回部。

尋左良玉請留撫臣騰蛟，得旨：「五省總督之設，不惟恢復京、襄，且以接應巴、蜀，騰蛟俟高斗樞到任，方行移鎭。」

明令巢湖民船行保甲。

徐鼒曰：特書何？嘉之也。弭盜緝奸之法無逾於保甲者矣。

癸亥（初九日），明定勇衞營額。

額萬五千人。〔考曰：本南都甲乙紀。又按：明史兵志無此營，惟南略載弁文綬協防鳳陵，募練義勇數千。既而文綬補京營，卽與劉良佐議，原兵不願留者令原領兵官赴劉交付，其餘兵將不忍相離，隨綬駐江浦四千餘人，綬奏神機、巡邏二營，名雖一萬六千，實不及一半，倘隸此四千人於二營，可壯京營守禦。王下其章於所司，而不載部議云何。惟甲乙紀云：定勇衞營額萬五千人。又云諭太監高起潛，閣臣已在河上，爾駐浦口，無事便於提調，有事相機救援云云。當是綬駐江浦之兵，賜名勇衞營，而高起潛駐浦口督之也。稗史紀事無法律，無以證明之也。〕

明命太監盧九德丈量蘆洲升課。

丙寅（十二日），明改孝宗后張氏謚。

改謚曰孝成靖肅莊慈哲懿扶天贊聖敬皇后，蓋后本謚孝康，與興宗后常氏孝康字相犯而改也。

我大淸兵入河南府，明總兵李際遇降。

際遇至京師，竟以不早降伏法。

己巳（十五日），我大淸縱明使臣陳洪範還。

十月辛巳（二十七日），遣使臣南歸，出永定門。十一月己丑（初五日），止滄洲。時洪範已潛輸款，請身赴江南招諸將劉澤淸等以地來降，而留左懋第等勿遣，乃自滄州復追懋第、馬紹愉還，獨洪範得歸。入見，言北兵旦夕南下，閣議主於抗節，使臣將命不敢委曲。王曰：「國家艱難之際，費十餘萬金錢北使，亦欲得幷力滅賊，如何閣議止以抗節爲不辱命，我當自強。清之款否原不足恃，爾臣工當益切痛恥，秣馬厲兵以申大仇。」洪範又言：「黃得功、劉良佐陰與北通。」二人疏辨。王曰：「此反間不足信。」又請加恩使北諸臣，兵科戴英劾之曰：「洪範北使無功，今正使身陷異域，而下吏羣然晉爵，恐天下聞之竊笑也。」乃止。〔考曰：野史云：洪範賣懋第得侯，後病亟，連稱左老爺，哀呼而死。〕

明行稅契法。

明逆案楊維垣疏論三朝黨局，命宣付三朝要典於史館。

維垣請重頒三朝要典，言：「張差瘋癲，強坐爲刺客者，王之寀也。李可灼紅丸，謂之行鴆者，孫愼行也。李選侍移宮，造以垂簾之謗者，楊漣也。劉鴻訓、文震孟只快驅異己，不顧謗誣君父，此要典重頒不可緩也。」又請雪三案被罪諸臣。王命禮部訪求三朝要典送史館，吏部察明被罪諸臣，分別復職。於是已死之劉廷元等二十人予謚廕祭葬；未死之王紹徽等十三人原官起用。尋逆案編修吳孔嘉言：「要典宜列當日奏議，以存其實，删去附和。」命下所司删定。

徐鼒曰：特書何？傷之也。孔子曰：「不念舊惡，怨是用希。」又曰：「人而不仁，疾之已甚，亂也。」明之季也，三案實始終之。其始也，諸君子意氣過激，旣不足以服羣小之心，而又操之已蹙，致其君亦不能不以朋黨相疑；迨乎勢去柄移，報復爲事，而肆焉翻案者，遂蕩然無復有是非羞惡之心。清議旣亡，國亦隨之，元豐紹述，後先相望，悲夫！

明下狂僧大悲於鎭撫司。

僧大悲者，夜叩洪武門，自稱烈皇帝，閽人擒之，以隸戎政張國維，國維曰：「此等妄男子，但當速斃之，一經窮究，國體不無少損。」於是都人籍籍，謂國維且杖殺烈皇。乃以屬三法司，則又自稱爲齊王；再詰，則言是潞王之弟，受封郡公。或曰是齊庶宗詐冒；或曰大悲者，非眞大悲，乃吳僧大悲之行童，從大悲往來錢謙益、申紹芳家，故質對時，但知有二人，而阮大鋮卽欲借之興大獄也。（考曰：本續幸存錄。又按野史載此事小異，謂甲申十二月水西門外小民王二至西城兵馬司報一和尙，自稱親王，御史以聞。奉旨命中軍都督蔡忠去拏，和尙坐草廳，曰：「汝何人，敢問我？」左右曰：「都督蔡爺。」曰：「汝來何故，拏我否？」忠曰：「奉聖旨，請汝進去。」和尙卽行，委戎政趙之龍、錦衣馮可宗會蔡忠勘問，和尙供是定王，爲國變出家，今潞王賢明，應爲天子，欲弘光讓位。又牽出錢、申二大臣，言語支吾。奏聞，命刑部拷訊，係齊庶宗，詐冒定王云云。按潞王賢明等語，卽阮大鋮所爲也，野史記不明白耳。」）

明禁各官薦舉。

明命王永吉專防江北。張縉彥專防河南。

馬士英疏言：「清兵雖屯河北，然賊勢尙張，不無後慮，豈遂投鞭南渡乎！且强弱何常之有，赤壁三萬，淝水八千，一戰而江左以定。況國家兵力，萬倍於前，廓淸底定，痛飲黃龍，願諸臣刻厲也。」尋大學士王鐸疏請視師江北，以復國仇；不許。

癸酉（十九日），明復降賊臣左春坊韓四維原官。工科給事中戴英劾之，命改別衙門。

四維自言棄家南奔，命復原官，卽爲戴英所劾。又託言前使岷府，不汚賊塵，得旨：「遣封在四月中旬，未及受事，何得欺飾，姑著調用。」

甲戌(二十日),明命史可法會兵援邳州。

時大清兵至夏鎮,別由濟寧南渡,高傑、劉澤清告急,可法疏言:「北使之旋,和議已無成矣。向以全力禦寇而不足,今復分以禦北矣。唐、宋門戶之禍,與國始終,意氣相激,化成恩仇。有心之士方以爲危身之塲,而無識之人轉以爲快意之計。孰有甚於戕我君父、覆我邦家者,不此之仇,而修睚眦之徼,是之謂不知類矣。先帝之待諸鎮何如厚恩,皇上之封諸鎮何如隆遇,諸臣之不能救難何如罪過,釋此不問,而日尋干戈,於心忍乎?和不成,惟有戰,戰非諸將之事而誰事乎?閫外視廟堂,廟堂視皇上,尤望深思痛憤,無然泄沓。古人言,不本人情何由恢復;今之人情亦大可見矣。」時可法遣幕客四出召集,苦餉不敷,乃以戶部主事施鳳儀行鹽揚州,周某爲理餉總兵,與販米豆而上下爲奸,利不在官。乃議興屯田。應廷吉曰:「屯政原有成額,小民世受謂之恆產,焉所得閒曠而屯之?且屯田籽粒既入於官,有司常賦又何從出?聞諸生有願輸牛百頭、麥五百石以博縣令者,此面欺耳。」時陸遜之屯田大梁無成功,而可法欲試行之,乃强廷吉爲邳、宿屯田僉事。〔考曰:和議不成一疏,他書以爲乙酉正月十二日事。按是時高傑初死,於疏中語意不合。甲乙編年載於甲申十二月,情事允當,今從之。〕

徐鼒曰:廷吉之言屯田無利當矣,可法之姑試行之何也?請餉既不得,理餉又無從,謂屯田之法行,則可以守河,可以進取,僥倖於廷吉言之不中,而以盡吾不可爲而爲之心也,抑可哀矣!

明追封于謙爲臨安伯,遣官致祭。〔考曰:本南都甲乙紀。又三王紀略、繹史俱以爲乙酉四月戊寅事。是時揚州失守,舉朝洶洶,恐無暇及此,當以甲乙紀爲正。

丁丑（二十三日），明開納文武職官誥命例。

戊寅（二十四日），我大清兵自孟津縣渡河，明張縉彥等走沈邱。命高傑進屯歸德以備之。

大清兵分道南下，令沂州、濟寧兵從廟灣南渡，薄邳、宿；彰德、衞輝兵從孟津東渡，逼歸、徐。史可法飛章告急，曰：「言我與北軍僅隔一河耳，今已渡河，長驅而來，旦夕不保，乞多給軍餉。移得功、良佐兵駐潁、亳，以傑守歸、徐，戮力同心，無分畛域，臣猶恐東南半壁未能高枕也。」

明興平伯高傑北征，發徐州。

傑於十月十四日戊辰，由揚州登舟，將趨開、歸，且瞰宛、洛、荆、襄爲根本，疏言：「今日大勢，守江北以保江南，人能言之。然從曹、單渡，則黃河無險，自潁、歸入，則鳳、泗可虞，猶曰有長江天塹在耳！若何而據上游，若何而防海道，豈止瓜、儀、浦、采爲江南門戶已邪？伏乞通盤打算，定議速行，中興大業，庶幾可觀。」又云：「得功與臣猶介介前事，臣知報君雪恥而已，肯與同列較短長哉！」比傑抵徐州，而我大清豫親王多鐸已分兵從孟縣渡河。傑致書劉澤清曰：「清兵號二十萬，實七八千，齊駐濟寧，近日河南撫鎮告警，一夕數至，開封北岸，清兵問渡甚急，恐一越渡則天塹失恃，長江南北盡爲戰場。時事如此，應接不暇，惟有殫心竭力，直前無二，於萬難之中求其可濟，以報國恩而已。」澤清以聞。先是我副將唐起龍之父虞時，與傑有舊，致書招之，有「大者王，小者侯，世世茅土」之語。傑不爲動，身先士卒，沿河築牆，專力備禦，致書我肅親王豪格曰：「逆闖犯闕，危及君父，痛憤於心，山川俱爲羞色，豈獨臣子義不共天？關東大兵能復我神州，葬我先帝，雪我深怨，救我黎民，前者朝使謹齎金帛，稍抒微忱，獨念區區一介，未足答高厚於萬一。茲逆成跳梁西晉，未及授首，凡係臣子及一時豪傑忠義之士，無不西望泣血，欲食其肉而寢其皮，晝夜臥薪嘗膽，惟以殺闖逆、報國仇爲亟。貴國原有莫大之恩，銘佩不暇，豈敢苟萌異念，自干負義之愆。傑猥以菲劣，奉旨堵河，不揣綿力，急欲會合勁旅，分道入秦，殲逆成之首，哭奠先帝，則傑之忠血已盡，能事已畢，便當披髮入山，不與世間事，一腔積憤，無由面質。若傑本念，千言萬語，總欲會師勦闖，以成貴國卹鄰之名。且逆成凶悖，貴國所惡也，本朝欲報大仇，貴國念其忠義，所必許也。本朝列聖相承，原無失德，正朔成統，天意有在。三百年豢養士民，淪肌浹髓；忠君報國，未盡泯滅，亦祈貴國之垂鑒也！」（考曰：本南略。又載王報書，略曰：「將軍果能棄暗投明，過河面會，功名不在尋常中矣。若第欲合兵勦闖，或差官北來，令人引奏我皇上，我不自主」云云。

明敍鄖陽固守功，加升巡撫前按察使高斗樞都察院右副都御史。

斗樞，字象先，鄞人，崇禎戊辰進士，守鄖陽，事詳紀傳。

臣鼒曰：特書曰鄖陽固守功何？嘉之也。鄖爲由楚入陝之門戶，賊所必爭。全楚瓦解，帝閽望斷，大廈之崩，非一木所能支矣。斗樞乃效眞卿河北之節，成孝寬玉壁之功；保障一郡，支持十年，以視堯君素之在蒲州，張孝純之守太原，事較難而功亦大矣。徐啓元之加兵部侍郎，功同賞同，略之何？曰功同而所以有其功者異矣，彼方効命聖朝，書勳竹冊，豈肯與行遯孤臣同傳哉！

辛巳（二十七日），明罷南郊，改於明年冬至。御史沈宸荃疏諫，不聽。

宸荃疏引洪範天人感應之理，及體元行政之事，以明祀天之必不可緩。不聽。

徐鼒曰：甚矣亡國之君之侮慢天道也，前月丙子命以來年正月矣，何三旬而又改乎？此其侮慢不敬之心，施之於人猶不可，況天乎！吁，是所謂自絕於天也。

壬午（二十八日），明以應天府丞瞿式耜爲右僉都御史，巡撫廣西。

式耜，字起田，常熟人，萬曆丙辰（一六一六）進士，由知縣擢戶科給事中，坐錢謙益黨削籍，事詳紀傳。南都立，起應天府丞，再擢僉都御史，代方震孺巡撫廣西。

徐鼒曰：特書之，爲粵中建國張本也。粵中之瞿留守，猶南都之史閣部也。興廢關乎氣數，勳烈炳乎人間，古云社稷之臣，蓋無愧矣。故於其出處謹志之。

癸未（二十九日），明布衣何光顯上書乞誅馬士英、劉孔昭，詔戮光顯於市。

徐鼒曰：布衣而危言殺身，君子所弗取也。然前史於陳東、歐陽澈之事，未嘗不嘉予之，豈過論哉！晦盲否塞之秋，天地翻覆，日月剝蝕，凡有血氣之倫，皆有勃然不容已之心。學士大夫託明哲之說，浮沈取容；而布衣無職之人，激於性天，殺身不悔；斯亦足以存是非之公，而褫奸邪之魄矣。

明加高傑太子太傅。〔考曰：聖安本紀列之十一月二十九日，諸書皆云十二月二十九日。按此乃傑發徐州後事。〕

豐沛大盜程繼孔者，一名肖予，蕭縣健步也。有仇家誣其與賊通，官往擒之，繼孔遂據所居之梧桐山爲亂，與其黨王道善、張方造等焚掠歸、永、邳、宿之間。指揮蔡應瑞、守備賈之驊、哨官李毓秀討之，敗死，賊益披猖。崇禎癸未（一六四三），淮、徐右參議何騰蛟、淮督路振飛合兵討之，繼孔窮促，縛道善以降。騰蛟擢楚撫，念繼孔終爲患，檄之入楚隨征，拒不從。時馬士英爲鳳督，大發兵攻之，執繼孔，檻送京師。會國變，脱歸徐州，以恢復爲名，再糾衆，斬木編筏，引北兵渡河。高傑之北征也，繼孔率驍健之士六人以降，傑與歃血訂盟，酒酣，斬之以徇，論功加太子太傅。

明以賈登聯爲四川總兵官。

登聯，鎮守川東參將也。

甲申（三十日），明福王御興寧宮。

時警報沓至，王於除夕御興寧宮，憮然不怡，諸臣進見，謂兵敗地蹙，上煩聖慮。王曰：「後宮寥落，且新春南部無新聲。」太監韓贊周泣曰：「臣以陛下令節思皇考、念先帝耳！乃作此等想邪！」（考曰：聖安本紀、甲乙史載此爲二十四日戊寅事，繹史勘本、南略引某書皆云除夕事。勘本不云贊周泣對。按幸存錄有韓贊周四上疏乞休，盧九德殿上慟哭，是韓、盧非張執中、田成比也。附志之，以白後人焉。）故事：宮中有大變，則夜半鳴鐘。一夕鐘鳴，外廷大駭。須臾內豎啓門出，則索鬼面頭子欲演戲也。醫者鄭三山以合媚藥得幸，雀腦蟾酥，市中一夕踴貴。乞兒手一蟲一介，貼黃書上用，人莫敢犯。（考曰：華亭單恂金陵紀事詩云：「苑城春閉綠楊絲，江介軍書醉不知；清曉內璫催倘藥，官蝦蟆進小黃旗。」知非野史妄語。）馬、阮搜舊院雛妓進御，死，則付鵓兒葬之。興寧宮之落成也，楹帖一聯，大獲獎賞，或進內殿觀之，則「萬事不如杯在手，一年幾見月當頭」。旁注「東閣大學士王鐸奉敕書」也。

小腆紀年附考卷第九

前翰林院檢討加詹事府贊善銜六合 徐鼒 譔

乙酉，我大清順治二年（一六四五），春正月。〔明弘光元年。是歲，南都亡，唐王立於福州，稱隆武元年；魯王監國紹興，以明年稱監國魯元年。〕

乙酉朔，日有食之。明福王在南京，免百官朝賀。〔考曰：聖安本紀、繹史俱云免百官朝賀，而南都甲乙紀則云御殿受朝賀。又聖安本紀不言日食，但云大雪，免朝賀。蓋是日因雪不見日食也。〕

自臘迄春，陰凝不霽。是日大風拔木，雪數尺，史可法以糧餉不前，諸軍飢餒，斷葷酒。

庚寅（初六日），明以新殿推恩，加閣臣銜，史可法辭不受。

加史可法太保兼太子太師、建極殿大學士，馬士英少師兼太子太師、中極殿大學士，王鐸少保兼太子太保、武英殿大學士，各賜蟒衣一襲，廕一子尚寶丞。可法辭，許之。是日中書舍人林翹疏稱：「雷聲自北至西，占在趙，晉之野有兵。日在庚寅，主口角妖言。」翹，江浦人，善星術。馬士英之在戍所也，翹卜其大用，士英神其術而薦之，令以一品武銜，蟒服趨事。

壬辰（初八日），立春日，流星入紫微垣。

癸巳（初九日），明南京大雷電雨雹。

尋張縉彥奏：十一日乙未午刻，河南滎澤縣郡郭忽見大城，堞門畢具，踰二時方隱。天官家云：廣莫之氣成都，今河南茫無人烟故也。

明命黃得功、劉良佐進屯潁、亳，高傑進據虎牢，得功、良佐受命不行。

明總兵劉洪起敗闖賊於襄城。

時副將劉鉉、郭從寬、總兵王之綱，許定國擒斬僞官，洪起先後斬獲三千級，敍功獨多，加二級。

甲午(初十日)，明修奉先殿及午門左右掖門。

丁酉(十三日)，明許定國誘殺興平伯高傑，以叛降於我大清。

初，定國負其功不得封，上書詆傑爲賊。傑常曰：「吾見許必手刃之。」傑之北征也，定國懼見討，既遣子爾安渡河，投誠於我豫親王多鐸，而又貽書史可法求自全計。可法語其使曰：「許總兵何地不可居，而必睢州乎？」既聞程繼孔被誅，益懼。傑至睢州，定國先數十里跪馬首迎，傑扶起之曰：「若總兵，奈何行此禮，顧爾衆安在！」定國故毁其軍以羸見。明日，傑召定國而詢之曰：「若豈不知我之將殺汝，而顧不去，何也？」定國頓首曰：「固知公之怒也；然不知其罪！」傑曰：「若累疏名我爲賊，安得無罪！」曰「此定國之所以不去也。定國目不知書，倉皇中假手記室，誤入公名，定國不知疏中爲何語，以此殺定國，不亦寃乎！」傑索記室者姓名，定國曰：「彼知公之怒也，先期遁，迹之不獲。彼先去，而定國不去，以明向之名公者，非定國意也。」傑見其詘服，憐而信之。有千戶某投牒云：「定國謀汝。」傑故以示不貳，馬前笞六十，送定國誅之。遂刑牲，約爲兄弟。定國飾美姝進，傑孱不御，笑謂之曰：「軍行無所事此；弟畜之，俟我功成後以娛老也。」定國唯唯退。時傑大營去城二十里，懸王命旗於城闉曰：「非有令不得入。」從傑入者，左右驍健二百人。傑語定國北行，定國曰：「山妻偶恙。」傑曰：「弟人傑也，何無丈夫氣！兒女子願去則去，否則殺之以絶他念。弟不忍者，吾爲弟除之。」定國驚曰：「此結髮婦，非他比，當卽隨行。」十三日丁酉，定國燒燈張宴具樂，已侍傑飲，而令其少弟許四者飲諸將於別所，婦女賓客相雜坐。酒酣，坐者覺有異，起而耳語傑曰：「許四志意失常，將毋謀我乎？」傑推之以手，曰「去，夫何敢！」其人退，意亦安之。於是三百人皆醉。傑所居者，睢人甲第也，垣牆高而四周有重廊複室，將佐就別所擁妓臥。傑榻畔惟二三治文書者與傳事小兒。漏將殘，屋瓦歷然有聲，傑驚視，則壯士數十輩踰垣入，傑索所備身鐵杖，則已烏有，倉卒奪他人刀步鬥，傷脅被執。定國蹀血南面坐曰：「三日來受汝挫辱已盡，今何如？」傑大笑曰：「吾乃爲豎子所算，呼酒來，當痛飲死。」三百人者，聞砲聲欲起，則爲妓所嬲，無脫者。惟一人伏牀下免。明日日中，城不啓，李本深、王之綱、郭虎攻南門入，則定國已渡河北去，睢人知其事者皆已逃。諸將遷怒於睢旁之二百里，悉屠之。史可法至徐州，初聞弗信，審知之則大哭，知中原之不可復圖也。定國之遺子也，言傑以五千人圍睢城，請我師馳救，尋疏報傑已用計擒斬，請發兵靖殘寇焉。

戊戌（十四日），明禁宗室入京朝見。

徐鼒曰：特書何？譏也。君子謂親親之誼爲已薄矣，停換授可也，禁朝見不可也。

明佃丹陽練湖。

太監高起潛請佃練湖，歲可得五萬金，從之。

壬寅（十八日），我大清兵取西安，闖賊走襄陽。

王師入陝，前鋒參領索渾等敗賊於靈寶。正月戊子（初四日），敗賊將劉芳亮，李自成親率兵來戰，又敗之。乙未（十一日），王師逼潼關，僞巫山伯馬世耀以六十萬衆迎戰而敗，乃僞降。丁酉（十三日）入潼關，斬世耀。自成欲返據延安，而降將唐通以自成遇其家之酷也，從黃甫川過河，谷英、李過俱潰逃，惟李錦以楡林一軍從。自成知西安不能守，令田見秀燒倉廩出東門，由商州龍駒寨走武關以入襄陽。方自成之命見秀焚積聚也，欲並爇宮室市里，會自成已去，見秀曰：「秦人飢，留此米活百姓。」止燒東城一樓。追及自成於商州，曰：「已焚矣。」宋企郊等皆於道亡，牛金星亦留而從其子於襄陽。初自成入秦，諸僞將訪宗族，修墳墓，田見秀獨不然，親故有至者，遺以金帛，促之去。及敗，劉宗敏等宗族誅，墳墓發，見秀獨不知爲何邑人，以是獲免云。

明命在京諸臣自陳。

御史劉光斗請鑒別大臣，詔衰頹庸鈍者自行引退。

癸卯（十九日），明中旨以吏部左侍郎蔡奕琛兼東閣大學士，入閣辦事。

丙午（二十二日），明起逆案左都御史唐世濟，以原官管右都御史事。

庚戌（二十六日），明禁章服違制。

趙之龍言章服違制，王是之，命武臣自公侯伯而下，非賜肩輿並騎馬坐蟒斗牛，非奉賜麒麟白澤，非勳爵，不許借用。

徐鼒曰：特書何？嘉之也。唯器與名不可以假人。

辛亥（二十七日），明以衞允文總督高傑標下鎮將兵馬。

允文，字祥趾，韓城人。崇禎辛未（一六三一）進士，授庶吉士，歷編修、司業、中允、諭德。京師陷，被賊拷掠，乘間南奔，高傑以同鄉故薦之，留監己軍。聞朝中有嚴治從逆之命，允文懼，欲娛士英以自解，乃疏言：「國家兵事問鎮臣，糧餉問部臣，督師贅也。且可法浪得名耳，陛下若念擁戴功，則爵之侯伯，優以廩餼，毋令久當津要爲也。」可法因上疏乞罷，且曰：「臣討賊未効，妄冀還朝，臣雖至愚，計不出此。顧遭君父之變，膺簡命之重，臣何自安。」王切責允文，而諭可法盡職；然士英心竊喜之。〔考曰：繹史謂允文受僞命，誤也。允文以削髮被掠者，未受僞職也。又謂疏劾史可法在爲監軍之前，亦誤也。據史公求退疏上於乙酉正月二十四日，則允文劾疏亦當在正月也。允文方劾可法，而士英即於是時擢爲總督，分史公之權而掣其肘也。〕既而睢州變，聞傑兵倉卒未有所屬，互相雄長。可法馳至徐州，擐甲戴弁，坐以待旦，召諸將歃血盟，立傑子元爵爲世子，甥總兵李本深爲提督，爲請卹於朝，一軍帖然。士英聞可法之得傑軍心，弗善也。乃擢允文爲兵部右侍郎，總督興平營將士兵馬，經略開、歸。將士憤懣不平，於允文莅任日，無一人至者。可法再三慰諭之，若忘其嘗劾己者。傑軍士益以此歸可法，即允文亦心折焉。

明舉人劉道貞起兵復邛州，不克，死之。

道貞既敗賊於雅州小關山，賊還據邛，道貞命其子暌度以兵來爭，賊搜獲道貞妻王氏，環刀械頸，令招其子。王氏大罵不從，賊支解之，舉家百口俱死，暌度亦以戰歿。〔考曰：蜀碧云乙酉正月事。〕

明繇州諸生葉大賓誅獻賊黨於邛州。

賊脅大賓牧邛州，大賓佯受之，而密與紳民謀舉事，紿賊將曰：「蒲江要害，聞有警，宜調兵往。」賊信之，分千餘人往。又曰：「大邑隸邛，將軍責也，恐有變，亦宜調兵往。」又分千餘人。大賓乃矯令殺賊帥，保護州民萬餘，奪西門而去。〔考曰：蜀碧云乙酉正月事。〕

二月乙卯（初二日），明命清釐濫冒勳衞。

時東川侯勳衞胡家奴不法，兵部言：「東川久已革襲，戚畹向無勳衞，皆草創時濫冒，命清釐之。」又命核北都錦衣衞官之南奔者。

明以王驥爲湖廣巡撫。

左良玉薦太僕寺卿王驥可任巡撫，乃以驥爲都察院右副都御史，巡撫湖廣，辭任，不許。

明太監高起潛請開納銀贖罪之例。

王曰：「納銀免死，則富豪墨吏何所不至；流罪以下或可贖耳。」下部酌議。

己未（初六日），明以阮大鋮爲兵部尚書兼都察院左副都御史，仍巡江防。

大鋮之奉命巡江也，陛辭疏云：「從來巡行之役，減騶從，嚴關防，絕餽遺，破情面，此凜官箴，立聲名之事，爲俗夫所難，而稍稍自好者易辦耳！其於制勝敵愾何預哉！御桓典之驄乘，而破柱莫伸於大敵；充於陵之蚓操，而陸沉罔救乎神州；正恐溺職負委，去踰閑斲法，其間不能以寸耳。臣白髮漸生，丹心未死，一飯之德，少不負人。況乎君父再造之恩，踵頂難酬之遇，倘犬馬不伸其報，即豺狼豈食其餘，此臣受事之秋，即以鞠躬盡瘁死而後已八字與二三同志共濟之臣交勉而矢之天日者也。」既抵任，則一切軍事不問，專以結黨斂賕、濁亂黜陟爲務。倉場侍郎賀世壽引疾去，大鋮密遣人劫之江中。嘗欲罷撫按，糾薦令，納金於官，則糾者免，薦者用；否則反是。白丁隸役，輸厚金立躋大帥，其謬誕黷貨如此。

明以工部左侍郎高倬爲刑部尚書。

倬，字枝樓，忠州人，天啓乙丑（一六二五）進士。崇禎初，以知縣入爲御史，坐巡視草場不謹，下吏，逾年釋歸，起上林署丞，累遷南京太僕卿。十六年（一六四三）二月，擢僉都御史，提督操江。其秋，操江改任武臣劉孔昭，召倬別用，未赴而北都陷。福王立，改工部右侍郎。御用監內官請給工料錢，置龍鳳几榻諸器及宮殿陳設寶玩金玉，計費數十萬；光祿寺請辦御用器，至萬五千七百有奇。倬上言：「國家草創，民愁財匱，宜力行節儉，爲天下先。昔衞之亡也，文公大布之衣，大帛之冠，通商務農，故能立國。今大難未夷，百萬之師嗷嗷待哺，司農無以應之，致觖望掠食；即君臣縞素，示以匱乏，彼尚未必信也。而乃雕鏤華彩，欲飾美觀乎！」皆不納。既解學龍被劾削職，乃以倬爲刑部尚書。

明命太監李國輔開採雲霧山，給事中吳适疏諫；不聽。

有上書言開化德興雲霧山開之可以助國者；國輔具疏請往。給事中吳适疏言：「雲霧山卽封禁山，北通徽、池，南連八閩，東抵衢、嚴，西界信州。唐、宋以來，每爲盜藪。其間深谷窮淵，虎狼接迹，險阻極目，無徑可攀。且地接祖陵龍脈，爲神京右臂，歷朝禁止樵牧，封禁所由名也。英宗初年，遣官採木，地方棍徒互相煽惑，攘奪小民，兼多內外官屬，供億之費，數邑坐困，民不聊生，近山良民遂鳥獸散。大盜鄧茂七等聚衆數萬，藉以爲窟，合四省兵力討之，十四年乃戡定，奉旨照舊封禁。往禍蓋可鑒也。臣竊以界通四省，境地相歧，內阻峻嶺，外多絕谷，綿延重疊，篳路崎嶇，封禁旣久，開鑿維艱，不便一。林莽高深，重嶂疊峯，毒蛇猛獸，生育繁滋，一旦開伐，奔突狂噬，傷人必多，不便二。邃深幽奧，迥絕恆區，水不通舟，陸難移運，不便三。乘傳驛騷，有司困於供億，吏胥假公行私，而力田小民棄本逐末，消磨歲月，土田有荒蕪之慮，力役多死亡之憂，不便四。興朝舉動，天下仰望，以卜安危，今以無益害有益之事，搖動人心，傾危四省，垂之青史，貽譏後世，不便五。遠邇傳聞，必且蜂屯蟻聚，競營巢穴，居奇召禍，約束無方，是使盜賊復生而殺戮再見，不便六。況臣訊之父老，僉云此山地連陵寢，自正統初開伐，致傷地脈，釀土木之難，洩山川靈氣，不便七。舉此數端，有害無利，伏惟陛下採擇。」國輔亦疏請中撤，俱不許。馳視如适言，報罷。國輔，司禮韓贊周養子也。贊周頗有憂時之心，國輔提督勇衛營，在宮中多所匡救。馬士英惡其不便於己也，屬所私以開採事誆國輔請往，其實意不在開採也。及國輔奉命往浙，士英因授其子馬錫以勇衛營篆。适之疏論也，

士英深銜之。〔考曰：本南都甲乙紀。〕

徐鼒曰：自來言利者多進開採之說，而卒之得不償失，禍害旋見，如明萬曆之礦稅，其尤甚者也。而或有開水利、濬淤塞爲言者，其事宜亟行之，顧格於衆議，而阻難者何哉？庸人好奇異而狃目前，寳金銀而忘本計也。同時巡按周元泰、戶科給事中錢增疏請濬劉家河，下部議而中止。錢增之言曰：「蘇、松、常、鎮、杭、嘉、湖七郡之水，以太湖爲腹，以大海爲尾閭，以三江入海爲血脈，蓋自吳淞淹塞，東江微細，獨存婁江一派，而婁江之委七十里曰劉家河，乃婁江入海之道，東南諸水全恃此以歸墟，不至横溢泛濫者，則帶水靈長之利也。元時劉河最深，運艘市舶之所集。近日漲沙淤塞，於是東流之水逆而向西，涓滴不入，灌漑無資。兼之歲歲旱魃，平疇龜坼，人牛立槁，雖復桔槔如林，從何乞靈海若。然此就旱暵言耳，萬一大浸稽天，七郡洪流，傾河倒峽，震澤不能受，散漫横潰，勢必以七郡之田廬爲壑，東南數百萬財賦，盡委逝波，其如國計何哉！」吾故因适之疏而附及之，俾後之籌國者有所擇焉。〔考曰：錢增疏見南略。〕

明巡按浙江御史彭遇颽爲民所逐，猶改調淮、揚。

遇颽，崇禎癸未（一六四三）進士，附馬士英，授職方主事，誕說蠭湧，召對稱旨，改御史，巡按浙江，自任募兵十萬。或曰：「餉將安出？」曰：「搜括可辦也。」以家丁數百人行至杭州，掠市錢，杭人蹋署門逐之，撫臣張秉貞以聞，士英以遇颽邊材，調淮、揚。

徐鼒曰：不曰浙江民逐巡按御史某，而曰爲民所逐何？罪不在民也。猶改調者何？猶者可以已之詞也，樹黨殃民，至斯極矣！

明加鹽課。

遣戶科給事中倪嘉慶、中書胡承善掣鹽於瓜、儀，加鹽課引五分。史可法疏言：「揚州城內有總督、有提督、有鹽科，今又添監督，人人可以剝商，商本盡虧，利歸豪猾，不足之害朝廷實自受之。

甲子（十一日），明加思宗皇太子謚。

謚太子曰獻愍，定王曰哀，永王曰悼。或曰：聞有太子北來之信，而預定謚以絕之也。

明增派浙、閩餉二十萬。

明史可法請以高傑部將李本深〔考曰：亦作本身。〕爲提督；不許，命太監盧九德馳諭黃得功還鎮。

時傑妻子尙在揚州，可法請以本深提督軍馬，與諸裨將分屯梁、宋間。劉良佐上書追論傑罪，又與澤清、得功合奏：「高傑無寸功，驕橫淫殺，可法乃欲其子承襲，本深爲提督，是何肺腸，請分其衆將之。」馬士英持不可，曰：「彼所部烏肯輕屬人，假諸將以軍號，待高元爵長而還之。」王從之。令邢氏同元爵照舊統轄，本深仍領前鋒，俟有功優敍。以提督體統尊，故不許也。尋邢氏上書，固請以本深提督，衞允文亦具疏如邢氏言。從之。命未下，而得功引兵趨揚州，攘袂言曰：「固當以此州還我。」可法在徐州，聞之，馳還揚州，遣同知曲從直、中軍馬應魁入營問故，得功曰：「吾爲大將，功最多，僻處瀕江小邑；高傑有何勞績，而食數城，姑念其死，割以高郵、寶應、江都三縣，養其妻子足矣，餘非高有也。」可法曰：「吾非不知將軍功，又非愛高而右之也，徒以彼士馬多，令不一，今日驟奪，明日必亂，是將軍首難也，其異於輿平者幾何？」得功揮其衆少卻。王命太監盧九德、高起潛宣諭曰：「大臣當先國事而後私仇，黃得功若向揚州，使高營兵將棄汛東顧，敵人躡之而南，誰執其咎？朕於諸藩恩禮有加，諸藩亦當恪守臣節，無輕舉以誤國家！」又諭可法解諭得功，毋與孤兒寡婦爭搆。得功不得已，引還。尋左良玉疏言忠胤將同壓卵，袁繼咸亦疏言輿平有可念之勞。詔贈傑太子太保，許其子襲爵。

徐鼒曰：聞之吳偉業曰：靖南雖以王命解去，然其中不無怏怏，馬、阮因之，靖南遂爲其所用。嗟乎！自古艱難之生，非人力之所可及，在督師止以大計用輿平，而靖南未能以苦心量師相。詩曰：「赳赳武夫，公侯腹心。」信哉其爲腹心之難也！

明裁九江額餉，總督袁繼咸疏爭之，不聽，遂請罷，不許。

繼咸，字季通，號臨侯，宜春人。天啓乙丑（一六二五）進士，授行人，遷廣東道御史，累官兵部右侍郎兼右僉都御史，總督九江諸軍務。甲申三月以前事詳紀傳。京師陷，史可法遣人約勤王，繼咸率師至安慶，而福王監國詔至。繼咸慮良玉左右無正人，必生異議，亟致書言福王倫序之正，邀同入朝。良玉得詔，果不拜，聞繼咸言，開讀如禮。既晉四鎭伯爵，繼咸入見，面陳：「封爵以勸有功，無功而伯則有功者不勸，跋扈而伯則跋扈者愈多。」王深然之。繼咸又言：「皇上卽位之初，雖以恩澤收人心，尤當以紀綱肅衆志，蓋君德剛毅爲先，不可使太阿倒持。竊慮冬春之間，淮上未必無事，臣雖駑，願奉六龍爲澶淵之行。」王有難色。閣臣姜曰廣曰：「所言非遽爲此事，要不可不存此心。」又詣榻前密奏曰：「左良玉雖無異圖，然所部多降將，非孝子順孫。陛下初登大寶，人心危疑，臣當馳還汛地。」王是之。繼咸赴閣責史可法不當封傑等，疏陳致治守邦大計，言：「金陵之界限在大江，而淮南、江北爲之屏蔽；金陵之咽喉在潯陽，而湖南、襄、樊爲之門戶。今淮南、江北無恙也，叛將潰兵盤踞其間，小民囂然，喪其樂生之心，此不可不加意措置。湖南新經喪亂，千里蒿萊，宜遣重臣撫治，選補廉吏，緝和難民，招徠商賈，通巴、蜀、黔、粵之貨。襄陽爲古今必爭之地，必設重鎮，重鎮必宿兵，兵必責餉，修城置器，諸費不貲，皆不可不早計也。夫襄、樊守則可由宛、葉以圖關中，淮南、江北守，則可由歸德以圖河南，亦可由彭城以圖河北，攻守之大勢如此也。」又言：「致治必先得人。高宗知李綱、趙鼎之賢而不能用，用而不能信，而以汪伯彥、黃潛善、秦檜、湯思退諸小人參之，以致主勢日卑，親恥不雪，其得偏安一隅猶幸耳。國難雖殷，老成未謝，以臣所知，若劉宗周、吳甡、黃道周、楊廷麟、華廷秀諸人著名先朝，至今思其議論於後之禍敗灼如蓍龜，使先皇早用其言，豈有今日。」馬士英以爲刺己，深恨之。會湖廣巡按御史黃澍監良玉軍，挾其勢劾士英罪可斬，士英遣緹騎逮之。澍乃陰諷將士譁，繼咸爲留江漕十萬石、餉十三萬金給之，且代澍申理。劉澤清之誣奏姜曰廣也，繼咸又馳疏申辨。士英愈怒，欲敗壞其事，凡所陳奏及題用監司郡縣官悉停寢，而阮大鋮在兵部，於繼咸奏調部將必俟行賄方給敕印，由是諸將愈解體。先是，楚將楊國棟、張先璧、黃朝宣等潰卒數萬人劫掠蘄、黃間，繼咸陰以恩撫之，使無爲良玉用；疏請湖南總督速涖任，收士卒心。而士英不聽，令良玉鎮全楚，良玉得盡收先璧等軍，其勢愈張。繼咸貽書朝臣，左兵不可不備，宜稍加督撫權，示相維勢，士英終不省。繼咸乃因賀元旦，上疏曰：「元朔者，人臣拜手稱觴之日，陛下當以爲嘗膽臥薪之時。

念大恥未雪，宜以周宣之未央問夜爲法，以晚近長夜之飲角觝之戲爲戒，省土木之工，節浮淫之費，儆諭臣工，後私鬬而急公讐。臣每歎三十年來徒以三案葛藤不已，要典已經焚毀，何必復理其說！書未進亟寢之，書已進亟毀之。至王者代興，從古亦多異同，平、勃迎立漢文，不聞窮治朱虛之過；房、杜決策秦邸，不聞力究魏徵之非。固其君豁達大度，亦其大臣公忠善謀，翊贊其美。請再下寬大之詔，解圜扉疑人之囚，斷草野株連之案。」王降旨俞其言。而士英等方以要典排善類，益不喜，裁其餉六萬，軍中有怨言。繼咸爭之不得，因力求罷，又不許。

徐鼒曰：書繼咸請罷何？傷良臣之失職也。以良玉之驕悍，而繼咸能馴擾之，非特忠義感動激發，亦其才足以馭之也。使當日畀以重權，收集潰散，則朱浮能禦彭寵，溫嶠可制王敦，何至以石頭之師興晉陽之甲哉！所由太息痛恨於馬、阮也。

明禮部尚書顧錫疇罷。

御史張孫振，逆案人也。劾錫疇險邪，以其請削溫體仁謚而謚文震孟也。命致仕去。

明命於蘇州織造大婚冠服。

徐鼒曰：常事耳，何以書？譏侈也。箕子曰：「彼爲象箸，必爲玉杯。」舉一端而其他可知矣。

丁卯（十四日），明蔭方孝孺裔孫五經博士。

明殉難山西巡撫蔡懋德子方熺疏請卹典，不許。

時卹典濫行：前薊、遼總督吳阿衡以飲酒不能軍，遇害，謚忠毅；順天巡撫陳祖苞以不堵隘口，下獄死，復原官；濟南巡按宋學朱以城破無下落，贈大理寺少卿；他不可悉數。而方熺爲父請卹，謂其縱賊渡河，一死莫贖，竟不許。論者謂懋德家貧所致也。

明贈伏法太監劉元斌、王裕民祭葬，予逆案徐大化、徐景濂、劉建元等卹典。

徐鼒曰：係之不許蔡懋德卹典後何？同時事也。彼不卹而此之卹，顚倒錯亂之政古未有若是之甚者也。吳阿衡、陳祖苞之卹，何不書？曰：猶有辭也，且不勝書也。

明命太監高起潛安撫高傑將士，駐揚州。

李本深等聞得功向揚州，棄汛奔還。王命起潛駐揚州，安撫傑妻邢夫人；慮稚子之孤弱也，知史可法無子，欲以其子元爵螟蛉之；可法不欲，或獻策曰：「渠高氏有高監在；公盍主盟，令父其父而子其子。」次日，邢夫人設宴，將吏畢集，起潛忻然諾之。元爵拜，邢氏亦拜，並拜可法。可法不受，環柱走。明日，起潛宴可法，甫就坐，令小黃門衣蟒者數輩，挾可法坐不得起。令元爵拜，邢夫人亦拜，父呼之；可法不得已，爲盡歡。夜坐，屏人召應廷吉入，仰視曰：「紫微垣星失曜，奈何？」廷吉曰：「上相獨明。」可法曰：「吾昔爲上相，今瑤草矣。〔考曰：士英字瑤草。〕雖然，輔弼皆暗，上相其獨生乎！」愴然者久之。

己巳（十六日），明諭宗藩勳戚武臣不得非法罔利。

時武臣借口助餉，往往破人產。延陵朱一馮者，已革巡撫也，家殷富，爲衆怨所歸，史可法嘗造廬請助餉萬金，以塞衆口，一馮不答。及高傑鎮揚，膚訴者沓至，傑疏於朝。王以一馮身爲大臣，多藏厚亡，大喪縉紳之體，命察其田產。一馮浮海遁入閩，其子庠生號長源者，隆冬追比，至墮其二指焉。〔考曰：參南都甲乙紀、青燐屑。〕王諭部臣曰：「捐助原聽民樂輸，抄沒乃朝廷偶行，豈刁民獻媚報仇之事？宗藩勳戚須敬禮士大夫，與地方相安，不得非法罔利。」尋給事中吳希哲奏假宗冒戚、僞勳奸弁橫行不道，虐民戾商，命嚴緝之。

癸酉（二十日），明欽天監奏日月色甚赤。

王曰：「是何分野，何無占候？其訪術者舉用。」

甲戌（二十一日），明進蔡奕琛禮部尚書、文淵閣大學士。〔考曰：南都甲乙紀以爲壬申事。〕

明追封弟由榘爲潁王。

乙亥（二十二日），明禮部請朝日，命俟南郊禮成行之。

徐鼒曰：特書何？譏慢也。

丙子（二十三日），明改思宗廟號曰毅宗。〔考曰：南都甲乙紀以爲甲戌事。〕

先是，趙之龍奏，思非美謚，請改，不許。至高弘圖、顧錫疇已去位，禮部余煜上言曰：「按謚法：『道德純一曰思，追悔前過曰思。』先帝憂勤十七年，念念欲爲堯、舜者也，遭家不造，亂階頻起；而所用之人，又皆忍於欺君，率致誤國，於先帝何咎焉。道德純一則似泛，追悔前過則似譏，於覲揚無當也。且唐、宋以來未有謚思者，周之思王，漢之後主，闇弱何足述乎！謚法：『有功安民曰烈。』今國破家亡，以身殉國，何烈之有！若激烈之烈，又非謚法之謂也。周之烈王、威烈王、漢之昭烈、魏之烈宗、唐之光烈帝，未嘗殉難也。他日書之史册，將按謚法乎，不按謚法乎？故曰思烈二字舉誤也。然則謚宜云何？先帝英明神武，人所共欽，而內無聲色狗馬之好，外無神仙土木之營，臨難慷慨，合國君死社稷之義，千古未有之聖主，宜尊以千古未有之徽稱。考訂古今，不得已而擬其似，當謚曰毅宗正皇帝。」從之。〔考曰：余煜疏見臺灣外紀，據云禮部尚書誤也，時尚書爲蔡奕琛，煜蓋禮部之官也。〕

明封慈爚爲崇王。〔考曰：李自成之陷汝寧也，執崇王由樻，令諭降州縣，由樻不從，並世子慈輝皆遇害。嗣封者不知何人，列傳世表無可考。而弘光之南奔也，舊史皆云福、周、潞、崇四王。〕

丁丑（二十四日），明諭止滇、黔援兵。

貴督李若星以兵勤王，諭止之。如已到常德，即留隸何騰蛟。

明御史袁洪勳、黃耳鼎疏劾袁繼咸，寧南侯左良玉疏辨，諭解之。

先是繼咸言：「要典不必重翻。」左良玉亦疏言：「要典治亂所關，勿聽邪言，致興大獄。」王曰：「此朕家事。列聖父子兄弟之間，數十年無纖毫間言，當日諸臣，妄興誣構，卿一細閱，亦當倍增悲憤。但造禍之臣物故幾盡，與見在廷臣功罪無關，悉從寬宥，不必疑猜。」黃澍之被收也，倚良玉不至，繼咸爲之請。左光先、呂大器先後被逮，皆不至。宏勳因劾繼咸庇護三案，公然忤逆。繼咸疏辨。王曰：「袁繼咸身任封疆，自有本等職業，賊信方急，當一心料理軍務，不必借題尋釁。」會繼咸議造戰艦，檄九江僉事葉士彥於江流截買材木，士彥家蕪湖，與諸商暱，封還其檄。繼咸恥令不行，疏劾士彥。士彥同年御史黃耳鼎亦劾繼咸，疏中有繼咸心腹將校勸左良玉立他宗，良玉不從之語，蓋欲搆繼咸於良玉也。而良玉常以不拜監國詔自疑，聞耳鼎疏中語，益懼；因上疏明與繼咸無隙，耳鼎受人指使，且言要典宜再焚，王諭解之。由是羣小益銜繼咸，將召入害之，推爲刑部右侍郎。王曰：「彼地須繼咸耳。」不允。又推爲戶部右侍郎，王慮無以牽制良玉；亦不許。

徐鼒曰：李清南渡錄謂馬、阮欲以三朝要典大興黨人之獄，累請不允，向疑清言之爲其主諱也。及觀其論解良玉，委任繼咸，詞氣婉而處置當，而且拒納銀贖罪之請，禁武臣罔利之非，蓋非武、熹之昏騃比也。使得賢者輔之，安知偏安之不可爲邪！莊烈帝曰：「朕非亡國之君，卿等皆亡國之臣。」吾於南都亦云。

己卯（二十六日），明鑄各衙門印，去南京字。

禮部右侍郎管紹寧於寓所失部印，馬士英徇其請，改鑄各衙門印，去南京字。

徐鼒曰：書曰去南京字何？明當日君臣之無意中原也。然則何以不云紹寧失印也？失印，常罪也，無足書。

癸未（三十日），明僧大悲伏誅。

先是，阮大鋮作正續蝗蝻錄、蠅蚋錄，蓋以東林爲蝗，復社爲蝻，諸和從者爲蠅爲蚋。比大悲獄起，迺密與張孫振謀，更造十八羅漢、五十三參、七十二菩薩之目。十八羅漢者：史可法、高弘圖、姜曰廣、吳甡、張愼言、徐石麒、鄭三俊、黃道周、解學龍、呂大器、練國事、路振飛、袁繼咸、易應昌、徐汧、金光辰、郭維經、侯峒曾也。五十三參可數者：許譽卿、詹兆恆、姚思孝、華允誠、葉廷秀、章正宸、王重、熊維典、陳子龍、熊汝霖、游有倫、成勇、黃澍也。七十二菩薩，則王志道、劉同升、趙士春、姜埰、金聲、沈正宗、張采、熊開元、張有譽、馬嘉植、沈宸荃、喬可聘、郭貞一、劉宗周、吳佳胤、黃端伯、祁彪佳、張國維、何剛、錢栴、王孫蕃也。餘不可詳，皆前主立潞王議及東林、復社之有名者，冀以一網盡之。揭帖街衢，錄而潛納僧袖中，將窮治之，以興大獄。馬士英謂不可驟發此難，力持之；僅以大悲所供錢謙益、申紹芳二人上聞。謙益、紹芳疏辨，乃坐僧妖言律斬之。

明鴻臚寺少卿高夢箕密奏崇禎帝太子北來。

或曰：吳三桂擁太子至永平，檄中外臣民，將奉入京即位。至榆河陰，逸之民間，使人導入皇姑寺，太監高起潛奔西山，太子偕之至天津，浮海而南。八月，抵淮上。有傳言沈定王於河者。起潛知朝中旨，欲加弒害，其姪鴻臚夢箕不可。挾之至蘇州，流轉至杭州，太子不堪羈旅，於元夕觀燈浩歎，爲路人所竊指。夢箕懼禍及己，乃赴京密奏，王遣內豎李繼周持御札召之，繼周尋得之於金華。至杭州，撫臣張秉貞朝見之。

是月，闖賊復犯明鄖陽，守將王光恩禦卻之。

光恩，均州降渠小秦王也。初與張獻忠、羅汝才爲賊，獻忠、汝才降而復叛，均州五營懼見討自疑，又以獻忠强，慮爲所併，光恩斂衆據險，居久之，乃降，按察使高斗樞招之同守鄖陽。崇禎十四年（一六四一）六月，獻忠自陝而東，光恩及弟光興分扼之，戰頻捷。十五年（一六四二）冬，李自成陷襄陽、均州，逼鄖陽。光恩擇隘口築砦，賊逼砦而營，積木與砦平，光恩火焚之，賊不得近。砲裂砦，光恩泥塗板護之，且守且築，夜縋壯士斫其營，賊驚遁。十七年（一六四四）正月，僞將路應標以三萬人來，大舟載砲，遡流而上，光恩設水砦於漢江深處，而以輕舟往來截殺，因風縱火，賊棄砲奪路走。光恩令別將循江鼓譟，賊擠入水，江水爲赤。又遣人入均州，燒其蓄積，賊乃退。是月，賊衆二十萬，水陸幷進。光恩遣別將禦之江滸，自率輕騎營城外，伏步卒榛莽間。賊至，苦路險，不能馳突，而步卒出沒如神，薄暮，縛荻樹杪，火光參差上下，親帥死士短兵衝賊壘，伏兵四起，喊聲震天，賊衆大潰。乃循江回搗賊水營，與別將之營江渚者前後夾擊，賊棄舟從北岸遁，盡獲其精騎飛艦。蓋前後四至，皆大創，賊自是不敢窺鄖矣。後降於王師而復爲明用，乃見誅。其弟光泰、光興等崛强楚、蜀間，凡十餘載。

徐鼒曰：前書高斗樞鄖陽固守功，玆歸之王光恩何？義互見也。斗樞能用光恩，是光恩之破賊，皆斗樞致之，故歸功斗樞。然無光恩，則斗樞無由成功，故仍歸功光恩，義之互見者也。國史載光恩投誠後，爲道臣李之綱所訐，逮問弟光泰，遂叛。而顧炎武聖安本紀附錄謂光恩死於國難，以忠節終，何舛異若是！蓋光恩兄弟，雖勢迫投誠，始終爲明用也。光泰、光興等出沒楚、蜀，迄於滇亡，考其顚末，蓋與金聲桓、李成棟、姜瓖之徒異矣。

三月甲申朔，明北來太子至南京。

太子駐興善寺，以勇衞營兵五百人守之，夜五鼓，傳旨移太子於錦衣衞都督同知馮可宗邸舍，或曰：太子在興善寺。王命北京張、王二內豎覘之。二豎見太子，抱足大慟，天寒，各解衣以進。王聞之大怒，掠二豎俱死，李繼周亦賜酖死。都人聞太子至，人人色喜，言王未有子，且以爲子。一日告語幾徧，百官投職名。最後，太監盧九德至，太子呵之曰：「盧九德，汝何不叩首？」九德不覺叩頭觳觫，辭出，戒營兵曰：「好守視！眞太子自應護衞，假者亦防逸去。」尋傳旨不許文武官私謁。中夜，移太

子於大內云。〔考曰：馮可宗亦作可京。〕

徐鼒曰：書曰北來太子何？疑以傳疑也。有曰眞太子者矣，有曰僞太子者矣，謂爲眞者信乎？則藩鎭之疏，民庶之口，皆未身侍青宮，面對獄詞，據傳聞以言之也。謂爲僞者信乎？則馬、阮方以翊戴福王爲功，諸臣又皆朋附馬、阮之人，推戴潞藩之獄，方避其齮齕之不暇，而孰以直言沽殺身之禍乎！況拱乾旣降賊之人，正宗輩列貳臣之傳，從新背故，是其本懷，雖爲講官，胡足徵信。然則詳列稗官家言何也？史家之法，毋以己意棄取，第直書其事而是非自見。是皆當日故老耳聞目見之談，摭而列之，使後之能斷斯獄者，有所左證焉。疑事毋質，直而勿有，其猶行古之道乎！

乙酉（初二日），明命羣臣審視北來太子眞僞。

王御武英殿，命府部九卿科道官及前東宮講官中允劉正宗、李景濂、少詹事方拱乾等審視，拱乾趨入，太子呼曰：「方先生。」及問正宗等，皆不識。問講書何地？講何書？習何字？答多不符。給事中戴英進曰：「先帝十六年冬，御中左門親鞫吳昌時，太子侍旁，憶之乎？」不答。羣臣環詰之，遂自供爲王之明，故駙馬都尉王昺姪孫，曾侍衞東宮，家破南奔。高夢箕家丁穆虎教之詐稱太子，拱乾則於侍衞日識之也。或曰：王之召劉正宗、李景濂也，諭之曰：「太子若眞，將何容朕？」正宗曰：「太子恐未能來，臣當以說窮之。」羣臣先後至，太子東向踞坐，一官以北京宮殿圖問之，指承華宮曰：「此我所居。」指坤寧宮曰：「此我娘娘所居。」劉正宗曰：「我是講官，汝識否？」太子不答。正宗多其詞以折之，太子笑而不應。曰：「汝以爲僞卽僞耳，我原不想與皇伯奪皇帝。」諸臣無如何。正宗遂奏眉目全不似，所言講所倣書悉誤。戴英奏其僞無疑。先是楊維垣颺言於衆，謂：「駙馬王昺姪孫王之明，貌類太子。」故士英襲其言以入奏也。

明以逆案楊維垣爲都察院左副都御史。

都人爲之語曰：「馬、劉、張、楊，國勢速亡。」

丙戌（初三日），明下北來太子於中城兵馬司獄。

或曰：是日更餘，肩輿送太子入中城獄，已大醉，醒見副兵馬某在側，問何人，以官對。問此何地，曰：「公所。」問紛紛者何，曰：「行路人。」問何故皆藍縷，某未及答，曰：「我知之矣。」某以錢一貫置几上，頃之校尉四人叩頭，太子指錢曰：「買香燭來。」至則然火北向，再拜大呼太祖高皇帝、皇考皇帝，叩首號泣，滿獄爲之淒然。

戊子（初五日），明以太監喬上總理兩淮鹽課。

徐鼒曰：備書何？譏任宦官也。

己丑（初六日），我大清兵取明鄖城，又取明西平。

王師分道南征，由河南進者英親王也，由山東進者豫親王也。克西平，鎮將劉洪起撤兵還楚。〔考曰：本南都甲乙紀。又按東華錄是年七月，內大臣何洛奏克西平，劉洪起伏誅。此言取西平者，疑是洪起撤兵還楚，我軍退，而洪起復據西平，至六月而始克也。〕

闖賊逼明承天府，左良玉告急，命督臣何騰蛟禦之。

辛卯（初八日），我大清兵取明上蔡。

明命前大學士王應熊兼制雲貴、湖廣、廣西、鄖陽、偏沅，各督撫逮四川巡撫馬體乾。〔考曰：亦作馬乾。〕應熊疏言：蜀境西北接鄖，東抵夷陵，西南由建昌通雲南，東南由遵義通貴州；今寇踞成都，蜀人殆無孑遺。議者謂李賊在陝，獻忠必不北向，然李賊自七月入蜀，虛喝保寧、順慶之吏民而制之，一旦爲獻忠所驅，則獻忠之無顧畏可知矣。川、陝總督宜提兵復保寧，牽賊北顧，臣得合滇、黔之力以擣其空。廣西、鄖陽許臣節制，則緩急可以呼應。臣名總督四省，而兵止於黔，餉止於滇，不幾輕視巨寇乎！」乃命楚、鄖、貴、廣悉聽節制。應熊又劾體乾縱兵淫掠，下督撫逮訊，命未達而南都亡矣。

壬辰（初九日），明命百官會審北來太子於午門外。

或曰：有內官以密疏勸上曰：「東宮足骱異常形，每骱則雙。」王命盧九德商之馬士英，士英疏言：「疑處甚多，既爲東宮，脫虎口，不明之官而走紹興，一也；東宮凝重，此人機變百出，二也；公主見在周奎家，而云已死，三也。左懋第寓書言北都亦有僞太子事，是太子不死於賊，則死於清矣。講官方拱乾在獄，可密諭辨之。假冒則與臣民共棄之；其眞也，則留養深宮，不可分封於外，以啓奸人之心。」刑部嚴訊穆虎，五毒備至，誓死不承。夢箕復上書自明，因並逮治。是日會審，張捷坐刑部尚書高倬家，召拱乾語之曰：「全在先生一言耳。」百官集午門，喝太子跪，蹲踞如前。王鐸指拱乾曰：「此何人？」曰：「方先生。」張孫振曰：「汝是王之明。」太子曰：「何必改易姓名，李繼周持皇伯諭帖召我，非我自來者！爾等不嘗立皇考之朝乎？何蒙面至此！」衆官莫之敢決，王鐸前曰：「我一人當之。」叱送還獄。

徐鼒曰：甚矣，明之亡也，太子之獄爲最夥，姑附書北都僞太子暨太平三皇子事，以廣勝國之遺聞焉。北都太子者，甲申十月，有男子自詣周奎家，求見公主，抱持大哭，爲街道御史所奏，下內院集明臣及太監辨視，惟太監楊玉常、進節指揮李時印等數人以爲眞，或謂是永王。有降賊之晉王求桂者，因從闖賊留京師，獨言其僞，於是言眞者皆下獄。刑部主事錢鳳覽詳訊，以眞皇子報命。求桂詆鳳覽，鳳覽呵之，乃復廷訊。內閣謝陞、馮銓等執爲僞。皇子曰：「某事先生憶之否？」陞默然，鳳覽面叱陞不臣，疏言：「大臣不認，則小臣瞻顧；內員不認，則外員箝口。然天地祖宗不可欺滅，敢以死爭之。」正陽門商民數人具疏救。皇子詈謝陞禽獸無道。攝政王曰：「太子眞僞無傷。但晉王明之宗室，謝陞明之大臣，鳳覽之呵晉王，百姓之詈謝陞，皆亂民也。」同下獄死。乙酉四月初六日，鳳陽民張三忽誓衆救皇子，生員楊某、孫某應之，俱擒殺；皇子遂死。太平三皇子者，順治八年（一六五一）多月，有人首三皇子在民間，擒至南京馬提督府，皇子自書供云：「雲菴，崇禎帝三子，名慈煥，周后所生。闖賊挾之至山海關，闖敗，挾之至潼關，至荆、襄，賊散，隨左營黃貴者，冒姓黃。左兵爲黃得功所敗，屬黃蜚。得功亡，蜚攜走太湖，託江西樂安王。樂安往閩，以託瑞昌王。至於潛鄉官余文淵家，與湖廣人陳砥流相親密。文淵與知縣有隙，事遂露。五年（一六四八）五月，削髮爲僧，號雲菴，與砥流浪迹江北各菴，販茶虎邱，識常州吳中，贈中詩扇一具，銀五錢而別。中因作假劄，賈利不遂，首之撫院，捕獲砥流於蕪湖，遂併獲至江寧」云。東邨老人之言曰，「在北京者：一以爲永王，一以爲太子」，若北爲太子，則南京者僞矣。然士英疏其可疑者，不到官而走紹興。卽如其言，彼自走紹興，於朝廷何與，而必追之來，不可解者一也。初到僧寺，禁請謁；多兵護防，中宵付獄，不可解者二也。既確然僞矣，不加縲絏，肩輿付獄，竹篦前導，三也。又曰：三皇子者，定王也，然既依良玉，則左兵東下必喜得王，何故隱名？追黃蜚入海，奉義陽王，何故舍皇子而戴宗室？事固有不可度者，存疑可耳。〔考曰：以上見傳信錄、南略。〕

明有婦人童氏自言福王妃，下錦衣衞獄。

初，王之爲郡王也，娶黃氏，早卒，爲世子，娶李氏，遭洛陽變，亡。嗣封之歲，封童氏爲妃，生一子，不育，已而王棄藩南奔，太妃與妃各依人自活。太妃之入也，巡按陳潛夫奏妃故在，庶吉士吳爾壎亦附疏白之。王弗召，妃乃詣巡撫越其杰自陳。其杰會同劉良佐具儀衞送至京。王怒，訶爲妖婦，付錦衣衞監候。妃在獄，自書入宮日月，相離情事甚晰。馬士英曰：「人非至情所關，誰敢與陛下稱敵體？」王又弗顧，而命嚴刑拷之，妃徒跣號罵，不三日死。王遷怒於潛夫、爾壎，並逮治。〔考曰：本繹史勘本。又甲乙史載童妃下錦衣衞獄事云：童氏河南人，知書，既入獄，都督馮可宗詰之。童氏云：「在尉氏遇王，叩首，王攜置懷中，曰『我伴無人，李妃不知所在，汝貌好，事我。』居四十日，闖寇警，偕王至許州，遇太妃，悲喜交集，州官給館餼。居八月，養一子，彌月死。及京都陷，又南走，遇土賊失散。聞王爲帝，甚喜。」因哭，罵王爲負心短命人。在獄，書相從日月，相離情事，乞可宗上達。可宗因所陳本末甚悉，入奏，王見書面赤，擲地不視。可宗不敢再言，呼毛牢子以王語告童氏。氏大哭，且呪且詈。會有奸人詹自植，白應元先後入宮門穢罵，奉旨杖死，牢子遂不敢飲食之，氏久之餓死。又遺聞云：遇王於尉氏相依，生一子，已六歲，誤也。河南於十四年陷，王之遇妃尉氏，是失陷後事，至此方五年，何得生子六歲乎？前人謂鄒漪書不足信，良然。又某氏童妃續記，愈支離不足觀矣。

徐鼒曰：書曰有婦人自稱何？疑詞也。童氏之事可疑乎？無可疑也。天下至頑劣之婦，未聞有冒爲人妻者，況以天子之尊，宮禁之嚴乎！無已，則或其瘋顛也。而潛夫、其杰、爾壎、良佐諸人非有心疾，奈何以瘋顛婦人奏聞之，儀衞送之，伏道謁之乎？且卽僞也，亦必入宮面見而後知之；卽不然，亦必召入太后宮，集從行閹人審驗而知之。豈有未見而逆知其僞，乍聞而遽怒其人者！吾固於太子之僞未敢質言之；而於童氏之事，則無疑也。無疑則曷爲有疑詞也？曰蓋其愼也。夫人情於夫婦之間，往往有曖昧不可告人之事。吾烏知王之斥爲妖婦也，非有深怒積怨於氏，故聞之而遽怒，怒之而遽殺乎？故仍疑之，蓋其愼也。而或有信童氏之不僞，而轉疑福王之僞者。疑之者之說曰：「糟糠故配，患難相依，有何大過，而必置諸死地！始於太妃之至，括取金錢，以邀其驩，殆恐妃之入而識破機關，故急滅其口也。」又一說曰：「此馬瑤草詭謀迎立，本非明室宗支也。」夫母子夫妻之情一也，冒人之子以爲帝與冒人之夫以爲帝，其事亦同也。何不畏其母之識破而金錢結之，獨畏其妻如是乎！且士英之迎立，非有不韋、李園之謀也，不過欲以擁戴居功耳。是時宗室流離者，不可勝計，何人不可擁戴，而必取不知誰何之人爲之乎！況堂堂留都，以史閣部、高膠州諸賢之定策，名賢林立，勳戚滿朝，而使卜者王郎踐祚纂統，有是理乎？是皆疾之已甚之詞，而爲獨夫者所宜戒也。

明以耿廷籙巡撫四川。

廷籙，臨安河西人，天啓甲子（一六二四）舉人。崇禎中，以知州疏陳時政，擢山西僉事，改監宣府軍。京師陷，走南都。以張獻忠亂蜀，加太僕少卿，赴雲南監沙定洲軍，由建昌入川討賊。尋命以僉都御史代馬乾爲巡撫，未赴而定洲亂作，蜀地亦盡失，遂止不行。

闖賊寇明潛江。

癸巳(初十日)，明遙祭諸陵。

乙未(十二日)，明阮大鋮薦馬士英之子錫爲總兵官，仍莅京營。〔考曰：前李國輔往視雲霧山所管勇衞營，士英以錫代之，故云仍莅也。〕

徐鼒曰：特書何？明二人之朋比無所忌憚也。

明黃得功疏論北來太子事。

三法司以獄上，王命法司嚴訊兩月以來往來縱跡及主使之人，於是人情益懼。民間流言，謂馬士英、王鐸共謀戕害太子。黃得功疏言：「東宮未必假冒，不知何人逢迎，定爲奸僞。先帝之子，卽陛下之子，不明不白，付之刑獄，將人臣之義謂何？恐諸臣諂徇者多，抗顏者少，卽明白識認，亦誰敢出頭取禍乎？乞多方保留，若驟處死，卽果詐僞，天下必以爲眞矣。」有旨：「王之明親供假冒，有何逢迎，不必懸揣過慮。」

戊戌(十五日)，明復會審北來太子於朝。

左都御史李沾令校尉戒太子必直言某，及審時，沾呼王之明不應，喝問何不應？太子曰：「何不呼明之王！」沾喝上拶，太子號呼皇天上帝，聲徹內庭。士英傳催放拶，沾復好言問之。太子曰：「汝令校尉屬我，校尉自能言之，何必我言！前日追者何處，追者自知，何必問我！」高倬令扶出。將出朝，舊東宮伴讀邱致中抱持大慟；王聞之，命擒付鎭撫司。夜有題詩於皇城者，曰：「百神護蹕賊中來，會見前星閉後開；海上扶蘇原未死，獄中病己又奚猜；安危定自關宗社，忠義何曾到鼎台；烈烈大行何處遇，普天空向棘園哀。」御史陳以瑞奏：「愚民觀聽易惑，謂諸臣有意傾先帝血胤。」有旨：「王之明勿驟加刑，俟布告天下，愚夫愚婦皆已明白，然後申法。」

明命黃斌卿以原官掛征蠻將軍印，鎮守廣西。

明以方國安爲總兵官，掛鎮南將軍印，駐防池口。

明命崇王慈爚居福州。

明上懿安皇后謚。

謚曰孝哀慈靖恭惠溫貞偕天協聖哲皇后。

明更福恭王謚爲孝皇帝。

明命黃得功移鎮廬州，與劉良佐合力堵禦。

壬寅（十九日），明以思宗忌辰，設壇遙祭。以獻愍太子、定哀王、永悼王祔祭。

百官於太平門外設壇遙祭，獨阮大鋮哭而呼曰：「致先帝殉社稷者，東林也；不盡殺東林，無以對先帝於地下。今陳名夏、徐汧俱北去矣。」馬士英急掩其口，曰：「毋！徐九一見有人在！」九一，汧小字也。是日，史可法望祭河上，因上疏自劾，言：「天星已周，君仇未復，乞先治臣罪以謝天下。」

癸卯（二十日），明命三法司覆審北來太子，燬黃得功疏。

明劉良佐疏論北來太子、童氏事。

良佐疏言：「上爲羣臣所欺，將使天倫絕滅。」王曰：「朕於夫妻伯姪之間豈無天性，況宮媵相從患難者頗多。朕於先帝無纖芥之嫌，因宗社無主，不得已從羣臣之請，勉承重寄，豈有利天下之心，忍加毒害於其血脈。至於舉朝文武，誰非先帝舊臣，誰不如卿，肯昧心至此！朕夫妻之情，又豈羣臣所能欺蔽。但太祖之天潢，先帝之遺體，不可以異姓頑童，瀆亂宗祏。宮闈風化所關，豈容妖婦闌入。國有大綱，法有常刑，卿不得妄聽妖訛，猥生疑議。」因命法司先將二案審明情節，傳示中外，以釋羣疑。然而流言日甚。

明左良玉疏論北來太子事。

良玉疏言：「東宮之來，吳三桂實有符驗，史可法明知之而不敢言，此豈大臣之道！滿朝諸臣，但知逢君，罔惜大體。前者李賊逆亂，尙錫王封，何至一家視同仇敵！明知窮究並無別情，必欲展轉株求，使皇上忘屋烏之德，臣下絕委裘之義，普天同怨，皇上獨與二三奸臣保守天下，無是理也。親親而仁民，願皇上省之。」有旨：「東宮果眞，不失王封；但王之明假冒，正在根究。其吳三桂、史可法等語，尤係譌傳，法司將審明情節，宣諭該藩。」時良玉疏見邸抄，工部侍郎何楷言：「鎭臣疏東宮甚明！」有旨：此疏豈可流傳，令提塘官立行追毀。

明何騰蛟疏論北來太子事。

騰蛟疏言：「太子到南，何人奏聞？何人物色至京？馬士英何以獨知其僞？既是王昺之姪孫，何人舉發？內官公侯，多北來之人，何無一人確認而泛云自供？夢箕前後二疏，何以不發抄傳？明旨愈宣，則臣下愈惑。此事關天下萬世是非，不可不慎。」有旨：「王之明自供甚明，何騰蛟不必滋擾！」

明袁繼咸疏論北來太子事。

繼咸疏言：「太子居移氣，養移體，必非外間兒童所能假襲。王昺原係富族，高陽未聞屠害，何事隻身流轉到南？既走紹興，於朝廷有何關係，遣人蹤跡召來？望陛下勿信偏詞，使一人免向隅之悲，則宇宙享蕩平之福矣。」有旨：「王之明不刑自認，諸臣無端過疑，何視朕太薄，視廷臣太淺。」繼咸又疏言：「東宮眞僞，亦非臣所能臆揣。眞則望行良玉言，假則請多召東宮舊臣識認，以釋中外之疑。」疏未達，而良玉兵已東下矣。

明史可法疏請面陳北來太子事，詔止之。

可法疏請召見，面言東宮處分，以息羣囂。有旨：「待奏凱後。」可法歎曰：「奏凱談何易也！」

徐鼒曰：諸臣先後上疏，概係之癸卯何？以類書也。

明以殿工成，加閣部各臣銜。

史可法太師，馬士英太保，王鐸、高弘圖、姜曰廣各太子太傅，管紹寧、朱之臣、高倬等各加銜，內臣韓贊周、盧九德等三十五人賞賚有差。

徐鼒曰：特書何？譏濫也。

乙巳（二十二日），我大清兵南下，明王之綱走宿州。遂取歸德。巡按御史淩駉死之。

駉之在臨清也，間道遣人上疏，言：「臣以鉛槧書生，未諳軍旅，先帝過簡，置之行間，遭値危亡，不能以死殉國，乃以餘生糾集義旅，討擒僞逆，誠欲自奮其桑榆之效，不藉尺兵，不資斗粟，徒以忠義二字激發人心。方今賊勢猶張，東師漸進，臣已上書彼國大臣，反覆懇切，不啻如秦庭之哭矣。然使東師獨任其勞，而我安享其逸，東師克有其土，而我坐受其名，恐無以服彼之心而伸我之論。爲今日計，或暫假臣便宜，權通北好，合兵討賊，名爲西伐，實作東防。俟逆賊既平，國勢已立，然後徐圖處置之。方若一與之抗，不惟兵力不支，萬一棄好引仇，幷力南向，其禍必中於江、淮矣。臣南人也，卽不肯而有功名之想，倘可幾幸於南；但恐臣一移足，大河之北便非我有，故忍苦支撐於此，以爲他日收拾河北、畿南之本。夫有山東然後有畿南，有畿南然後有河北，臨淸者，畿南、河北之樞紐也。與其以天下之餉守淮，不若以兩河之餉守東。乞擇使臣聯絡北方以弭後患，宜慰山東以固人心。」又言：「膠州對岸爲廟灣，宜設水師一旅，與靑、齊義勇相結援，東郡可不勞而下。」當是時，朝議方以江北分四鎭，無一人計及山東者，疏入不省。駉孤軍難自立，亦時與我朝通書問，東昌下，駉南走大名，我朝以兵科給事中印劄招之。駉懸之陳橋驛，獨身至南都。入對，授監察御史，代陳潛夫巡按河南。駉疏言：「臣今與各寨將領約，分地畫守，倣古人合縱之策，一寨破約，各寨致討。以長河爲邊垣，以各寨爲州縣，以守爲戰，以農爲兵。臣寢食於河，創痕風裂，不敢自逸。」詔吏兵二部給空札百餘，以待歸正之人，實無一軍相策應。迨許定國、李際遇旣降，導我兵南渡至歸德，總兵王之綱引兵南走。獨駉與士兵數百守城中，遊擊趙擢入城說降，駉斬以徇。次日，率兵出西城斫營，而守者已開東北門迎降。豫親王多鐸下令須生致淩御史；否且屠。駉乃以兩印投井中，命參將吳國輿齎勅旨並遺疏入奏云：「臣誓不受辱，屬者仰藥引劍，兩被强持，因思慷慨而殃及小民，何如從容而善全大節。臣母年七十，登第未遑一省；子年四歲，尚未識面。受命疆埸，義不返顧。伏乞大奮乾斷，速定戰守之策，則臣死之日，猶生之年。」單騎見豫王，從子潤生從焉。豫親王曰：「御史私渡河，復抗大軍何也？」騆曰：「以大明官歸大明，何云私！職授監軍，恨兵微不得一戰，何云抗！」長揖不拜。豫親王手金爵賜之酒，騆曰：「天性不飲也。」越日，無降意，乃取學道蔡鳳、監軍道吳琦於階前斬之，顧騆曰：「公以首領易虛名乎？」遺以大帽貂裘革鳥不受，强留之。中夜謂潤生曰：「吾忍死守此土，以爲江南屏蔽，今已矣。」乃遺書豫親王曰：「願貴國無負初心，永敦鄰好，大江以南，不必進窺；否則揚子江頭凌御史，卽錢塘江之伍相國也。」與潤生同縊死。豫親王殯之察院署，吏民皆哭失聲。事聞，贈兵部侍郎；潤生，御史。

臣鼒曰：聞之温睿臨曰：當江南初建之日，自謂畫淮而守，孰知門庭撤而堂奥必不固也。使於大軍未集之日，一軍北出，與騆犄角，則中原或可稍持；而大軍之傳檄而下，亦未必如是之神且速也。豫王心重騆，不忍殺之，有以哉！

明罷安慶巡撫，以兵部左侍郎朱大典爲兵部尚書兼右副都御史，巡撫應天、安徽等處軍務。

大典，字延之，一字未孩，金華人。舉萬曆丙辰（一六一六）進士，除章邱知縣。天啓二年（一六二二），擢兵科給事中，出爲福建副使，進右參政，以憂歸。崇禎三年（一六三〇），起故官，莅山東，尋調天津。五年（一六三二）四月，擢右僉都御史，巡撫山東。流賊陷鳳陽，毀皇陵，總督楊一鵬被逮，詔大典總督漕運兼巡撫廬、鳳、淮、揚四郡，移鎮鳳陽。在任三年，累著戰功。是時盧象昇、洪承疇皆以忤楊嗣昌受齮齕，而大典獨無恙，論者頗以此啓疑。尋以囊橐不戒，爲給事中方士亮等所劾。事未竟，而東陽許都之亂作。知縣徐調元在籍，給事中姜應甲與大典有隙，搆以罪，詔逮治，籍其家充餉，會國變止。劉宗周勸其募兵勤王，乃率兵三千至南京，給事中熊汝霖奏充爲事官。吏部尚書徐石麒言：「大典雖貪，其人材足倚也。今湖南殘破，可令爲巡撫，練士卒，具糗糧，立功自効。」馬士英覬其賄，擬旨切責，不得已，乃乞援於馬、阮，始召爲兵部左侍郎。御史鄭瑜劾其前爲總督時侵贓，得旨：「大典創立軍府，所養士馬，豈容枵腹？歲餉幾何，不必妄訐！」尋晉尚書兼都察院右副都御史，提督廣昌、靖南、池、皖等鎮軍務，巡撫應天、安慶，總理糧儲，兼督上江漕糧。然大典用是不能自絕於馬、阮矣。

徐鼒曰：大典以濟世之才，而簠簋不飭，爲小人所挾制，降志辱身，所云慾焉得剛也。向非蒙難而正其志，烏能以自蓋哉！

明錢謙益請卽家開局修史，不許。

明許罪廢諸臣輸銀復官。

戊申（二十五日），明左良玉舉兵反。

初，黃澍之被逮也，陰諷將士譁，欲索餉南京。澍復日以清君側爲請，良玉念所將皆亂人降卒，幸假天子聲號相縻縶，恐東下則散走，不可復制，未之許也。無何，而北來太子事起，中外皆讙譁。又李自成兵日逼，良玉心動。澍乃召三十六營大將，與之盟，良玉方沈吟未決，中一將拂衣起曰：「疑事毋成！若主帥必不動者，某等請自行之。」良玉不得已，乃稱奉太子密詔，入誅奸臣馬士英。馳檄曰：「蓋聞大義之垂，炳於星日，無禮之逐，嚴於鷹鸇，天地有至公，臣民不可罔也。奸臣馬士英根原赤身，種類藍面，昔冒九死之罪，業已僑妾作奴，屠髮爲僧，重荷三代之恩，徒爾狐竄白門，狼吞泗上。會當國家多難之日，侈言擁戴勸進之功，以今上曆數之歸，爲私家攜贈之物。竊弄威福，煬蔽聰明。持兵力以脅人，致天子閉目拱手；張僞旨以讐俗，俾臣民重足寒心。本爲報仇而立君，乃事事與先帝爲仇，不止矯誣聖德；初因民願而擇主，乃事事拂兆民之願，何由奠麗民生！幻蜃蔽天，妖蟇障日。賣官必先娼婭，試看七十老四，三木敗類，居然節鉞監軍；漁色罔識君親，託言六宮備選，二八紅顏，變爲桑間濮上。蘇、松、常、鎮，橫征之使肆行；檇李、會稽，妙選之音日下。江南無夜安之枕，言馬家便爾殺人；北斗有朝彗之星，謂英君實應圖讖。除誥命贈廕之餘無朝政，自私怨舊仇而外無功能，類此之爲，何其亟也。而乃冰山發焰，鱷水興波，羣小充斥於朝端，賢良竄逐於崖谷。同己者性侔豺虎，行列豬猳，如阮大鋮、張孫振、袁宏勳數十巨憝，皆引之爲羽翼，以張殺人媚人之赤幟；異己者，德並蘇、黃，才侔房、杜，如劉宗周、姜曰廣、高弘圖數十大賢，皆誣之爲朋黨，以快如虺如蛇之狠心。道路有口，空憐職方如狗都督滿街之謠；神明難欺，最痛立君由我殺人何妨之句。嗚呼！江、漢長流，瀟、湘盡竹，罄此之罪，豈有極歟！若鮑魚蓄而日羶，若木火重而愈烈。放崔、魏之瘈狗，遽敢滅倫；收闖、獻之獮猴，教以升木。用腹心出鎮，太尉朱泚之故智，殆有甚焉；募死士入宮，宇文化及之所爲，人人而知之矣。是誠河山爲之削色，日月倏焉無光。又況皇嗣幽囚，列祖怨恫。海內懷忠之人，誰不願食其肉；敵國嚮風之士，咸思操盾其家。本藩先帝舊臣，招討重任；頻年疾心痛首，願爲鼎邊雞犬以無從；此日履地戴天，誓與君側豺狼而併命。在昔陶八州靖石頭之難，大義於今炳然；迄乎韓蘄王除苗氏之奸，臣職如斯乃盡。是用礪兵秣馬，討罪興師，當鄭畋討賊之軍，意裴度蔽邪之語。謂朝中奸黨盡去，則諸賊不討自平；倘左右兇惡未除，則河北雖平無用。三軍之士，戮力同仇，申明仁義之聲聞，首嚴焚戮之隱禍。不敢妄殺一人，以傷天心，不敢荒忽一日，以忘王室。義旗所指，正明爲人臣子不忘君父之心；天意中興，必有間世英靈天翼皇明之運。泣告先帝，揭此心肝，願斬賊臣之首，以復九京，還收阮奴之黨，以報四望。倘惑於邪說，詿誤流言，或聽奸臣之指揮，或樹義兵之仇敵，本藩一腔熱血，鬱爲輪囷離奇，勢必百萬雄兵，化作蛟螭妖孽。玉石俱焚之禍，近在目前，水火無情之時，追維心痛。敬告苦衷，願言共事。嗚呼！朝無正直，誰斥李林甫之奸！國有同心，尙懷鄭虎臣之志！我祖宗三百年養士之德，豈其決裂於僉壬；大明朝十五國忠義之心，正宜暴白於魂魄。速張殪虎之威，勿作逋猿之藪。燃董卓之腹，膏溢三旬；藉元載之廚，椒盈八百。國人盡快，中外甘心。」〔考曰：此檄見明季遺聞。又甲乙史與甲乙編年載檄云：「馬士英蠻獠無知，貪狼背義，挾異人爲奇貨，私嫪毒以種奸，欺蝦蟆之不聞，恣鹿馬以任意。不難屠滅皇宗，遂敢戕戮太子。效胡濙之名訪邋遢，既不使之遯於荒野；踵錢寧之即訊大千，又不容其斃於深宮。羣小羅織，比燕啄而已深，中犴幽囚，視雀探而更慘。李沾威拷，何如崔季舒拳毆，王鐸喝招，有甚朱友恭塞謗。豈先帝不足復留種，既沈其弟，又滅其兄；將小朝自有一番人，旣剷其臣，並翦其主。嗟乎！安金藏之不作，丙定侯之已亡。附會成羣，誰敢曰吾君之子；依違欲了，咸稱曰的係他人。臨江之當亂虎，是可忍也！子輿之遇蟒毒，尙何言哉！良玉受恩故主，爵忝通侯，寧無食蕊之思，詎忘結草之報。願偕義士，共討天仇，嚴虎豹之亟驅，風雲氣憤；矢鷹鸇之必逐，日月光明。鄖塢豐盈，應有燃臍之禍；漸台高擁，難逃切舌之災」云云。按此檄專指北來太子事，不及其他。且挾異人爲奇貨數句，指斥弘光。故袁繼咸斥良玉云「先帝舊德不可忘，今上新恩亦不可負」，乃約改檄爲疏，是此檄後廢不用也。故甲乙史云：「遠近傳播，惟京中噤口」，當是此檄未至南都也。附志之。」復馳疏云：「竊見逆賊馬士英出自苗種，性本凶頑。臣身在行間，無日不聞其奸邪。先帝皇太子至京，道路洶傳，陛下屢發矜慈，士英以眞爲假，必欲置之死而後快其謀。臣前兩疏，望陛下從容審處，冀士英夜氣稍存，亦當剔腸悔過，以存先帝一脈。不意奸謀日甚，臣義不與奸賊共天日矣。臣已提師在途，將士眦目指髮，皆欲食其肉。臣恐百萬之衆，發而難收，震驚宮闕，且聲其罪狀，正告陛下，仰祈剛斷，與天下共棄之。自先帝之變，人人號泣，士英利災擅權，事事與先帝爲仇。欽案先帝手定者，士英首翻之。要典先帝手焚者，士英復修之。思宗改謚毅宗，明示先帝不足思，以絕天下報仇復恥之心。罪不容於死者一也。國家提衡文武，全恃名器鼓舞人心。自賊臣竊柄以來，賣官鬻爵，殆無虛刻，都門有職方賤如狗、都督滿街走之謠。如越其杰以貪罪遣戍，不一年而立升部堂；□□以貪汚絞犯，不數日而夤緣僕少。袁宏勳與張道濬皆詔獄論罪者也，借起廢徑復原官。如楊文驄、劉泌、王燧以及趙書辦等，皆行同犬彘，或罪等叛逆，皆用之於當路。凡此之類，直以千計，罄竹難書。罪不容於死者二也。閣臣司票擬，政事歸六部，至於兵柄，尤不容兼握；士英已爲首輔，猶復掌樞，是弁髦太祖法度。又引腹心阮大鋮爲添註尙書，以濟其篡弒之階。兩子梟獍，各操重兵，以爲呼應，司馬昭復生於今日。罪不容於死者三也。陛下選立中宮，典禮攸關。士英居爲奇貨，先擇其尤者以充下陳。而又私買歌女，寄養阮大鋮家，希圖進選，計亂中宮，陰謀叵測。罪不容於死者四也。陛下卽位之初，恭儉神明，士英百計誑惑，進優童豔女，損傷盛德，每對人言，惡則歸君。罪不容於死者五也。國家遭此大難，須寬仁慈愛以收人心。士英自引阮大鋮以來，睚眦殺人，如周鑣、雷縯祚等，煅煉周內，株連蔓引。尤其甚者，借題三案，將生平不快意之人，一網打盡，令天下士民重足解體。罪不容於死者六也。九重秘密，豈臣子所敢言。士英遍布私人，凡陛下一言一動無不窺覘。又募死士，竄伏皇城，詭名禁軍，以觀陛下動靜，曰廢立由我。罪不容於死者七也。率土碎心痛號者，先帝殉難，皇子幸存，前此定王之事，〔考曰：時有言定王南來，士英遣人沈之河者，見野史。〕至今傳疑未已。況今皇太子授受不明，士英乃與阮大鋮一手握定，抹殺的確識認之方拱乾，而信串通朋謀之劉正宗。不畏天道神明，不畏二祖列宗，不畏天下公議，不畏萬古綱常，忍以先帝已立十七年之嗣君，爲四海謳歌，獄訟所歸者，付之幽囚。天昏地慘，神人共憤，凡有血氣者，皆欲寸磔士英、大鋮等以謝先帝，此非臣之私言，諸將士之言也。非獨臣標將士之言，天下忠臣義士愚夫愚婦之公言也。伏乞陛下立將士英等肆諸市朝，傳首四方，用攄公憤。臣等束兵計刻以待，不禁大聲疾呼，激切以聞。」〔考曰：此疏見甲乙史。〕是日，焚武昌東下，自漢口達蘄州，火光接天者二百餘里，劫巡撫何騰蛟與俱，置之別舟，以副將四人守之。舟次漢陽門，乘間躍入江，四人懼誅，亦赴水。騰蛟漂十餘里，至竹箄門，漁舟救之起，則漢前將軍關壯繆廟也。家人懷印者亦至，相視大驚。覓漁舟，忽不見。遠近謂騰蛟得神佑，益歸心焉。

徐鼒曰：自公羊有趙鞅取晉陽之甲，以逐君側惡人之説，而後世稱兵向闕者託之。嘗讀尹起莘綱目發明曰：後世有假晉陽之事以爲脅制之舉者，皆春秋之所誅，而綱目之所謂反者也。此義行，則賊亂之徒無以藉口爲舉兵之端，而反叛之禍庶乎其可熄矣。

明以錢繼登總理兩淮鹽法兼理江防，罷巡鹽御史。〔考曰：南都甲乙紀作錢維登，誤也。繼登，字龍門，嘉善人，萬曆丙辰進士。〕

壬子（二十九日），我大清兵取明潁州，復取明太和。

劉洪起奏：北兵勢如破竹，恐爲南京之憂。王永吉奏：徐鎮孤危，何以保江北？乞飭史可法、衛允文共保徐州。馬士英不應。

明加李本深左都督，提督高傑標下軍馬。

初，傑所將皆秦人，於四鎮中最强，朝廷以衝地委之。自李本深等棄汛奔還，而提督之命久不下，將士無固志。我兵自大梁以南，如入無人之境，破蒙城，逼淮、徐，江南震恐。乃詔從史可法議，以本深爲左都督，領興平諸將。可法疏云：「臣受命督師，無日不以國事爲念；而人情難協，事局紛更，睢州大變之後，又有維揚之擾，外侮未禦，内釁方深，擁節制之虚名，負封疆之大罪，竊自悲也。先是提督之命未下，高營將士洶洶，臣不得不容之以鎮靜，李本深患癱未起，臣不得已，先將鎮臣胡茂貞北發矣。

明遣使册封琉球國王。

明攝巡撫四川事馬乾復重慶。

乾，昆明人。崇禎癸酉（一六三三）舉人，知四川廣安州。夔州告警，巡撫邵捷春檄乾攝府事，獻忠攻圍二十餘日，固守不下。會督師楊嗣昌兵至，圍始解；擢川東兵備僉事。成都陷，龍文光死，蜀人共推乾攝巡撫事，檄副將曾英擊走賊將劉廷舉，復重慶。是時，乾已爲督師王應熊所劾，而道阻，詔命不至，乾行事如故焉。

徐鼒曰：已革職矣，猶曰攝巡撫四川事何？明乾之無罪也。

明松潘副將朱化龍、同知詹天顔復龍安、茂州。

明王應熊、樊一蘅遣兵復敍州。

應熊奉命督師，辦蜀寇，而諸郡惟遵義未破，應熊入居之。縞素誓師，傳檄討賊，總督樊一蘅適至，命諸郡舊將會師大舉。起甘良臣爲總統，副以侯天錫、屠龍，合參將楊展、遊擊馬應試、余朝宗所攜潰卒三萬人，於是年三月攻敍州，斬賊數千級，走僞都督張化龍，復其城。馮雙禮來爭，又敗之；孫可望來援，相持一月。一蘅糧盡，退屯古藺州，展退屯江津。賊迺截朱化龍於羊子嶺，化龍率番兵衝擊，賊驚潰遁去。

明武進士楊展誅獻賊僞官於犍爲，遂復嘉定。

展與曹勳同守成都，被縛，斷索，躍入江，泅水至嘉定。而賊已改嘉定爲府，乃潛入犍爲，殺僞令以起事，襲嘉定，州人開門納之。又曹勳起黎州，與展聲勢相應和焉。

明副將曾英、參政劉麟長大破獻賊兵於多功城。

劉廷舉之棄重慶走也，求救於獻忠，獻忠顧劉文秀曰：「楊展不足忌，重慶要害地，不可失也。」命文秀水陸並進。英、麟長自遵義使部將李占春逆之於多功城，與于大海併力夾擊，文秀大敗。其別將攻嘉定者，亦大挫衄。賊怒，坑其大營兵三千人於大儀縣。占春，涇陽人；大海，項城人：皆英腹心將，以勇聞。英之成功，二人之力也。

明雅州知州王國臣叛降於獻賊。天全六番招討使楊之明、進士宗室朱奉鉚、舉人鄭延爵起兵拒賊，敗績，皆死之。

國臣，西安人。初通闖將馬爌，繼又歸於獻忠，與下川南道胡寅不睦，將執以與賊。寅逃入土司高克禮家，而土司楊姓者，與高世仇，互仇殺。楊之喬者，又欲因亂弒兄之明以降賊，遂執胡寅並家口數十人送獻忠殺之。之明等合謀起兵，與賊戰於雅州飛仙關，兵敗被殺。延爵收兵再戰，歿於陣。

明黎州宣慰司馬京及其弟亭起兵討獻賊。

初，賊以蜀人易制，惟黎、雅間土司難於驟服，用降人爲招誘，鑄金印齎之。馬京者，漢將馬岱後也，年十六，擲印於地，誓不屈。僞游擊苗某赴黎、雅任，京密調番衆，與亭攻之，擒僞弁七十餘人，斬之演武廳，祭旂討賊。

明馬京、馬亭以士千戶李華宇、指揮丁應選、守備楊起泰兵大破獻賊兵於雅州，斬其僞帥，遂復黎、雅二州。

京兄弟起兵，令白通使及白寰翠招致富莊頭人姜、黃、柰、李、蔡、包、張七姓子弟。士千戶李華宇者，年八十矣，亦率衆至，京卽以七姓畀之。而海棠堡指揮使丁應選、寧越守備楊起泰以觀察胡恆之檄，引兵入援。聞恆死，遂與京兄弟合，得兵萬餘，與賊大戰於雅州龍觀川，殺數千人，陣擒僞帥方總兵，斬之。餘賊遁還，遂復黎、雅。京少年好酒色，踰年竟卒。

明四川民共起誅獻賊僞官。

時四方兵大起，揭竿糾集，取賊所置守牧令判，或刺於庭，或投之水火，一時殆盡。

獻賊大殺其僞官。

賊厭苦朝會，擲所御冠，足踏之；索大帽著之乃快。創爲生剝人法，皮未去而先絕者，刑者抵死。僞兵部龔完敬以道不治，用前法刲剔，實以稾，衣冠以徇於市。僞祭酒某以生辰受諸生禮，値十錢，誅法亦如完敬；召諸生集而觀之。孫可望之有事於漢東而還也，僞官連名狀迓之於郊。可望不敢隱，獻忠怒其沿故朝陋習，棒殺二百人。或有以戮朝士太甚爲言者，獻忠笑曰：「文官怕沒人作邪？」僞官嘗朝會拜伏，呼獒數十下殿，獒所齅者，引出斬之，名曰「天殺」，人莫得而測也。右相嚴錫命家在綿州，獻忠過之，見其宅第壯麗，斬之。

獻賊大殺四川紳士。

初謂蜀人易制，漸以出兵數敗，士衆反覆，攘袂瞋目，有咀嚼蜀人之心。會朝天關獲諸生顏天漢等通自成表，怒謂闔境俱反。詭云選舉，鄉紳不至者孥戮之。既集，則令由東門入，西門出，盡斬之。詭稱試士於貢院，設長繩，離地四尺，身過繩者，驅至西門外青羊宮殺之，凡二萬二千三百人，棄筆墨如邱塚。惟二十年幼不及繩，留作書記。又詭稱試武生而無馬，命取己馬之獰劣者使騎，發巨砲，合營呼噪以應之，馬驚人墮，蹂爲肉虀，賊撫掌大笑。〔考曰：自復重慶而下，惟復敍州是三月事，餘事先後無可考，姑以類附之。蜀碧亦同此。〕

小腆紀年附考卷第十

前翰林院檢討加詹事府贊善銜六合　徐　鼒　撰

夏四月，癸丑朔，明詔史可法督諸軍渡江入援。

先是，揚州既設督撫，幕僚謂可法曰：「公督師也，調度與諸藩異，奈何與彼互分汛地，是閣部與藩鎮等也。公盍移駐泗州，以成居重馭輕之勢？」乃令應廷吉監參將劉恆祚等，會黃日芳渡洪澤湖，趣泗州。可法謂禮賢館諸生，河防勤苦，今趣泗重勞，乃第其甲乙，授通判推知各官，特等則贈以路費。因留廷吉小飲，從容問曰：「君精三式之學，所言淮陰不被兵與諸人同，獨言夏至前後南都多事，予所不解。」廷吉曰：「今歲太乙陽局鎮坤二宮始擊關提，主大將囚，客參將發，且文昌與太陰並，凶禍有不可言者。夏至後，更換陰局，大事去矣。」可法袖中出詔示之曰：「左兵東矣，吾將赴難；君言不信則可，如君言，奈何！」執手唏噓。可法至草鞋夾，具疏入告。時左兵已敗，得旨北兵南向，速回料理，不必入朝，可法登燕子磯，南面哭拜而返。

明御史畢十臣疏言，孟夏時享太廟，陪祀官多不至者。

徐鼒曰：特書何？經曰：壞國喪家亡人，必先去其禮。

丙辰（初四日），左良玉兵陷明九江，尋死，其子夢庚自稱留後；經歷彭永春、都司董四明、指揮僉事徐可行死之。

初，袁繼咸聞闖賊南渡，令部將郝効忠、鄧林奇等守九江，自統副將汪碩畫、李士元等援吉安。甫登舟而左兵至，復還。士民泣言：「我兵不及十之三，激之，禍且不測，且斂兵入守。」繼咸曰：「入城示之弱，不可。」良玉抵北岸，書來願一握手爲別。繼咸至其舟，言及太子事，良玉大哭，袖出太子密諭，集諸將盟。繼咸正色曰：「先帝舊德不可忘，今上新恩亦不可負。密諭從何來？公今以檄行之，是仇國也，請改爲疏。」良玉不得已，約不破城，駐軍候旨。繼咸歸，集諸將城樓，涕泣曰：「兵諫非正也，晉陽之甲春秋所惡，我可同亂乎！當與諸君城守以俟朝命。」而兩營諸將有相通者，左營驀入縱火，袁營張世勳、郝永忠夜半斬門出，繼咸冠帶欲自盡。黃澍入，泣拜曰：「寧南無異圖，公以死激成之，大事去矣！」副將李士春亦密白繼咸：「隱忍到前途，王文成之事可成也！」繼咸乃止。而是時良玉疾已劇，見岸上火起，左右曰：「袁兵燒營，自破其城。」良玉罵曰：「此是我兵耳。」大悔恨，椎胸歎曰：「吾負臨侯！」臨侯者，繼咸字也，嘔血數升，病遂革。召諸將謂曰：「吾不能報効朝廷，諸軍又不甚用吾法度，憤懣至此。自念二十年來，辛苦戮力，成就此軍。吾歿之後，出死力以捍封疆上也，守一地以自効次也，若散而各走，不惟負國，且羞吾軍，良玉死不瞑目矣。」諸將皆哭，請刑牲誓，後營總兵惠登相當歃，拔佩刀橫膝上曰：「我公百年後，有不服副元帥號令者，齒此劍。」諸將皆曰「諾」。副元帥，謂夢庚也。登相固降寇所謂過天星者，感良玉再造力，有忠實心。良玉歿後七日，軍東下，登相率其黑旗軍殿舟行，不近岸，有紀略；而前鋒中軍大亂，所至焚掠。登相大詬曰：

「若此則不如我前日爲流賊，其如先帥末命何！」撤其軍返。夢庚見黑旗船西上，自以輕舸追之，登相相見大慟，以夢庚不足共事，引其兵絕江而去。永春，武陵人，爲九江衞經歷。曰：「我官雖卑，義不可不死。」大書於壁曰：「九江衞經歷彭永春死節處。」具衣冠率子女六人赴火死。四明於城樓自刎，妻史氏、妾姚氏偕二子俱投水死。可行聞之大呼曰：「我武臣亦有人哉！」入告其母汪氏，母曰：「我家何不若彼也！」即投於井。妻鄒氏、子婦陳氏繼之。可行於屛間大書曰：「世受國恩，闔門殉節。」投筆北向拜，自縊於望京門之城樓。又有德化民孫大華者，憤左兵肆掠，殺一兵，衆大譟，繼咸不得已，命究殺兵者，一市讙駭。大華曰：「我何惜一死以安衆。」挺身就法，事遂解，論者比之顏佩韋五人云。

徐鼒曰：不曰明左良玉陷九江，而曰左良玉陷明九江何？絕之於明也。夫吾詳觀良玉，本末驕恣則有之，非有蘇峻、侯景背逆之心也；暱近匪人，包荒悍將，身陷大罪，涕泣無從，亦已晚矣。若惠登相者，所云傭中佼佼歟！

左夢庚陷明湖口，主簿成啓死之。

啓字伯佑，應天人，以貢生官湖口縣主簿。公服坐於庭；亂兵掩至，叱之曰：「國家養汝以靖亂，乃反爲亂邪！」兵索金，復叱之曰：「吾寒官也，何金可索！」遂見殺。

丁巳（初五日），左夢庚陷明建德。戊午（初六日），陷明彭澤。

己未（初七日），左夢庚陷明東流，南京戒嚴。

以公侯分守長安諸門及都城十三門，徽靖南、廣昌、東平三鎭兵入衞，左兵逼，士英等羅拜得功楫前。得功曰：「吾受國厚恩，臨事致身分也，何勞公等重禮乎！」

明命阮大鋮率兵會朱大典巡防上江。

徐鼒曰：特書何？爲金華失守張本也。

庚申（初八日），明降賊臣光時亨、周鍾、武愫伏誅。〔考曰：南都甲乙紀以爲辛酉事。〕諭三法司附逆一案，光時亨、周鍾、武愫三人卽處決，其餘擬斬者戍雲南金齒，擬絞者戍廣西邊衞，徒流以下宥爲民。

徐鼒曰：周鑣、雷縯祚亦於是日死，何以不書？曰：無罪也。

辛酉（初九日），我大清兵自歸德分道南下，明總兵李成棟遁，遂入徐州。我兵分趨亳州、碭山，成棟率所部遁。初南中有胡蘄忠者，無賴子也，以條陳軍事，留史可法幕下；許定國之變，徐、沛爲畏途，胡挺身請往，可法大喜，委署徐州事。及成棟南走，胡與劉姓者渡河降，請速渡黃河。我豫王至河口，見水光接天，波浪洶湧，大駭，謂爲間諜，欲殺之。二人請監營中，徐州果有備，就戮未晚；從之，則浪靜風恬，萬騎瞬息而渡。

壬戌（初十日），明黃斌卿敗左夢庚於銅陵。

黃得功兵至江上，住荻港。馬士英言諸軍必直抵湖口，與九江、安慶呼吸相通，催大鋮等進發。是日，斌卿等敗左兵於銅陵之灰河。明日，復沈其船三十艘，詔賜諸將銀幣，時勤王兵四集，軍勢稍振，然淮南由是單弱，我兵乘之，遂瓦解。

明封常澄爲襄王。

崇禎十四年（一六四一），獻賊破襄陽，襄王遇害，至是以常澄襲封，寄居汀州。〔考曰：明史世表云：寄居九江府。〕

乙丑（十三日），左夢庚陷明安慶。是日，我大清兵取明泗州。丙寅（十四日），渡淮。史可法退保揚州。

初，可法連章告急，謂「上游不過欲除君側之奸，未敢與君父爲難，北兵一至則宗社可虞」。遣書馬士英，乞選將添兵，士英不應。我兵既克潁州，諸將望風降，劉澤清、劉良佐以入衞爲辭，避而南下。可法至天長，檄召諸將救盱眙，單騎先進，忽報盱眙已降，援將侯方巖〔考曰：亦作嚴。〕全軍敗沒，兼行抵泗州，守將李遇春已舉城叛。可法一日夜冒雨奔回揚州，尚未食，而城中鬨傳許定國領大兵至，欲盡殲高氏以絕寃對。夜五鼓，高兵斬關奔泰州，牲畜舟楫爲之一空。戊辰（十六日），監餉郎中黃日芳檄川將胡尚友、韓尚良領所部駐茱萸灣，應廷吉帥移泗諸軍屯瓦窰鋪，以爲犄角。己巳（十七日），主事何剛以忠貫營兵來會，方午食，而北哨突至，射殺廷吉家丁，衆大駭，川將遇之，斬七級。會南風大作，諸將復退屯邵伯湖。

丁卯（十五日），明福王選淑女於元暉殿。

錢謙益奏選到淑女，命於十五日親選於元暉殿，京選七十八人中，阮姓女一人，浙選五十八人中，王姓女一人，又周書辦自獻女二人。五月辛卯（初十日）淸晨，傳旨放還母家，蓋是夕將出狩也。

徐鼒曰：天塹兵渡，歌席未終，晉陽城摧，獵圍再殺，亡國之主，千古一轍，特書以傷之也。

明命潞王常淓移駐湖州，周王恭梠、魯王以海移駐江西、廣東。

常淓之初至杭州也，海寧百姓訴鄉官陳之遴於撫按，常淓偶與衆官語及之。之遴懼，旣起翰林原官，偕被逐之巡按御史彭遇颽入對，言定策之初，大臣意在潞王，省會非所宜居；常淓亦避嫌，自請僻靜一郡，乃移之湖州，並命周、魯二王移駐江西、廣東。

己巳（十七日），明以劉洪起爲提督汝寧、開封等處援勦總兵官。

時河南盡失，而洪起獨支於光、黃之間。

徐鼒曰：特書何？嘉之也。

明改王永吉總督防河，兼巡撫鳳、淮、廬三府，錢繼登兼撫揚州。

以繼登撫揚，召田仰回部。繼登辭，乃命永吉並撫揚州。

左夢庚犯明池州，詔暴良玉罪狀。

時馬士英請亟禦良玉，而大理寺卿姚思孝、工科吳希哲請備淮、揚。王諭士英曰：「左良玉雖不應興兵，然看他本上原不曾反，今宜守淮、揚。」士英指諸臣曰：「此皆良玉死黨爲遊說，我君臣寧死於清，不可死良玉手。」瞋目大呼：「有議守淮者斬！」王亦無如何。自是北守愈疏矣。

明鄭鴻逵奏破高營潰兵於江中。

高營兵棄汛奔瓜州，掠民舟渡江，王命楊文驄、鄭鴻逵，凡逃兵南渡，用砲打回，不許過江一步。鴻逵矢石俱發，殲萬人，潰兵進退無所，遂降於我大清。

辛未(十九日)，我大清兵圍揚州，明史可法督衆拒守。

時我兵自亳州陸路至揚州，城內兵能戰者少，可法乃閉門堅守，檄各鎮赴援，無一至者。

癸酉(二十一日)，明下兵科給事中吳适於獄。

适疏參年文綬縱兵譁掠，致建德、東流摧陷，方國安於銅陵、南陵聚兵攻擊，赤子何辜，遭此塗炭。蔡奕琛票旨切責，謂适巧爲左良玉出脫，下之獄。御史張孫振言：适爲東林嫡派，復社渠魁，宜速正兩觀之誅。會南都亡，适乃遯去。先是御史左光先按浙，會鞫蔡奕琛案，适爲司理，奕琛銜之，故以東陽事逮光先，而並及於适云。〔考曰：繹史勘本云，大兵逼揚州，适至兵部，問防江守禦計，職方王期昇曰：長江之險，北軍豈能飛渡！當是一時事。〕

明劉澤清大掠淮安，尋降於我大清。

初，高傑死，澤清與得功、良佐謀分其衆，朝議不許，乃於其間大治淮邸，極宮室之盛，以鐘鼓美人充之。聞左兵起，托名勤王，大掠而東。我豫親王圍揚州，命都統準塔分兵趨淮安，澤清率總兵馬化豹等迎降。順治五年，(一六四八)以謀叛誅。

明以霍達巡撫蘇、松。

達，陝西武功人。闖賊之陷陽和也，達以監軍逃，至是以御史擢都察院右僉都御史巡撫蘇、松，未之任，而南都亡。後仕大清爲工部尚書。

丁丑（二十五日），我大清兵克揚州，明督師太傅兵部尙書建極殿大學士史可法等死之。

北兵初以大砲未至，屯班竹園，劉肇基請乘北兵未集，背城一戰。可法謂銳氣不可輕試，宜養全鋒，以待其斃。北兵以紅夷砲攻城，鉛彈大者如罍，堞墮不能修，以大袋沈泥塡之。我豫王命降將李遇春持檄抵城下招可法，可法數其罪，遇春曰：「公忠義聞華夏，而不見信於朝，死何益也！」可法趣矢射之，復令鄉民持書至，守者引之見，可法撻守者，人與書俱投於水。豫王愈欲生致之，麾諸軍姑緩攻，旣知其不可，攻始急；而總兵李棲鳳、監軍道高岐鳳已有異志，以危詞刦可法，可法正色拒之，曰：「此我死所也，公等何爲！欲富貴者，各自便也。」二人夜拔營，偕川將胡尙友、韓尙良北去，城中勢益孤。可法乃爲書辭其母及妻與伯叔兄弟，呼部將史德威訣曰：「我無子，汝爲我嗣，以奉吾母；我不負國，汝毋負我。我死，當葬我於高皇帝側；其或不能，梅花嶺可也。」卽擐甲登陴。忽報黃蜚兵到，開門迎入，則反戈殺人，始知爲我兵所紿。巨砲摧西北隅，崩聲如雷，城遂陷。可法自刎不殊，莊子固、許謹共抱持之，亂兵至，擁之下城，而謹與子固已中飛矢死。可法大呼曰：「我史督師也！」衆執赴新城樓上，豫王勸之降，可法厲聲曰：「吾意早決，城亡與亡。」乃就刑。豫王命釋史德威，以保忠臣之後，德威覓屍不可辨，招魂葬之梅花嶺下。（考曰：釋史勘本曰：史公殉節後，或曰公如姚平仲故事，跨白騾去。或曰：縋城走，自沈諸江。或曰：城破執至大營，留三日不屈，殺之。後得楊遇蕃、安珠護、史德威之所述，而後知公之授命，卽於城破之日也。楊遇蕃見閣部遺文王源序，安珠護見萬季野集，史德威見黎士宏書揚州殉難事，詳見勘本。」）同死者，文臣十二人：督撫衛允文赴水死。在籍兵部右侍郞張伯鯨與當事分城守，奪北兵佩刀自刎，妻韓氏、子婦郝氏俱從死。〔考曰：明史稿謂伯鯨自經死，繹史謂被數創死，妻楊氏從死，今從杜于皇茶邨集張侍郎傳。〕參軍庶吉士吳爾壎。爾壎故降賊，南歸謁可法，請從軍贖罪，斷一指，畀友人祝淵寄其家曰：「我他日不歸，以指葬可也。」分守新城，投井死。主事何剛初以訓練水師隸可法，喜相得晚，馬士英惡之，出知遵義府，未赴而北兵至，佐城守，投井死。知縣任育民，濟寧人，緋衣端坐堂上見殺，闔家投井死。同知曲從直，遼東人；王纘爵，鄞人；知縣周志畏，亦鄞人。志畏年少任氣，與高營將士不協，求解職，可法以新喻羅伏龍代之，甫三日，而北兵至。可法命新舊令同守一城，城破，兩家全遇害。兩淮運使楊振熙，臨海人；監餉知縣吳道正，餘姚人；縣丞王志端，孝豐人；訓導李自明，嘉興人。幕客十九人，可考者六人：歲貢長洲盧渭死於鈔關河，崑山歸昭死於西門，書記顧起龍、龔之厚、陸曉、唐經世。餘十三人名佚。武臣最著者：都督劉肇基，字鼎維，遼東人。方可法檄諸將入援，獨肇基自白洋河趨赴，過高郵不見妻子，既請戰，不從，乃分守北門，發砲傷北兵甚衆；城破，率所部四百人巷戰，格殺數百人，一軍皆歿。副將乙邦才，青州人；自刎死。馬應魁，貴池人；每戰披白甲，書「盡忠報國」四字於背，巷戰死。莊子固，遼東人；以壯士七百人，與屯徐州，聞揚州被圍，馳三日而至，與參將許謹擁可法出城，格鬥中矢，俱死。又有副將樓挺、江雲龍、李豫、王思誠、〔考曰：青燐屑作汪一誠。〕參將陶國祚、〔考曰：青燐屑作陶匡明，蓋其字也。〕馮國用、陳光玉、李隆、徐純仁、遊擊李大忠、孫開忠、都司姚懷龍、解學曾十三人，俱巷戰死。揚州士民死者屍凡八十餘萬，其以死節列名史册者：諸生高孝纘，書衣襟曰：「首陽志，睢陽氣，不二其心，古今一致。」自經學宮死。王士琇設莊烈帝位，號哭載拜，與其弟自縊死。王纘、王績、王續昆季三人沈水死。武生戴之蕃、義勇張有德、醫士陳天拔、畫士陸榆、市民馮應昌、舟子劉某俱死。又有可法家人史書者，從可法死焉。〔考曰：以上參明史、繹史。按劉寶楠大令揚州殉節錄所載極詳，鼒南歸後失其書，俟他日更考焉。〕

臣鼒曰：予讀王氏揚州十日記，言可法抑萬里長城之黄得功，而用狼子野心之高傑，至謂壞東南之天下者，史道鄰也。此蓋書生率意妄語，無足論也。夫得功與傑之優劣，愚夫婦皆知之，豈可法反茫然莫辨哉！得功誠萬人敵，而兵微將寡，難抗大敵；高傑擁十三總兵之衆，所部皆西北人。傑暴抗不能爲人下，抑之則亂不可止，馭之以爵賞，感之以忠悃，優而柔之，使遷善悔過而爲我用，此則化强暴爲忠義之微權也。然則同席聯賈、寇之歡，舞盾釋甘、凌之忿，以得功之豪傑，可法胡不能釋二憾哉！夫賈、寇、甘、凌於仇怨外非别有可貪之利而攘臂相争也，故可釋憾杯酒間，得功與傑，皆有利揚州之心，高固眈眈虎視，黄亦未忘於懷，此其勢如唐藩鎮之不相下，非可以酒食談笑解矣。向使寧南無晉陽之師，睢州無伏甲之享，諸鎮協和，人人如渡河之高傑，成敗未可知也。天命已去，人謀胡臧；以武鄉侯之算無遺策，而孟達死，馬謖敗，魏延、楊儀争且亂，彼耳食者何知哉！予悲可法之孤忠亮節，故辨論者之惑，而摭書史八夫人事，以見忠烈一門之盛焉。史八夫人者，姓李氏，可法妻妹，弟可則妻也。可則早卒，可法殉難，後李氏與可法母妻居金陵，而四方起兵者，往往冒可法名以號召。有鹽城某，稱史閣部，掠廟灣入淮浦，官拘可法眷屬繫之，一武弁自言破揚時手刃史公，此假竊名字者乃得釋。居久之，有浙人厲韶伯者，嘗入可法幕，軀貌相類，復冒可法名，集亡命數百人，破巢縣、無爲州。擒訊之，召可法母妻暨李氏識認，始吐實。而李氏有國色，以公堂爲衆所窺。有聶三者，將媚少宰某，强委禽焉，拒之不聽。須臾，一婢捧黑漆盤進聶曰：奉八夫人命，恣若所爲。」聶視之，則血淋漓，一髮髻，一耳，一鼻也。聶大駭，躍馬去。

戊寅（二十六日），明福王召對羣臣。

王問羣臣遷都計，錢謙益力言不可。士英召黔兵千二百人入城，駐雞鳴山，以六百人赴楊文驄軍。時揚州失守，舉朝惶惶，而大學士王鐸猶請講期。王師謀渡老鸛河，龍潭驛探卒報我軍編木筏，乘風而下，江中砲壞京口城四垛。無何，文驄令箭至，則云城下砲火從後發，自震壞頹垣半垛，連發三砲，江筏粉碎矣，士英笞驛卒而重賞楊使。自是警報寂然，夜有書長安門者曰：「福人沈醉未醒，全憑馬上胡謅；幕府凱歌已休，猶聽阮中曲變。」

五月壬午朔，明以李彬巡撫河南。

明移惠王常潤居嘉興。

癸未（初二日），明黃得功敗左夢庚於板子磯，夢庚偕御史黃澍降於我大清，劫九江總督袁繼咸北去。

夢庚兵至池州，聞王師已破泗州，逼儀徵，繼咸勸夢庚旋師，不聽，而與黃澍遣人輸款。繼咸遣人語部將鄧林奇、汪碩畫、李士元等，毋爲不忠事。林奇等避湖中，遣逆繼咸，而繼咸爲郝效忠所紿，赴其軍。行及湖口，劫之北去，見豫王，長揖不拜，爲設宴，不飲亦不言。舟中夜起自縊，監紀俞有灝覺而解之，絕粒八日，至良鄉，歎曰：「此謝疊山盡節處也。」又縊，左右又解之。八月，至京師。

丙戌（初五日），明福王不視朝。

是日端午，百官入賀；王以演劇，未暇視朝也。

明封黃得功爲靖國公。

遣太監王肇基往勞得功軍，進阮大鋮、朱大典太子太保，諸將各升廕有差。

明分蘇松、常鎮爲二巡撫，以楊文驄巡撫常鎮兼轄揚州沿海等處。

戊子（初七日），明集百官議事。是日晝晦，大風雨。

士英與韓贊周、盧九德議令各門下閘，辰開午閉。是日，集清議堂議事，預坐者十六人，馬士英、王鐸、蔡奕琛、陳于鼎、張捷、陳盟、張有譽、錢謙益、李喬、李沾、唐世濟、楊維垣、秦鏞、張孫振、錢增、趙之龍，各竊竊偶語，百官不得與，惟聞李喬、唐世濟曰：「便降志辱身，亦說不得了！」有叩諸大僚者，曰：「信雖急，不妨！」蓋密議藉之龍納款於我大清也。是日，風雨晝晦，人心洶洶。

徐鼒曰：先議事於晝晦何？即甲申正月朔，先書朝班亂而後書風霾之例也。諸臣之白晝鬼域，其陰邪之氣足以召之矣。

己丑（初八日），夜大霧，我大清兵渡江。庚寅（初九日），明援師悉潰，僉事楊文驄奔蘇州，總兵鄭鴻逵、鄭彩以舟師遁入海，我兵遂取鎮江。

王師取瓜州門欄桌椅結大筏，燃燈燭，施號砲，亂流而下。南岸以爲北騎渡江也，砲石擊之，日奏捷，轅門鼓角震天，京口民牛酒犒勞，歡舞騰發，而王師從坎壜橋狹流輕舟飛渡。黎明，升高阜，設亭幛，擊鼓吹螺，大隊開閘放舟，蔽江而南，諸軍始覺，倉皇列陣甘露寺，鐵騎衝之，悉潰。文驄走蘇州，鴻逵與彩等以舟師入海，走福建。

辛卯（初十日），明福王出奔太平。

是日，都中各城閉門，內官韓贊周曰：「兵單力弱，守和無一可者，不若親征，濟則可以保社稷，不濟亦可以全身。」王不聽，集梨園子弟雜坐酣飲，漏二鼓，與內官數十人跨馬出通濟門，〔考曰：編年云：出聚寶門。〕贊周從之。文武百官無知者，宮娥女優雜沓西華門外。昧爽，城中大亂。趙之龍出示安民，有「此土已致大清，爾民不必驚惶徙避」之語。〔考曰：本某氏江南聞見錄。諸書俱云王奉太后。按太后乃馬士英挾之出奔，不與王同出城，或謂士英乃詭稱其母爲太后。亂離倉卒，傳聞異詞，莫辨眞僞，存疑可也。〕

壬辰（十一日），明馬士英挾太后出奔。

士英以黔兵四百人爲衞，聲稱護太后，錢謙益肩輿過之，士英小帽窄衫，拱手曰：「我有老母，不得隨君殉節矣。」躍馬出門，隨行婦女皆急裝。士英居西華門外，其子馬錫居北門橋，百姓焚掠一空，有瑪瑙圍屛，諸寶雜嵌，碎而分之。次及阮大鋮家，歌姬甚盛，一時星散。

明南京士民出北來太子於獄。

是日午刻，有趙監生率百姓千餘人，擒王鐸到中城獄，毆之，鬚髮俱盡。擁太子上馬，入西華門，又擁至西宮，取優人翊善冠，登武英殿，羣呼萬歲，百官亦間有至者，硃標黃紙，張之皇城云：「先皇帝不承大鼎，惟茲臣庶，同其甘苦，胡天不祐，慘離奇禍，凡有血氣，裂眦痛恥。泣予小子，分宜殉國，以君父大仇不共戴天，皇祖基業汗血非易，忍垢匿避，圖雪國恥，幸文武先生，迎立福藩。予惟先帝之哀，奔投南都，實欲哭陳大義。不意巨奸障蔽，至攖桎梏，予雖幽城獄，每念先帝，無一日不痛絕也。

今福王聞兵遠遁，先爲民望，其如高皇帝之陵寢何？億萬蒼生之性命何？泣予小子，將歷請勳舊文武，助予振烈，扶此顛沛。何期父老人民，圍抱出獄，擁入皇宮。目見宮殿披靡蹌蹌，不勝悲涕；身負重寃，豈稱尊南面之日乎！布告在京勳舊文武，念此痛懷，勿惜會議，予當恭聽，共抒皇猷。勿以前日有不識予之嫌，惜爾經綸之教也。」越二日，太子令釋王鐸爲大學士，出方拱乾、高夢箕於獄，並爲禮部侍郎東閣大學士，二人出獄即逃。文武會議，趙之龍曰：「此中復立新主，款使北歸，將何辭以善後？」有雲間貢生徐瑜、蕭某謁之龍，請奉太子即位，之龍叱而斬之。入宮，挾之出洪武門，我豫王禮之甚厚，衣以錦紫袍，謂衆曰：「眞假不能辨，俟北歸明之。」（考曰：本江南聞見錄。）

癸巳（十二日），明福王奔蕪湖，遂如黃得功營，以揚州府同知李繼晟巡撫安慶，命阮大鋮、朱大典以東閣大學士督師。

先是，劉孔昭斬關遁入太平，王至，閉門不納，乃奔蕪湖，而總兵黃斌卿已遁，王匿得功麾下總兵翁之琪舟中，往就得功營。得功方收兵蕪湖，見王驀然入，大駭失色。泣曰：「陛下死守京城，臣等猶可盡力，奈何聽奸人言，倉卒至此，進退將何所據，此陛下自誤，非臣負陛下也。無已，願効死。」時大鋮、大典、方國安謁王於旅次，王命以閣銜督師，倉卒無寶，以一幅紙書官銜姓名而已。

乙未（十四日），我大淸兵駐郊壇門，明忻城伯趙之龍、魏國公徐允爵、大學士王鐸、禮部尙書錢謙益迎降。

王師自丹陽趨句容，乙未夜，前隊至郊壇門。之龍、謙益奉輿圖册籍，冒雨淋漓，褰裳跪道旁。豫王命謙益入清宮禁，謙益引我大清官二員，騎五百，自洪武門入。謙益忽向闕四拜下淚，衆怪之，謙益曰：「我痛惜太祖三百年王業一旦隳墜也。」北兵有嘆息者。

丙申（十五日），我大清豫親王多鐸入南京，明勳戚文武降，刑部尚書高倬等死之。

是日，大開洪武門，趙之龍、徐允爵率保國公朱國弼、隆平侯張拱日、臨淮侯李祖述、懷寧侯孫維城、靈璧侯湯國祚、安遠侯柳祚昌、永昌侯徐宏爵、定遠侯鄧文郁、項城伯常應俊、大興伯鄒存義、寧晉伯劉允極、南和伯方一元、東寧伯焦夢熊、洛中伯黃九鼎、成安伯郭永祚、駙馬齊贊元，文臣自王鐸、錢謙益外，大學士蔡奕琛、侍郎朱之臣、梁雲構、都御史李喬皆跪降，其翰詹科道部寺官不可勝紀。有事可紀者，見國史貳臣傳。豫王嘉之龍保城功，賜金鐙銀鞍馬、貂裘八寶帽，設牛酒席，命之龍位朱國弼上。越日，之龍集梨園數百人，長筵廣樂，迎豫王南面坐，椎牛釃酒，大饗將士。酒未半，忽報廣昌伯劉良佐以兵至南門外，豫王命三百人往，頃之良佐解甲歸命，且請擒福王自効。諸勳臣武將先後薙髮。時豫王示城中，有「薙武不薙文，薙兵不薙民」之語，而李喬以總憲獨薙頭易服，豫王詈其無恥。其後薙髮令下，而故臣遺老之逆命抗拒勞王師者十有餘歲，欽定勝朝殉節錄所載至數十百人，大都疏逖微賤之臣，且有未受一命之榮而之死靡他者；而南都之公侯世胄台閣大臣反靦然人面而不之恥，亦可慨矣。然其皭然不滓於汚泥之中者固大有人，其得罪清議而託於一死以自蓋者，論者亦恕而予之別白，書之以告論世焉。大員則刑部尚書高倬自經死。工部尚書何應瑞（考曰：補遺作何瑞徵，誤也；說見前。）自縊不死，復自刎，爲其子所持，終事不可考。吏部尚書張捷微行至雞鳴寺，以佛幡自縊死；或曰捷聞百姓毆王鐸，懼禍及，自裁也。左副都御史楊維垣偕其妾朱氏、孔氏自縊死；或曰維垣鑒二妾死，置三棺中，題楊某之柩，而竄其下，夜遁至秣陵關，爲怨家所殺也。五品以下及士民可紀者：戶部郎中劉成治字廣如，漢陽人，崇禎甲戌（一六三四）進士，以知縣補國子監助教，歷升郎中。趙之龍將出降，入戶部封庫，成治奮拳毆之，之龍走免。聞豫王命百官謁見，寅往午歸，成治慨然曰：「國家養士三百年，無一忠義以報朝廷邪！」題壁曰：「鍾山之氣，赫赫洋洋，歸於帝側，保此冠裳。」自縊死。禮部主事黃端伯字元公，崇禎戊辰（一六四〇）進士，好釋氏學，以推官治行，報最，入京，與益王相訐，候勘，端伯避居廬山。南都立，姜曰廣薦起之，授禮部儀制司主事，百官迎降，端伯不赴，强之，書一帖與之曰：「大明忠臣黃端伯」，豫王命繫之去，抗不屈，繫獄四月。臨刑，絕命詩曰：「問我安身處，刀山是道場。」一卒左刃之手顫，棄刀走，一卒右刃之亦然。端伯厲聲曰：「吾心不死，頭不可斷，盍刺吾心。」如之而絕。一僕拱立不去，亦見殺。戶部主事吳嘉允，字繩如，華亭人，天啓甲子（一六二四）舉人，以主事管新餉，奉使至丹陽，聞變，馳還，止城外報恩寺，上書求存明社稷，不報，冠服自縊於方孝孺祠，一僕亦自殺。中書舍人龔廷祥，字伯興，無錫人，馬世奇門人也，崇禎癸未（一六四三）進士。遺書戒其子，善事祖母，衣冠投武定橋下死。欽天監博士陳于階嘗學曆法於大學士徐光啓，曰：「吾不死，他日何以見徐公哉！」自經於天主堂。國子監生吳可箕題詩衣襟，自縊於雞鳴山之關壯繆祠。武舉黃金璽題壁自經死。布衣陳士達投水死。

〔考曰〕：南略載同死者有光祿卿葛徵奇、戶部郎中劉光弼、禮部郎中劉萬春、中書舍人陳爊，此於事無可徵，附志之以俟考焉。」以上皆同時殉節，而四方之聞南都事先後殉節者：國子監丞陳龍正，字惕龍，嘉善人，崇禎甲戌（一六三四）進士，授中書舍人，調國子監丞，未赴南都，起爲祠祭司員外，亦不就，聞變絕粒死。〔考曰：見史外。〕孝陵參將杜學伸，東陽人，入里中天寧寺死。諸生則六合馬純仁，字范二，聞薙髮令下，題橋柱曰：「與死乃心，寧死厥身，一時迂事，千古完人。」沈河死。無錫嚴紹賢，字與揚，題壁書守義全歸字，與妾張氏對經死。邳州監生王台輔自視其廩曰：「此吾所樹，當盡此。」粟盡，北嚮號拜，自縊死。如皋布衣許德溥，刺字於胸曰：「不愧本朝。」又刺字於臂曰：「生爲明人，死爲明鬼。」被逮論死。又有姓氏不可傳者，則虎邱儒士聞南都破，儒冠襴衫，躍虎邱劍池死。常州石生暨賣扇歐姓者，投西廟池中死。文城壩有賣柴人，聞安撫使至，棄柴船躍河死。五牧有畜鵝鳥薛叟以薙髮自經死，元妙觀前有賣麵人夫婦對經死。邳州石樓寺僧見王台輔集親朋哭祭就縊，手持一麻鞭，指之曰：「此常事，惡用是矜張爲。」未幾，自經死。而在南都死最奇者，則投秦淮河之馮小璫，題詩百川橋之乞兒也。詩曰：「三百年來養士朝，如何文武盡皆逃；綱常留在卑田院，乞丐羞存命一條。」〔考曰：以上本南略及勝朝殉節錄。〕

臣鼒曰：予敍南都失守事，始以趙之龍、徐允爵、王鐸、錢謙益之跪降，而終以小璫、乞兒之殉節，不禁廢書歎也。孟子曰：「人性皆善。」又曰：「羞惡之心人皆有之。」豈之龍輩獨無是心，而小璫、乞兒賦於天者獨厚哉！之龍、允爵陷溺富貴聲色之中，而鐸與謙益又以聲華炫俗，脂韋取容，且晝牿亡之久，而天良遂澌滅於無何有之鄉，其初心豈若是哉！彼小璫、乞兒者，其羞惡固以小璫、乞兒全也。自陳龍正以下，皆死南都難者也，例得附書。其非一時事者，則各於其事著之，文震亨、顧所受之類是也。

明劉孔昭掠舟入海。

孔昭自太平掠舟順流而東，入常熟，詭言起義，僉都御史霍達招之不應，滿載白糧入海。

癸卯（二十二日），明叛將劉良佐率兵追福王，左柱國太師靖國公黃得功死之，總兵田雄、馬得功劫福王以叛降於我大清。

王將幸杭州，命朱大典、方國安以部兵先發，都督杜弘域扈從，得功斷後，未行而追兵至。得功時傷臂，幾墮，衣葛衣，以帛絡臂，佩刀坐小舟，督麾下總兵迎敵，忽劉良佐大呼岸上，招之降。得功怒，裂眥罵曰：「汝其降乎？」降將張天祿從良佐後射得功，中喉。得功知不可爲，呼良佐曰：「花馬兒！黃將軍男子豈爲不義屈，不濟，命也。」擲刀拾所拔箭刺喉死。其妻某氏沈軍資於江，自刎死。良佐麾軍劫其營，將士倉卒謀渡，而浮橋鐵鎖忽斷，中軍翁之琪投江死。左協總兵田雄入王舟，負王與右協總兵馬得功出降。雄之負王也，王嚙其背，成人面瘡，至康熙二年（一六六三），以瘡死。馬得功兩目赤，臨陣輒大聲呼，衆號爲「馬叫喚」，亦以是年爲鄭經所殺。

丙午（二十五日），明叛將劉良佐挾福王由崧至南京。

由崧以無幔小轎入城，首蒙帕，衣藍布衣，油扇掩面，百姓夾路唾罵，投瓦礫；見豫王叩頭。豫王宴之靈璧侯府，坐由崧於北來太子下。問之曰：「汝先帝自有子，擅自稱尊，逃難遠來，輾轉磨滅之何爲？」由崧不答。豫王又曰：「我兵尚在揚州，汝何便走？自主之邪，抑人教之邪？」由崧汗浹背，俯首無

言，終席，拘於江寧縣。〔考曰：本江南聞見錄。〕

降臣趙之龍、錢謙益爲我大清傳檄四方，諭令降順。

檄曰：「自遼、金、元以來，由沙漠入主中國者，雖以有道代無道，靡不棄好而搆釁，問罪以稱兵，曾有以討賊興師，以救援奮義，逐我中國不共天之賊，報我先帝不宴目之仇，雪恥除凶，高出千古，如大清者乎！有肅清京闕，修治山陵，安先帝地下之英魂，臣子獄中之哀痛，如大清者乎！有護持我累朝陵寢，修復我十廟宗祧，優卹其諸藩，安輯其殘黎，擢用其遺臣，舉行其舊政，恩深誼崇，義盡仁至，如大清者乎！權奸當國，大柄旁落，初遣魏公翰而不奉詞，繼遣陳洪範而不報命，然後興師問罪；猶且頓兵不進，紆迴淮、泗以待一介之來，自古未有以仁以禮，雍容揖讓，如大清者也！助信佑順，天與人歸，渡大江而風伯効靈，入金陵而天日開朗，千軍萬馬寂無人聲，白叟黃童聚於朝市，三代之師，於斯見之。靖南覆轍，誰爲一旅之師；救主挾歸，彌崇三恪之禮。凡我藩鎮督鎮，誰非忠臣，誰非孝子，識天命之有歸，知大事之已去，投誠歸命，保億萬生靈，此仁人志士之所爲，大丈夫以之自決也。幸三思而早圖之。謂予不信，有如皎日。乙酉五月，南京文武諸臣趙之龍等謹白。」相傳以爲錢謙益筆也。

臣鼒曰：子雲著書百萬言，有劇秦之論，嗣宗一醉六十日，進勸晉之箋；爲之左袒者，曰寓諷，曰避禍。後之讀謙益文者，將何說以解之邪！休文見怒於梁，陶穀不顯於宋，有以哉！

明馬士英殺知廣德州趙景和，遂挾太后奔杭州。

士英渡江，由蕪湖巡廣德，將入浙，知州趙景和曰：「彼不奉君而奉母后，詐也。」閉門堅拒，士英攻破之，殺景和。迂道至安吉，知州黄翼聖肅迎道左，浙撫張秉貞檄問眞僞，翼聖曰：「閣部旣眞，恐太后亦非僞。」乃備法駕，以總兵府爲行宮；太后服赭，一紫衣宮女侍。潞王及官吏士民入見，傳命召用在籍諸臣，江北巡按彭遇颽適奔至，命以僉都御史募兵兩浙。尋劉宗周、熊汝霖入朝，痛責士英當從王，士英無以應，惟日盼江上之捷。不數日，阮大鋮、朱大典、方國安俱踉蹌至，則黄得功兵敗已死，福王已就禽。禮部尚書黄道周奉祀禹陵，在杭，抗疏曰：「大臣倖從，早夜圖維，震陛承歡，起居定省，何至三輔遠於六飛，龍車遙於鳳輦，間關載道，險阻多嘗，此誠臣子之積愆，黔黎之巨創也。自五月十一日至今，越二旬矣，士林未知行在，而首輔馬士英擁兵自衞，迎憩西湖，士民詰問，空言聖駕在黄得功軍中。士英誠知聖駕所在而輕離左右，則有不臣之心；不知而託言之，則罔上苟偸，神人所共憤也。」太后覽表欷歔。忽報王師至江陰，進兵嘉、湖，士英復以黔兵挾太后至紹興。原任九江僉事王思任疏曰：「戰鬥之氣發於忠憤，忠憤之心發於廉恥，事至今日，人人無恥，在在不憤矣。主上寬仁有餘而剛斷不足，士英公竊太阿，肆無忌憚，窺上之微而有以中之。上嗜飲則進醲醁，上悅色則獻淫妖，上喜音則貢優鮑，上好玩則奉古董。巧卸疆埸之事於史可法，而又必忌其成功，招集無賴，賣官鬻爵，門下狐狗，服錦橫行，朝廷篤信之以至於斯也。今事急矣，政事閣臣可以走乎？兵部尚書可以逃乎？不戰不守而身擁重兵，口稱護太后之駕，則聖駕不當扈邪？及今猶可呼號泣召之際，太后宜速趣上照臨出政，斷絕酒色，臥薪嘗膽，立斬士英之頭，傳示各省，以爲誤國欺君之戒。仍下哀痛之詔,以昭悔悟,則人心士氣猶可復振也。」復致書士英曰:「閣下文采風流,才情義俠,某素欽慕。即當國破衆疑之際,援立今上以定時局,以爲古之郭汾陽、今之于少保也。然而氣驕腹滿,政本自由,不講戰守之事,只知貪黷之謀,酒色逢君,門牆固黨。以致人心解體,士氣不揚,叛兵至則束手無策,强敵來而先期已走。致令乘輿播遷,社稷邱墟。閣下謀國至此,即喙長三尺,亦何以自解?莫若明水一盂,自刎以謝天下,則忠憤氣節之士,尚爾相諒無他。若但求全首領,亦當立解樞機,授之才能清正大臣,以召英雄豪傑,呼號惕厲,猶可冀望中興。如或逍遙湖上,潦倒烟霞,仍賈似道之故轍,千古笑齒,已經冷絕。再不然如伯嚭渡江,吾越乃報仇雪恥之國,非藏垢納汚之區也。某當先赴胥濤,乞素車白馬,以拒閣下,上干洪怒,死不贖辜,閣下以國法處之,則束身以候緹騎;私法處之,則引領以待鉏麑。」士英愧憤,不能答也。劉宗周言於分巡寧紹台道于穎曰:「非斬士英無以收既潰之人心。」穎再疏不報。宗周曰:「明府竟申大義於天下可矣。」穎自以外臣未可擅殺宰相,乃止。或曰:士英所挾之太后,僞也。王師入皇城,時太后微服雜宮女逸出,弘光帝之拘於江寧縣也,與太后暨妃金氏共居一室,北上至淮,太后乘間墮水死。

我大清兵追闖賊,大破之,闖賊走死。

自成至武昌,左良玉已率衆東下,城虛無人,自成與其妻高氏、李錦、李過、高必正偕諸將田見秀、袁宗第、劉體純、劉芳亮、張鼐、吳從義、牛萬才等猶從之。衆尚數十萬,分爲四十八部。居武昌五十日,改江夏爲瑞符縣,設僞令,運銅炭鑄永昌錢,謀奪舟南下取宣、歙,曰:「西北雖不定,東南詎再失之。」將發，而陰霾四塞，暴雨烈風，旗槍盡折，又連爲王師所蹙，自成益疑懼。一夕，拔營起，謀踞湖南，命其四十八部先發，而自以二十騎殿，趨通山之九宮山，鄉兵遇之，亂刃交加死。〔考曰：自成之死，傳者異詞。明季遺聞云病死羅公山。南略引他書云：自成聞何騰蛟兵將至，時駐黔陽二十里外，入山閱視要害，見羅公山險峻而高大，遂分結三大營於其下，爲久駐黔陽計，但兵餉無兩月支，命劉宗堯往豫、楚界劫糧，辛思忠、楊彥往湖廣沿江州縣劫糧，一夕方寢，驚寤夢，遂得疾死。李過以帝禮葬之。紀事本末云：闖出抄糧，爲田夫所逐，陷淖中，劖其首獻何騰蛟。綏寇紀略云：自成謀取宣、歙，則陰霾風雹，乃以四月二十四日改由金牛、保定走延寧、蒲圻，過通城，命其下四十八部先發，自成令嚴，兵行無敢返顧者。通城有九宮山，一名羅公山，山有玄帝廟，山民賽會以盟，謀捍衛閭井。自成止以二十騎殿，呵之止山下，而單騎登山入廟，見帝像，伏謁，若有物擊之，遂不起。二十騎訝久不出，蹟而求之，則血肉糜郿人疑爲劫盜，荷鍤碎其首，既斃，而腰下見金印，且有非常衣服，大駭逸去。二十騎訝久不出，蹟而求之，則血肉分矣。而廣虞初新志引歙縣江昱云：闖賊之死，野史載通城羅公山，明史載通城九宮山。今按羅公山實在黔陽，稱通城誤。明史之九宮山又在通山，因通城而誤。有孫教授言：自成實竄澧州。故老云：自成由公安奔澧，其下多叛，亡至清化驛，隨十餘騎走牯牛壩，復乘騎去，獨竄石門之夾山爲僧，今其墳尚在云。江昱又言：親至夾山，見寺旁有石塔，覆以屋，塔面大書奉天玉和尙寺，有遺像，高顴深頞，鴟目蝎鼻，狀貌猙獰，與明史所載相同。徧問寺僧，一老僧年七十餘云：和尙順治初入寺，不言來自何處，其聲似西人，其自號奉天玉和尙，蓋自成僭號奉天倡義大元帥，又自號新順王，自寓加點以諱之云云。𤣥按爲僧事固無足據，而辨羅成九宮之誤，則確然無疑。至谷應泰謂劖首級獻何騰蛟，尤屬妄誕。今按騰蛟逆闖伏誅疏云：爲闖死確有實據，闖級未敢扶同，謹具實回奏事。闖勢實强，闖夥實衆，何以死於九宮山團練之手，誠有其故。闖逆既死，則宜留首級示信，何以首級竟不可得，亦有其故。請爲皇上陳之。臣自遭左變，投身江濤，遇救得生，揣闖逆知左兵南逞，勢必窺楚，飛檄道臣等，聯絡鄉勇，以待闖逆。居鄂兩日，忽狂風驟起，對面不見，闖心驚疑，懼清之躡其後也，即趨營而上，其意欲追臣，盤踞湖南，以二十八騎登九宮山，爲窺伺計，不意伏兵四起，截於亂刃之下。相隨僞參將張雙喜僅得馳馬先逸，劉伴當飛騎追呼曰：李萬歲爺被鄉民殺死，二十八騎無一存者，賊滿營聚哭。及臣撫劉體仁、郝搖旗於湘陰，撫袁宗第、藺養臣於長沙，撫王進才、牛有勇於新牆，無不衆口同詞；營內有臣晉、豫舊治之子衿氓隸，亦無不衆口同詞也。嗣後大行勦撫，道阻音絕，無復得其首級報驗。使鄉兵知其爲闖，氣反不壯，未必遂能勦滅，回奏委無一毫欺飾云云。按騰蛟親得之闖賊部將口述，衆口同詞，自可憑信。今據定爲通山之九宮山。至明史謂自成死於秋之九月，則又大誤。東華錄載是年閏六月，英親王奏自成爲邨民所困，自縊死，屍朽莫辨，安得爲九月事。怡曝堂集、嘯虹筆記、綏寇紀略俱云四月事。又綏寇紀略載金聲桓刺死王體中事略云：賊將白旺守德安，兵甚強，且有紀律，自成之敗，惟旺一軍完且整，兼各寨俱服，而德安城堅，謀守之，不肯去，自成强之始行。有王體中者，奇士，在旺軍中。自成死，旺軍亂，體中乘便刺殺旺，挾其衆以降，與金聲桓同定江西而不肯薙頭，金結其左右王得仁，誘體中至都察院殺之，此乙酉七月二十九日事也。而體中之殺白旺事又在前，是自成之死在四、五月間也，無疑。今故附書於五月末。

明監軍副使楊文驄殺降臣黃家鼒於蘇州。

黃家鼒者，趙之龍之私人也，以鴻臚寺序班，躐升少卿。我豫親王入南都，命家鼒爲安撫使，捧檄至蘇州，巡撫霍達，巡按周元泰以下皆逃。適文驄率黔兵五百自鎮江南奔，過蘇，太監李輔國亦至，出不意，執家甭，數其罪誅之，其同黨周荃聞風逃。荃，錢謙益之門客也。

六月，我大清兵取蘇州。明副使楊文驄走處州，在籍前詹事府少詹事徐汧、中書舍人文震亨、諸生顧所受等死之。

汧，字九一，號勿齋，長洲人。崇禎戊辰（一六二八）進士，選庶吉士，授檢討，累遷右庶子，充日講官。尋奉使江西封益藩，便道旋里。周延儒之再相也，招之不應，久之，始行抵鎭江，聞京師陷，一慟幾絕。汧雅好交遊，畜聲伎，至是悉屏去，獨居一室。南都起少詹事，汧以國破君亡，臣子不當叨位，具疏固辭。移書當事，言：「今日賢奸之辨不可不嚴，而異同之見不可不化。在諸君以君民爲心，以職掌爲務耳。其忠君愛民，清白乃心者，君子也，否則小人。修職就業，竭節在公者君子也，否則小人。執此爲衡，流品明，澄敍當矣，豈必人挾異同哉！先帝十七年之中，憂勤乾惕有如一日，卒使海內鼎沸，社稷邱墟，良由是非混淆，士大夫精神智慮，不爲君民，不念職掌，乃至膜視主上，委身寇仇，豈不痛哉！禍及君國，身亦隨之，然則朋黨相傾，亦何利之有。今喪敗之餘，人思危懼，宜戒前事，勿蹈覆轍，尊耿介特立之人，尙悃愊無華之士，並建賢哲，明試以功，未有人心不正而能支撐傾側者也。」既就職，卽陳時政七事，曰：辨人才，課職業，敦寅恭，勵廉恥，核名實，納忠讜，破情面；復惓惓以化恩讎、去偏黨爲言。安遠侯柳祚昌希馬、阮指疏攻之，言：「前者潞藩在京口，汧朝服以謁，自恃東林巨魁，與復社諸奸張采、華允成、楊廷樞、顧杲等狼狽相倚。陛下定鼎金陵，彼公然爲討金陵檄，所云『中原逐鹿，南國指馬』，是爲何語？乞置於理！」幸士英不欲興大獄，寢其奏。南都亡，作書戒其二子曰：「國事不支，吾死迫矣。」出居郜舍。聞蘇州不守，夜自縊，僕救之甦。其友朱薇曰：「公大臣也，野死可乎？」汧曰：「郡城非吾土也，我何家之有！」於閏六月十一日，肅衣冠，北向稽首，投虎邱之新塘橋下死；一老僕殉之。震亨，字啓美，震孟弟也。以善琴供奉，官中書舍人。聞薙髮令下，投河死。所受長洲諸生，賦詩〔考曰：詩云：身是明朝老布衣，眼前世界不勝悲；從容死向宮牆地，免使忠魂棄濁渠。〕自縊學宮，遇救，乃赴水死。又有殷獻臣者，亦諸生，見家人有薙髮者，號慟死。〔考曰：獻臣事見聖安本紀附錄，他書不載。〕

我大清兵至杭州，明潞王常淓、巡撫張秉貞降，前大學士高弘圖、都察院左都御史劉宗周、江蘇巡撫祁彪佳等死之。

時潞王在杭州，諸臣有請王監國者，王不受，太后泣拜之，終不受，蓋已與張秉貞、陳洪範決計迎款矣。我貝勒博洛等至杭州，王開門率衆降。士英與國安等走錢塘，距城十里立營，王師追躡之，斬首五百級。高弘圖之在紹興也，日惟一餐，祈死；聞蕪湖敗，劉宗周、熊汝霖將發羅木營兵奉潞王拒守，嘆曰：「天之喪明若稽夫，徒苦江東父老何益？吾籌之熟矣。」迺託其子於門客海昌談遷，逃會稽之竹園寺，絕粒死。宗周倡義，旣知不可爲，慟哭曰：「此吾正命之時也。」門人張應煜曰：「此降城也，非先生死所。」宗周瞿然出城。有勸以文、謝故事者，宗周曰：「北都之變不死者，身在田間，留以俟後王也。南都之變，主上自棄其社稷，僕在懸車，尙曰可以死可以無死。今吾越又降，區區老臣，尙何之？世豈有逃生之御史大夫哉！」扁舟辭墓，躍入西洋港，水淺不死，舟人扶出，勺水不下者十三日，與門人問答如平時，以閏六月八日死。貝勒以書幣聘彪佳，不受，因紿其妻商氏曰：「此非辭命所能卻，當身至杭，辭以疾，或得歸耳。」家人信之，不爲意，閏六月四日，出雲門山，至寓園，與其友祁山人飲，至夜分，攜燭書几上曰：「某月日治棺寄蕺山戒珠寺，可即殮我。」投梅花閣前淺水中，端坐死。先後同死者：陸培，字鯉庭，仁和人。崇禎庚辰（一六四〇）進士，不謁選，南都授行人。聞潞王降，慟哭，攜家避橫山之桐嶺，過訣其友人陳廷會。陳曰：「君職行人，無守土責；且天下事未可知，國亡與亡，不亦可乎！」培歎曰：「需乃事之賊，後日將有求死不得者矣，子不見北都某某乎？」妻陳氏晝夜防之，一日紿妻他往，鍵戶自經，或破壁救之甦，培大恨曰：「奈何苦我？」夜上書辭母，揖其二僕授之繩，曰：「若輩宜成我志。」坐方牀就縊死。王道焜，字少平，亦仁和人。天啟元年（一六二一）舉於鄉，以學正歷官南雄、邵武二府同知。莊烈帝破格求材，徵天下廉能吏，臨軒親試，撫按以道焜名上，而吏部謂郡丞例不與選，授兵部職方主事。道焜抗疏言：「銓臣援故例而靳考選，非陛下搜羅賢豪之意。」溫旨候考。都城陷，微服南歸。杭州不守，謂其子均曰：「北都之不死者，將有爲也，今更何望哉！且向者銓曹以故例格我，卑我官也，奈何使天下謂屬吏中無人哉！」乃投繯死。顧咸建，字漢石，崑山人。與兄咸正同登崇禎癸未（一六四三）進士，授錢塘知縣。馬士英之擁兵至也，力請駐師城外，以故省垣無擾。既而秉貞將挾潞王迎降，先使咸建犒師，既復命，棄官去，追騎及於吳江，執以還，不屈被殺。唐自綵，字西望，達州貢生。崇禎末，授臨安知縣。過俊民，無錫貢生，爲臨安訓導。臨安醇朴易治，自綵政暇，則與俊民飲酒賦詩，士民愛信之。大兵至，邑人震恐，自綵嘆曰：「戰無兵，守無食，無徒苦父老爲也！册印俱在，聽邑人之所爲。我老矣，豈復北面事二姓哉！」與從子階豫攜家人入梅郎，俊民亦同匿。士民齎册印赴省，大帥問曰：「若知縣安在？」曰：「賢父母也，憐我民之被干戈，不能守土，入山隱矣。」帥曰：「果賢邪？我還汝知縣，不遺他吏也。」民乃入山迎自綵，堅不出，乃置新令。新令欲自媚，詭言自綵受魯王敕，陰集兵爲變，總督張存仁遣兵捕之。是時值八月下丁，俊民語山中諸生曰：「我爲學博，猶廟祝也，可令缺祀乎！」刑牲具醴入城，甫初獻，而執自綵之兵至，見冠帶執笏堂上者，問何人，曰：「學官也。」因前縶之。俊民大罵被殺。自綵至，不屈，麾其從子階豫走，不聽，竟同死。其妾大呼曰：「主死妾願從。」延頸受刃死。以上皆官紳之殉難者也。同時以諸生殉難者：海寧祝淵、會稽王毓蓍，皆宗周弟子也。淵字開美，方葬母山中，聞變，趣歸，設祭投繯死。毓蓍字元趾，爲人跌宕不羈，宗周之絕粒未死也，毓蓍上書曰：「願先生早自裁，毋爲王炎午所弔。」友人以陶淵明故事勸之，毓蓍曰：「是不然，吾輩聲色中人，久則難持，早死爲愈。」召故交張飲，酒酣，投柳橋下死。布衣殉難者，則山陰潘集、周卜年。集字子翔，聞毓蓍死，爲文祭之，袖二石，沈東渡橋下死。卜年字定夫，濱海而居，聞薙髮令，仰天呼曰：「余尚可以生乎？」至磯上，躍海中死。次日，海濤湧屍止磯上，冠履不失，顏色如生。

臣鼒曰：不曰克明南都，克明杭州，而曰入南都，取蘇州，至杭州何？凡師用大衆焉曰克，彼守而我克之也；降則自棄之矣，復何得云明南都明蘇州杭州乎！春秋書梁亡之義也。

明巡撫田仰、監軍道荆本徹、總兵張士儀、張鵬翼、太監李國輔奉義陽王□□以舟師駐崇明沙。（考曰：

嘉定屠城紀略載此爲六月事。按世表義陽王勒䵣以萬曆三十七年襲封，凡諸書載某王不詳名者仍之，闕疑也。）

我大清兵克明西平，總兵劉洪起死之。

洪起軍於新、息、光、固之間，力不支，走平頭堠。我將孔希貴圍之，洪起中流矢死，其下遂散。我大臣何洛奏洪起誅，汝寧等處悉平。

臣鼒曰：洪起起家擾攘之中，受命危難之際，而能効死危疆，其視澤清、良佐之賣國叛主，賢愚蓋天壤矣。雖吠堯君素，智昧倒戈，而拒晉彥章，義不解甲，擬之魏勝、李寶，夫何愧焉。

辛酉（初十日），降將金聲桓以我大清兵下江西，明巡撫曠昭棄城走，遂取南昌、南康、九江。

我英親王追闖賊至九江，左夢庚所部三十六營迎降。英親王乃以降將北旋，聲桓不欲行，請收江西自効。英親王命闖賊降將王體忠與合營屯九江，規進取，聲桓遺牌招撫。巡撫曠昭，遂寧人，故巽懦不任事，命士民出迎，扁舟遁去，走臨江，退屯萬安。十九（按：十九當作初十）日辛酉，聲桓入南昌，南康、九江望風下。而撫標舊將白之裔、鄧武泰猶駐袁、吉，扼峽江，湖東建昌、撫州義兵起，聲桓乃身駐南昌，而命部將劉一鵬備峽江，體忠備撫、建。

臣鼒曰：書降將金聲桓以我兵下江西何？明聲桓之背主求榮，而後此反覆之罪，不可託故國以逃誅也。

明吳縣生員陸世鑰、沈自炳、沈自駉起兵太湖。

世鑰字兆魚，以財雄於洞庭東湖。有十將官者，集衆千餘，屯湖中，世鑰慮其爲亂，亦聚千餘人，名爲犄角，實防遏也。薙髮令下，鄉民駭愕，吏胥又魚肉之，民洶洶思亂，十將官因邀世鑰起兵殺吏胥。

同郡沈自徵亦任俠士，造漁船千艘，匿於湖。自徵死，其弟自炳、自駉收其船以集兵，與世鑰相應。〔考曰：本繹史勘本。或云自駉諸生，自炳官中書舍人。駉或誤作騆。〕時義兵多肆劫掠，惟世鑰毀家充餉，部下妄掠一錢者罪必死，故一軍獨戢。自炳，字君晦；自駉，字君牧。

明職方主事吳易、舉人孫兆奎起兵長白蕩。

易字日生，吳江人，有膂力，登崇禎癸未（一六四三）進士，不謁選。南都立，見史可法於揚州，奇其才，題授職方主事，奉檄徵餉，未還，而揚州失。六月，王師徇吳江，縣丞朱國佐以城降。諸生吳鑑，字子儀，徒手入縣庭，罵國佐，國佐執送蘇州，知府詢其黨，抗聲曰：「孔子、孟子、張睢陽、顏平原是也；何問爲！」遂殺於胥門學士街。易聞而哀之，率衆擒國佐，授鑑父汝延，令殺以祭鑑。與舉人孫兆奎、諸生華京、吳旦、趙汝珪等起兵，得千餘人，屯長白蕩，出沒五湖三泖間。松江盜首沈潘劫掠不常，易計擒之，降其衆，獲艘七十。王師之初至也，未習水戰，易使部卒狎於水者，雜農民中爲大兵操舟棹，至中流，鑿沈之，溺死無算。是時部郎王期昇、吳景亶等起兵西山，克長興，然兵不及易强，多棄之來歸。閩中授易兵部右侍郎，總督江南諸軍；尋進兵部尚書，封忠義伯。浙東魯監國亦封爲長興伯。京字北輿，旦字爾赤，汝珪字子玉，皆諸生之有志行者也。〔考曰：南疆繹史云：吳旦字爾赤，他無可考。而顧炎武聖安本紀附錄云：有朱旦者，朱白民先生鷺之孫也。鷺有建文書法擬一書，嘗走京師上之。旦聞變曰：「我祖作書，忠建文，我舉義忠於先帝，死猶生也。」拜別母，住太湖，偕西山徐雲龍等集衆薄胥門，北兵衝突而出，雲龍斷甲走，其弟君達、僧景崕皆戰死，旦亦遇害。然則吳旦豈朱旦之譌歟？附志之以補缺焉。〕

明總兵李某、生員任源邃、吳福之、徐安遠起兵太湖。

時與吳易同起兵而別分一路者，有總兵官李某，其名字里居不可詳。任源邃者，深沈有大略，見所在起兵，求可與成事者，皆不當意，喟然曰：「天下事遂無可爲乎？我視諸軍皆兒戲耳。」及福之起兵，約源邃同就李總兵，合爲一軍。福之，閩中禮部尙書鍾巒子。安遠，字世珍，武進人。

明長興縣民金有鑑奉通城王盛澂起兵，復湖州，進攻長興，不克，吏員王士麟死之。〔考曰：世表通城王盛潢子容汭襲封，豈容汭死而盛澂襲之歟？〕

有鑑字改王，有膂力，率里人許昇、沈磊、沈士宏、金豔色等奉通城王盛澂爲號，自署總兵。一戰拔湖州，進攻長興，吏員王士麟引兵會之。再攻再敗，士麟戰死。

明吳淞提督吳志葵、生員陸世鑰等謀復蘇州，不克，福山副總兵魯之璵死之。

世鑰與吳易等合兵薄蘇州，總兵吳志葵以舟師來會，前鋒魯之璵領三百人，斬胥門入，縱火焚公署，居民號呼相應，火光接天。我侍郎李延齡，巡撫土國寶以騎兵千餘屯城之東南隅，登盤門瑞光寺浮屠以望，曰：「敵雖衆，烏合剽擊；擊前則後不支，擊左則右不應。人衆而囂，是無紀律。穿城而進，有輕我心。當權斂兵，避其銳氣，俟過日中，其氣必怠；突選騎蹂而躪之，破其前鋒，餘必潰散，不足慮也。」乃匿其騎於府學宮中。良久，見外兵有棄仗運財物者，因選兵百餘，張旗幟，環城而轉，揚言江寧援兵至。而之璵入城行四五里不見敵，亦內自疑。騎突出馳之，矢發如雨，遂大潰，之璵與勇士章志斌皆死，三百人殲焉。城外兵爭赴船，沸聲如雷，志葵不能止，易軍亦退。世鑰遁歸，後爲

僭。〔考曰：本繹史勘本引施世傑西戌雜記。〕

我大清兵取常熟，明貢生項志寧等死之。

先是，常熟人推原任知州嚴栻爲主，議城守，未幾，而總兵何沂者，奉宗室某王至，栻乃逃。旣王師至，沂亦逃。諸生中尙有躬冒矢石，力戰於華蕩者，勢不支，各散去，其姓名不可詳。避兵城外而殉難者：貢生項志寧方食餠，聞變，餠墮地，扼吭死。徐市徐懌嘆曰：「我家世科第，可無義士邪！」題壁云：「不敢立名垂後代，但求靖節答先朝。」自縊死。徐守貞〔考曰：聖安本紀作守質。〕者，奉母避於鄉，兵至，母與妹俱投井，守貞亟從之，兵挽其髮，乃踞坐謾罵，殺於井傍。友人馮知十見之而怒，奮臂格鬬，亂兵至，叢箭死。四人者，皆諸生也。又有諸生蕭某妻，以不受汙，支解死。

臣鼒曰：紀年於士民之殉故國者，仗戈起義，則特書之；徒死者則附錄焉。顧所受、項志寧等何以書？闖、獻所過屠滅，人人自知必死，懼而自裁，果否激於義也，吾無以知之。若我王師之取南都，勳戚大臣泥首歸命，印纍纍，綬若若，降則可以不死矣。可以不死而死者，激於義而死者也，故書之。

明宗室盛瀝、中書舍人盧象觀，起兵襲江寧，不克。

象觀，字幼哲，故宣、大總督象昇弟也。崇禎癸未（一六四三）進士，授金谿知縣，未仕，改中書舍人。象昇智勇知兵，象觀習其家學，以仕晚，未獲用。王師南下，象觀與宗室盛瀝遇西湖，相與痛哭，入于忠肅祠，誓同起兵。至茅山，以象昇故將陳坦公爲先鋒，多所殺傷，謀攻南京。有朱君兆者，奇士也；獻計曰：「南京雄深，未易拔；況北兵四面萃我，敗道也。盍謀內應者乎？城中之豪，素與君兆習，願爲公先入，定期告我，從中以火爲應。」已遣僧詣君兆約期，僧乃叩大清營告變，舉火誑之。象觀兵薄太平門，騎兵突出衝擊，象觀駭敗，銳氣盡喪。盛瀝匿水竇中，復與象觀至宜興，收士卒攻溧陽，又敗。象觀遂亡入太湖。〔考曰：按東華錄，順治三年正月十二日，城內人與城外賊通謀作亂，十八日，僞潞安王、瑞昌王三路入犯，與此事頗合。但象觀於是年八月二十八日已死於太湖，則東華錄所載當另一事。〕

閏六月辛巳朔，明江陰典史閻應元、陳明遇起兵拒守。

應元字麗亨，順天通州人。崇禎中，爲江陰典史。海盜顧三麻子以百艘乘潮至黃田港，應元率鄉兵拒戰，手射三人，應弦倒。以功加都司銜，遷廣東英德主簿，道阻未赴，寓江陰之砂山。六月，薙髮令下，諸生許用德倡言於明倫堂曰：「頭可斷，髮不可薙。」衆曰：「然則城守乎？」迺以是月朔，設太祖高皇帝像，率衆拜且哭，遠近應者數萬人。推新典史陳明遇爲主，囚知縣方亨，殺守備陳端之，以徽人邵康公爲將。前都司周瑞龍泊江口，相犄角。與王師戰，不利。徽商程璧出家貲二萬五千金充餉，而身乞師於總兵吳志葵。志葵至，璧遂不返。康公戰不勝，瑞龍水軍亦敗去，勢益危。明遇謂衆曰：「吾不如閻公智勇可屬大事。」馳騎迎之。應元率家丁十四人，夜馳入城，召士民盟之曰：「今日之事，非有所强於諸君者，諸君其無以生死計！」衆諾之。應元則料尺籍，治樓櫓，戶出一男子登陴，餘丁傳餐，發前兵備道曾元龍所治火藥器，貯城樓。〔考曰：繹史云：火藥三百罌，鉛鐵丸千石，佛郎機大砲千張。一邑存貯安得如許之多，疑是當日虛聲傳令如此，而記事者因之。〕勸輸巨室，曰：「輸不必金，凡菽粟芻藁布帛酒酤鹽醯皆是也。城苟完，何患無財；否則身且不保，遑恤乎家！」命四門分堡而守，如南門堡內人卽守南門，一人守一堞，戰則兩人守之，晝夜輪換。十人一小旗，一銃；百人一大旗，一紅夷砲。夜則五堞一燈，大兵負船及棺木牛皮攻城，城上砲石碎之。一人駕雲梯上，城上槍刺之。其人口銜槍躍而上，城上童子提而斬之。時大兵南下若破竹，守土官非降卽走，間有拒守，攻之輒拔，遲亦旬日耳。及至江陰境，輒多殺傷，相與大駭。於是薄城下者兵且十萬，列營數百，圍十重，依山起壘，瞰城中，矢集如雨。城中發砲石中之，夜遣壯士縋城，順風縱火，軍亂，自相踐踏，死傷萬計，乃移營去。居民黃雲（考曰：亦作黃明江。）善作弩，傅以毒藥，中人則死。守備陳端之子某在獄，請以造軍器贖死，製木銃，投城下，近者輒糜爛。應元出新意，造鐵撾，繫以長繩，能於城上刺人十步外。大兵發大砲，城裂，應元用鐵葉裹門板，貫鐵索護之，實空棺，以土障潰處。北城壞，運石於城內，更築堅壘，一夜成。又嘗以矢盡，束槀爲人，人竿一燈立睥睨間，兵士伏垣內擊鼓叫噪，若將縋城砍營者。大兵驚，矢發如雨，獲無算。大兵力攻既久，降將劉良佐與應元有舊，遙語曰：「弘光已走，江南無主，君早降，可保富貴。」應元曰：「我一典史耳，猶不忘故國。君爵爲列侯，握重兵，不能捍衞疆圉，乃爲敵前驅，何面目見我邪！」良佐慚而退。

明江陰貢生黃毓祺、生員徐趨起兵行塘。

毓祺，字介茲，與弟毓祁好學，有盛名。其門人徐趨，字佩玉，亦以氣節著，聞江陰城守，乃共起兵行塘爲應援。

明無錫生員顧杲謀起兵，不克，死。

杲，字子方，無錫人，光祿卿憲成從子。阮大鋮之失職居金陵也，諸生爲防亂揭帖逐之，杲名列首。大鋮銜之刺骨，募徐丞者刼之，馬士英擬旨逮問，會南都亡而事解。王師抵常州，邑人王如玉、顧君起持册獻降，杲方起兵，以應盧象觀江上之師，遇之砂山，命所部執之。兩人大呼曰：「此賊也。」砂山人方團練禦盜，倉卒不加辨，羣起執杲，杲無以自明，遂遇害。既而審知爲杲，砂山人大悔，立祠以祀焉。

明常州生員張龍文起兵謀復府城，敗死。

丁亥（初七日），明福建巡撫張肯堂、巡按御史吴春枝、禮部尚書黄道周、南安伯鄭芝龍奉唐王聿鍵監國於福州。〔考曰：按監國諭以六月初二日監國伊始，而三王紀略、繹史俱云閏月丁亥，蓋六月初二日建議，至閏月初七日丁亥始卽監國位，故詔曰監國閏月也。〕

弘光時，王徙居廣西之平樂府，行抵杭州，而南都已覆，王勸潞王監國，不聽。時鎮江總兵鄭鴻逵、鄭彩自京口，戶部郎中蘇觀生自南都，胥會於杭。逵、彩與王語及國難，沾泣襟袂，二人奇之，令副將江美鼇、鄭升衞之入關。至水口驛，肯堂具啓迎謁，王復書言：「兩京淪沒，陵寢暴露，懷枕戈復仇之志而無其地，流離蹈海，幾作波臣，惟天南一片土，高皇在天之靈實式憑之。」肯堂乃與尚書黄道周謀奉王監國。芝龍意猶豫，而以鴻逵所迎，勉就約。癸未（初三日），羣臣三上箋勸進，王出御用銀百五十兩，給有司葺行宮，令勿擾民。丁亥（初七日），監國福州，建行在太廟社稷，諭曰：「孤聞漢室再墜大統，猶繫人心；唐宗三失長安，不改舊物。豈其風俗醇固，不忘累世之澤哉，亦其忠義感憤，豪傑相激，使之然也。孤少遭多難，勉事詩書，長痛妖氛，遂親戎旅。亦以我太祖驅除羣雄，功在百姓，而勍敵鰲然，睥睨神器，爲子孫者誠不忍守文自命，坐視其陵遲也。二十年來，狂寇鴟鶩，孤未嘗兼味而食，重席而處。北方二載，兩京繼陷，天下藩服，委身奔竄。孤中夜臥起，垂涕縱橫，誠得少康一旅之師，周平晉、鄭之助，躬率天下，以授彤弓，豈板蕩哉。今幸南安芝龍、定虜鴻逵二大將軍志切恢復，共賦無衣。一二文臣，以春陵、瑯玡之義，過相推戴，登壇讀誓，感動路人。嗚呼！昔光武、昭烈，皆起布衣，躬承舊業；況今神器乍傾，天命未改，孤以藩服，感憤間關，逢諸豪傑，應卽投袂。知明赫之際，神人叶謨，上天所眷；顧我太祖，紹其子孫，猶未艾也。書曰：『與治同道，罔不興。』傳曰：『多助之至，天下順之，得道者多助。』自閏六月初二日監國伊始，一切民間利病，許賢達條陳，孤將悉與維新，總其道揆，副海內喁喁之意焉。」

己丑（初九日），明餘姚在籍前九江僉事孫嘉績、吏科都給事中熊汝霖起兵拒守。

嘉績，字碩膚，大學士如游孫也。崇禎丁丑（一六三七）進士，官職方主事，以弗予太監高起潛世廕事下獄。獄中從黃道周學易，坐長繫，刑部尚書徐石麒出之，戍金陵。南渡，起九江僉事，未赴而金陵亡。時縣令役民修道，嘉績葛衣徒步，私巡里中，諸役者皆泣下。曰：「盍逃乎？」曰：「逃者死。」曰：「役死，逃亦死；獨不念死地求生乎？」役者曰：「將安計？」嘉績曰：「江東事未可知。壯士斂手就死，死無名。今鄰邑舉義，誠能合衆晝江守，則大有功，脫不勝，猶緩旦夕死，況未必然邪！」衆曰：「唯命。」於是率所役三百人突入縣治，鳴鐘鼓，斬令以徇，與汝霖同起兵。汝霖之在杭州也，與劉宗周議發羅木營兵守獨松關，潞王不納，乃東歸。宗周絕粒，以兵事屬汝霖，垂死，而汝霖事未集，張目曰：「雨殷〔考曰：汝霖字。〕豈愆約哉！」既死之明日，而汝霖兵起，乃哭於旐前以行。

庚寅（初十日），明松江在籍前兵部右侍郎沈猶龍、兵科給事中陳子龍、中書舍人李待問、羅源知縣章簡起兵拒守。

猶龍，字雲升，華亭人。萬曆丙辰（一六一六）進士，以知縣徵授御史。崇禎元年（一六二八），進太僕少卿，拜右僉都御史，巡撫福建，遷兵部右侍郎，總督兩廣軍務。甲申（一六四四）冬，福王召理部事，不就，乞葬親歸。大清安撫官至松江，有指揮常某徧括郡人物，衆苦之，殺指揮，推猶龍起兵。子龍設太祖高皇帝像誓衆，稱監軍，偕待問、簡募壯士數千城守，與吳志葵、黄蜚相犄角。待問字存我，崇禎癸未（一六四三）進士，授中書舍人。簡字坤能，天啓甲子（一六二四）舉人，前羅源知縣。

明會稽生員鄭遵謙起兵復紹興。

遵謙，字履恭，山西僉事之尹子也。放誕，喜結客，凡扛鼎擊劍之徒日盈其庭。妻嘗殺人，推官陳子龍論坐之，東陽許都救以免。後都作亂，遵謙將從事，叔父某扃戶不聽往。杭州降，乃集其徒號義興軍，搴旗過清風里，殺山陰知縣彭萬里、署紹興知府張愫，取庫中兵仗給士卒，襲殺招撫使於江上，表迎魯王監國，諸義旅一時並起。詔爲義興將軍，與熊、錢諸軍分守小亹。

明分巡寧紹台道于穎起兵復富陽。

穎，字穎長，金壇人。崇禎辛未（一六三一）進士，知紹興府。杭州降，穎馳入雲門山觀變。會鄭遵謙起兵斬署知府張愫，迎潁入城。先是，潁遣在事軍官募兵備敵，絡繹率衆至，鄉官前太僕蕭山來方煒、前職方來集之等亦各以兵會。潁乃操小舟，挾短童，西徇蕭山，新令陳瀛出謁，執之。貝勒使以榜至，又執之。鳴鼓誓師於都亭，時閏六月旬有三日也。即夕，以五百人趨固陵，前所遣諸生莊則敬等以江船百餘艘來迎。王師劄西岸，杳未知，潁麾衆銜潮徑渡，蕭人沈振東爲導，盡驅西岸之船而東，大兵覺，則無所得船。潁遂率衆登岸，畫江以守，一軍扼潭頭，一軍扼橋司，一軍扼海門，一軍扼七條沙。王師扎木簰擬渡，潁遣死士陳勝等鑿沈之，風起潮湧，簰盡漂，各營鈎致之，時以爲神助。潁謂諸將曰：「杭已有重兵，攻不易，請分二道，下流由橋司入海寧，出海鹽以通震澤；上流由潭頭入富陽，通餘杭以扼獨松關。」降將郎斗金據富陽，遣副將劉穆等夜襲，取之。王師突至，穆之子肇勷戰死，〔考曰：肇勷死事詳後紹興破注中。〕王宗茂、阮維新等幷力以禦。潁自漁浦渡江救之，富陽復定。方國安之得駐七條沙，實始此也。監國至，晉按察使，行巡撫事，旋晉右僉都御史，督師江上，遂自爲一軍，守漁浦，悉力支拄，視諸軍爲最苦，王之仁尤惡之。一日，會潭頭，語不合，之仁拔劍擬之，馬士英卻以身蔽，乃免。已諜言王師自海道至，命移軍守三江口，三疏辭，不許。江上師潰，潁追扈不及，由海道還京口，以黃冠終。

臣鼒曰：聞之全祖望云，富陽之役，世謂張公國維之功，非也。畫江之守，實自潁始，是爲浙東監國始事之臣也。故特書之。

壬辰（十二日），明鄞縣在籍前刑部員外郎錢肅樂起兵寧波，遣迎魯王以海於台州。

肅樂，字希聲，一字虞孫，號止亭。幼穎異，書過目不忘。崇禎丁丑（一六三七）進士，知太倉州五年，俗大化。遷刑部員外郎，以憂歸。杭州不守，寧波官吏迎降，肅樂痛哭，以死誓。會鄞有諸生董志寧、陸宇爍、張夢錫、華夏、王家勤、毛聚奎者，號六狂生，集諸生倡義於學宮，徧謁諸鄉老，莫之應。聞肅樂至，挽之入城，以十有二日集紳士於城隍廟，開陳大義。降吏故同知朱之葵新命晉級治府事，偕通判孔聞語亦馳至，諸紳議未定，多降階迎。肅樂拂衣起，遽碎其刺，觀者數千人，驩聲動地。布衣戴爾惠呼曰：「何不竟奉錢公起事？」擁之入巡按署。俄而海防道二營兵城守兵皆不戒而至，請受約束。肅樂遂封府庫，收管鑰，以墨縗視師。之葵等請罪乞哀，百姓請釋之。鄞故太僕謝三賓家富耦國，方西行納款歸，密使貽書定海總兵王之仁曰：「翕翕訿訿，出自庸妄六狂生，而一稱紳和之。將軍請以所部來，斬此七人，則事定矣，某當奉千金爲壽。」稱紳者，肅樂年未四十也。會肅樂亦遣客倪懋熹勸之仁來歸，之仁兩答之，期十五日至。至則大會諸鄉老，突出三賓書，數其罪；三賓叩頭乞命，願出萬金助餉。之仁遂從肅樂締盟，共城守，遣舉人張煌言赴台州，表迎魯王監國。

明前兵部尚書張國維起兵東陽。

乙未（十五日），明崑山前總兵王佐才、參將陳宏勛、游擊孫志尹、知縣事楊永言、舉人周室瑜、貢生朱集璜、陳大任、諸生吳其沆、陶琰、歸莊、顧炎武等各起兵拒守，城陷，佐才、志尹、室瑜、集璜、琰、大任、其沆死之。〔考曰：南疆繹史以爲六月丙寅事，玆從顧譜正。〕

南都之亡也，知縣楊永言逃於泖橋參將陳宏勛家，縣丞閻茂才遣使納款。是月十一日，薙髮令下，城中大譁，室瑜、集璜、大任、瑊等殺茂才，奉前狼山總兵王佐才爲主。宏勛、永言亦率壯士數百人入城，裹糧移檄，爲久守計。已而宏勛率舟師迎戰而敗，志尹歿於陣，城遂陷。佐才縱民出走，冠帶坐帥府被殺。室瑜與子朝鑛、妻諸氏、朝鑛妻王氏同不屈死。集璜投河死。瑊居雞鳴塘，去城二十里，率鄉兵赴援不及，自經死。大任倡義迎佐才，以其宅爲帥府，與妻張氏、子思翰同死。其沆與莊、炎武皆佐永言起事者也；永言、莊、炎武行遯去，惟其沆死之。同時殉難者：自集璜門人孫道民、張謙外，以守禦死者蘇觀道、莊萬程、陸世鎧、陸雲將、歸之甲、周福培、陸彥沖，以代父死者沈徵憲、朱國軾，以救母死者徐洺。又有徐澂、王在中、吳行貞皆不屈死焉。集璜，字以發，以學行稱，弟子數百人。永言，字岑立，昆明人，崇禎癸未（一六四三）進士，事敗祝髮爲僧，卒於滇中。莊字玄恭，博涉羣書，與炎武以學行相推許，所謂「歸奇顧怪」者也，亦亡命爲僧裝，稱普明頭陀。炎武事，見後，餘不可詳。〔考曰：永言爲僧事詳顧亭林年譜，殉節錄稱其死乙酉之難，追謚忠節者誤。〕

徐鼒曰：紀年於不可勝書者，則擇一人以冠之，茲獨縷述何？諸舉兵者皆數人共一事，故可冠之。是役也，室瑜、集璜、大任、瑊四人者，奉王佐才爲帥者也。宏勛、志尹、永言、其沆、莊、炎武六人者，奉故鄖撫王永祚者也。事同而異，不可渾而一也，故詳之。永祚何以不書？削之也。諸書第云衆奉永祚，不云永祚作何狀，則其人可知矣。官尊於總兵知縣，而事遜於舉貢生員，可愧哉！

丙申（十六日），月食既，星流竟夕。〔考曰：本顧炎武日知錄。〕

己亥（十九日），明嘉定在籍前左通政侯峒曾、進士黃淳耀等起兵拒守。

峒曾，字豫瞻，天啓乙丑（一六二五）進士，授南京兵部主事，改文選主事，轉郎中，歷江西提學參議、浙江參政。吏部尚書鄭三俊舉監司賢能五人，峒曾與焉，擢順天府丞，未赴，而京師陷。南都起左參政，不就。淳耀，字蘊生，登崇禎癸未（一六四三）進士。寄其弟淵耀書曰：「吾廷試時，鼎甲上殿，嘖嘖稱羨，天地間自有爲數千年一人、數百年一人者，今人不肯爲數千百年之一人，而必欲爲三年之一人，可怪也！」見天下已亂，遂賦詩南歸，與峒曾避亂郊居。六月，降將李成棟以水陸兵駐吳淞，多淫掠，嘉定民憤甚，揭竿起。有誤傳總兵吳志葵以兵來者，衆氣益壯，燬東關外成棟裨將梁得勝舟，斬八十四級。成棟大懼，終夜不敢寢，選驍騎四十，告急於婁東之王師，鄉兵截殺之幾盡。成棟攻羅店鎮，諸生唐景耀、唐培、朱霞俱遇害。淳耀與衆謀曰：「今事成騎虎，無主必亂。」迎峒曾入城，與舉人張錫眉、教諭龔〔考曰：或作董。〕用圓、諸生馬元調、夏雲蛟、唐全昌等分門固守，邑人縛袴執刀相從，人情頗奮。〔考曰：參嘉定屠城紀略。〕

明太倉生員王湛起兵謀復州城，不克，死之。

湛，字道廣，故相國錫爵之裔也。薙髮令下，湛慨然語其兄淳曰：「弟誓與髮爲存亡也。」集里人陳說大義，從者數百人。淳、湛與其友蔡仲昭、魏虎臣橫刀前驅，圍州城。官吏登陴笑曰：「此烏合耳，何能爲！」砲擊之，衆皆伏地，不能傷。訝曰：「此知兵者。」遂傳令禁舉火，以虞內變，三日突烟不起，人聲寂然。衆謂其怯也，板屏遮矢石，薄城呼噪，時暑甚，單衣揮汗，自辰至未，飢且疲，解衣少憩。守者驟開門，以十二騎突馳之，遂大潰。淳受傷赴水死，湛砍一騎未及，亦被砍死。仲昭、虎臣俱戰死。

明休寧在籍御史金聲、諸生江天一起兵拒守。

聲，字正希，工舉子業，名傾一時，崇禎戊辰（一六二八）進士，改庶吉士，謝病歸。是冬，起修撰，未赴。南都立，擢左僉都御史，堅不起，與門人江天一糾練義勇以慮變。聞王師破池州，奉太祖高皇帝像，率士民拜哭，謀起兵。天一曰：「徽州形勝地，諸縣皆有阻隘可守。獨績溪一面當孔道，宜築關隘，以重兵據之，與他縣爲砥柱。」遂築叢山關，屯軍其中，分守六嶺。

明徽州推官溫璜起兵拒守。

璜，字寶忠，初名以介，字于石，烏程人。少孤，〔考曰：繹史言三歲而孤，全祖望溫推官傳則云生二月而孤。〕登崇禎癸未（一六四三）進士，年五十有九矣，授徽州府推官。甫蒞任而京師陷，慟哭誓死，募民兵，繕城堞，爲守計。南都亡，官屬皆遁。璜曰：「城無主，民且自相屠。」乃盡攝諸印，召士民慰諭之，衆感泣，從而保守者數萬家。會金聲舉兵績溪，璜轉餉給其軍，與爲犄角。州人有黃賡者，武狀元也，運鐵鞭重數十斤，率鄉兵十九戰皆捷。嘗被圍，舉鞭忽折，易鞭跨馬，馬忽跪，賡怒，鞭殺馬，步鬭，殺一將潰圍走，後削髮爲僧。〔考曰：本南略。〕

明前山東巡撫邱祖德、舉人錢龍文、〔考曰：亦作文龍。〕生員麻三衡、沈壽嶤等起兵，謀復寧國，不克，壽嶤死之。

祖德，字念修，成都人。崇禎丁丑（一六三七）進士，授寧國府推官，以才調濟南，超授按察司僉事，分巡東昌，招撫土寇，多解散。十五年（一六四二）冬，以兵部尚書張國維薦，擢右僉都御史巡撫保定；後代王永吉巡撫山東。京師陷，闖賊以檄招降，祖德斬其使，謀發兵拒守。而中軍梅應元叛，率部卒索印，祖德將自刎，士民衞之出境，道遇魯王，同之過淮。南都御史沈宸荃劾其輕棄封疆，逮訊久之獲釋，而成都亦陷，無家可歸，流寓寧國。聞金聲舉兵績溪，乃與寧國舉人錢龍文、麻三衡、沈壽蕘等各舉兵應之。祖德駐師華陽山，糾集別部顏苗、王一衡、金經、萬日吉等十餘部，共攻郡城，不克，壽蕘陣歿，祖德退歸山中。諸軍以麻三衡爲最强。三衡，字孟璿，宣城人，布政使溶之孫。生有異相，好武事，以詩酒自豪，與旁近諸生吳太平、阮恆、阮善長、劉鼎甲、胡天球、馮百家號稱七家軍。三衡駐兵稽亭，每戰，策馬當先，舞大刀陷陣，人多畏之。

明前職方司郎中尹民興、生員趙初浣、吳漢超起兵守涇縣。

漢超，字許公，强直有膽。北都之變，與其友湯廷鉉謀募師赴難，南都立，乃止。旣而南都又覆，慨然曰：「天下事遂已乎？」議保寧國境，無應者。時尹民興流寓涇縣，漢超走告之，約初浣起兵城守。初浣字雪度。三人中，惟初浣爲本邑人。

明貴池副貢生吳應箕起兵復建德、東流。

應箕，字次尾，號樓山，貴池人，善今古文詞，意氣橫厲。崇禎壬午（一六四二），以鄉試副榜貢入京，公卿咸加禮異。南都之以防亂揭帖逐阮大鋮也，應箕實倡之。周鑣下獄，應箕入視，大鋮急捕之，連夜亡命去。諸義兵蠭起，有奉宗室朱盛濃爲號者，應箕起兵應之，題壁曰：「韓亡子房奮，秦帝魯連恥。」攻池州不克，同事者亡去，應箕乃獨募士，以計復建德、東流。

明前青陽知縣龐昌允謀起兵，不克，死。

昌允，字載玉，西充人，崇禎丁丑（一六三七）進士，知青陽縣。國亡，棄官隱九華山，與邑人孫象壯謀起兵，事洩，被執。行至五溪橋旅店，夜扃戶臥，明日呼之，則已死。

明嘉興在籍翰林屠象美、吏部郎中錢棅，起兵拒戰於三塔灣，敗績，死之。

王師下浙江，傳檄而定，郡縣皆置官吏矣。閏六月，嘉興民聞薙髮令下，揭竿起者數千人，殺秀水知縣胡之臣，嬰城拒守，推象美主其事，迎都督僉事陳梧爲帥，棅毁家充餉。然皆文士，不知兵，甲仗器械且不備。大兵在杭，聞報，遣數百騎襲之。城上聞笳角聲，已膽落，梧率衆禦諸三塔灣，大敗。象美出走，爲亂民所殺。棅集衆躡大兵於震澤，兵返戰，衆潰，被殺。象美，平湖人，崇禎辛未（一六三一）進士。棅字仲馭，嘉善人，崇禎丁丑（一六三七）進士。

我大清兵取嘉興，明生員鄭宗彝起兵拒守，敗死；在籍前吏部尚書徐石麒死之。

三塔灣之敗，宗彝袒背呼市上，集者復千人，城守十又六日，餉竭，里民通款於我營，引兵擊破之，宗彝與弟宗琦俱戰死。石麒時出城召募，扁舟宿水次，城將破，呼於城下，曰：「吾大臣，不可野死，當與城俱。」縋之上，老僕徐成欲先登，少僕徐錦止之曰：「君老矣。」成怒曰：「童子何知，謂我老邪！」俱縋入。城陷，石麒朝服自經死，成與錦從死，城外二僕祖敏、李升聞之亦死。先是石麒致仕，歸築堂，榜曰「可經」。人莫解，及石麒之死是堂也，始知其素志云。同時死者，前薊、遼守備項嘉謨與二子一妾投天星河死。諸生張翃整衣巾，南向坐罵不絕死。錢應金以不薙髮死。

臣鼒曰：聞之霅川溫氏曰：劉宗周在紹興，曰：「此降城，非我死所。」出至城外野寺死。石麟則謂大臣不當野死，當與城俱，意相反，而其義則一也。士人作降城嘆我公回樂府以美之。鼒謂二人之義固一，而其意亦初不相反也。城未降則猶我城也，故死與城俱。城旣降，則非我城也，故不如野死。從容就義，是之謂歟！

明長興參將方元章、瓶窰副將姚志倬、張起芬起兵復餘杭。戰敗，元章死之。

元章、志倬誓義舉兵，以張起芬爲將，破餘杭，走於潛，戰敗，志倬逸去，元章死之。明年丙戌（一六四六）冬，志倬合餘衆攻江山，又不利，遂遁入括蒼山中。旣而出懷玉山，其兄志元詭稱志倬已降，因得脫，而志元被戮，乃走依詹兆恆，同破永豐，其後遷徙無常，事詳後，浙東封仁武伯。起芬被執至杭，不屈，懸之樹間，射殺之。平生不讀書，刑訊時有詩云：「頭能過鐵身方顯，死不封泥骨亦香。」〔考曰：按起兵是閏六月事，其起芬死日則不可考，姑序其略如此。〕

庚子（二十日），明使臣左懋第猶在京師，諭降不屈，死之。

懋第之再入都也，改館太醫院，久之，啓攝政王，不報。滄州將士劉英、曹遜、金鑣入見，懋第曰：「生爲明臣，死爲明鬼，我志也。」因爲蠟丸奏之，未至而南都陷，聞變慟哭。從弟懋泰以投降授官者來勸降，叱之出，曰：「汝非我弟也。」閏六月十五日，以江南平，再下薙髮令，副將艾大選首自髡，懋第怒殺之，因下獄。參謀兵部司務陳用極、遊擊王一斌、都司張良佐、王廷翰、守備劉統俱從入。守者來訊，懋第曰：「我頭可斷，髮不可斷，艾大選違我節度，我自行我法，殺我人，與若何與？」越日，攝政王見之內朝，數以僞立福王、勾引土賊、不投國書、擅殺總兵、當庭抗禮五大罪，懋第侃侃不屈。攝政王顧問在庭漢臣云何？陳名夏曰：「爲福王來，不可赦。」懋第曰：「汝先朝會元，何在此？」金之俊曰：「先生何不知興廢！」懋第曰：「汝何不知羞恥！」攝政王揮出斬之。臨刑，顧用極等五人曰：「悔乎？」用極曰：「求仁得仁，又何怨！」懋第南向再拜曰：「臣等事大明之心盡矣。」題絕命詞，〔考曰：詞云：漠漠黃沙少雁過，片雲南下竟如何；丹忱碧血消難盡，蕩作寒烟總不磨。〕端坐受刑，五人同見殺。是日風沙四起，捲市棚於雲際，屋瓦皆飛，觀者泣下。陳用極，崑山人；王一斌，寧國人；張良佐、王廷翰、劉統皆上元人。

徐鼒曰：書曰猶在京師何？見懋第之從容就義也。曰使臣何？懋第於是乎不辱命矣。汪有典史外載懋第母徐夫人，寧海儒家女。京城陷，懋泰載以歸，數日不食，行至白溝河，夫人仰天歎曰：「此張叔夜絕吭處也。」呼懋泰前，責其不死。且曰：「吾婦人受國恩，不能草間求活，寄語懋第勉之，勿以我爲念。」言訖而死。明史不載，當輯入烈女傳焉。

丁未（二十七日），明唐王即皇帝位於福州。〔考曰：南略、臺灣外紀俱云十五日乙未即位，此從三王紀略、繹史。〕諸大臣言：「監國名正，出關尺寸，建號未遲。」侍郎李長倩有急出關、緩正位、示監國以無富天下之心疏，芝龍亦固爭以爲不可；惟鴻逵曰：「不正位無以厭衆心，以杜後起。」遂定議。丁未，祭告天地祖宗，即位南郊，以福建爲福京、福州爲天興府，布政司爲行殿。大赦，稱號隆武。追尊皇考爲皇帝，妣爲皇后，遙上福王尊號曰聖安皇帝。詔曰：「朕以天步多艱，遭家未造，憂勞監國，又閱月於茲矣。天下勤王之師既已漸集，向義之心亦以漸起，匡復之謀漸有次第。朕方親從行間，鼓舞率勵，以觀厥成，而文武臣僚，咸稱萃渙之義，貴於立君，寵綏之方，本乎天作，時哉不可失，天命靡不勝。朕自缺然，未有丕績，以仰對上帝，克慰祖宗。而臨安息轡，遵讓無期，大小汎汎，如河中之水，朕敢不黽勉，以慰衆志而副羣望。朕稽載籍，漢光武聞子嬰之信，以六月即位鄗南，即以是年爲建武元年；昭烈聞山陽之信，以四月即位漢中，即以是年爲章武元年；艱危之中，豈利大寶，亦惟是興義執言，繫我臣庶之故也。以今揆古，即以是年爲隆武元年。其承天翊運，定難功臣，悉以次第進爵，分茅胙土；其翊運宣猷，守正文臣，亦以次第進級。孝秀耆宿軍民人等，俱依前諭優給。所在山川鬼神，除淫祠外，遣官祭告，以示朕纘緒爲天下請命之意焉。」〔考曰：按臺灣外紀云：監國諭即位詔，俱黃道周筆，而諸書亦云王自爲之。〕王少遭患難，慨然以復仇雪恥爲務，布衣蔬食，不御酒食。勅司禮監：行宮不得以金玉玩好陳設，器用瓷錫，帷幄被褥皆布帛，後宮無嬪御，執事者三十人而已。鄭芝龍進美女十二人，留之而絶不御。中宮懿旨選女廚十八人，王聞之以爲擾民，不許。

明進鄭芝龍、鴻逵爵爲侯，封芝豹澄濟伯，彩永勝伯，並賜號奉天翊運中興宣力定難守正功臣。

明以黃道周爲吏部尚書、武英殿大學士，蘇觀生爲吏部右侍郎兼東閣大學士。

觀生，字宇霖，東莞人。年三十，始爲諸生。崇禎中，由保舉授無極知縣。總督范志完薦其才，進永平同知，監紀軍事，尋遷戶部員外郎。南都進郎中，催餉蘇州。南都破，走杭州，謁王，與語大悅，聯舟入福建，與芝龍、鴻逵兄弟擁立，擢爲翰林學士，旋進禮部右侍郎兼學士。王設儲賢館，分十二科，招四方士，改庶吉士為庶萃士，以覲生領之。覲生矢清操，稍有文學，而時望不屬，王以故人恩眷，超拜東閣大學士，參預機務。

明以張肯堂為兵部尚書。

肯堂，字載寧，號鯤淵，華亭人。天啓乙丑（一六二五）進士，知濬縣有聲。崇禎七年（一六三四），擢御史，累擢右僉都御史，巡撫福建。時鄭芝龍初受撫，為總兵官，私招盜五十餘人，請留標下，肯堂曰：「勦盜，元戎職也；未有朝命，而擅受降，不可。」具疏入告，得嚴旨，悉論斬，芝龍以此銜之。南都立，選兵三千，令部將周蕃率之入衞，助防江，璽書褒美。時汀、漳間有賊數萬，出沒剽掠，肯堂勦撫並用，踰年悉平。至是，以翊戴功，進兵部尚書，尋改左都御史，掌都察院事。

明以何楷為戶部尚書。

楷，字元子，漳州鎮海衞人。舉天啓乙丑（一六二五）進士，值魏奄亂政，不謁選歸。崇禎時，授戶部主事，進員外郎，累遷工科給事中。以劾楊嗣昌忤旨，貶二秩，為南京國子監丞，就遷禮部郎中，以憂歸。南都擢戶部右侍郎，督理錢法，兼工部右侍郎，求退不許。南都破，走杭州，從王入閩，進戶部尚書。

明以周應期為刑部尚書。

明以鄭瑄為工部尚書。

明以福建巡按御史吳春枝為兵部右侍郎兼右副都御史，以黃錦為禮部右侍郎，並賜號奉天翊運中興宣猷守正文臣。

明以曹學佺爲禮部尚書兼蘭臺館學士。

學佺，字能始，侯官人。萬曆乙未（一五九五）進士，除戶部主事，歷官陝西副使。天啓中，以閹禍除名，崇禎初復官，不赴，至是起諸家。

明召舊輔何吾騶、蔣德璟、黃景昉、姜曰廣、吳甡、高弘圖，起朱繼祚、林欲楫、路振飛、曾櫻、熊開元、黃鳴俊、林增志、李先春、陳洪謐等入閣。

王自製縉紳序，極言先朝門戶之禍，分別東林、魏黨、南黨甚析。凡東林老宿，或起舊，或特授，或因大臣薦舉，破格用之，閣臣多至三十餘人。鎭江錢邦芑以諸生上書，授御史；吳門楊廷樞不由薦舉，特授御史。至兵部職方一司，督撫藩鎭題請虛銜，爲軍前贊畫監紀者，不可勝紀，王亦輕畀之。惟翰林吏部專循資格，四川舉人徐永周以詩文見賞，授簡討。有言其不由進士者，王笑曰：「予覽其詩文，意爲進士耳！」竟改禮部主事。攸縣舉人劉自□爲督師何騰蛟所薦，召對，授簡討，以爲騰蛟德也。故時有重翰林、輕宰相之議焉。〔考曰：本錢秉鐙所知錄。〕

明賜鄭芝龍之子森姓朱，名成功。

森卽芝龍娶倭婦翁氏所生子也。生之夕，倭島火光燭天，芝龍心異之。芝龍以平劉香功，官都督，森在倭已七歲矣，屢請於倭，不能得。乃遣人齎金帛往，圖畫芝龍爲大帥，秉鉞海表，軍容煊赫狀。倭頗憚，謀於衆，遣森還，而留翁氏。成功儀容俊偉，倜儻有大志，每東向望其母，輒掩涕，大爲季父芝豹所窘。叔父鴻逵甚器之，每摩其頂曰：「此吾家千里駒也。」讀書不治章句，作洒掃應對進退題，文中有「湯、武之征誅，一洒掃也；堯、舜之揖讓，一應對進退也」語，塾師大奇之。先輩王觀光亦謂芝龍曰：「是兒英物，非若所及也。」年十五，補諸生，試高等，食餼，有術士視之，驚曰：「此奇男子，骨相非凡，命世雄才，非科甲中物。」弘光時入南京太學，聞錢謙益名，執贄爲弟子，謙益字之曰大木。〔考曰：本賜姓始末。〕時鴻逵引其子肇基見於王，王賜之姓。芝龍聞之，亦引森入見，王奇其貌，與語，大悅之，撫森背曰：「恨朕無女妻卿，當盡忠吾家，無相忘也。」賜國姓，名成功，命爲御營中軍都督，儀同駙馬都尉，宗人府宗正，自此中外稱之爲國姓。日本國王聞芝龍貴寵，亦送翁氏至安平。

明召前副都御史路振飛爲左都御史，尋進太子太保、吏兵二部尚書兼文淵閣大學士。

王感振飛舊恩，募能致振飛者，賞千金，給五品秩。吳江諸生孫文忠齎手勅，以左都御史召，在道，拜太子太保尚書兼大學士。至則大喜，與宴，抵夜分，撤燭送歸，解玉帶賜之。官其子太平爲兵部員外郎。又錄守淮功，廕錦衣世千戶。王每責廷臣怠玩，振飛曰：「上謂廷臣不改因循必致敗亡，臣謂上不改操切亦未必能中興也。上有愛民之心而未見愛民之政，有聽言之明而未收聽言之效。喜怒輕發，號令屢更。見羣臣庸下而過於督責，因博覽書史而務求明備。凡上所長者，皆臣所甚憂也。」明年，仙霞關破，王走汀州，振飛追扈不及。汀州破，走安平，依朱成功。丁亥（一六四七），有誤傳王在粵者，偕主事萬年英泛海求之，抵虎門，始知爲王弟聿鐭，已敗死，乃回廈門。後赴永曆帝召，卒於途；或曰自縊於邵武山寺。〔考曰：本朱彝尊明詩綜。又東明聞見錄載振飛朝永曆帝於肇慶，當是誤以抵

虎門爲朝永曆也。〕

戊申（二十八日），明魯王監國於紹興。〔考曰：參稽諸書及起義兵先後，王爲閏六月監國無疑，或謂六月二十七日戊寅監國者，是時潞王初降，全省瓦解，熊、錢諸公義旗未建，誰爲此謀乎！半壁荒朝，傳聞滋謬，作史者不可不愼也。〕王諱以海，高帝十世孫，魯肅王壽鏞之第五子也。兄以派，以長子襲封，崇禎六年（一六三三）七月，封王爲鎭國將軍。十五年（一六四二），大清兵破兗州，以派自縊。王年幼，詭稱魯王牧兒，見大兵入王邸，皆忽流涙，怪而察之，知爲王，刃之三，皆不中，駭曰：「汝大有福，我不駭汝。」因得脫。十七年（一六四四）春二月甲戌（十五日），嗣魯王位。北都陷，諸藩皆南下，弘光命移駐台州。既而杭州降，餘姚、會稽、鄞縣之兵錯起，奉表請王監國。同時以兵以餉來歸者：總兵王之仁自定海，黃斌卿遣將自滃州，張名振自石浦，沈宸荃、馮元飈應之慈谿，聲勢震興。會張國維與宋之溥、陳函輝、柯夏卿等亦具表迎，王卽日移駐紹興，以分守署爲行在。途中加錢肅樂太僕寺少卿，授張煌言爲行人。

明監國魯王以張國維、朱大典、宋之溥爲東閣大學士。

國維督師江上，大典鎭守金華，之溥入閣辦事。尋召舊輔方逢年入直，之溥罷。

明監國魯王起章正宸爲戶部左侍郎行吏部事，李占春爲戶部尙書，王思任爲禮部尙書，余煌爲兵部尙書，張文郁爲工部尙書。

明監國魯王以陳函輝爲詹事府少詹事。

函輝字木叔，臨安人。崇禎甲戌（一六三四）進士，知靖江縣。好交遊，事詩酒，御史左光先劾罷之。

北都陷，函輝慟哭刑牲，馳檄勤王。〔考曰：檄文見前。〕南都立，起職方主事，監江北軍，事敗奔還，謁魯王於台州，曰：「國統再絕矣，王亦高皇帝子孫也，雪恥建邦於是乎在，盍急圖之。」王謝曰：「國家禍亂相仍，區區江南尙不能保，更何冀乎！」函輝曰：「不然，浙東沃野千里，南倚甌、閩，北據三江，環以大海，士民忠義知勇，句踐之所以霸也。王若有事，臣願竭股肱之力。」會張國維起兵來迎，乃與柯夏卿從王入紹興。旣擢少詹事，而忌之者謂函輝掛察典，不宜侍左右，遂棄官歸。尋復原官，遷禮部右侍郎。時諸軍不習行陣，華衣呵殿相誇耀，又日事爭餉，義兵漸散。嘆曰：「大事去矣，無種、蠡之才而有伯嚭之佞，安能久乎！」

明監國魯王擢陳潛夫爲太僕寺少卿。

潛夫以私謁童妃逮下法司，南京潰，脫歸，謁魯王於紹興，命復故官，加太僕寺少卿監軍浙西。乃自募三百人，與孫、熊諸家軍營江上。尋改大理寺，兼御史如故。

徐鼒曰：自侍郎以下例不書，少詹僕少何以書？大二人之倡義也。

明監國魯王命方國安守七條沙，王之仁守西興，鄭遵謙守小亹，孫嘉績、熊汝霖、錢肅樂分守瀝海。封國安鎭東侯，之仁武寧伯，加嘉績、汝霖、肅樂僉都御史督師銜。

國安，浙人；或云舊輔方逢年子也。〔考曰：繹史諸書俱云方氏父子，而明史方逢年傳不云國安其子。〕爲左良玉標官。夢庚之降我大清也，國安衆南奔，夙與朱大典有隙，圍攻金華匝月，至閏六月二十五日始解。〔考曰：本瞿其美粤游見聞。〕

中國史學基本典籍叢刊

小腆紀年附考

下

〔清〕徐鼒撰
王崇武點校

中華書局

小腆紀年附考卷第十一

前翰林院檢討加詹事府贊善銜六合　徐鼒　譔

秋七月，明魯大學士張國維會師西興。

江上兵每日蓐食鳴鼓，登陸搏戰，日中復轉舵還戍，率爲常。

徐鼒曰：書大學士繫之魯何？以別於福京也。

癸丑（初四日），我大清兵克嘉定，明在籍前左通政侯峒曾、進士黃淳耀等死之。

諸鄉兵來者漸衆，李成棟遣其弟統數十騎求救於婁東之王師，鄉兵截擊於倉橋街，殺之幾盡。脫歸者泣於途曰：「我等皆高鎮勁兵，隨邢太太降後，所過風靡，嘉定縣何物蠻子，殺我副將六員！」成棟聞弟死，日夜與諸將涕泣，然鄉兵本無將領，一聚卽鳥獸散，城上白旗招颭而已。成棟覘得實，合婁東兵大修戰具。吳志葵遣游擊蔡祥〔考曰：嘉定屠城紀略作蔡喬。〕以七百人來援，成棟銜枚襲之。祥持鐵簡登岸步戰，圍數匝，東關有徐福者往救，與俱斃。峒曾、淳耀於城上見之，慟哭相向，發大砲，傷二人。成棟焚新涇鎮，破婁塘，峒曾、淳耀會鄉兵於婁塘之磚橋東，不下十餘萬，然擁擠紛呶如聚蚊，成棟分左右翼蹂之，相蹈藉死。或謂大勢已去，宜爲十萬生靈計。峒曾等推案痛哭，裂招降榜，焚沿城民居，督運磚石。七月初三日，成棟盡銳來攻，舁板扉穴城，諸生馬元調以糞汁灰瓶拋灌之。成棟乃佯攻東門，而潛自北門水竇入，復爲大石所拒，不能克。是夕，有赤氣起北方，俄變而黑，長亙天。五更，大雨如注，守陴者不能立，城大崩。成棟薄東門上，峒曾與其子元演、元潔猶立睥睨間，呼二子去，曰：「我死國，分也，祖母在，應代奉事，戀我何爲！」趨歸拜家廟，沈於池，未絕，而兵至，引出斬之。二子亦被殺於孩兒橋。淳耀與其弟淵耀入草菴，索筆書曰：「七月四日，進士黃淳耀死此。嗚呼！進不能宣力王朝，退不能潔身自隱，讀書寡益，學道無成，耿耿不沒，此心而已。」與淵耀分左右就縊死。張錫眉、董用圓、馬元調、夏雲蛟、唐全昌等皆同死。錫眉驅妾入水，方自溺。用圓抱其兄諸生用廣共溺，屍浮出，猶握手不解。錫眉，字介茲，崇禎庚午（一六三〇）舉人。用圓，字知淵，天啓辛酉（一六二一）舉人。雲蛟，字啓霖。元調、全昌，字未聞。又有王雲程者，亦貢生也。〔考曰：本嘉定屠城紀略。〕

明江西布政使夏萬亨、分巡道王養正、知府王域、推官劉允浩、史夏隆、通判胡縝奉益王由本起兵建昌，城陷，萬亨等皆死之，由本走閩。〔考曰：世表：由本以萬曆四十五年襲封。〕

萬亨，字元禮，崑山舉人，由教諭歷遷西華、夏邑知縣。弘光帝使迎太后，擢江西布政使，言者以爲驟，改僉事，分巡南昌。瑞州有保寧王，〔考曰：按世表：保寧王紹炬崇禎十六年爲李自成所掠，當即其人。〕避寇南昌，其舍人恣橫，執而笞之，一府洶洶將作難，居民亦譁然欲焚王府，萬亨撫定之。尋遷按察使，署布政司事。南京潰，奉母至撫州，尋入建昌。王養正，字聖功，泗州人。崇禎戊辰（一六二八）進士，由知縣歷知南康府。以平盜功，南都擢副使，分巡建昌。王域，字元壽，華亭舉人，爲宿州學正，以捍禦流賊功，歷工部主事，南都擢本部郎中，出爲建昌知府。劉允浩，字集生，掖縣人，崇禎癸未（一六四三）進士，嘗領鄉勇擊賊於萊州，謁選授南昌推官。史夏隆，宜興人，與允浩同年進士。胡縝，桐城人。時南昌已爲降將金聲桓所據，士民謀拒守，珹曰：「事急矣，國無主，不可以集衆。」乃與萬亭、養正等奉益王由本爲號。由本年少柔懦，不習武事，以戰守機宜委之永寧、羅川兩郡王。〔考曰：按世表永寧王由橞以萬曆三十九年襲封，羅川王由核以萬曆三十一年襲封，而繹史云永寧王慈炎，其由橞之子歟？俟考。〕羅川王乃與東鄉艾命新、艾南英約諸紳集義，得劉琦、楊獨龍、僧丹竹等三十六將，就南英家歃血訂盟。王、謝二巨室捐貲助餉，練鄉兵幾及萬人，分陣拒守，軍勢頗振。而保寧王者私與我軍通約內應。滇將趙印選以象兵援南都，不及，假道還師，由本留之。戰既合，保寧王以火箭傷象，兵遂大潰亂，城陷，由本奔旗塘佛舍，已遁入閩。永寧王走寧都，萬亭等俱被執。聲桓以萬亭能得民，將藉以撫徇諸郡，曰：「公從，當大任。」萬亭書絕命詞見志。聲桓不欲有害賢名，乃與養正等俱械送武昌，同日遇害。建昌士民哀萬亭等之忠也，瘞之沌砦河之側，題曰：「六君子之墓。」而同時以諸生殉難者，則南昌鄧思銘。初思銘聞北都陷，號召諸生百餘人習射，學技擊，名曰庠兵。請於有司，有司笑曰：「庠可兵邪？」衆乃散。既而建昌兵起，乃入王珹幕參贊。城破被執，指金聲桓大罵，繫於竿首射之，連及六矢，思銘大吼曰：「經時不能殺我，技何劣也！」遂射死。

徐鼒曰：羅川王所招三十六將，惟安仁僧丹竹爲最著。嘗從揭重熙襲撫州，猝遇王得仁，丹竹以步逐馬，刃及得仁面，幾獲之。後金聲桓過安仁，聞其病，遣九騎往縛之。丹竹力疾起，呼所部十餘人，伏於隘，而單身入酒肆中。金騎見其僧，不知其即丹竹也。因問識丹竹乎？遽應曰：「我是也！」拔刀殺二人。七騎者上馬馳，遇伏，獲其二；再前，再遇，獲其三；得歸者纔二騎耳。聲桓破廣信，丹竹以木樁置水中，而持長槍火箭逼之。聲桓兵乘舟遁，舟觸樁盡碎，多泅水死，丹竹盡其所獲而返。後率壯士，邀擊王師之入閩者，馬蹶被殺。

明臨川在籍前吏部主事曾亨應、揭重熙起兵撫州。

亨應，字子嘉，崇禎甲戌（一六三四）進士；重熙字祝萬，崇禎丁丑（一六三七）進士。亨應官吏部文選主事，嘗以事爲御史張懋爵所劾，被謫歸。南都立，重熙由知州擢吏部考功主事，而亨應以謫籍獨不赴。大兵既下南昌，金聲桓令王得仁徇撫州，亨應乃命弟和應奉父入閩，已與重熙暨艾南英募兵守禦，未集而騎已薄城下，衆皆散。

明在籍左春坊左庶子楊廷麟、左中允劉同升起兵贛州，擢廷麟吏部右侍郎，同升國子監祭酒。

廷麟，字伯祥，清江人，舉崇禎辛未（一六三一）進士，改庶吉士，授編修。同升字晉卿，吉水人，舉丁丑（一六三七）進士第一，授修撰，爲楊嗣昌所搆，將逮治，旋獄釋，言者交薦，十六年（一六四三）秋，復授職方主事。同升亦以劾嗣昌謫福建按察司知事，未赴，北都陷。同升馳檄十三郡，與義師。廷麟遇之南昌，乃大集澹臺祠，爲思宗發喪，誓師起義。弘光帝立，廷麟以左庶子召，同升以左中允召，未赴。宗室朱統鑅之誣劾姜曰廣也，誣廷麟招健兒，有不軌謀，曰廣爲內應。弘光帝置不問，而所募兵竟以散去。大清兵既克南昌，袁州、臨江、吉安相繼下，已又取建昌，惟贛州孤懸上游獨存。廷麟乃與同升謀邀贛撫李永茂集紳士於明倫堂，勸輸兵餉，刻期大舉。王手詔嘉奬，擢廷麟吏部右侍郎，同升國子監祭酒。

明龍泉在籍工部右侍郎劉士楨起兵復泰和、廬陵。士楨克二邑守之。明年，吉安復陷，遣四子肇履入閩求援，而令季子穉升從李陳玉起兵信豐，爲贛州聲援。贛破，避之南田。

明前汜水知縣胡定海起兵德興，敗績，死之。定海，一作海定，南昌舉人，官汜水知縣。致仕歸，貧甚，授徒德興海口之董氏。董亦義俠也，破家起兵金川，定海爲之聯絡鄉勇。洎王師取婺源，金川兵絕我糧道，乘王師之退，攻婺源，殺我長吏。聞王師將進討，徒步乞師於黄道周。比歸，海口已有兵，戰敗被執，論殺，首旣殊而屍僵立不仆。同死者爲揭新，不知何許人。

明德化□□李含初起兵復德化、瑞昌，尋敗死。含初傾家起兵腺山，連破德化、瑞昌，王師未遑致討也。未幾，所部王拐子私款於九江守將余世忠，襲腺山，含初遇害。同死者生員李映陽、武生唐屏、鄧士鳳、熊九鼎、宗麻子五人。

明德安□□郭賢操起兵復德安，遂復建昌，尋被執。賢操連破建昌，而所部高長子私款於我，執賢操以獻。當事者方議撫，釋勿殺。明年四月，集衆圖再舉，我師偵得，環其廬焚之，獨賢操跳而逸。戊子（一六四八），金、王之亂，復投袂起，爲我九江守將所執，殺之。子七人，次良錫與從子良銓攻建昌時中流矢死，三良鐸從島兵營戰死。同起兵死者，德安諸生桂登魁、胡戒，登魁妾胡氏殉之。

明瀘溪知縣張載述、貢生魏一杜起兵拒守。

王師下瀘溪，以李光署縣事，一杜縛光送鄭彩磔之。與舊知縣張載述畫策守瀘，敗王師於密潭。

臣鼒曰：同時樂平倪氏兄弟、吉水王寵、鄒氏叔姪事皆可傳，附志之：倪大顯者，與兄大恢、大登俱以勇力聞，饒州推官周損幣致之。損敗，歸督師黃道周。道周敗，從廣信曹大鎬。王得仁之屠樂平也，軍中聞大顯勇，爭致之。有僧長八尺餘，下馬縛大顯，大顯斫僧，應手頭落。已圍者數重，度不支，抽刀自刎死；大恢、大登被執皆死。王寵、鄒文鼎與從子敬皆吉水人。寵從劉同升起兵，往來臨、吉、撫、贛間。一日，爲王師所獲，寵詭降。越日，盡殺其伴，即載其旗幟以行。過新淦，峽江令見旗幟，以爲本兵也，出迎江滸，寵遽起擒殺之；連破二縣。已而文鼎、敬起兵，寵與之合。戰敗，文鼎赴水死，敬被執見殺。寵復走脫，樹一幟，大書「追勦王寵」四字，呼殺賊而去。去既遠，王師始知其即寵也。後金、王歸明，遍招之不得，寵已入山死矣。

辛未（二十二日），明吏部尚書兼兵部尚書武英殿大學士黃道周募兵江西，以圖恢復。

廷臣日請出關，而鄭芝龍輒以餉絀爲辭。會賜宴大臣，芝龍自以侯爵，欲位首輔上，黃道周爭以祖制武職無班文臣右者，終先道周，由是文武不睦。有諸生上書詆道周迂，不可居相位。王知出芝龍意，下督學御史撻之。道周見芝龍無經略志，謂坐而待亡，不如身自出關。奏請以師相募兵，江西多臣門生故吏，必有肯効死力者；且可連楊廷麟、何騰蛟爲進取計。遂率門生中書蔡春溶、賴繼謹、陳駿音、兵部主事趙士超、通判毛至潔並子弟可千人以行，有櫌鋤棘矜以隨其後者，名「扁擔兵」，實不可應敵。次芋源，賦責躬詩曰：「天地何高深，日月猶循環，星宿陳其領，動靜恆無端。舉翼不能翔，而作醯雞觀，大命一以至，不能復研鑽。鬼神欲告之，翕吸近告難，傷哉草木頹，不得留朱顏。」至延平，請餉，芝龍斬之。王不得已，給空劄數百道。道周親書劄付奬語，得之者，榮於誥敕，又得百人。〔考曰：福州舉人陳金城家藏道周出師劄付，其文曰：欽命直省招征事宜聯絡恢復兩京少保兼太子太師吏部尚書兼兵部尚書武英殿大學士黃爲出師事：本閣部行師貴簡練明靜，務要十五人爲伍，一人挑帶糧食兵器，一人挑帶爨具，一人挑帶帳席被窩，不宿民舍，不穿城市，違者重斬輕馘不饒。約一百八十人爲一陣，游擊一員，兩游擊屬一參相。凡參相十員，游擊二十員，兵士三千六百五十八人。務要精壯曉暢，動遵法令。參相二員屬一主，事務大小相承，情法相資，不得偏執己見，致生乖異。今以風雲雷雨虎豹熊羆龍象爲號，每號塡補參相一員、游擊二員、兵士三百六十八人。准得洪京榜合補象字號營□□□等陣士務要整齊肅辦，不得參差。遇查點失伍及違令者，斬馘不饒。俟功成日，一體題請封賞陞賫。此劄。隆武元年拾月拾伍日給。又另行親筆硃書曰：洪京榜久饋黌序，屢領英矛，近以勸進加恩准貢，乃願就戎行，共圖敵愾。東山雨雪，睠其在懷，板屋溫如，何能不思。已經題請授中書舍人，仍著兼監紀推官前去招募，以綏前業，功成陞敘，睠爾衣袍。劄付試中書舍人洪京榜。龍溪縣學廩生金城嘗攜之至京，屬同人題跋，非特墨寶，存此見當日軍中法令大概。〕進師建寧，遣通楊廷麟、萬元吉爲聲勢。尋有以外交諸藩飛語聞者，王遣使馳示，道周自陳疏曰：「臣田無一畝，居止一椽，幸以是見憫於主上，見信於親友，然不能以是見諒於犬豕豺狼。臣行年六十，無險心詖語爲凶人所仇，無奇功異能爲要人所嫉，獨恃一片肝腸爲高皇列宗與天下黎獻共對白日耳。臣雖庸下，遭逢陛下，魚水相期，一月之內，四疏乞師。至若子弟募義勤王，雖天性使然，亦恐臣孤身隻手，陷身絕域，每一相見，涕泗漣洳。邇因溽暑未收，毒水四下。臣兵自延過寧，渴而谷飲，病者八九；一日下操，十隊之士，呼半不起。遂損去健將陳伯輿，念其雄略，十射九破，千觔之力，盡於盆水。四顧環堵，何能不哀。今稍平復，遂相對勸臣出關。嗚呼！此亦臣子也，顧曾受朝廷之寵眷而攄憤至此！今在廷諸臣，不滌腸剖胸，誓同分膽共薪，而潝潝訿訿，望影射沙，欲何爲者！陛下不屑爲昭烈，臣亦不屑爲孔明；陛下不屑爲宋高宗，臣亦不屑爲李伯紀。取法不高，則庸佞狎來；視人太卑，則奸豪四至。古今讒賊，偏中於高明，近代人才，沈淪於苟賤，惟陛下垂詧！」王覽表，手劄慰之，遂出崇安分水關。寧化諸生李世熊上書道周曰：「竊惟國運絕續之交，天人傾定之際，賴祖宗神靈，名世挺生，雖創丕基，如立冰上。內則百寮瞻其風裁，外則敵仇覘其舉措，下則草澤英雄察其氣勢，以赴風雲。夫以師相聞望之隆，天地祖宗付託之重，意必啓沃德心，定謀帷幄；俟規模粗定，然後聲聞不庭耳！乃頓徹坐論之席，鑿凶秉鉞而出，遠近聳愕，以爲廟算弘深，非可臆測。不肖則圭蓽之人，耳見不出里巷。就里巷事例之：譬故家新破，田宅半割於巨豪，區區別宅僅存者，苟且盤據，垣墉之繆綢未盡固，義從之服役未盡力，水旱之儲蓄未盡裕，爲家督者，置此不問，囂然與巨豪叛族詰責侵沒之餘產，不亦輕遽失序乎！幼讀書，見諸葛亮自比管、樂。〔管〕仲學術備見管子書勿論，若樂毅則亦謹慎好謀之人而已。其爲燕圖齊，不敢圖齊也，必曰與天下圖之，且不敢曰與天下圖之，必曰徑於結趙；又不敢恃趙，而別使楚、魏以淮、宋地委之，於是五國合而齊舉矣，其愼密也如是。若諸葛之出師，亦未敢出師也，必曰南方已定，甲兵已足，乃奬帥三軍，北定中原。卽如是，又必付託得人，宮中之事，悉咨郭攸之、費禕、董允等，謂必能裨補闕漏也。營中之事悉咨向寵，謂必能和穆行陣也。將相分任，宮府肅固，諸葛乃可拜表行矣。先生之旗指江右而毅不返顧也，宮中有郭、費、董否？營中有向寵否？外有趙、魏、韓、楚之夾助否？若不然者，直若家督誘見在之貲產不治，而先責問未必可復之貲產也。夫人之敢於作逆，據主人之貲產，而公然與爲抗，且眈眈欲併主人之餘貲而得之，彼亦自有作逆之才具氣勢也；家督誠欲一朝翦除之，非才具氣勢倍於作逆者不勝，乃今所聞大可異也。先生之行也，召募市人纔三千耳，餉不給於國帑，而資於門生故友之捐助，此一時之義激慷慨耳！朝廷纔給空名劄百十道以爲行餦，兵事歲月未可解，義助能歲月例輸乎？空劄可當衣食易死命乎？就令士馬飽騰，人人致命，三千未教之卒，可枝拄諸道分進數十萬方張之寇乎？今夫尋丈之艇，八翼之楫，雖有狂飆怒濤，每凌而渡之，嘗試置滄溟之濱，洪湧如山，浪及而艇化漚沫矣。長河之決也，摧城郭，蕩山陵，呼吸改天日，僅僅投璧馬，負石束薪，祈禱而閼之，庸有濟乎！或且積精誠，稱天命，簪笏鞠躬以身試其衝，委命而戰河伯，則近愚矣。設若有濟，則是宋襄之仁義誠有效，而孝經之退賊果可必也。徐夫人匕首以試人，血濡縷立死，若以薄擊柱石，非折則缺，可立見矣。古之猛鷙莫如秦，善用兵莫如王翦，其破楚也必六十萬。以至仁伐至不仁莫如周武與商辛，周師之興，革車三百兩，虎賁三千人，古者一車之卒百，計人當三萬矣，千百夫之長不在是，而尚有友邦冢君、庸、蜀、羌、髳、微、盧、彭、濮人爲羽翼，其用衆如此。今敵衆數十萬，氣勢非但楚也，而吾不及周師者十之一。謂永勝閣總之師足策應乎？魯國吉虔之師可牽掣乎？是數者，非同心同德，難語於羌、髳、微、濮人，不待智者決也。徒以孑然一軍，欲爲王翦、呂尙、周武所不能爲之事，此天下所共惑矣。今夫閩關之外，皆豺狼所會蹂踐而榛蕪之區也，誓師出關，事有進而無退；苟進無破竹之勢，退安所得磐石之基，不幾進退無據乎！則何不暫駐關內，近爲永勝閭總之綰轂，遠爲魯國吉虔之表晷；既可招募建、撫流散之兵，訓練以實行伍；亦可收拾附近荒蕪之地，耕屯以充行餉。信使往來，諸軍如指臂並運，急緩相需，庶幾氣勢完整，合力以攻所必爭乎？此固尋常所共及，或秘略不必出此，則不敢知。若謂明德雖衰，天命未改，名世聲靈，久被遐陬，人心之思漢可用，至誠之動物有徵，或不戰而屈，或因壘而降，亦古來萬或一有之事，斯固愚蒙所未能信，而先生亦決不邀此倖也。〔考曰：見李世熊寒支集。〕

徐鼒曰：特書之，卽書史可法治兵揚州以圖中原之例也。然則道周之出師，無可議乎？當日天下大勢十去八九，爲閩疆君臣者，惟有保境息民，繕兵積穀，聯絡楚、豫江上之師，以觀釁而動，庶乎其有當也。而乃以新募不教之兵，當百戰百勝之敵，驅羣羊而鬭猛虎，搶枋雀以逐蒼鷹，慮材而言，不亡何待。況乎文武不和，糧餉不給，參商訌於朝右，庚癸呼於首山；其於安內攘外、先後緩急之序，又倒置焉。然則何嘉乎爾？天命已去，人謀胡臧，知其不可爲而爲之，是武鄉、信國之所以盡臣節也。嘉其志，悲其遇，固不必苛其才與功哉！三復李生書，眞先生之諍友也。

我大清兵克華陽山寨，明前山東巡撫邱祖德等死之。

王師破山寨，獲祖德父子，送南京，不屈死，事聞，贈太子太師吏部尚書。

我大清兵克稽亭山寨，明諸生麻三衡等死之。

三衡被獲，賦絕命詩，殺於南京，吳太平等七家皆死。

明封宗室盛瀝爲瑞昌王，授都司方明等官有差。

屯田都司方明，字開之，起兵據廣德，迎盛瀝入其軍，號召義旅，連破孝豐、臨安、寧國等縣，聲勢頗振。事聞，封盛瀝爲瑞昌王，授明等官有差。無何，降將張天祿自徽州還師，明不能禦，棄營走浙東。有潘文煥者，鎮江人，匿瑞昌王於茅山民舍，其部曲喜正赴京口，置弓矢，事覺，遂殺瑞昌王。〔考曰：東華錄載是年八月洪承疇奏擒瑞昌王朱誼泐斬之，不知盛瀝何又名誼泐也？〕文煥見喜正，切齒罵曰：「吾死何足惜，王能一日在，則人心未散，鼠子乃壞吾大計！」奮然批其頰。其子哭，文煥曰：「我死忠，汝死孝，傳之後世，有頌述焉。不然，一老氓也，誰復知！」械至金陵，不屈死，一女亦不食死。明還長興，爲防將郭虎所執，一小卒指之曰：「此方明也。」遂斬之。〔考曰：此於月日無考，姑以事次之。〕

是月，獻賊屠明成都、龍安兩府屬州縣。

賊與僞相汪兆麟謀，遣馬元利、張能奇等分勦成、龍所屬州邑，兵到處有烟火者，將吏必斬其偏裨，或不忍行刑，多自經於路。有一縣人先期聞之，向酒家索醉聽死，酒家一日累千金，初大喜，繼又大慟，皆叉手委股以就割剁，無或免者。

獻賊遣其黨屠明邛州。

劉文秀復至邛，取遺民萬餘家悉屠之，又殺僧道千人。於是行盡勦法，立搜山、望烟等頭目，匿崖谷者火薰之，邛、蒲二百里蕩爲血肉之場

獻賊遣其黨屠明丹稜。

文秀踞丹稜署，驅城中人於西門外濟橋，殺之，屍與橋平。又遣兵搜鄉，以長繩聯絡男婦，每數十爲一羣，擁至江陵廟殲焉。遂剗北門山爲教場，操兵三月而去。

獻賊遣其黨入明洪雅，義民余飛破之於花溪。

庠生祝鑁之子婦楊氏、二陳氏、宿氏、王氏及少女祝氏避亂山中，爲賊所劫，六氏拜別父母，俱投水死。花溪去縣四十里，背枕飛仙關，面阻青衣水，飛伏壯士數百人於山谷，而以羸弱誘之。賊遂入隘中，伏發不得出，截殺幾二千人，賊大沮喪，沿江遁。

明千總周鼎昌大破獻賊於南安鎮。

賊由青衣江下夾江，攻南安鎮，邑人周鼎昌以千總奉閣部王應熊檄，率衆拒守，豎木爲城。賊攻不下，因作浮橋，爲長圍計。鼎昌令善泅者潛水中，腰鐮斷橋，賊沈水中。餘賊反奔南岸，鼎昌蹙之，賊大敗，盡喪所掠，奔還成都。

獻賊大殺成都居民。

賊惡蜀人之叛己也，詐其衆曰：「有天書夜墜庭中，上帝命勦絕蜀人，違者譴不細。」因聯百姓十人爲一縛，驅至中園，盡殺之。太醫院有舊製銅人，賊以楮冪其關竅，召諸醫鍼之，一穴差者，立死。太

慈寺僧近千人，因藏一宗室，闔寺俱斬。一日，驅人至成都東門外洪順橋，方舉刃，迅雷奮擊者三，獻忠怒，指天詬曰：「爾放我下界殺人，乃以雷嚇我邪？」砲還擊者三。是日，屍骸激水，橋爲之折。

八月乙酉（初六日），明頒祖訓於廷臣。

頒祖訓五十七條於閣部科道，大學士林欲楫率諸臣表謝。

明鄭芝龍陳戰守事宜。

時文武濟濟，然兵餉戰守機宜俱芝龍爲政。集廷臣議戰守，自仙霞關外，宜守者百七十處，應設守若干。其戰兵以今冬簡練，明春出關，一出浙東，一出江右。計兵二十餘萬，合閩、粵餉不支一年，乃請於兩稅正供內米一石預借銀一兩。令羣臣捐俸，紳士輸助，察州縣歷年積穀銀兩未解者，悉催赴行在，官吏督徵急迫，閭里騷然。從戶部侍郎李長倩之請，廣開事例。於是厮養隸卒，皆得給劄授官，其黠者軒蓋僕役，鞭撻里鄰。晉江令金某嘗蒞訟，兩造稱官職立而語，不服，則互毆於庭。時謠曰：「敵兵如蟹，遲遲其來。」識者知其必敗也。

明靖江王亨嘉僭號於桂林，執廣西巡撫瞿式耜幽之。

靖江王者，太祖嫡兄南昌王興隆之裔也。〔考曰：本明史世表、諸王列傳，南略以爲太祖甥朱文正裔大謬。興隆子文正從太祖有功，未封卒，其子守謙始封靖江王。〕亨嘉以庶子襲封，其嫡嗣偕宗人疏訐之，歷天啓、崇禎兩朝，獄未具，亨嘉厚賂朝貴，以故輒直亨嘉而下訐者於獄。弘光元年（一六四五）二月，亨嘉表賀登極，因劾奏永、金、連三州皆爲土賊所據，撫按匿不以聞。及南都失守，亨嘉遂睥睨神器，以其黨總兵楊國威爲大將軍，推官顧奕爲吏科給事中，推署僚佐有差。檄廣西左右江四十五洞土狼標勇，自稱監國。隆武詔至，不受，舉兵將東。撫臣瞿式耜之任，抵梧州，移書責之曰：「兩京繼覆，大統懸於一髮，豪傑睥睨逐鹿；閩詔既頒，何可自興內難，爲漁人利？」移書總制丁魁楚爲之備，而陰檄思恩參將陳邦傅防梧，止狼兵勿應亨嘉調。亨嘉至梧，謁者促式耜入朝，式耜曰：「王也而朝，禮也。」謁者曰：「易朝服。」式耜曰：「王烏用朝服？以常服，禮也。」一日，迓式耜語，挾之登小艇，指揮曹升持刀加頸，索敕印，拽過數舟，數仆數起。式耜坐稍定，曰：「敕印可刀求邪？我開府重臣，若欲爲帝，曾盧陸之漁戶不若矣。」亨嘉既不獲敕印，而魁楚兵且至，乃挾式耜上桂林，塞其艙竇，不令見人。至則閉之王邸，式耜日凝坐，不與邸人語。進之食，亦不食。初，式耜知亨嘉之必亂也，遣標官徐高察動靜，高幼子得出入宮中，進饘粥焉。高於永曆四年殉桂林之難。

明吳易、孫兆奎討浙寇李九成，誅之。

浙東人李九成者，假名建義，以戰艦千艘宵晝劫掠，兆奎與易密謀殲之。僞爲結好，以弛其備，約期兩軍合營。或以大敵方强，不宜自翦羽翼。兆奎曰：「不然，今日之事，正如寸刃剸鯨，空拳縛虎，所恃以號令人衆者，惟此區區之信義耳。若縱彼焚掠，則所在之民，誰非寇仇，是敵未至而先自敗矣。」八月七日，遣驍將許某統十三艘往討。先有黑氣如長堤，直撲李營而隕。北風大起，塵埃漲天；未幾，復大霧，咫尺不相覩。李營之衆以爲吳軍來合營也。俄而砲聲大起，兵四集，遂大潰，九成就縛斬之，所俘婦女皆遣還。時起事諸人多驕暴爲民害，惟易、兆奎整戎卒，戒侵掠，衆頗效命。〔考曰：

本施世傑酉戌雜記。」

降將李成棟以我大清兵克松江，明在籍兵部右侍郎沈猶龍等死之。

初，吳淞水師提督吳志葵自海入江，總兵黃蜚亦擁千艘由無錫來會，共結水寨，放泖湖，與城中相犄角。是月初旬，王師以輕舟截春申浦，大戰，乘風縱火，烟焰蔽天，二將舟重不能運，水師多死，皆被執。降紳董廷對謀內應，事覺，郡人磔之。已有假黃蜚兵號者突至，猶龍以爲信，開門納之。有紅巾抹首隨之入，俄而巾脫，皆髮辮也。衆驚呼曰：「城破矣。」守兵皆潰，猶龍出東門，中流矢，死於濠。李待問死於織染局。初待問夢袍服間有字，曰「天孫織錦」，以爲中翰兆也，至是竟驗。章簡守南門，不屈死。同時殉難者：華亭教諭眭明永，丹陽人，題詩明倫堂自縊死。郡人尙寶司丞徐念祖及妻張氏、妾陸氏、李氏俱投繯死。衣工陸厚元積薪於門，語其妻曰：「能完節乎！」曰「能」。厚元舉火，與妻子女皆焚死。有舉人傅凝之者，參志葵軍，春申浦之敗，與諸生戴泓赴水死。

庚寅（十一日），明命肅虜伯黃斌卿鎮舟山。

舟山四面皆海，昔越王句踐欲居夫差於甬東，即其地也。元爲昌國州，明併入寧波之定海縣，設參將一員以鎮之。崇禎間，黃斌卿爲其地參將。斌卿，號虎癡，福建興化衞人，少隨其父於京邸，流落不能歸，有妓劉氏助之貲，得以恩例授把總，自參將陞江北總兵。南都亡，遁歸，聞閩中立，附表勸進，並言：「舟山爲海外巨鎮，番舶往來，饒魚鹽之利，西連越郡，北繞長江，進取之地也。」王善之，封爲肅虜伯，賜劍印，屯舟山，得便宜行事。

徐鼒曰：特書之，爲舟山立國張本也。

壬辰（十三日），明册妃曾氏爲皇后。

妃，南陽人，諸生曾文彥女。崇禎五年（一六三二），王襲位，年已三十有一。妃年十九，選入宮，頗知書禮，任內政。王安置鳳陽高牆中，奄人不得賄，以石墩鎖之，病瀕死，妃恐醫藥有詐，禱於天，自刲股肉進之。王愈後始聞，遂更相憐愛。南都覆，妃勸王爲自立計，至是册爲后，封文彥爲吉水伯，命婦入朝於太和殿，僉有所賚。妃頗與外政，章奏多所參駁。王臨朝，則垂簾共聽斷。都御史張肯堂曰：「本朝高、文二后皆有聖德，助成王業，然皆宮闈之中默相贊助，垂簾則非聖世所宜。」妃大恚，肯堂以是見疏。〔考曰：按命婦朝於太和殿，非遙册無疑，而南略則謂妃以十月迎入宮，何舛也！南略又謂后至，大輿工作，庖匜之屬用黃金，開織造府，后下體皆織龍鳳云云。〕

癸巳（十四日），明郊祀上帝於南郊，鄭芝龍、鄭鴻逵稱疾不從，戶部尚書何楷劾之。

楷言：「禮莫大於郊，二勳臣不陪祀，無人臣禮，宜正其辜。」王獎其風節，命掌都察院事。已而鴻逵揮扇殿上，楷呵止之。自知不爲二鄭所容，請告去。中途遇盜，截一耳，或曰：芝龍部將楊耿爲之也。後漳州破，楷抑鬱卒。所著有周易訂詁，他說經書不傳。

明行保甲法於天興府。

明定錦衣衞軍制。

設中前後左右五所，每百戶爲一威所，八威所爲一禁軍。

明鄭鴻逵引兵出浙東，鄭彩引兵出江西，尋引還。

芝龍知衆論不平，不出關無以弭衆，乃請以鴻逵爲大元帥，率周鶴芝、張名振、楊濟時、陳秀、郭曦、陳霸、鄭陞等領兵，諸葛倬等爲監軍道，出仙霞關，向嚴、衢以應張國維、方國安浙東之師；以彩爲副元帥，率施天福、鄭聯、鄭斌、張進、朱壽、劉全、江美鼇等領兵，張家玉爲監軍道，出五福、杉關以合江撫楊廷麟、楚撫何騰蛟之師。既出關，託候餉，王檄催孔亟，不應。鴻逵慮有上書言事者，嚴禁仙霞關儒生出入。彩行百里而還，稱餉缺，留如故。〔考曰：臺灣外紀云：陳秀，海澄人，後獻仙霞關投誠，封武功伯。陳霸，南安石井人，入粵東，投誠，封忠勇侯。〕

明魯張國維復於潛。

國維既連克富陽、於潛，樹木城於緣江要害，聯合國安及王之仁、鄭遵謙、熊汝霖、錢肅樂諸營，爲持久計。疏請於魯王曰：「剋期會戰，則彼出此入，我有休番之逸，而攻堅擣虛，人無接應之暇，此爲勝算。必聯諸帥之心爲一心，然後使人人之功罪視爲一人之功罪。」監國賜上方劍，總統諸軍。

明監國魯王以田仰爲東閣大學士。

仰從海道至浙東，乃有是命。

明監國魯王賜行人張煌言進士，加翰林院編修，典制誥。

煌言字元箸，號蒼水，鄞縣人，崇禎壬午（一六四二）舉於鄉。父圭章，刑部員外郎，母趙氏，感異夢生，神骨清頴，豪邁不羇，能文章，善騎射。崇禎帝以天下多故，令諸生於試經義後試射，三發三中。

錢肅樂檄會諸鄉老，煌言獨先至，肅樂且喜且泣，遣之台州迎魯王，授行人。至是賜進士，加編修，典制誥。

徐鼒曰：煌言圖存危難之間，孤忠偉績有光浙東者也，故書以嘉之。

我大清兵克峽江，明守將鄧武泰死之；進克袁州，同知攝府事李時興死之。

武泰初與白之裔扼峽江以防袁、吉，我前營將劉一鵬來攻，之裔叛降，武泰死之，乘勝薄袁州。守臣李時興，福清舉人，由知縣歷袁州同知，攝行府事，與士民悉力拒守。已而守將蒲纓戰潰，湖廣援兵黃朝宣等亦譟歸，知事不可爲，乃自縊於萍鄉官舍，一僕殉之。

我大清兵取吉安，遂取萬安，殺明巡撫曠昭，知縣梁于涘死之。

王師由吉安長驅入萬安，昭被執不屈死。〔考曰：本粵游見聞、卹謚考。〕知縣梁于涘被執，繫南昌獄者五十有三日，聲桓欲官之。客有來賀者，于涘曰：「死我者可賀而不可弔，官我者可弔而不可賀，死者形立，官者神滅，吾豈以神易形哉！」九月十三日，作絕命詞，自縊死。于涘，字飲先，江都人，崇禎癸未（一六四三）進士。〔考曰：本繹史。按繫獄五十三日，以九月十三日死，計城陷當在七月中旬也。而明史則云八月叛將白之裔入萬安，江西巡撫曠昭被執，于涘死之。疑有誤。〕

臣鼒曰：昭亦抗節者，何以別白書之？死者死所守也；昭不能死於省城之亡，既奔臨江、萬安，又不聞起兵抗拒，身被俘囚，君子以爲失所守矣。巡撫知縣，官有大小，而責任亦隨之，烏乎同！

明吏部主事曾亨應被執於臨川，不屈，死之。

亨應起兵應益藩，衆潰，而匿於臨川。汀、贛之間有峒賊蕭陞、閻總者，自分四營，其前左營最強。張安者，左營之一也，驍勇善戰，有歸正意，永寧王自寧都出招之。先一日，蕭、閻夢紅日臨其門，翌日而永寧至，以爲吉徵。合兵出湖東，復建昌，乘勝拔撫州、進賢，屢戰皆捷。是時羅川王亦與艾命新招軍貴東、安仁間，有衆數萬，永寧王以峒兵與之合，寓書亨應，請爲東道主。亨應喜，募卒數百，與相犄角。一日，方置酒宴客，王得仁偵知之，潛從祝家渡濟師，倉卒不支，亨應走避石室，從弟某恨其賈禍，指穴出之，遂與長子筠俱被執。得仁解其縛，揖之曰：「公義士也，時不可爲，盍隨世以就功名乎？」亨應不答，撾數十，詢之如前，懸諸樹間射之，終不屈，遂被戮，筠亦死之。家族罹刃者二十人，部下駢死三百人，村里爲墟。弟和應既奉父入福州，州失，避之肇慶；肇慶失，乃拜辭其父，投井死。同邑舉人王秉乾、諸生湯仲發皆以舉兵事露，受刑最酷。仲發，顯祖孫也。後峒兵與羅川王兵鬬，羅川王中流矢死。永寧王亦以糧絶棄進賢，之撫州，復之建昌，得仁追獲殺之。

明把總吳之蕃起兵謀復嘉定，不克，死之。

初，李成棟至吳淞，武舉馮嘉猷獻遠近地形圖及攻圍守禦之法，成棟以嘉猷署吳淞總鎮事。陸營把總吳之蕃者，父斗南，於崇禎時以討流賊死。之蕃嘗自謂忠孝之門，聞部下百戶降，怒曰：「奴輩皆世職，降何易也！俟大明兵得汝，定鏨汝筋，抽汝骨也！」於是月十六日起兵，至吳項橋登岸。嘉猷謂老營兵曰：「汝曹聞之蕃前日語邪？猝有不利，我與汝皆碎首矣。」遣人焚之蕃舟，之蕃衆多烏合，見火起，遂潰，殺數人不能定，呼天哭曰：「我父子並死王事，分也；所恨心力殫盡，得起義師，未戰而潰，我目不瞑矣。」挺槍欲赴鬭，居民汪三者，誘之同行，推墮水，遂被擒。嘉猷陳鼓吹羊酒犒得勝軍，縛之蕃罵曰：「汝吳淞牧兒，何敢作此事？」之蕃大笑曰：「我朝廷世臣，父子忠節，汝曹逆賊，狗彘所不食，何敢以面目向人！」遂被殺。〔考曰：本嘉定屠城紀略。〕

辛丑（二十二日），我大清兵克江陰，明典史閻應元、陳明遇等死之。

應元偉軀幹，性嚴毅，號令明肅，犯者不少貸。然輕財，與中賞輒逾格，傷者親爲裹創，死則酹酒哭之。明遇以寬厚稱，毀家徇義，善撫循，往往流涕相勞苦，士故樂爲之死。李成棟既破松江，率所部十四萬至，驅降將吳志葵、黃蜚至城下，陳說利害。應元罵曰：「敗軍之將，被擒不速死，奚喋喋爲！」會中秋，給軍民賞月錢，分曹攜具，登城痛飲。許用德製樂府五更轉曲，使善謳者曼聲歌之，其聲淒婉，北兵聞之皆泣下。既知城中無降意，攻益急，砲聲徹晝夜。應元慷慨登陴，意氣自若。是日，大雨如注，日中有紅光一縷，起土橋，直射城西，城遂陷。應元巷戰，所當披靡，投河不死，遂被執。劉良佐持之泣，應元曰：「死耳，何泣爲！」見貝勒不跪，一卒槍刺之，脛折踣地。擁入棲霞禪院，夜半，僧聞大聲呼速斫我者再，已乃寂。明遇搏戰被殺，手握刀僵立不仆。用德於前數日驅妻子盡室焚死。訓導金壇馮厚敦，字培卿，自縊於明倫堂；妻王氏，與其孀妹結衽投水死。邑人兵部主事沈鼎科，字銑臣，崇禎辛未（一六四三）進士，自縊死。中書舍人戚勳，字伯屏，視妻女子婦投繯畢，北面再拜自焚死。流寓則武進舉人夏維新，諸生呂九韶、王華皆自刎死。踰月有歸□者，不知何許人，入城自擲死。凡攻守八十一日，竟無一人降者。而大兵之死者亦七萬五千有奇。閩中聞報，王泣曰：

「吾家子孫遇江陰人，雖三尺童子亦當加敬也！」城中屍骸枕藉街巷，池井皆滿，薰臭不可近。有一女子題詩城牆曰：「寄語行人休掩鼻，活人不及死人香。」〔考曰：黃晞、邵子湘諸人記江陰城守事云，王師二十萬，死城下者六萬七千名，王騎將不與焉。至今邑人相傳，有三王八將皆死城下之語。考是時南征貝勒，一爲勒克托渾，一爲博托，一爲貝子屯齊，後皆立功閩、楚，北勦大同，進封順承郡王、端重親王，其餘劉良佐、李成棟以下，無一死於江陰城下之人。若果沒王事，如定南王、敬謹親王之死楚、粵，則賞延奕世，載在史傳，何得佚其姓氏！文士鋪張，快其筆舌，盡信武成之策，遂成演義之誣，今並削之。女子題詩，見袁枚隨園詩話。〕

我大清兵克金山衞，明指揮侯承祖死之。

承祖，字懷玉，世襲金山衞指揮之職。松江兵起，以兵往，願襄事。吳志葵忌之，阻其謀。承祖恚曰：「然則府城聽之總戎，承祖以金山爲存亡耳。」遂拂袖歸，與子世祿治兵嚴禦。未幾，松江破，王師進攻金山，承祖坐睥睨間，親冒矢石，緣城上者手刃之，屢進屢卻，久不能拔。既而李成棟克江陰，還師來助，有內應者啓水門以入。承祖率世祿親兵巷戰，身受四十矢，力盡被獲，罵成棟不絕口，見殺。世祿亦被執，說之降，曰：「吾家自始祖以開國勳，子孫不替，世祿二百八十年，今日不當一死報國哉！」至文廟前，曰：「此吾死所。」再拜飲刃死。〔考曰：明史、南疆繹史諸書皆云侯承祖無異詞，後閱陳廷敬午亭文編廖氏傳云：德慶侯廖永忠之孫銘鏞以事戍金山，子孫世襲指揮千戶。末年，有某，值清兵南伐，堅守不下，積屍與城堞等。兵乃躍上，猶手格數人，與其長子某皆自刎死。所敘事迹略同而名不著。按世祿云：吾家自始祖以開國勳云云，明史開國功臣無侯姓人，當是廖姓誤作侯者。永忠本侯爵，或因廖侯子孫云云而誤也，存之俟考。

明中書舍人盧象觀、葛麟、總兵毛重泰、陳坦公與大清兵戰於太湖，敗績，皆死之。

麟，丹陽人，與象觀同舉於鄉。有膂力，能開數石弓。弘光中，巡撫祁彪佳薦其才，授中書舍人，與鄭鴻逵協守京口，上便宜十二事，又請練兵江北，皆不報。京口破，走海上，佐總兵吳志葵起兵，攻復青浦。志葵見擒，潰卒推麟爲帥。時郎中王期昇奉通城王盛澂立寨太湖之西山，因與之合。未幾，象觀亦至，軍遂盛。期昇性貪剽掠，民苦之，引王師焚其舟，期昇遁，象觀危甚。麟望見火光，率三舟衝之，手搦長矛，奮力戰，所當披靡，連殪百人於湖。大兵耳其名，諜曰：「長而肥者，葛中書也。」萬箭注之，麟揮矛如風，箭悉墮水。乃更以火攻，舟焦，始自沈。象觀拜其衆曰：「我兄弟受國恩，無以報，空煩公等，死有餘愧。」躍入水死。先鋒毛重泰、陳坦公皆死之。

明吳易、孫兆奎敗績於長白蕩，兆奎死之。

我總兵李遇春率兵五十四艘，自平望至白龍橋，列陣三十里，易與兆奎會沈自炳、自駉之軍，破走之。已而提督吳勝兆敗盧象觀、葛麟，遂引兵追，易、兆奎率銳卒伏蘆葦中，襲殺我兵甚衆，易衆釃酒相賀。俄勝兆合四郡兵至石椿橋，斷港汊。易軍無見糧，營中震慴，勸兆奎走海。兆奎曰：「今四圍皆兵，海其可至乎！事之不濟，我將橫屍水上，遂以身許國之志，豈能竄海苟活邪！」黎明，王師八面環攻，時陰雨連旬，舉砲，砲不震，持弓，弓弦解。兆奎往來督戰，自寅至午，王師益衆。易兵內潰，自相殺，易與驍騎數人潰圍南走。父承緒、妻沈及女皆投水死。華京、吳旦、趙汝珪與自炳、自駉皆戰死，一軍盡殲。兆奎兵敗將走，慮易妻女被辱，視其赴水然後行，遂爲追者所獲，械至江寧見洪承疇，大言曰：「崇禎時有一洪承疇者，先帝親祭哭之；今而又一洪承疇，爲一人邪，兩人邪？」承疇曰：「咄！爾自爲一人事可耳。」驅出斬之。

明魏國公徐弘基謀起兵不克，及其子文爵皆死之。

弘基字紹公，中山王達之後，世襲魏國公，守備南京。弘光帝立，預翊戴功，既與馬、阮忤，乞休，以子允爵嗣職，率妻奴投吳江袁進士世奇家，避蹟焉；郡紳多從之，勸作匡復計。弘基樹幟募鄉勇千數百人，按戶出貲助餉。有陸醇儒者，雄於財，其弟某，偕客過莊舍，弘基邀致之，抑之跪，勒之書餉，某堅弗承，縶諸暗陬困苦之。客脫歸，以告醇儒。時總兵黃蜚潰降，部將田勝嘉收餘衆，出沒泖湖間，專事剽敓。醇儒具厚幣乞援，復糾亡命三百人，乘夜發難，登世奇屋，劫其弟出。乃集衆進攻袁、徐兩姓家屬及避兵諸紳，悉被戮，而沈屍於湖。弘基挺矛奪門出，投分湖葉氏。葉懼禍，縛而致諸陸，陸趣軍士叢槍斃之。其子文爵年十五，登屋發三矢，殪三人，被執，亦叢箭死。後永曆帝聞弘基之倡義被害也，賜謚壯武。〔考曰：明史徐達傳附載：弘基卒，謚壯武，子文爵嗣。蓋誤以乞休爲卒。粵中賜謚爲南都事，又誤以襲爵之允爵爲文爵也，文爵時方年十五，弘基豈能乞休令嗣職乎？允爵降於南都亡時。〕

明總兵李某、任源邃、吳福之、徐安遠兵潰，皆死之。

吳易既敗，源邃軍亦潰，李某自刎死。源邃被執，至溧陽，官命之跪，源邃曰：「若非明臣邪！見我不愧死，而欲屈我乎！」曰：「子年少，姑待之。」源邃曰：「汝惟有待，故至此；我何待，速死耳！」福之書絕命辭於衣襟間，投湖死。安遠亦以不屈被殺，妻楊氏、妾蕙香殉之。

明廣西巡撫瞿式耜以參將陳邦傳、中軍官焦璉討亨嘉，擒之，械送福州。

初，式耜以隆武之立也非序，不勸進，夫人邵氏在幽所，日夜哭，因遣家人齎疏間道至福州，賀即位，並乞師，曰：「嶺表居楚、豫上游，嶺表失，則豫無所憚，楚未得通，天下事益不可爲矣。臣式耜朝以死，則粤中夕以亡，豈惟一省之憂。」因陳亨嘉有必敗狀，王大喜。會丁魁楚遣陳邦傳討亨嘉，亨嘉與戰而敗，返桂林，餽式耜衣服飲食，瞑目不應，乃送式耜於距城五里之劉仙岩，而以王符調狼兵，不應。邦傳攻之急，乃復迓式耜入，返其勅印。時城守中軍官焦璉爲楊國威旗鼓，而密輸款於式耜。式耜密遣璉夜縋城入邦傳營，復縋邦傳入擒亨嘉並國威、顧奕等，械送福州。璉字國器，山西人，絕有力。獻賊之陷楚也，繫桂王由榔於道州，璉踰城入獄，破械，負王登城，一躍下，輕捷如飛。賊疑怪不敢逼，遂亟趨渡河以免。桂王德之，以功受封，事見後。

徐鼒曰：能左右之曰「以」。身在幽囚，而能結豪傑，定禍變，其忠信可涉險，而其智慮亦足濟艱矣。曰以者，嘉之也。

獻賊陷明樂用寨。

樂用寨，本藺州奢崇明故地，奢氏滅，改屬永寧衛。寨有山，最高，名經匡囤，可屯萬人，守將羅從義以五千人駐之，賊將孫可望圍之數月，不能克，乃遣人往說之。既降，誘而坑之。〔考曰：本張獻忠亂蜀始末。〕

九月甲寅（初六日），我大清豫親王多鐸以明福王由崧歸於京師。

江南既定，豫王以由崧與北來太子北旋，閩中上由崧尊號曰聖安皇帝，浙東魯王上號曰赧皇帝。明年五月，與潞王常淓同見殺。粵中桂王立，上謚曰安宗簡皇帝。〔考曰：參江南聞見錄、聖安本紀。又南略云：宮女宋蕙湘者，金陵人，途次題壁云：風動江空羯鼓催，降旗飄颭鳳城開；將軍戰死君王繫，薄命紅顏馬上來。廣陌黃塵暗鬢鴉，北風吹面落鉛華；可憐夜月箜篌引，幾度穹廬伴暮笳。」

明總督何騰蛟、巡撫堵胤錫受闖賊餘黨降。

胤錫，字仲緘，無錫人。崇禎丁丑（一六三七）進士，除南京戶部主事，遷郎中，授長沙知府。山賊掠安化、寧鄉，胤錫督鄉兵破滅之，又殺醴陵賊渠，遂以知兵名。南都授湖廣參政，分守武昌、黃州、漢陽。左良玉之稱兵犯闕也，總督何騰蛟奔長沙，令胤錫攝巡撫事，駐常德。李自成既死，其將劉體仁、郝搖旂等以衆無主，議歸騰蛟，率衆四五萬，驟入湘陰，距長沙百餘里。城中人不知其來歸也，懼甚。攝湖南巡撫傅上瑞請騰蛟出避，騰蛟曰：「死於左，死於賊一也，何避焉！」長沙知府周二南請往偵之，偕參謀吳愉、指揮俞一麟以千人護行。賊謂其迎敵也，射殺之，從行者盡死，城中益洶洶。監軍章曠請於騰蛟，遣部將萬大鵬等二人往撫之，賊見止二騎，迎入演武場，飲之酒，二人不交一言，相與痛飲。賊問來意，二人曰：「督師以湘陰褊小，不足以容大軍，請即移長沙。」因致騰蛟手書召之曰：「公等歸朝，永保富貴。」搖旂喜，隨二人至，騰蛟開誠撫慰，宴飲盡懽，牛酒犒其從者。命大將張先璧以卒三萬馳射，旌旗蔽天。搖旂等大悅，招其黨袁宗第、藺養成、王進才、牛有勇皆來歸，驟增兵十餘萬，聲威大振。未幾，自成後妻高氏與其弟一功、從子李錦擁衆數十萬逼常德，胤錫議撫之。會騰蛟馳檄至，乃躬入其營，稱詔賜高氏命服，錦、一功蟒玉金銀器，皆踴躍拜謝。乃即軍中宴之，導以忠孝大義。高氏語錦曰：「汝願爲無賴賊，抑願爲大將邪？」錦曰：「何謂也？」曰：「爲賊無論；既以身許國，當愛民，受主將節制，有死無二，吾所願也。」騰蛟偶過其營，請見高氏，再拜，執禮恭。高氏大悅，復語錦曰：「汝不可負何、堵兩公也！」別部田見秀、劉汝魁等亦來歸，騰蛟以聞。王大喜，拜騰蛟東閣大學士兼兵部尚書，封定興伯，仍督楚師，規取兩江。進胤錫兵部右侍郎兼右僉都御史，總制高氏軍。授錦御營前部左軍，一功右軍，並掛龍虎將軍印，封列侯。賜錦名赤心，一功名必正；他部封賞有差。號其營曰忠貞。封高氏貞義夫人，賜珠冠綵幣，命有司建坊，題曰「淑贊中興」，嘉奬甚至。胤錫遂與赤心等深相結，倚以自強，然赤心書疏猶稱自成先帝、高氏太后，胤錫不能止也。是時，降卒既衆，騰蛟欲以舊軍參之，乃題授副將黃朝宣、張先璧爲總兵官，與劉承胤、赤心、郝永忠、宗第、進才及董英、馬進忠、馬士秀、曹志建、王允成、盧鼎並開鎮湖南北，時所謂十三鎮也。永忠，即搖旗；英，騰蛟中軍；志建則故巡按劉熙祚中軍；餘皆良玉舊將也。〔考曰：吳愉、俞一麟見沅湘舊集。〕

明楊廷麟、劉同升復萬安，遂復吉安、臨江，表請唐王移駐贛州。加廷麟兵部尚書兼東閣大學士，賜尚方劍，便宜行事。尋擢同升兵部左侍郎，巡撫江西。

時有粵東兵入衞過贛，廷麟疏留之，鄉官王其宏、劉明保、趙曰諏等各率家丁齎糧相從，幾二萬人，號曰忠誠社。九月，王師屯泰和，明副將徐必達戰敗，廷麟與同升乘虛復萬安縣。抵泰和，復吉安全郡，又復臨江，累疏以「偏安海內爲非計，請王移駐贛州。贛居山川上游，豫不能仰面攻，且左楚右浙、閩，背爲粵東，足以控制三面，使四方豪傑，知朝廷有恢復大計也。」鄭芝龍阻之，不果行，王進廷麟兵部尚書兼東閣大學士，便宜行事。召贛撫李永茂爲兵部右侍郎，以張朝綖代之，尋召朝綖還，而以同升代之。既廷麟敗於樹樟鎮，乃棄臨江，退守吉安。

我大清兵克涇縣，明尹民興走閩中，趙初浣死之。

尹民興善謀，吳漢超善戰，王師攻之多損傷，謂不亞於江陰也。城破，初浣被殺，漢超匿華陽山中。民興走入閩，授兵部郎中，行御史事，閩亡，卒於家。

我大清兵克績溪，明右都御史兵部右侍郎金聲等死之。

聲起兵後，拜表閩中，王命中書童赤心授聲右都御史兵部右侍郎，總督南直軍務。聲刊布詔書，曰：「使南中知閩地之有主也。」遂拔旌德、寧國諸縣。王師攻績溪，江天一登陴守禦，間出迎戰，殺傷相當。已而邱祖德、尹民興等多敗死，降將張天祿以少騎牽制天一於績溪，間道從新嶺入，守嶺者先潰。是月二十日，徽故御史黃澍詐稱援兵，聲見其著故衣冠而髮未薙也，信之，城遂破。聲被擒，呼曰：「徽民之守吾使之，第執吾去，勿殘民！」揮天一去，曰：「君有老母，不可死！」天一歸拜其祖母、母及家廟，曰：「吾首與金公舉事，義不使公獨死也。」追及之，大呼曰：「我金翰林參軍江天一也。」遂並執。至南京，諸大僚欽其名，欲降之，館而加禮。聲呼洪承疇字曰：「亨九，豈有受恩如亨九，而甘心降敵者！」天一復朗誦莊烈帝諭祭文，承疇咄曰：「此老火性未除。」臨刑，復遣人與耳語，天一呼曰：「先生千秋在一刻也！」聲撚鬚仰面飲刃死。同時死者，自天一外，有姜孟卿、陳繼遇、〔考曰：繹史作際遇。〕吳國楨、佘元英，先後被執不屈死者；副將羅騰蛟、閔士英，都司汪以玉、諸生項遠、洪士魁，其可紀者也。僧海明聞聲死，市棺抱屍而斂，呵阻之，不爲動，載棺歸蕪湖。有閩人蕭倫者，賈客也，見棺惡，泫然曰：「此豈足斂公者！吾有善棺，値百數十金，此我公所安寢者也。」遂易之。孟卿諸人亦皆改棺題銘。不能歸柩者，買地葬之焉。事聞，贈聲禮部尚書，謚文毅；天一禮部主事。

臣鼒曰：金文毅平時遇絕壁，下臨無底，輒注目俯視，足三分出外，觀者股栗；曰：「吾鍊吾心耳。」或議其臨難遲回者，所謂以小人之腹度君子之心者邪！

我大清兵克徽州，明推官溫璜死之。

璜初徙家屬於淪杭郵，禁諸吏不得通私問，旣聞金聲敗，方嚴兵登陴，而黃澍已獻城矣。將自刎，吏持之，乃歸郵舍，語妻茅氏以同死。夜將闌，匿幼子於別室，呼長女寶德起，女年十四，方熟睡，問何爲，曰：「死爾。」女卽延頸就刃，茅氏整衣臥，璜刃截其喉，有頃，茅氏呼曰：「未也。」再刃乃絕。璜自刎不殊，居人舁之至幕府，不語不食，越五日，自抉其喉死。

明池州推官吳應箕兵敗被執，死之。

金聲之擢都御史也，承制署應箕池州推官，監紀軍事，未幾，聲敗，王師逼，應箕衆潰，匿婺源、祁門界，被獲不屈。與官兵偕，輒踞上坐，衆亦敬其名，不加害。將戮之市，應箕曰：「此非死所。」至松林，曰：「可矣。」一卒以刀擬之，叱曰：「吾頭豈汝可斷邪？」伸頸謂總兵黃某曰：「以此煩公，然無去吾冠，將以見先朝於地下也！」就刑處，至今血跡猶存。

明廣德太學生吳源長、民人裘君量起兵，復州城，進兵湖州，敗死。

源長舉兵梭子山，與君量等鳩衆攻破廣德城，至湖州，戰敗被執，俱死之。

明鹽城都司酆某、生員司石磐起兵，不克，死之。

鄉兵既潰，被執，至淮安，見大吏，挺立不跪，酆欲脫石磐於死，乃曰：「此儒生，吾刦之爲書記者。」石磐大呼曰：「公言何謬，吾實首事，奈何諱之？」下獄六十餘日，狂歌痛飲，詬詈不輟，皆伏法。

徐鼒曰：有曰謀起兵不克死者，有曰起兵不克死者，別白書之何？謀起兵者謀未成也，起兵者兵已起也。

明溧陽副將錢國華、生員謝琢〔考曰：明史作謝球。按琢字石攻，作球誤。〕起兵不克，死之。

琢，兵備僉事鼎新子也；與國華同日起兵，士卒欲取餉民間，琢毀家應之；不繼而潰。被執，命輸貲，曰：「我大明諸生，豈以貨活哉！」乃飲刃死。國華遙奉宗室瑞昌王者，兵敗，至對埠，見殺。〔考曰：本繹史。據東華錄瑞昌王於順治三年正月攻南京，其起兵當在乙酉秋也。〕

明淮安民人王翹林、繆鼎吉、繆鼎言等奉新昌王起兵雲台山，復鹽城、興化二縣，戰敗，鼎吉、鼎言死之。〔考曰：按世表有二新昌王，一爲慶王宗支，於天順三年國除；一爲徽王宗支，有載璋者於萬曆中襲封，此其載璋歟？〕

翹林等奉新昌王攻克鹽城、興化，鼎吉、鼎言以其徒應之。鼎吉兄弟，東場鹽丁也，絕有力，與王師戰，鼎言持長矛掠陣，鋒不可當，以叢箭死。鼎吉復糾衆攻城，屢有斬獲，衝其營，不爲動，飢不得食，始被禽。大帥愛其勇，欲釋之，不屈死。新昌王亦被殺於淮南。〔考曰：自謝琢以下，皆是年秋事，其日月不可考，當係之九月。」

明召在籍吏部主事夏允彝爲翰林院侍讀兼給事中，未受命，卒。

允彝，字彝仲，號瑗公，松江華亭人。弱冠舉於鄉，好古博學，工屬文，名重海內。崇禎丁丑（一六三七）成進士，授長樂知縣。吏部尚書鄭三俊薦天下廉能知縣七人，允彝爲首，大臣方岳貢等亦力稱之，將特擢，丁母憂歸。北都亡，毀家起義，走謁尚書史可法，謀興復。弘光帝立，乃還。是年五月，擢吏部考功主事，疏請終制。馬、阮重其名，屢招之，服闋，猶不起。而御史徐復陽者，故逆案中人，希馬、阮意，劾允彝與其同官文德翼居喪授職，以兩人皆東林也。而兩人實未之官，無可罪，吏部尚書張捷遽議貶秩調用，時論爲之不平。八月，我大清安撫官入郡，允彝徘徊山澤間，欲有所爲，乃投之書曰：「大清革命，萬物惟新，故明廢臣理應芟除，其何所逃死！顧有一言爲盛朝陳之：昔金人渡江，下三吳，抵溫、寧，還師以授宋高，即中原之地亦舉以授張邦昌、劉豫者，誠以南土庳溼多疫，海險江深，毒蛇匝地，聚蚊若雷，嘔吐霍亂以時而發；凡同居中國，北人吏於南者猶以爲病，況自塞外來邪！昔蒙古之爲南吏者，以三月至，九月歸，一切吏治，惟中土人是問。其賦稅漕糧盡由海運，未及八十年而吳、浙劇寇，蝟毛以起，江南大亂，河北瓦解。是江南爲元累，不爲元利矣。向使割江南以予宋，歲輦金繒以實北地，則元之疆埸正未艾也。今爲盛朝計，明之支系綴若懸絲，莫若以淮河爲界，存其宗祀，則可收千百世興滅繼絕之功，責其歲幣，亦可獲數萬里盟主睦鄰之利。於名甚隆，於利可久，惟執事以下裁之！」書入不報。總兵吳志葵起兵吳淞，允彝爲之飛書走檄，聯絡江、浙士大夫，由是四方響應。然皆文士不知兵，迄於無成。松江破，或說之入海趨閩，允彝曰：「我昔吏閩，閩中八郡咸德我。今往圖再舉，策固善；然舉事一不當而遁以求生，何以示後世哉？不如死也。」嘉定侯峒曾遇害，允彝經紀其喪，歸聞徐石麒、黃淳耀、徐汧之死也，欲自經，其兄之旭諷投方外，允彝曰：「是多方求活耳！」乃作絕命詞，自沈松塘死。越三日，黃道周奉王命以翰林侍讀兼給事中召，至則方殮矣，使者哭而去。贈左春坊左庶子，謚文忠。所著有幸存錄，爲絕筆。兄之旭、子完淳死於丁亥（一六四七）四月陳子龍之獄，事見後。〔考曰：允彝之死，傳聞異詞。史外云：徐越謂夏公息影林下，聞臥子自沈，瑗公扼腕，嘆曰：「國破君亡，朋友遘愍，我何以獨活。」亦死之。似死在陳公之後，而臥子有會葬夏瑗公詩，具載集中，且爲長書焚夏公墓，述己所以不死之意，期不負夏公。侯方域弔陳公詩，有「長箋奏地下，端不欺杵臼」語，則夏公之先死無疑。野史述夏公死在乙酉五月，而其集中有練川五哀詩，朱彝尊謂練川城潰乃是年七月五日，瑗公尚存，則止水之投當是松江失守之後云云。今從正史。〕

明徵諸生顧炎武爲職方司郎中，以母喪，辭不赴。

炎武，字寧人，原名絳，或自署曰蔣山傭，學者稱爲亭林先生。年十三，援納穀寄學例爲附生。少落落有大志，耿介絕俗，雙瞳子中白而邊黑，人異之，於書無所不窺。乙酉（一六四五）夏，奉母避兵常熟之郊，應崑山令楊永言之徵，與諸生吳其沆及歸莊共起兵，奉故鄖撫王永祚，浙東授爲兵部司務事。既不克，永言行遁去，其沆死之，炎武與莊幸得脫。而母王氏遂不食卒，遺言後人勿事二姓。是年，閩中以職方司郎中召，母喪未葬不果赴，餘詳紀傳。

臣𤣱曰：有明學者萃心力於制舉文，其高者則證心性，爭朱、陸，舉先聖詩書六藝兵刑錢穀有用之學置爲糟粕，門戶錯出而人才亦日卑。炎武嘗太息天下乏材以致敗壞，故究心經術，實事求是，而資力超邁，百倍常人，爲數百年儒林巨擘。舊列國史儒林傳，茲獨書之爲明諸生者，何哉？炎武恪守母訓，不事二姓，跡其弓劍橋山之拜，牛羊塞上之吟，蓋欲以子房報韓之心，爲端木存魯之計。故國之戚，每飯不忘，而沈幾已久，更事嘗多，知天命人心之有歸，不欲以移山填海之爲，貽宗族鄉黨之禍，甘於箕子之蒙難，無爲萇叔之違天，故管幼安客死遼東，陶靖節終於宋代。善乎王高士不菴之言曰：「寧人身負沈痛，思大揭其親之志於天下，奔走流離，老而無子，其幽隱莫發數十年靡愬之衷，曾不得快然一吐，而使後起少年，推以多聞博學，其辱已甚，安得不掉首故鄉，甘於客死。噫！可痛也。

明徵諸生李世熊爲翰林院博士，辭不赴。

世熊，寧化泉上里人，字元仲，號寒支子。博覽載籍，爲文雄峭淒麗。久困諸生，大學士黃道周、都御史何楷、禮部侍郎曹學佺交章薦之，王命府縣官趣世熊赴廷試，世熊疏辭曰：「臣奉旨顫悸，背汗流踵。臣髫年在泮，九躓場屋，鼯鼠之技敗露盡矣，非有秘韜潛德遲久俟今乃彰也。陛下徇三臣之過舉，意憧傭爲異才，是恃薦舉爲得鳥之羅也。臣愚以爲薦舉匪人，臣其一也。由臣例之，滔滔皆是也，敢爲陛下歷陳之，可乎？陛下登極恩詔一款，每縣舉眞才三人。臣謂天下中人多而異才寡，鄧、馮、寇、賈天下無二三也，況一邑乎！若鄉曲愿人，無裨緩急，何取每縣三人，充斥仕路哉！自臣所見，郡邑舉士，蓋有目不識六籍而冒以弘博之科，夢未見七書而奬以孫、吳之略者。學官以頹墮之年，識趣卑汙，士子以蠅蟻之情，賫羶走竇；其整身方潔，骨氣冰稜，守令聞名而不識面者，雖老死牖下，無緣登薦剡也。如是則舉者不才，才者不舉，臣以爲郡邑薦舉可廢矣。至於藩王閣部院寺台省監司方面，各有薦士，非瑣瑣姻婭，則紈絝子弟也；非眯目素封，則走室（空）神棍也。今仕籍自欽授特簡外，文臣如試主事、試中書司務博士、試推官通判知縣不下數百人，武臣如總副參游都司守備不下數百人。此千數百人，爲陛下撫流民核軍實者誰乎？爲陛下靖山海清畿甸者誰乎？是千數百人如虛無人也。紛紛差遣，徒耀飾輿馬，煩苦驛卒，大字名刺投謁姻鄰，誇炫市里而已。自奉命以迄復命，逐〔逐〕塵途者，臣不知所行何事也，亦苟完套格耳。原若輩之始進也，酬薦主有例，酬部覆有例，千數百人非數十萬賂不濟也。則是朝廷失數十萬金錢之實，而得千數百無用之蠹也。虧損國靈，孰逾於此乎！且非徒損國靈也，又壞人心。爲士者習見故所等夷，猥瑣庸闒，胸不能知古今成敗，口不能道當世利弊，一旦冠蓋赫然，易如反掌。於是富者由徑納賂，貪者違言上策，盡棄本業而囂然有掇拾軒冕之思，蓋自是士不安爲士矣。爲民者習見屠酤僕隸，訟師優卒，遊手失業之徒，手不挽强，股不跨鞍，目不識丁，一旦被服金紫，頭角頓異，以爲錦繡猶斂襚也，亦各盡棄本業，而囂然有攘竊節鉞之意，蓋自是民不安爲民矣。士不安爲士，則士不可治也；民不安爲民，則民不可理也。下犯上，賤陵貴，利破義，良心泯喪，蕩檢踰閑，則此（枝）官爲之俑也。且非徒壞中人之心，又以絕豪傑之路。夫鯢鰍所餌，蛟龍不染其綸；鴟鳶所嗜，鵷雛不嚇其臭。尾瑣者冒進而破毁廉隅，俊雅者必迴翔而護持方隅也。不識廉隅，雖狗竇容身以爲榮，自負方隅，即一歲九遷以爲辱也。昔者崔浩欲屈睦夸爲中郎，夸曰：『桃簡已爲司徒，何足以此煩國士哉！』國士之不忍俯同世士也，雖以崔浩之才，眭夸猶羞與爲伍也；臣安知邱隴之下無泥塗軒冕之士乎！夫圭璧所以寶者，爲採之甚難，售之甚鉅也；若圭璧與瓦礫同致，無爲寶圭璧矣。軒冕所以榮者，爲責任甚重大，賢才甚希貴也，今軒冕與草屩同掇，無爲貴軒冕矣。今陛下有網絡英雄之事，而諸臣爲杜拒英雄之事，則薦舉之名爲奸貪藉口也。牛驥同皁，朱粉雜糅，欲使奇士策杖，攀附翼鱗，猶以敝冠招由、光，蹠財享曾、史也。他不具論，臣舉其大者。永寧王招降閣總，屢立戰功，及糧匱援絕，身陷敵營，生死之義備矣。陛下追念前勳，錫以茅土，誓如山河，足瞑忠魂。至其逃將潰卒，如謝某舒某各保首領，鼠竄偸生。自去年除夜，主臣相失，至今二三月，尙不知藩主存亡何似。臣謂此數人者，皆永寧之僇人也，軍法隊長戰沒，通伍皆斬，況失封疆、陷主將，尙敢哆口恢復，偃然自敍其功乎？陛下卽委曲使過，貸其誅夷，必俟少立微功，乃酬官職，然亦及其身而已。今乃呼朋引類，每潰將一疏，輒題敍多人，此何爲乎！且題敍之人，果係同患同仇，猶可言也，今所援引者，非無賴之靑衿，卽市井之錢虜。夙昔無澤袍之義，因緣藉使鬼之錢，不加考課，逕敍淸華。臣以爲賞罰倒置，斯爲極矣。昔館陶公主爲子求郎，漢明帝不與而賜錢千萬，以戚主爲子乞郎而不得，以逃將爲市奸乞淸華而得之，何古人名器之重而今獨輕乎！如謂假章服之虛榮，爲招徠之實策；臣愚以爲戀棧而來者必非駿馬，鑽穴而從者必無佳士。卽使人才甚乏，邊疆甚迫，當旁求耿介特立、廉幹有識之士而用之，奈何使譸張無信、進身不端者，連苞引孽以穢朝廷乎！臣又舉其大者，古者三公不備惟其人。高皇帝罷設丞相，閣臣不得稱相也。仁、宣之代，猶與卿並，自天順之隆，而相端萌矣。嘉靖入紹，歸政內閣，三輔鼎承，百辟風偃，蓋自是儼然宰相矣。今猶昔也，然卒未有綸扉之地得參十數席者。今陛下龍飛一載，而內閣已三十人，後此萬年無疆，兩京光復，時會方來，英雄踵至，枚卜殆將踰於今者，是一代之間宰輔幾百人矣，書之史册，將爲駭怪。夫王者設官，上法乾象。今三台六星，上相次相四星，郎位十五星，亦王官所取儀矣，宰輔下天子一等，宰輔尊而後天子亦尊，若以調燮陰陽之司，下同錢穀刑獄之瑣，則三台斗柄亦已陵遲矣，何以爲巍巍帝座乎！田千秋一言取相，而夷狄以爲笑譏，公孫弘曲學阿世，而淮南比之蒙落。蓋相臣之難稱任久矣。是以公孫〔賀〕涕泣不受詔，李鄘引疾不視事，誠知責任重大，受祿易誣也。今陛下聖神文武，贊協殊難，而諸臣受爵不疑，有如一德；然卒未進於古方召張吉之流爲陛下歌江漢、常武者，是草茅所竊疑也。臣聞敷陳以言，明試以功，車服以庸，此聖帝明王磨礪天下之善物也。明試言功則僥倖車服者息，輕褻車服則誕慢言功者來。臣無遠引聖隆，魏武亦近古之豪也，功如荀彧，封不過亭侯；愛如倉舒，贈不過別部司馬。永嘉之末，遷王導輔國將軍，導曰：『今天官混雜，朝野頹毀，導不能崇峨山海，而開道亂流，謹送還鼓蓋加崇之物。』元帝從之。陶侃既平襄陽，拜大將軍，劍履上殿，侃固讓曰：『羣醜雖芟，大敵未殄。有如仗國威靈，梟雄斬勒，則又何以加。』曹彬已下江南，宋祖曰：『本授卿使相，但劉繼恩未下，姑少待之。』惟賜錢五十萬。假令有荀彧、王導、陶侃、曹彬者，陛下當以何官酬之乎？鄧禹杖策從龍，最先諸傑，天下粗定，乃封高密。馬援遨遊二帝，側足輕重，及米圖山谷，勸帝伐蜀，猶未拜將軍也。假令從龍以飛者勳如高密，越疆而歸者智如伏波，陛下又以何官寵之乎？李泌有言：『以官賞功有二患；非才則廢事，權重則難制。』夫官以賞功，尙猶有患，況於一籌莫展，尺土未恢，而宰輔連肩，侯伯接踵，他日有折衝千里之留、鄴，恢復兩京之郭、李，不知陛下又何以待之？是又草茅所竊疑也。臣聞人主之職務在知人而已。任各當才，雖不親細務，大功可成；用違其器，雖衡石程書，無益於治也。夫治國猶治家然，主一家者，必有亞伯旅疆，耕以責奴，織以責婢，而後一家之事集；主天下者，必有心腹股肱，內參機密，外戢禍亂，而後天下之業成。今爲陛下心腹者有乎？股肱者有乎？相不敢望管、葛，庶幾王導、謝安、李綱、趙鼎之儔；將不敢言韓、岳，庶幾劉琦、孟珙之輩。臣賤微狂瞽，何敢輕量天下士；但觀登黜人才，區畫戰守之間，未知於前人何如耳。宋儒有言：『邊帥之才卽不可得，當於縉紳廉幹有識中求之。』又云：『直言敢諫之士，卽仗節死義之臣。』斯兩言者，亦觀人之要論矣。臣觀諸他途營進，負鼎翹關者，必荏苒僉人，非骨鯁魁壘之端士也；諸論持兩端，應機不斷，視蔭拱默者，必蓄縮慣夫，非駿雄制變之竇臣也。若夫頭角誇誕，類於剛武；銳口縱橫，類於智略；撫膺灑泣，類於忠誠；而推測星緯，妄談吉凶，搖惑視聽者，又類於神明不測。臣觀諸險躁浮游，性無關鑰，語無歸宿者，誤天下蒼生必是人，而易於聳動人主亦是人也。臣願陛下之愼簡也。李綱曰：『用人如用藥，必知其術業，可以已病，乃可使之進藥而責成功。』今不知其術業而姑試之，則雖日易一醫，無補於病，徒加疾而已。今臣自知駑劣迂疏，無濟緩急，而薦臣者以爲可用，陛下亦信爲可用，是不知臣之術業不能已病也。臣妄意陛下以過信臣者，過信天下之將相紳衿也。故不敢避斧鉞，連類妄言之。伏乞免臣廷試，長擯草茅，臣韋索茹草，甘同鼎鑊。若冒覥嗜進，顚蹶隨之。生與營苟同汙，沒不可見輔臣道周於地下，惟陛下許臣幽棲，以塞倖竇焉。」疏拜於明年七月二十日，而閩疆旋陷。（考曰：以上見寒支集。）後事詳紀傳。

徐鼒曰：藍鼎元謂世熊少時，嘗單車走泉州，出安海，潛觀鄭芝龍，其意念深矣。及唐王據閩，日月出矣，爝火不容於不熄，宜世熊之不應聘也。福州陳金城孝廉出所藏寒支集示鼒，皆愴懷故國，悼念師友之作。思肖麥秀之悲，沈書眢井；子期酒壚之感，聞笛山陽，所謂亡國之音哀以思歟？時與世熊同徵者，有林逢經、林逢平、涂伯案，三人者，皆古獨行君子也。詳載紀傳中，茲不贅焉。

明徵舉人郭金臺爲職方司郎中，辭不赴。

金臺，湘潭人，字幼隗，本姓陳氏，遭家難，冒姓郭。中崇禎己卯（一六三九）壬辰（按崇禎無壬辰，似應作壬午，即一六四二年，小腆紀傳同誤。）副榜。會舉行積分法，（考曰：崇禎元年上幸太學，廷臣請復高皇積分法，上從之。）朝士屢以名薦，不赴，例授官，亦不就。中隆武丙戌（一六四六）舉人。貌奇偉，議論風生。流賊陷湖南，請於督師何騰蛟，練鄉勇爲守禦計。既知時不可爲，乃隱衡山，絕口不談世事。騰蛟以職方郎中薦，再起監司僉事，皆以母老辭。臨終，自題其碣曰「遺民郭金臺之墓」。

徐鼒曰：自顧炎武以下，徵聘之月日不可聞，悉次之夏允彝後何？事類人亦類，則以類書之。當日蒲輪四出，蠅羶蟻附而來者，其皆李世熊之所竊笑乎？蜚遯无不利，吾於楚得一人焉，曰郭金臺。

明魯兵部主事攝餘姚知縣王正中進監國大統曆。

正中，字正撝，直隸保定人，寧武侯之仁從子。崇禎丁丑（一六三七）進士，授長興知縣。國變，流寓紹興,監國以兵部職方主事召攝餘姚縣事。時軍旅猝起,市魁里正得一劄付,則入民舍,括金幣,郡縣不敢問。正中率所練鄉兵之任,令各營取餉,必經縣票品覈貲產以應,否者以盜論,民間稍靖。正中喜星象律呂度數之學,故與餘姚諸生黄宗羲善,造監國魯元年丙戌大統曆以進,表曰:「伏以上天下澤,頒朔以定民心;治曆明時,紀年以垂國統。知大明之昭然,斯餘分之不作。竊自高皇洗湛昏之日月,頒之夏商;列聖承復旦之乾坤,分其經緯。豈意天崩地裂,玉改鼎淪,幸遇主上飛龍會稽,撥戈江左。而日官失御,天學無傳。雖百務未遑,姑次第夫典禮;乃一統爲大,將肇始夫春王。一雁不來,竟是誰家之天下;千梅欲動,難慰避地之遺民。臣正中博訪異人,親求嚴穴。有黄宗羲者,精革象之學,任推算之能,爰成大明監國魯元年丙戌大統曆一卷,謹繕寫隨表上進以聞。」詔優答之,宣付史館。〔考曰:本全祖望鮚埼亭集。〕

冬十月,明兵科給事中劉中藻頒詔浙東,魯王不受。

中藻頒詔於浙,將吏恇惑,監國將避位,督師張國維自江上馳還,令勿宣讀。議曰:「唐、魯同宗,無親疎之別;義兵同舉,無先後之分,惟成功者帝耳。若一稱臣,則江上諸將,須聽命於閩,如王之號令何!」熊汝霖亦言:「主上原無利天下之心,唐藩亦無坐登大寶之理,使閩兵克復武林,直取建業,功之所在,誰敢與爭?此時而議迎詔未晚也。」錢肅樂、朱大典謂:「宜權稱皇太姪報命,大敵在前,未可先讎同姓。」議大不合,然卒如國維指。國維上疏閩中曰:「國當大變,凡爲高皇帝子孫咸當協心并力,誓圖中興,成功之後,入關者王。監國退守藩服,禮制昭然。若以倫序,叔姪定分,在今日原未假易。且監國當人心潰散之日，鳩集爲難，一旦退就藩服，人無所依。閩中長鞭莫及，猝然有變，脣亡齒寒，悔將何及！臣老矣，豈若朝秦暮楚者舉足左右，爲功名計哉！」王覽疏無如何，自是閩、浙水火矣。

明魯行人張煌言自請使閩，從之。

煌言請使閩，釋二國之嫌，監國從之。

明加原任兵部郎中王期昇總督銜、御史彭遇颽僉都御史銜，大學士路振飛、曾櫻封還內詔。

期昇、遇颽至行在，中旨加銜，振飛、櫻封還內傳，謂：「遇颽依附馬士英，巡按杭州，搜括激變；期昇奉朱盛濃稱通城王，派餉苛虐，强取民女，不可用。」乃止。

徐鼒曰：閩中爵賞之濫較南都爲尤甚。雖曰天步艱難，政宜含垢；而賢奸糅雜，胡以勸懲！特書封還者，嘉之也。

明擢知州金堡爲兵科給事中，力辭不受，請敕印聯絡江上師，從之。

堡字道隱，仁和人。崇禎庚辰（一六四〇）進士，授臨清知州，坐事罷，旋丁母憂。杭州失守，偕里人姚志倬起兵山中。時何騰蛟請王幸湖南，會堡朝行在，言騰蛟足倚，急宜棄閩幸楚，且言：「中興之國，須馬上成功。湖南有新撫諸營，陛下親往，效光武故事。若乃千騎萬乘，出警入蹕，承平威儀，且屏不用。」王大喜，語廷臣曰：「朕見金堡，如獲異寶。」即授兵科給事中，堡以服未終，力辭，請賜勑印，聯絡江上師。既至浙，入大將方國安軍，諸事於魯者詆曰：「堡已北降，來爲間諜耳。」監國語國安，國安執堡。御史陳潛夫曰：「彼與姚志倬起兵，公所知也。今其家且渡江來，何罪見執？」國安曰：「此鄭氏意。」因出芝龍書示之，且曰：「今我釋之去，去勿入閩，入閩必殺之；我不敢得罪鄭氏也。」潛夫以告，堡曰：「我必入閩繳勅印，倘中道死於盜，亦命耳。」明年夏，再謁王，以勅印上。王欲奪情，固辭，不許。芝龍謂將大用之也，嫉愈甚。大學士曾櫻曰：「果欲保全堡，莫若聽其辭。」遂以秋八月辭朝去。閩亡，堡流寓他所。

明命大學士蘇觀生募兵南安。

楊廷麟請王幸江右，何騰蛟請幸湖南，浙中諸將請如衢州。王欲出贛入楚，倚騰蛟。觀生見鄭氏不足與有爲，且事權悉爲所握，請王赴贛州，經略江西、湖廣。王議遣觀生先行，乃有是命。

明副將徐必達率兵援吉安，敗死。

壬辰（十四日），明魯方國安、張國維、錢肅樂會師，與我大清兵戰於杭州之草橋門。

是日，戰於江上。方國安嚴陣以待，張國維、錢肅樂率本部兵翼後，前鋒副將鍾鼎新用火攻，擊殺緋衣大將一人。諸將呂宗忠、王國斌、趙天祥等各斬數十級，奪獲軍械，連陣十日，諸軍皆有功，第七戰尤捷，追至草橋門下，會大風雨，弓矢不能發而退。時浙西義旗四起，蘇、松、嘉、湖列營數百，杭州危甚。錢肅樂請率兵由海道窺吳，不聽。說者謂監國初起江上，適有浙西首尾相應之勢，惜坐失此機會也。

明魯戶部主事董守諭請計兵授餉，不果行。

時原設營兵衞軍隸方國安、王之仁麾下，孫嘉績、熊汝霖、錢肅樂所統皆市井召募之人。方、王兵既盛，反惡當國者有所參決，因而分餉分地之議起。分餉者，正兵食正餉，田賦之所出也，方、王主之；義兵食義餉，勸捐無名之徵也，熊、孫諸軍主之。分地者，某正兵支某邑正餉，某義兵支某邑義餉也。監國令廷臣集議，方、王司餉者皆至，殿陛譁爭。守諭曰：「諸君起義旅，咫尺天威，不守朝廷法乎？」乃稍退。戶部主事邵之詹等議紹興八邑各有義師，專供本郡；以海寧給王藩，金華歸諸閣部，五府歸方藩。守諭進曰：「是議皆非也。夫義餉者，有名無實，以之饋義兵必不繼，卽使能繼，誰爲管庫？今請以一切稅供歸戶部，計兵授餉，覈地之遠近，酌給之後先，則兵不絀於食而餉可以時給也。」方、王雖不從，然所議正，無以難也。之仁請收漁舟稅，守諭曰：「今日所恃者人心耳！漁戶已辦漁丁稅矣，若再苛求，民不堪命。雜販小夫且不自安，人心一搖，國何以立！」久之，又請行稅人法，請塞郡之金錢湖爲田，請官賣大戶賜田以贍軍。三疏皆下部議，兵士露刃其門以待覆，守諭力持不可。之仁大怒，謂：「行朝大臣尚不敢裁量幕府；戶曹小臣敢爾阻大事邪！」上言：「得孟軻百，不如得商鞅一；得談仁講義之徒百，不如得雞鳴狗盜之雄一。」檄召守諭，將殺之，監國不能禁，令且避。守諭慷慨對曰：「司餉守正，臣分也；生殺出主上。寧武雖悍將何爲者？臣任死王前，聽寧武以臣血濺丹墀可耳。」於是舉朝憤怒曰：「之仁反邪！何敢無王命而擅殺餉臣？」之仁乃止，尋遷經筵日講官，兼理餉事。明年六月，監國航海，守諭不及從，乃杜門著書。所著有擥蘭集，遯跡十九年。守諭字次公，鄞縣人，天啓甲子（一六二四）舉人。〔考曰：按邵給事之詹姚江人，錢塘破，悲憤，疽發背死。〕

明監國魯王加錢肅樂右副都御史，疏辭不許。

時方國安尤暴橫，正兵並取義餉，致義兵無所仰給。肅樂屢疏入告，監國不能問，但敍其十捷功，加右副都御史。肅樂疏辭，言：「臣郡臣邑，因臣起義兵，桑梓膏血一空，曾莫之救。而今日遷官，明日加級，是臣無惻隱之心也。沈宸荃、陳潛夫之才略機謀，方端士之勇，官階並出臣下，而臣驟受賞，是臣無羞惡之心也。臣部將周鼎新斬級禽囚，臣以未得取杭，不欲爲請殊擢，而臣自受之，是臣無辭讓之心也。臣少見史册所載，冒禁苟祿，惡之若仇，而臣自蹈之，是臣無是非之心也。」又言：「臣近者十道並舉，冀杭城可復。聞主上起行中庭，盼望捷音，臣不入杭，誓不再受一官。」監國不許。會忌者言肅樂不受副都御史之命，爲懷二心於閩也，不得已受官，而餉仍不至。

明監國魯王以太監客鳳儀、李國輔兼制軍餉。

錢肅樂力言中官不可任外事，由是諸藩內臣交惡之，諸事中梗，兵至斷餉四十日，行乞於途，徒以肅樂忠義相激無叛者。太僕寺卿陳潛夫破家治兵，貲旣竭，請餉四百金，而餉臣不給。

明金有鑑敗於呂山，再攻長興，不克。

戰於呂山，通城王盛瀓遣金琪宇、毛蛬卿率兵二千助之，不克。尋遣總兵賈應能、楊象觀、吳永昌、參將金筠鹿等合兵奪城，復大敗，回至梅溪。盛瀓弟盛瀚被圍急，有鑑單騎援之，身中七矢，遂收健卒數十人，間道走宜興山中，與岑元泰保守山寨。

十一月，明唐王幸太學。

明唐王誓師西郊。

先期類於上帝，禋於太廟，禡於社稷；以鄭鴻逵爲御營左先鋒，出浙江，鄭彩爲御營右先鋒出江西。〔考曰：繹史唐王紀略云：十一月甲午，類於上帝；乙未，禋於太廟；丙申，禡於社稷；丁酉，以鄭鴻逵爲御營左先鋒云云。按曆法是年十一月無甲午、乙未、丙申、丁酉等日，當是十月事，俟考。〕駕幸西郊，行推轂禮。先期爲壇設高皇帝、烈皇帝位，王御翼善冠，詣壇所，百官陪位，武臣戎服聽事。王皮弁升壇拜謁，立於神位西南面，御營先鋒北面跪，兵部授鉞，王東向揖之。賜餞光祿寺，授爵，御營先鋒跪受爵，誡勞畢，謝恩出，率將士跪壇下。王甲冑誓師，乃鳴金鼓揚旌而出。當授鉞時，風雨晦冥，大風起，壇上燭盡滅，神位皆仆。鴻逵出城，馬蹶踣地，識者知其不祥焉。

明以唐王聿釗、〔考曰：行朝錄云：隆武帝封弟聿鐭以主唐祀，即紹武帝也。茲何以名聿釗？豈釗爲鐭之壞字歟？抑釗死而鐭襲封歟？此等多不可考。〕鄧王鼎器〔考曰：明史世表無鄧王，此當是閩中所封，世系不可考。〕監國，大學士曾櫻協同鄭芝龍留守福京。

以吳震文爲隨營兵部侍郎，王覲光爲隨營戶部侍郎，皆兼吏戶禮三部事，張家玉、陳履貞爲隨營兵科，亦兼吏戶禮三科事。

明修思宗實錄。

命曹學佺修思宗實錄，設蘭臺館以處之。

明陝西都督同知孫守法奉漢中王□□起兵復鳳翔。

守法，咸陽人。有勇略，崇禎末，以功授陝西副總兵，加都督同知。京師陷，棄妻子走終南山，起兵討賊，與鄖陽總兵王光恩合兵破賊興安州，又克平利、白河、上津等縣。九月朔，賊將路應標以衆十萬攻鄖陽，守法、光恩督參將苗時化、王光泰再敗之。王師徇秦地，守法復入終南山。久之，奉秦藩第四子稱漢中王者，開邸五郎山，檄召各郡兵，將薄西安，遣副將賀珍以義勇三千復鳳翔，於是盩厔、鄠郿、涇陽、三原、臨潼、澄城、白水諸縣次第來歸，軍聲大振。

臣鼒曰：秦地當闖賊蹂躪之餘，崩角王師，延袤千里，無復有明寸土。守法乃以孤軍崛强其間，自取滅亡，君子亦何貴焉。然孝子不以父疾而斥醫，貞婦不以夫亡而改嫁，蒙險愈厲，視死如歸，此趙襄子所以賢豫讓也。東南義旗林立，於西土則僅見焉。故特書之，以爲孤忠勸。

明監國魯王進方國安荆國公，王之仁武寧侯，封鄭遵謙義興伯。

監國勞軍江上，駐西興，築壇拜國安爲帥，各營聽受節制。

明馬士英請朝於監國，魯王不許，遂入方國安軍；尋阮大鋮亦至。

士英將謁監國，張國維劾其誤國十大罪，士英乃走依國安於嚴州。阮大鋮之自太平逃入浙也，投督師朱大典，士民傳檄逐之，大典亦送入國安軍。大鋮掀髯抵掌，日以談兵自負，國安信且喜。而士英以南渡之壞，半由大鋮，而己被惡名，至是有所論辨，頗與矛盾。大鋮怨金華人，乃復扇國安軍與大典相惡。尋傳言閩中大學士黃鳴駿來科浙中八府糧，閩中故無是舉，蓋士英、大鋮交構之也。

徐鼒曰：特書何？惡之甚於寇盜也。類聚慕於蟻羶，內訌交於蝨賊，隋少師之不死，殆天未去其疾哉！吾獨惜夫浙東君臣之智，何出鄭監門下也。

明馬士英敗於餘杭縣。

士英潰於姚江，國安潰於富春山。無何，合軍渡錢塘，窺杭州，沿江列陣，大敗，溺死無算。迺收餘衆於江東、赭山、朱橋、范邨等處，縱肆剽掠。

十二月，己卯朔，明雲南土司沙定洲作亂，黔國公沐天波走楚雄。

天波，字星海，昭靖王英之十二世孫，崇禎初襲爵鎮滇、黔，歲貢方物，紓誠無間，莊烈帝手詔褒美。家饒於貲，游士多出其門。是年秋，八月，元謀土司吾必奎反，連陷武定、祿豐、楚雄諸郡縣，天波檄調官軍及各土司會勦。冬十月，寧州土官祿永命、石屏土人副將龍在田偕官兵敗必奎，擒之。有沙定洲者，阿迷土司普明聲部將也。明聲死，妻萬氏撫有其衆。萬淫而狡，嘗召部下丁壯入侍，其將沙源之子定海、定洲皆與之私。久之，無以服衆，竟贅定海爲壻。已復厭其樸陋，而定洲少年白皙，乃殺定海而贅定洲。明聲之子普服遠恥之，分寨以居。未幾，服遠憂抑死，定洲遂兼爲阿迷土司，是時亦以奉調領兵至，則必奎已伏法。定洲自以徒來無功，逡巡城外，不卽歸。有奸民饒希之、余錫朋嘗往來天波第中，以貨寶玩爲名，累負天波金，至巨萬，無以償。因詣各土司營，誇沐氏富埒國。定洲心動，陰結城中土司阮韻嘉、張國用、袁士宏等爲應，以十二月朔入城，辭行。入門輒呼噪焚劫，天波倉卒由水竇逸走楚雄，母陳氏、妻焦氏走城北普吉邨之金井，自焚死。定洲因盡得沐氏所有，據省城，劫巡撫吳兆元題請代天波鎮滇，至祿豐，執前大學士王錫衮於家，皆不屈。萬氏聞定洲之亂也，驚曰：「吾家當敗此賊手。」謀自至省，執以投誠。既至，見其聲燄赫然，尊若王者，又大喜過望，定洲遂悉兵西追天波。

甲申（初六日），明唐王發福京。

王戎服登舟，大學士何吾騶等隨行，舟次芋江五溪，百姓壺漿迎者載道，皆賚以銀牌。

明遣使乞師於安南國，不克行。

遣錦衣衞康永寧航海乞師安南，至明年五月歸，云風逆不得泊岸，望厓而返。〔考曰：本粤游見聞。〕

明江西巡撫劉同升卒，以總督萬元吉兼巡撫事。

壬寅（二十四日），明督師黃道周敗績於婺源，遂被執。

秋九月，道周師至廣信府，聞徽州破，遣將守馬金嶺，勸諭捐助，得萬人。乃部署分道進兵，游擊黃奇壽戰捷於牛頭嶺，遂營之。其出婺源者，參將王加封戰死，游擊李忠被擒。奇壽與參將李瑛、倪彪亦潰於童家坊。道周遂馳疏請兵曰：「臣今年六十有二，才能智勇，不過中人，而自請行邊，拮据關外。譬之雞然，風雨如晦，雞鳴不已，卽有不寤之人，起而刀俎之，亦無可奈何而已。臣少而學道，於物無競，於人寡怨，直以出師之故，爲異志所排。寡識之人，羣起和之，千端百出，以阻其成，旁句曲引，以幸其敗，或叩閽門數日不達。飢疲之衆，寧死中野，臣何所營而坐困於此哉。臣遭會風雲，未及一月，五疏求去，直以皇上洞燭遐邇，嘗鑑臣於言語形迹之外，所以苒苒焦嘵，瘁毛鎩羽，以爲朝廷守一日藩籬，非曰能之，亦各盡其義而已。今敵之來日以盛，衆之附日以攜，蠢冥何知，惟利是視。貪生怖死，則前後異致，信州閭巷，雞犬方集，今復翻然欲舍而去。據徽人來者咸云：敵一百六十騎守婺境，自海口媛水，焚掠殆盡。媛水距廣信百餘里，臣師屯八都者，僅千五百人，皆郡落新募，月食一兩之卒。其東出馬金嶺者，僅七百餘人。又千二百人，西去饒、撫，馳收未回，所餘帳下千二百人而已。臣自八月以來，東弭台、寧之釁，西銷金嶺之孽，精力瘁於文告，歲月馳於期會。未有一智一謀佐於其內，一膂一力助於其外，空以老瘁，一意報主，爲愛己所憐，異己所笑。今事勢甚急，可亟命方國安以萬衆從嚴州出老竹嶺，直擣徽州，乘其西馳，可以破敵；卽不然，亦可解信州之危，成牽制之勢矣。」王覽表不能答。道周計窮，婺源令某者，亦門人也，僞致降書，道周信之，決計深入，集門人諸將議曰：「敵人雖衆，虛聲耳！若延來春，則彼弓弛馬懈，可破也。奈糧餉不足何！與其半途潰散，不如決戰以報朝廷。」因相持泣下。十二月，進兵至童家坊，忽報樂平已破，信州士大夫致書相迓，道周以成師既出，義不反顧，遂前次明堂里，僅三百人，馬十匹，糧三日。壬寅，天微曙，我提督張天祿〔考曰：天祿，本史閣部將。〕率兵猝至，道周揮賴繼謹等督師鏖戰，參將高萬榮請引兵登山，憑高可恃。正移師間，騎兵從間道突出，箭如雨，從者俱散。道周曰：「吾死此矣！」遂被執。輿至婺源，天祿勸之降，道周罵不絕口。未幾，門人蔡春溶、賴繼謹、趙士超、毛至潔亦解至，道周絕粒，作自悼詩八章。〔考曰：詩云：昔時爲柳下，今日見微陽；此道原無可，於生亦不傷。雲霓人絕望，金石鬼劑香；莫信惠連後，遂無日月光。其二云：樂毅未歸趙，魯連不入秦；兩書傳白璧，隻手動靑蘋。得止吾何憾，徽名世所親；蒼茫樵採者，不易寫歸馨。其三云：自我甘重繭，爲誰賦鼓刀；金生憐七獲，結侶失同袍。此事不經見，於心良獨勞；長年耽正則，垂老重離騷。其四云：已發英雄嘆，仍多親戚憐；經營文謝後，可在殷房前。夫子寧欺我，長文尙有天；春秋二百載，研淚紀新編。其五云：求仁何所怨，失道未忘愁；故主日初旭，餘生鳥自投。斷崖千尺網，一葦大江舟；狂稺看吾獨，馳驅答衆尤。其六云：天步憑誰仗，狂瀾失一壺；麟心銜駟驖，鳳掌落雕弧。干羽柔無力，旗常凍自枯；逍遙河上老，頗憶鄭大夫。其七云：匡坐慙顏閔，抒籌負管蕭；風雲生坐次，毛羽合飄颻。大廈難栖燕，江橫卻斷橋；可憐委佩者，晏晏坐花朝。其八云：問言誰敢信，屢卜轉多疑；截指留軍令，開心割子期。千金修駿冢，三尺斷鼇旗；射兕當熊意，君王安得知。詩見臺灣外紀，疑有誤字。」左右承洪承疇旨，進道周茶，躊躇未飲。左右曰：「求相國用清茶一杯。」〔考曰：俗無菓泡者，名清茶。〕道周聞之，遽擲杯於地。

我大清兵克撫州，明知府高飛聲死之。

飛聲，字克正，長樂舉人。由玉山知縣，遷同知，乞養去。黃道周之出師也，令飛聲攝撫州事，見事不支，遣家人懷印入閩，而身以守城死。

明監國魯王以謝三賓爲禮部尙書，入閣辦事。

戚臣張國俊者，監國妃父也，納三賓賄，外倚方、王勢，內通客、李二奄，表裏爲奸。錢肅樂疏凡數十上。略曰：「國有十亡而無一存，民有十死而無一生，翹車四出，無一應命，賢人肥遯，不肯攘臂，一也。憲臣劉宗周之死，贈謚蔭䘏，未協輿情，勅部改正，遲久未上，二也。張國俊以戚畹倚強權，侔人主，三也。諸臣以國俊故，相繼進言，主上以爲不必幾於防口，四也。新進鼓舌搖脣，罔識體統，朝章甲令，委諸草莽，五也。反覆小人，借推戴以呈身，闒茸下流，冒薦舉而入幕，六也。楚藩江干開詔，息同姓之爭，李長祥面加斥辱，凌滅至此，七也。咫尺江波，烽烟不息，而越城褒衣博帶，滿目太平，燕笑漏舟之中，迴翔焚棟之下，八也。所與託國者，强半南中故臣，鴞鳥怪聲，轉徙可惡，飛蛾滅燭，至死不改，九也。此猶枝葉也，請言根本：今七月雨水不時，漂廬舍千百，以水死。滷潮衝入，西成失望，以饑死。壯者殞鋒鏑，弱者疲轉輸，以戰死。文武衙門，票取牌索，一日數至，以供應死。澤國倚舟爲命，今調發旣煩，小民皆沈舟束手，以無藝死。入鄉鈔掠，雞犬不遺，此營未去，而彼營又來，以掠死。富室輸金，當以義勸，非有罪於官也；而動加鞿囚，有甘心雉經者，以財死。大軍所過，沿門供億，淫汚橫行，以辱死。劣衿惡棍，羅織鄉里，以爲生涯，百毒齊起，以憂死。今也竭小民之膏血，不足供藩鎮之一吸；繼也合藩鎮之兵馬，不足衞小民之一髮。凜凜乎將以不薙髮死。由前九亡，幷此而十，若不早圖變計，臣不知所稅駕矣。」疏入，忌者益甚。三賓旣入閣，遂併力擠之，尋加肅樂兵部侍郎，辭不受。

明監國魯王鑄「大明通寶」錢。

明魯太常寺卿兼吏科都給事中莊元辰乞罷，許之。

元辰，字起貞，鄞人，崇禎丁丑（一六三七）進士，授南京太常博士，八載不遷。甲申之變，元辰一日七至中樞史可法之門，促以勤王。南都立，朝議選科臣，總憲劉宗周、掌科章正宸皆舉元辰爲首。馬士英遣人致意曰：「博士曷不持門下刺謁相公，掌科必無他屬。」元辰峻拒之。中旨授刑部主事。旣而阮大鋮興同文之獄，將盡殺復社諸賢，元辰曰：「禍將烈矣。」賦招歸詩十章，遽乞歸，未幾，而南都覆。錢肅樂之起事也，降臣謝三賓爲王之仁所脅，不得已，以餉自贖。及肅樂與之仁赴江上，三賓濳招兵於翠山，衆疑之，王明經家勤曰：「公等竟欲西行乎？何其疏也！」肅樂驚問：「計將安出？」家勤曰：「浙江沿海皆可以舟師達，倘乘風而渡，北來搗巢，列城且立潰矣，非分兵留守不可。」肅樂曰：「是無以易吾莊公者。」乃共推元辰任城守事，分兵千人屬之。以四明驛爲幕府，家勤及林明經時躍參其軍，肅樂乃西行。元辰日耀兵巡諸堞，里人呼之爲城門軍，三賓亦不敢動。乃以翠山之衆迎監國於天台，自七月至十月，鄞始解嚴。晉吏科都給事中，遷太常寺少卿，再遷正卿，兼吏科如故。疏言：「殿下大仇未雪，舉兵以來，將士宣勞於外，編氓殫藏於內，重以昔年秋潦，今茲亢旱，臥薪嘗膽之不遑；而數月以來，頗安逸樂，釜魚幕燕，撫事增憂，則晏安何可懷也。敵在門庭，朝不及夕，有深宮養優之心，安得有據鞍借箸之事，則蒙蔽何可滋也。天下安危，託命將相，今左右之人，頗能內承色笑，則事權何可移也。五等崇封，有如探囊，有爲昔時佐命元臣所不能得者，則恩賞何可濫也。殿下試念兩都之毁，黍離麥秀之悲，則居處必不安；試念孝陵、長陵銅駝荆棘之慘，則對越必不安；試念靑宮二王之辱，則撫王子何以爲情；試念江干將士刻邦生民之困，則衣食可以俱廢。」疏入，報聞。已又言：「中旨用人，乃粃王之秕政。臣叨居科長，不敢隨聲奉詔。」自是累有封駁，謝三賓結內侍力阻之，而馬士英又至。元辰言：「士英不斬，國事必不可爲。」貽書同官黃宗羲、林時對曰：「蕞爾氣象，似唯恐其不速盡者。區區憂憤，無事不痛心疾首，以致咳嗽纏綿，形容骨立，願得以微罪成其山野。」遂乞休，舉朝留之，不得。已而浙東破，乃狂走深山中，朝夕野哭，疽發背死。同時有王玉藻者，江都人，崇禎癸未(一六四三)進士，知慈谿縣。王師下杭州，玉藻與沈宸荃起義，晉御史，旋晉兵科都給事中，往軍前，任事邁往，諸帥惡之，嘆曰：「是將剸刃於我也。」力請還朝。在垣中，又以持正不爲諸臣所喜，求罷斥，元辰留之。浙東破，以黃冠遯剡溪，辛卯（一六五一）後，始歸故鄉，以餓死。

臣鼒曰：侍郎以下罷官例不書，茲何以書？惜賢者之去位也。

明魯戶部侍郎沈廷揚率所部兵駐舟山。

初田仰爲漕撫，置軍務不問。王師至淮上，遂瓦解。廷揚率所部歸崇明，魯監國加以戶部侍郎兼右僉都御史，總督浙直，令由海道窺三吳。田仰又忌之，乃至舟山依斌卿。時諸軍無餉，競起剽掠，廷揚謂斌卿曰：「師以恢復爲名，今若此，則賊矣。」斌卿曰：「乏食奈何！」廷揚爲之定履畝勸輸法，於是軍士始戢。

明孫守法攻西安，不克。

守法之初起也，武大定、劉文炳、賀宏器、郭金鎮、黃金魚、焦容、仇璜俱應之。大定本固原將家子，功最多，是月攻西安，郃陽舉人姚翀霄、千總衛天明、康姬命，朝邑諸生王知禮、李世仁等各殺守令以應。王師之守西安者纔七百人，總督孟喬芳懼甚，調山西兵五百爲援。知禮令朝邑百姓僞持羊酒迎犒，醉而殲之。喬芳益懼，更調榆林兵二千人入援。二十八日，守法率衆攻城，平陽人曹三俊、王英、師可宗謀以城應，事泄，被殺。明年正月，援師至，乃解圍去。

明右僉都御史陳泰來起兵復上高、新昌、寧州、萬載，進攻撫州，敗績，死之。

泰來，字剛長，新昌人。崇禎辛未（一六三一）進士，由知縣入爲戶科給事中。十五年（一六四二）冬，都城戒嚴，泰來陳戰守數策。又自請假兵一萬，肅清輦轂，崇禎帝壯之。改兵科，出視諸軍戰守方略，召對中左門，多奏可。以功遷吏科，乞假歸。南都以刑科起，不赴。閩中擢太僕少卿，尋遷右僉都御史，督領江西義軍。益王之起兵建昌也，泰來將從之，同里按察使漆嘉祉、舉人戴國士持不可，曰：「公受閩命矣！今復從王。將奉王臣閩乎？王必不屈。將兩事乎？是懷二心也。公爲國事捐身家，本以教忠，而先示二心於人，人誰諒之！」乃止。已而新昌破，國士降，翻爲金聲桓用。泰來恨之，曰：「吾乃爲賊所紿，均之國事，益與閩又何分乎！」欲誅之。會上高舉人曹志明、魯國祺、聶明時、黃瑛、黃國彥等兵起，泰來與相結。是月，攻取上高、新昌、寧州，戮國士妻子，圍瑞州，不克，遂取萬載。已而大兵逼新昌，守將出降。泰來走界埠，志明等從上高移軍會之。進攻撫州，俱歿於陣。

〔考曰：此從正史。楊陸榮三藩紀事本末載泰來事迹少異。謂泰來遣部下李凌虹復萬載，破新昌，自帥其衆東下。戴國士者，與泰來爲婣，已降，權驛傳道事，金聲桓使之招泰來，俾勿疑，而以重兵躡其後。國士入營，甫相見，而大軍已壓陣，遂敗，走黃氏祠中自刎。同起兵者，瑞州劉詔新、諶廷椿、胡親民。〕

小腆紀年附考卷第十二

前翰林院檢討加詹事府贊善銜六合 徐 鼒 譔

丙戌，我大清順治三年（一六四六），春正月。〔明隆武二年，浙東魯監國元年。是歲，明福京亡，桂王立於肇慶。〕

己酉朔，明唐王在建寧，不受朝賀。

王以三大罪自責，令百官戴罪從行。

交阯、日本國遣使入貢於明。

明監國魯王在紹興。

明擢廣東布政使湯來賀爲戶部右侍郎。

來賀，字佐平，南豐人。崇禎庚辰（一六四〇）進士，由推官入爲刑科給事中，歷擢廣東布政使，運餉十萬，由海道至，因有是命。御史艾南英言：「來賀奸險小人，周鍾自北逃回，來賀匿之。且解餉之任，僚佐所優爲，遽膺顯擢，何以示後世！」論者誚南英與鍾以才相忌，而遷怒來賀也。

明誅邵武知府吳炆煒、推官朱健、建陽知縣施㶿。

健行部近邑，訛言北師至，倉猝返郡，夜半出其孥；炆煒繼之，士民爭門走死，實未嘗有兵也。健無以自解，揭炆煒倡逃，並其平日貪狀；炆煒亦揭健；時爊亦以貪酷被劾。王恨貪官之失人心也，欲以高皇帝之法行之，炆煒、爊皆斬，健坐絞。廷臣申救，不許。

徐鼒曰：特書何？嘉王之能用刑也。

壬子（初四日），明吳漢超襲寧國，不克，死之。

先是，當塗人徐淮聚衆駐華陽，聞漢超名，禮而致之，遂合兵連破句容、高淳、溧水、太平。漢超曰：「我兵少，聚而守城，則無以攻戰。我以游騎四出，使彼疲於策應，此伍員報楚之智也。」以故所克州縣皆不守。然是時，民心已渙，漢超復無以撫定之，事愈無成。是日，襲寧國，夜緣南城登，同知王家梁勒兵巷戰，漢超所部皆寧國人，各顧其家，莫有鬭志，遂潰。訊俘卒，始知漢超爲之主，於是圍其家。令曰：「不出且族。」漢超已出城，念母在，且恐累族人，乃歸死。臨刑，不屈膝，剖其腹，膽長三寸。妻戚氏，墜樓死。

明馬士英疏請入朝；不許。

士英在方國安軍中，叩關求入朝，王以其罪大，諭守關將士勿納。士英七疏自理，終不許。有李遴者，與上有舊，而士英之私人也，密言士英有治兵才，宜在使過之列。會鄭芝龍、方國安合疏薦之，乃詔充爲軍前辦事官，俟恢復杭城復職。

癸亥（十五日），明福京大雷電雨。甲子（十六日），大雨雹，晝晦。

雹大如斗，或如刀劍；天晝黑，對面不相見。〔考曰：本木拂甲行日注。〕

明加魯使臣柯夏卿兵部尙書，曹維才光祿寺少卿，遣僉都御史陸清源犒師浙東。

魯監國遣柯夏卿、曹維才入聘，王加夏卿、維才官，齎手勑報監國曰：「朕無子，王爲皇太姪，朕有天下，終致於王，同心戮力，共拜孝陵。」命浙東所用職官，盡列朝籍。尋遣清源解餉十萬，犒浙東軍。夏卿，黃巖人，崇禎丁丑（一六三七）進士。清源，字嗣白，平湖人。崇禎甲戌（一六三四）進士，由知縣擢御史，以巡按福建留福京。維才未詳。

明何騰蛟會師湘陰。

騰蛟拜表出師，赴湘陰，諸鎮觀望不進，獨李赤心自湖北至，遇王師，三戰三北，諸鎮兵遂罷，騰蛟威望亦頓損。

明隨征東閣大學士兼右都御史熊開元罷。

開元，字元年，號魚山，嘉魚人。天啓乙丑（一六二五）進士，除崇明知縣，調繁吳江。崇禎朝，徵吏科給事中，言事忤旨，貶二秩外用。久之，起山西按察司照磨，遷光祿寺監事，行人司副，以劾首輔周延儒，與給事中姜埰同受廷杖，下獄，所謂熊、姜之獄者也，卒遣戍杭州。〔考曰：事詳明史。〕南都立，起吏科給事中，丁內艱，不赴。閩中以工科召，疏請終喪，連擢太常寺少卿僉都御史，再疏辭，詔曰：「天地生才，祇有此數。邇者老成凋喪，朕於開元之至，旦夕以冀，旣在郊坰，慰予飢渴。」及入對，眷禮有加。開元請罷捐助，停事例，重爵祿，簡刑罰，急親征，實聽納，散朋黨；俱嘉納之。越日，授御營隨征東閣大學士兼行在右副都御史，權理院事。時方破格用人，躁競者多以口舌得官，開元惡之，力持資格。丹徒諸生錢邦芑言事稱旨，特授御史，開元請改兵部司務。王重違其意，命以司務得非時言事，實同御史權。王之在建寧也，外雖優禮輔臣，而事輒獨斷，開元遂乞罷，不許。已而邦芑復授御史，力爭之，不得，乃引疾。自是王出幸皆不及從，汀州破，棄家爲僧於蘇之靈巖。

明以蘇觀生兼吏兵二部尚書，行在文淵閣大學士，賜尚方劍，便宜行事。

王御門，賜銀印曰：「瞻奉南北山陵，安集軍民文武官。」觀生赴贛，大徵甲兵，餉不繼，竟不能出師。

明授方士蔡鼎爲軍師。

鼎，泉州人，好言星緯之學，嘗爲薊、遼督師孫承宗參謀，以事觸魏璫怒，微服逃，崇禎帝繪像求得之，呼爲蔡布衣。時李遴言於王，命以方外服見，授軍師，然占策無驗。鄭彩之敗也，鼎請出關自試，一戰而蹶，遂遁之卓巖。〔考曰：參福建通志、所知錄、粵游見聞。〕

沙賊寇明楚雄，游擊王承憲戰死，金、滄副使楊畏知悉力禦之。

畏知，字介夫，陳倉人。崇禎丙子（一六三六）舉陝西鄉試第一，以部郎督餉眞定，遷川北巡道，改雲南副使，分巡金、滄。吾必奎之反也，畏知督兵復楚雄，駐其地，沐天波來奔，沙定洲追之，畏知謂天波曰：「公所在，賊必專力困之，城其危矣！公不如西走永昌，使楚雄得爲備。賊西追，則恐吾斷其後；攻楚雄，則恐公自西來。首尾牽制，斯上策也。」天波從之，畏知紿賊曰：「若所急者黔國耳，今已西走，待若定永昌還，朝命當已下，予出城以禮見可耳，今順逆未分，不能爲不義屈也。」定洲恐失天波，與盟而去。分兵寇大理、蒙化，畏知乘間清野繕堞，徵鄰境援兵。姚安、景東俱響應，定洲聞，不敢至永昌。是年春，還攻楚雄，畏知坐雉堞間，賊以巨砲擊之，羣蠻周麾呼曰：「楊公死矣。」頃之烟散，見畏知坐如故，駭爲神。城中復出奇兵擊之，殺賊無算。賊乃引之而東，攻石屏，龍在田奔大理；破寧州，土司祿永命自殺；下嶍峨，土官王克猷走死。於是迤東諸郡皆陷於賊。已復薄楚雄，游擊王承憲者，世襲楚雄衞指揮，舉武鄉試，擢游擊，爲畏知前鋒，凡守禦事皆承憲綜理之。賊再至，偕土官那嵩等出城衝擊，賊披靡。俄中流矢死，弟承瑱亦歿於陣。賊乃結七十二營環城鑿濠，誓必破之，而畏知守益堅。明年，孫可望入滇，始解圍去。

沙賊陷明武定，參將高其勳死之。

其勳，字懋功，初襲馬龍所千戶，後舉武鄉試，爲黔國公標下中軍。吾必奎之亂，以功擢參將，守武定，城陷，衣冠服毒死。

沙賊陷明大理，指揮陳禎死之。

禎世爲大理衞指揮，未嗣職，城陷，巷戰，手馘數賊而死。

沙賊陷明大理，太和縣丞王士傑等死之。

太和爲大理附郭縣，士傑佐上官竭力捍禦，城陷，死於城上。同時死者大理府教授段見錦、經歷楊明盛及其子一甲，前任同知蕭時顯。士民則舉人高拱極投池死，楊士俊闔門自焚死，諸生則尹夢旂、夢符、馮大成倡義助守，罵賊死，楊憲闔門自焚死，楊憖既死復甦，妻竟死。人稱太和節義爲獨盛云。

沙賊陷明通海，典史單國祚死之。

國祚，會稽人，城陷，坐堂上罵賊被殺，印猶在握，縣人葬之諸葛山下。

明眉州義民陳登皞起兵破獻賊於醴泉河，又破之於東館。

賊帥狄三品駐眉州，忽下令驅城中人集道姑巷原田壩上，至則以兵圍而殺之，凡五千餘人。登皞，州人也，綽號鐵脚板，裂衣爲旗，集四鄉遺民，得數千人，樹柵醴泉河上，賊來攻，登皞率衆白棓耰鋤，殺賊三百人。賊懼，間道移東館，登皞復遣壯士持酒米雞豚迎於道，賊納之營中。夜半，襲賊營，壯士從中鼓譟出，賊駭奔，復斬數百級，賊乃遠遁。登皞自是以鐵勝名營，倡義者悉歸之。二年中，無敢犯境者。後爲嘉定向成功所殺，成功亦當時起兵拒賊人也。

明金有鑑再攻長興，敗死。

有鑑與岑元泰俱陷陣死。又有徐昌明者，字闇本，初入盧象觀軍。象觀敗，奔四安山中，與有鑑合，亦死於長興西門。

二月，明馬脛嶺兵變，命路振飛往浦城安撫。

丁亥(初十日)，大雨雹，晝晦。

明寬逆案之禁。

王曰：「北京陷於東林，南都亡於魏黨，厥罪惟均。今嘉運綦新，其附黨諸臣概予洗濯，以收後効。」

徐鼒曰：元祐、元豐調停之說，千古所譏，此其殷鑒乎！伯宗曰：「國君含垢，君子諒諸。」

明誅妖僧。

廣西有僧自稱弘光帝，貴州撫臣俞思恂以聞，詔議迎請。廷臣曰：「卽眞弘光，甫經失國，有尊奉而無迎請。」審知其僞，下獄誅之。尋有木堅李之秀者，自稱原任兩司，召對稱旨，以原官補用，發覺伏誅。〔考曰：本錢澄之所知錄。〕

明廢亭嘉爲庶人，其黨皆伏誅。

亭嘉俘至行在，下諸王議，廢爲庶人，以幽死。其黨推官顧奕、總兵楊國威等皆伏誅。封丁魁楚平粵伯，加瞿式耜兵部侍郎。式耜辭曰：「國家禍變，搆難同室，詎臣子稱功地邪！西臣辦西，奚以功爲。」不許。

明以副使晏日曙巡撫廣西。

輔臣曾櫻薦也。式耜得代，遂放舟東下，居肇慶。〔考曰：粤游見聞曰：日曙，饒州舉人。行朝錄曰：新喻人，官承天副使。〕

明鎮國將軍常淼〔音師，字書無此字。〕起兵蘄州。敗績，死之。

常淼，樊山王翊鉦之次子。張獻忠之破襄陽也，常淼挈家人一夕遁，至是歸蘄州，與英山男子王六姐起兵斗方砦，兵敗死之。〔考曰：本顧景星桂岩公諸客傳。又東華錄載是年二月，洪承疇奏擒樊山王朱常炎，炎其淼字之譌歟？〕

明封孫守法、武大定爵爲伯。

寧夏、甘肅、神木、靖邊各以兵來附，王聞之，乃有是命。

明監國魯王以諸生黃宗羲爲兵部職方主事。

宗羲，字太冲，餘姚人；年十四，補諸生，隨父尊素任京邸。尊素死詔獄，〔考曰：事詳明史。〕宗羲奉養王父以孝聞。莊烈帝即位，草疏入京訟冤，至則逆奄已磔，有詔死奄難者，贈官三品，予謚，予祭葬，尊素謚忠端。宗羲既謝恩，即疏請誅曹欽程、李實，詳見紀傳。歸葬事畢，肆力於學，於經史靡不通，從山陰劉宗周遊。壬午（一六四二）入京，周延儒欲薦爲中書，辭不就；一日聞市中鐸聲，曰：「此非吉聲也。」遽南下。南都阮大鋮修防亂揭帖之怨，欲盡殺諸揭中人，遂被逮。母姚氏嘆曰：「章妻滂母，乃萃吾一身邪！」南都亡，踉蹌還浙東。孫嘉績、熊汝霖兵起，乃糾合黃竹浦宗族子弟數百人，隨諸軍於江上，呼之爲世忠營。請援李泌客從例，以布衣參軍事；不許。錄造曆從軍功，授職方主事，已改監察御史，兼舊官。馬士英之欲入朝也，衆議殺之，熊汝霖恐其挾方國安爲患，好言曰：「此非殺士英時。」宗羲曰：「諸臣力不能殺耳！春秋之孔子豈能加於陳恆，但不得謂其不當殺。」又遺書王之仁曰：「諸公何不沈舟決戰，由赭山直趨浙西。若日於江上鳴鼓，攻其有備，蓋意在自守也。蕞爾三府以供十萬之衆，北兵即不發一矢，一年之後亦何能支。」又言：「崇明爲江海門戶，盍以兵擾之，分江上之勢。」諸將不能用。〔考曰：本全祖望鮚埼亭集。〕

徐鼒曰：主事何以書？賢宗羲也。

明監國魯王予張國柱將軍銜。

國柱，劉澤清部將也，初航海依王鳴謙於定海，得五百人。劫鳴謙入內地，掠餘姚，其黨張邦寧掠慈谿，行朝震恐，衆議爵以伯，黃宗羲曰：「如此則益橫，且何以待後！請署將軍足矣。」從之。

明總兵陳梧掠餘姚，魯攝知縣事王正中擊殺之。

梧敗於嘉興，自乍浦浮海至餘姚，大掠，正中遣民兵擊殺之，諸營大譁。忌者劾正中擅殺大將，黃宗羲言於監國曰：「梧藉喪亂以濟其私，致干衆怒，是賊也；正中爲國保民，何罪之有！」議乃止。時張國柱、田仰、荊本徹各率兵過姚江，舳艫蔽空，以正中嚴備，不敢犯。國柱之入掠也，百姓洶洶，單騎入其軍，呵止之，國柱迄不得逞。

明魯錢肅樂移守海口。

諜言王師由海道來，肅樂移守瀝海，久之，無所得餉，疏言：「臣兵二千，既無分地，勢須遣散；但臣以舉義而來，大仇未復，不敢歸安廬墓，愿率家丁，從軍自効。」監國溫旨慰留。而諸將益蜚語，謂將棄軍入閩，遣客刺之。肅樂乃棄軍拜表以行，表言：「臣今披髮入山，永與世辭，請賜偵迹，必不入閩，自取殄滅。」監國覽表大駴，知不可留，降旨令往海上，偕藩臣黃斌卿、鎮臣張名振取道崇明，以窺三吳。尋加戶部尚書，辭不受。

三月戊申朔，明魯武寧侯王之仁與我大清兵戰於錢塘江。

浙東將士與王師跨江相距，屢戰不勝，皆西望心灰。之仁上疏監國曰：「事起日，人人有直取黃龍之志；乃一敗後，遽欲以錢塘爲鴻溝，天下事何忍言！臣願以所隸沈船一戰，今日死，猶戰而死，他日即死，恐不能戰也。」是月朔，王師驅船開堰入江，張國維敕各營守汛，命之仁率水師從江心襲戰。會東南風大起，之仁揚帆奮擊，碎舟無數。鄭遵謙獲鐵甲八百餘副，諸軍繼之，遂大捷。乘勝進圍杭州，不克而還。

明兵部尚書兼吏部尚書武英殿大學士黃道周猶在江寧。諭降不屈，死之。〔考曰：唐王紀略載爲三月戊申朔事，本傳爲三月七日事，臺灣外紀以爲壬子日。按壬子初五日也。〕

道周發婺源，復進水漿，至金陵，幽於禁城，已改繫尙膳監。諸當道承貝勒意勸降，道周曰：「吾手無寸鐵，何曾不降。」勸者曰：「降須薙髮。」道周佯驚曰：「君薙髮邪？幸是薙髮國來，卽薙髮；若穿心國來，汝穿心邪？」洪承疇親詣尙膳監求見，道周喝曰：「承疇死久矣，焉得尙存，此無籍小人冒名耳！」在館，與門人講習吟詠如常，著詩文數卷。〔考曰：臺灣外紀云：道周發婺源，作詩三章，其一云：火樹難開眼，冰城倦著身；支天千古事，失路一時人。碧血題香草，白髮逐釣綸；更無遺恨處，搔首爲君親。其二云：捕虎仍之野，投豺又出關；席心如可捲，鶴髮久當刪。怨子不知怨，聞人安得聞；乾坤猶半壁，未忍蹈文山。其三云：諸子收吾骨，青天知我心；爲誰分板蕩，不忍共浮沈。鶴怨空山曲，雞啼中夜陰；南陽歸路遠，恨作臥龍吟。途至新安，上元燈節，作三章，其一云：爲世存名教，非關我一身；冠裳天已定，得失事難成。姓氏經書外，精神山海濱；高懸崖上月，偏照夜行人。其二云：世盡遺君父，我獨愛此生；焚香燒稿本，拔劍剸薇蘅。苦乞西山土，遠辭東海濱；荷鋤與賣藥，難作古人情。其三云：羹沸猶餘鼎，魚空守暮磯；依然城郭在，彷彿人民非。溪淺鬚眉照，山深薇蕨肥；黃冠滄海裏，望望未曾歸。過新嶺弔金正希四章，其一云：愛爾才名盛昔時，欲依麟閣共匡持；蕭蕭風雨雞鳴日，千古令人誦飫支。其二云：「續經溪口萬重山，捄爾尙差旬日間；自是泰華須破碎，嶺雲終古不開顏。」其三云：「□聽灘頭飛鳥斜，傷心何處動悲笳；英雄運盡無良算，身亦輕來陷左車。」其四云：「殘碁垂手已難工，又是論人成敗中；但說丹心無所用，一時張眼念臧洪。」至金陵，斷粒十四日，復進水漿，夜聞鐘聲，感賦十三章。又見玉梅盛開，賦四章，詩不載。〕素善書翰，人爭求之，終日握管不辭也。門人寄家書，道周書蔡春溶書函曰：「蹈仁不死，履險若夷，有隕自天，舍命不渝。」又書賴繼謹書函曰：「綱常萬古，性命千秋，天地知我，家人何憂。」是日赴市曹，過東華門，坐不起，曰：「此與高皇帝陵寢近，可死也。」既見市有豎福建門牌者，指曰：「福建吾君在焉，死於此可也。」南嚮再拜受刑。王聞之大哭，贈文明伯，謚忠烈。從死者：職方主事趙士超字淵卿，福州人；中書賴繼謹〔考曰：或作賴雍，誤也。〕字敬儒；蔡春溶〔考曰：或作蔡紹謹，誤也。此從臺灣外紀。〕字時培，皆漳州人；通判毛至潔字去水，六合人。

徐鼒曰：予讀南疆繹史謂王聞道周死，大哭，贈文明伯，謚忠烈，事近實矣。而李世熊寒支集有請褒卹孤忠疏，書其後謂：「輔臣死已閱月，通政司鄭鳳來猶駁云未有確報。」蓋國勢大壞，文告不通，情事然也。疏中表出師之苦衷，折盈廷之浮議，情詞懇至，附書之以當論斷焉。疏曰：「臣聞天下非兵食單匱，邊疆感迫之爲憂，而人情頑弊、偷生忍死之可畏。何則？兵食亦有裕足之方，邊疆亦有恢擴之策；獨衣冠鄙薄，名節陵遲，則雖士飽馬騰，日闢百里，猶之藉寇而資敵，此臣所用憂也。臣竊見輔臣黃道周孤師抗敵，義無返顧，身陷敵營，絕粒就死，史册所書，於今爲烈。竊意朝野震悼，慕義無窮，而百僚斂聲，寂無彰闡。臣謂人情頑弊，不知死義爲榮矣。陛下更不顯拔孤忠，形諸偷鄙，恐日月逾邁，頽靡相沿，無復有言裹革請纓之事者。陛下卽撫有函夏，亦用何道以激勸臣民乎！且臣所私憂猶未止此。今士大夫既無有頌輔臣之烈以祈帷蓋之恩，將來必有搆輔臣之短以熒日月之照。一則曰輔臣憒不知兵，迂愚自用，一則曰輔臣失律輕生，無補於國。夫兵何容易，管夷吾、諸葛亮今古所共才也，夷吾亦曰：『平原廣囿，車不結軌，士不旋踵，鼓之而三軍視死如歸者，臣不如王子成甫。』陳壽則云：『應變將略，非諸葛所長。』街亭之挫，弟子輿尸，而當時後世不以此病管、葛者，諒人素所蓄積而已。假令有孫臏、吳起、穰苴、王翦之徒，而狡詭退託，中懷二心，陛下胡用此知兵者爲哉！若夫全軀而降竄，與捐軀而慷慨，均與(於)國無益也。陛下與其竄降而全軀者乎，抑寧與慷慨而捐軀者乎？況輔臣之捐生，不在孤師失律之日，亦在離朝去國之日也。驅市人而戰，數不滿二千，量形不足於襦，節腹不足於食，孤危蕭颯，臂指無援，徒恃忠信爲餱糧，仁義爲干櫓，此實難矣。蓋自史冊以來未有大臣視師部署單薄如此者。雖使孫、吳董此以抗狂鋒，臣知纖芒薄柱可立碎也。故曰輔臣辭朝之日，是畢命之日也。若謂輔臣破冒國餉，徒損威靈，則尤不可。昔西夏之變，韓琦師出環、慶，不協鄜、延，遂有好水川之敗，士卒招魂，慟哭震野，琦掩泣駐馬不前，上章引罪而已，韓公之威名不因此遂損也。紹興之初，張浚合關、陝之兵三十餘萬，符離之敗，國家宿積兵財掃地無餘。及其卒也，孝宗震悼輟朝，謚曰忠獻。良以士馬破傷，可生聚而復，寶臣殄喪，不可倉卒而求，宋之君臣則猶識大體也。今輔臣所損，無魏公萬分之一，原草初膏，身名遂燼，臣實傷之。陽門之介夫死，而子罕哭之哀，晉人以爲宋未可伐。仲尼曰：『善哉覘國乎。』輔臣直節清風，播聞夷裔，何但陽門之介夫；四方蠢動，窺伺國釁，多於晉人之覘宋，而同官等越人之視，朋舊無子罕之哀，臣恐天下有以亮(量)朝廷矣。死敵者無褒，則是降北者無罰也；名臣遇難而士夫不加哀，則具臣失節而士夫不爲辱也。烏知敵國無人，不以發蒙振落，輕笑朝士乎！今無論輔臣塗腦疆場，餘風凜烈不可湮沒；即使壽考令終，猶當俎豆千禩。何者？輔臣學宗天道，以易、詩、春秋爲符，參兩掛揲，窮變極賾。今陛下於占雲候氣之言，前席而商，至囊括天人之學，則表章缺然。陛下憑弔前古忠烈之事，則感泣欷歔；親見執義盡節之臣，則褒卹不及。臣以陛下狥名而失實，賤目而貴耳矣。夫陛下於輔臣，元首股肱，疾痛相關，況於死喪。賈復創傷，光武驚怛，至以子女婚姻，許其腹孕，於是天下歸之。輔臣郭田不饘，兩孤方齔。誠宜特錫廟謚，寵其遺胤，使遠近慕義，奮激以就功名；不然，墮豪傑之心，塞報禮之路，遠遜光武之仁，近爲覘國者所笑，臣雖微賤，敢代抉朝賢之口，爲國家昭布義聲，惟陛下垂察！」

明唐王幸延平府。

時江、楚迎王疏相繼至，王決意出汀入贛，與湖南爲聲援。鄭芝龍不欲王行，使軍民數萬人遮道號呼，擁駕不得前，王不得已，駐延平，以府署爲行宮。

明封朱成功爲忠孝伯，掛招討大將軍印。

成功條陳據險控阨，揀將進取，航船合攻，通洋裕國事宜，王嘆曰：「騂角也。」封忠孝伯，掛招討大將軍印。嘗入侍，見王有憂容，頓首曰：「陛下鬱鬱，得毋以臣父有異心乎？臣受厚恩，義無反顧，願以死捍陛下矣。」尋以母病陛辭回安平，王曰：「有事之秋，卿何忍舍朕去！」成功泣曰：「臣七歲別母，忽爾病危，爲子者心何安！以報陛下之日長，故敢請也。」王不得已許之。

明命前大學士傅冠總理湖南勦撫事宜；尋罷之。

冠，字元輔，別號寄菴，進賢人也。天啓壬戌（一六二二）進士，歷官禮部尚書兼文淵閣大學士，崇禎十一年（一六三八）乞休歸里，家居者六年。南都旣覆，闖黨王得仁導王師入進賢，掠冠家，殺其嫡孫傳鼎。冠潛行入閩，王遣官存問，手詔督師恢復江省，專理湖南勦撫事宜，賜尙方劍，便宜行事。師至邵武五福關，逗遛不前，聞警報，輒撤營歸，十二疏乞罷。適職方江隨者，以薦舉進身，思立名自重，乃疏言：「冠擁兵糜餉，玩敵擾民。」冠請解兵柄益力，詔杖江隨，予冠致仕。冠遂寄寓於泰寧。

明左都御史張肯堂疏請北征，詔加肯堂少保。

鄭芝龍惡肯堂之日以親征勸也，用其私人郭必昌代爲巡撫，奪其兵，令肯堂總理留守事務，造器轉餉。肯堂累疏請兵，詔加少保兼戶工兩部尙書，總制北征，賜上方劍，便宜行事，其實無一兵也。會陳子龍等起兵吳淞，肯堂之孫茂滋方家居，遣部下汝應元歸省之。應元卽以肯堂命奉茂滋發家財助軍，王授應元爲御旗牌總兵官。未幾，松江敗，徐孚遠浮海入閩，茂滋亦與應元至，爲言吳淞事雖無濟，而猶保聚相觀望，倘有招者，可一呼集，遂上水師合戰之議。言：「臣等生長海濱，請以水師千人，從海道直抵君山，招諸軍爲犄角。陛下親征，由浙東陸行，以期會於金陵。」閣臣曹學佺力贊之，謂：「徼天之幸，在此一舉，當乘風疾發。」卽自捐餉一萬，速其行。肯堂請以太常卿朱永佑、吏部郎中趙玉成、兵科給事中徐孚遠、蘇州推官周之夔爲參軍，以平海將軍周鶴芝將前軍，定洋將軍辛一根將中軍，樓船將軍林習將後軍。詔晉肯堂大學士，行有日矣，芝龍密疏止之，而以郭必昌將步卒先發，令肯堂待命，徘徊島上，朝信隔絕。是年六月，復下督師之命，然軍資器械盡爲芝龍所取，乃自募六千人，屯於鷺門。

我大清兵克奉鄉。明監軍道許文龍死之。

文龍起兵，逐我所置官吏，屯兵奉鄉。王師破寧州，遂攻奉鄉，圍守三月，糧盡，走保介首砦，食復盡，被擒死之。

辛未（二十四日），我大清兵克吉安，明職方主事郭錕死之，萬元吉退保贛州。

初，中書舍人張同敞於崇禎末調兵雲南，及抵江西，而南都已陷，退還吉安，楊廷麟留與共守，待以客禮。其將趙印選、胡一青頻立戰功。會贛督李永茂以憂去位，王以元吉爲督，召廷麟入直。元吉講體統，申約束，諸將稍不樂。而峒帥張安既以破敵立功，其諸營亦願受撫，寧都鄉紳曾應選請諸朝，遣其子傅燦入山招之，皆聽命，賜名龍武營，計日出贛，下吉安。元吉聞峒帥四營之足恃也，蔑視滇、廣兵，滇、廣兵皆解體。然張安故蠻寇，受降後，淫掠自如，廷麟嘗遣救湖西，所過殘破。及大兵逼吉安，諸軍皆內攜，不戰而潰。元吉奔皁口，部下惟安遠營汪起龍兵三百人，閣部蘇觀生發新威營二百人來援，元吉以監紀程亮督之，守綿津灘。無何，王師至，新威營先潰，安遠營繼之，元吉奔贛州。贛城倉皇爭竄，勢不可止，元吉殺其妾之出署者，人心少定。元吉素有才，及失吉安，神志惛然，且令益嚴，日坐城上，與將吏不交一言。隔河大營逼山麓，而指爲空營。兵民從大營中至，言敵勢盛，輒叱爲間諜，斬之。給事中楊文薦，元吉門生也，見事急，因自任守禦，城中賴之。

明魯方國安殺閩中犒師僉都御史陸清源。

國安縱兵奪餉，殺清源，張國維聞之嘆曰：「自我戕毒，禍不遠矣。」或曰：馬士英部將趙體元殺之

也。〔考曰：諸書皆云清源爲國安所殺，而勝朝殉節諸臣錄則云：以犒軍爲國安所留，江防潰，投江死。又按此事在錢塘江戰後。〕

明監國魯王命兵部尚書余煌督師江上。

煌，字武貞，會稽人，天啓乙丑(一六二五)舉進士第一，授翰林院修撰。崇禎時，以庶子充經筵講官，乞假歸南都，累徵不起。魯王監國，起禮部侍郎，再起戶部尚書，皆不就。嗣以武將橫恣，拜兵部尚書，始受命。時內閣田仰與義興伯鄭遵謙爭運餉，兩軍格鬭，喋血禁門，煌至，申嚴禁令。諸臣請乞無厭，煌上言：「今國勢愈危，尺土未復，戰守無資。諸臣請祭則當思先帝烝嘗未備，請葬則當思先帝山陵未營，請封則當思先帝宗廟未享，請廕則當思先帝子孫未保，請謚則當思先帝光烈未昭。」時以爲名言。監國以陸清源之死，恐闖興問罪之師，令張國維抽師西禦，煌代國維督師江上，因是江上之師愈單弱。

明魯攝餘姚縣事王正中率衆復澉浦。

正中輕騎渡海鹽，奪澉浦，人倚之若嚴城焉。

明參將楊展復川南諸州縣，王應熊、樊一蘅會師瀘州，檄諸路兵討獻賊。

展既取嘉定，賊帥劉文秀、狄三品來攻，爲展所敗，遁回成都。展遂合遊擊馬應試盡復嘉、邛、眉、雅諸州邑。於時故總兵賈聯登及其中軍楊維棟取資、簡，侯天錫、高明佐取瀘州，李占春、于大海守忠、涪。其他據城邑奉征調者：洪雅則曹勛及監軍范文光，松、茂則監軍詹天顏，夔、萬則譚宏、譚詣。一衢乃移駐納谿，居中調度。會應熊於瀘州檄諸路刻期並進，獻賊始懼。

獻賊大殺四川遺民。

賊以遺民逐殺僞官，忿然曰：「川人尚未盡邪？」令孫可望等四將軍分道出屠，深崖峻谷無不搜及。得男子手足二百雙者，授把總，女倍之，以次進階。有一卒一日殺數百人，立擢至都督。共殺男女六萬萬有奇。殺人之名：割手足謂之匏奴，分夾脊謂之邊地，槍其背於空中謂之雪鰍，以火城圍炙小兒，謂之貫戲。

獻賊大殺其兵將。

獻忠欲北行入陝，惡其黨太多，曰：「吾初起草澤才五百人，所至無敵；今兵多益敗，非爲將者習富貴，不用命，卽爲兵者貪戀懷二心。吾欲止留舊人，卽家口多者亦汰之，則人人自輕便，所向無前。」僞相汪兆麟從遡之曰：「恐兵知而先譟，奈何！不若立法責之，察偶語者及微過則置之法，並連坐；如此則殺之有名，無覺者矣。」議已定，而諸營尚未知，習故態，角射縱酒，嬉笑怒罵如平時。邏者至，輒收治，是日所殺卽十餘萬人。於是人人惴恐，無敢出一言者。邏者無所得，則於夜靜踰垣穴壁，竊聽笑語，躍出收繫，並其家屠之。毀中園一浮圖，穴其下，置砲崩之，兵之壓而死者萬人，或裝大艦沈之江。僞總兵延川溫自讓不忍無辜戮其下，棄妻子，夜率所部百餘人遁去，獻忠自引驍騎追之。自讓走脫，所部俱自殺。其他坐徇庇誅者，僞右軍都督米脂張君用以下又數十人，或剝皮死，並其家口部落斬於河。

臣鼒曰：寇賊屠戮之慘，說者謂浩劫不可逃，豈其然哉！讀張獻忠亂蜀本末而廢書嘆也。當日起義拒賊者，或能保全部落，延殘喘以待王師；而僞官僞將爲賊之腹心爪牙者，刳剔屠剝，孑無遺種，是有羅而自離之，有阱而自入之，求死而得死者，又誰怨也。夫獻忠之喑啞叱咤以使人者，懼其殺耳；懼其殺而不免於殺，與不懼其殺而免於殺，相去奚啻倍蓰哉！野史載獻忠之破荆州也，召惠府樂戶行酒，有瓊枝者色藝出其羣，獻忠命之歌，曰：「我雖賤，豈肯以歌侑賊觴。」刃挾之，曰：「汝技止此耳！我不畏死，奈我何哉！」賊臠之。同時有曼仙者，盡伎以歡賊。一夜，置毒於酒，滿斟而進之，獻忠覺其異，以手挽其頸曰：「汝先飲此！」因立斃。嗚呼！此皆不懼賊殺者，何鬚眉丈夫智出伶人下哉！

獻賊東下，明參將楊展逆戰於江口，大破之，賊還成都。

獻忠聞展兵勢甚盛，大懼，率兵十數萬，裝金寶數千艘，順流東下，將走楚。展逆於彭山之江口，縱火焚其舟，賊大敗，士卒輜重喪亡殆盡，走還成都。展取所沈金寶以益軍儲，自是富强甲諸將焉。

夏四月，明唐王萬壽節，不受賀。

明追復建文年號，立方孝孺祠。

徐鼒曰：此事於南都行之矣，茲復特書何？三代直道之公，百世不能改也。

明鄭彩棄廣信，奔入杉關；我大清兵遂克撫州，永寧王慈炎死之。

先是，永寧王慈炎招降峒蠻，復撫州，王師圍之，求救於鄭彩，監軍給事中張家玉以三營往援，圍暫解。已而復合，彩軍潰，撫州遂破，峒蠻亦散。報至，舉朝震驚，詔削彩職，戴罪圖功。

我大清兵克鉛山，明兵科給事中胡夢泰、兵部員外郎萬文英、主事唐偶死之。

夢泰，字友蠡，鉛山人，崇禎丁丑（一六三七）進士，知奉化縣。十六年（一六四三）夏，吏部舉天下廉能吏十人，夢泰與焉。崇禎帝念畿輔殘破，欲得治行已效者治之，夢泰因得爲唐縣。京師陷，南歸。黃道周之出師也，授夢泰兵科給事中，協守廣信。夢泰傾家募士，與侍郎詹兆恆、御史周定礽悉力守禦。萬文英，字仲實，南昌進士也，亦奉黃道周令援廣信者，分守鉛山。大學士熊開元薦太平諸生唐偶能知兵，授兵部主事，募數百人，出關與文英合軍。是月，金聲桓引兵逼鉛山，偶陷陣死，文英舉家投前湖死。城陷，夢泰夫婦同縊死。

明新城知縣李翱〔明史作翔，他書亦誤作翔。〕起兵拒守，城陷，死之。

翱字飈舉，邵武人。崇禎己卯（一六三九），以鄉貢廷試。會詔求直言，上書忤旨歸。時鄭彩兵潰，知縣譚夢開迎降，借犒師名斂財，民不堪擾，乃導守關兵誅之。夢開之黨，日與民相仇殺，彌月不靖。兵部侍郎吳春枝以新令難其人，薦翱爲之。翱單騎入城，斬夢開黨一人，餘不問，衆大服。然民習於亂，有佃人以田主徵租斛大，聚衆譟縣庭，諭之不解。翱乃遣義兵三百，詭稱彩軍，從南門進，衆皆奔。明日復聚，翱率兵出戰，斬百餘首級，亂乃靖。彩旣遁入關，監軍張家玉獨留，翱招新城徐伯昌募義勇千人，與家玉共城守，而大兵已從間道入，家玉戰敗走入關。翱策馬大呼曰：「我新城令也。」執送建昌，儼立不跪，勸以酒，舉杯擲地，遂見殺。方新城之被圍也，紳士議迎款，諸生楊應和賦詩痛哭曰：「我一身當敵，禍不及諸公也。」其從弟居久歎曰：「壯哉吾兄，可無與共事者乎？」提刀出，殺數人，並就縛，直立不少俯。旣死，屍不仆，兩手作擊刺狀。應和，字惠生；居久，字淡若。〔考曰：此事月日不可考，姑次之棄廣信後。〕

五月丙午朔，我大清兵進逼贛州，明江西巡撫劉廣胤〔考曰：紀略作劉承寵，據遺楊廷麟傳作劉遠生。〕戰敗被執，楊廷麟、萬元吉悉力固守。

廣胤募閩兵二千人，命中軍張琮領之，由寧都赴河東。聞王師乘勝薄贛州，出城往雩都，邀琮將兵來救。贛人疑其遁也，焚其舟，拘其妻子。俄而廣胤率琮兵至，贛人乃悔。琮渡河抵梅林，中伏大敗，還至河，爭舟，多墮水死，廣胤憤甚。五月朔渡河復陣，身先士卒，被執，復逃歸。圍愈急，廷麟乃遣使調廣西狼兵，已往湖西邀張安新軍，與王師再戰梅林，再敗。乃散遣其軍而入城，與元吉固守。

明擢兵科給事中揭重熙爲僉都御史，巡撫江西。

曾亨應撫州之歿也，重熙爲吏部主事王兆雄所劾，旣而大學士曾櫻掌吏部，疏薦重熙及傅鼎銓。王以鼎銓曾降賊，命以知府銜赴贛州軍前自効，獨召重熙入見。重熙乃偕鼎銓至閩，召對稱旨，遷考功員外郎兼兵科給事中，亦復鼎銓翰林故官，令還贛，而命重熙從大學士傅冠辦湖東兵事。瀘溪告警，冠不能救，重熙劾解冠任兵事，遂歸。重熙統諸將克金谿，復撫州，有衆十萬，捷聞，授右僉都御史，代劉廣胤巡撫。以諸將進止不協，退保瀘溪，與王師戰於銅蒲隘、師姑嶺及高田、孔坊，俱有功。

明加吏部尚書郭維經六省督師銜，募兵援贛州。

王初召維經爲吏部右侍郎，其子應銓、應衡、應煜舉兵臨川，大小十數戰，頗有斬獲。王授應銓、應衡兵部郎中，應熀戶部主事。比贛州圍急，命維經以吏兵二部尚書兼右副都御史，總理湖廣、江西、廣東、浙江、福建軍務，募兵往援。維經遂與御史姚奇胤沿路召募八千人入贛，與楊廷麟、萬元吉固守。及維經死於贛，而應銓等駐兵龍泉，聲勢不相屬。明年，應銓部將潛導王師入城，兄弟同就執，應銓扼吭死，應衡鑿齒斷臂死。應熀以罵我巡按董學成奸貪，抽腸，死尤酷。

辛亥（初六日），明□□諸生張飛遠襲金山衞，不克。

飛遠故諸生，兄弟負膂力，聚衆從吳易於長白蕩諸營，以五日泛蒲酣飲，爲王師所襲，殺數百人，失大將羅騰蛟。明日，飛遠謀出不意取金山衞，我守將逆戰，飛遠遁去。先是飛遠約城中內應者墨其鼻，飛遠遁，而內應者鼻猶墨也，悉就誅。

琉球國入貢於明。

明廷試貢生。

取萬荆等十二人，命爲萃士，照庶吉士例送翰林院教習。

明擢湖廣監軍道章曠爲右僉都御史，巡撫湖北。

曠，字于野，華亭人。崇禎丁丑（一六三七）進士，授沔陽知州。十六年（一六四三），賊陷州城，同知馬飈死之，曠走免，爲給事中熊汝霖、御史游有倫所劾，候訊黃州，用騰蛟薦，令戴罪立功。左良玉之犯南都也，騰蛟至長沙，以曠爲監軍。副將黃朝宣者，故巡撫宋一鶴部將也，駐燕子窩。劉承胤駐武岡，張先璧屯溆浦，騰蛟悉令曠召之來，留先璧爲親軍，而以朝宣、承胤分守要害。闖賊死，其黨劉體純等六大部擁衆數萬，逼湘陰，騰蛟用曠謀，盡撫其衆。而左良玉之部將馬進忠、王允成亦以良玉死，無所歸，突至岳州，偏、沅巡撫傅上瑞大懼，曠曰：「此亦無主之兵，可撫也。」入其營，與進忠握手，指泉爲誓，進忠等皆從之。進忠卽賊中渠魁混十萬也。王師逼湖南，曠悉力禦之，論功擢是職。曠有智略，行軍不避鋒鏑，嘗戰岳州，以後軍不繼而還。已又大戰於大荆驛，身扼湘陰、平江之間，湘南恃以無恐。

明殺魯使臣都督陳謙。

謙奉使入閩，久駐衢州，自云：魯已爵爲侯，鄭芝龍與有舊，引之入見，啓函稱皇叔父不稱陛下。王怒，下謙於獄。御史錢邦芑密奏謙爲魯心腹，與鄭氏交最深，不急除，恐生內患，王卽命誅之。芝龍入朝，願以官贖謙死。王故留久語，夜半，移謙他所斬之。芝龍伏屍慟哭，爲文以祭，有「我雖不殺伯仁，伯仁由我而死」之句，由是益懷異志。〔考曰：華廷獻閩游月記及南略謂謙奉使與行人林垐入閩。按林垐傳無仕浙東使閩事，惟瞿其美粤游見聞云：魯王遣行人林必達來，必達同一武弁通書鄭芝龍，芝龍以聞，逮下獄，廷鞫，切責必達。已而釋之，改必達福建督學御史。此武弁豈卽陳謙與？姑據列以俟考焉。〕

徐鼒曰：不曰殺都督陳謙，而曰殺魯使臣何？絕晉、鄭之交，結譚佝之怨，論者咎王之失大計也。顧鼒以爲未盡然者，登極之書，浙中不拜，犒師之使，江上不歸，釁隙已成，調停無術。且是時北兵日逼，閩、浙固莫能相救，其勢亦何暇相仇哉！若芝龍故國之心已如脫屣，卽不殺謙，豈遂革面，彼歸獄錢邦芑者豈篤論乎！

明鄭芝龍通於我大清。

王責芝龍攬權逗兵，芝龍免冠頓首曰：「臣武夫，戇直不能逢迎，今旣見疑，願角巾私第，以終聖世。」王曰：「朕豈疑卿！但人有言，不得不爲卿道耳。」我經略洪承疇、御史黄熙允言於貝勒曰：「賂芝龍以王爵，福建可不勞一矢，浙中亦聞風潰矣。」芝龍復書，果有「遇官兵撤官兵，遇水師撤水師，傾心貴朝，非一日也」語，貝勒得報，遂謀渡江。

臣鼒曰：爲人臣者無外交，通者何？外交之詞也。然則何以不曰降？猶未降也。聖人御宇，萬物惟新，其板蕩而不忘故國者，固忠臣義士不挫之節；卽不得已而降志辱身，亦不過出於全軀命，保妻子之謀，非必有他志也。若芝龍旣不忠於明，亦非忠於我大淸，居閩海爲奇貨，視君父若弈棋，懷狡兎三窟之謀，爲首鼠兩端之計，其陰狡詭譎，非當日降臣比也。曰「通」者，深惡之也。

乙丑（二十日），天狗星隕。〔考曰：本甲行日注。〕

明監國魯王加孫嘉績、熊汝霖東閣大學士。

加嘉績、汝霖大學士，督師如故，而餉終不給，兩人又不諳於軍，乃以衆付黄宗羲、王正中領之，合軍得三千人。正中爲之仁從子，故不乏食。太僕卿陳潛夫、尚寶卿朱大定、兵部主事吳乃武、查繼佐各募數百人來附，將由海寧取海鹽，入太湖。百里之內，牛酒日至，整軍抵乍浦，約崇德義士孫奭爲內應。俄而江上師潰，遂皆散去。宗羲結寨四明山，從者尚五百人，微服出訪監國消息。山民畏禍，焚其寨，部將茅涵、汪翰死之。宗羲乃走剡中。

壬申（二十七日），明江上兵潰，方國安劫監國魯王走紹興。

貝勒偵知浙中虛實，益兵北岸，以巨砲擊方國安營，廚竈盡破，國安嘆曰：「此天奪我食也。」意入閩必大用，卽不濟，可便道入滇、黔。遂於二十七日拔營至紹興，率馬、阮兵刼監國南行，江上諸軍聞之，遂大潰。惟王之仁一軍尙在，張國維議抽兵分守各營，之仁泣曰：「壞天下事者，方荆國也。北兵數十萬，孤軍何以迎敵！吾兵有舟，可以入海；公無舟，速自爲計耳。」國維不得已，乃振旅追扈監國。

明總兵曾英、參將王祥率兵趨成都。

祥，綦江人，勇悍著聞。守遵義，賊不敢窺，才亞於曾英。而英之復重慶也，樵採不禁，督師王應熊怒之，故委任不及祥。既而英禦賊屢有功，應熊乃奏請以英爲總兵，王祥爲參將，連兵進討。賊益懼，遂決意棄成都。

明黃斌卿殺監軍道荆本徹。

本徹，字太徹，丹陽人，崇禎甲戌(一六三四)進士，南都亡，起兵松江，與田仰等奉義陽王某駐崇明沙。兵敗入海，屯舟山之小沙嶴。其將士善射，斌卿忌之。本徹又不能戢其士卒，斌卿乘民怒，造流言，民罩里從斌卿攻之，遂遇害。

六月丙子朔，我大清兵渡錢塘江，明監國魯王航海，妃張氏死之。

時夏旱，水不及馬腹，數日潮不至。貝勒被重甲，麾衆渡江，明兵棄輜重走。先是有「火燒六和堵，沙漲錢塘江」之讖，至是竟驗云。方國安、馬士英奔至台州，憩山上斷石橋，有石刻大字云：「方、馬至此止！」大駭，遂留不進，謀執監國以降。遣官守之，守者病，監國得脫，比追者至，監國已登海船矣。先是命保定伯毛有倫扈宮眷及世子出海，妃拜辭曰：「勿以妾故爲王累」。手碎瓷盤自剄死。宮嬪周氏出海後，叛將張國柱劫之北去，亦自刎死。〔考曰：監國有兩張妃，舟山冊立者爲元妃張氏，鄞人。此爲前妃，會稽張國俊之女也。摭遺云：魯紀年、海上見聞紀並言妃被劫北去，中途碎瓷盤自剄死。而魯春秋、今魯史、江東閏位紀、舟山紀略諸書皆作辭王時死，今從之。然元妃之死也，辭曰：「懼爲奸人所賣，爲張妃之續。」則似出海之說近實矣。附注以俟考。〕

我大清兵取紹興，明魯兵部尚書余煌、禮部尚書王思任、侍郎陳函輝、大理寺卿陳潛夫等死之。

衆有議據城抗者，煌歎曰：「數萬軍猶不能戰，乃以老弱守孤城，是聚肉待虎也。」亟開九門，縱民出，賦絕命詞，〔考曰：詞云：「穆駿自馳，老駒忽逝，止水汨羅，以了吾事，有愧文山，不入柴市。」〕投城東渡東橋下死。思任嘗極言官亂、民亂、餉亂、士亂之失，乞休，不聽，歎曰：「江上之事不臘矣。」城破，不食死。〔考曰：繹史云：思任已病，避至秦望山丙舍以死。〕函輝從監國航海，半途相失，馳回台州，哭入雲峯山，作六言絕句十章，〔考曰：其一云：生爲大明之人，死作大明之鬼，笑指白雲深處，蕭然一無所累。其二云：子房始終爲韓，木叔死生爲魯，赤松千古成名，黃蘗存心獨苦。其三云：父母恩無可報，妻兒面不能親，落日樵夫河上，應憐故國忠臣。其四云：臣年五十有七，回頭萬事已畢，徒慚赤手擎天，惟見白虹貫日。其五云：去夏六月念七，今夏六月初八，但嚴心內春秋，莫問人間花甲。其六闕。其七云：手著遺文千卷，尙傳副在名山，正學焚書亦出，所有心史難刪。其八云：慧業降生人文，此去不留隻字，惟將子孝臣忠，貽與世間同志。其九云：敬發徐陵五願，世作高僧法眷，魂遊寰海名山，身列兜率內院。其十云：今日爲方正學，前身是寒山子，徒死尙多抱慚，請與同人證此。又自作祭文及埋骨記。」沈池中死。潛夫偕妻孟氏、妾孟氏，聯臂沈化龍橋下死。同時死者：山陰在籍通政司左參議吳從魯，字金堂，萬曆丙辰（一六一六）進士，由知縣歷任監司，擢通政參議，野服入山，設棺於庭曰：「有蹤跡我者，卽蓋棺。」旋病，櫛沐入棺，命家人蓋之。御史何弘仁字仲淵，崇禎丁丑（一六三七）進士，追扈監國不及，過關山嶺，書衣帶間，〔考曰：書云：有心扶日月，無計罣山河。末書弘仁間關奔行在，聞台又失守，已矣無復可爲，身非吾身，吾何家爲！爲吾子者，食貧守節而已。明御史何弘仁絕筆。〕投厓死。〔考曰：浙江通志載弘仁死與此絕異。〕會稽在籍主事高岱，字魯瞻，崇禎中以武學生舉順天鄉試，被黜，久之辨復浙東授職方主事，慨然曰：「上恩厚矣，國家重文輕武，以致神州陸沈，我武學授文職，尙不能以一死報國乎？」絕粒八日，薙髮令下，子諸生郎爵父投海死，岱聞之一笑而絕。同官葉汝蒞，〔考曰：亦作汝蘅。〕字衡生，崇禎庚午（一六三〇）舉人，浙東授主事，偕妻王氏赴水死。謝震龍，字雲生，以舌辯官浙東兵部主事，巡撫某訊之曰：「若兩榜乎？」曰：「兩榜不屈者有幾人？監國用我輩以壓倒之耳。」以謾罵慘刑死。長洲李山，字少華，官南京太常博士，精繪事。馬士英當國，而乞所製，作郭忠恕天外數峯與之。然心以爲恥，掛冠歸，卜居蠡墅，與徐汧、楊廷樞訂莫逆交。族人名釆者，爲幕府客，偶至，密示一册，乃松江兵事株連獄也。郡中列者三百餘姓，山醉釆以酒，自火其廬，釆醒而索册，則已燼，誡之曰：「此非天意假火以銷其獄乎？」釆悟，棄官去。監國以太常卿召，未幾病歸，絕粒死。故山西僉事鄭之尹，義興伯遵謙父也，投水死。武臣則山陰劉穆，字公岸，以武進士歷官參將，爲監國守潭頭，開府晉爵，一夕暴卒，目不瞑。子肇勷，以游擊從父軍，率諸弟跪牀下，腹刺「盡忠報國」字，涅而誓之，目乃瞑。〔考曰：肇勳行八，弟肇勷行九，幼識大盜畢昆陽於獄。昆陽善用槍，世稱爲「畢家槍」，勷與兄勳咸從授，故兄弟以畢槍名天下。乙酉秋，兄弟合兵渡江，肇勷騎而據嶺，殪十數人，伏兵起，矢集如蝟，猶僵立不仆。肇勳號而上者三，勿應，視之則死矣，抽矢出鏃斗許。一時同死者，義士王胤賢、陸建夔、郡吏印玉等，詳摭遺，附錄於此。〕都督同知張國紀，亦山陰人。馬士英之奉母后奔浙西也，國紀白於長吏，請誅之，不聽，聞江上潰，不食死。其士民先後殉難者：鄞縣諸生趙景麐投泮池不死，後絕食死；會稽諸生方烱、山陰諸生朱煒、蕭山諸生楊守程、楊雲門，而山陰醫士倪文徵、蕭山沈八十九、張鋸匠、會稽鍾皁隸之事爲最奇。文徵賣藥囊易二缸，召里中少年曰：「吾明人，今不鬼，鬼不明矣，請覆我。」衆漫應之。躍入缸，復出曰：「吾坐未正也。」正坐，衆覆而環呼之，良久乃絕。八十九者，但知其姓沈，劄寨楡青嶺，殺我一裨將，王師合攻之，八十九獨持食筅鬭，衆披靡，大驚曰：「好蠻子，再得十餘人，江東不吾有矣。」戰渴趨澗飲，出不意，墮水死。張鋸匠掄大斧爲左右翼，力竭死。鍾皁隸從海上齎黃斌卿檄往山寨團練，被縛，不跪，痛撻之，曰：「輕則斫，重則剮，法不當杖斃也。」檻送省，磔於市。

明魯東閣大學士孫嘉績蹈海死。

嘉績從監國出海，攜印綬圖籍蹈海死，〔考曰：勘本云此六月二十四日事。〕葬蘆花洲上。初，嘉績計偕，夢身臥狀元坊下，嘗歎其無徵，其葬處乃國初張狀元墓道也。〔考曰：見馮愷愈榕堂雜詩。〕

我大清兵取東陽，明魯少傅武英殿大學士督師張國維死之。

監國航海，傳命張國維遏防四邑，以圖再舉，國維遂歸東陽，俄報義烏破，有勸國維入山觀變者，國維歎曰：「誤天下者文山、疊山也。」作絕命詩三章，〔考曰：首章自述云：艱難百戰戴吾君，拒敵辭唐氣勵雲；時去仍爲朱氏鬼，精靈長傍孝陵墳。次章念母云：一瞑纖塵不掛胸，惟哀耋母暮途窮；仁人錫類能無意，存歿銜恩結草同。三章訓子云：夙訓詩書暫鼓鉦，而今絕口莫談兵；蒼蒼若肯施存恤，秉耒全身答所生。〕衣冠躍入池中死。

明魯武寧侯王之仁至江寧，諭降不屈，死之。

之仁載其妻妾二子二婦幼女諸孫沈諸蛟門外，再拜捧所封勅印投焉。乃立旗幟，張鼓吹，揚帆抵松江，峩冠登岸。衆謂其降也，護至金陵。洪承疇令其易服薙髮，之仁笑曰：「我握兵柄，作通侯，謀人國事而無成，死固分也；然葬於波濤，身死不明，故就此求死耳。」遂見殺。

徐鼒曰：之仁自同國安爭地爭餉，蓋沿四鎭之餘習，而不自知其身犯不韙也。迨至慷慨出師，揮戈江上，從容就死，化碧原頭，前後異轍，如出兩人。覽其大節，亦黃靖南之亞歟？

明方逢年、方國安、馬士英、阮大鋮降於我大清。

四人擁殘卒數千，疏請入關，王不許，士英乃遁入台州山寺爲僧。逢年父子、大鋮薙髮降，已而士英亦降。

我大清兵克金華，明魯文淵閣大學士婺安伯督師朱大典死之。

金華與閩相近，王之在高牆也，大典爲淮撫，嘗白其寃，故屢書招之入閩，辭曰：「錢塘一江扼要，吾去則誰司餉！脣亡齒寒，閩又何恃焉！」或勸其子媳先行爲善後計，曰：「吾子媳去，則一境無固志，是教之叛也。爲天下者，烏得及其家！」阮大鋮搆之方國安，稱大典家多財，索餉四萬，率衆往襲之，監國傳旨至再，始解散。比國安、大鋮降，請破金華以自效。大典殺招撫使，與部將吳邦璿、何武固守三月。御史傅巖爲義烏强宗，請以子弟兵爲援，泣許之，夜縋而出。國安以大砲攻之，城中亦以砲應，日鬨如雷。已王師日衆，守者漸疲，城西門有新築土未堅，大鋮識其處，砲專攻之，城遂崩。大典子萬化巷戰，力盡見執，大典麾其愛妾幼子及萬化妻章氏投井。邦璿曰：「城中火藥尚多，不可資敵，盍焚之，爲吾輩死所。」大典袖火繩示之曰：「此我意也。」環坐庫中，賓從侍者二十餘人皆焚死。同時死者：舉人葉向榮，前知江西寧都縣，破賊有功，總督袁繼咸薦之，以忤馬士英，量移吉安同知，被劾歸，城破投野塘死。傅巖還至義烏死，都督蔣若來力盡自刎死。〔考曰：本卹謚考。〕浦江諸生張君正自經於明倫堂死。又武進人鄭邠，館大典家，亦死。

我大清兵克衢州，明樂安王、〔考曰：據東華錄名誼石。〕**楚王、**〔考曰：楚王華奎爲獻賊所殺，此無所考。〕**晉平王、**〔考曰：世表所無，東華錄又云蜀王朱盛濃亦無考。〕**永豐伯張鵬翼、督學御史王景亮、知府伍經正、推官鄧巖忠、署江山知縣方召皆死之。**

衢州破，樂安王、楚王、晉平王俱被殺。守將張鵬翼字耀先，諸暨人，與弟鵬飛、季熊俱以善戰聞，初以總兵掛淮海將軍印，監國封爲永豐伯，鎮衢州。標下副將秦應科約王師爲內應，城破巷戰，與鵬飛同被執，不屈，自刎死。王景亮，字武侯，吳江人，崇禎□□進士，南都授中書舍人，閩中擢御史，巡按金、衢，兼視學政，城破縊死。伍經正，安福貢生，爲西安知縣，閩中擢知府，赴井死。鄧巖忠，江陵舉人，自經死。方召，宣城諸生，署知縣事，聞金華被屠，集父老告之曰：「吾義不當去，然不可以一人故，致闔城被殃。」封其印綬冠帶，赴井死。

臣鼒曰：衢爲閩、浙之交，諸臣皆仕於閩而兼臣於魯也，無以別白之，故備書焉。

我大清兵克嚴州，明魯守將張季熊死之。

季熊，鵬翼、鵬飛之弟也，戰敗，匿郡巷中，追騎索之，季熊突出，大吼曰：「大丈夫肯避爾邪！」手刃數十人，援絕，躍上屋，擲瓦四擊，坐屋脊，拔鞾刀自剸，屍直立，三日不仆，時稱張氏三忠云。〔考曰：本汪光復航海遺聞。〕

明兵部右侍郎楊文驄進援衢州，敗死。

初，南都破，鴻臚丞黃家鼒往蘇州安撫，文驄襲殺之，走處州，閩中立，拜兵部右侍郎兼右僉都御史，提督軍務。王之在淮上也，窶甚，文驄子鼎卿與王爲布衣交，授左都督太子太保，王奬之，擬以漢朝大小耿。及衢州告急，命偕誠意伯劉孔昭赴援，與監紀職方主事孫臨並爲追騎所獲，說之降，不從，同見殺。臨，字武公，桐城人。

徐鼒曰：文驄裙屐風流，琴樽酬答，累於附勢，損厥清名。向非一死自贖，則與馬、阮同科耳，君子所以尙補過夫。

我大清兵克明盤山關。

初，貝勒以長江未易渡，遣一旅從紹興別道奪盤山關以分其勢，總兵盧若驥堅壁死守，屢攻不下。我師用降將爲鄉導，〔考曰：諸書謂劉孔昭。按孔昭無降事，順治十一年張名振題詩金山，祭孝陵，與孔昭同舟。〕副將周茂戰死，若驥忖人心已離，夜半，率子弟親隨三百餘騎，棄關從溫州渡舟山，於是溫、台、福寧相繼降。先後殉難者：永嘉在籍太僕寺少卿王瑞枬〔考曰：枬或作構，或作旃，皆形近之譌。〕字聖木，閩中命以故官督理兵餉，溫州不守，避之山中，於明年五月十五日，以生日拜家廟，召親友置酒，入室自經死。諸生葉尙高於上丁釋奠日，倚廟柱詈當事，鞭箠下獄死。〔考曰：尙高和正氣歌，有「未吞蒲酒心先醉，不浴蘭湯骨已香」之句。〕鄒欽堯、鄒之琦，俱赴水死。

明溫州總兵賀君堯殺前大學士顧錫疇。

錫疇，字瑞屛，崑山人。萬曆己未（一六一九）進士，南都授禮部尙書，以議削溫體仁謚，罷歸。閩中進東閣大學士，加督師銜，駐溫州。君堯與督學相結，取事例銀供餉，諸生鼓噪，君堯執而殺之。錫疇怒，將以聞，君堯乘夜縛錫疇投之江，子鑾走免，君堯以是不爲衆所容。溫州敗，入閩，已復至溫州，收玉環山之漁稅，挾重貲入舟山，爲黃斌卿所殺。〔考曰：本行朝錄。〕或曰：君堯賂我嘉湖道佟某求官，佟之父邦年，錫疇師也，置君堯於法。〔考曰：本粵游見聞。〕

辛丑（二十六日），明前兵部右侍郎兼右僉都御史九江總督袁繼咸猶在京師，諭降不屈，死之。

繼咸之爲左夢庚所劫也，軍中自銘曰：「死事也易，成事也難；爲嬰弗克，爲臼維艱。張死匪先，許死匪後；臣心靡他，靖獻我后。」抵大勝關，豫王傳語，與以大官爵，又自銘曰：「大官好作，大節難移；成仁取義，前訓是依；文山、袁山，仰止庶幾。」袁山，繼咸自號也。見豫王，長揖不拜，爲設宴，不飲亦不言。在道，再縊不死；絕粒八日，又不死。入京，就館，內院學士剛林勸之朝，且曰：「朝廷爲明討賊，今賊未絕，君入仕，可爲明帝報仇。」繼咸曰：「討賊者，新朝之惠也。今弘光何在，而臣子圖富貴乎！」剛林又言弘光不道事，曰：「君父之過，臣子何敢知。」乃改館，邏卒守之，幅巾衲衣，兀坐讀書，不薙髮。是年六月二十四日，就刑菜市，曰：「吾得死所矣。」年四十九。鄉人李元鼎爲兵部右侍郎，收其骸骨，歸袁州。子一藻，不仕，亦早卒。

徐鼒曰：繼咸之爲張孫振所誣也，陽曲傅山嘗詣匭使訟寃，逮繼咸至燕邸，寄山書曰：「晉士惟門下知我深，蓋棺不遠，斷不肯負知己，使異日羞稱友生也。」山得書痛哭曰：「公乎，吾亦安肯負公哉！」後遭刑辱，抗詞不屈，幾死。

明鄭鴻逵棄仙霞關，詔削鴻逵封爵。

鴻逵聞浙東軍潰，徒跣而逃，三日抵浦城。事聞，行在大震，削其封爵。時有民謠曰：「峻峭仙霞路，逍遙車馬過，將軍愛百姓，拱手奉山河。」

明鄭芝龍撤兵赴安平鎮，詔留之不得，仙霞關守兵皆潰。

芝龍既通款於我貝勒，疏稱：「海寇狎至，三關餉取之臣，臣取之海；無海則無家，非往征不可。」拜表即行，王手勅留之，曰：「先生稍遲，朕與先生同行。」中使奉敕至河，而芝龍已飛帆過延平矣。守關將施天福、郭曦、陳秀、周瑞等受芝龍指，縱兵四掠，至建寧，巡按鄭爲虹與金衢道黃大鵬閉城，發倉庫犒之，兵歡呼去，一郡獲全。

明以元子誕生，大赦，進諸臣爵。〔考曰：紀略載諸七月，而粵游見聞、南略俱云六月。〕

皇子琳原生，羣臣賀表有「日月爲明，止戈爲武」語。王嗟賞，覃恩大赦，進鄭芝龍爵泉國公，尋改平國公。鴻逵爵漳國公，尋改定國公。鄭氏厮養俱得誥敕。御史錢邦芑言：「元子誕生之辰，正浙東新破之日，同盟且應見卹，剝膚益復可憂。臣以爲是舉朝同仇共憤之秋，非覃恩受封之時也。且覃恩不宜太優，爵賞不宜太濫，若鐵券金章，徒以賜從龍之舊，卽將來恢疆復土，何以酬汗馬之勳，非所以重名器、勸有功也。」不報。無何，皇子薨。

明釋都察院僉都御史田闢於獄。

闢，河南人，崇禎甲戌（一六三四）進士。弘光時，以戶部榷稅虔州，是年二月，募兵入衞，改都察院僉都御史，疏糾閣臣曾櫻，語連中宮，王含怒未發也。五月，遣錦衣衞王之臣往閱其師，之臣迎合意旨，疏糾詭兵冒餉，逮下詔獄。然兵籍皆實，餉亦自備，官所給尙未發也。衞臣王承恩婉轉辨白，班行亦多申救，王怒不解，至是以皇子生得釋。後擁衆山谷，崎嶇楚、粵間，戊子（一六四八）九月，兵敗抗節死。〔考曰：本粵游見聞。〕

明開科取士。

命流寓者皆入試，廣額七十名，以編修劉以修、閔肅主試，舉葉琯等百七十五人，覆試落四人，逮同考推官王三俊下獄。旋親試流寓貢生，取萬子荆、倪天弼三十餘人，改爲萃士，送翰林院教習，榜首李日煒徑授禮科給事中。

明賜贛州名忠誠府。

前南贛巡撫李永茂遣副將吳之蕃、游擊張國祚將粤兵五千援贛，戰於李家山、九牛山之間，連戰皆捷，圍暫解。時贛城堅守已久，王諭獎賜名忠誠府，加楊文薦右都御史，偕郭維經出閩援贛。

明孫守法退保五郎山。

王師徇秦地，所得郡縣復失，聲勢寖衰。是月，退保五郎山，武大定敗於興安，遁入蜀。尋王師克張果老砦，千總康姬命死之。

明忠義伯兵部尚書吳易被執，至杭州，不屈，死之。

易之敗於長白蕩也，以三十騎潰圍走，舟重，三十人盡覆。易泅水半里，猶子某見水面紅快鞋，謂易已死，以追兵急，繫舟後，行半里許，始舉視之，尚未死，張目問曰：「追兵已退，吾兵尚有幾何？」左右曰：「百人耳。」易曰：「速返追擊，此去必獲大勝。」果奪其輜重而還。是年春，吳江人周瑞（考曰：酉戌雜記謂周瑞字曼青。東華錄載閩督奏太湖吳日生、倪曼青被獲，是曼青非周字。三藩紀事本末有諸生周毓祥。按毓祥與瑞字義近，當是周字，曼青自姓倪。）復聚衆長白蕩，迎易入其營。未幾，衆潰，飲孫璋家，易與瑞並獲於杭州草橋門，璋父子亦死。易驍將茹略文，字振先，餘姚人。初入太湖，從徐雲龍破長興，屢戰有功，後歸易，奏授總兵。長白蕩之敗，略文手斫數十人，被創，血盡而仆，兵疑其佯死，連刃之，兵去稍甦，捧其頭以走。至潯溪，休於野廟。廟祝故識之，傅以良藥，百日愈。後與大兵戰於麻湖，援絕乃死。其將周志韜收餘衆自保，魯監國遥授爲參將，久之，兵敗，赴水死。（考曰：本酉戌雜記。）

小腆紀年附考卷第十三

前翰林院檢討加詹事府贊善銜六合徐鼒譔

秋七月己巳（二十五日），明焚羣臣迎降書於午門。

王御午門，內侍捧小匣置御前，諭羣臣曰：「朕本無利天下心，以勳輔擁戴，不得已勉徇羣策，浣衣糲食，有何人君之樂！朝夕乾惕，恐負重付，豈意諸臣已變初志。昨巡關之使得爾等出關迎降書二百餘封，朕不欲知其姓名也，今命錦衣衛焚之午門，爾諸臣尚洗心滌慮。倘能竭節奉公，不渝終始，是所望也！」王長身豐頤，聲如洪鐘，聞者悚息。

明總督何騰蛟遣兵勤王。

初，王數議出關，爲鄭氏所阻。騰蛟疏請幸贛州，協力以取江西，令郝永忠將精騎五千奉迎，永忠逗遛鈔掠，甫抵韶州，而王師已過衢州矣。

臣鼒曰：勤王無功，何以書？土崩瓦解之勢已成，而惓惓不忘君父，嘉其志，不更苛其功也。特書之，以愧世之時危而棄其君者。

獻賊毀成都，走川北。

獻忠自江口之敗，勢不振；又聞曾英、王祥兵日逼，乃決意走川北。用法移錦江而涸其流，穿穴數仞，寶以黃金瑤寶累億萬，殺人夫，下土石以塡之，然後決堤放流，名曰錮金。又盡毀宮殿，墮砌湮井，搜牛犬盡磔之。曰：「自我得之，自我滅之，不留毫末貽人也。」於是月拔營，盡起駐西充山中。又恐其下爲變，輒取懷中小册喃喃自語曰：「天教我殺，我敢不殺。」或問之，獻忠默然久之曰：「皇帝極是難爲，我有金銀數萬兩，絨貨數萬挑，驢馬百千頭，往南京作絨貨客人耳。」問者曰：「即如是，解散衆兵亦可，何必殺人！」獻忠曰：「我面有刀痕，他日恐漏洩也。」衆見其謀之拙也，知必敗，然畏其兇惡，莫敢爭焉。

明楊展追獻賊於漢州，不及，封遺骨而還。

展追至漢州，賊已遠颺，乃盡收暴骨叢葬焉，識其碣曰：「憐爾白骨之慘，用加黃壤之封。」

八月甲申（十一日），我大清兵克建寧，明兵備僉事倪懋熹死之。

懋熹，字仲晦，鄞人。錢肅樂之致書定海總兵王之仁也，難其使。懋熹請行，以大義說之，之仁竟如約，魯監國授職方主事。唐、魯頒詔之釁，使臣或被戕，議遣一能者往。懋熹又請行入閩，王大喜，令以僉事分守建寧道。標故有兵千人，爲芝龍所撤，懋熹乃捐俸募兵出關，力不支，一軍盡殲死焉，年三十九。〔考曰：本鮚埼亭集倪公墳版文。〕

甲午（二十一日），明唐王出奔。

王聞仙霞不守，自延平出奔，宮眷皆騎，猶載書十餘簏以從；從者輔臣何吾騶、朱繼祚、黃鳴俊數人而已。

乙未(二十二日)，我大清兵入仙霞關，明守浦城御史鄭爲虹、給事中黃大鵬死之。

爲虹，字天玉，江都人。崇禎癸未(一六四三)進士，除浦城知縣。王之入閩也，道浦城，聞其爲廉吏，欲拔置左右，部民相率乞留，有十不可去之疏，乃令以御史巡視仙霞關，駐浦城。鄭芝龍部將奪商人米，爲虹繩以法。芝龍訴於王，王諭解之。尋令巡撫上游四府，兼領關務，紀綱肅然，將士斂迹。迨芝龍撤守關兵，仙霞嶺二百里間虛無一人，王師長驅入。百姓擁爲虹見貝勒，令之跪，不屈，勸之薙髮，爲虹曰：「負國不忠，辱先不孝，忠孝俱虧，生我何爲！寧求速死，髮不可薙也。」明日，責令輸餉，爲虹曰：「清吏何處得金？」百姓欲代輸贖死，爲虹曰：「民窮財盡，烏乎可！」大罵，奪刀自刺胸膛不死，遂見殺。大鵬，字文若，建陽人。少孤貧不能從師，從旁竊聽，遂知書，能屬文，崇禎庚辰(一六四〇)進士，知義烏縣有聲。王召爲兵科給事中，兼治兵餉。以仙霞重地，宜使閩人自爲守，令協爲虹守之。被執，南向立，不屈死，浦城人皆廟祀焉。〔考曰：南略載黃大鵬事舛錯特甚，今從明史。〕又京營參將吳江洪祖烈、浦城千戶張萬明及其子都司翹鸞皆同日死。〔考曰：沈彤吳江縣志載祖烈死時事，與鄭爲虹略同，各就所聞者記之也。惟百姓代輸非祖烈所能得之於民者，故仍係之爲虹焉。〕又同安破，都督同知義烏傅起燿，閩清破，知縣西安陳其禮偕子龍玉、婦吳氏、壻徐應宜不屈死，月日不可詳，附志焉。

丁酉(二十四日)，我大清兵取延平，明知府王士和死之。

士和，字萬育，金溪舉人。避亂入閩，謁選得吏部司務，陳時政闕失六事曰：文職廣而妄銜者多，武弁驕而立功者少，升遷驟而責任益輕，議論煩而實用惟寡，聽納博而精神愈勞，移蹕頻而民生日苦。疏列數千言，王讀之曰：「此苦口良藥也，朕朝夕省覽，爾諸文武亦共儆戒。」刊所奏分賜之。是年夏，擢兵部主事，以延平爲駐蹕地，授士和知府事。王倉卒出奔，留兵部侍郎曹履泰偕士和居守。俄警報疊至，士和召父老告之曰：「郡守當與城存亡，若等自爲計，毋以數萬生靈膏斧鑕也。」衆皆泣。入内署，謂其友曰：「吾一介書生，不數月而位二千石，不死，人且謂主上不知人。」自縊死。

我大清兵取明天興府，禮部尚書曹學佺、定遠侯鄧文昌死之。〔考曰：諸書謂通政司馬思理死之。按丁亥八月，魯王以馬思理爲東閣大學士，卒於戊子冬十月，是思理未死也，豈另一人歟？此等多不可解。〕貝勒至延平，詢知王由汀州趨江右，乃遣總兵李成棟領兵追王，自統大兵取福州。尚書曹學佺奔鼓山佛前問休咎，甫下拜，見繩一縷，袖之歸，題壁曰：「生前一管筆，死後一條繩。」衣冠自縊死。文昌，寧河王愈之後，南渡時任後軍都督，航海赴闕，襲封定遠侯，奉命留守福州，與妻徐氏同死；徐即魏國公弘基之女也。時同死者：文臣則中書舍人閩縣鄭羽儀，前懷遠知縣泰寧江振鵬及其子白龍、懷龍，前建陽知縣臨潁崔攀龍。武臣則長汀人游擊張兆鳳，汀州衞人守備李國英。未仕者，進士則永定吳煌，舉人則莆田林說、林曾賓，福清林化熙、卓震，貢生則侯官亢綸，廩生則同安張璇光，武舉則永福趙子章；民人則閩縣趙卯。雖其事不可詳述，而姓名猶可考焉。〔考曰：本卹諡考，有福安繆士珦。按士珦乃死於福寧之難，與劉中藻同時事。〕

辛丑（二十八日），我大清兵入汀州，明唐王殂，后曾氏及福清伯周之藩、給事中熊緯等死之。

丁酉，王奔順昌，而王師已抵劍津，倉卒就道，妃媵有一騎而三人者，福清伯周之藩、給事中熊緯率兵五百隨行。中途曾后鞭墜地，之藩下馬檢獻，王不名其官，惟呼我兒。王口渴覓飲，之藩以小桶汲之，曰：「願陛下一統。」王喜，飲之，袍袖俱溼，加之藩總督御營。二十七日，抵汀州。明日五鼓，之藩朝行在，猶聞王與曾后角口聲。俄有十餘騎稱扈蹕者踵至，則追兵也。呼問誰是隆武，之藩挺身呼曰：「吾乃大明皇帝也。」羣射之，之藩拔箭手殺數十人，俄腦後中箭，墜馬被殺。熊緯督二十餘人格鬬，亦箭傷喉死。王與曾后遇害於汀州之府堂，時八月二十八日辛丑也。〔考曰：諸書皆謂隆武被執，送至福州，斬於市。曾妃被執，投九龍潭死。臺灣外紀云：錦衣衛陸昆亨眼見隆武帝后戎裝小帽，與妃嬪被難於汀州之府堂，百姓收羣屍，葬於羅漢嶺，當得實也。或又曰：汀州代死者爲張致遠，王實未死，後鄭成功屯兵鼓浪嶼，有遺使存問諸臣者，云爲僧於五指山，然亦莫別其眞僞也。〕御史王國翰偕子隨駕死。〔考曰：本粤游見聞。〕戶部尚書姜一洪徒步追扈，抵贛之木榔菴，力竭慟哭，赴江死。翰林院編修徐復儀典試雲南，幅巾草履，走千里，歸辭父母，投崖死。御史艾南英、郎中賴垓皆以聞難後死。武臣則總兵胡上琛從至汀州，遇變，奔還福州，與其妻仰藥同死。百戶閔時守麗春門，矢洞胸死。之藩字長屏，井研人，崇禎中爲福建參將。王之出師也，命以所部由汀州直抵南昌，授御營右先鋒，封福清伯。緯，南昌人，崇禎癸未（一六四三）進士，由行人升給事中。一洪，餘姚人，萬曆丙辰（一六一六）進士。復儀，上虞人，崇禎癸未（一六四三）進士。南英，東鄉人，天啓四年（一六二四）舉於鄉，嘗起兵建昌，兵敗入閩，陳十可憂疏，授主事，尋改御史。垓，崇禎戊辰（一六二八）進士。上琛世襲福州右衛指揮使。時汀州衛人又有陳若水者，亦以追扈力竭死，而爵里無可考焉。

臣鼒曰：聞之黃宗羲曰：「王英才大略，不能鬱鬱安於無事，及遭逢患難，磨礪愈堅，於世之嗜好淡如也。性喜文辭，手撰三詔，見者無不流涕感動。御製祖訓後序、行在搢紳便覽序，皆典雅可誦。論者徒見其不能出閩，遂言其好作聰明，無帝王之度，此以成敗論也。王之託於鄭氏，所謂祭則寡人而已。蛟龍受制於螻蟻，可責其雷雨之功哉！閩之亡，天也，勢也。」

我大清兵克廣信，明巡撫周定仍、副使胡奇偉、同知胡甲桂死之，兵部尚書詹兆恆退保懷玉山。

定仍字雪笠，南昌人，崇禎癸未(一六四三)進士。黃道周之出師也，定仍以監軍御史偕員外郎萬文英分兵援廣信，與侍郎詹兆恆協守。授定仍右僉都御史，巡撫其地。會湖東副使進賢胡奇偉、總兵徽州汪碩畫以兵來，永州同知崑山胡甲桂亦以道梗，改廣信，相與固守。碩畫兵敗貴溪，不屈死。是月諸軍皆潰，城遂陷，定仍見殺，奇偉自刎死，甲桂被執，幽別室自經死。又有貴溪舉人畢貞士者亦與守城，城破，行至五里橋，拜祖塋，觸橋柱死。兆恆聚衆數千人，退據懷玉山。〔考曰：三藩紀事本末以破廣信爲四月事。按四月破鉛山，時廣信未破也。〕

我大清貝勒勒克德渾誅明馬士英、阮大鋮、方逢年、方國安於延平市。

大兵搜龍槓，獲方氏父子與馬、阮連名請駕出關疏，按月日，在既降後，遂駢斬逢年、國安、士英於市。大鋮方遊山，聞之，自投崖下死，乃戮其屍。或曰：士英實未降，遁入太湖，投長興伯吳易軍中，明年，爲官軍所獲，戮於市。大鋮從王師踰仙霞嶺，遘疾，同行者曰：「子老矣，無苦跋涉。」大鋮艴然曰：「吾雖老，尚能彎弓躍馬。嘻，此必東林、復社來間我也！」軍中初弗解東林、復社爲何語，曰：

「子行矣，非敢有撓也。」大鋮乃下馬，步行過五通嶺，喘息不相屬，蹲一石上死。其僕下嶺購棺，顧無所得木，越數日舁板扉上，則屍蟲四出，存腐骨而已。或曰：方其自矜時，爲士卒擠巖下死。或又曰：大鋮登嶺時，忽頓首大呼曰：「介公饒我！」遂自撻面，墜馬死。介公，雷縯祚字也，蓋好事者爲之也。

臣鼒曰：馬、阮爲當時衆惡之所歸，未死而詛其死，既死則快其死，所聞異詞，所傳聞則又異詞矣。曰東林、復社聞我，曰介公饒我，此語既軍中所不解，則亦誰聞之而誰傳之！欣欣然有喜色而相告者，固不暇計其說之眞贋也。然則何以決其伏國法哉？請駕出闕之疏，在我朝則爲叛臣，在勝朝則爲義舉，非實有是事，則載筆諸君子必不以所樂聞之事，加之所甚惡之人。而明史既臚列是說，江氏臺灣外紀以閩人說閩事，確指之而無疑詞，則作史者亦信其所可信耳。大鋮之罪浮於士英，筆伐口誅之文，累牘不能載。蕪湖諸生沈士柱者，字崑銅，復社名士也，有祭文，以滑稽之文窮鬼蜮之趣，錄之以當斧鉞焉。文曰：「丙戌長至之後二日，近故降大司馬阮公之喪至自浙東，蕪湖沈某辱公知最深，爲文以告其靈曰：古稱知己重於感恩，以余觀之，豈獨恩爲知己哉！漢之有孔融也，博文強記，一代師表，操非不知之。唐之有顏眞卿也，純忠大節，爛然與日月爭光，盧杞非不知之。然惟知之深，故忌之愈切，殺之愈速：天下後世知操、杞之妬賢榮身，而不知於兩公未始不稱相知也。以予少賤，未嘗與司馬公謀面，竊聞公以早歲掇巍科，歷登華膴，中常侍之際勢中要路，與賢士君子爲仇。說者遂詆公爲假子，獻百官圖，導之殺正人。予謂不然。逆璫熏灼，嗣胤滿天下，得公不加益，失公不加損，效吮癰舐痔之行，媚銜憲握爵之人，具翻江攪海之才，行墜石下井之計，何求不遂，何欲不盈。而位不過光祿，雄狐九尾，不得與彪虎稱雁行，予以知公之迹巧而事拙也。烈皇帝手定逆案，閱公封事，入贊道之列，終身不齒。鼎湖之後，說者以公深仇先帝，不復爲先帝報仇。予謂不然。先帝御宇，使悉公權智，復爲採錄，抑或洗滌瘡痏，涵茹包容，則恩怨親仇與衆相忘久矣。惟毅然不搖於羣論，使公十七年林壑，養其鱗甲，豐其羽毛，得甘心快意爲殺人之具者，伊誰之賜也！予以知公之陽仇而陰德也。公初涉藝苑，其詩文不異常人，後所製詞曲奔走一時，說者謂其憤時嫉俗，科諢皆指目正人。予謂不然。弘光半載，公所以登場塗面，自爲玩弄，嘗語人曰，『寧使終身無子，不可一日無官』，與流芳遺臭語何異。及逃竄鳩茲，復謂敝鄉親友：『我必不學伯嚭走錢塘。』公自比宰嚭，作讖錢塘，此語不出前史，作劇者神子胥之靈，以褫公等讒邪之魄。公目不識史，胸中獨有梨園稿本，以國爲戲，予以知公之膽大而才小也。公以里閈小怨，壇坫微詞，殺雷介公、周仲馭，復興鉤黨之獄，使宇內重見范滂、張儉之事，騷然不寧。說者罪公流毒宗社，職此之由。予謂不然。跡公所以見叱者，不止殺周、雷一事。且周、雷以亢直聞天下，見忌羣小不獨一阮也。阮不殺，羣小必殺之；卽不死於阮，不死於羣小，設不幸賢佞並列，邪正不分，終令大廈莫支，狂瀾失砥，迨五月十一日，無補於存亡之數，而後隕命報國，執春秋之義者，不責其見幾之不早，則議其反正之無術，故死於阮猶愈自死也。卽同難諸君子青衫牢落，雕蟲小技當與草木同腐，天假公手，登彈墨以永其名，俾異代得與廚及同稱，雖公爲國謀不忠，爲身謀不祥，而爲諸君子謀則善也。予以知公之事險而意厚也。公聞變倡逃，棄君如敝屣，一代共主陷於懷、愍、徽、欽之辱。說者以賣君而緩追期，與誤國而趨間道者，律於馬同罪。予謂不然。公與馬密謀定策如置弈棋，有無君之心。然馬一貪夫敗類，自公出山，無日不以戕賊毒螫爲事，馬墮其術中不覺，及愧悔爲所用而事已去矣。浙東一載，馬尙歡然同方合志而不知輸誠納款，公又先馬效之矣。使公同受戮西市，一生惡迹，補過蓋愆。

天奪其魄，何委質後方，糜爛以死；生與馬同醜行，死並不得與馬同榮名，天實爲之也。又傳公騎行萬山中，臨巖一跌，身首異處，從者挾其頭馬上，三日而後得棺以斂。公之智能保首領於生前，而不能全軀於歿後。誰分其屍，誰傳其首，天實爲之矣。予以知公之意狡而神愚也。是前五者，其行事皆灼然耳目，議公險者予爲公平之，議公深者予爲公淺之，議公毒者予爲公厚之，議公巧者予爲公拙之。獨詞曲一端，人或高公之才，而予獨畜以俳優：謂公以人國僥倖，皆坐此病，雖較衆爲深文，然泉下有知，未必不以予爲知言也。意予以隔縣諸生，既無一日半面之交，雖曾辱品題，亦無單詞隻義之譏評，濫施行墨，不知公從何風聞，怨毒爲甚。夫士睥睨王侯，莫如禰衡，其面辱阿瞞無人禮，而操能容之。予即小過，微文刺譏，又出人傳送，粉飾增益，公何必欲置之死地。憶黨禍初發，公曾庭語座客，某某者我之門人故舊子也，而中叛之，是悔罪無暇好修者也。某某者是色厲內荏，我能令望塵而拜，膝行而前者也。某某者有小才而無用，我但喪其膽摧其肺肝，使之閉門思過，縮朒不得出者也。惟二沈倔强，必生致之。二沈者，一謂眉生，〔考曰：眉生者，宣城沈壽民。〕一謂予也。夫倔强之名，世所諱，古所尊，公不吝以加諸予，公不可不謂知我。今秋公降後，聞將有綸扉之命，同人皆動色相戒，復爲予危之。予笑謂人曰：阮公狡獪人也，其於予一發不效，有懈志矣！使復再爲之，公自度向以搏象全力，兎尙得脫，今游魂餘燼，自救不暇，焉能鉤致周內，復陷人於罪罟哉！予知公之必不爲也，予不可謂不知公。今有人接遇之殷，綢繆之素，而實汎常。公操利刃，設深阱，致我流離瑣尾，家業蕩然，猶竊附於知己之誼，魂而有靈，當臨風一笑也。」〔考曰：王士正漁洋詩話云：金陵祖堂寺，大鋮被廢後居之，寺多其書蹟。又寺門近吉山，爲阮墓道，石湖邢昉題詩云：「高墳何纍纍，中有窮奇骨。」附志之。〕

明翰林院檢討傅鼎銓起兵宜黃。

鼎銓，字維衡，臨川人，崇禎庚辰（一六四〇）進士，官翰林院檢討。北都之變，不能死，出謁賊，爲人所詘。鼎銓悔恨，思自滌。隆武帝立，與同里揭重熙俱爲大學士曾櫻所薦，重熙得召見，而鼎銓以降賊故，僅予知府銜赴贛州軍前自効，旋復故官。聞福州不守，借兵於寧都之田海忠，不應。乃自集鄉勇，復宜黃，駐劄樂安。

明僉都御史江西巡撫揭重熙攻撫州，不克。

重熙提兵援福州，已聞隆武帝赴贛，乃倍道趨還，途遇王師，掩擊大潰。急收散卒，攻撫州，中軍洪深歿於陣，僅存千人。乃退次王洞，聯絡安東、金貴諸砦，以爲後圖。

九月戊申（初五日），明上杭人執職方主事李魯以降於我大清，魯不屈，死之。

魯，字得之，上杭人。幼穎慧，天啓四年（一六二四）舉於鄉。甲申（一六四四）國變，山寇蜂起，上杭尤甚。當事議募鄉兵，魯曰：「四鄉皆寇出沒之區，召募之兵，慮卽寇也。兵寇雜伍，此以城與寇耳。在城者當大戶捐貲結義以固城，在鄉者當大戶鳩宗築砦以固鄉。」上書於撫軍張肯堂。撫軍稱善，諭邑令舉行，而城中富民謂魯張皇多事。及乙酉（一六四五）夏，江南、江西皆破，魯誅茅於福員山。閩中建國，閣部曾櫻貽書譙曰：「嫠不恤緯，匹婦猶知之。志士仁人，乃宴宴居息邪？」魯乃詣行在，上封事：「其一曰：簡忠誠之士以救時艱。近世論人，動曰救時之才，至問所謂救時者，儇巧通方士耳。夫儇巧通方，乃改身鬻面之别名，破滅人國則有餘矣，可謂救乎？臣愚以爲天下無無才之人，但心有誠僞耳。心誠則大才可大用，小才可小用；心僞則小才害及小，大才害及大也。凡處必擇便安言，豫持兩可，微長卽欲自炫，護短惟恐人知者，僞人也。受職而蹇蹇匪躬，奏對而侃侃不回，功與人同而不私，過與人見而不諱者，誠士也。親誠遠僞，在人主力持其衡而已。一曰加守令之權以練士兵。今寇賊所至在在崩潰者無他，守令不兼兵，士著之師少也。既無兵權，寇至束手，惟有逃耳！雖其人之不肖，亦事勢使然也。昔成周卒旅軍帥統於鄉遂大夫，漢則郡國民兵領於太守，唐則諸道府兵領於刺史。臣愚謂宜愼擇守令，假以兵權，省召募而專料士兵。古者五家爲比，五比爲閭，四閭爲族，此民數也；五人爲伍，五伍爲兩，四兩爲卒，此兵數也。然則五與十者，先王所以分民，卽將之所以治兵也。守令治民，卽治其伍，有故則猝然爲百人之集；守領治兵，但治其隊，有故則猝然爲千萬人之集。以民食膳民兵，久則守令皆良將，而郡邑皆金城。昔句踐以生聚教訓殪夫差，光武以春陵子弟殲尋邑。小如馮驩之用薛，尹鐸之用晉陽，皆未嘗募烏合以戰豺狼者，得强富之本計也。一曰達小民之情以禁貪暴。夫天之去地，不可計道里；然天所爲者皆及於地，而地物無一不暴於天，中無障隔故也。人主高居如天，天下之情僞與萬物之求暴於天無以異，乃上澤不下於民，民悃不達於君者，則中間之障隔者多也。今牧吏殃民罔極，監臨未必知，知未必言，甚有貓鼠而倒置黑白者，天地之通永絕矣。臣愚謂宜頒詔中外，許民詣闕自陳，或引見耆老而詢之，則吏奸無可藏，而貪暴之風可輯矣。民之利害得，則守令賢否得，舉錯之得失亦得。故詢事在下，而萬情可盡也。周禮外朝列庶人之位，而太僕有鼓以達窮民，故君安坐而見天下之事，文、武、成、康稱明君，由此道而已。高皇帝微時，親見貪官毒民，及定天下，於府州縣制申明亭老人頒聖令一道，官有爲民患者，耆老奉令至公廳直諫。三諫不悛，耆老赴京奏聞，以憑拏問。高帝豈樂民之以下訕上哉，不得已也。願陛下力復祖制也。一曰罷捐借，講屯練以足兵食。國初九邊腹裏各有屯田，有官屯、民屯、商屯、腹屯、邊屯諸法。所謂養兵百萬，不費民間粒粟者此也。承平既久，侵沒難問，然按籍履畝，大半可稽。法當精（清）覈故田，簡汰軍衞，漸復祖制。今軍寇蹂躪之餘，必有無田之人與無人之田。誠得忠勤廉幹之人，或民屯如虞集之策，或兵屯如李泌之謀，此皆可計歲責效者。不然，變通屯練之法，合計一城分幾坊，坊有長；一坊分幾甲，甲有長。甲統於坊，坊統於屯練之官，陰以兵法部勒之。官訓其長，長訓其屬，有技有試有董勸。平居各食其食，無額支之糧，有警各伍其伍，戰守相敵而動。在城守城，在鄉守鄉，法似保甲而警策過之，意似雄邊而不煩抽丁貸粟。因民各保身家之心，爲捍衞封疆之用。又就簡練什伍中，密察才力出羣者假以事權。於是貴介得以撫用健兒，單寒得以偃募於殷富，卽睚眦可化爲同澤同袍，萬衆一心，於强寇何有乎！此則隨地隨時可施行者。否則捐助借助，於上似無賴而薄廉恥，於官則貪婪而廢國法，於民則斂怨愁而生意外之虞，可爲憂危者此也。一曰審形勢以圖恢復。明詔初下，決計親征，謀者多謂直指錢塘。臣愚以爲魯國畫疆而守，文武不憚征繕，宜下溫詔，卽以兩浙委之。夫漢高捐齊、楚以與信、越，光武委河西以與竇融，究之齊、楚、河西皆歸於漢。今北軍分道以攻江南，閩豈能分道禦之；使宗子果能人自爲戰，豈非維翰維城之藉哉！大兵惟當直取江右，江右披山襟湖，可東提兩浙，西挈荆湖，〔南〕控閩、粵，三方輻輳，據上游以望孝陵。不然，則急駐荆南，控湖北以制中州，引滇、黔而接巴、蜀，庶幾風雲空闊，豪傑必攀附而來。若羈旅閩中，指臂不靈，兵食肘露，恐日月逾邁，朝氣漸衰，非日闢百里之洪謨矣。一曰奮乾健之行以作士氣。臣愚謂中興之君視創業尤難，創業之君臣同起於患難，志有進而無退。今共事者，大半承平優養之餘，捐軀意少，懷土情多，稍見凶危，輒生退阻。臣嘗恨宋高有李綱爲之相，韓、岳爲之將，卒奄奄不振者，本其苟且偷安之心牢伏於中，故汪、黄、秦檜得窺見其隱而牽制之也。光武起自舂陵，不數年而天下定，雖其恢廓大度，委任得人，究其根本，乃在戰昆陽，渡滹沱，歷瀕危阨而不阻。及其拔邯鄲，擊銅馬，徇燕、趙，皆親履行陣，熟習艱險，有以鼓勵將士之氣也。今六飛遠駕，雖曰天子自將待邊，實同草昧起義之舉耳。鑿凶秉鉞者，文也；共飢渴，同甘苦，自夷於士卒者，實也。禮下召對，降抑神聖者，文也；分痛癢，同禍福，自偶於庶僚偏裨者，實也。臣願陛下戒宋高，法光武，則忠智効死，天下歸心，南北不混一者，未之有也。」疏入，隆武帝大悦，謂魯留心世務，乃有用之才，授工部主事。十二月，移蹕建寧，時三關單危，禁旅不滿千，所謂之兵隨到隨遣，新募或未成旅，一路有警輒空營赴之。魯奏言：「不定營制，不簡精鋭，聽其逍遥逐隊，雖源源踵至，恐左右終無一兵。語云：『葵猶衞足。』豈有萬乘而孤露無衞乎？」已聞魯監國棄浙航海，魯奏言：「藩籬已撤，即重兵扼險，猶慮不濟，況關兵撤近安海，四境蕩無鎖鑰，人情泮渙，忠義灰心，去閩當如避焚抉網，別任格人，以共濟大業。」隆武帝以疏語指斥芝龍，留中不發。會汀州報流寇攻上杭，魯因言急守莫如汀城，急練莫如汀兵，此爲嶺嶠咽喉，務令呼吸相應。上嘉嘆之，改職方主事，以新銜領敕印，兼道抵汀，而流寇已圍上杭，時七月下旬矣。魯與汀帥周之藩謀，謂大駕且幸汀，而上杭圍不解，則禍變且生意外，投檄賊營譬曉之。賊果捧檄色動，魯乃單騎詣賊壘，把其魁張某之臂曰：「幸甚，諸君值魯，乃富貴催人也。」賊愕然問故，魯曰：「天子早晚入粵東，諸君部勒一軍爲護衞，便爲禁旅親軍矣，恩賚逾他營一等。粵地繁富十倍閩中，諸君食國餉，佩將印，豈非富貴逼人乎！」諸賊合聲稱善。魯曰：「客營淡泊，當取豚酒相勞。」因刑牲歃血曰：「從此爲一家人矣。」安插定，乃入杭，宣布屯練節目，即前封事中所條陳者，杭民丁某獨不欲曰：「驅羣羊而搏猛虎，自詒伊戚耳。」魯罵之曰：「爾生父且不識，又識保衞鄉里邪！」蓋丁嘗棄其父而謀爲富民之繼子者也。俄而汀州變聞，魯痛哭，入幅員山。丁某昌言於衆曰：「大清兵至，拒命者屠城，滿城血肉，豈易李官數莖頭髮邪！」衆惑之，擁魯還城，將以獻於我貝勒。魯曰：「我自行我意，關若何事！此豈狂國，人人浴矣，不許一人潔身邪！」因椎心大哭，血淚迸落。久之，聲氣不續，則絕吭死矣。時九月五日戊申也。上杭人始有太息悔之者，諸生鄒嘉善聞之而輟食自縊死也。〔考曰：本寒支集。〕

臣鼒曰：嘉慶川、楚之亂，知府龔景瀚上堅壁清野議，睿皇帝嘉之，用平教匪。今上皇帝御極之元年，粵匪竄湖南，華陽卓相國請舉行之，未及刊布而楚北已失陷，粵匪乘勝踞金陵，鼒謀之溫北屏大令，師其意小試之，城邑獲全。然則魯所言屯練之法與其上撫軍書，誠殄賊安民之良策矣。李世熊謂魯操不死之藥進腸胃已絕之人，蓋惜其用之晚也。有王者起，必來取法，世熊豈過譽哉！

明前大學士蔣德璟卒於泉州。

初，德璟見鄭師逗留，自請行闕，確察情形。至則事無可爲，告病去。王師以九月之八日至泉州，德璟絕食死。先數日，鄭芝豹閉城索餉，不應，即焚殺；俄報王師至，乃奔安平。

明魯富平將軍張名振奉監國魯王至舟山，守將黃斌卿拒不納。

名振，字侯服，江寧人。崇禎癸未（一六四三）官台州石浦游擊。魯王監國，加富平將軍，與舟山黃斌卿相犄角。議由海道窺崇明，擾三吳，以爲錢塘之援，未行而江上兵潰。監國脫方國安之厄，走至石浦之南田，名振棄石浦扈從。會斌卿誘殺王鳴謙，叛將張國柱悉定海之衆攻舟山。斌卿求救，名振遣水營將阮進以四舟衝國柱營，破走之。名振既與斌卿爲兒女姻，又拯其危，乃勸斌卿納監國，斌卿不從。永勝伯鄭彩適至，以其軍扈監國入閩，遂於十月丁酉發舟山。〔考曰：本行朝錄。諸書云水營將阮駿誤也，辨見後。〕

冬十月丙子（初四日），我大清兵克明忠誠府，督師大學士兵部尚書楊廷麟、兵部侍郎左副都御史江廣、總督萬元吉、吏部尚書郭維經等死之。

時援師先後抵贛，營城外，軍聲頗振，諸將請戰。元吉謂必待水師至，並擊之。水師帥羅明受者，故海盜也。兵部主事王其弘言：「明受桀驁難制，若慈母之奉驕子，今且水涸，巨舟難進，豈能如約。」不聽。及水師至，大兵夜截諸江，焚巨舟八十，死者無算，明受遁去。於是雲南、兩廣軍皆自潰，諸營一空。城中惟維經部卒四千人，城外惟水師後營二千人而已。旋聞隆武帝被難汀州，全城氣索。是月四日，天霧且雪，王師乘夜登城，廷麟督鄉勇巷戰。黎明，城上砲炸城裂，遂陷。廷麟走城西清水塘自沈死。將士擁元吉奪門出，元吉嘆曰：「大事去矣！爲我謝贛人，使闔城塗炭者我也，我何可獨生！」遂投江死。維經入嵯峨寺自焚死。同時死者：彭期生，字觀民，海鹽人，萬曆丙辰（一六一六）進士，以兵備僉事駐吉安，城失，走贛州，偕廷麟招降峒蠻，加太常卿；城破，冠帶自經死。楊文薦，京山人，崇禎進士，歷官給事中；被執，送南昌，絕粒死。姚奇胤字有僕，錢塘人，崇禎癸未（一六四三）進士，知南海縣，行取進京，授主事，改御史，偕維經赴援，亦入嵯峨寺自焚死。吳世安，歸化人，以廷麟薦，授監紀推官，客有以危邦不入尼之者，曰：「士死知己，吾敢負楊公邪！」入城分守，客復勸其微行出險，世安正色曰：「以身許人，臨危而去之乎！去城半武，非吾死所也。」扶病登陴，彈貫左膊死。〔考曰：世安事諸書不載，此據寒支集補。〕主餉通判唐周慈，零陵人，元吉門下士，偕入江死。〔考曰：據沅湘耆舊集。〕此外文臣可紀者：兵部主事周瑚被磔死，推官署府事吳國球、贛縣知縣林逢春、通判郭寧登、同知王明汲、〔考曰：金壇人。〕訓導徐君鼎、胡董明皆被執見殺，君鼎一門殉焉。武臣可紀者：副將馬觀鵬方乞假歸娶，聞警力戰死。都督僉事劉天駟、參將朱永盛、衞千戶孫經世與其弟緯世、紘世、監紀軍務聶邦晟與其子士嫌、士煥俱闔門死。參將陳烈有弟某先降，衆疑之，烈誓死疾鬭，及被縛，其弟勸降不聽，臨刑顧謂贛人曰：「今日方知我無二心也。」在籍及流寓之官紳可紀者：兵科給事中萬發祥、吏部主事龔棻、戶部主事林琦、兵部主事王其弘及弟其寖、黎遂球、曾嗣宗、錢謙亨、于斯昌、工部主事柳昂霄、中書舍人袁從諤、劉孟鍧、劉應試、廣東提學副使符迦中及其兄迹中皆不屈被僇死，前河南同知盧觀象〔考曰：亦作象觀。〕一門男婦沈水死，馬平知縣謝讚及子胤繡從子胤斗自縊死，判官周世光攜幼孫沈水死。士民可紀者：舉人劉曰佺、貢生楊萬言、諸生董纘卿、馮復京、余學義、歐陽麗天、諸生郭必昌、金之杰、袁汝健、莊某咸與母妻子女偕死，王統、王純自經文廟死，周葵、陳君猷自焚死，又流寓之廬陵諸生段之渾、新喻蕭瑛、寧都楊燧亦及於難焉。其微賤可紀者：鄉約謝明登攜妻子投井，書工趙廷瑞自盡。又有熊國本者，織人也，入忠誠社最力，被執，見贛令，令舉人也，叱之曰：「爾織人何知義？」國本曰：「我織人不知義，舉人顧當不義邪？」遂斬之。〔考曰：本據遺卹諡考。〕

臣鼒曰：觀贛州死事之烈，可以見楊、萬諸公忠誠之結，撫循之勞矣，此與史閣部之守揚州，瞿留守之守桂林，後先輝映，日月爭光，事雖無成，可無恨矣。

丙戌(十四日)，明兩廣總督丁魁楚、廣西巡撫瞿式耜奉桂王由榔監國於肇慶府。

王諱由榔，神宗之孫，桂端王常瀛少子也，崇禎九年(一六三六)封永明王。十六年(一六四三)張獻忠陷衡州，王由永州入粵西，爲賊所執，繫道州。征蠻將軍楊國威遣部將焦璉攀城，破械出之。王病不能行，璉負王趨渡河，獲免。南都之亡也，廣東在籍尚書陳子壯將奉端王監國，會隆武帝立，議遂寢。端王薨於蒼梧，長子安仁王由㮨襲封，旋病卒。安仁王英明，有知人鑒，嘗謂：「居安可寄社稷，臨難不奪大節者，惟司馬瞿公一人。」疾篤，召式耜入，顧謂王曰：「國家事一聽瞿先生處分。」因自言：「爲再生伽藍，而弟亦羅漢也，先生好輔之。」隆武帝以王襲封，詔中有天下王之天下語。又嘗語羣臣曰：「永明王神宗嫡孫，朕無子，後當屬諸。」暨汀州變聞，魁楚、式耜與巡按御史王化澄、鄭封、知府朱治憪、錦衣衞僉事馬吉翔、太監龐天壽等議監國，而舊臣呂大器、李永茂、晏日曙、湯來賀、董天閎、周鼎瀚、方以智、林佳鼎、程源等先後至，僉謂「王統系正，賢而當立。」桂太妃王氏召王入宮，誨之曰：「兒非治世才，何苦以一朝虛號，塗炭生民，南中、閩中可鑒也。」又告諸大臣曰：「諸臣何患無君，願更擇可者！」魁楚等請之堅，乃以是月十四日丙戌，監國肇慶，祭告天地宗廟，以府署爲行在，頒詔楚、滇、黔、蜀。

明以丁魁楚爲東閣大學士兼戎政尚書，呂大器爲東閣大學士兼兵部尚書，瞿式耜以大學士兼吏部右侍郎，攝尚書事。

王化澄以下進官有差，大器未幾以病去，李永茂亦自請終制，故不敍擁戴功。

明封李明忠爲武靖伯。

明忠，江西人，狼兵帥也，奉閩中詔協勦江西，率潯州兵六千赴之，至三水，聞汀州之變，乃返肇慶，預推戴。

壬辰（二十日），明湖廣督師何騰蛟、巡撫堵胤錫奉表桂王勸進。

明以馬吉翔、郭承昊、嚴雲從、吳繼嗣爲錦衣衞使。

吉翔，北直人。繼嗣，涿鹿人。王之自永州奔粤西也，過道州，州人不納，反索賂焉，賴繼嗣夫婦以肩輿衞王及太妃於難。王失金册，繼嗣亦失所佩州印。及楊國威復州城，獲州印，而繼嗣亦獲金册獻焉。

徐鼒曰：常事也，何以書？譏恩倖之濫，且爲吉翔亂政張本也。

明進定蠻伯劉承胤爵爲侯，鎮寶慶。

明復以王坤爲司禮監秉筆太監。

坤於崇禎時督餉宣府，驕恣不法，嗣改名肇基，事弘光帝於南都，將督閩、粵銀餉，高弘圖阻之，不果。入閩，不見用，流寓粵中。或曰坤事隆武帝，遘難後始自汀州來也。時宮府草創，以坤習故事，留爲司禮秉筆，頗弄權，而外廷亦遂有夤緣以進者。戶部郎中周鼎瀚以內批改給事中，瞿式耜曰：「鼎瀚有推戴功，應升卿寺，破例而改，非升也，何以示新政。」然鼎瀚志在給事，竟由坤得之。王化澄以巡按御史驟升兩廣總制，旣以庸懦受代，復進右侍郎，掌中樞印，尋以墨敕升尙書。凡倉卒西幸羣臣要留不得者，皆坤爲之也。

徐鼒曰：書曰復以何？傷宦官之禍與明相終始也。

我大清兵取明興化，知府劉永祚死之。〔考曰：本卹謚考，而福建通志不載。〕

我大清兵取明漳州，漳南道傅雲龍、知府金麗澤、知縣涂世名死之。

麗澤不知何許人，知漳州府，廉靜有爲，嘗討平亂賊廖淡脩。王師入漳，與道臣傅雲龍、知龍溪縣涂世名同日死之。世名，字仲嘉，新城舉人，長子常吉，僕黃錫、黃羊、王亨、蔣三同殉難。漳人士素德世名，醵金歸其櫬，言之有泣下者。〔考曰：本福建續志。南略於雲龍、麗澤之死，載或云旣降授原官，爲鄉民所殺。今按續志則死節無疑，附志之，見南略之誣。〕

十一月癸卯朔，日有食之。〔考曰：本劉湘客行在陽秋。又陽秋載順治四年正月丁未日食。按丁未乃初五日，不應有日食，疑日光有變而誤以爲食也。〕

明大學士丁魁楚、太監王坤以監國桂王奔梧州。

魁楚聞贛州報，與坤議奉王避之梧州。瞿式耜曰：「今日之立，爲祖宗雪仇恥，宜奮勇以號召遠近，苟外棄門戶，內釁蕭牆，國何以立！」不聽。

丁未（初五日），明前大學士蘇觀生立唐王聿鐭於廣州。

聿鐭，隆武帝之第四弟也，封爲唐王，以主唐祀。觀生之駐南安也，聞事急，不能赴援，旣而贛州亦破，退入廣州。主事陳邦彥勸以趨惠、潮，扼漳、泉，以保兩粤，不從。聞丁魁楚將立監國，遣邦彥至肇慶勸進，貽書魁楚，欲與共事，魁楚拒之。觀生乃自南韶旋師，適聿鐭浮海至廣州，有番禺梁朝鍾、南海關捷先倡兄終弟及議，觀生遂與舊輔何吾騶，侍郎王應華、曾道唯、布政使顧元鏡以是月二日擁聿鐭入城，立爲帝，改元紹武，以都司署爲行宮。招海上鄭、石、馬、徐四姓盜，授總兵官，以與肇慶相拒。封觀生爲建明伯，與吾騶、應華等並拜東閣大學士，分掌諸部，按日舉行幸學、大閱、郊天、祭地諸鉅典。一月覃恩數次，舉朝無三品以下官，凡宮室服御鹵簿，倉卒不辦，通國奔走，夜中如白晝，至有假冠服於優伶者。

徐鼒曰：蘇觀生之立聿鐭，與張國維、熊汝霖之立魯王，有以異乎？無以異也。觀生拒永曆之詔，與國維、汝霖之拒閩詔，有以異乎？無以異也。則曷爲於國維、汝霖則予之，觀生則否也？夫邪正之分，公私而已矣。南都初覆，浙東無主，國維、汝霖援吾國有君之義，招集義師；迨閩詔之來頒，事勢已不可中止，匪勳於功名之私也。至永曆之監國，覲生已知之矣，且奉表勸進矣；徒以魁楚之拒，遂爲廣州之圖，効朝猛之相爭，忘晉、鄭之夾輔，念起身家，禍延宗社，烏得與藎臣比烈哉！

明無錫生員王謀起兵謀復常州，敗死。

謀字獻之，無錫人，本姓杭，嗣王氏，遂因其姓焉。素精筮法，將起義，筮之不吉，再筮兆益凶，怒擲課筒於地，率鄉兵萬人，於是月十一日夜薄郡城。知府蕭某登城望之，見城外兵白布抹首，曰：「賊夜至，必非民兵。」親率師開門逆戰，擒一人斬之，擲其首級，謀衆遂驚潰，被獲，罵不屈。蕭守異之，久之，衆越獄，謀獨不去，遂見殺。

甲寅（十二日），明監國桂王還肇慶。

從瞿式耜議也。

丁巳（十五日），明鄭芝龍降於我大清。

王師既略定興化、泉、漳諸郡，進逼安平鎮，芝龍軍容烜赫，砲聲震天地，自恃先撤關兵，有大功，謂降紳郭必昌曰：「我懼以立王爲罪耳！既招我，何相逼也！」貝勒乃退軍三十里，而馳書告之曰：「吾所以重將軍者，以將軍能立唐藩也。人臣事主，苟有可爲，必竭其力；若將軍不輔立，吾何用將軍哉！且兩粤未平，令鑄閩、廣總督印以相待，吾欲見將軍者，商地方故也。」芝龍大悅，其子成功諫曰：「閩、粤之地，不比北方得任意馳驅，若憑險設伏，收人心以固其本，興販各港以足其餉，選將練兵，號召不難矣。夫虎不可離山，魚不可脫淵，離山不威，脫淵則困，願吾父思之。」芝龍拂袖起。成功出告鴻逵，逵壯之，入語芝龍曰：「夫人生天地間，如朝露耳！能建功立業，垂名異世，則亦時不可失也。吾兄當國難之際，位極人臣，苟時事不可爲，則弟亦不敢虛鼓唇舌。況兄尙帶甲數十萬，舳艫塞海，糧餉充足，輔其君以號召天下，豪傑自當響應，何委身於人！此弟爲兄所不取也。」芝龍曰：「甲申之變，天下鼎沸，亦秦失其鹿，故淸朝得而逐之。今已三分有二，若振一旅而敵天下之兵，恐亦爲不量力也。乘其招我，全軍歸誠，棄暗投明，擇主而事，古豪傑亦有行之者矣。」鴻逵曰：「然亦不可不爲之慮。」芝龍曰：「人以誠待我，我以誠應之，何疑焉。」時成功已率所部遁金門，芝龍召之同行，不從，復書曰：「從來父教子以忠，未聞教子以貳。今父不聽兒言，倘有不測，兒只有縞素而已。」芝龍嗤其狂悖，率五百人詣貝勒於福州，握手折箭爲誓，芝龍遂薙髮降。宴飲三日，貝勒謂內院諸人曰：「芝龍桀黠多智，今大隊不來，而單騎至此，實有觀望意。縱之去，恐有意外憂，不如挾之北土，則蛇無首，其餘無能爲也。」乃分隸其五百人於各旗，令莫能相見，夜半，忽拔營起，芝龍曰：「吾子弟素非馴良，今擁兵海上，脫有不測，將奈何？」貝勒曰：「此無與爾事，亦非吾慮所及也。」芝龍既北行，鴻逵、成功皆率所部入海，芝豹獨奉母居安平。

庚申(十八日)，明桂王卽皇帝位於肇慶府。

丁魁楚聞廣州唐王之立，謂不卽位，無以厭人心而號召天下，乃以十八日庚申卽位於肇慶，仍稱隆武二年，以明年爲永曆元年，大赦天下。〔考曰：臺灣外紀謂十二月十八日卽位，非也，今從紀略、陽秋。〕是日，

和風旭日，有五色大鳥從南來集殿上，士民歡呼，謂中興可卜。初，王於寶鼎寺禮肉身佛，佛忽起立，
益信安仁王羅漢之説不誣云。〔考曰：本粤游見聞。〕
明追上桂端王尊號。〔考曰：陽秋云：桂端王是也，諸書或言爲桂恭王，當是以福恭王而誤沿耳，黄宗羲行朝錄、錢秉鐙所知錄可證也。〕
上尊號曰端皇帝，廟號興宗。
明尊桂太妃王氏爲慈寧皇太后，生母馬氏爲皇太妃。〔考曰：黄宗羲行朝錄謂尊太妃王氏爲孝正皇太后，生母馬氏爲慈寧皇太后，誤也，參考諸書，則馬太妃之冊尊爲太后，在王太后薨於田州之後，即位時未冊尊也，所云慈寧皇太后者，實王太后。然則何以加慈寧字？蓋桂端王元妃歿後，以王氏爲繼妃，故加慈寧字以別於元妃，所云孝正皇太后者，乃王太后崩後尊謚之號。黄宗羲立於魯王之朝，於粤中事多得之傳聞，今以錢秉鐙所知錄證之，知慈寧爲王太后無疑也。〕
太妃王氏，桂端王繼妃，性慈惠，通知大體。王之奔梧州也，太妃呼省臣李用楫、台臣程源面呵其棄逃無固志，諸臣皆伏地引罪。〔考曰：粤事記以斥諸臣爲馬妃事。〕至是册尊爲皇太后，弟國璽封武靖伯。
馬妃，王之生母也，兄子九功封鎮遠伯。
明册妃王氏爲皇后。
王妃吳人，父略嘗爲粤中郡守，遂家於粤。妃素閑靜，入宫後，侍兩宫能盡禮，至是册爲后。略封長洲伯。

明遙上隆武帝后尊號。

時粤中聞帝后就執，未知凶訃也，上帝號曰思文皇帝，后曰思文皇后。

明進督師何騰蛟爲武英殿大學士，加太子太保。

明以瞿式耜爲文淵閣大學士。

明以朱容藩掌宗人府事。

容藩，楚宗人，無賴；不齒於王府，逃入左良玉軍中，冒稱郡王，諸將惡之。容藩走南都，賄馬士英，請以鎭國將軍監督楚營，幾激變。闖賊餘黨入楚，容藩復入賊中，稱楚王世子，賊大喜，欲立爲王，旣疑其詐也，乃止。是時赴行在，言賊中情形甚悉，丁魁楚信之，薦於朝，故有是命。

明命兵科給事中彭燿、主事陳嘉謨宣諭廣州，蘇觀生殺之。

前大學士陳子壯移書瞿式耜，請與師東向，以靖唐藩。王曰：「先遣官諭之，俟其拒命，討之未晚。」乃遣燿。燿，順德人，舊爲秦令，有能聲。旣奉命，過家拜祖廟，託子於友。至廣州，以諸王禮見，備陳天潢倫序，監國先後，語甚切至，且諭觀生曰：「今上神宗嫡胤，奕然靈光，大統已定，誰復敢爭？且閩、虔旣陷，强敵日逼，公不協心戮力爲社稷衞，而同室操戈，此袁譚兄弟卒幷於曹瞞也。公受國厚恩，乃貪一時之利，不顧大計，天下萬世將以公爲何如人也！」觀生怒，殺之。嘉謨亦不屈死。

時陳邦彥亦奉王命齎敕還諭，聞燿等被殺，乃遣人以敕授觀生，致書曉以利害，旣聞林佳鼎之敗，乃變姓名，入高明山中。

明加陳子壯中極殿大學士兼兵部尙書，節制兩廣、江西、福建、湖廣軍務。

隆武帝嘗欲相子壯，子壯以前議宗室階換事，有宿憾，辭不行。旣蘇觀生將立聿鐭，阻之不得，乃退居南海之九江邨，陰致書瞿式耜，請兵東向，故有是命。會王師入廣州，道阻不得行。

明以兵部右侍郎林佳鼎督師三水。

明以蕭琦爲兵部尙書，晏日曙爲工部尙書，周光夏爲都察院都御史。

癸亥（二十一日），明前大學士傅冠被執至汀州，不屈，死之。

冠之寄寓泰寧也，主門人江亭龍家。亭龍，小人也，初以閣部名執弟子禮，旣懼爲居停累，乃自首，而遣其子養源走告冠曰：「江隨父子白淸帥，欲生得公矣，養源家百口，公是視耳。」蓋江隨前爲冠受杖，故養源以此誑冠。冠不悟也，但曰：「一死報國，吾事已畢。」徑自投繯。養源跪抱冠曰：「公不生見淸帥，江氏百口立碎矣。」顧指莊客輩曰：「卽此族何辜，忍令爲血池乎！」遂舁冠就道，夜私起投溪，爲守者所覺。次石牛關，搶頭欲死，守者復阻之。過羅漢嶺，見新墳，輿者曰：「此忠誠伯周之藩墓也。」泣拜題詩而去。〔考曰：詩云：「聞道延津簇羽騎，翠風飛越五雲迷；汀州草色空迎輦，誰覆周郎裹革屍。」〕至汀州，李成棟延之上坐，曰：「公大臣也，但遵制薙髮，保公無他。」冠詫歎曰：「自冠裳以來，有髡頭宰相否？」成棟復進曰：「公髮種種矣，與髡何異？但稍加鈹掩衆目，卽可婉曲報聞耳。」冠厲聲曰：「汝知千古有文文山乎？我鄉先進也。吾鄉無髡頭宰相，但有斷頭宰相耳！」成棟自是不復言，然禮待甚厚，飲食必偕。成棟旣率兵入廣，鎭將李發待冠如初。一日對弈，局罷，發文書，忽請曰：「公必不順命者，今奉令旨收公矣。」冠欣然起曰：「早畢吾事，爾之賜也。」整衣冠，向南拜曰：「臣負國無狀，死不足贖。」復向西拜曰：「祖父暴骨，惟冠之辜。」索筆題詩於壁，引頸受刑。發部卒皆涕落，無忍加刃者，賞之，亦不應；惟知府李蘭友家丁某受賞而施刃焉。是日晝晦，悲風震瓦，汀人無不掩涕。（考曰：寒支集載冠於丙戌十一月二十一日死汀州，與諸書合；而臺灣外紀謂死於丁亥十一月二十一日，誤也。冠題壁詩曰：白髮蕭蕭已數莖，孿冤何必苦相尋；拚將一副頭顱骨，留取千秋不貳心。又詩云：憤血已成空，往事徒回首；國難與家仇，永訣一杯酒。幻影落紅塵，倏忽成今古；名望重如山，此身棄如土。亦冠難中作也。）家人傳國楨葬其骸於羅漢嶺，與周之藩墓相望。首在函中，忽吐白光，時示夢於獄囚，祈卜皆奇驗。己丑（一六四九）三月，冠之子乞骸骨歸葬，始合身首殮之，竟體作黃金色。舊衣二領棄墓側，風雨經年，帛色如故，行道見者呼爲「相公衣」。後寧化邱、賴二生被襲而歸，每以示人，蓋有嘆且泣者。

徐鼒曰：冠生平相業無所展布，獨其從容赴義，視死如歸，幾於求仁得仁者之無怨悔，豈爲忠臣易而爲良臣難哉！冠於思宗時入閣，以雍容靜鎮之相，遇剛愎苛察之主，鑿枘之不入，故展布之爲難也。嗚呼！狄慶鋤袁，陶穀族李，翼而長者反而噬，予不敢謂冠作相之無才，而轉惜其知人之不哲矣。

丙寅（二十四日），明鄭彩奉監國魯王次中左所，尋改次長垣。

中左所亦名鷺門，即廈門也。初，鄭芝龍密令彩執監國歸命，彩不可，乃匿監國。而以南夷貌類者服監國冠服，居舟中，謂守者曰：「事急則縊以示之。」會成功起兵海上，駐劄中左所，以唐、魯舊嫌，意不欲奉監國，稱明年爲隆武三年。於是彩奉監國改次長垣。

庚午（二十八日），明李明忠敗廣州兵於三水。

廣州遣番禺人陳際泰督師犯肇慶，武靖伯李明忠自韶州入援，戰於三水，大捷，俘斬八百餘級，際泰遁去。

十二月癸酉朔，明招討大將軍忠孝伯朱成功起兵海上，以圖恢復。

成功雖受殊恩，實未嘗典兵柄，已聞芝龍北去，乃悲歌慷慨，攜儒巾藍衫赴文廟，哭焚之。曰：「昔爲孺子，今爲孤臣。向背去留，各有作用，惟先師昭鑒之。」自金門回安平，會閣部路振飛、曾櫻，設高皇帝神位，誓師恢復，有「本藩乃明朝之臣子，縞素應然，實中興之將佐，披肝無地，冀諸英傑共伸大義」之語。用招討大將軍印，稱「罪臣國姓成功，出家帑犒軍」，以洪政、陳煇爲左右先鋒鎮，楊才、丁鎮爲親丁鎮，郭泰、余寬爲左右護衛鎮，林習山爲樓船鎮，柯宸樞、楊朝爲參軍，杜煇爲總協理。訓練士卒，整飭船隻，往來島嶼以觀變。

徐鼒曰：紀年於鄭成功之事悉書賜姓何？嘉其志不忘明，且史例也，克用、存勖之於唐，成功其庶幾乎！

甲戌（初二日），明林佳鼎與廣州兵戰於三山口，敗績，以王化澄代之。

三水之捷，佳鼎有驕色。故與廣州總兵林察相善，察使海盜詐降，佳鼎信之，乘勝追至三山口，東南風大作，廣州兵以火攻之，僉事夏四敷赴水死。李明忠登岸列營，泥淖深三尺，人馬盡陷，明忠以三十騎走免，肇慶大震。內批以王化澄爲兵部右侍郎兼都御史，代佳鼎督師，瞿式耜奏內批用人非與

朝舉動，不聽。〔考曰：諸書皆云佳鼎死。按臺灣外紀佳鼎後歸於鄭成功。〕

明以王化澄爲兵部尚書。

時駕將幸梧州，兵部尚書呂大器請留守東方，乃入韶州，尋入蜀，王以化澄行尚書事。化澄，金溪人，崇禎甲戌（一六三四）進士。乙酉（一六四五），南都授御史，巡按廣東。

明起復前兵部尚書李永茂爲東閣大學士，知經筵。

永茂，永城人，崇禎丁丑（一六三七）進士，官給事中。北都陷，被賊掠，弘光時授南贛巡撫，嘗抗大清兵，加兵部尚書，丁憂歸，預擁戴功，自請終制，至是進大學士，以守制不入直，專知經筵。永茂疏薦十五省人望十五人，御史劉湘客預焉；太監王坤啓視不悅，塗抹十四人名，而黜湘客。永茂怫然曰：「茂以十五省人進，非私也，斥湘客者斥茂也。」即日解舟去。瞿式耜疏言：「大臣論薦固其職，司禮輒去取其間，何以服御史，何以安大臣？」坤復疏薦海內人望數十人，式耜言司禮抑人固不可，薦人更不可。吏科都給事中劉鼒亦疏論內臣薦人之非，王怒，奪鼒等官，式耜力持之，乃寢。尋擢檢討方以智爲中允，改湘客爲編修，充經筵講官。坤不悅，且疑劉鼒疏出以智手，以智乃棄官去。湘客，西安人。

明下御史童琳廷杖，大學士瞿式耜疏止之。

琳劾都御史周光夏越資序題，私亂臺規。王怒，下琳廷杖，式耜言「新政未布，何可杖言官！」乃止。

丁亥（十五日），降將李成棟以我大清兵取廣州，明唐王聿鐭殂，大學士蘇觀生自殺，太僕寺卿霍子衡死之。

觀生本無猷略，旣兼綜內外事，益惛瞀，惟關捷先、梁朝鍾是任。有楊明競者，潮州人，好爲大言，詭稱精兵滿惠、潮間，可十萬，卽授明競巡撫。又有梁鍙者，妄人也，觀生謂其才，用爲吏科都給事中，與明競大納賄賂，所招海盜，白日殺人，懸諸貴官之門以示威，內外大擾。王師已下惠、潮，長吏皆降附，卽用其印，移牒廣州報平安，觀生信之。丁亥望日，聿鐭視學，百僚咸集，或報大兵已逼，觀生叱之曰：「昨潮州報無警，烏得遽至！此妄言惑衆，斬之。」如是者三。兵臨城下，觀生猶疑爲海盜，已自東門入，始召兵登城戰，倉卒不能集，城遂陷。聿鐭方閱射，急易服，踰垣匿王應華家，俄爲追騎所獲，饋之食，不食，曰：「我若飲汝一勺水，何以見先人於地下，」遂投繯死。周、益、遼等二十四王俱遇害。觀生走梁鍙所問計，鍙曰：「死爾，復何言！」觀生入東房，鍙入西房，各拒戶自縊，鍙故扼其吭，氣湧有聲，且推几仆地，觀生信其死，遂自縊。明日，鍙獻其屍以降。梁朝鍾者亦自刭死，大學士何吾騶率官紳投誠，乞修明史，時有「吾騶修史眞堪羞死」之語。亦有已降而復爲明官者，碌碌無足述，惟太僕寺卿霍子衡殉節可紀焉。子衡字覺商，南海人。萬曆中舉於鄉，由海康教諭遷國子監助教，累官戶部員外郎，授袁州知府。解職歸，聿鐭召爲太僕寺卿。城破，語妾莫氏及三子應蘭、應荃、應芷曰：「臨難毋茍免。若輩知之乎？」三子曰：「惟大人命。」子衡援筆大書「忠孝節烈之家」六字，懸諸中堂，朝服北向拜。又易緋袍謁家廟，先投井死，妾從之；應蘭偕妻唐氏及一女繼之；應荃、應芷偕其妻徐氏區氏又繼之。有小婢見之，亦從死；惟三孫得存。

臣肅曰：蘇觀生、霍子衡、梁朝鍾皆死於廣州之難者，何以別白書之？綱目於梁之亡也，敬翔、段凝則曰伏誅，王彥章則曰死之，此其例也。觀生挾孱王爲奇貨，私擁戴爲首功，登用匪人，翫若兒戲，黃宗羲許爲荀息之不食言過矣。紹武亡國之正，追配思宗。名之何？別於隆武帝，且以尊桂王也。

丁酉（二十五日），明桂王奔梧州，以朱治憪爲兩廣總督。

王師日逼，司禮王坤趨王西避之，式耜夜掉小舟留駕，曰：「我兵水陸裊至，三水可上下搤也。」王不能用。式耜請身留肇慶，朱容藩曰：「左右所恃惟式耜一人，式耜留則上行益孤。」乃以肇慶府同知朱治憪爲兩廣總督，守肇慶。王舟西上，式耜部署五日，始疾趨抵梧，而王西行又五日矣。治憪字子暇，嘉興籍，天啓辛酉舉人。

明黃毓祺、徐趨襲江陰不克，趨死之。

毓祺、趨之起兵行塘也，江陰破，乃亡命淮南，與其黨棲山中。是年冬，偵城中無備，率王春等十四人來襲，不克，十四人皆死。趨被獲，見縣令劉景綽長揖不跪，左右叱曰：「非爾父母官邪？」趨厲聲曰：「此故明降臣，何父母爲！」令壯其志，擬釋之，言：「吾知子非謀逆者，豈有所親在獄，欲篡取之邪！」曰：「我何親在，志不忘故國耳。」令曰：「若然，子必死耳。」曰：「我固不欲生而遂爲此也。」令曰：「子誠奇士，吾將薦之以官。」趨乃笑曰：「汝爲明進士，位至監司，亦不庳矣。今降而爲令，汝且不能自擇，而爲我擇官乎！」令曰：「吾非得已，徒以吏隱耳。」曰：「汝外吏，欲去則去，天壤甚寬，何致含羞苟活，貽青史玷哉！」令大慚，連呼送獄。明年正月八日被殺，已而捕同謀者，毓祺既遠逸，乃收其二子大湛、大紅，兄弟爭死。後輸入官，配功臣家，鄉人斂金贖之，教授弟子，學行不愧其父。毓祺於己丑（一六四九）三月，死於故赦之獄。

我大清肅親王豪格誅獻賊於鳳凰山。

賊寶寧守將劉進忠部下多蜀人，獻忠謀執之而坑其衆，漏言於閣者，一軍聞之皆逃。會王師西征，至漢中，進忠歸命，具言獻忠在順慶之金山鋪，爲西充、鹽亭之交境，去此千四百里，疾馳五晝夜可及。肅王命導師疾行，至西充之鳳凰山。會大霧，潛勒軍登山，賊諜者知之以告。獻忠素驕，又以進忠守朝天關，不虞大兵之至也，斬之。如是者三，肅王揮鐵騎促之。時方辰食，獻忠衣飛蟒半臂合飯，率牙將數十人倉皇出視，進忠指善射者章京雅布蘭射之，一矢中額，訝曰：「果然」，逃伏積薪下，曳出磔之，尸諸轅門。士女往斫之，骨肉糜爛殆盡。或剖視其心，黑如墨，埋屍處，叢草如棘，誤觸之輒成大癰，亦時見黑虎守其旁。

臣鼒曰：稗官家言，成都鎖江橋有迴瀾塔，獻賊毁爲將臺，穿穴得古碑，篆文曰：「修塔余一龍，坼塔張獻忠，歲逢甲乙丙，此地血流紅；妖運終川北，毒氣播川東，吹簫不用竹，一箭貫當胸。炎興元年諸葛孔明記。」語怪者侈稱之，鼒獨嗤其妄也。夫武侯前知之說，不見正史，其出師表一云：「難可逆料」，又云「非所逆睹」，是武侯於鞠躬盡瘁切己之事，尚不以前知自許；獨奈何取千百年後不知誰何之事，不知誰何之人而冥測之乎！食少事煩，胡暇爲此。且即測而知之矣，且勒石以紀之，穿土以埋之，此非一手一足之所能爲；相臣有此舉動，通國宜相播聞，何待千百年後始掘土而出之哉！此類不經之談，唐、宋小說家猶不見。有明人士不學而嗜奇，故傳說者多。近日學匪肆虐，亦傳有掘碑之事，疑皆不學者踵前人陋習而妄言之，妄聽之，否則作逆者僞爲之以惑人心，如牛腹帛書類也。故因論獻忠事而剖其愚焉。

獻賊餘黨陷明佛圖關，平蜀侯總兵曾英死之。

英駐軍江上，商民避賊者依英以自固，因之成市。賊黨孫可望等突至佛圖關，英部將李定、余仲、李占春等逆戰，可望等皆窮寇死鬭。李定等失利，而余仲卽入營縱火，衆大亂，英中矢以顚於河而歿。占春與于大海率殘卒二千人退入涪州。英，福建人，累立戰功，粤中封平蜀侯，威名爲賊所憚，嘗欲屯田於重慶，而督師王應熊不許，識者惜之。

獻賊餘黨陷明綦江。

翁某妻康氏爲賊所獲，不屈死。又羅氏女年十四，投水死。

我大清兵取重慶，明巡撫馬乾死之。

初，乾旣復重慶，賊遣劉文秀以數萬衆來攻，乾固守，曾英援兵至，賊敗還。是時大兵追賊餘黨至重慶，乾出禦，敗死。

小腆紀年附考卷第十四

前翰林院檢討加詹事府贊善銜六合　徐　鼒　譔

丁亥，我大清順治四年（一六四七），春正月。〔明永曆元年，魯監國二年，海上朱成功稱隆武三年。〕

癸卯朔，明桂王在梧州。

王在梧江舟次，免朝賀。時戶部尙書吳炳、宮詹方以智、朱天麟、郎中吳貞毓、給事中唐誠、御史程源、中書吳其靁、洪士彭、錦衣衞馬吉翔、司禮監龐天壽皆從。尋自梧州由府江泝流北上，兵衞寥寥，知府陸世廉惟募挽舟人以進。〔考曰：粤事記云：唐誠，湖廣人，癸未進士。吳其靁，宜興人。洪士彭，寧國人。陸世廉，蘇州人。〕

明監國魯王在長垣。

戊午（十六日），我大清兵取肇慶，明兩廣總督朱治憪棄城走。

時廣東地盡失，龍門破，里人廖翰標以二幼子託父，自縊死。番禺破，里人梁萬爵赴水死。翰標，天啓中舉人，知江西新城縣，廉惠，民爲建祠。萬爵，隆武時舉人。

明大學士瞿式耜奉桂王奔平樂，丁魁楚走岑溪，王化澄走潯州，李永茂、晏日曙走博白。

王發梧州，魁楚惑於奸弁蘇聘之說，密款於李成棟，移舟西入岑溪，化澄攜中樞印入潯州，永茂、日曙走博白，護蹕者惟式耜一人。

明前都御史張家玉、舉人韓如璜起兵復東莞。

家玉，字子元，東莞人。崇禎癸未（一六四三）進士，授庶吉士。闖賊之陷北都也，家玉被執，不能死，賊敗南還，以薦賢於賊被逮。南都亡，脫歸，從隆武帝入閩，擢翰林侍講，監鄭彩軍出杉關。王師至，彩奔入關；家玉走新城，與知縣李翺共城守，中矢墮馬，折臂走入關。尋以右僉都御史巡撫廣信，募兵惠、潮間，說降山賊數萬，將赴贛州之急，而汀州變聞，乃還。與如璜結鄉兵攻東莞，知縣鄭霖降，藉前尙書李覺斯家貲以犒軍，甫三日，而王師至，家玉敗走。如璜字姬命，亦東莞人。

明兵科給事中陳邦彥起兵攻廣州，不克。

邦彥，字令斌，順德人。爲諸生，意氣豪邁。南都立，詣闕上政要三十二事，格不用。隆武帝讀而偉之，卽位，授監紀推官，未任，舉於鄉，以蘇觀生薦，改職方主事，監廣西狼兵援贛州。至嶺，聞汀州變，勸觀生東保惠、潮，不聽。王之監國肇慶也，觀生遣之入賀，甫謁王於梧州；而觀生又立聿鐭，邦彥不知也。夜二鼓，王遣中使十餘輩召入舟中，王太妃垂簾坐，王西向坐，丁魁楚侍，語以廣州僭立事，邦彥請急還肇慶，正大位以繫人心，且云：「彼強我弱，以戰則非計；彼曲我直，以和則非名。警報日迫，彼若知懼，必來求成。不然，則粤東十郡，我居其七，委其三於彼，以代我受敵，我復從而乘其敝，不亦可乎！」王大悅，立擢兵科給事中，令齎敕還諭觀生。及入境，聞殺使臣事，乃變姓名入高明山中。初，萬元吉遣族人萬年募兵於廣，得余龍等千人，未行而贛州失。龍等無所歸，聚甘竹灘爲盜，他潰卒多附之，至二萬餘。既聞王師克肇慶，王自平樂走桂林，勢危甚，邦彥乘間說余龍圍廣州，而已發高明兵由海道入珠江，與龍會。遺書張家玉曰：「桂林累卵，但得牽制毋西，使潯、平間可完葺；是我致力於此而收功於彼也。」家玉以爲然，龍焚我水師百餘艘，直抵廣州。李成棟聞亂返救，揚言取甘竹灘。龍卒素無紀律，且顧其家，輒引退，邦彥亦卻歸。

癸亥（二十一日），明桂王由平樂如桂林，加瞿式耜太子太保，遣使慰勞定興侯何騰蛟，趣其兵入衛。

成棟還救廣州，故乘輿得達桂林，瞿式耜分部守禦，諭誡各路征鎮曰：「粵西居山川上游，敵不能仰面攻明矣。兵士雲屯湖南、北，南寧、太平出滇，柳州、慶遠通黔，左、右江四十五洞土狠標勇，譬國家威惠，三百年悉受銜橛，足資內備，願諸君勉之。」時朝廷新創，式耜修綱紀，布威武，抑權閹，招俊傑，一時倚以爲重。

乙丑（二十三日），我大清兵取高州、雷州、廉州。

李成棟既克肇慶，別遣將下高、雷、廉三府。

明□□林舉賢、陳耀起兵潮、惠二州。

辛未（二十九日），我大清兵取梧州，明廣西巡撫曹燁降，蒼梧縣丞巫如衡死之。

王師取肇慶，蒼梧知縣萬思夔作一大木龜，令牽之，號於路曰：「降敵者似此！」及佟養甲、李成棟兵薄梧州，巡撫曹燁，歙縣人，以春秋獲雋者也，輿櫬肉袒牽羊以迎，曰：「燁不知天命，不早事君，使君懷怒，以及下邑，燁之罪也。若罪不赦俘，諸軍惟命；使得自新，君之惠也。」成棟笑而釋之。兵入城，思夔書煒姓名於木龜，置諸堂，遁去。〔考曰：本東明聞見錄。〕時官屬皆稽首授印綬，如衡獨持印不與，再三諭不屈，乃遇害。如衡字宗岷，寧化人。〔考曰：本寒支集。〕

降將李成棟殺明丁魁楚於岑溪。

先是魁楚聞廣州破，遣所親齎金寶密款於成棟，故魁楚恃以無恐，載囊槖四十船，西入岑溪。既所親達魁楚意，成棟僞許之，且手書答焉。魁楚意大安，移舟五里迎之，成棟握手恨相見晚，謂：「明日吉期，煩先生攝兩廣篆。」邀魁楚父子痛飲而別。夜半，忽令旗召之入見，則成棟戎服升帳，列炬交然，魁楚知事已變，叩頭乞一子，或不及妻孥。成棟笑，令先斫其子，次及魁楚，分其眷口，每營一人，獲精金八十四萬，惟一妾投江死焉。

徐鼒曰：魁楚降矣，何以不書降？存疑也。諸書亦有謂魁楚戰死藤江者，故疑事無質焉。

明湖南道副使陳象明與大清兵戰於梧州之榕樹潭，敗績死之。

象明，字麗南，東莞人。崇禎戊辰（一六二八）進士，由戶部主事出知饒州府，忤巡按御史，被劾，謫兩浙鹽運副使，累遷湖南道副史。何騰蛟令徵餉廣西，象明因檄調士兵與陳邦傅連營，東至梧州，與大兵戰於榕樹潭，敗死。〔考曰：此於月日不可考，姑以事次之梧州破後。〕

我大清兵取平樂，明布政使耿獻忠降，守將陳邦傅走南寧。

獻忠，陝西人，初爲金華府同知，與朱大典共城守，至是竟降。

明潯州守將李明忠降於我大清。

明宗室朱容藩以罪削職，尋復其官。

兵科程源者，四川人也，與容藩交，甚懽，謂之曰：「川中諸將，兵不下數十萬，吾兩人各請總督之職，公督東北，我督西南，賊不足平也。」容藩喜，具疏請之，加源太常寺少卿，經理三省，容藩兵部右侍郎，兼右僉都御史，總督川東軍務。及王移蹕桂林，容藩覬覦入閣，受命不卽行，私屬給事中唐誠疏劾丁魁楚私逃，謂扈從單弱，如容藩、程源皆擁戴重臣，不宜出外。王怒，削容藩職，將誅之。容藩賂內監龐天壽言之太后，謂王曰：「變亂以來，室宗凋零，容藩罪不至死，毋過求。」王不得已赦之，復其官。容藩遂入四川，程源入貴州。

明監國魯王以熊汝霖爲東閣大學士。

明監國魯王以張煌言爲右僉都御史。

明監國魯王誓師長垣，提督楊耿、總兵鄭聯以兵來會，進鄭彩建國公，張名振定西侯，楊耿同安伯，鄭聯定遠伯，周瑞閩安伯，周鶴芝平夷伯，阮進蕩湖伯。（考曰：紀略、摭遺諸書俱云蕩湖伯阮駿，誤也。按黃宗羲行朝錄、汪光復航海遺聞則張名振部將封蕩湖伯者名阮進。辛卯八月，舟山螺頭門之戰，進投水死，亦曰被擒。九月王師破舟山，以巴成功守之。乙未冬，延平王朱成功遣英義伯阮駿、總督陳六御圍舟山，巴成功降。明年八月，王師復取舟山，阮駿赴海死。是辛卯八月死舟山者爲阮進，丙申八月死舟山者爲阮駿，諸書或誤以蕩湖伯爲阮駿者，蓋「進」與「駿」音相近，又同爲舟山赴海死之人，傳聞異詞，無從辨別。今以航海遺聞考之，則魯王之監國舟山也，阮進爵太子少傅，進姪阮美、阮驊、阮驥俱以英義將軍爲左都督。辛卯，王師逼舟山，會議堵禦之策，則阮進獨當定關，阮美、阮驥遏南師，阮駿、阮駱斷北洋，事跡較然可考，駿蓋進之子姪輩也。趙翼、魏源諸儒俱沿習不辨，故詳誌之。」

明魯平夷伯周鶴芝復海口，以參謀林籥舞、總兵趙牧守之。

鶴芝〔考曰：行朝錄作崔芝。按「崔」乃「隺」字之譌，俗省「鶴」作「隺」。〕號九京，福清人。初爲海盜，久之受撫，以黃華關把總稽查商舶。乙酉（一六四五）秋，隆武帝加水軍都督，副黃斌卿駐舟山，將乞師日本，斌卿阻之，鶴芝怒而入閩。鄭芝龍之將降也，以書招鶴芝計事，至則降已決，鶴芝與監軍朱永祐流涕諫，不聽。鶴芝曰：「某海隅亡命耳，無所輕重，所惜明公二十年威望一朝墮地，爲天下笑，請得効死於前，不忍見明公之有此舉動也。」抽刀自刎，芝龍起而奪之。數日芝龍竟北去，鶴芝乃移駐海壇，與張肯堂出師復海口、鎮東二城，以趙牧、林籥舞守之。

明監國魯王以前僉都御史劉中藻爲兵部尚書兼東閣大學士。

初中藻宣諭浙東，還至金華，朱大典薦其才，隆武帝召對稱旨，擢右僉都御史，巡撫金、衢，團練獠民。閩事敗，竄入括蒼，糾衆攻慶元、泰順、壽寧、福安、寧德、古田、羅源七縣守之，請命監國，進兵部尚書兼大學士。中藻善撫循激勸，富人出財佐餉，士卒樂爲之用。鄭彩心忌之，中藻亦不爲之下，遂有隙。〔考曰：泰順縣志：順治五年，巨寇僞太師馮生舜率黨楊球、鄭訓等萬餘陷城，我知縣張聯標死之，踞城四閱月始去。按李世熊畫網巾先生傳云：或指爲馮舜生，馮舜生當卽馮生舜，因與中藻時事相涉，故福寧府志又以畫網巾爲中藻子思沛也。此蓋同時事，附志之。〕

明孫守法退屯石子城。

獻賊餘黨陷明遵義。

初督師王應熊與巡按瞿昱駐遵義，孫可望兵逼，應熊遁入畢節衞，昱走眞安州。賊入遵義，奉僞皇后陳演女爲主，駐桃花洞。既而王師克重慶，乃焚賊后拔營走貴州。

二月壬申朔，明監國魯王圍海澄。

癸酉（初二日），明監國魯王攻漳州，不克，總兵陳國祚戰死。

甲戌（初三日），我大清兵救海澄，明監國魯王退入於海。

丙子（初五日），明福建人洪有楨〔考曰：諸書皆作洪有文，同安阮錫夕陽寮存稿洪亮士傳云：諱有楨，今從之。〕起兵復漳浦縣城，尋陷，死之。

有楨，字亮士，嘉禾里人也。〔考曰：諸書亦曰饒州人。〕早歲工書，賈人持售外國，得重價，蓋醇謹儒生也。忽從俠客糾海邊壯士數百人，入據漳浦，魯監國嘉之，即以爲令，守之。未幾，城復陷，被執，瞋目罵不絕，磔於市，懸其頭於城之東門，數日色不變。一卒投諸濠中，夜狂叫，若有擊之者，乃羅拜而瘞之。同時有楊淶者，亦不屈死。〔考曰：本夕陽寮稿。〕

明□□賴天肖起兵潮州，殺降將文貴、陳虎、余成隆。

明□□陳順、簡信起兵韶州，□□蘇來起兵惠州，□□黃奇策起兵新會。

徐鼒曰：爵里不可考，則闕之。

明徵前禮部尚書文安之、前大學士王錫袞入閣，道阻不至，乃以翰林學士方以智爲東閣大學士。

安之，夷陵人，天啓壬戌（一六二二）進士，授庶吉士，歷官南京司業。崇禎中，遷南京祭酒，爲薛國觀所搆，削籍歸。南都起詹事，閩中拜禮部尚書。安之方轉側兵戈間，皆不赴。錫衮，祿豐人，與安之同年進士，授庶吉士，崇禎中累官少詹事。十三年（一六四〇），擢禮部右侍郎，尋掌部事，調吏部。十六年（一六四三），以憂歸，閩中拜禮部尚書兼東閣大學士，至是申前命，與安之同入閣，道阻皆不至。安之於庚寅（一六五〇）六月謁王梧州，事見後。錫衮乃死於沙定洲之難。〔考曰：明史謂定洲執錫衮至會城，詭草錫衮疏，請以定洲代黔國公鎮雲南。疏旣行，而以稿示錫衮，大恨，愬上帝祈死，數日憂憤卒。而稗官家亦謂錫衮起兵討定洲，兵敗被殺，未知孰是。〕以智字密之，崇禎庚辰（一六四〇）進士，官檢討，北都陷，爲賊所掠，瀕於死。南都馬、阮當國，歎曰：「是尚可爲邪！」褫衣散髮，賣藥五嶺間，隆武帝召之不赴，是時以翰林學士知經筵，命入閣辦事，以智知不可爲，乃爲僧去。

明召周堪賡爲戸部尚書，不至。

明召郭都賢爲兵部尚書，不至。

都賢字天門，益陽人，天啓壬戌（一六二二）進士，歷官江西巡撫。賊陷吉安、袁州，被議，棄官入廬山。弘光時，史可法薦授南京操江，不赴。可法故都賢會試分校所得士也，至是以兵部尚書召，而都賢已祝髮浮邱山，號頑石，又號些菴，茹苦行脚，流寓沔陽。都賢博學，精書繪，尤工詩，多爲鄉人所傳，然竟以詩累，客死江陵之承天寺。

臣鼒曰：沅湘耆舊集云：洪承疇之革職也，都賢奏請起用。承疇德之，後歸朝，奉命經略西南，謁都賢於山中，餽以金，不受，請以其子爲監軍，亦不許。是都賢立身有本末，灼然可見，而世有以他端議之者，亦刻覈之論哉！

明召劉遠生爲刑部尚書。

明以丁時魁、金堡爲給事中。

時瞿式耜收召人望，疏請道里之可達行在者，丁時魁論新政，金堡有清直聲，故有是命。

徐鼒曰：侍郎以下升擢悉不書，給事中何以書？爲五虎亂政張本也。

明以舉人王夫之爲行人司行人。

夫之字而農，號薑齋，衡陽人，崇禎壬午（一六四二），偕兄介之舉於鄉。以瞿式耜薦，授行人，轉徙楚、粵、滇、黔間，緬甸既覆，隱猺峒以終，學行詳紀傳。

徐鼒曰：行人微者也，何以書？賢夫之也。同時顧炎武、黃宗羲、傅山、李顒諸碩儒爲世宗仰，夫之學業相與頡頏。而衡陽地僻，絕人逃世，不得與顧、黃諸公通聲聞，故知之者絕少。而雞鳴不已，鶴和在陰，藥房荷屋之中，芰衣蓉裳之侶，同心之子，不乏其人，如夏汝弼、唐端笏、劉惟贊、陳五鼎、陽鎮、周士儀、章有謨諸人者，雖成就不皆可傳，要皆抱殷頑之戚，守漢臘之遺，鄭所南、謝皋羽之流，蓋其選也。紀傳之作，其亦弗獲已夫！

己卯（初八日），明監國魯王遣兵攻福州，不克。

壬午（十一日），月掩歲星於東井。

明孫守法退屯石鼈谷。

明陳邦彥遣兵復順德。

邦彥遣其門人馬應房以舟師會余龍取順德。〔考曰：陽秋應房亦作應芳。〕

明監國魯王遣兵攻興化，不克。

守將張應元故降將也，出城逆戰，海師敗走。

明劉承胤以兵入衞，駐全州。

承胤，南都人；酗酒有膂力，號劉鐵棍。以征蠻獠功，累官至副總兵。何騰蛟之受闖賊餘黨降也，題授總兵官，鎭武岡。丙戌（一六四六）七月，隆武帝封爲定蠻伯，漸驕恣不奉法。是年正月，王奔桂林，承胤具疏迎駕。兵科給事中劉堯珍以事過武岡，語不合，承胤拳毆之。指揮張同敞、御史傅作霖責之曰：「爾具疏迎駕，而得罪朝紳，何也？」承胤乃具酒請罪。其後謁王於全州，倨侮無人臣禮，御史瞿鳴豐疏劾之。次日朝退，承胤指都御史楊喬然曰：「汝任風憲長，言官妄言，汝不能表率，要汝何爲！」喬然與之爭，至裂冠毀裳。初亦以爲武人麤鹵，無足責，且嘗逐擅權之司禮太監王坤，而面叱周鼎瀚爲奄寺鼻息，故或以此多之。〔考曰：本武岡播遷始末。〕

丙戌（十五日），明桂王幸全州，瞿式耜疏止之，不聽。

平樂報至，司禮王坤又趣王幸楚，式耜疏諫，略曰：「上不幸楚，楚師得以展布。半年之內，三四播遷，兵民狐疑，局促如飛瓦，翻手散而覆手合。上在粵則粵存，去粵則粵危，我進一步，則人亦進一步，我去速一日，則人來亦速一日。故楚不可遽往，粵不可輕棄，今日勿遽往，則往也易，輕棄則入也難。且海內幅員，止此一隅，以全盛視粵西則一隅似小，就西粵恢中原則一隅甚大，若棄而不守，慇者亦知拱手送矣。」不聽。

明進瞿式耜文淵閣大學士兼吏兵二部尚書，留守桂林，以新興侯焦璉兵隸之。式耜知駕不可留，請身留桂林，疏請暫蹕全州，以扼楚、粵之中。已而警報狎至，王趣式耜治裝從行，式耜謝曰：「君以仁，臣以義，臣奉命守此土，當與此土共存亡。」於是從官皆行，式耜獨守。〔考曰：陽秋次此事於三月，於事不合，今從紀略。〕

明晉劉承胤爲安國公。

明命思恩侯陳邦傅守昭平。邦傅，處州人，崇禎末，爲廣西總兵，隆武二年（一六四六），掛征蠻將軍印。是時命以所部守昭平。〔考曰：本西粵新書。〕

明以禮部右侍郎吳炳兼東閣大學士，入閣辦事。炳，宜興人，萬曆丙辰（一六一六）進士，授蒲圻知縣，歷官江西提學副使。江西失，流寓廣東，以禮部右侍郎召；尋命以本官兼大學士入閣。

癸巳（二十二日），明監國魯王遣兵攻福清，不克。

圍城三日，守將張心裕亦降將也，出北門逆戰，海師敗走。

乙未（二十四日），明林舉賢、陳耀攻廣州，不克。

丙申（二十五日），我大清兵取長沙，明何騰蛟走衡州。

知縣王宸、縣丞楊日新降，騰蛟單騎走。

我大清兵取湘陰，明守將王進才大掠而遁。

明督師何騰蛟檄諸鎮援長沙不至，黃朝宣走衡州。

時諸鎮復起而爲盜，朝宣父子尤甚，刦人每剝其皮。湘鄉舉人龍孔蒸嘗拒獻賊僞命者，奉母避山中，與友人洪業嘉同及於難。

獻賊餘黨陷貴陽，明布政使張耀、在籍前興寧知縣吳子騏等死之。

耀，字融我，三原人，萬曆中舉於鄉，由知縣歷官貴州布政使，得民心。賊渡烏江，守將定番伯皮熊走都勻，耀言於巡撫米壽圖，請發民兵守禦。壽圖以衆寡不敵，難之。俄賊掩至，壽圖走沅州。耀率家衆乘城拒擊，城陷被執。孫可旺說之曰：「公秦人也，若降，當位宰輔。」耀怒，詈不屈，械其妻孥於前曰：「降則一家免死。」耀罵愈毒，乃殺之，一家皆慘死。子騏，貴陽人也，亦萬曆中舉人。聞可旺將至，偕邑紳劉琯、楊元瀛率鄉兵扼之要路，力竭被執，俱不屈死。琯，字子佩，官主事；元瀛，字蓬山，官同知：並鄉薦起家。同時殉難者，戶部郎中譚先哲、兵備參議石聲和，俱平壩衞人；或曰聲和死於安順，子吉，諸生也，殉之。〔考曰：本殉節錄。〕

獻賊餘黨陷定番州，明兵備僉事曾益死之。

益，臨川人，以貢生特用，歷官司務主事，遷兵備僉事。貴陽陷，走定番州，與按察使唐勳調土兵守城，藥箭射賊將張能奇幾死。賊紿之曰：「與我斗酒即退去。」城中以爲怯也，守稍懈，賊乘之，遂陷。

益闔門死難，弟栻爲蒲圻令，亦死於賊。或曰，益死於安平。〔考曰：本楊在張獻忠亂蜀始末。〕又有顧人龍者，州人也，致仕家居，冠帶登陴，被執，罵賊死。

獻賊餘黨陷永寧州，明知州曾異撰死之。

異撰，四川榮昌人，舉於鄉，知永寧州。可旺既陷貴州，將長驅入雲南，異撰與其客江津進士程玉成、貢生龔茂勳謀曰：「州據盤江天險，控扼滇、黔，棄之不守，非人臣義也。」集衆登陴。城陷，異撰闔室自焚死，玉成、茂勳投火死。自是黔西諸郡望風瓦解。〔考曰：按明有兩曾異撰，文苑傳中之曾異撰，福建晉江人也；忠義傳中之曾異撰，四川榮昌人也：俱崇禎時舉人。南疆繹史誤爲一人，大謬。〕

三月壬寅朔，明孫守法復寧州。

守法復與高勛等破寧州，拔興安之蕎麥山。

甲辰（初三日），我大清兵復取順德，明陳邦彥退據下江門。

李成棟再取順德，馬應房戰死，敗余龍於黃連江，焚舟數百，龍亦殁。邦彥乃棄高明，收餘衆據下江門。

丁未（初六日），明□□賴熊復建陽。

戊申（初七日），明瀏陽伯董英降於我大清。

乙卯（十四日），我大清兵攻桂林，明留守大學士瞿式耜率總兵焦璉禦卻之。

王師從平樂長驅入，桂林虛無甲兵，式耜檄召焦璉於黃沙鎮；璉率騎三百人赴之。時山水汎溢，士卒從水中行百里，水及馬腹。至江，得漁舟二艇，次第渡之，以初十日薄暮抵留守府，式耜拊背勞之。明日，遣人於太墟運糧，而王師數萬猝至。一卒倉皇奔報，氣急舌結，手東西指，式耜笑曰：「敵兵至邪？何張皇若是！」俄數十騎乘虛突入文昌門，登樓瞰留守署，矢集式耜綸巾，式耜叱曰：「何敢爾！」呼焦璉，璉袒背控弦提刀至，發數矢，應弦倒。璉士卒閉城門，王師之入城者不得出，繞城走。璉復殺數人，乃棄馬越城下，璉麾三百人開門追之。王師自渡江來未有抗衡者，見璉出，方錯愕。而璉引騎直貫其營，左右衝突，自寅至午，斬首數千級，衝王師爲三，已復合而圍之。璉復大呼入，戈刃所及，血雨肉飛。諸將白貴、白玉亦開城出，追奔數十里，桂林獲全，論者謂南渡以來武功第一。

明劉承胤遣兵援桂林。

王師屯陽朔，遍野皆薙髮降，瞿式耜與焦璉困守孤城；承胤雅重式耜，發兵數千援桂林。

戊午（十七日），明張家玉再復東莞。

先是，韓如璜戰死，家玉走西鄉，祖母陳氏、母黎氏及妹石寶俱赴水死，妻彭氏被執不屈死。西鄉大豪陳文豹奉之。會故南海指揮安宏猷與訓導張治亦起兵襲東莞，殺典史張元鼎，知縣鄭鋆自縊，乘勝遂取新安。〔考曰：按行在陽秋家玉與西鄉陳邦策屯兵白石，邦策當是文豹別名。〕

己未（十八日），明魯周鶴芝攻閩安。

明兵部尚書詹兆恆攻開化，不克，死之。

兆恆出懷玉山，攻開化，降將李榮逆戰於馬嶺，敗死。

甲子（二十三日），明□□林質復德化，再攻建陽，敗死。

降將蔡應科逆戰，質戰敗被執，死之。

明石屏副將龍在田乞師於獻賊餘黨孫可旺，可旺遂以衆入雲南。

初，張獻忠之起陝西也，養孫可旺、艾能奇、李定國、劉文秀爲子。可旺本名旺兒，米脂人。幼無賴，爲人執鞭，數日返，不見其母，訟其鄰人於官。官怒曰：「汝未以母託鄰人，汝母自他適，安所知！」因杖之，可旺逃而爲賊。久之，遇獻忠，狡黠善伺人意，故獻忠尤喜之，衆賊呼爲大哥。既入蜀，可旺以平東將軍稱東府，定國以安西將軍稱西府。每遇敵，可旺能屬所部堅立不動，號一堵牆。獻忠死，可旺與定國、能奇、文秀率餘衆破涪江，遵義入貴州。時在田苦沙定洲之亂，遣使告急於可旺，可旺因詐稱黔國焦夫人弟來復讐，滇人延頸望之，而不知其爲賊也。

臣鼒曰：佚史從春秋書盜之例，雖闖、獻巨寇皆不名，可旺何以名？春秋進吳、楚之例也。其入滇也，在田召之；歸明也，明封之；歸我世祖也，亦不得已而臣之，烏得而不名哉！獨居窮山，放虎自衛，在田實自貽之戚矣。

孫可旺大敗沙賊於革泥關。

定洲聞可旺來解楚雄圍，逆戰於革泥關，大敗，遁歸阿迷。其部將李阿楚駐臨安，可旺使李定國分兵襲之，穴地置砲，崩其城；阿楚赴火死，城中士民悉被屠。可旺乃使定國徇迤東；而自與劉文秀西出。

孫可旺屠明曲靖，巡撫羅國瓛、右僉都御史朱壽鍬、知府焦潤生、推官夏衍虞死之。

國爋，嘉定人，崇禎癸未（一六四三）進士。衍虞，江津舉人。潤生，上元舉人，修撰竑之子也。同被執，不屈死。前通判朱壽鏻時以右僉都御史奉差募兵，亦不屈，從容賦絕命詩死。

孫可旺陷明南寧，知縣陳六奇死之。

六奇字鳴鸞，龍江衞人，萬曆戊午（一六一八）舉人。初知景陵縣，以廉平稱，移知南寧，城破，被殺於東門。

孫可旺屠明霑益。

孫可旺陷明廣通，在籍前渾源州同知張朝綱死之。

朝綱與妻馮氏同縊死，子耀葬親訖，亦縊死。

明姚州知州何思、舉人席上珍、金世鼎起兵拒孫可旺，不克，死之。

賊旣逼，上珍與世鼎謀起兵拒之，散家財，募壯士二萬人，與知州何思率以乘城。繕備未周，賊將張虎掩至，一戰而敗。世鼎自殺，思及上珍同被執，可旺欲降之，上珍厲聲曰：「我大明忠臣，豈屈於賊邪！」罵不絕，刃其口，罵益厲。可旺怒，剝其皮。思亦不屈死。

孫可旺陷明武定，同知楊于陸死之。

于陸，劍州舉人。

孫可旺陷明師宗，署知州徐道興死之。

道興，睢州人，以經歷署師宗州事。曲靖被屠，道興集士民諭之曰：「城守乎？」衆曰：「力薄兵寡，何以禦之？」曰：「然若等何罪，徒膏兵刃，速去毋顧我，我死分也。」士民請與偕，厲聲曰：「失守疆土，安所逃死？」衆灑淚去，出白金二錠，授其僕曰：「此俸金也，一以賜汝，一買棺殮我。」僕哭請從死，曰：「爾死誰收我骨？」舉酒自飲。賊令迎其將，擲手中酒杯擊之曰：「吾朝廷命吏，肯從賊求活邪！」遂被殺。

明右僉都御史雲南巡撫楊畏知拒孫可旺於祿豐，可旺受約。

畏知領兵出祿豐；拒戰於獅子口，身中三矢，敗至啓明橋，投水不死；踞而罵。可旺以畏知同鄉，甚重之，下馬慰之曰：「聞公名久，吾爲討賊來，公能共事，相與匡扶明室，非有他也。」畏知瞪目視之，曰：「紿我耳。」可旺請折箭以誓，畏知曰：「果爾，當從我三事：一，不得仍用僞西年號；二，不得殺人；三，不得焚廬舍，淫婦女。」可旺許諾，乃偕至楚雄，定大理。迤西八郡免屠戮者，畏知力也。

孫可旺移檄永昌，明署金騰道王運開、署知府劉廷標不屈死。

運開字子朗，夾江人，崇禎庚午（一六三〇）舉人，以推官署金騰道。廷標字霞起，上杭人，以通判署知府。可旺既受楊畏知之約，乃移檄永昌，迎沐天波歸省，並索道府印。時運開、廷標方守瀾滄江拒戰，天波止之，諭其以印往，兩人曰：「印往則我亦降也，賊言何可信哉！」乃遣家屬避騰越。運開有弟運閎，字子遠，崇禎壬午（一六四二）舉人，時方在署，運開謂之曰：「弟未仕，可無死，將吾妾俱西，勿在此亂人意。」士民懼不降且屠，詣運開廳事哭，運開慰遣之，則又詣廷標，廷標曰：「賊伎倆吾素知之，他城之降而屠者屢矣，無益也。」衆哭益甚，廷標取毒酒將飲，衆始散。是夕，運開先自經，廷標歎曰：「男子哉，我老當先死，王公乃先我邪！」遂沐浴，賦詩三章，亦自縊。〔考曰：寒支集載廷標臨絕題幅巾自序曰：後死罪臣劉廷標，閩之上杭人，早孤赤貧，服先嚴遺訓，守孀母懿言，餬於二十人中，九舉秋闈，三副鄉榜。崇禎庚辰由徵辟試永嘉丞，用三院特薦轉判永昌。甲申秋，署府篆。是臘，接先皇帝哀詔，已分一死，猶謂尙有社稷民人，勉爲守土，庶犬馬殘喘猶存，或精衞泥丸堪効。不虞天未厭亂，覆亡可需，赤社將傾，難面父老於隆中，素練自裁，敬從先帝於地下，諒無當於晚節，聊不昧其初心云爾。復爲詩四章，有「三載偷生慚後死，今亡猶是大明臣」之句，餘不傳。〕可旺賢兩人之死，求其後，或以運閎對，召之，行至潞江，語僕曰：「此行將臣賊，吾與兄豈異趣哉！若收吾骨與吾兄合葬，題曰『夾江王氏兄弟之墓』，吾無恨矣！」遂躍入江死。初可旺入楚雄，舉人杜天楨題西城樓曰：「滿城毛角，不識春秋大義；千秋電火，難灰亂賊惡名。」亦自縊死。旣而畏知聞運閎、廷標亦死，歎恨曰：「吾明決愧三君，將來多一番磨折矣！」

李定國掠河西，明在籍巡撫僉都御史耿廷籙死之。

定國旣克臨安，將襲沙定洲於阿迷，聞晉寧有警，乃盡掠臨安子女而還。過河西，廷籙赴水死，妻楊氏被執不屈，亦見殺。

明晉寧舉人段伯美、呈貢諸生余繼善、耿希哲起兵拒李定國，城陷，晉寧知州冷陽春、呈貢知縣夏祖訓及伯美等皆死之。

昆陽孔師程者，以從軍得官，衆服其雄，伯美等之舉兵也，推以爲主。及定國來攻，師程泛舟先遁，城破，晉寧知州石阡冷陽春、呈貢知縣嘉興夏祖訓與伯美等並死之。同時殉難可紀者：富民陷，在籍知縣陳昌裔不受僞職爲賊杖死，貢生李開芳與其友王朝賀自經死；臨安陷，進士廖履亨赴水死。

明江川知縣周柔強率兵拒李定國於撫仙湖，敗績死之。

一軍盡殲，滇東諸郡屠戮甚慘。

徐鼒曰：孫、李之由蜀而黔而滇也，月日不可考，以諸書參校之，則由蜀而黔也，二月以前；由黔而滇，則三月也。滇西諸郡可旺事，滇東諸郡定國事，故以類次之。孫、李等夷也，胡不云獻賊餘黨李定國哉？嘉其有終，故諱之也。

夏四月，江西大旱。

壬申朔，明進張家玉兵部尚書兼副都御史，提督嶺東軍務，聯絡漳湖。

王師攻新安，戰於赤岡，家玉敗走，陳文豹等皆死。李覺斯怨家玉甚，發其先壟，滅其族，邨市爲墟。家玉過故里，號哭而去。生平任俠，好擊劍，多草澤豪傑交，所至輒能得衆，途次又得數千人，於是年七月取龍門、博羅、連平、長寧，攻惠州，克歸善，還屯博羅。

癸酉（初二日），我大清兵取明衡山縣。

乙亥（初四日），我大清兵取明瓊州。

明封錦衣衛郭承昊、馬吉翔、嚴雲從爲伯，革御史毛壽登、劉湘客、吳德藻、〔考曰：毛壽登疑即毛壽敎，吳德藻疑即吳德操，蓋字之譌。〕萬六吉職，劉承胤遂劫桂王如武岡。

劉承胤請封承昊等爲伯，壽登駁之曰：「金吾無矢石功，何得援邊鎮例晉爵？」吉翔等疑疏出劉湘客，其黨周鼎瀚遂造蜚語，爲董卓、傕、汜之議，激承胤逼王立下廷杖旨，縛壽登等於行在午門外，諸臣申救得免，仍落職。承胤益橫，遂劫王如武岡，瞿式耜疏請留蹕全陽，曰：「聞郊祀禮成，即圖移蹕，不知將回桂林邪，抑幸武岡、辰、沅邪？夫皇上原以恢復西粵爲心，則不徒西粵未恢，未可移駕，即東粵未恢亦以駐全爲得策也。」王制於承胤，不能用。承胤之嗾杖壽登等四臣，以四臣有還蹕桂林之議也。〔考曰：明史稿、南疆繹史、武岡播遷始末謂王以三月幸武岡，東明聞見錄以爲五月，今參考行在陽秋、粵紀諸書，蓋承胤以四月劫王播遷，至五月十四日甲寅，始改武岡爲奉天府也。〕

明太常寺卿潘應斗棄官去。

應斗，字章辰，武岡人。崇禎癸未(一六四三)進士。南都立，陳時政，爲阮大鋮所扼，授廣東萬州知州。王之建國肇慶也，授御史，改吏部郎中，尋加太常寺卿。見承胤亂政，度不能抗，乃棄官去，與弟禮部主事應星誅茅威溪之麓，著述唱和，饔飧不給，晏如也。應星字夢白，嘗刲股愈父疾，人稱孝焉。

徐鼒曰：繫之杖御史後何？鴻飛冥冥，弋人何篡，君子所以見機而作歟！同時有曾嗣袞、鄒統魯二舍人，亦楚人士之不辱其身者，詳見紀傳。

己卯(初八日)，降將孟喬芳以我大清兵克興安，明孫守法死之。

總督孟喬芳伏甲深林，以輕騎誘守法出，擒之。守法執鐵鞭格殺百十人，乃死。喬芳，故降臣也。

辛巳(初十日)，我大清命降將孔有德、耿仲明、尚可喜分道取湖廣。

孔有德、耿仲明、尚可喜三人皆以驍勇善鬭事毛文龍，文龍養爲孫，有德名毛永詩，仲明名毛有傑，可喜名毛永喜。莊烈帝既殺毛文龍，三人皆自皮島歸我大清，有德封恭順王，仲明懷順王，可喜智順王。既從世祖入關定天下，順治六年，有德改封定南王，仲明改靖南王，可喜改平南王，所謂三王也。是時，奉命征湖南。

癸未（十二日），我大清兵取衡州，殺黃朝宣。

臣鼒曰：不曰朝宣死之何？朝宣之殘賊甚於寇，不得以死節書也？不曰殺明黃朝宣何？絕之於明也。

甲申（十三日），白虹貫日。

我大清兵取永州，明盧鼎走道州。

鼎初守衡州，而張先壁兵突至，大掠。鼎不能抗，走永州，先壁乃挾騰蛟走祁陽，走辰州，騰蛟還走永州。大兵至，鼎部將復大掠走道州。

明督師何騰蛟退駐白牙市，兵部右侍郎章曠退駐東安。

明王允成走辰州，馬進忠走沅州，郝永忠走道州。

時湖南州縣瓦解，署臨武知縣李興瑋，巴陵人，偕其父赴省請援，其母止之勿顧，全家皆遇害。後隨章曠赴衡陽，以抗節死。

丙戌（十五日），降將吳勝兆謀以松江叛我大清，復歸於明，事覺伏誅。明戶部侍郎浙直總督沈廷揚、兵部右侍郎左都御史陳子龍、兵科給事中楊廷樞等死之。

勝兆提督松江，長洲諸生戴之雋者，楊廷樞門人也，教勝兆叛，陰遣人約舟山黃斌卿〔考曰：三藩紀事本末謂教勝兆者爲周謙，故長白蕩來降者也。〕合力取南都。斌卿猶豫不欲應，時侍郎沈廷揚、定西伯張名振，監軍張煌言皆在斌卿所，爭勸之，斌卿乃以故所封伯印授勝兆，期於是月十五六日以海師會之。名振請以所部行，邀廷揚爲導，廷揚曰：「兵至必以崇明爲駐劄地，禁打糧，然後可。」名振許之。至崇明，食盡違約，登岸，舟泊鹿苑，五更，颶風大作，軍士溺死者過半。王師逆之岸上，合呼薙髮者不死，海師遂大潰。十五日，勝兆以事洩，殺告變之海防同知楊之易、推官方重郎，而下令入海。意翌日海師之必至也，使中軍詹世勛、都司高永義偵之，而海師已於十四夜潰。世勛、永義登城，望烽火寂然，遂變志，反兵相向，矯令召其所親信盡殺之，之雋亦死。執勝兆送江寧總督洪承疇，窮治其獄，詞連子龍、廷樞。子龍亡命，同諸生夏之旭奔嘉定，告急於侯峒曾之弟岐曾，匿其僕劉訓家，已遷崑山顧咸正所。當事蹤至嘉定，執岐曾，別遣兵圍咸正家，遂獲子龍，鎖舟中，泊跨塘橋下，子龍乘間躍水死。〔考曰：屈大均弔子龍詩云：舟出吳淞烟水遙，黃門懷石此塘橋。並汪琬所述曾涵之言考之，則陳公之沈水死未就訊也無疑。而侯方域詩注，謂當事者執之，子龍曰：「何必訊！事皆有之，但未得就耳。」不屈死。方域爲子龍好友，其言似非無據，俟考。〕廷樞字維斗，吳縣諸生。天啓朝顏佩韋五人之難，廷樞實倡之；佩韋等死，而廷樞獲免。舉崇禎庚午（一六三〇）應天鄉試第一。國變，隱居鄧尉山，浙東遙授翰林院檢討兼兵科給事中，既以之雋株連被逮，慨然曰：「予自幼慕文信國之爲人，今日之事，素志也。」舟中書血衣並詩以遺其孤。〔考曰：血書略曰：「惜時命之不猶，未登朝而食祿，值中原之多難，遂蒙禍以捐生。其年丁亥之建，爲日孟夏之終，方隱遁夫山椒，忽陷罹於羅網，雖云突如其來，亦已知之稔矣。但因報國無能，懷忠未展，總是人臣未竟之事，倘孤累朝所受之恩」云云。詩十二首，佚其六，詩曰：「人生自古誰無死，留取丹心照汗青；正氣千秋應不散，於今重復有斯人。」「浩氣淩空死不難，千年血淚未曾乾，夜來星斗終天燦，一點忠魂在此間。」「社稷傾頽已二年，偷生視息又何顏；祗今浩氣還天地，方信平生不苟然。」「嘆息常山有舌鋒，日星炯炯貫空中；子規啼血歸來後，夜半聲聞遠寺鐘。」「有妻慷慨死同歸，有女堅貞志不移；不是一番同患難，誰知閨閣有奇兒。」「近來賣國盡鬚眉，斷送河山更可悲；幸有一家如母女，綱常猶自賴維持。」〔以上詳南略及史外。〕五月朔，大帥會鞫於泗州寺，巡撫重其名，欲生之，命之薙頭。廷樞曰：「砍頭事小，薙頭事大。」乃擁出至寺橋。臨刑，大聲曰：「生爲大明人，」刑者急揮刀，首墮地，復曰：「死爲大明鬼。」監刑者咋舌，乃禮而殯之。同時被禍者，推官顧咸正及其子諸生天逵、天遴，夏之旭、夏完淳、侯岐曾、徐爾穀、錢栴等數十人。咸正，字端木，咸建兄也。崇禎癸未（一六四三）進士，爲延安推官。時以子天逵、天遴匿子龍被逮，洪承疇問曰：「汝知史可法在乎不在乎？」答曰：「汝知洪承疇死乎不死乎？」乃父子同見殺。之旭字元初，允彝兄也，以諸生貢於廷，有聲，官兵捕之，乃縊死文廟復聖顏子位旁。〔考曰：之旭遺令云：余自舍弟殉節，卽欲偕死，彼以孤寡見託未忍也，然不向城市坐者，兩年於玆矣。今者吳鎭効忠，一時趨附，幾事不密，變且中作，搜求餘黨，坐以叛名。嗟乎！新朝之所謂叛乃故國之所謂忠也。夫何傷哉！余幼讀聖賢書，今死聖賢地，夫亦死於聖賢之教，非死於法也。其詩曰：「嗟予薄祜，少遭不造，皇路多虞，撫膺思報。穰穰國人，藩之垣之，惴惴縲絏，抗章白之。余一介儒，曾霽天顏，歲寒之義，至死勿遷。仲也懷沙，身無貶屈，惜哉臥子，何不早決。故君曰逝，故友云亡，吾將安歸，敬附首陽。從容自引，魯璧蹌蹌，遐哉尼父，余敢對揚。」以上詳南疆繹史。〕完淳，字存古，允彝子也，七歲能詩文，年十三，擬庾信大哀賦，才藻橫逸。魯監國授中書舍人，監國航海，完淳拜表慰問，爲邏者所得，時亦因子龍事下獄，賦絕命詩遺母與婦。臨刑，神色不變，年甫十八云。〔考曰：完淳遺母詩曰：「孤兒哭無淚，山鬼日爲鄰；古道麻衣客，空堂白髮親。循陔猶有夢，負米竟何人；忠孝家門事，何須問此身。」遺婦詩云：「憶昔結縭日，正當擐甲時；門楣齊閥閱，花燭夾旌旗。問寢談忠孝，同袍學唱隨；九原應待汝，珍重腹中兒。」以上詳史外。〕岐曾，字雍瞻，太學生，少時與兄峒曾齊名。爾穀，字似之，石麒子也，被執，慷慨無撓詞。枘，字彥林，棅之從兄也，同日受刑。爾穀妻孫氏，枘妻徐氏並殉之。又殷之輅、張寬、戴武功、周長吉〔考曰：武功疑即戴之雋，長吉疑即周謙。〕以下數十人不可詳，皆以匿子龍死者也。惟沈廷揚則死於海師之潰。時張名振、張煌言、馮京等既雜降卒中逸去，廷揚歎曰：「風波如此，其天意邪？吾當以一死報國，然死此無名。」乃呼謂游騎曰：「吾都御史也，可解吾之南京。」洪承疇與有舊，使說之薙髮，廷揚曰：「誰使汝來？」曰：「洪經略。」曰：「經略死松山之難久矣，安得尚有其人邪！」與部下十二人同日被刑，其親兵六百人斬於蘇之婁門，無一降者，時比諸田橫之士云。舟山人聞廷揚之死也，哭聲如雷，就地立祠祀焉。〔考曰：魯紀略謂廷揚於壬辰春，引舟師出福山口，敗死，與諸書不合。今按魯紀略多舛謬，不足信。〕

明□□岑本高等攻浦城，敗死。

本高與王思春、江中英、江中元、張文耀、朱國貞、劉國球等同攻浦城，有原任監軍吳承昊、徐元、毛文傑、張裔元約爲內應。已而本高等敗死，國貞降，盡洩承昊等謀，遂皆見殺。

己亥（二十八日），我大清兵取明安化，遂取新化。

降將王光泰以襄陽叛我大清，復歸於明。

光泰，鄖陽總兵光恩之弟也。光恩投誠後，以原官留鎮鄖陽，其弟副將光泰屯宜城。嗣光恩爲道臣李之綱所訐，逮問，光泰遂據襄陽以叛，自稱鎮武伯，用永曆年號，殺我荆南巡道甘文奎，進踞鄖陽，結陝西賀珍、武大定爲援。我提督孫定遼，亦降將也，聞變，率兵援鄖陽，馬蹶，沒於河。我侍郎喀喀木會光化副將王平渡河進討，光泰走房縣，尋走四川。

明太常寺少卿程源以罪削職。

源之由楚入黔也，假稱三省總督兵部右侍郎，沿途賣官，贓私巨萬。巡按御史錢邦芑疏參之，王震怒，削職逮問。

明鄖西王常潮復建寧，其將王祁復邵武。〔考曰：按世表鄖西王爲益宣王庶子常湖，於萬曆二十五年薨，襲封者無考，茲據東華錄爲常潮，其常湖之弟與？〕

祁營山中，取民間几案數百，懸大線香，黑夜順流環城而過，守者謂祁兵且薄城，砲石大下，遲明，方知其僞。習之不疑，一日，祁突至，遂破。〔考曰：魯紀年謂鄖西王復建寧，而楊陸榮紀事本末云：瀘溪貢生魏一柱守瀘溪，久不下，降將王得仁令族瀘之丁、傅、魏三姓，一柱遂棄妻子走閩，襲破將樂，結永西、德化、興安諸王，攻克建寧，王師圍而攻之，五閱月始破，一柱與諸王俱死之，興安王以先事出獲免。不言鄖西王，疑當日宗室流離軍中甚夥，不可悉數，紀事者各就所聞著之篇耳。〕

明朱成功復海澄。

初，貝勒統馬步兵突至安平，鄭芝豹等斂衆揭貲財子女於巨艦，棄城泊外海，成功生母翁氏持劍不肯去。大兵入，翁氏拔劍剖腹死。成功聞報，擗踊號哭，縞素率師至，貝勒見船隻塞海，退回泉州。成功尋合鄭彩、楊耿兵入海澄，破九都。〔考曰：某氏賜姓始末謂北兵大肆淫掠，成功母亦被淫，自縊死。成功大恨，用夷法，剖其母腹，出腸滌穢，重納之以殮。〕

五月，福建、江西大水。〔考曰：行在陽秋云：戊午，福建、江西大水。按大水非地震可日紀比也，故係之五月。〕

辛丑朔，我大清兵取明新安。

庚戌(初十日)，揚州地震。

甲寅(十四日)，明改武岡州爲奉天府，以周鼎瀚爲東閣大學士，同劉承胤入直。

明以貴州總督李若星爲吏部尚書。

壬戌(二十二日)，明魯鄭彩復長樂。

癸亥(二十三日)，我大清克龍陽，明總兵楊國棟敗走。

甲子(二十四日)，我大清兵取明常德。

明劉承胤兵掠於桂林。

承胤兵譁索餉，瞿式耜搜庫藏捐囊金與之，不足，夫人邵氏則又捐簪珥數百金與之，譁如故。素與焦璉兵主客不和，乃交鬨，掠市而去。式耜檄誅二十餘人，疏劾承胤馭兵無狀。

乙丑(二十五日)，我大清兵再攻桂林，明留守瞿式耜與總兵焦璉禦卻之。

時三王兵將抵桂林，偵知城中兵變，猝薄城，環攻文昌門，吏士失色。式耜與璉分門嬰守，用西洋銃擊中騎兵，王師稍卻。璉乃開城出戰，殺數千人，自辰至午，不及餐。式耜括署中米蒸飯，親出分哺，將士益樂用命。向晡，雨未息，收兵，明日復出戰。璉奮刀衝陣，王師棄甲仗而奔。援將馬之驥既隔江發大砲助聲勢，卽疾馳渡江，遇王師間道從栗木嶺來者，運槊提韃，連斃三人，遂大北，追奔二十里。我定南王孔有德望虞山樹木，疑爲兵焉。璉久駐桂，得桂人心，式耜以國士遇之，故能得其死力。

戊辰（二十八日），我大清兵取和平，明知縣李信死之。

明副將周金湯復永州。

金湯字憲洙，莆田人。以武進士選上湖守備，擢永州都司，糾壯士二百人夜復永州。

明以御史魯可藻巡撫廣西。

可藻，和州人，以明經授新城縣，有聲，擢御史，巡按廣西，與瞿式耜協心守禦。焦璉嘆曰：「文官如此，何敵不克，徒令吾儕武夫愧死耳！」式耜上其功，授是職。

明論保桂林功，晉瞿式耜少師兼太子太師，封臨桂伯。式耜疏請返蹕全州。

論守桂功，封式耜臨桂伯，疏辭曰：「本朝文臣封拜，自王威寧、王新建外，指不多屈，或憐臣死守孤城，破格以行鼓勵，其如貽笑四方何！」不許。再疏請告，曰：「自移蹕之後，凡百有六日矣。此百六日中，遇敵兵者二，遇兵變者一，皆萬死而無一生之望者，總辦一死字，亦遂不生恐怖，不起愁煩。惟是臣之病不徒在身而在心，不徒在形而在神，身與形之病可療也，心與神之病不可醫也。臣所依恃者皇上，皇上駐全猶有見天之日，今幸武岡，臣復何望！」王制於承胤，不能從也。

我大清兵復取海口，明魯平夷伯周鶴芝退守火燒嶼，參謀林籥舞、總兵趙牧死之。

六月庚午朔，明督師何騰蛟入朝，詔以趙印選、胡一青兵隸之，駐守白牙市。

騰蛟入謁，王及太妃皆召見，慰勞再三。初騰蛟薦劉承胤由小校至大將，稱門生，已漸倔肆。騰蛟在長沙時，以藤溪之捷，奏加張先璧援勦右將軍，郝永忠援勦左將軍。承胤怒，馳入黎平，執騰蛟子，索餉數萬，騰蛟度不能制，乃爲之請，得封定蠻伯，且與爲姻。既入衞全州，爵安國公，勛上柱國，賜尚方劍，翻嫌騰蛟出己上，自請爲戶部尚書，專領餉務。且以長沙失守，奏解騰蛟兵柄；王弗許。遣中使密召騰蛟爲計，然騰蛟固無如何，且無兵，命以雲南援將趙印選、胡一青兵隸之，守白牙市。及辭朝，賜銀幣，命廷臣郊餞，承胤伏甲將襲之，印選、一青力戰，殲其衆；承胤諱之，王亦不能問也。

明命何騰蛟駐衡州，加堵胤錫東閣大學士，賜尚方劍，總督江、楚軍務，駐長沙。

總兵張先璧自江西潰入楚，衆猶數萬，請入朝，且劾承胤專擅。承胤懼，乃請命騰蛟駐衡州。督師堵胤錫復疏劾承胤，且及截殺騰蛟事，而高必正、李赤心之衆，亦欲就食湖南。承胤益懼，計非胤錫不能制之，乃加胤錫大學士，賜劍，便宜從事，駐長沙。時衡州、長沙俱失，騰蛟、胤錫但擁虛號而已。

明監國魯王攻漳州，不克。

明監國魯王以錢肅樂爲兵部尚書。

初肅樂之解兵也，閩使召之，以嫌不赴，及江上破，由海道入閩，疏陳越中十弊爲戒。隆武帝優詔答之，以右副都御史召，未赴而閩中破。與諸弟避地福清，採薯爲食。嘗夜涉絕谷，足盡裂，無已，則祝髮爲僧。嘗題壁云：「一下猛想時，身世不知何處；數聲鐘響裏，歸途還在這邊。」識者謂非緇流語，漸有從之問學者，乃賴其脩脯以自給。旣聞鄭彩扈監國來往諸島，禡牙舉事，乃入覲。時從亡諸臣之在側者：熊汝霖、馬思理、孫延齡，思理位汝霖上，同直閣。延齡，郎嘉績子，年尚少。〔考曰：此非吳三桂所殺之孫延齡。〕彩自署兵部。及肅樂至，推以自代，肅樂泣陳無功，請以侍郎行部事；不許。因疏言：「兵部之設，所以統理羣帥，歸其權於朝廷。今雖未能盡復舊制，然當申明約束，使臣得行其法，不相凌辱，可乎？國家多難，大帥往往拚敗爲功，江干王之仁報捷諸書，其餘習也。臣願海上諸臣持勿欺二字以事主上，可乎？臣在山中，有感臣忠義，願攜貲來投者，有願奪降臣家財以充餉者，聚之可數百人。藩臣入關，當驅臣兵爲先鋒，但願諸臣少存部臣體統，一切爭兵幷船不相加遺，以爲朝廷羞，可乎？敍功之舉，往往及官而不及兵，誰肯致死！請凡兵有能獲級奪馬者，竟授守把等官，可乎？近奉明旨，江上之師病在不歸於一。今宜以建國公爲元戎，登壇錫命，令平夷、閩安、蕩湖諸鎮選擇偏裨，或爲先鋒，或爲殿後，合而爲一，弗令異同。其次則編定什伍，弗令雜然而進，雜然而退，孟浪以戰，則庶乎歸於一矣。」得旨允行。又疏言：「主上允臣前疏，委任建國，則兵出於一矣，復命建國合挑各營之兵，選其健者。請自今以往，停止一切封拜，特懸一印，令於衆曰：『有能爲建國所挑之兵先鋒立功，不論守把等官，竟與掛印。』至各藩私兵，請各懸一印，曰：『有能將本營所挑之兵立功者，竟與掛印。』如此則奇傑之人至矣。」監國以爲然，於是兵威頓振，先後下三十餘城。

秋七月甲辰（初五日），明大學士陳子壯起兵九江邨，會給事中陳邦彥共攻廣州，敗績。

子壯起兵九江鄉，兵多蜑戶、番鬼，善戰。乃與邦彥約，共攻廣州，結故指揮楊可觀等爲內應。事洩，可觀等死，子壯退駐五羊驛。時李成棟方攻張家玉於新安，邦彥與子壯謀，伏兵禺珠洲側，伺成棟還救會城，縱火焚其舟，己軍以青旂朱斿爲號。如其計，果焚舟數十，成棟走下風，引而西，邦彥尾之。會日暮，旗幟不能辨，陣動，風忽轉，成棟順風返擊，遂大潰。子壯長子上庸戰歿，走還九江鄉，邦彥奔三水。

明宣國公焦璉復陽朔，遂復平樂。

王師再挫，而廣東又爲陳子壯、張家玉、陳邦彥所擾，式耜命璉乘之，復陽朔、平樂。

明思恩侯陳邦傅復梧州。

魯可藻復賀縣、富川，引兵至平樂，與焦璉兵會。陳邦傅由貢、柳及潯州，我巡撫耿獻忠遁，遂復梧州。梧州，興陵之所在也，瞿式耜疏言粵西全定，請昭告陵寢，還蹕桂林。

明縣丞徐定國復懷集。

定國舊爲懷集縣丞，城破，匿山中，不薙髮，以計復城。〔考曰：本東明聞見錄。〕

明兵部右侍郎湖南巡撫章曠卒於軍。

長沙之失也，何騰蛟走衡州。曠亦走寶慶，尋至祁陽，與騰蛟會。騰蛟將謁王武岡，乃以兵事屬之。已復移駐永州，見諸大將擁兵，聞警輒走，抑鬱成疾，徇永安，卒於軍。

明監國魯王次長垣，會鄭彩、周瑞、周鶴芝、阮進之師，攻福州，敗績。

明朱容藩反。

容藩由辰州至施州衞，假稱楚王世子天下兵馬副元帥。適鄖陽守將王光興爲王師所敗，無所歸，不知其僞也，以其衆二萬人附之，李占春、于大海兩將亦附焉。王師由重慶順流下，是月十一日，容藩命占春、大海截擊於萬縣之湖灘。王師失利，走川北，容藩得三營兵，益恣肆，遂稱監國，鑄副元帥金印佩之。改忠州爲大定府，號府門爲承運門，稱所居爲行宮，設祭酒、科道、鴻臚寺等官，封王光興、李占春、于大海、楊朝柱、譚宏、譚文、譚詣、楊展、馬應試爲侯伯，以張京爲兵部尙書，程正典爲四川總督，朱運久爲湖廣巡撫。時干戈阻道，文告不通，故諸將爲其所惑，惟京、正典、運久實爲腹心焉。

己酉（初十日），明前福建提學道毛協恭被執於建寧，不屈，死之。

協恭，字端甫，武進人。崇禎庚辰（一六四〇）進士，知寧德縣，南都授陝西道監察御史，隆武帝立，命提督福建學政。王師之入閩也，協恭適試士興化，聞變痛哭，躍入水，遇救不死，轉徙泉州、建寧間。土寇發，力疾趨崇安，在道爲王師所執。大帥欲降之，協恭厲聲曰：「若亦知毛提學乎，尙奚道！」乃被殺。妻周氏與其子女躍水死，僕鄒良、王大郎亦死。〔考曰：本儲大文集。〕

八月己巳朔，明以戶部侍郎嚴起恆爲東閣大學士。

起恆，山陰人，崇禎辛未（一六三一）進士，除刑部主事，歷員外郞，出知廣州，遷衡、永兵備副使。十六年（一六四三），獻賊躪湖南，吏民悉逋竄。起恆守永，諭門吏鼓吹如常，永人恃以安，去者復還，賊亦不至。左良玉犯闕，總督何騰蛟赴水不死，奔長沙，集僚屬盟誓，起恆主轉粟以贍民食。閩中擢戶部右侍郎，總督湖南錢法。王卽位，命兼督軍餉，謁王於武岡。起恆面闊身高，有異相，縱談時務，王大悅，故有是命。

丙戌（十八日），明監國魯王遣兵襲連江。

戊子（二十日），我大清兵克高明，明督師東閣大學士陳子壯、御史麥而炫、主事朱實蓮皆死之。

而炫字章闇，高明人，由進士歷官上海、安肅知縣，闖中擢御史。實蓮，字子潔，子壯同邑人，由舉人歷官刑部主事。子壯之在九江郁也，而炫破高明，具書迎之，子壯以實蓮攝縣事。城陷，實蓮戰死，械子壯、而炫至廣州。佟養甲、李成棟怒子壯，寸磔之，投骨四郊，遍召廣州諸紳坐堂上觀其受刑以懼之。而炫從死，而張家玉首適至，李覺斯在坐，請審視，恐爲所欺。養甲曰：「視此貌清正，固是義士，必家玉也。」已而成棟、養甲降於明，王乃贈子壯太師番禺侯，以養甲爲諭祭使，養甲愧欲死，後爲成棟子元胤所殺。先數日，恍惚見子壯抽矢射之云。

明廣州□□李皇一、舉人杜璜攻肇慶，敗死。

庚寅（二十二日），明朱成功會師泉州之桃花山，泉州在籍御史沈佺期、光祿寺卿林橋升、主事郭符甲、推官諸葛斌起兵應之，進攻泉州，不克。

鄭鴻逵謂成功曰：「安平彈丸，無險要可恃，吾助汝攻泉州。」成功乃令他將守海澄，而自九都回，會鴻逵師於泉之桃花山，佺期等起兵應之。我提督趙國祚逆戰而敗，進逼泉州，每攻城，輒爲溜石寨參將解應龍所援。成功謀之鴻逵，僞爲攻城者，而遣部將桑一筠、杜煇襲其寨，伏兵中途邀之，應龍中伏死，寨亦遂破。國祚初輕成功，聞應龍死，始晝夜巡防。西門守將楊義與諸葛斌通，適國祚召義守東門，斌不知，夜率衆逼城，全軍俱沒。鄉宦郭必昌之子顯謀內應，事洩，一門十三口遇害。〔考曰：臺灣外紀云：顯有愛姬春姊，利顯母黃氏珠珥，投國祚乞捒所藏皮箱一，願首告。差兵往擒，惟有空室，衆駭異。春姊指後園井中旁石是門，開之果一大穴，全家在焉，共一十三口，殺之。春姊拾皮箱，亦爲衆所殺。〕於是夜禁益嚴。漳州守將王進聞泉被圍，將往救，總兵楊佐以未奉總督令阻之，進曰：「此謂脣亡則齒寒也。」分其衆爲三隊，詐稱合潮州援兵數萬，直搗安平。成功乃分兵守刺園、潯尾，自率衆據五陵，令鴻逵督其將林順、洪政攻城。王進偵知大路聯營，乃乘夜由冷水井過何坑，出南安，突至泉州城下。洪政一戰而敗，鴻逵遁回金門，成功亦退。後諜知進兵才千五百人，成功大悔，伏兵邀之不及。成功歸安平，前浙江巡撫盧若騰、進士葉翼雲、舉人陳鼎來謁，成功待以上賓。又海澄人甘煇、漳浦人藍登、南安人施郎與其弟顯俱來歸，乃練兵積餉，以爲後圖焉。佺期字雲又，崇禎癸未（一六四三）進士，後卒於臺灣。橋升，崇禎丙子（一六三六）舉人。符甲亦癸未進士。斌字士倫。皆泉州人。

辛卯（二十三日），我大清兵進逼明奉天府，桂王出奔。壬辰（二十四日），劉承胤舉城降，大學士吳炳、兵部尚書傅作霖等死之。

王師破常德、寶慶，且逼奉天，王召承胤謀之，但言我兵多，敵決不來。王疑而察之，則承胤已密議投降，乃與輔臣吳炳議，由古泥幸柳州。二十四日午後，王師忽至城南，時守兵皆在城北，倉卒不能支，一戰而敗。官民斫北關，棄釜飱而走，王與兩宮倉皇出奔，至二渡水，車駕甫過，而浮橋遂斷。錦衣衞馬吉翔步從，重貲覓小舟，三宮並載，中宮嫡妹與王皇親母同輿出城，竟不可蹤跡。承胤初猶大言恫喝，及乘輿出城，遂迎降。大學士吳炳奉命扈世子走城步，既至，而城已爲王師所據，被執，送衡州。炳不食，自盡於湘山寺。傅作霖，武陵人，由鄉舉仕閩中，大學士蘇觀生薦爲職方主事，監紀其軍。觀生沒，依何騰蛟於長沙，改監察御史。王在全州，擢兵部左侍郎，掌部事，尋進尚書。從至武岡，夙與承胤善，故得驟遷。及承胤將降，作霖勃然大罵曰：「吾始以汝爲人，汝挾天子作威福，惟所欲爲，致天子蒙塵，罪已不容於死。擁兵數萬，糜餉十年，平日誇謂天下莫當，今議降，眞狗彘不如也。」承胤不顧。王師入城，作霖冠帶坐堂上，承胤又與偏、沅巡撫傅上瑞勸之降，作霖唾其面，遂遇害。妾鄭氏有殊色，被執，過橋躍入水中死。同時殉難者，吏部主事侯偉時，公安人，崇禎中進士，與吳炳同被執，不屈死。長沙僉事趙廷璧，內鄉人，率妻古氏、子燺、子婦馬氏俱自盡。布政司參議嶍峨劉佐、荆州僉事邱懋樸俱遇兵死。

明叛將劉承胤以我大清兵追明桂王於古泥關，參將謝復榮力戰死之。晉迎扈總兵商邱伯侯性爵爲祥符侯。

初，承胤逆狀已著，皇太后刺血寫詔，召駐劄古泥關商邱伯侯性入衞。性遣部將謝復榮以五百人迎扈。既聞承胤以王師至，復榮偕馬吉翔奉王及三宮斬關出，相距三里，復榮請王疾馳，而身自斷後死戰，與五百人俱歿於王家堡，總兵王景熙亦死之。王徒步三十里，體重足疲，已瀕於殆，性率兵奄至，請王御小轎先發，陳兵峽口，承胤乃引去。王已兩日不食，宮眷狼籍泥淖中，飢無人色。性供帳儲備，王甚喜。抵古泥，晉封祥符侯。承胤之降也，移營及沓口至武昌，後以部將陳友龍中途反正，當事疑承胤與通，明年四月，幷其沓口皆伏誅。

我大清兵取沅州，明偏、沅巡撫傅上瑞降。

上瑞，武定人，爲武昌推官，何騰蛟薦爲長沙僉事。騰蛟之集僚屬盟於長沙也，以上瑞攝偏、沅巡撫，勸騰蛟設十三鎮卒，爲湖南大害。性反覆，棄騰蛟如遺。武岡破，遂降。踰年金聲桓事起，當事者慮其爲變，與劉承胤並誅死。

我大清兵克黎平，明總兵蕭懬〔考曰：一作曠。〕死之。

懬，武昌人，以諸生爲劉承胤坐營參將，何騰蛟題爲總兵官，守黎平。承胤令陳友龍招之降，不從，短兵接戰，力竭自刭死。友龍遂盡劫騰蛟沓屬以去。

明王祥復遵義。〔考曰：楊在朱容藩亂蜀本末云：七月十三日，錢邦芑使王祥復遵義。〕

九月，己亥朔，明桂王次靖州。

武岡之變，楚中諸臣不知乘輿所在，督師堵胤錫與巡按御史熊□麟議立榮王〔考曰：按明史榮憲王由枵薨，子慈炤嗣，獻賊入湖南，王奉太妃走辰溪。是王名慈炤也。而東華錄載孔有德奏云：榮王朱由楨。豈慈炤死而由楨襲封歟？由楨疑是由枵兄弟。〕於辰州，寓書於前閣臣熊開元，以中興元輔相期。開元答曰：「今日所急在戰守，不在立君。乘輿所向未卜萬一，或有參差，魯、唐近轍何可再尋！」乃止。

我大清兵克清遠，明兵科給事中陳邦彥、指揮白常燦、生員朱學熙死之。

邦彥之奔三水也,清遠指揮白常燦以城迎奉,乃入清遠,與諸生朱學熙嬰城固守,精銳盡喪,外無援軍,城破,常燦死。邦彥率數十人巷戰,肩受三刃,不死,走朱氏園中,見學熙自縊,拜哭之。旋被執,饋之食,不食,繫獄五日,被戮。事聞,贈兵部尚書,謚忠愍,蔭其子爲錦衣衞指揮。初李成棟於廣州之圍,俘敗卒械送巡撫佟養甲,訊知謀出邦彥,以輕兵襲其家,執其妾何氏及二子和尹、虞尹,令爲書以招邦彥,邦彥判書尾曰:「妾辱之,子殺之,身爲忠臣,義不顧妻子。」養甲壯焉,頗以善遇。李皇一、杜璜之死於肇慶也,邦彥之妻子始被殺焉。

明川北總督李乾德以袁韜兵駐重慶。

先是,崇禎中,川賊姚天動、黃龍聚黨刼掠,巡撫陳士奇令營將趙榮貴擊破之,擒其渠魁馬超、一斗蔴、代天玉等二十餘人,姚、黃走脫他徙。而沔縣人袁韜因姦嬸事發,投響馬賊馬潮、呼九思等,繼姚、黃而起。獻賊之入蜀也,乘勢據蓬州、儀隴、南部,久之,分爲十二大隊,歲饑,以人爲食。王師破之於遂寧,潮、九思走死,韜以餘衆歸樊一蘅。故巡撫李乾德者,西充人,奉命總督川北,少遇異人授天書,善占驗。諸將中惟許韜與武大定,大定亦小紅狼別部反正者也。乾德欲與就功,結二人爲心腹。適李占春等有湖灘之捷,韜亦返闕,入佛圖關,取重慶,奉乾德駐之。

庚申(二十二日),明監國魯王遣兵復羅源,又復連江。

時海師破山鶯、龍門、高公諸島,連破羅源、連江,於是長樂、永福、閩清諸城皆下。

明南海諸生歆浩通於舟山,事覺,前南昌知縣劉曙死之。

曙字公旦，長沙人，崇禎癸未（一六四三）進士，授南昌縣，未赴而蘇州破，避居鄧尉山。南海諸生欽浩通款舟山，疏吳中忠義之士二十三人，以曙爲首，遊騎獲其書，上之巡撫土國寶，乃逮曙，不肯屈膝，詰之曰：「爾反乎？」曰：「誠有之，愧事未成耳。」然曙實不識欽也，檻送金陵，卒不辨。時顧咸正、夏完淳之徒皆在獄中，縱橫詩酒，赴市同刑者三十餘人。〔考曰：本劉公死義記。〕

冬，十月，戊辰朔，明桂王如柳州，大學士瞿式耜疏請還蹕桂林。

王在沙泥潭，何騰蛟率滇兵入衞，大學士嚴起恆亦自萬屯來會。百姓獻雞黍，土司獻金刀，王慰勞之。式耜遣人間道齎疏請由古泥還象州，入桂林，極言不可他移一步。滇、黔地荒勢隔，忠義心渙，三百年之土地僅存粵西一綫。返蹕收復，號召聯絡，粵師出粵以恢江、贛，楚師出楚以恢武、荊。且粵西山川形勝、兵力人情俱有可恃。」既聞駕幸柳州，乃增將吏，備餱糧車馬，表請還蹕。王諭曰：「西陲朕根本地，先生竭力守此，異日國家再，先生功實多。」

明大學士瞿式耜再疏請還蹕桂林。

王師已定湖南，南安侯郝永忠自永州退入桂林，疑主客不相容。而式耜加禮撫慰，永忠樂爲之用，宜章伯盧鼎亦至。時督師何騰蛟、大學士嚴起恆、御史劉湘客咸在桂林，與式耜議分地給諸將，俾各自爲守，式耜疏言：「柳州猺、獞雜處，地瘠民貧，不可久駐。慶遠壤鄰黔、粵，南寧地逼交夷，不可復幸。邇來將士瞻雲望日，以桂林爲杓樞；道路臣僚，疲趼重繭，以桂林爲會極；江、楚民情，以桂林爲拯救之聲援。騰蛟與永忠、鼎、璉分防住汛，可圖恢復。」不聽。

辛未（初四日），太白經天。

丁丑（初十日），明土司覃鳴珂與守道龍文明鬨於柳州，桂王走象州。

鳴珂，土司覃裕春子也，與道臣龍文明相仇殺，攻陷柳州。文明走，鳴珂大掠，矢及王舟，王倉卒南走。會陳邦傅子禹玉以二千人迓駕，始復次象州。

明兵部尚書張家玉與大清兵戰於增城，敗績死之。

王師攻博羅，家玉走龍門，募兵萬餘人，分爲龍、虎、犀、象四營，據增城。李成棟以步騎萬餘來擊。家玉三分其衆，倚深溪高崖以自固，大戰十日，力竭而敗。圍數重，諸將請潰圍出，嘆曰：「矢盡砲裂，欲戰無具，將傷卒斃，欲戰無人，烏用徘徊不決，以頸血濺敵人手哉！」一徧拜諸將，自投野塘死，年三十有三。事聞，贈少保、武英殿大學士、吏部尚書、增城侯，謚文烈。同時死者：指揮靈璧安宏猷戰死，訓導程鄉張治、舉人張恂尹斌，自縊死。家玉之師林洊與家玉同謀起兵者，臨刑吟詩曰：「願續當年李侍郎，遺言謝世報高皇；獨憐一片忠精骨，不死沙場死法場。」

我大清兵取全州，明守將王允成、唐文曜，守道馬鳴鸞皆降。

耿仲明既破永州，進攻全州，王、蔣二鎮禦之黃沙河，失利。王師遂渡西河浦，何騰蛟遣總兵何有奇援之不及，城陷，文武官皆降。〔考曰：本陽秋。王、蔣二鎮失其名。〕

我大清兵克辰州，明榮王由楨死之。〔考曰：鄧顯鶴沅湘耆舊集載唐山人九官詩，有別熊巡按、周督學，二師羈於辰州均能以節義著詩，湖南通志不載，賴此詩尚存其姓。〕

我大清兵克黔陽，明閣部李若符、翰林院待詔邱式耔死之。

式耔，字祈年，沅州諸生，嘗倡義團練，禦獻賊有功，徒步詣行在上書，授翰林院待詔，持節招勳鎮。會若符駐黔陽，褒衣大帶見我總鎮徐勇於辰州，被執，送武昌，黔陽破，若符死。世祖章皇帝命宥式耔，而式耔志必死，爲文自祭云：「以汨羅之水，首陽之薇，致祭於邱君之神」云云，因被殺，命下已無及矣。若符事未詳。〔考曰：式耔見沅湘耆舊集，此於時日不可考，姑以事次之。〕

我大清兵入明興安白土關。

明監國魯王以馬思理爲東閣大學士，林正亭爲戶部尚書，沈宸荃爲工部尚書，余颺爲左都御史。

明監國魯王召前廣東副使吳鍾巒爲通政使。

鍾巒，字峻伯，號稺山，學者稱爲霞舟先生，武進人。崇禎甲戌（一六四三）進士，歷桂林推官，南都授吏部主事，抵南雄而金陵亡。子福之，以起兵太湖死。鍾巒轉赴閩中，由原官轉員外郎，痛陳國事，時宰不悅。鍾巒曰：「天下分崩，資羣策猶恐不支，尙欲拒人言邪！」隆武帝以鄭氏專恣，欲往贛州，鍾巒曰：「閩海雖非立國之區，然今日所急者，選鋒銳以復南昌，聯絡吳、楚以得長江；舍此他圖，關門一有騷動，則全閩震驚矣。」隆武帝不悅，出爲廣東副使，未行而閩又亡。遯跡海濱，憤士大夫多失節，因作十願齋說寄意。〔考曰：十願齋說，一曰吾願子孫世爲儒，不願其登科第。再曰吾願其讀聖賢書，不願其乞靈於西竺之三車。終曰吾願其見危授命，不願其偷生事仇。〕錢肅樂疏薦鍾巒與故太僕卿劉沂春，監國以沂春爲右副都御史，鍾巒爲通政使。初猶不起，肅樂貽以書曰：「時平則高洗耳，世亂則美褰裳。司徒女子猶知君父，東海婦人尚切報仇，嗟乎公等，忍負斯言！」鍾䜌亦翻然曰：「出固無益，然不出則人心遂渙，濟不濟以死繼之。」乃就職。疏言：「今遠近章奏，武臣則自稱將軍都督，文臣則自稱都御史侍郎，三品以下不屑署也。至所在游食江河者，則又假造符璽，販鬻官爵。偃臥邱園，而云聯師齊、楚；保守僕御，而云聚兵十萬。以此聲聞，徒致亂階。請自後嚴加核實，集兵則稽其軍籍，職官則考其敕符。」監國是之。晉禮部尚書，原官如故，兼督學政。從監國幸浙，所至錄其士之秀者見諸監國，人笑其迂，鍾䜌曰：「濟濟多士，維周之楨，可以亂世而失教士邪！」時浙中遺臣盡出，林嵋爲吏科給事中，黃賓爲吏部考功郎中。

徐鼒曰：同召者有劉沂春，何以不書？無所表見也。自侍郎以下，升擢貶黜，悉不書。或以其人書，或以其事有關大局也亦書，所謂春秋無達例也。鍾䜌嘗集累朝忠義，上自夷、齊，下迄遜國，名曰歲寒松柏集，爲客問一篇弁其首，其說與鼒譔紀年之旨相脗合也。附錄之，以告來者焉。其略曰：「客有問云：『諸君子之死節誠忠矣，然無救於國之亡也，子何述焉。』應之曰：『子不云乎，歲寒知松柏，歎知之晚也。夫諸君子皆公忠亮直之臣，皎然不欺其志者也。臨難而能勵其操，必授命而能盡其職，使人主早知而用之：用爲宰執，則如中國相司馬而遼邊息警；用爲諫議，則如漢廷爲汲黯而淮南寢謀；用爲鎭帥，則如軍中有范、韓而西賊破膽，安得有亡國事乎！惟不知而不用，且用之而不柄用，且憚其方正而疏之，惑於讒佞而斥之，甚且錮其黨，而並其同道之朋一空之；於是高爵厚祿，徒以豢養庸祿貪鄙之輩，相與招權納賄，阻塞賢路，天下之事日就敗壞而不爲補救。及其亡也，奉身鼠竄，反顔事仇。嗟嗟，烈女不更二夫，況薦枕席於手刃其夫之人乎！若輩之肉，尚足食邪！』又問曰：『諸君子之抗節者誠淸矣，曷不死之？』應之曰：『記曰：謀人之國，國亡則死之；謀人之軍，軍敗則死之。諸君子皆不柄用，未嘗與謀軍國事。易曰：「介于石，不終日。」儉德避難，夫安得死之，守吾義焉耳。』曰：『然則恢復可乎？』曰：『事去矣，是非其力所能及也。存吾志耳！志在恢復。環堵之中，不汚異命，居一室是一室之恢復也；此身不死，此志不移，生一日是一日之恢復也。尺地莫非其有，吾方寸之地終非其有也；一民莫非其臣，吾先朝之臣，終非其臣也。是故商之亡，不亡於牧野之倒戈，而亡於微子之抱器；宋之亡，不亡於皋亭之出璽，而亡於柴市之臨刑：國以一人存，此之謂也。子謂空言無補，將謂春秋之作曾不足以存周乎！』客乃慨然而退。」

明魯大學士劉中藻起兵攻下福寧。

先是隆武帝殂於汀州，其總兵官涂登華尙守福寧，拒監國，命中藻移師攻之。登華欲降，未決，謂人曰：「豈有海上天子，舟中國公！」錢肅樂曉以書曰：「將軍獨不聞南宋之末，二帝並在海上，文、陸並在舟中，後世卒以正統歸之，而況不爲宋末者乎！今將軍死守孤城，以言乎守義，力已盡也；以言乎保身，策未善也。據沸鼎以稱安，巢危林而自得，何計之左邪？」登華遂詣鄭彩降，中藻兵盛，彩心忌之，即受登華降，使私人守之，中藻慍不可。監國使大學士沈宸荃解之，彩亦不聽。

臣鼒曰：不曰復福寧州何？涂登華爲閩中守將，閩中亡而登華私守之，與歸命大淸者異矣，故不言復也。登華降矣，然則何以不言降？登華降於鄭彩，非降於中藻，其實中藻攻之而後降也。故歸功中藻也。〔考曰：福寧府志云：順治四年八月，海寇鄭寀率兵圍城。五年正月，知縣錢楷奉假印出降，自以眞印遁往省，海寇入城，稱監國魯僞將軍撫院等官。十月十三日，福安進士劉中藻來圍州城七閱月，城中米價每石十兩，後中藻於龍首山裁松木爲砲，亂抛城內，至次年四月初六日，城陷，州尹宋不服被殺，中間無涂登華事。而如府志所云彩稱監國魯僞撫院云云，不當有劉中藻來攻之事，疑是彩棄而不守，登華入守之，又不奉監國詔，故中藻攻之。所云州尹宋者，蓋與登華同守之人，府志因涂登華非我朝命官，削不載，宋州尹之有姓無名，亦諱之也。觀州志云：中藻不知天命有歸，抗拒王師，是亂賊也，謂爲忠義可乎？特爲削之云云，是志書於當日中藻義兵事削者多矣。附志之以見傳聞異詞之有由也。「宋」與「彩」同音字。〕

明監國魯王以前尙寶寺卿李向中爲兵部侍郎，巡撫福寧。

向中號立齋，鍾祥人，崇禎庚辰（一六四〇）進士，知長興縣，調秀水，大革漕弊，內遷車駕司主事，至淮上而國亡。南都進職方郎中，巡視浙西，嘉、湖兵備副使，調蘇、松，甫至而南都又亡。松江沈猶龍之起兵也，向中預之，兵敗，走入浙，尋入閩，閩中授尙寶司卿。閩亡，奉父母居海濱，劉中藻招之同朝監國，授是職，卽監中藻軍扼沙埕。時兵戰屢勝，而多不戢，海上居民謠曰：「長髯總兵，黔面御史，銳頭中軍，有如封豕。我父我兒，交臂且死。」向中曰：「是非所以成大事也。」中藻曰：「是爲監軍之任，公何嫌焉。」向中乃持節召其中軍將欲斬之，中軍將訴於中藻，中藻曰：「汝今乃遇段太尉也。」自是軍士始戢。向中在行間，衣短後衣，縛袴褶，遍歷諸舶加慰勞鮫人蜑戶，勉以故國之誼，使量力輸助而無所掠，福寧一帶依之如父云。

明中書舍人陳世亨起兵復瑞安，敗績死之。〔考曰：繹史謂世亨以一旅復安固。按明史地理志閩、浙兩省無安固縣，惟瑞安縣在晉時爲安固縣，稗官家不審史家體例，妄用古地名，此類甚多，今悉正之。〕

有鄧藩理者，與世亭以一旅復瑞安，援兵不繼，被執不屈死。

明魯兵部右侍郎林汝翥、吏部員外郎林垐起兵復福清，敗績死之。

汝翥，字大葳，福州人，以鄉舉知沛縣。天啓時，緝妖人王普光黨有功，以忤閹削籍歸。南都授雲南臨沅道，旋坐貶。監國徵爲兵部右侍郎，總督義師。其族人林垐，字子野，崇禎癸未（一六四三）進士，知海寧縣。邑有妖人，以劍術惑衆，能緣壁走，伏水中一二日不出，聚黨千人，聞都城陷，將舉事，垐捕殺之。杭州不守，兵士乘亂鼓噪乞餉，垐罪其爲首者，而如所請。以孤城不能存，棄官歸。黃道周督師以戶部員外郎司餉，改御史，往諭浙西。行至贛州，召還，授吏部文選員外郎，從扈汀州，倉卒不能及，號慟返匿山中。是時郡邑起兵，擁之爲主，垐別其父曰：「兒當死久矣！作令，城不守，當死；扈駕，事不終，當死；若再苟延，恐以不令之名貽父母羞！」乃易履負戈，雜旅徒中攻福清，身被數創，猶勒兵戰，中流矢死。汝翥被執服金屑死。垐之友人葉子器者，掌營中記室事，被執使作書招垐，子器乃揮絕命詞與之，亦被殺。

明朱成功頒隆武四年戊子大統曆於海上。

時道阻未通粵中也，從大學士路振飛、曾櫻議，仍稱隆武四年，頒曆用文淵閣印鈐之。〔考曰：顧炎武集有路舍人家見東武四先曆詩，舍人振飛長子澤溥也，東武四先蓋隆武四年之隱語也。〕

明監國魯王頒監國三年戊子大統曆於海上。

朱成功於監國修寓公之禮而不稱臣。錢肅樂奏頒監國三年曆，而成功稱隆武四年如故，於是海上遂有二朔。肅樂嘗與成功書，獎其忠義，勉以恢復，故成功不爲忤。監國始愧嘆，知前此肅樂貳心於閩之謗爲誣也。

徐鼒曰：大書頒曆何？粤中有君而海隅二朔，易有之，陰二君而一民，小人之道也。

十一月，戊戌朔，明桂王在象州。

我大清兵進逼全州，明督師何騰蛟督諸軍禦卻之。

時瞿式耜與何騰蛟、嚴起恆曉夕籌畫，調和主客，集郝永忠、焦璉誓於神前，刻期出師，宜章伯盧鼎與滇鎮總兵趙印選分路駐全。王師自湖南來，騰蛟督諸軍分戰，大敗三王兵，斬級無算，獲名馬駱駝而還，諸帥連營閤道亙三百里，王師始退駐湖南。

明桂王如南寧，道阻不果，遂還桂林。

大兵再逼梧州，王欲自象州往南寧，爲焦璉亂兵所阻，諸臣皆微服行，馬吉翔左右御舟，遇淺水，輒力挽之，王爲之揮涙。乃分遣王化澄、吳貞毓、龐天壽護三宮往南寧，而與馬吉翔遡十八灘返桂林。逾月，三宮達南寧，以府署爲行宮，供帳草草。方移入時，有惡少逼視，語出無狀者，中宮命執付有司，竟以訛傳告免焉。

明朱容藩使李占春襲袁韜營，執李乾德，不克。

是月，容藩率李占春至重慶，會李乾德，諷其推戴己，乾德若不解者，而禮復不相下。適長至，行朝賀禮，袁韜自賊中來，素不知禮，與容藩同班拜舞，容藩怒，占春尤不平。容藩命占春襲韜，並害乾德。

是夕，乾德坐船屋，仰視星氣，覺有異，咄咄謂此主急兵，走匿崖谷間。頃之，占春襲韜，不克。搜乾德船，止一妾一女，乃大驚。韜聞，恐乾德之亡也，大哭；既迎致，卽大喜，集兵與占春相仇殺，數戰不解。容藩走涪州，移書川南總督楊喬然，巡按錢邦芑請爲兩營解釋，占春亦歸乾德孥。於是韜與武大定駐重慶，占春營涪州之平西壩，于大海營忠州之花凌河爲脣齒。容藩不得志於韜，乃私鑄錦江侯印送王祥，求其以兵應占春。〔考曰：諸書皆言占春之襲韜，由乾德搆難，此由蜀人惡乾德之殺楊展，而凡搆難之事皆歸咎乾德，實與情事不合。楊在朱容藩亂蜀本末載此事極分明，今據以爲正。〕祥以兵出綦江，與韜三戰不勝，退駐南岸。忌占春、大海之盛而欲爲好於袁也。詐請占春議事，伏兵執之，守者懈，占春踰垣出，殺追者，一日夜歸其壩上營。祥既失占春，而又爲韜所持，軍無糧，殺馬而食，於明年四月回遵義。

十二月，丁卯朔，日有食之。

己巳（初三日），明桂王至桂

瞿式耜與靖江王亨歅〔考曰：當是亨嘉誅後襲封者。〕郊迎，王念式耜功高賞薄，慰勞備至，上殿賜坐，以比諸葛武侯、裴晉公。先是司禮監龐天壽奉敕催兵，久在桂林，王坤既被承胤逐，復入自武岡。王之幸柳幸象，票擬皆錦衣衞馬吉翔手也。式耜勸王攬大權，明賞罰，親正人，聞正言。五鼓，肅衣冠而起，黎明入閣，夜分始歸，視王動靜，王不食不敢先食，猶孝子之事嚴親也。各路奏使，計道路遠近，給口糧，四方蠟表月數至，遠人亦以桂林爲歸。

明何騰蛟督師全州。

郝永忠兵與城外團練兵相惡，大掠水東十八都，瞿式耜嘆曰：「勳帥巽懦觀望，詎非朝廷之處置，無以服其心邪！」及騰蛟出督師，兵益齟齬，焦璉走平樂，郝永忠壁興安。式耜自咎曰：「既無以挽政事之得失，又無以輯和勳鎮之心，在內在外，兩無所得，伈伈俔俔，搏手奚補哉？」〔考曰：本劉湘客留守傳。〕

明御史李長祥、主事王翊、華夏、屠獻宸、評事王家勤、推官楊文琦、董德欽、生員杜懋俊、施邦炌謀襲寧波，不克，夏、獻宸、家勤、德欽、懋俊、邦炌皆死之。

江上之潰，浙東士大夫之樹義旂踞山寨者，御史李長祥之東山寨、職方主事王翊之大蘭寨、都御史張煌言之平岡寨、御史張夢錫之大皎寨、諸生杜懋俊施邦炌之管江寨、都督章欽臣之傅山寨爲最著。主事華夏善長祥，推官楊文琦善翊，大理評事王家勤善懋俊、邦炌，而評事董志寧故與夏、文琦與於六狂生之禍者也，密爲恢復計，奔走聯絡諸寨間。主事屠獻宸、推官董德欽嘗招軍輸餉，爲我海道中營游擊陳天寵、仲謨所識，屏左右告之曰：「我二人故史閣部麾下士也。閣部垂死，遺言屬我輩必無負明，心實勿忘，顧無所措力。今觀公等非碌碌者，且往來縱跡亦略有聞，願勿疑，當効死力。」遂從衣領間出閣部遺牒示之，且曰：「城下有警，吾等縛兵備使以應。」獻宸、德欽則大喜，用少牢祀閣部於密室以盟。與盟者：夏、家勤、文琦、陳、仲二將也。已而錢肅樂謁監國於長垣，海上諸軍連破閩海州縣，且逼福州，王師之備浙者撤以備閩。志寧與夏密計，謂此可乘之隙也，將以舟山之師會翊軍，下寧波，而己以翻城應之，復連長祥軍下紹興，則監國故疆可復。乃入舟山，乞師於黃斌卿，不應，憤而歸。未幾，慈谿有大俠以馮侍郎京第書往來海上，事洩，牽連捕夏入獄，家勤悉力營救，出之。旋復謁長祥於東山，長祥曰：「吾於會稽諸城，俱有腹心，一鼓可集，但欲得海師以張軍勢。」夏曰：「海師不足用也。」長祥曰：「此間人以海師爲望，可因其勢用之。」强夏再入舟山，會京第亦在坐，力贊之。斌卿曰：「我軍弱，中土之助我者究得幾何？」夏慨然應曰：「布置已定，發不待時，何庸以寡助憂！將軍至蛟關，有范公子兆芝，當以徐給事孚遠柴樓師會，可六百人；至鄞江，揚推官文琦當以王職方翊大蘭師會，可千人；王評事家勤當以施公子邦炌管江師助，可三千人；張屯田夢錫，當以大蛟師助，可四百人；而屠駕部獻宸當以城中海道麾下陳天寵、仲謨二營之師爲内應，可千人；至慈谿，馮職方家禎當以子弟親兵會，可五百人；至姚江，則李侍御長祥當已下紹興，遲於東山之寨，除道以俟；而張都御史煌言當以平岡之師會，可三百人；渡曹江，章都督欽臣以偁山之師會，可二千人；若急移小亹，合李侍御軍西渡蕭山，尚有石仲芳寨，可千人：將軍以此衆長驅入杭，百里之内，牛酒日至，何庸以寡助憂！」斌卿未之信，夏益恨，語激之。斌卿奮拳相向曰：「吾今聽子，倘諸軍爽約，則取子肝以餉軍。」然特强許之，而終無出師意。無已，廢然歸。復令文琦往丐京第等益勸斌卿。文琦入曰：「期既屢失，事且壞，今監司而下送直指入天台，其虚可乘也。我當約諸道畢集以待將軍之樓船，東山之兵亦以是日入紹興。」斌卿乃諾之；夏與文琦、家勤飛書發使，諸寨響應，未發而又爲降紳謝三賓告變。三賓初欲殺六狂生，自度爲清議所不容；及再降，益決裂，刊揭四布，自言前此歸命之早，後爲王之仁所脅，今幸復得反正見天日，然卒不見用，乃益思所以徼功，以計賺取夏貽大蘭帛書，盡得其詳，遂告之大府，密調慈谿兵襲大蘭。翊走四明山中，調姚江兵搗東山，長祥部下驍將章有功力戰死，長祥走奉化。家勤見事急，奔管江，邏者踵至。施邦炌梟邏者首，與杜懋俊鳴鼓據寨，令死士衞家勤入海乞援。我鎮將常得功舟師扼海口，而分軍抵管江。懋俊據險鬭三日，矢石如雨，夷傷殆盡。寨陷，猶率家丁力戰，中矢如蝟，傷重，倚牆斃，屍不仆者三日。其仲父兆茝被縛，斫其首十二刀而後墜。邦炌自焚其營，拔佩刀自刎死。家勤於中途被執，與華夏、楊文琦、楊文瓚、屠獻宸、董德欽同下獄。直指使令知府大陳刑具，究黨與，家勤瞠目無一語。夏慷慨曰：「心腹腎腸，吾同謀也。」三拷之，終不屈。方邏騎之四出也，文琦與其弟職方主事文琮、御史文瓚、都事文球謀諸野，或勸文琦逃，文琦曰：「吾臨難而逃，且將陷父於危；然偕死無益，吾力任之，弟輩可入閩也。」文瓚不可，乃獨令文球變服走。文琦就訊，但言文瓚不與謀，請釋之養父，而自請速死。與夏、家勤、獻宸、德欽同就辟，所謂五君子翻城之獄也。或曰五君子者，夏、文琦、邦炌、懋俊、家勤也。而邦炌、懋俊與其仲父兆茝亦稱爲管江三烈。楊文瓚得釋歸，三賓復搆之，乃復逮辟。文琮以通海上趙彪事死，文琦以福寧之不守，與閣部劉中藻偕死，世又謂甬上楊氏四忠云。長祥、翊、煌言、夢錫、志寧終事見後。夏，字吉甫，貢生，以倡義功，監國授職方主事。家勤，字卣一，與夏同學，齊名，授大理評事。邦炌，都督翰之子，以武世家而爲文諸生。懋俊，字英侯；邦炌之散財募士也，懋俊實左右之。獻宸字天生，德欽字若思，嘗參孫嘉績、熊汝霖軍，獻宸授車駕主事，德欽授監紀推官。自夏以下皆定海人。〔考曰：參攷遺諸書，亦謂此戊子年事，而細按時事，乃因海上兵逼福州，官兵撤備，而汲汲爲是謀。且王翊兵敗入四明山中，於戊子春再出，破上虞守杜嚚，是翻城獄乃丁亥年事。行朝錄繫之是年十二月，當得實也，今從之。〕

小腆紀年附考卷第十五

前翰林院檢討加詹事府贊善銜六合　徐鼒　譔

戊子，我大清順治五年（一六四八），春正月。〔明永曆二年，魯監國三年，海上朱成功稱隆武四年。〕

丁酉朔，明桂王在桂林。

以朝臣星散，免朝賀。

明監國魯王在閩安鎮。

元旦，朝賀畢，監國問閣臣熊汝霖曰：「先生有佳兆否？」對曰：「臣夢道士，羽衣蹁躚，揖臣贈以詩，末二句云：可惜忠臣一片心，付與東流返故鄉。」監國默然；尋改云：「堪羨忠臣百折心，喜逐澄清返故鄉。」汝霖頓首謝。未幾，而遇鄭彩之禍。

明遣大理寺評事朱宿垣諭廣西左、右兩江及雲南土司勤王。

宿垣所至諭以大義，土司感激願效命，復命遷江西道御史。

明論全州戰功，晉何騰蛟定興侯、太師、上柱國兼兵部尚書，趙印選新寧伯，胡一青興寧伯，焦璉新興侯，周金湯、熊兆佐、馬春麟等予掛印有差。

明四川總督樊一蘅、巡按御史錢邦芭奏諸將收復功，晉一蘅太子太傅、戶兵二部尚書，擢邦芭右僉都御史巡撫四川，封楊展華陽伯，王祥綦江伯，諸將進爵有差。

時一蘅再駐江上，爲收復全蜀計，疏列善後事宜及諸將功狀，邦芑亦奏四川全省恢定，〔考曰：紀略謂邦芑疏報四川全省恢定九州一百三十餘縣，無論邦芑奏報虛誣，且四川亦無百三十縣，此由載筆者得之傳聞，故種種荒謬。〕故有是命。其實全省分崩離析，號令各擅，一蘅所保者，敍州一府而已。袁韜據重慶，于大海據雲陽，李占春據涪州，譚詣據巫山，譚文據萬縣，譚弘據天子城，侯天錫據永寧，馬應試據盧衞，王祥據遵義，楊展據嘉定，朱化龍據松潘，曹勳據洪雅。又巫山之劉體純、酆城之胡明道、金城之姚玉麟、施州衞之王光興皆甚著。其姚、黃諸家，如王有進、呼九思、景果勒、張顯、劉惟靈、白蛟龍、楊炳英、李世傑等據夔州夾江兩岸，莫可稽考，總所謂夔東十三家也。而李自成之餘孽袁宗第、賀珍、郝搖旗、李本榮、黨守素、李永亨等，自廣西南寧竄入巴、渠、巫、施間，則所謂西山寇也。顧皆永曆年號，託名恢復。又各州縣亂民號土暴子，以打衙蠹爲名，凡吏胥之有聲者，糾衆擒之，或投之水火，甚則臠食其肉。紳士家豪奴悍僕，戕滅其主，深山大谷中，豎寨柵，標旗幟，以人爲糧。丙戌（一六四六）丁亥（一六四七），連歲洊饑，是年尤甚，米一斗二十金，蕎麥一斗七八金，有持金珠而餓死者。父子兄弟夫妻轉相賊殺。城中雜樹皆成拱。狗食人肉，多鋸牙族居，利刃不能攻。多猛獸，形如魑魅饕餮，穿屋顛，踰重樓而下傷人，斃卽棄去，亦不盡食也。荒城遺民百十家，日爲虎所暴，有經數十日而一縣之人俱盡者，鬼魅白晝出現，與人爭道，如是者十餘年而始平。敍州人逃入深山，草衣木食久，與麋鹿無異，見官軍，以爲獻賊復至也，驚走上山，步如飛，追之莫及。十年後猶有見之者，其身皆有毛云。

明封趙榮貴定隨侯。

榮貴亦川中將，時以保寧來歸。

明以監軍僉事詹天顔爲右僉都御史，巡撫川北。

天顔，永定人，〔宋光伯謹按：縣有詹公祠，詹大中丞坊亦載縣志。〕或曰，龍巖人，以貢生起家，爲松潘同知。嘗與副將朱化龍擊斬獻賊僞將王運行，復龍安、茂州。時川北報恢定，命天顔巡撫順慶、潼、綿。

明以總兵皮勛守平溪。

癸丑（十七日），明魯鄭彩殺東閣大學士熊汝霖、義興伯鄭遵謙。

時國事皆決於彩，汝霖每折之。彩與定遠伯周瑞交惡，汝霖票擬，恆右瑞，彩積恨。既而鄭遵謙與彩等爭洋船，汝霖自閩安至琅崎休沐。元夕，熊、鄭兩家相問遺，守將李茂與汝霖奴有隙，遂以合謀告彩，使其衆破門入，執汝霖，並其子琦官，甫六齡，全家沈諸海中。遵謙聞之，心不平。彩乃詐撲部將吳輝，令扶傷就遵謙求書投鴻逵，遵謙過輝船送之，被擒。輝既擒而懟，伏艙底，不出，遵謙呼曰：「汝鄭彩厮養，殺我豈出汝意而相避乎？」輝出，遵謙乞隻雞盂黍哭奠汝霖畢，蹈海死。遵謙之妾金四姐者，故倡也，嘗以殺婢下獄，遵謙以千金出之。慟夫之死，束藁像彩，每祭必寸斬以侑食。彩聞，又沈之。越十一年己亥（一六五九）秋，彩坐廳事，見汝霖、遵謙擁兵入，驚仆，七孔流血死。

癸亥(二十七日),降將金聲桓以南昌叛我大清,復歸於明。

聲桓舊隸左良玉軍。夢庚之以所部三十六營降也,諸將相率北去,聲桓不欲從,請規取江省以自効,我英親王阿濟格令以提督撫勦總兵銜掛討逆將軍印,聲桓遂自九江傳檄下南康、南昌,尋授鎭守江西總兵,遣副將王體忠破建昌、袁州、萬安。體忠,闖將白旺之部將也。自成死,體忠刺旺以降,兵旣强,又不肯薙髮,聲桓結其左右王得仁誘體忠至都察院,殺之。其部衆大噪,與聲桓兵戰於南昌城中,民居盡燬。得仁撫定之,乃以得仁代爲副將。得仁驍勇善戰,軍中所呼爲王雜毛也。以次定撫州、饒州、吉安、廣信,江右悉平,惟贛州未下。聲桓自以不世功,疏言:「臣原銜提督撫勦,今更爲鎭守,體統迥異,請如原銜,賜敕印,節制文武,便宜行事。」章皇帝以所請冒昧,不許,命還其弩。〔考曰:聲桓爲明總兵,時與王師戰旅順,兵敗,其妻子兄弟被獲。聲桓疏請,命還之。〕旣克贛州,旦夕望封侯,不得,敍錄亦不列得仁銜,二人氣索。巡撫章于天遇之倨,且勒賄無厭,心益鞅鞅。丁亥(一六四七)秋,有公燕,席地寘氍毹,文吏皆上坐,而聲桓、得仁坐於外,得仁有忿色,于天顧之笑曰:「王把總欲反邪?」二人恥且恨。得仁所居爲宜春王第,嘗於後堂張樂,自著明衣冠,令優人演郭子儀、韓世忠故事。有訐之於我巡按董學成者,學成揚言將奏聞,而陰遣人求重賂,兼乞其侍兒。得仁恐,以侍兒予之,居家狀更泄,撫按並力持之,誅求累億。得仁怒裂眦,堅勸聲桓速舉事。幕中客某詭言隆武帝未死,在五子寨,命客往探之,客即假以敕命封聲桓鎭江公,得仁維新侯,二人大喜過望。是年正月,于天以搜括富室莊田,率數十騎赴瑞州,得仁告聲桓曰:「此非爲括金,其將贛撫會議不利於我邪？」適聲桓妻子已自都還，因集將士密議，書約山東、河南刻日並舉，得仁出建昌，合揭重熙、余應桂諸部。或謂得仁曰：「聲桓疑而詐，脫有中變，而公顧居外也，不若坐據省門，仗鉞投袂爲必不可遏之勢以脅之，彼必不敢不從，但貴神速耳。」於是得仁立傳令，部勒全營，杜七門，圍守巡按官廨。時二十六日壬戌，夜漏下已三十刻。翌晨，得仁擐甲縛學成至聲桓所，大聲言：「奉詔恢復。」聲桓唯唯，未及答，得仁即起而剃其辮。以令箭傳示諸營，悉翦辮，出諭安民，稱隆武四年。凡軍民之戴纓帽者，輒射殺之，一時城中棄帽如山。即日縊殺董學成及副使成大業，禽章于天於江中。迎太保姜曰廣入省爲盟主，傳檄遠近，全省復歸於明，惟贛州不下。初聲桓少時，嘗師事維揚僧德宗，僧拊其臂曰：「勉旃，二十年後，江右福主。世人盡變紅頭蟲，此其候已。」後王師帽著紅纓，聲桓得建牙江省，益信禮之，僧每勸其改圖，聲桓意遂決云。

臣肅曰：紀年一書遵純廟聖諭暨欽定卹謚考之義，例自文武大吏以及草莽之臣，惓惓不忘故國者，表而出之。而如金聲桓、李成棟之流，方其倒戈故主，既無不狃存魯之心；既已授鉞新朝，又忘豫讓國士之報，視君父如傳舍，刈人命如草菅，此輩之肉又足食邪！直書爲叛，而不復以反正之義相假借者，所以誅亂賊之反覆而明臣子之大防也。

明前大學士朱繼祚起兵，會魯同安伯楊耿復興化。

繼祚，莆田人，萬曆己未（一六一九）進士，授庶吉士，進編修。天啓中，與修三朝要典；崇禎初，官禮部右侍郎，南都起故官，未赴，閩中召爲東閣大學士。從至汀州，隆武帝遇害，奔還鄉里。是時監國在閩安鎮，鄰境州縣多下，繼祚亦舉兵應之，與同安伯楊耿合攻興化。守城監司彭遇颽，故南都御史也，令將士出戰，已即登陴，易明旗幟，守將見之不敢入；遇颽遂開城招繼祚入守之。

二月，鳳陽地震。

我大清兵攻平溪，明總兵吳尚虞等死之。

孔有德之前鋒統領線國安遣降將田起鳳攻平溪，尚虞率副將三人〔考曰：三人失其名。〕逆戰，皆敗死。

我大清兵克永寧寨，明貴溪王常淲、〔考曰：貴溪王，榮莊王庶六子，自載堉後無考；常淲其孫屬也。〕總兵項登章〔考曰：東華錄貳臣傳皆作向登位者，蓋軍中文報多用同音省筆字，茲從陽秋。〕皆死之。

明崇陽王〔考曰：世表無崇陽王，此其南渡後所封歟？〕攻黎平，敗績。

崇陽王率苗兵十二營攻黎平，為降將陳友龍所敗，諸營俱潰；獨興化土司迎奉國將軍暉奎入寨，以兵千人守之，寨破，暉奎死之。

丁亥（按：丁字誤，當為乙亥，即二月初十日。）明郝永忠大掠桂林，桂王出奔。

永忠與王師戰於靈川，敗績，奔還桂林。左右近臣勸王幸南寧，瞿式耜曰：「督師警報未至，營夜驚譁大恐。二百里外風塵，遽使九五露處邪！播遷無寧日，國勢愈弱，兵氣愈不振，民心皇皇復何依。」近臣倉皇色變，式耜曰：「無已，候督師歸。果急，天威咫尺，激厲將士，背城借一，勝敗未知；若以走為上策，桂危柳不危乎！今日至桂，明日不可至南、太平！」反復千言。王曰：「卿不過欲朕死社稷耳。」嚴起恆請俟明晨再議。五鼓，式耜進御用銀三百兩，而乘輿已發矣。先是，焦璉遣人謂式耜曰：「強敵外逼，姦宄內訌，勢不能兩全。願移師至桂，保公出城，俟賊乏食，統兵四面擊之，賊兵可盡；然後以全爲保障，以梧爲門戶，協力守之，事可萬全。」式耜以治兵相攻爲不祥，且虞敵騎擣虛，不聽。至是時趨出送駕，永忠以兵遮之，不得行。掠署中冠服圖書咸盡，式耜裸而坐，家人以何督師令箭逼之登舟。永忠乃縱火大掠，搥殺太常卿黃太元。日中滇營兵亦自靈川撤入城。煙火高於樓櫓，式耜舟泊城外三里之樟木港，刑部侍郎劉遠生、〔考曰：遠生卽廣胤，爲江西巡撫時，兵敗被執，逃歸，劉承胤以同姓起用之，蓋初名廣胤，逃歸後改今名也。〕給事中丁時魁、萬六吉、劉湘客皆至，謂兵變倉卒，請下平朔，催焦璉兵入援，檄遠近無內恐，檄紳士毋驚疑薙髮，檄一吏入城息煙火，收倉儲，毋爲亂人所盜。舟至豆豉井，入民舍草檄。明日，以小艇入城，廡舍零落，屍臭烟薰，乃暫駐陽朔，而檄檢討蔡之俊、評事朱盛濃、僉事邵之驊先入城賑貧民，殮太元屍，掃街衢以定人心。

辛巳（十六日），鎭江地震。

癸未（十八日），金聲桓攻贛州。

初，聲桓與王得仁頗相得，歸明後，各自爲功。金之族人皆得爲都督，幕客黃人龍爲總制，得仁之妻弟黃天雷爲兵部侍郎，各開幕府，門趨如市。是月朔，得仁率衆取九江，客胡澹進言：「宜乘破竹勢，直趨建業，下流猝無備，必易舉。建業舉而兗、豫響應，更引兵而北，中原可傳檄定也。」得仁以澹謀告，衆皆韙之，人龍不可，曰：「贛州居上游，文武重臣俱在，宜先取之；不然且擬我後。」姜曰廣亦言：「寧庶人起兵，不破贛，卒貽後患。」我湖廣提督羅錦繡恐聲桓兵趣楚，欲先敵之於贛州，觀勝負爲向背，貽之書曰：「人心未死，誰無漢思！公創舉非常，天下咸引領企足，日夜望公至。但贛州東西要害，山川上游，公欲通粤，則贛界其中，公欲他出，則贛乘其後；莫若先下贛，贛下則楚地可傳檄定矣。」聲桓然之，率兵圍贛，以宋奎光守南昌。

徐鼒曰：不曰明金聲桓何？不與其爲明臣也。

乙酉（二十日），我大清兵取全州，明中書舍人周震、守備孟泰死之。

初，武岡之失也，中書舍人周震居全州，集文武將吏盟於神，誓以死拒，條上城守事宜，郎擢御史，充監軍。王師既逼，諸將議舉城降，震力爭不可，衆怒殺之。泰本州人，仰藥死，妻子皆自殺。我定南王孔有德遂取全州。

明詔何騰蛟入守桂林，我大清兵遂克興安之嚴關。

時騰蛟自守嚴關，及奉詔守桂林，王師遂克興安，破嚴關，軍士死者萬人，興安總兵三人〔考曰：三人失其名。〕及副參游以下四百人皆死之。

辛卯（二十六日），白虹貫日。

明監國魯王以錢肅樂爲東閣大學士。

肅樂四疏力辭，不許，乃與馬思理、林正亨同入直。時鄭彩連害熊、鄭，逆節大著。肅樂每日繫艑於王舟之次，票擬章奏，封進後，則牽船別去。彩之使人守福安也，劉中藻與之爭，彩掠其地。肅樂與中藻書不直彩，彩刺得之，恨甚，以爲樹外援圖己，朝見之次，輒故誦書中語。肅樂向有血疾，至是憂憤交至，每入見，流涕不止，曰：「朝衣拭淚，昔人所譏，臣今亦不能禁。」監國爲之潸然。

三月丙申朔，明瞿式耜、何騰蛟入桂林。

焦璉自平樂至，楚鎮周金湯、熊兆佐、滇鎮胡一青先後統兵至，軍勢復振。

乙巳（初十日），明桂王如南寧，命大學士嚴起恆、王化澄入閣，起恆兼吏部尚書，以龐天壽掌司禮監，加南寧守道趙臺巡撫銜。

隨駕者止嚴起恆、馬吉翔，兵部尚書蕭琦，科臣許兆進、吳其靁、尹三聘、洪玉鼎、洪士彭數人而已。〔考曰：本粵事記。蕭琦，江西人，崇禎丁丑進士。趙臺，北京人。〕

戊申（十三日），我大清兵攻順慶。

安南國入貢於明。

庚戌（十五日），明開選南寧。

時君臣資斧乏絕，嚴起恆懸示通衢，廣爲開選，二十四土州檳榔鹽布諸賈及土樂戶皆註仕籍，假府學明倫堂爲公座蒞任地，旗幟軒蓋，傴僂磬折，日以百數，贊禮生爲之驕貴。

丁巳（二十二日），我大清兵攻桂林，明督師何騰蛟率諸軍禦卻之。

自郝永忠亂後，王師疑桂林空虛，直抵北門。騰蛟督將校分三面出，胡一青以滇兵出文昌門，周金湯、熊兆佐以楚兵出榕樹門，騰蛟自與焦璉出北門。戰未合，璉奮臂顧左右曰：「璉爲諸君破敵。」橫矛直奔我營，我兵圍之，矢如雨下。璉左右衝擊，勢如游龍，我兵合而復散者再。撫粵將軍劉起蛟亦大呼殺入，與璉合，擊殺數百人，貫其營而出。胡一青從東至，騰蛟撫其臂曰：「兒好爲之。」一青應聲躍馬馳擊。一青短小便捷，馬上騰躑如飛，能標槍取人數十步外，百發百中。每乘馬必翦其鬃，王師認爲牛，輒相戒曰：「此騎牛蠻子，不易當也。」一青與璉合兵再戰，金湯、兆佐橫擊之。璉標下趙興、白貴殊死戰，王師大奔，追二十里，大帥幾獲，乃北渡甘棠去，時三月二十二日丁巳也。瞿式耜卹死事家，爲壇祭之，焚白貴屍，得箭鏃數升。騰蛟乃列營榕江。

戊午（二十三日），明延長王識鎊〔考曰：明史世表太祖慮子孫命名重複，於東宮親王世系，各擬二十字，每一字爲一世，肅府有贍祿貢眞弼，縉紳識烈忠云云，延長王紳封於萬曆年襲。按世系字，識鎊當是紳封之子，襲封年月日則不可考耳。南渡後諸王類如此。〕起兵蘭州，不克，死之。

回人米喇印、丁國棟據蘭州，擁立識鎊，我總督孟喬芳、提督張勇會師擊敗之。是年五月，識鎊被擒於馬家坪，死之。喬芳、勇皆降臣也。

明晉荊江伯張先璧爲侯。

明瞿式耜檄諸鎮復全州。

明瞿式耜檄廣西巡撫魯可藻復梧州。

王師聞江西之變，北旋，式耜檄諸路進取，舊例東撫稱制兼粵西，西撫稱撫，可藻自署銜兩廣，瞿式耜曰：「方今武人多自署撫軍，徒貽遠人笑。」疏正之。

明周鼎瀚免。

當武岡之亂，言官彈鼎瀚以附劉承胤入直，式耜司票擬，曰：「王沂公云：進賢退不肖，皆有體。瀚係大臣，應聽自謝免。」已而鼎瀚擅假，式耜曰：「不謝免而擅假，毋乃不可乎！」疏論之。

明賜瞿式耜銀幣金圖書。

桂林兵火之後，監司府縣俱散，式耜撫循收拾，治簿書，誡職守，措兵餉，疏達行在，候天子三宮起居。王聞式耜在，大喜，璽書旌美，賜紗段銀兩。式耜念南寧蠻鄉，不可久蹕，爲王淸蹕道；朝政有闕，必馳疏論諫。嘗曰：「臣與皇上患難相隨，休戚與共，原不同於諸官，一切大政，自當與聞。朝議可否，衆指所歸，本亂而求末治，未之有也。」王褒納之。

我大淸兵攻潼州、綿州。

明以禮部侍郎朱天麟爲禮部尙書，尋進東閣大學士。

天麟，字游初，崑山人。崇禎戊辰（一六二八）進士，授饒州推官，攝屬邑有聲。考選授部曹，講官爲之稱屈。比臨軒親試，改翰林院編修。奉命祭淮，抵山東，而京師陷。閩中擢詹事，署國子監事。見鄭芝龍跋扈，乞假至廣東。聞汀州變，走廣西，入安平土司。王之在武岡也，以禮部右侍郎召，辭不赴，具疏請王自將爲先鋒，倡率諸鎭，毋坐失事機。是時擢禮部尙書，拜東閣大學士。又自請親率土兵略江右，不聽，乃趨朝入直。

明陳邦傅自請世守廣西，瞿式耜疏止之。

邦傅之子禹玉，自恃迎駕功，欲得南寧，添設巡撫。趙臺素得土司心，不之讓，治兵相攻。邦傅在潯州自請世守廣西如黔國公故事，式耜駁之曰：「海宇剝削，止粵西一隅爲聖蹕之地。楚、滇數萬之師取食一省，輒曰獨擁，豈老臣所知哉！」

明進呂大器爲少傅，督西南諸軍，賜尙方劍，便宜行事。

王應熊卒於畢節衞，以大器代督師。按部至涪州，蕩寇將軍李占春來謁，以爲可用，深相結，因欲遍觀諸將能否。入遵義，王祥具櫜鞬迎，甚恭，大器知其無能爲，太息謂李乾德曰：「楊展志大而疎，袁武忍而好殺，祥尤庸懦不足仗，蜀事尙可爲乎！」一日於石柱司夜遁，走黔之獨山州，鬱鬱疽發背卒。

明前兵部尙書周損、安慶知府傅夢鼎、潛山典史傅謙之等奉石城王統錡起兵六安，敗績，皆死之。

〔考曰：統錡寧藩石城王之第七世孫，石城王宸浮於嘉靖二十七年無子除，統錡蓋其支庶也，諸書云石城王統錡者，國雖除，而民間猶以祖宗之爵稱之。〕

廬州有馮弘圖者，詭言史閣部未死，假其名召衆，遠近信之。是年春，攻英山、霍山、六安州，皆下之，大江南北欣然謂閣部尙存也。未幾敗沒。無爲州吳光宇、巢縣葉士章皆以內應受誅，於時英、霍間義旗雜樹，有寨主、洞主之號共四十八所。周損，麻城人，崇禎癸未（一六四三）進士，授饒州推官，行取御史。王師入江西，損走福建，隆武帝授兵部尙書，歸家，與猶子羽儀練鄉勇，知宗室石城王之孫統錡立飛旗寨，乃率卒數百人、馬數十匹歸之。夢鼎，貴州人，以選貢官泗州教諭，獻禦寇策，擢鳳陽同知，遷安慶知府，城破，走潛山，踞皖澗寨。謙之，故潛山典史。又有桂蟾者，鄱陽諸生，義堂和倘者，故公安貢生，偕歸統錡，事敗皆死之。

明魯職方主事王翊復起兵四明山。

翊，字完勳，號篤菴，少孤，不善治生業，弟翃，以耕讀助之。補諸生，好談兵，見時方多難，思自効。畫江之役，王正中薦之監國，授職方主事，以軍事屬之。江上破，黃宗羲引殘卒入四明山結寨，山民攻之。時翊方走海隅，王師購之急，囚其弟翃以招之，翃與幕下諸生皆不屈死。翊泣曰：「是眞不負完勳家也。」既與屠獻宸、華夏等謀襲寧波，不克，乃以所募衆入山。是年春，破上虞，殺攝印官，浙東震動。王師由清賢嶺入，敗翊衆於丁山，屠四百人。有孫說者，中流矢死，屍不仆。御史馮京第自湖中軍破，亦間行至四明，與翊合軍杜嶴，山民之團練者導王師攻破之，別部邵不倫亦見獲。京第匿民舍。翊以四百人走，依威遠將軍天台洞主俞國望，謂諸將曰：「是皆團練之罪也。北兵雖健，吾視其銳則避之，懈則擊之，非團練爲鄉導，彼安敢行險地如枕席乎！吾卒雖殘破，團練尙有餘力。」遂自天台至四明，擊散團練者隨道收合，得萬餘人，而京第亦出。明年己丑（一六四九）春，再破上虞，走其知縣，告山中父老曰：「前此諸將橫擾激變，今我軍足爲是山衞，而一無所擾，倘念故國，其許我乎！」遂結寨於山之西北境曰大蘭山，號大蘭洞主。當是時，浙東千里之間，山寨鱗次，蕭山石仲芬、會稽王化龍、台州俞國望、金湯、奚奎明、奉化袁應淲、浙西之湖州柏襄甫等亦應之，其餘小寨支軍，不下百數。然皆招集無賴，不能不從事鈔掠。惟張煌言軍平岡，李長祥軍東山，故都督章欽臣軍會稽之南鎮，則皆且耕且屯，不擾於民，而又單弱，不如翊雄。翊於山中設五營五司；五營主軍，翊統之；五司主餉，慈谿諸生王江主之。江，字長升，善會計，量富以勸，履畝而稅，兵無盜糧。翊信賞罰，衆大悅服。四明之有訟獄者，不之官而之大蘭；四明二百八十峯之租賦，亦不之官而之大蘭。胥吏無敢下鄉，汛兵則遠伏眺望，列城畏之若老羆當道，城門晝閉，如是者數年。

我大清兵克興化，明東閣大學士朱繼祚、參政湯芬、給事中林嵋、知縣都廷諫皆死之。

芬，字方侯，嘉善人，崇禎癸未(一六四三)進士，嘗爲史閣部監紀推官。閩中授御史，監國以爲參政，分守興、泉。城破，緋袍坐堂上，被殺。嵋字小眉，莆田人，以進士知吳江縣，閩中授給事中；廷諫，杭州人，知莆田縣，城破皆自殺。

我大清兵克建寧。明鄖西王常潮、守將王祁皆死之。

祁巷戰不勝，自焚死。

我大清兵取福建，明永福在籍給事中鄢正畿、御史林逢經、長樂在籍御史王恩皆死之。

正畿字鴻原，逢經字守一，俱投水死。恩服毒死，妻李氏殉之。自監國入閩，先後克獲建寧、邵武、興化三府，福寧一州，漳浦、海澄、連江、長樂等二十七縣，軍聲頗振。至是，我大清調兩廣、江、浙之兵三路進討，所得復盡失，僅存寧德、福安兩邑而已。

夏四月(明閏三月)丙寅朔，明元子慈烜生，册爲太子，大赦。(考曰：行朝錄載爲四月乙未朔日事，蓋宗羲得之傳聞，又以閏月而誤也。兹從行在陽秋。)

臣鼒曰：是年我大清閏四月，而劉湘客行在陽秋、黃宗羲行朝錄、木拂甲行日注俱載明曆閏三月。天命有歸，龍閏何數，然紀明事而棄明曆，非史法也，故以分注紀之。」

明瞿式耜進八箴。

式耜以經筵不御，無由聞得失，手書八箴於箋，進之。

乙亥（初十日），降臣李成棟以廣東叛我大清，復歸於明。

成棟初爲史可法部將，守徐州，王師南征，率所部降。貝勒博洛征浙江，成棟分徇太倉、嘉定、南匯、上海，授鎮守吳淞總兵官。下崇明，剿本徹竄入海。從征福建，定邵武、汀州、漳州，順治三年（一六四六）十月，貝勒承制以總兵佟養甲爲兩廣總督，成棟署兩廣提督，合軍征廣東，所向克捷。成棟收繳文武印信五十餘顆，而取總督印藏之。既敍功，養甲授總督兩廣，假便宜，而成棟僅授提督銜，疑養甲抑之，怨望形諸詞色。愛妾張氏，陳子壯之妾也，成棟豔而納之，年餘不歡。偶演劇，張氏見之而笑，成棟詰之，氏曰：「爲見臺上威儀，觸目相感。」成棟遽起著明冠服，氏取鏡照之，成棟歡躍。氏察知之，因慫恿焉。成棟撫几曰：「憐此雲間眷屬也。」時成棟眷屬猶在松江，故言及之。氏曰：「我敢獨享富貴乎？請先死以成君子之志。」遂自刎死。成棟大哭曰：「女子乎是矣。」拜而殮之。嘗遣部下載寶入京，將行賄，過江西，地已歸明，扼之不得通。子壯雖殉難，其子中書喬生猶擁舊卒，爲復仇計，成棟益懼。一日，與署藩司袁彭年、養子李元胤登樓，去梯相謂曰：「吾輩因國難歸清，然每念之，自少康至今，三千餘年矣，正統之朝雖敗，必有中興者。本朝深仁厚澤，遠過唐、宋，先帝之變，遐荒共憫焉。今金將軍聲桓所向無前，焦將軍璉以二矢復粵七郡，陳邦傅雖有降書而不解甲，天時人事，殆可知也。又聞新天子在粵西，龍表酷似神祖，若引兵輔之，事成則易以封侯，事敗亦不失爲忠義。」議遂決。池州有胡奇者，故從養甲辦事，授南雄知府，褫職閒住，密知之，以告養甲，養甲不之備。會贛州告急，養甲撥藩庫餉八萬，令成棟往援之，彭年故遷延不發以激怒軍心。成棟又潛招花山羣盜，縱火焚野，呼聲動天地，紿養甲曰：「贛州早暮亡，而此間土寇深，五嶺且不保，彼聲言復故國耳！曷若權宜許之，俟治軍再勦。」養甲故知其不可而無如何，勉出示許士民復冠裳。成棟則密製大旗，遣人掣總督旗，而以新旗易之，宣言曰：「總督降矣。」用所藏明總督印，奉永曆朔，遣投誠進士洪天擢、潘曾緯、李綺齎奏赴南寧迎駕。時陳禹玉、趙臺相仇殺，人心皇皇，乍聞成棟反正，驚疑百端。天擢等力陳成棟忠誠，且述金聲桓反正事甚悉，人心始安。諸臣在粵者爭往迎駕，成棟遮止之。惟耿獻忠在梧州，得先輸款焉。

癸未（十八日），明荆江侯張先璧復靖州，遂復沅州。

我沅州道戴國士即前誑陳泰來者也，以沅州叛歸於明，先璧題授右僉都御史，巡撫偏、沅。

明召前四川巡撫毛芝瑞吏部侍郎。

劉承胤之在武岡也，芝瑞嘗力折之，幾被害。走廣東，病踰年，知養利州黃嘉卿以書迎之，移居萬年城。時以吏部侍郎召，拜命遂卒。

明前吏部員外郎華允誠被執，至江寧，諭降不屈，死之。

允誠，字汝立，號鳳超，無錫人，天啓壬戌（一六二二）進士。崇禎元年（一六二八），起營繕主事，進員外郎，調兵部職方員外郎。是時，溫體仁在內閣，閔洪學在吏部，兩人相表裏，謀翻逆案。允誠上三大可惜、四大可憂疏。奉旨再詰責，允誠據實陳奏，舉朝共危之，僅奪俸半年。尋終養歸。南都起驗封員外郎，署文選司事，莅官十三日，見高弘圖、徐石麒先後去位，即引疾退。南都亡，屏居墓田。時有訐其不薙髮者，逮至江寧，滿、漢各執事並以緩言款之。允誠直立南向舉手曰：「二祖列宗，神靈在天，允誠髮不可薙，身不可降。」賦絕命詩，遂見殺，年六十一。〔考曰：絕命詩有渡江一律云：視死如歸不可招，孤魂從此赴先朝；數莖白髮應難沒，一片丹心豈易消。世傑有靈依海岸，天祥無計挽江潮；山河漠漠長留恨，惟有羣鷗伴寂寥。〕從孫尚濂，字靜觀，亦以不薙髮同日死。僕辞成聞主被執，長慟不食，先一日死。訃至，僕宋孝號哭觸階死。

徐鼒曰：聞之汪有典云：公從高中憲得主靜之學，觀其從容就義，不負師門，斯乃爲君子儒哉！公臨難時謂尚濂曰：「心卽太虛之心，太虛中何曾有刀鋸斧鉞，清其刀鋸斧鉞不得加焉之心，亦安往不得哉！」蓋公之見道分明如此，視夫計無復之引決自裁者異矣。

閏四月〔明四月〕乙未朔，明遣吏部侍郎吳貞毓、祥符侯侯性勞李成棟軍，封成棟惠國公，佟養甲襄平伯，杜永和江寧伯，羅成耀寶豐伯，董方策宣平伯，郝尚久新泰伯，張月博興伯，閻可義武陟伯。

明以晏清爲吏部尚書。

時有沈原渭者，再齎成棟速駕之奏至，賜宴殿前，加右副都御史，於是羣臣伏處者爭出。晏清至自田州，張鳳翼以兵科兼修撰，張佐辰掌文選司，張扶綱掌考功司，董雲驤爲行人，潘駿觀爲職方郎中，王渚爲戶部主事，張起、王者友、朱士焜以原官考選。又有考貢之旨，郡師巫童能握管書字者投呈就試，章服錯亂，或補鶴而帶銀，或帶金而補雀，官不如其帶，品不如其服。新創朝廷，漫無等威，論者咎嚴起恆焉。〔考曰：本粵事記。原渭，吳江人；晏清，黃岡進士；佐辰、扶綱，貴州進士；鳳翼，庚辰進士。雲驤，松江人；駿觀，湖州人；渚，池州人：皆生員。起，蘇州舉人。者友，南京人；焜，靖江人：皆貢生。〕

五月乙丑朔，日有食之。

甲申（二十日），我大清兵取明潼州。

丙戌（二十二日），我大清兵取明綿州。

辛卯（二十七日），明督師何騰蛟復全州。

降將陳友龍以武岡州叛我大清，復歸於明。

我大清兵圍南昌，金聲桓、王得仁皆引兵還。

聲桓圍贛州，我守將高進庫固守，聲桓愛其才，令軍士勿放砲，增壘困之。我固山額眞譚泰、何洛會帥師進討，步騎數十萬，舟萬餘艘，銜尾浮江而上，金鼓震天，議者謂王師之盛，前此未有也。議救贛州，有獻伐魏救韓之策者，遂分兵復九江、南康，進逼南昌。聲桓兄成勛及部將楚國佐，得仁部將貢鼇等將內應，宋奎光殺之。奎光多機智，能肆應，王師急攻得勝門，城壞，奎光壘石囊土，悉力禦之，出神槍火箭，焚燬攻具，兵少卻。報至贛，王得仁先知之，計曰：「我聞先發制人不制於人，莫若秘其警報，不令人知，銳志攻城。三日贛且下，贛下則一軍守贛，一軍守粵，粵知贛破，必從風而靡，然後西通西粵，右守嶺表。清兵知贛破，必解圍向贛，我以逸待勞，南昌亦得息肩，間出以絕糧道，則數十萬之衆可殲於旦暮矣。若攻城垂破而棄之，强敵在前，贛乘其後，此危道也。」聲桓以家在南昌，遽退師；得仁部衆見之亦走，斬之不能止，城中兵突出，自相踐踏者數千人。聲桓既突圍入南昌，得仁乃以兵二萬趨九江。姜曰廣檄召之，得仁曰：「九江據長江要津，轉輸必由之道。敵以十數萬之衆深入攻城，而糧道已絕，非分兵攻我，即撤兵東下。分則勢弱，撤則師勞。九江四面臨江，城小而固，以我守之，未可猝下。公輩引兵徐出，東西撓擊，內外夾攻，此犄角之勢。若棄要害，入孤城，譬猛虎陷阱，徒成擒耳。」曰廣不聽，一日夜檄數十至。得仁嘆曰：「不過欲得仁同公輩死也。」遂撤兵西上。王師以勁弩巨砲扼諸路，得仁身先士卒，轉鬬而前，斬級數千。旋中伏，大敗於七里街，嗒然若喪，盡撤城外屯兵入壁。聲桓部將郭天才爭之，不得，自劄黃泥洲爲犄角。天才所統皆川卒，精銳無敵，三戰三捷，我軍頗憚之。宋奎光單騎渡江，按行地利，請移兵二隊，一駐生米渡，一駐市汊，以達餉路。聲桓、得仁主堅壁議，並不聽。有一道士自言能運粟役鬼，茹素戒殺，自有天兵來助，城中信之，百日不出兵。初王師屢勝，而軍中每夜驚王雜毛來。久之見城中無鬬志，迺掘長濠以固之。東自王家渡屬灌城，西自雞籠山屬生米渡，起土城，駕飛橋，自是內外耗絕，聲桓、得仁惟嚄唶悼恨而已。

明朱成功復同安。

成功統林習山、甘煇攻同安，守將祁光秋、廉郎出戰，煇擊敗之，斬其守備王庭，郎與知縣張効齡棄城遁。成功入城安民，以吏部主事葉翼雲攝知縣事，舉人陳鼎爲教諭，留邱縉、林壯猷、金作裕將兵守之。翼雲，字敬甫，廈門人，崇禎庚辰（一六四〇）進士；鼎，字尚圖，同安人，天啓丁卯（一六二七）舉人。

六月甲午朔，有流星入於箕尾。

丙申（初三日），明瞿式耜勞師全州。

初，騰蛟之復全州也，報捷疏有云：「爲皇上以信臣用臣者，式耜一人也。」式耜勞師，諸軍列營城外數十里，旌旗蔽日，將帥咸帕手弓刀伏馬前，曰：「微瞿公無以有今日。」

戊戌（初五日），明魯東閣大學士兼吏兵二部尚書錢肅樂卒。

肅樂少時嘗夢日墮其手，扶之稍稍上，終不支，漸小漸晦，卒墮臂下。既聞連江失守，血疾大動，監國賜藥，不肯進，遺命以部郎服殮，志不忘先朝也。年四十三。訃聞，監國震悼，輟朝三日；親製文，賜祭九壇，贈太保，謚忠介；蔭其子兆恭尚寶丞。弟御史肅圖、簡討肅範挈兆恭依劉中藻，福寧破，肅範死，肅圖以兆恭走舟山。未幾，兆恭亦卒，遂無嗣。弟肅典、肅遴、肅繡皆以國事死，惟肅圖善終。肅樂歿後六年，故相葉向高之孫進晟、海寧職方姚翼明始乞地於黃蘗山僧隆琦而營葬焉。

明封金聲桓豫國公，王得仁建武侯。

聲桓歸明半年，尚稱隆武四年。有舊臣至，述閩陷廣立之詳，始改稱永曆。遣人間道齎佛經，置密疏其中，赴南寧輸款，瞿式耜疏請「愼選持節大臣，往諭聖德。彼數年不見天子，苟號令緩急失宜，不亦褻朝廷而失人心乎！少司寇劉遠生固秦人，久於節鉞，名聞江右，可遣也。」疏入不報。聲桓降表自署豫國公，詔改封昌國。聲桓頗鞅鞅，致書朝臣，請還故封。久之，始如所請。

甲辰（十一日），明桂王發南寧，封陳邦傅慶國公。

王與三宮由邕江登舟，出南寧，抵潯州，以宮眷有疾，留數日。守將陳邦傅以王爲奇貨也，挽留駐蹕。邦傅初疏薦趙臺，臺既得志，見邦傅世守粵西之奏爲瞿式耜所駁，朝臣亦多惡之，臺乃絕其婚，至形之章奏，以博衆歡。邦傅宣言聖駕下廣，臺必隨扈，吾殺之。臺聞之，遂留南寧。邦傅面言：「皇上聽兩衙門交搆於臣，無少加恩。倘丁亥（一六四七）二月，無臣父子血戰梧、潯三晝夜，焉有今日！趙臺賴婚負義，皇上反加優容，彼且不敢隨扈，何足任留守！南、太係臣轄下，何必再設巡撫！望皇上大奮乾剛，毋爲文武作奴僕，身受實禍。」王面赤不能答，但云：「爾補本來。」不得已，許邦傅居守潯州，設官征賦，如瞿式耜之在桂林。邦傅必欲世守，如黔國公之在雲南，大學士朱天麟執不許，邦傅怒，令胡執恭傳語曰：「勳公將以劍印擲公舟，令各營兵聽公發付。」天麟不爲動。中書舍人張立光受邦傅賄，謄黃時竟以世字易居字。勳卿不及察，給事中吳其靁疏參之，督師何騰蛟、巡撫魯可藻、御史吳德操先後論列，勳鎮曹志建亦譁然不平，事遂寢。邦傅益肆侮朝臣，縱家丁石碎兵部尙書蕭琦舟，環而詈之，琦憤悶死。拳毆戶部主事王渚死。既晉公爵，乃以劄付授人官，始用慶國公劄，繼而部劄，後用欽劄，以爲兵需及沿途扈從賞賚之費焉。

明堵胤錫復湖南州縣。

時李成棟歸明，於是馬進忠、王進才、李赤心、高必正等乘間復湖南郡縣，進忠等皆封公。

秋七月甲子朔，明桂王次梧州，謁興陵。〔考曰：桂端王陵也。〕

時李成棟遣使迎駕，陳邦傅請留蹕潯州，瞿式耜慮成棟之挾王自專如劉承胤事也，力請駕幸桂林。疏曰：「興陵兩載陷風塵，成棟令地方官修葺陵殿，巍然天壽，彼數年想見天子漢官，一旦奮不顧身，具移山超海之力，更非有所疑也。但事權號令，宜歸於一，茲軍中爵賞署置若歸於朝廷，則事權中擾，閫外不能專制；不歸朝廷，則徒虛拱。且楚、黔雄師百萬，騰蛟翹首威靈，如望雲霓，聖駕既東，軍中將帥謂皇上樂新復之士，成棟亦有邀駕之嫌。號令既遠，人心渙散，請上一見東諸侯，面爲慰勞指屬，責其盡意於東，刻期出師，一切決於外，不中擾也。」疏令簡討蔡之俊、給事中蒙正發先後迎駕，曰：「前日粵東未復，宜駐桂以扼楚，今日江、廣反正，則宜駐桂以圖出楚，事機所在，毫釐千里。」王意未決。吏部侍郎吳貞毓奉使還，力言成棟忠誠迎駕，初無虛僞，宜幸廣。成棟亦疏言：「天下乃太祖之天下，今日光復舊業，何爲樂新士？陛下中興，須親統六師，行間指揮，俾諸將奮勇戮力；四方咸知有君，自當嚮應，豈可偏安粵西，優游歲月，令天下豪傑寒心乎！此臣緦緦至計，非冀邀駕之功也。」王乃由梧入肇慶。式耜促刑部侍郎劉遠生入朝阻之；而成棟亦自嶺還師，議改兩廣軍門爲行宮，迓乘輿。遠生奉命勞師，因謂成棟曰：「天子者，天下主也，脫上駕此，爵賞征伐，人疑天子有私，隱令寄政，不可不嫌也。指揮進取，奚能如意！」成棟然之，遂罷修廣州行宮，仍以肇慶爲發祥正位之初都焉。

八月癸巳朔，明桂王還居肇慶，進李成棟翊明大將軍。以其養子元胤爲錦衣衛指揮使。召大學士瞿式耜於桂林，辭不至。

成棟備法駕自梧州至肇慶，結綵數百里，旌旗蔽空，樓船相屬。連日天氣和朗，王駐雞籠山，有景雲覆其上，黃龍見於海口。呂宋遣使入貢，甌邏巴國人進圖讖，王大喜。是日辰刻，成棟率文武百官郊迎，手扶鑾輿入行宮，王賜之袍帶尚方劍，撫其背曰：「朕中興全賴卿力。」成棟疏言：「式耜擁戴元臣，應召還綸扉。」式耜疏辭乞骸骨，不許，乃留守桂林。

徐鼒曰：成棟歸明，何所成就，而有景雲龍見之異乎？時又有土人獻白玉一雙，云漁人得之南海，王命製文曰「皇帝受命之寶」。附志之，以知史家符瑞之書類如此夫。

明以曹燁爲兵部尚書，耿獻忠爲工部尚書，袁彭年爲都察院左都御史。

時朝臣略備：吏部侍郎洪天擢、大理寺正卿潘曾緯、廣東提學道李綺、通政使毛毓祥皆從成棟反正自廣州來者；吏部尚書晏清、侍郎吳貞毓、給事中吳其靁、洪士彭、雷得復、尹三聘、許兆進、張起皆與嚴起恆、王化澄、朱天麟三閣臣自南寧隨扈來者；翰林學士陳世傑、太僕卿楊邦翰、光祿卿王應華、給事中李貞、御史高賚明、驗封司吳以連、職方司唐元楫皆廣東在籍進士出仕者；禮部侍郎吳璟、副都御史劉湘客、光祿卿陸世廉、太僕卿馬光、給事中丁時魁、金堡、蒙正發、李用楫、文選司施召徵、儀制司徐世儀，皆自桂林各路赴行在者。然政無大小，決於成棟父子，諸臣充位而已。

甲辰（十二日），明桂王命李成棟攻贛州。

成棟爲人樸訥剛忍，嘗言於王曰：「南雄以下事諸臣任之，庾關以外事臣獨任之。」王命築壇城東，效漢高祖拜淮陰侯故事，成棟曰：「事在人爲耳！豈必壇之登與否乎！」率衆二十萬上南雄。然專恣好殺，降將田起鳳統兵五千人駐郴州，成棟取道樂昌、宜章往招之，起鳳以衆來歸，往來騷擾。鄉民有結寨自保者，成棟戲謂起鳳試攻之，斃於砲，成棟怒而屠之。廣州人衞姓者，醵酒謂其黨曰：「兵至協力禦之。」一無賴子嫌酒薄，告成棟，謂：「合謀殲公。」衆問以何爲驗，曰：「凡內裾綴短幅數寸者，其黨用以自別也。」成棟怒，欲屠城，百官跪請，始命邏卒四出，掩得卽戮之。保昌知縣潘名世，亦從成棟反正者也，圉人以求索不獲，蜚語曰：「知縣請公不能殺賊，但能殺百姓也。」成棟竟縛名世斬之。

盜殺明兵部右侍郎劉季鑛。

季鑛，吉水人，同升子也，從父起義，閩中授翰林待詔。閩亡入廣西，歷官兵部右侍郎。是年五月，統衆至酃縣，逐我大清所置官而居之，已而衆散。有羣盜來就撫，統之至樂昌，四出剽掠，季鑛禁之不止，反爲所殺。又有車任重者，亦以羣盜就撫，爲大清潮州鎭將。李成棟叛後，廣東全省歸明，道臣李光垣、知府凌犀渠、海陽知縣岳桂皆改調他任。桂以事詈任重部卒，愬之府，府責之，愬之道，道責之。任重怒，令衆兵詭稱山寇至，突入三人署，擒殺之。

臣鼒曰：車任重事何以不書？是皆身事兩朝，反覆小人，死無足惜者也，故略之。

明前大學士路振飛航海朝於肇慶。〔考曰：本東明聞見錄。〕

明督師呂大器討朱容藩，誅之。

夔州臨江有天字城，容藩改爲天子城，以爲己讖，部衆數千居之。封石砫酉陽土官爲伯，掛將軍印，厮養蠻獠授監軍總兵之職。諸將士爲所惑，競往歸焉。川撫錢邦芑疏劾之，傳檄各大鎮，勿爲叛臣所惑，封稿達之堵胤錫，期合兵共討。胤錫率馬進忠由施州衞乘舟入蜀，見容藩，正色責之。容藩曰：「聖駕播遷，川中不知順逆，聊假名號彈壓之耳。」胤錫呵之曰：「公身自爲逆，何能服叛逆乎？公再不悛，錢公率兵下，吾截其後，川將皆朝廷臣子，誰爲公作賊者？」又切責諸附逆者。川東文武始知容藩名號之僞，多解散者。督師呂大器至涪州，李占春來謁，適容藩有牌至，書楚王世子監國天下兵馬副元帥銜，大器笑曰：「副元帥非親王太子不敢稱，天子在上，何國可監，此人反叛明矣。爾等受其官，必不免。」占春請討叛以贖罪，整師至天子城。容藩敗走夔州山中，土人擒獻斬之，川東悉平。

戊申（十六日），我大清兵克同安，明朱成功部將邱縉、林壯猷、金作裕、知縣葉翼雲、教諭陳鼎皆死之。我大帥佟鼐、李率泰、陳錦合師逼同安。縉、壯猷守大盈嶺以扼泉師，作裕守苧溪嶺以扼漳師，翼雲督民兵守城。我領旗黃有信率驍騎衝突，縉中流矢，壯猷不支，遁入城。作裕聞之，亦斂軍回，分門死守。王師曉夜攻擊，城遂破，縉、壯猷、作裕皆巷戰死。翼雲曰：「今日猶得死於明土，亦吾輩之幸也。」與鼎皆不屈死。王師以城內堅拒不下，屠之。初，同安有陳世胄者，號鰌仙，善術數，聞仙遊王志章能刺陰陽事，往候之。志章預置片紙於硯匣，屬童子曰：「世胄來，令自取視。」世胄讀之，有「鰌魚死半途，同安血流溝，嘉禾斷人種，安溪成平浦」之語。悚然奔見成功，以志章言告，成功妄之。既而世胄歸途暴亡，同安之屠，血流溝渠，始信之。後踞廈門，斷俘者掌，欲以壓嘉禾斷人種之讖。嘉禾，廈門舊號也。康熙癸卯（一六六三），李率泰請棄諸島，移民遷界，嘉禾果斷人種，安平在界外，亦遂成平浦焉。

臣鼒曰：書曰明朱成功部將何？以別於魯也。

明朱成功遣前中書舍人江于燦、黃志高奉表於肇慶。

唐王聿鐭之敗也，林察不敢歸肇慶，航海依成功，始知永曆帝立，加額曰：「吾有君矣。」遣于燦等航海至行在。

明朱成功遣其將甘煇擊林日灼，克之。

成功在銅山，修船練兵，聞同安告急，整師往救，抵金門，而同安已破。我漳浦守將王起俸謀降事洩，棄家從舊鎮奔銅山，成功以爲總練使，同柯宸樞聯絡銅山等處，募兵措餉。詔安縣人林日灼鼓衆拒之，成功令煇擊之，日灼旋滅。

九月癸亥（初二日），有火星自東隕，有聲。

壬午（二十日），明何騰蛟復永州，遂復衡州。

騰蛟統曹志建等圍永州三月，大小三十六戰，城中食盡，咽糠齧草，初食馬，繼食人，老弱婦女俱盡。城破之日，洒掃官署，所剔婦人陰棄不食者十五石。王師殺鄉官劉興秀，突圍走衡州，旋引遁。騰蛟將進兵長沙，而志建不待令，還屯永州之龍虎關，騰蛟因頓兵不進。〔考曰：按明史何騰蛟傳以克永州爲十一月朔日事，行在陽秋、東明聞見錄均以爲九月事，茲以時事前後次之，知當日以聞報不一，致舛誤也。」

明前洧川知縣王爌起兵復廬州。

爌，字定安，羅田舉人，授洧川知縣。是年秋，與曹胤昌起兵破廬州，不守，轉戰蘄、黃間。又與霍山侯應龍、張國容、楊國士合兵攻霍山，不下。

冬十月，明監軍御史余鯤起職方主事李甲春復寶慶。

明馬進忠復常德。

明瞿式耜疏請回蹕桂林。

時永州、寶慶兩府捷音同日並奏，軍聲大振，尋督師報恢復衡州，李赤心報已取益陽，於是式耜疏曰：「天下大勢在楚不在粵，粵東三面險阻，易入難出，臣不敢爭者，以成棟一片血忱，力倚爲江右聲援，阻其望幸之心，何以勸忠。今衡、永恢復，粵西之背愈厚；而江圍未解，粵東之齒尚寒。在成棟宜奉皇上去危就安，旣無內顧之憂，可畢力以圖贛，而楚師得萬乘親臨，亦勇氣十倍矣。」

明堵胤錫招李赤心於夔州，馬進忠遂掠常德，走武岡，李赤心引兵東走，湖南州縣復歸於我大清。

馬進忠者，流寇所號混十萬也，旣降，封武昌伯。嘗敗王師於痲河，斬七千餘級，封鄂國公。堵胤錫與之有隙，招李赤心自夔州至，欲令進忠以常德讓之。未至百餘里，胤錫與進忠椎牛歃血盟誓，共獎王室。進忠固知其謀，終盟無一語。入城，卽命起營，驅百姓出城，縱火不遺一椽，走武岡。王進才聞之，亦棄寶慶走。各營鎮帥聞風驚潰。旣赤心至，得空城，亦棄之，引兵而東，趨長沙。所至守將皆燒營走，湖南新復州縣爲之一空。全楚大局，自此不可爲矣。

臣鼒曰：大書之，罪胤錫之以私忿亂大謀也。胤錫之暱高、李，議者嘗之，鼒獨以爲不然。是實鐘簴銷沈，湖山碎裂，以殘喘之延，能制高、李强寇之死命乎！不能制之而猶欲仇之，是速之吞噬也。畜鴟梟於藩籬，擾豺狼於左右，其忍垢含尤之用，不可謂非權宜達變之才矣。獨其逞私忿於進忠，委全楚於敵國，失戈仲之歡，終悔襄國，激酈瓊之叛，遂失淮西。國必自伐而後人伐之，此之謂也。金堡之責胤錫曰：「勞則有之，功於何有！」噫，豈獨無功哉！

丁巳（二十六日），李成棟之兵潰於贛州城下。

我守將高進庫故隸左良玉麾下，與成棟有舊，僞輸款以綴其師，約以踰秋救不至卽降。成棟爲所紿，厲氣攻之，盡移軍中火具以行，苛執夫役，士人亦不免焉。是日薄暮，抵贛州，將士飢疲，而成棟氣驕，莫敢言。五更，城上呼董大哥者三，成棟夢中驚醒曰：「董大成是我中軍，豈我軍已爲彼有邪！」俄而城中鼓角齊鳴，開門突出。成棟策馬先奔，軍士爭竄，自庾關至梅嶺，軍資器械靡有存者。

明洪雅兵亂。

洪雅鎭將湯國聘與團練花漢將熊振生治兵相攻，洪雅之境無寧宇。

明封朱成功爲威遠侯。〔考曰：黃宗羲賜姓始末云：封成功延平王，誤也，成功之封王在戊戌正月。宗羲紀魯事皆得之目睹，其於成功則本之傳聞，不皆可據。〕

明魯大學士馬思理卒，以沈宸荃、劉沂春爲東閣大學士。

明朱成功復雲霄。

降將張國柱敗沒，成功遂率衆攻城。我中軍守備姚國泰巷戰，重傷被擒，成功惜其勇，令醫治，用爲監督。

十一月，明誅佟養甲。

養甲於崇禎年間，詭名董英，由提塘驟遷至總兵。弘光時，以賄馬士英，提督南直鹽法。王師南下，隨貝勒博洛入閩。閣部陳子壯之死也，養甲投其骨於四郊。旣歸明，朝臣輒以此相挫辱，養甲悔之。密令人齎表北行，爲李元胤邏者所得。遣祭興陵，密敕工部主事陳純來殺之，並同降之巡按御史劉顯名。〔考曰：西粵新書以爲十月初九日事，而明史稿桂王紀略載諸十一月。按東明聞見錄謂成棟敗歸慮他變，則是十一月也。〕。

明以李元胤署吏部尚書。

元胤本姓賈，河南人，成棟養爲己子，與袁彭年善。彭年益引其同鄉丁時魁、蒙正發及劉湘客與同決事。會給事中金堡自湖南服闋赴行在，湘客令元胤折節與交，因有黨人之目。會元胤旣殺佟養甲，威權愈赫，其誕日饋送稱觴，自八月達於冬杪。通政司疏陳乞官，日以千計，閣臣票擬，惟著議具奏四字，非奉成棟劄咨，不得除授，文選司擁空名而已。給事中吳其靁有清文武之職掌以肅朝綱一疏，元胤銜之次骨，其靁宵遁，疏亦留中。

明堵胤錫復益陽、湘潭、湘鄉、衡山等縣，進圍長沙，不克。

胤錫率李赤心等敗降將線國安於湘潭，遂復益陽、湘潭、湘鄉、衡山等縣，而赤心桀驁，多屠掠，長沙聞之，協力拒守，故弗克。

明揭重熙、傅鼎銓合兵援南昌，與我大清兵戰於三江口，敗績。

閩之亡也，重熙、鼎銓俱解兵入武夷山。金聲桓以江西歸明，遣迎兩人，而兩人殊不欲駐省，請任閩事。時邵武方宿重兵，重熙進薄城下，爲守所敗，喪失幾盡。聞南昌圍急，乃入粵求援。鼎銓兼督兩軍與張自盛合營援南昌，戰於三江口，復敗。自盛本金、王部將也。

明都昌在籍前督師余應桂起兵援南昌，與我大清兵戰於落星湖，敗績。

應桂，字二磯，都昌人，萬曆己未（一六一九）進士，崇禎時兵部右侍郎。十六年（一六四三）十月，督師孫傳庭戰歿，命應桂代之，無兵無餉，逡巡不得前，奪職，以新擢陝西巡撫李化熙代之。北都亡，應桂家居，每語人曰：「吾年六十四，官尊祿厚，復何恨！所未了者，欠先帝一死耳。」是時起兵都昌，率舟師援南昌，進至落星湖，敗績。

明前工部右侍郎劉士楨遣兵援南昌，敗績死之。

士楨自贛州破後，匿南田不出，逮金、王事起，遣四子肇履募兵，從圍贛州，而令季子稺升趨南雄。事敗，匿龍泉，我郡守索之急，乃絕粒死。稺升戰死長橋鋪。

徐鼒曰：江西義師之役，自揭重熙、傅鼎銓、陳泰來、曾亨應而下皆彰彰在人耳目，獨劉士楨事世鮮知之，蓋亂後湮沒者多矣。士楨在南都，嚴朝參之禁，劾統鑅之妄，風節矯矯，豈獨死事可嘉哉！書之以告修史者。

明建昌人孔徹元、孔徹哲、蔡觀光起兵援南昌，尋敗死。

徹元、徹哲家素封，與觀光起兵應金聲桓。徹哲以援南昌戰歿，徹元不能忘也。明年七月，有訛傳瑞、德七邑奉宗室某起事者，徹元喜，遽入城，戕邑令。已而各邑寂然，被執死。觀光尋揭竿南昌，走鄱陽，爲邏卒所獲，亦死。〔考曰：以上援兵月日不可考，姑以事類敍之。〕

明九江生員金志達、僧了悟起兵復東流、建德，尋敗死。

志達與了悟集衆萬餘，結營鄱陽、彭澤間，出戰池州，取東流、建德，尋敗死。

明前右僉都御史寧夏巡撫李虞夔起兵平陸，克潼關，連復蒲州、解州。

虞夔，字一甫，平陸人，天啓壬戌（一六二二）進士，累官右僉都御史，巡撫寧夏。時，降將姜瓖以大同叛，其黨姚舉等劫殺官軍，並運餉冀寧道王昌齡於平原驛。瓖自稱大將軍，易明冠服，諸在籍鄉官如萬練、劉遷、王永强輩皆舉兵應。瓖、練踞偏關，復寧武、岢嵐、保德；遷略雁門關及代州、繁峙、五臺等縣；永强據榆林，窺西安；虞夔乘勢起兵克潼關及蒲、解二州。

臣鼒曰：是時我朝甫定天下，人心未一，故明忠義之士心乎故國者，懷子房報韓之心，矢君堯拒唐之節，周之頑民，殷之義士也，紀年皆錄而予之。而一時凶狂悖逆之徒亦詭其名以託焉。何以或書或不書？紀年一書，記明事也。金聲桓、李成棟之事，有關於明之成敗也，則因事書之；其姜瓖、李建泰、吳三桂、耿精忠之流，自爲叛逆，與明無與，則略之，非有他義也。萬練、劉遷、王永强皆明官也，始末不可詳，故因書虞夔事而附著之焉。〕

十二月辛卯朔，我大清兵援長沙，明李赤心大掠湘潭而遁。

明誅降臣李紹祖。

紹祖，瞿式耜同年進士也，爲我大清湖南巡撫，守永州，糧盡援絕，降於何騰蛟。解至桂林，式耜流涕讓之曰：「汝素受國恩，奈何生爲背叛之人，死作不義之鬼！」紹祖曰：「天下人皆降，豈獨紹祖也。」式耜曰：「天下人皆不爲紹祖，敵其奈我何！」紹祖詞窮，遂磔之。

明召弋陽王（考曰：按世表弋陽王多焜於萬曆年薨，無子國除，茲蓋其支庶也。）於建陽山中，不至。

建陽者，從英德之滄光廠遡流而上，爲陽山縣，爲連州，爲連山縣，達於湖廣地，皆深林峭壁。人善用砲，以背負之，發輒命中。弋陽王某，寧藩宗室也，避亂山中，土人擁戴之。李成棟屢攻不能克，反正後，遣科臣洪士鵬往，亦不得入。宣忠伯王承恩請行，命齎敕往，遇王於陽山，其衆皆居奇自恣，不聽王赴闕，有標下彭鳴京、鍾某、羅某願統衆隨承恩自効，亦不果。

小腆紀年附考卷第十六

前翰林院檢討加詹事府贊善銜六合　徐鼒　譔

己丑，我大清順治六年（一六四九），春正月。（明永曆三年、魯監國四年。）

庚申朔，明桂王在肇慶府，大雷雨風雹，免朝賀。

明監國魯王次福寧之沙埕。

丁卯（初八日），李成棟殺明宣忠伯王承恩。

承恩，大興人，世襲錦衣指揮。建陽之使，彭鳴京願爲之用，田闢有衆數千，亦願隨之。成棟聞之，忌且怒。是日，相遇於英德舟中，邀之歡飲，夜闌佯醉，即席殺之。

李成棟殺明大學士朱由欂。

由欂宗室子，崇禎壬午（一六四二）舉人，爲廣東教諭；丙戌，（一六四六）充鄉試同考官，歷官翰林院侍讀。入閣出自王命，成棟誣以他事，捕繫獄中殺之。

徐鼒曰：不曰明李成棟殺某某何？不與其爲明臣也。絕之於明，則專殺之罪無庸誅矣。

壬申（十三日），明大學士朱天麟罷，召黃士俊、何吾騶入閣。

大兵之未入廣西也，陳邦傅嘗通款於我大清，以是爲李成棟所輕。邦傅又以潯、慶、南、太四郡未經薙髮，自侈爲功，故袁彭年、李元胤尤惡之。科道諸臣希二人意，以攻擊邦傅爲事，給事中金堡尤力，嘗劾邦傅十可斬，馬吉翔、龐天壽、嚴起恆、王化澄並與焉。吉翔氣燄方張，至是頗懼，盡謝諸務。化澄、起恆並疏乞休，由是堡直聲大振。諸輕剽喜事者，自元胤、彭年以下，少詹事劉湘客、給事中丁時魁、蒙正發咸與交懽。湘客通文墨，由薦舉入仕，受知於瞿式耜，貪狡多智，時魁輩動必咨之。時魁起家進士，富而好利。堡清貧，衣食皆資二人，故稱莫逆交。正發依倚諸人，聽受指揮，而皆以元胤爲歸，故當時有假山圖五虎號。假山圖者，繪假山一座，朝官數百人；有首戴者，肩負而手托者，仰望遠聽指點而話言者，驚恐退避兩手掩耳而疾走者。又謂之假虎邱：以彭年爲虎頭，時魁爲虎尾，正發爲虎喉，湘客爲虎皮，堡最可畏，爲虎牙。堡與時魁等相繼攻起恆、吉翔、天壽無已，太妃召天麟面諭曰：「武岡之危，賴吉翔左右之。」令擬旨嚴責堡等。天麟爲兩解之，卒未嘗罪言者，而彭年輩怒不止。然是時黨分吳、楚兩局，彭年等爲楚黨，既結元胤以自固。而天麟暨起恆、化澄、督師堵錫胤、吏部尚書晏清、戶部尚書吳貞毓、給事中張孝起、吳其靁、洪士彭等自恃爲廣西扈從舊臣，詆反正諸臣曾事異姓，亦內結馬吉翔，外結陳邦傅，所謂吳黨也。王知羣臣水火甚，令盟於太廟，然黨益固不可解。邦傅怨堡，因疏言：「皇上兩三年流離顛沛，今日卽次稍安，何議論紛紛若是！堡謂臣無將無兵，請卽令監臣軍，觀臣十萬鐵騎。且堡昔官臨清，嘗降賊汚僞命。」疏入，天麟抵几笑曰：「道隱善罵人，今亦遭人罵也。」因擬旨「金堡辛苦何來，實所未悉，所謂監軍，可卽集議。」蓋用杜甫「辛苦賊中來」語。堡固未嘗降賊，見之大恚憤。時魁卽鼓言官十六人於是日晨詣閣，詆天麟曰：「堡論邦傳，卽令之監其軍；若請其頭，亦卽與邪！」相與登殿陛，大譁曰：「吾輩不復仕矣。」棄袍服擲印庭中，白衣冠聯袂出。王方坐後殿，與太僕馬光追敍五年前永州被難事，聞之大驚，兩手交戰，茶傾於衣。急命天麟取還所擬旨，諭諸臣供職。天麟卽日辭位，慰留再三，不可，陛辭叩頭泣。王亦泣曰：「卿去，予益孤矣。」時魁等論之不已，乃幷其弟大行人天鳳，子御史日生、中書月生皆坐斥。天麟旣去，召舊輔黃士陵、何吾騶入直。吾騶尋罷，化澄亦去。王復召天麟，力辭不赴，上言：「今國勢累卵，路人皆知，而建言者絕不問一人一事，掉頭以爭曰：『我古遺直也。』今而後請勿以四方無利害者執爲極重大事，主上爲社稷憂則憂之。」其言蓋爲堡等發也。

戊寅（十九日），我大清兵克南昌，金聲桓、王得仁伏誅，明前大學士姜曰廣死之。

初，聲桓、得仁之主堅壁也，恃粵師之爲援耳，而書記所草乞師表，但陳勝狀不告急。比聞江事危，王命李赤心由吉安，李成棟再出庾嶺。赤心逗留不進，成棟軍亦屢挫不敢踰梅關。南昌糧盡，斗米需八十金，人相食，乃盡出居民。王師知城中無足忌，遂以餘暇旁收郡縣。正月，大雨連旬，城多壞。聲桓部將湯執中守進賢門，約內應。王師乃佯攻得勝門，砲聲震三百里，聲桓、得仁齊赴救，而奇兵已從進賢門梯壘以登，城遂陷。聲桓自投於城之東湖死。宋奎光、劉一鵬、郭天才巷戰死。得仁短兵突得勝門，三出三入，已而被獲，磔殺之。曰廣賦絕命詩六章，投偰家池死，一家從死者三十餘人。方曰廣之初應聲桓、得仁之請也，邀隱士漢儒裔與俱，力辭；旣受事，又邀之，乃入謁。曰廣問事當若何，不答；固問之，則曰：「明之所以亡天下者，非左與闖邪？金則左孽，王乃闖枝，公與侯安所授之哉！十月間，年號兩易，名雖歸明，實叛清耳！今擅除爵殺人，筦刑權。若明有主而不待命，是僭也；若不奉隆、永而爲之，是僞也。僭與僞春秋所不許，而公與之同事，後世且以公爲何如人！今兩人內相猜忌，公能親於建武之於豫國乎？能則攬其兵權，退稱舊輔，縞素待罪，以告天下，令其慙而聽我；不能則引身而退，歸耕浠水之陽，毋從叛亂。夫人居美名，天道所忌也。」曰廣沈吟無以答，在圍城中，徘徊太息，思其言而悔不能用也。

臣鼒曰：曰廣持躬端正，非撥亂才。議者見金、王舉事不成，因以咎曰廣之不智。嗟乎，國事去矣，忠臣之誼，苟有其會，則且幾於萬一，豈暇計及他哉！善乎全祖望之言曰，當金、王奕起，託名故國，奉迎舊輔，而謂可以扃戶而力拒之乎！拒之且立死矣，是時之死則甚無名，此曰廣之所以不得不出也，既出則烏得不死。君子悲其志而不必苛其事與功也。

庚辰（二十一日），我大清兵入湘潭，明督師定興侯武英殿大學士何騰蛟死之。

騰蛟駐衡州，聞李赤心之棄常德東走也，大駭，檄馬進忠由益陽至長沙，與諸將會師進取，而親詣忠貞營邀赤心入衡州。部下將士慮爲赤心所襲，不護行，止攜吏卒三十人往，赤心已東尾之行。進忠方奉檄進發，聞督師輕身往，大駭，遣部將宣威伯楊某追護之。騰蛟至湘潭，則赤心已不宿去矣。湘潭空城也，降將徐勇輕騎偵知督師一人在焉，率兵徑入。勇舊隸騰蛟麾下，率衆羅拜勸降，騰蛟大罵，遂擁之去。既去而楊某始至，急入求督師，凡七出七入。最後出至橋，遇伏兵，矢中其吭，自擲橋下以死。騰蛟絕粒七日不死，乃見殺。事聞，王哀悼甚至，賜祭九壇，贈中湘王，謚忠烈。其子文瑞以蔭官僉都御史。相傳騰蛟所居有神魚井，井故無魚，騰蛟生，魚忽滿井，既死，井復空，黎平人猶能言其處也。同時死者有在籍推官周佚。〔考曰：本沅湘耆舊集。〕

丁亥（二十八日），明定隨侯趙榮貴與我大清兵戰於龍安柏略口，敗績死之。〔考曰：東華錄載同死者僞王朱森釜，按世系無森字。〕

我大清兵克舒城、潛山諸寨，明侯應龍等死之。

應龍與張圖容、王國士等有衆萬餘人，佩義勝將軍印，與王爛合攻霍山不下，退取舒城、潛山。已而自劉家園出攻獅子寨及南關，拔之，營於管家渡，又移劄將軍寨。是月王師會勦，寨破，俱死之。

二月庚寅朔，明張先璧攻辰州，不克。

甲午（初五日），我大清兵復取明撫州。

乙未（初六日），我大清兵復取明建昌。

甲寅（二十五日），我大清兵復取明長沙。

乙卯（二十六日），李成棟之兵潰於信豐，渡水溺死。

成棟踰嶺攻贛州，爲守將高進庫所敗，退駐信豐。王師鼓行而前，諸將欲拔營歸，成棟不可。是日四更時，發火器手三百人，命之曰：「遇敵則發砲，我爲後應。」時天久雨，發砲不然，三百人皆殲，成棟不聞砲聲，謂火器軍已往也。披甲坐城樓上，召諸將議事，則去者已大半矣。因慷慨欷歔，呼巨觥痛飲，誓死城上。俄而王師突至，左右挽之上馬渡河，三日後，有擐甲抱鞍植立水中者，始知成棟死也。

事聞，舉朝大駭，有冒雨逃者。

明揭重熙、傅鼎銓與大清兵戰於程鄉，敗績。

重熙至肇慶，拜兵部尚書兼右副都御史，總督江西。亦擢鼎銓兵部右侍郎兼翰林院侍讀學士，令同援南昌。至則聲桓已滅，遇王師於程鄉，大敗，監軍桂洪戰歿，重熙身中三矢，僅免。

三月丙寅（初七日），明以杜永和爲兩廣總督，守廣州。

永和，河南人，李成棟之中軍也。成棟敗，永和挈印先歸，諸將亦有全軍返者。王命戎政侍郎劉遠生慰勞之。永和重賂諸將，推爲留後，乃命爲總督，代領成棟軍，駐廣州。加羅成耀巡撫衡，守南雄。

明贈何騰蛟中湘王，謚忠烈，李成棟寧夏王，金聲桓南昌王，設壇祭之。

明賜瞿式耜彤弓鐵鉞，督視江、楚各省軍馬。

公卿集政事堂，議所以代騰蛟者，僉曰：「瞿留守望尊德鉅，足以折制諸將。」王是之，賜式耜彤弓鐵鉞，永、寶、鄂、岳上下三軍之任行間者，生殺予奪惟命。式耜辭不獲，乃建元帥旗鼓，申號令，疏請兵科給事中吳其靁爲監軍，凡一才一藝之士收入幕府。謂「跰足而至者，非懷忠抱義之人，亦亂世取功名之士，人之歲月精神，不用之於正，則用之於邪，安可驅爲他人用哉！」故士以桂林爲稷下焉。

明李赤心之兵潰於茶陵，大掠衡、永、郴、桂，走廣西。

明堵胤錫以胡一青、趙印選兵守衡州。

明黃毓祺被執，至江寧，不屈，死之。

毓祺之起兵行塘也，魯監國授以兵部尚書敕印，隆武帝亦遙授爲浙直軍門，得私署官屬。毓祺僞爲卜者，與常熟武舉許彥達遊通州，主湖蕩橋之薛繼周家。凡游擊參將自海上來見者，雖滿裝，及入謁，則青衣垂手，衆疑之。將起義，遣江陰徐摩致書錢謙益提銀五千，用巡撫印鈐之。謙益知其事必敗，卻之，持空函返。摩之友人徽州江純一謂摩返必挾重貲，發之可得厚利，詣營告變。毓祺遂與彥達、繼周同就江寧獄，江以南所謂故敕之獄也。毓祺奮筆書供曰：「道重君親，敎先忠孝，避禪已久，豈有宦情，義憤激中，情不容已。明主嘉誠，遣使授職，招賢選士，分所應然。哀憤曠官，死有餘辜。謹抱印待終，附子卿之義。」獄成將刑，門人鄧大臨告之期，命取襲衣自斂，趺足而逝。當事戮其屍，大臨贖之歸葬，變服爲黃冠去。大臨字西起，常熟人。是獄也，江南人士多死，謙益以哀龥問官，開脫獲免焉。

〔考曰：毓祺有小遊仙詩云：大夢誰分醜與妍，白楊風起總茫然；瓠象無用從人剖，膏爲能明苦自煎。桂折蘭摧誠短景，蕭敷艾菀豈長年；歸途不向虛無覓，朽骨徒爲蔓草纏。爲愁草盛稀苗移，日暮徐看荷鍤歸；何處先生多好好，此中居士故非非。肥魚不肯憐蛟瘦，飽鷃偏能笑鶴飢；請讀蒙莊齊物論，橫空白月冷侵衣。散髮人間汗漫遊，風吹白日忽西流；淘沙慣嚇斜飛燕，孔雀偏逢觝觸牛。鄉里小兒朝拜相，江湖暴客夜封侯；神仙赤舌如飛電，開口舒光笑不休。腹中書任他人曬，犢鼻褌從甚處懸；惟有丹心堅自愛，忍能鑿破化爲圓。最無根蒂是人羣，會合眞成偶爾文；沙際鷺鷗常泛泛，風前落葉故紛紛。掉頭東海隨烟霧，屈指西園散雨雲；況復炎涼堪絕倒，灞陵愁殺故將軍。百年世事弈棋枰，冷眼常觀局屢更；烏喙只堪同患難，龍顏難與共昇平。遙空自有飢鷹擊，古路曾無狡兎橫，爲報韓盧並宋鵲，只今公等固當烹。毓祺在獄，每章自註之，以付鄧大臨，他詩皆不傳。」

我大清兵復取明寧德。

明朱成功屯兵分水關。

成功留黃廷、洪政守漳浦之羅山嶺，柯宸樞守盤陀嶺，自統兵下詔安，屯分水關。總兵郝尚久者，李成棟之健將也。車任重虐於潮州，命尚久襲而代之，反正後封新泰伯。尚久遲疑觀望，成功命楊乾生齎書往，拒不納。成功怒，欲攻之，黃海曰：「潮州有備，急則難取，且旁掠諸邑以綏其心，反而擊之，一鼓可得也。」乃分兵擊張禮於達濠、霞美二寨，命部將黃山從靖海破惠來縣。海澄有陳斌者，號大巴掌，嘗爲仇人所圍，負三歲子斧城門而出，衆不敢近，至是亦來歸成功，授爲後勁鎮。

明揭重熙、傅鼎銓復以兵入江西。

程鄉之敗，諸軍皆散。時金、王故將張自盛、洪國玉、曹大鎬、李安民有衆數萬，出沒閩、粵山林，所謂張、洪、曹、李四營也。聞重熙奉命總督江西，爭來歸，兵大集，駐寧都、石城間。鼎銓亦馳檄浙東，有徐孝伯者，引軍來會，駐徐博。

夏，四月□□，太白入月。〔考曰：陽秋以爲初五日事〕。

明堵胤錫與大清兵戰於衡州之草橋，敗績，走龍虎關，尋走梧州。

李赤心之衆既潰，胤錫乃與胡一青守衡州。王師攻之，胤錫陣於草橋，自辰至酉，斬殺相當，忽王師以輕兵截出陣後，衆遂潰。胤錫退駐耒陽，旋報永興陷，從子正明死之，全家遇害。乃以數千騎退入龍虎關，依守將曹志建。宗室朱謀烈搆之於志建曰：「堵公將召忠貞營圖公也。」志建夜發兵圍之，殺從卒千餘人。胤錫及子逃入富川猺峒，匿監軍僉事何圖復家，間道走梧州。圖復貲財富，能撫集猺人，志建誘殺之，而志建銳卒亦盡喪，不復能抗王師，惟守道州所屬縣而已。志建甚悔之，然無及矣。

孫可望乞封王爵於明。

可望即可旺也，既據有雲南，恥名不雅，改之，自稱平東王。在籍御史任僎、禮部主事方于宣倡議，尊可望爲國主，設內閣九卿六部科道官，以僎爲吏兵二部尚書，于宣爲翰林院編修，製鹵簿，定朝儀，擬僞號爲後明，以干支紀年，改印篆九疊，鑄錢，文曰「興朝通寶。」定國等亦號爲王，寘四王府，撤呈貢、昆陽二城磚石爲之。又毀民居萬餘間，作演武場，收各路工技歸行伍，隱然謀竊大號。然定國輩猶儕視之，遇事相抗。可望謀之王尚禮，乃說艾能奇、劉文秀曰：「我兵雖多，號令不一，衆議以平東爲主，若何？」能奇然之。諏日赴演武場，定國先至，放砲，升帥字旗，可望詰之，尚禮請責旗鼓官。定國怒曰：「我與汝兄弟耳，何如是！」衆力解之。可望登座曰：「欲我爲主，必杖定國百棍乃可；否則軍法不能行，何以約束諸將！」定國愈喧鬨，白文選抱持之，曰：「請免受責以成好事，一决裂則我輩必各散，爲人所乘矣。」尚禮等亦力持之，鞭五十。可望復相抱哭，令取沙定洲自贖。定國心慽之，念兄事久，造次未可發難，輒領所部兵馳至普洱，禽定洲、萬氏及沙氏之屬數百人，剝其皮，號令通衢。黔國公沐天波具禮謝雪仇，滇人亦咸稱快焉。定國既并蠻部，聲勢益强，可望不能制，獨霸之念於是乎沮。慨然曰：「我輩汗馬二十年，破壞天下，張、李究無寸土，而清享漁人之利，甚無謂也。我當挈天下還之明朝，一雪此恥耳。」又聞李赤心、李成棟並加封爵，念同輩不相下，得朝命加王封，庶可相制。楊畏知喜其革面也，因而慫慂之。四川巡撫錢邦芑亦以書來招。〔考曰：錢邦芑招孫可望書，稱可望爲老先生，詞意亦冗雜無足錄。蓋忍垢含尤之舉，難措辭耳。〕可望大喜，謂差官王顯曰：「何敢自外，封我爲王，我舉全滇歸朝廷矣。」邦芑復以書，謂本朝無異姓封王者，而具疏稱可望歸順。可望乃遣畏知及故兵部郎中龔彝赴肇慶，進表請王封。給事中金堡七疏爭之，謂三百年來無異姓封王例，祖宗定制不可壞。嚴起恆、文安之皆主之。畏知疏曰：「國事危矣，不及此時以虛名爲招徠，而竟自樹强敵乎！且可望固盜之渠也，曏者屠毒海內，廟社淩夷，今一旦投誠向義，豈朝廷威德所能制。蓋列聖神靈，陰以啓之也。倘因其來而明示以異等之恩，彼必踴躍聽令，庶幾收用於萬一，奈何信及一二腐儒，坐失大計。夫法有因革，勢有變通，今士字非昔，百務俱隳，而獨於區區封議，必欲執舊法以繩之邪！」宗室朱議淜劾堡把持誤國，畏知又曰：「朱君亦謬矣。給事以祖制爭之，使滇知朝廷有人；皇上破格封之，使滇知爲朝廷特恩。畏威懷德，不更兩得乎？」既而貴陽鎮皮熊、遵義鎮王祥亦疏言不可，封議久不決。畏知曰：「可望欲權出劉、李上耳，今晉之上公，而卑劉、李爲侯可也。」乃議封可望景國公，賜名朝宗，文秀、定國皆列侯。令大理卿趙昱爲使，加畏知兵部尚書，彝兵部侍郎，同銜命入滇焉。〔考曰：行在陽秋諸書皆云可望遣龔彝之弟龔鼎、楊可仕等六人詣肇慶，獻南金三十兩，琥珀四塊，馬四四，移書求封，云：先秦王蕩平中土，不謂自成犯順，王步旋移，孤守滇南，恪遵先志，王繩父爵，國繼先秦云云。錢邦芑復可望書：且今日之勁敵，非直我明朝之患，令先人曾被大難云云。其所假託之先人不可考矣。畏知之使在前，龔鼎，楊可仕之使亦同時先後事，載筆者各就見聞錄之，非有舛也。」

我大清兵克福安，明魯兵部尚書東閣大學士劉中藻死之。

中藻與鄭彩交惡，王師乘之。中藻善守，所殺傷四五千人。王師乃掘濠樹柵以困之，城中求戰不得，自戊子（一六四八）冬十月至於是月，食盡。中藻知必陷，冠帶坐堂上，爲文自祭，吞金屑死，於是闔地盡失矣。同死可紀者：兵科給事中錢肅範，肅樂弟也。邑舉人連邦琪、繆士珦、方德新，貢生郭邦雍、陳瀚迅、幕友甌寧、呂天晛、部將盧某、董世上、張先皆同日死。中藻子諸生思沛聞父死，曰：「父死節，子可不繼先志乎！」亦死。或曰：思沛，卽畫網巾先生也。〔考曰：福建續志、福寧府志俱云思沛卽世所稱畫網巾先生，而福安縣志謂思沛羈浦城獄中，聞中藻死，曰：父死節，子可不繼先志乎！亦死。浦城縣志亦云然。按畫巾網先生死泰寧之杉津，自另是一人。〕

五月，明以兵部侍郎張同敞總督軍務。

同敞號別山，大學士居正之曾孫也。崇禎中，以武廕補錦衣，改中書舍人，奉命調兵雲南，未復命而北都陷，攜所懸牙牌徒步南奔，妻許氏亦奉居正神主自江陵來，遇於江西，痛思宗之死，服喪三年，誓不仕。南都陷，走福建，時隆武帝博求先朝舊臣，宰臣以同敞，言召見，命之官，力辭。隆武帝曰：「此爾祖廕，今不受職，此爵湮矣。爾縱欲報先帝，柰祖爵何！爾文臣不當授武職，強爲朕服錦衣官，毋過辭。」未幾，堵胤錫收降李赤心。表至行在，隆武帝謂同敞曰：「爾家世有名於楚，今賊在楚地，爲朕撫之。」汀州破，依何騰蛟於武岡，王以廷臣薦，改翰林侍讀學士。劉承胤忌之，言翰林吏部督學必用甲科，乃改尙寶卿。武岡之變，爲亂兵所掠，避入黔中。黔、粵隔絕，數月不聞行在消息，川、黔官紳議立榮、韓二藩，同敞與錢邦芑、鄭逢元、楊喬然力爭之，衆議乃沮。戊子（一六四八），間道赴行在，擢詹事府詹事。瞿式耜薦其知兵，得士心，乃命以兵部侍郎兼翰林侍讀學士總督諸路軍馬。同敞以忠義激勸將士，每接戰，輒躍馬爲諸將先，或敗奔，危坐不去，諸將復還戰取勝。年四十，無子，妻死，蕭然一榻，軍中以是服同敞。

盜殺明兵部侍郎程峋。

峋，吉安進士，崇禎末，官蘇松糧道。南都立，大理寺卿鄭瑄薦峋才可大用。適以爭妾事，與鄉紳彭某相訐，弘光帝命部臣嚴議。峋去官，猶擁鄉勇三百人自隨，用是不爲鄉里所喜。隆武帝授爲惠、潮巡撫，因盡室至粵西。時行在猶不知江西陷，命峋齎勅趨李赤心往援。赤心佯言清兵已逼，當亟入衞，因自爲殿，而以子女行裝托峋護之先行。界口守將張祥利其貲，發砲斃峋而取之。事聞，以不戒軍士，誅其將領楊宏遠焉。或曰：李元胤惡峋，召忠貞營入行在，使祥殺之。

明趙印選、胡一清、王永祚以所部隸瞿式耜，進印選開國公、一青興寧侯、永祚寧遠伯。

印選，滇將也。初與一青、永祚出滇勤王，抵江西，而王師已下江、浙，遇我將高進庫，襲其老營。進庫家屬被殺，忿戰益力，印選等敗走湖南，依何騰蛟，屢著戰功。騰蛟死，印選等相謂曰：「閣部死，軍新破，不可復振。將死封疆乎，則吾無封疆責；將降乎，則當日之出滇者謂何！瞿留守仁慈好士，可與共當一面，盍往焉！」收殘卒萬餘人，宵走桂林。式耜大喜，遣使郊迎，請進印選等爵，令分守桂林、全州，是爲滇營。

明焦璉殺其將趙興。

興，良將也，然好剛使氣。趙印選之衆部署不嚴，所過多劫掠；興惡而攻之，殺滇兵四五人，幾於大鬨。式耜召璉語之曰：「國家危在旦夕，賴諸將協力同心，豈容私鬭！」璉斬興以謝滇將，事得釋。然死不以罪，粵人惜之。白貴戰死，興與劉起蛟相繼誅，焦營從此弱矣。

徐鼒曰：瞿元錫云：糾糾武夫，公侯干城。趙興是邪！焦兵最弱，戰輒大勝。茅平菴僧嘗言：劉將軍起蛟戰於虞山下，首級垂馬項，纍纍如貫珠。嗟乎，此眞將軍也，獨白將軍以戰死，趙劉二將以細過誅。魏犨不赦於束胸，苟變見捐於食卵，長城自壞，鉅鹿徒思，璉每與元錫言之，淚簌簌下也。

六月己丑朔，明袁彭年免。

彭年倚李元胤，勢張甚。嘗論事王前，語不遜，王責以君臣之義。彭年勃然曰：「倘去年此日，惠國以鐵騎五千鼓行而西，君臣之義安在！」王變色，大惡之。有涇縣張載述者，以原任瀘溪知縣至行在，久不得官，伏闕疏彭年罪，彭年氣沮。會母死，言於衆曰：「吾受恩深重，何得苦守三年，虛度歲月，願丁艱不守制。」時太后亦惡之，宣敕查丁艱不守制，是何朝祖制！彭年窘甚，月餘乃去。納富室生員李某妻爲妾，寓於佛山。五虎之敗也，彭年竟以丁艱獲免。廣州破，獻犒軍銀八百兩於我大帥，泣訴當年之叛迫於李成棟，乞降級授通判，我大帥揮而出之。

甲辰（十六日），明堵胤錫朝於肇慶，加文淵閣大學士，封光化伯，尋命督師梧州。

胤錫時在梧州，適王遣嚴起恆、劉湘客安輯忠貞營至梧，而赤心等已入賓、橫二州，乃載胤錫回肇慶。十六日，朝於行在。給事中金堡劾以喪師失地，面責其結李赤心爲援，張筵宴孫可望使者事。且曰：「滇與忠貞皆國仇也，厥罪滔天，公柰何獨與之昵！」胤錫失色，徐曰：「我執掌邊事，如君言，竟無功。」堡曰：「勞則有之，功於何有！」胤錫由是大惡元胤黨，欲激李赤心東來以去之。元胤知之，大言曰：「吾輩爲北人時，渠不來復廣東，今反正，渠來何爲！」〔考曰：東明聞見錄云：李赤心行至德慶州，聲言欲清君側之惡，行在大震，命堵胤錫力解之乃止，即此時事。〕而朝士之仇五虎者，又交搆其間，胤錫乃移書瞿式耜，言奉王密敕，令與共圖元胤。式耜復之曰：「我輩不力視封疆，聽人皋牢而起釁端，非社稷福也。」胤錫無以答，乃止。王聞密敕言，頗不悅，令胤錫督師梧州，節制忠貞、忠武、忠開諸營。〔考曰：忠貞即高、李十家，忠武即馬進忠、王進才、張光萃、牛萬才等，忠開爲于大海、李占春、袁韜、武大定、王光興、王友進、王昌、王祥等。〕胤錫疏請措餉，元胤不與，惟布繪龍旆二事而已。王以胤錫素得忠貞諸營心，降敕封光化伯。胤錫疏辭，乃賜四代誥命以獎之。

明魯定西侯張名振復健跳所，表迎監國魯王。

初，名振自閩還浙，石浦已爲大清所有，以向有救黃斌卿之德，乃入舟山依之，鬱鬱不得志。松江提督吳勝兆之歸明也，求援於舟山，名振以所部赴約，遇颶風，盡喪其軍。斌卿益侮之，並說其部將阮進歸己，名振乃復入閩招軍，由南田復健跳所。進亦棄斌卿，復與之合。時閩地盡失，名振乃與進迎監國次健跳。

秋七月，明堵胤錫承制封孫可望爲平遼王，可望不受。

南寧密邇雲南，可望之求册封也，謂不允封號，即提兵殺出。陳邦傅聞之大懼。其部將武康胡執恭請先矯命封爲秦王，邦傅乃範金爲印，文曰：「秦王之寶」，填所給空敕，令執恭齎往。可望肅然就臣禮，叩頭呼萬歲。既聞朝議未決，私詰執恭。執恭誑之曰：「此敕印乃太后與皇上在宮中密商私鑄者，外廷諸臣實不知也。」可望雖知其僞，然亦假其名以威衆。廷臣交章劾邦傅，胤錫疏曰：「可望割據西川，盡有滇、黔，曷能禁其不自王！今可望尙知請命，當即降敕封之，使恩出朝廷，令彼縛胡執恭歸朝正法誅之，則是賞罰之權，庶不倒置；不然，是驅之爲變也。」首輔嚴起恆、尙書吳貞毓、侍郎楊鼎和、給事中劉堯珍、吳霖、張載述堅持不可。胤錫密疏曰：「廷臣謂異姓封王非祖制，不當自可望變亂始，持論良正，然不爲今日言。可望固逆獻養子，凡逆獻滔天之惡與有力焉，今姑取其歸正，冀收其將來之用，安可泥頒爵之常法哉！且可望已自稱平東王，一旦封以公爵，彼必不樂受，因而爲逆，謂天子威靈何，謂天下事勢何！若謂收其用而反損國體，非良策也。臣竊有一說於此：臣謹按開國功臣徐達、常遇春等侑食太廟，稱六王，皆進封也。乞量封可望爲二字王，即於敕書中明載舊制，示破格沛恩，而勉以中山、開平之功，如此可望必能感激用命。揆之祖制，亦無背謬。國家今日於可望善收之，則復有滇、黔；不善收之，則增一敵國。利害無兩立，得失不再圖，不可不熟慮也。」

制曰可。時趙昱奉景國公之敕，知可望必不受，過胤錫謀之。胤錫曾賜空敕，便宜行事，乃鑄印封可望平遼王，命楊畏知、趙昱齎往。可望聽不受，曰：「我已得秦封。」畏知曰：「此僞也。」執恭曰：「彼亦僞也，所封實景國公，敕印故在。」可望怒，下畏知、執恭於獄，稱秦王如故。而滇中臣民竊議其僞，可望亦恥之。明年八月，遣使至梧州問故，馬吉翔請封爲澂江王，使者曰：「非秦不敢復命。」起恒等力持之，且請卻所獻金玉良馬。會勳國公高必正入朝，召使者言：「本朝無異姓封王例。我破京師，逼死先帝，蒙恩宥赦，亦止公爵。爾張氏竊據一隅，封上公足矣，安冀王爵！自今當與我同心報國，洗去賊名，毋欺朝廷孱弱，我兩家士馬足相當也。」又致可望書，詞嚴義正，使者唯唯退，議遂寢。未幾而有辛卯二月南寧之變。

徐鼒曰：甚矣嚴起恒等之迂而愚也。是時明之國勢，十去其九，可望何所求於明，所何畏於明，而奉朔歸誠哉？祇欲乞一封號，洗去賊名，化莠爲良之機，間不容髮。堵胤錫之疏，審時度勢，曉曉明白，諸君子豈未之聞！而拘文執法，聚訟紛紛哉？其忠可憫，其誤國亦良可恨矣！明史謂胤錫爲矯詔者，蓋拜表後便宜行之，不俟朝命。而劉湘客、金堡諸人皆與胤錫爲難，不惜詆排之。明史亦沿其論，而未深求也。然則胤錫不嫌於專乎？安危呼吸之間，苟利社稷，死生以之，春秋所以予祭仲之行權也。曰承制者，紀實也。」

壬戌（初五日），明監國魯王次健跳所。

時鄭彩棄監國去，隨扈者大學士沈宸荃、劉沂春、禮部尙書吳鍾巒、兵部尙書李向中、戶部侍郎孫延齡、左副都御史黃宗羲、兵部職方司郎中朱養時、戶部主事林瑛、右僉都御史張煌言，每日朝於水殿。

水殿者，御舟之稍大者，名河艖，卽其頂爲朝房。落日狂濤，冠裳相對，臣主艱難，於斯爲極。

明自五月乙亥（十七日）雨，至於是月乙丑，（初八日）大水，寒。〔考曰：行在陽秋云：六月乙丑。按曆法六月無乙丑日。〕

明瞿式耜疏劾已革巡撫魯可藻不守制。

初，粵東反正，可藻希冒功躐進，列銜自署兩廣。式耜劾其違制，奉旨革職。可藻戀仕不解，聞母喪，猶墨縗從事，式耜再疏糾之。

明遣內侍齎敕獎南雄守將閻可義，誅副將楊大甫。

副將楊大甫與李元胤不協，燒營東下。可義斷指自誓，軍心始固。大甫至行在，元胤稱詔斬之。

明焦璉、趙印選遣兵圍永州。

我大淸兵復取永寧州，〔考曰：行在陽秋誤作永州。〕明胡一青退守榕江，督師瞿式耜檄一青進屯全州。

明命廷臣集議兵餉於慈寧宮。

時宮禁湫隘，妃御不備，每日宮膳限二十四金，賞賚亦取足焉。王復不能節省，有報捷謝恩者，輒左顧曰：「賞銀十兩。」故司禮吳國泰、夏國祥以値日爲苦。御營護駕百人，〔考曰：御營兵十營，每營正總兵一，副總兵二人，參將四人，官頭二人，官頭以下小卒纔一人耳，一營止十人，十營止百人，爲每日王視朝擁護儀衞之需。〕則龐天壽捐貲養之。瞿式耜檄胡一青出全州，民力窮竭，誅割無術，王爲之廢食，召廷臣議於慈寧宮，發餉萬兩。

明晉封朱成功廣平公。

壬午(二十五日),我大清兵圍健跳所,明魯蕩湖伯阮進救卻之。

明監國魯王封王朝先爲平西伯。

朝先,翁洲人,〔考曰:或云朝先故土司,以調征塞上入內地。〕驍勇善戰,初從張國柱、王鳴謙入海,黃斌卿招之。朝先以二艦渡橫水洋,斌卿標將朱玖、陸偉以假迎劫之,朝先跳水免,妻子死焉。既見斌卿,留之部下,而不以事任,鬱鬱不得志;張名振解衣衣之,贈千金,朝先心歸焉。請於斌卿,劄奉化之鹿頭鎮,有衆數千,名振與阮進招之來歸,封平西伯。

明監國魯王封徐仁爵定南伯。

仁爵魏國公徐宏基之從子也,從監國於台州。江上師潰,從入海,以扈從功封定南伯,後從張名振攻崇明,戰敗,歿於海。

八月,明焦璉部將劉起蛟敗績於興安。

初,瞿式耜聞王師漸逼,檄趙印選出全州,楊國棟、焦璉分兵堵開州。璉卧病陽朔,其部將劉起蛟以全營疾趨興安,深入重地,敗績,璉按軍法斬之。式耜疏言:「起蛟貪功致敗,法所不容。然今兵驕將悍,獨肯身先士卒,一往不顧,其忠義有足嘉者,請以其子襲職。」許之。

明李乾德殺華陽伯楊展。

袁韜、武大定久駐重慶,士卒飢,乾德遣人說展與合兵,因其餉。展大喜,誓爲兄弟,徙韜屯犍爲,大定屯青神，而所求顧不甚遂。又頻與李占春通問，以銀萬兩、米萬石餽之，韜與大定愈不悅。乾德亦怨展之遇己簡略也，詭稱介壽置宴，卽席上取展首，襲嘉定。展子璟新以三百騎突圍走，其妻陳氏指韜與大定罵曰：「爾窮來依我，我先人處以縣邑，資以多財；何負於爾而圖之，眞喪心犬彘也！」遂被殺。〔考曰：州之生員帥正邦母馮氏有姿，袁、武強迫入贅，馮氏舉簪自刺死，附志之。〕展以武進士起家，智勇冠諸將，川東、西之起兵者，倚爲長城。既死，人心解體。占春率兵爲展報仇，不勝而歸。曹勛與展刎頸交，亦默然而阻。樊一蘅投書責乾德曰：「嘉陵、峨眉間二三遺民不與獻忠之難者，楊將軍力也。背施忘好，而取人杯酒之間，天下其謂我何？」乾德笑，以爲：「救時大計，詎豎儒所知。」然蜀紳士無不切齒乾德者。孫可望之再入蜀也，亦訟楊展冤，自是蜀事大壞矣。

徐鼒曰：特書何？罪乾德也。袁崇煥殺毛文龍而皮島亡，孫傳庭殺賀人龍而潼關陷。長城自壞，覆轍相尋，可爲太息痛恨哉！夫宋文帝明君也而失之道濟，張魏公良相也而失之曲端，吾於乾德奚責焉！

九月丁酉（按：丁字誤，當爲乙酉，卽九月二十九日），明魯定西侯張名振、蕩湖伯阮進、平西伯王朝先合兵討黃斌卿，誅之。

翻城之獄，斌卿泊舟桃花渡，事敗，甚悔其一出，刻意爲保聚計。限民年十五以上充鄉兵，男子死，妻不得守制，田產入官。年六十無子者，收其田產，別給口食。又盡籍內地大戶田之在舟山者爲官田，妄冀如土司法，爲不侵不叛之島夷而已，故不肯與海上義師相犄角。名振、朝先既以失歡去，而妻孥在舟山，未敢爲難也。阮進在健跳，軍飢，恃其有保全舟山功，以百艘告糴於斌卿，不之應，進亦怨之。有黃大振者，劫獲番船數萬，全以餽斌卿，不饜，大振無以應，逃入朝先營，危言動之。朝先遂與名振、進議曰：「海上諸島，惟滃洲稍大，而斌卿負固，不若共誅之，則監國可駐軍。」名振泣阻之不得，遂傳檄進討。斌卿遣將陸瑋、朱玖禦之，戰輒敗，求救於安昌王恭櫋、大學士張肯堂，上章待罪，請迎監國以自贖，名振將許之，而瑋與玖背約出洋，進疑斌卿逃，縱兵大擊，砍傷斌卿，沈之水中。

明瞿式耜誅亂將曾海虎。

監軍御史毛壽敦者，公安人，御史毛羽健之子。瞿式耜薦其有謀略，耐勞苦，給敕印，令監襄國公王進才、鄂國公馬進忠軍務。路經柳、慶，爲陳邦傅部將曾海虎所劫，並印信誥敕一空。式耜檄提海虎，置之法，遠近稱快。

我大清兵克平陸山寨，明右僉都御史寧夏巡撫李虞夔及其子宏皆死之。

是時姜瓖已伏誅，萬練、劉遷、王永強先後敗死。王師至平陸，山寨不守，宏投崖死。虞夔奔陝西，匿於其壻王某家，尋被獲死。

冬十月，我大清兵攻道州，明永國公曹志建禦卻之。

時定南王孔有德至衡州。而別將馬蛟麟先期攻道州，志建與戰而敗，出白金二十萬，置營中，令曰：「斬一級者，賞金一錠。」軍士爭先赴敵，王師大敗，蛟麟卻走。

己丑（初四日），明馬進忠復取武岡，尋取寶慶、靖州。

明羅成耀之師次於韶州。

王師破梅嶺，贛州守將高進庫爲嚮道，焚枯樹，屯兵中寨，肇慶大震，命成耀戍南雄以禦敵，成耀不敢進，次於韶州。

明何吾騶、王化澄罷。

初，吾騶之降於廣州也，修粵東志，爲人所嗤。而李元胤嘗執禮門下，故力薦爲首輔，行人司方祚亨、太僕寺丞張尙、都察院經歷林有聲伏闕爭之，皆奪職。已吾騶與司禮監夏國祥交通，爲金堡所劾，吾騶始不自安，引疾去。化澄與王坤、馬吉翔比，夤緣入閣。王之將赴肇慶也，命化澄留南寧，扈三宮，賜手敕，便宜行事。化澄因賣官鬻爵，有土司納銀數百兩，改宣慰司，諸夷譁然，王頗聞之。既入直，屢被堡參駁，而恬然不以爲意。一日，經筵傳班，堡面叱之，化澄憤怒，碎冠服立辭去。二人即相繼去位，惟起恆獨相，然亦不能有所匡正。時舉朝醉夢，有假爲吳三桂反正疏及南京反正書者，謂四方好音日至。長洲伯王略，后父也，新蓄歌童，臣工無夕不飲其家。又以考選考貢事，賄賂公行。尙書吳㷲、通政司毛毓祥知事必敗，㷲掛冠朝門去，毓祥雜年家眷弟名帖入奏章中，自陳愚戇去。

明始命閣臣擬旨於文華殿。

丁時魁等既連逐柄臣，益橫肆，往往未拜疏，先入內閣指揮票擬，稍拂意則相仇。劉湘客尤工窺瞯，閣臣患之，請於殿旁建文華殿。王出御，輔臣侍坐擬旨，於是覬覦之風少止。

明封皮熊爲匡國公，鎮守貴州；王祥爲忠國公，鎮守雲南。

可望入滇，棄貴州不守，熊以軍入之，報稱恢復。祥於督師王應熊之死也，據遵義。各疏行在，言

「今之入滇者，爲獻賊餘孽，名雖向正，事豈格心，朝廷毋爲所愚。」故有是命。然兩帥接壤，時相搆釁，亦不能有所効力焉。

乙巳（二十日），明監國魯王駐舟山。〔考曰：紀略誤作己巳，按曆法是月無己巳日。〕

明魯大學士沈宸荃以疾乞罷。

南都之亡也，宸荃舉兵邑中，監國擢爲僉都御史。從至閩，進工部尚書，與劉沂春並進東閣大學士。既入舟山，以張肯堂耆德宿望，讓爲首揆，自以疾請休。舟山破，從監國泛海，抵中左所。當宸荃從亡時，其父家居，當事者每齮齕之，父亦强直莫能加害。宸荃思其親，輒吟詩痛哭，聞者悲之。

明監國魯王以前吏部尚書張肯堂爲東閣大學士。

肯堂之屯鷺門也，聞隆武帝親戎出延平，且幸贛州，方引領望消息。未幾，而聞汀州之變，痛哭，誓不欲生。會周鶴芝軍至，勸之，以爲：「封疆之臣，封疆失則死之。今公奉使北伐，非封疆也，不如振旅以爲後圖。」肯堂因入其軍，既與鶴芝破海口諸城，而王師勢盛，鶴芝不能抗，乃由閩入浙，爲阮進部將周洪益所劫，踉當入舟山。黃斌卿致隆禮於肯堂，而凡所進言皆弗納。肯堂鬱鬱不得志，作寓生居記以見志，貽書都御史黃宗羲曰：「銅槃之役，僕惡敢後，顧飄梗隨流，安假黃鵠之一羽哉？」未幾，張名振奉魯監國至，力勸斌卿奉迎，不聽。諸軍興問罪師，斌卿戰屢敗，求肯堂爲救，爲之上章待罪。名振等不可，監國入舟山，拜東閣大學士，遂虛所居邸以爲王宮。名振之殺王朝先也，力解之而不能得，國事盡歸名振，肯堂不得有所豫，終日咄咄，至憤恨不食。然老成持正，中外倚之。

徐鼒曰：自粤匪竊踞金陵、瓜州，吾邑彈丸之地，四面賊境，鼒家無一椽，僦屋聚處，有類寄居，俯仰隨人，斧柯莫假，讀鯤淵先生之寓生居記，慨身世之飄梗，企前修之後塵，附錄之以當河上之歌焉。記曰：「張子以視師之役，航海就黃侯虎癡於翁洲館。余參戎之署中，有舊池臺焉，張子葺治之，踰兩春秋，稍成緒。忽自咎曰：余何人也，茲何時也，不養運甓之神，而反躬灌園之事，余其有狂疾哉！偶讀本草，寓生之木，一名續斷，則又憮然嘆曰：有是哉，是木之類余也！夫是木之植本也，不土而滋，有似於丈夫之志四方；其附物也，匪膠而固，有似於君子之交。有是哉，是木之類余也！雖然，是木之自託其生也甚微，而利天下之生也甚溥，余安能比於斯木哉！余也生世寡諧，而姓名時爲人指，以故不能爲有用之用，如梗柟栝柏之大顯於時；而又不能爲無用之用，如臃腫拳曲之詭覆其短；以至戴鼇三傾，擎曦再昃，殭孤撐而羣撼，蝥先登而下射之。浸假而朝宁之上荆棘生焉，余因爲溝斷；浸假而棄置之餘風波作焉，余因爲梗飄；浸假而師旅之命湯火蹈焉，余因爲槎泛。斯時身萍世絮，命葉愁山，直委此七尺以幾幸於死之得所，而吾事畢矣，寧計海上有島，島中有廬，廬旁有囿，又有地主如黃侯舍蓋公堂下孺子榻乎！夫旣適然遇之，則亦適然遇之而已。聞之，三宿桑下，竺乾氏所訶，而郭林宗逆旅一宿，無間樊掃。予嘗校其意趣，以爲竺先生似伯夷，蓋視天下無寓非累，而是處欲祛之者也；郭先生似柳下惠，蓋視天下無寓非適，而是處欲安之者也。今余將空無生之累，以就有道之安，則文山之牽舟佳岸，其視易京、郿塢，將孰險孰夷邪！彼共榮悴於同臭之根，而保貞萎於特生之幹，亦若是則已矣。若夫死不徒死，必有補於綱常；生不徒生，必也裨於名敎。如茲木之佐俞、扁而起膏肓，則余方以此自期，世亦以此相責，非茲言所能概也，然而感慨係之矣。」

明監國魯王晉兵部侍郎李向中爲尚書。

向中與勳武伯章義守沙埕，王師攻福安，向中兵少，不能援。城破，振威伯涂覺以所部突圍走沙埕。向中乃合二將之師，護監國入浙，次於三盤，從張名振取健跳所，晉尚書，兼都察院事。時風帆浪楫，從亡諸臣多憔悴無顏色，而向中丰采如故。

明監國魯王以吏部侍郎朱永祐爲工部尚書，仍兼吏部事。

永祐，字爰啓，號聞元，上海人，崇禎甲戌（一六三四）進士，授刑部主事，調文選司，罷歸。乙酉（一六四五），預於松江夏、陳之師，事敗，航海。隆武帝進郎中，改戶兵二科都給事中，遷太常寺卿，張肯堂薦爲北征監軍，詔監平夷侯周鶴芝營，屯於鷺門。鄭芝龍之降也，棄福州，入東石。東石與鷺門近，永祐偕鶴芝流涕諫，不聽，乃謀遣客刺之。常熟趙牧者，勇士也，常謁幕下，密召之語曰：「足下往見芝龍，詭稱欲降北自効，彼必相親，乘隙擊殺之，以成千古名。」牧欣然去，累謁不得通，而芝龍已匆匆行。於是永祐以鶴芝軍移劄海壇。明年，復海口、鎮東二城，以牧與林籥舞守之。四月，王師攻海口，牧出戰累勝，旋以衆寡不敵，城破，牧與籥舞皆死之。監國再出師，加刑部侍郎，監軍如故。尋與肯堂及都御史徐孚遠航海至舟山依黃斌卿，轉吏部侍郎。斌卿誅，晉工部尚書，仍兼吏部事。永祐初不以學問名，在舟山，輒與吳鍾巒講顧氏東林之學，或笑其迂，答曰：「然則厓山、陸丞相亦非邪？」時諸鎮各以私意相仇殺，文臣左右之，多致禍；永祐回翔其間，能得所驩以自保焉。

明監國魯王以孫延齡爲戶部尚書。〔考曰：此與孔有德之壻從吳逆者另是一人。〕

明監國魯王召僉都御史張煌言入衞，加兵部右侍郎。〔考曰：紀略作左侍郎。〕

張名振之初奉監國入閩也，鄭成功不奉命，煌言勸名振還石浦，與黃斌卿相犄角。吳勝兆求援海上，斌卿不樂從，煌言與侍郎沈廷揚、御史馮京第說名振，以所部應之。至崇明，颶風作，廷揚死，煌言、名振皆被執，有百夫長者導之走，間道入海。時錢肅樂已奉監國出師於閩，浙東山寨羣起，煌言以所部劄上虞之平岡，與大蘭王翊、東山李長祥相應，履畝勸稅，相安無擾。已復從居健跳，監國召之入衛，加兵部右侍郎。

明河南道御史王翊朝監國魯王於舟山，擢右僉都御史。

監國之次健跳所也，翊發使奔問，附貢方物。張名振以表貢不由己達，頗忮之，以監國命授翊河南道御史，王江戶部主事。副都御史黃宗羲上言：「諸營文則稱侍郎都御史，武則稱將軍都督，惟翊不自張大，而兵又最強，品級懸殊，非所以獎翊，且無以臨諸營也。」會翊來朝，授右僉都御史。時我大清招撫使嚴我公徧歷兩浙，諸寨走降相繼，我公因渡海，發使入四明山。部下左都督黃中道謂翊曰：「田橫不烹酈生於說降之時，而款之，其志屈矣；及其後而烹之，不已晚乎！」翊曰：「善。」使至，醢之。我公懼，遁去。明年三月，監國晉翊兵部右侍郎。

明右僉都御史李長祥朝監國魯王於舟山，擢兵部左侍郎。

長祥字研齋，達州人，崇禎癸未（一六四三）進士，選庶吉士。南都改監察御史，巡浙鹽。南都亡，起兵浙東，監國加右僉都御史，督師西行，而七條沙之師又潰。監國航海，長祥以餘衆結寨上虞之東山。己亥（一六五九）秋，翻城之獄，王師急攻東山。前軍章有功，故會稽農家子，驍銳敢戰，所將五百人，具兼人勇，戰累勝，王師以全力壓之，不支，被禽，拉脅決齒，大罵死。中軍汪㬊與百夫長十二人，將以次日縛長詳入獻。晨起，十二人忽自相語：「柰何殺忠臣？」折矢扣刃，偕誓而逃，汪㬊追之不及。浙東沿村落奉檄得長祥者受上賞，長祥匿丐人舟中，入紹興。居數日，事益急，復遁至奉化，依平西伯王朝先。朝先亦四川人，與長祥訂婚姻，得其資糧扉屨之助，復合衆於夏蓋山。一日，泊舟山下，有孽龍挾雷電將上天，濤湧蕩舟，士卒皆無人色，長祥令發巨砲擊之。雷電怒，水起立，而長祥神色自如，俄而晴霽。是時入朝舟山，晉兵部左侍郎，請合朝先之衆，聯絡沿海，以爲舟山衞。張名振之殺朝先也，長祥僅以身免。

明兵科給事中徐孚遠朝監國魯王於舟山，擢左僉都御史。

孚遠字闇公，華亭人，崇禎壬午（一六四二）舉於鄉，與夏允彝、陳子龍、何剛皆有聲幾社中。寇禍既熾，陰求健兒俠客。南都亡，贊夏允彝起兵。隆武帝授福州推官，已而以張肯堂薦，進兵科給事中。閩事敗，航海入浙，而浙東亦潰。遇錢肅樂於永嘉，慟哭偕行。監國再出師，孚遠周旋諸義旅間，欲協和其事，而鄭彩、周瑞之徒，咸悍勿聽。因勸肅樂早去，肅樂以諸軍方下福寧，圍長樂，冀事有成，不納。孚遠乃返浙東，入蛟關，結寨於定海之柴樓。時寧、紹、台諸山寨相望，俱爲舟山接應，而柴樓尤與之近，以勸輸充貢賦，海濱避地之士多歸之。入朝，遷左僉都御史。

十一月丙辰朔，我大清兵克延平之將軍寨，明德化王慈燁死之。〔考曰：德化王乃吉藩宗支。按世表，常汝以萬曆二十四年封，後嗣無考，慈燁其裔孫襲封者歟？〕

時福建盡失，惟延、漳、汀三府界連江右，而延平所屬又在萬山中。王師退，慈煒乃踞將軍寨，連破大田、龍溪、順昌、將樂，寨破，慈煒死之，其兵部尚書羅南生等皆降。

明監國魯王遣使乞師於日本國。

日本三十六島，每島各有王統之。國主居東京，擁虛位，權則大將軍掌之，其三十六國王則如諸侯之職。撒斯瑪王者，於諸島爲最強大，將軍暱焉。周鶴芝微時，往來日本，與撒斯瑪王結爲父子。乙酉（一六四五）冬，鶴芝以水軍都督駐舟山，遣人至撒斯瑪，訴中國喪亂，願假一旅，以齊之存衞秦之存楚故事望之將軍。撒斯瑪王慨然許之，約明年四月，發兵三萬，戰艦軍資器械自取諸其國。自長琦島至東京三千餘里，馳道橋梁驛遞公館修葺，以待中國使臣之至。鶴芝大喜，益備珠璣玩好之物以悅之。參謀林籥舞爲使，期以四月十一日東行，而黃斌卿止之曰：「大司馬余煌書來云：此吳三桂之續也。」鶴芝怒而入閩。御史馮京第謂斌卿曰：「北都之變，並東南而失之者，是則借兵之害也。今我無地可失，比之前者爲不倫矣。」斌卿於是使其弟孝卿偕京第往至長琦島。初，日本佞佛，有西洋人爲天主教者入日本，排釋氏，且作亂於其國。日本勒兵盡誅西洋人，驅其船於島口之陳家湖焚之，置銅板通衢，刻天主像以踐踏之，囊橐有西洋物，搜得殺無赦。是時，西洋人復仇，大舶載砲來，日本請解，始退。退一日而京第至，故戒嚴，不聽其登岸。京第於舟中拜哭不已，會東京遣官行部，如中國之巡方御史者，禿頂坐藍輿，京第因致血書。撒斯瑪王聞長琦王之拒中國也，曰：「中國喪亂，我不遑恤，而令其使臣哭於我國，我之恥也。」與大將軍議，發各島罪人，致洪武錢數十萬，孝卿假商舶留長琦。長琦多官妓，皆居大宅，無壁落，界以綾幔，月夜懸各色琉璃燈，諸妓賽琵琶，孝卿樂之，忘其爲乞師來者，日本益輕之，無復出師意矣。是年冬，有僧湛微自日本來，爲蕩湖伯阮進述請兵不允之故，且言金帛不足以動之，誠得普陀山慈聖李太后所賜藏經爲贄，則兵必發矣。進與張名振上疏監國，以澄波將軍阮美爲使，出普陀。長琦王初聞以梵筴乞師，大喜，已知船中有湛微者，則大駭。蓋湛微嘗師事長琦島之南京寺住持如定，己所能不若師，乃之腆泉島，妄自尊大，自署金獅子尊者，流傳至東京。大將軍疑爲西洋人之習天主教者，急捕之，既知爲江西僧，第逐之過海。湛微欲以此舉自結於日本，於是阮美知爲奸僧所賣也，遂載經而返。論者謂日本承平既久，其人多好詩書法帖名畫玩器，故老不見兵革之事，本國且忘備，豈能渡海爲人復仇乎！即無西洋之事，亦無濟也。〔考曰：行朝錄云：日本不鼓鑄，故用中國古錢。〕

徐鼒曰：聞之黃宗羲曰：宋之亡也，張世傑嘗遣使海外借兵，陳宜中亦身至占城，兩國之師同日至，而厓山已陷，遂不戰而還，茲事何與之相類邪！忠臣義士窮思極計，海水不足較其淺深，如周鶴芝、馮京第者，蓋申包胥之亞歟？

辛未（十六日），明巡撫鄭愛與大清兵戰於燕子窩，敗績死之。

孔有德自將擊永州兵，而遣他將敗明兵於燕子窩。愛歿於陣，副將陳勝、彭昌、高勝、談玉等戰於白虎關，俱被獲死。〔考曰：鄭愛亦作鄭恩愛。〕

辛巳（二十六日），明督師大學士堵胤錫卒於潯州。

時五虎用事，胤錫每有奏請，輒掣肘，發憤成疾。遺疏略曰：「臣不自量，擬再合餘燼，少收桑榆。不料請兵則一營不發，若曰堵閣臣而有兵，則豐其羽翼也；索餉則一毫不與，若曰堵閣臣而有餉，則資其號召也。致臣如窮山獨夫，坐視疆場孔亟而無如何，一病不起，遂快羣腹。臣但恨以萬死不死之身，不能爲皇上畢命疆埸，而死於枕席，是爲恨也。臣死之後，乞皇上簡任老成，用圖恢復，如以李元胤、劉湘客、袁彭年、金堡、丁時魁、蒙正發作皇上心腹股肱，成敗可虞，臣死不勝遺憾矣。」於月之二十六月卒，贈中極殿大學士、太傅兼太子太師潯國公，謚文襄。妾葉氏，有三月遺孕，屬部將常某，竟負託。孫可望之至粵迎駕也，執而數之曰：「堵制臺何人，傭奴敢爲此邪！」鞭之百，遺孕得不死云。

臣鼒曰：胤錫未爲純臣，然識時達變之才也。論者嘗其收召高、李，擅封可望，與東諸侯爲難。夫胤錫之仇東諸侯，蓋不免褊急浮躁之譏；至其收闖、獻之餘孽，爲國爪牙，轉禍爲福，具有權衡。是時天下歸大清者十有其九，剩水殘山，旦夕不保，而欲與巨寇爲難，多樹敵乎！赦沙陀以平黃巢之亂，模僞敕而收也頭之師，類非迂儒所能識矣。

十二月丙申（十二日），明師敗績於永州。

永州三面距河，王永祚、張明剛以陸師臨其一面，我守將李東斗堅守，五月不下。孔有德乘明師不備，銜枚遶河疾走，破其老營，明兵自相擾亂，逃竄山谷。永州人惡滇兵之擄掠也，縛而獻諸我，惟張明剛所部獲全。瞿式耜聞之，頓足曰：「我蓄銳兩年，一朝崩潰，豈天果不祚明邪！」

明張同敞檄武陵侯楊國棟駐全州。

同敞聞永州之敗，馳赴全州，檄國棟駐全策應，王師乃解去。

戊申(二十四日)，明開科取士。

時史官乏員，誥勑多出中書，王欲歸其職於翰林，閣臣嚴起恆、黃士俊奏請考選，留守瞿式耜疏薦部屬之堪備官職者，而王意特重科名。於是禮臣黃奇遇請倣唐、宋開科取士。王命廷臣三品以上，各舉所知，卿貳等自舉其屬，彙送吏部，勑尚書晏清會同禮詹翰諸臣，嚴加考核，取及格者若而人，其乙榜知名未仕者亦與焉。是日，王臨軒親試經藝三道，論一道，詩一首。外廷密奏閱卷諸臣通關節，王即遣出，獨留輔臣宿文華殿宮中，賜臥具，內小豎司飲饌。拆卷日，鴻臚傳各官侍班，詔科道面舉情弊，以示至公。且曰：「朕即位來，始有是舉，毋於用後爾等又多言也。」拆後，御筆塡寫六卷，遽命已，輔臣再三請，更允兩卷，合得八人，曰劉蒞、錢秉鐙、楊在、李來、吳龍楨、姚子壯、涂宏猷、楊致和，改庶吉士。輔臣以諸臣有資俸深者，引先朝推知考選例，請授編檢，王曰：「此朕特典與考選不同。」擇日送館敎習，推禮詹翰大臣有品行者爲館師。時黃奇遇、郭之奇俱以詹事兼禮部侍郎而不相能，息爭久之，黃士俊請並推候，王自點定乃已。

明魯可藻疏請召錄遺賢。

時楊廷樞已死，贈侍讀。召張自烈爲簡討，沈壽民、劉城爲給事中，杜如蘭、金光豸爲禮兵二部郎，張之陛、金光閔爲行人。〔考曰：按嶺表紀年載己丑冬，尚書魯可藻請召錄諸賢云云，時可藻被劾，未爲尚書也，當是庚寅冬事，志之俟考。〕

明潮州守將郝尚久降於我大淸。

明封李建捷爲安肅伯。

建捷，北直眞定人，亦李成棟養子也，自信豐歸，協守廣州。

小腆紀年附考卷第十七

前翰林院檢討加詹事府贊善銜六合　徐　鼒　譔

庚寅，我大清順治七年（一六五〇），春正月。〔明永曆四年，魯監國五年。〕

乙卯朔，明桂王在肇慶府。

明監魯王在舟山。

明賜李元胤爵南陽伯，元胤固辭，不許。

王以成棟死難，晉元胤車騎將軍，封南陽伯，元胤力辭，不許，乃勉受車騎將軍印，而章疏多不改元銜。〔考曰：陽秋云賜元胤復姓爲孫，而諸書云元胤本姓賈，河南人，因作假山圖，或附會爲之。又紀略載封南陽伯爲戊子十二月朔，是時成棟未死，亦不應有是封。今從陽秋。〕

丁巳（初三日），我大清兵克南雄，明守將武陟伯閆可義死之，〔考曰：或言可義病卒。〕羅成耀棄韶州走，尋伏誅。

王師以除夕過梅嶺，可義力戰死。城陷，成耀在韶州，聞警，潛逃至廣州。會閣臣何吾騶輦餉赴肇慶，中途爲成耀所劫。王密敕李元胤討之。元胤數以失守封疆、縱軍擄掠之罪，即席上斬之。

辛酉（初七日），明桂王出奔，南陽伯李元胤留守肇慶。

初五日己未，聞庾關不守，召羣臣問備禦之策，且議移蹕西幸。羣臣言車駕不宜輕動，給事中金堡、彭佺爭之尤力。初，李成棟疏言廠衞不得干機務，馬吉翔深憾之，久與元胤共事，未敢發也，急欲王西幸，嗾夏國祥趣王登舟。元胤奏曰：「百官皆去，將委空城以待敵邪。上自西來，今日仍歸西。元胤留之，恐宵人謂臣有異志，一朝不戒，生劫入舟，〔考曰：堵胤錫前移書瞿式耜，稱奉王密敕，有東人握君於掌，一朝不戒，生劫入舟，朕不復有東土之望云云。故元胤云然。〕至今思之，猶背負芒刺。但廣東一塊土，臣父成棟立功於此，殞命於此。皇上若猶顧念東土，臣願留督肇慶，與江寧伯杜永和互相堵禦，以壯聲援，此元胤之職也。」王手詔元胤留守，督理各營軍務。時上下崩潰，尙書晏清、吏科丁時魁擁厚貲者悉被劫掠。瞿式耜疏曰：「粵東水多於山，良騎不能野合，自成棟反正，始有寧宇，賦財繁盛，十倍粵西。且肇慶去韶千里，材官兵士南北相雜，內可自强，外可備敵，强弩乘城，堅營固守，亦可待勤王兵四至。傳曰：我能往，寇亦能往。以天下之大，止存一隅，退寸失寸，退尺失尺，今乃朝聞警而夕登舟，將退至何地邪！」疏再上，而王已移德慶，抵梧州境矣。安定伯馬寶亦拔自流賊中者，領兵扈駕，軍容甚肅，士大夫多賢之；寶，陝西人。

徐鼒曰：書元胤留守何？嘉之也。議者以其爲成棟養子而輕之，吾謂勳戚公卿棄故君如脫屣，元胤忠於所事，臨危不渝，人臣之義，蓋無闕焉。

戊辰（十四日），我大清兵復取韶州，明總兵吳六奇降。〔考曰：海寧查孝廉伊璜識吳六奇於未遇，後從王師征粵，官至提督，厚報伊璜。王士禎文集、鈕琇觚賸、蒲松齡聊齋志異、蔣士銓忠雅堂文集皆記其事，謂六奇以乞丐遇征粵之師，途中被執，獻策從戎，積功至節鉞。鼒按諸君皆據傳聞言之，其實六奇在明時爲五虎亂潮之一，踞大埔、饒平、程鄉，永曆帝授爲南澳總兵。順治七年，平南王尚可喜等自南雄下韶州，六奇與碣石鎭蘇利迎降。臺灣外紀、行在陽秋言之歷歷，安得謂乞丐迎降乎！貳臣傳謂六奇豐順人，少時乞食各郡，習山川險夷，至是以總兵降，請嚮導大軍，招徠旁邑自効，蓋乞丐乃少時事，查、吳相遇，實在明世。旋附義旅，爲桂王馳驅，後人諱之，而托言驟貴於興朝，非實錄也。附辨於此。」

明兩廣總督杜永和自海口復入廣州。

王師破梅嶺，永和倉卒登舟，出虎門，元胤移檄責之，乃復入城固守。

庚辰（二十六日），明黃士俊罷，召朱天麟入閣。

王之出奔也，士俊坐閣中不去，王念其老，令回籍，召天麟入直。天麟疏言：「年來百爾搆爭，盡壞實事。昔宋高宗航海，猶有退步，今則何地可退。陛下當奮然自將，使文武諸臣盡擐甲冑，臣亦抽峒丁，擇士豪，募水手，經略嶺北、湖南爲六軍倡。若徒責票擬，以爲主持政本，試問今之政本安在乎？」王不能從，但趣令入直而已。廣州之再破也，士俊與何吾騶、楊邦翰、李貞、吳以連俱薙髮降，廣州人爲詩嘲之曰：「君王若問臣年紀，爲道今年方薙頭。」蓋士俊投降時年八十二也。

明監國魯王命李錫祚、李錫貢佐阮進守螺頭門。

錫祚、錫貢，岐陽王文忠之裔孫也，以勇力聞，航海來朝，故有是命。

明朱成功取潮陽。

知縣常望鳳降，令洪旭督徵糧餉，和平寨不服，遣右先鎮楊才攻破之，屠戮無遺。不數日，才暴病死。成功以林勇代領其衆。

二月甲申朔，明桂王駐梧州。

王於是三至梧州矣，百官請修行臺，王難之，乃以舟爲宮殿。

明命陳邦傅、高必正救廣州。

廣州固守不下，李元胤計誅叛將羅守誠，人心益堅。

丁亥（初四日），明給事中丁時魁、金堡、蒙正發、翰林院侍讀劉湘客以罪下獄，尋遣戍。

時李元胤留守肇慶，王命陳邦傅統兵入衞，五虎失勢。於是吳貞毓、郭之奇、萬翺、程源輩咸脩舊怨，與給事中張孝起、李用楫、李日煒、朱士鯤、御史朱統鑰、王命來、陳光胤、彭佺等疏論袁彭年等五人把持朝政，罔上行私，朋黨誤國十大罪。王以彭年反正有功，特免議，餘下錦衣獄。大學士嚴起恆請對水殿，不得入，率諸臣長跪沙際。程源立御舟側，揚言曰：「金堡卽昌宗之寵方新，仁傑之袍何在二語，當萬死。」一聲達慈寧舟中，蓋堡駁御史呂爾璵疏中語也。〔考曰：呂爾璵，馬吉翔門下士，冒入台班，金堡駁其疏云云。〕都督張鳳鳴〔考曰：一作鳴岡。〕受密旨，欲因是殺堡於古廟中，陳刑具，用廠衞故事嚴鞫之。堡大呼二祖列宗。餘皆叩頭哀祈，招贓數十萬。獄成，堡、時魁並謫戍，湘客、正發贖配追贓。瞿式耜再疏爭之，謂：「中興之初，宜保元氣，勿濫刑，詔獄追贓乃熹廟魏忠賢鍛鍊楊、左事，何可祖而行之。」王頒敕布四人罪狀，式耜封還，謂：「法者天下之公也，不可以蜚語飲章橫加考察，開天下之疑。且四人得罪，各有本末，臣在政府，若不言，恐失遠近人望。」疏凡七上，不聽。

戊戌（十五日），我大清兵復取武岡，明奉天總督劉祿、監軍御史毛養登死之，馬進忠退保靖州。〔考曰：養登疑卽壽登，亦作壽敎，皆野史譌字。〕

己酉（二十六日），我大清兵攻明廣州。

總兵吳文獻以舟師守東南門，王師不敢逼。張月、李建捷出城戰，屢有斬獲，捷書往來，行在以是少安。

明惠州總兵黃應杰、分巡道李士璉、知府林宗京執趙王由棪及郡王十三人以叛，降於我大清。

士璉，吉安人，田仰之中軍也。與潮州郝尚久投誠於我大清，輸情款，督郡餉，導王師入關，執趙王由棪及郡王十三人以獻。凡江右宗室之寓惠州者，盡殺之，沒其家，王師遂長驅而進。〔考曰：按世表趙穆王世子由松未襲薨，無子，以壽光王由桂之子慈燩爲嗣，萬曆四十五年襲封，後無考。由棪其田松、由桂之異母弟歟？〕

明新興侯焦璉帥師入衞。

璉以討劫盜劉成玉帥師東下，遂赴梧州。初，劉成玉者，平樂隸也，爲永國公曹志建榷稅官，與撫軍魯可藻之旗鼓趙玉相狼狽。可藻丁艱，居舟中，成玉利其貲，掠之。璉怒，討成玉。成玉奔志建軍，兩軍幾鬨。瞿元錫謂志建曰：「方今天子蒙塵，强敵四逼，惟藉羣公固廉、藺之交，繼桓、文之業，乃忘大仇而修細隙，天下後世其謂之何哉！」志建悟，杖殺成玉，事始解。然主將釁雖釋，而衆軍士益如水火。王師之襲平樂也，將士疑爲志建兵，殊無鬬志，以致於敗。

我大清兵克寧都，明監察御史徐伯昌、兵部員外郞彭錕死之。

金聲桓敗歿，王師徇江西郡縣，自揭重熙、傅鼎銓、余應桂、曹大鎬、張自盛諸義師抗拒外，嬰城不下者，則寧都爲著。徐伯昌，字子期，新城人，崇禎庚午（一六三〇）舉於鄉，隆武帝授兵部主事，遷監察御史。奉命督江西義旅，自新城、廣昌抵寧都，王師圍之，經年不拔。城破，自經，大書於壁曰：「讀聖賢書，但知守經死，不知達權生。」時庚寅（一六五〇）二月十日也。先春，奉父命挈妻匿山中，復返入之，同及於難。彭錕，字劍伯，寧都諸生，嘗從楊廷麟治兵，授兵部員外郞。廷麟敗，以幼子爲屬，錕厚撫之。及寧都被圍，置酒訣親故曰：「此城必破，我義不辱。且我與楊公事久，當死，所以不死，以楊氏孤也。今孤少長，我死必無虐忠臣後者。」索衣冠，燒燭於庭，呼妻李氏冠帔出，北面再拜，引繩就東西偏，各自經死。

明總督鳳陽義軍兵部尙書王爀與大清兵戰敗，被執不屈，死之。

爀奉命總督義軍，帥衆連戰潛山、太湖間，兵敗，俘至江寧，不屈死，於是皖省義師略盡矣。

三月己未（初六日）卯刻，日赤如血。

我大清兵克永州之龍虎關，明總兵向明高、姚得仁戰死，曹志建奔灌陽，推官唐誼被執不屈，死之。

誼，字正之，武陵人。父紹堯，忤魏忠賢下獄。誼年十四，負鑕請代，人稱其孝。考授推官，隨父任汝南、陝西，勦寇有功。父臨終，命誼及其弟誠毁家勤王。誠，字存之，崇禎癸未（一六四三）進士，官少詹事，助瞿式耜守桂林，進文淵閣大學士，督五省義師，與何騰蛟相犄角，湘潭破，奔肇慶。誼留楚奉母保龍虎關，與粵中相應。我鎮帥馬蛟麟襲之，全家被執，脅誼作書招誠，誼大罵見殺。蛟麟乃執其母入粵，誠號泣上印綬自囚贖母，蛟麟禮而釋之。或薦之於朝，誠作詩謝之曰：「無如世相韓，此義不忍絕。」遂隱秦人山以終。次弟訪，字周之，以桂林籍中崇禎壬午（一六四二）鄉試第一，式耜薦授翰林院庶吉士，掌制誥，亦奉命入楚，聯絡各鎮，知不可爲，乃痛哭祝髮，稱食苦和尚。〔考曰：本沅耆湘舊集。〕

夏四月，明考選朝官。

詔行考選，而與選者多不協人望。朱士焜補吏科給事中，董雲驤補御史，潘駿觀補職方主事。雲驤謝恩時，伏地不能起，殞於御舟。駿觀無朝冠，以便服行禮，奪職。

我大清兵入郴州，明巡撫黃順祖、總兵林國瑞戰死。

明嚴起恆罷，召王化澄入閣。

吳貞毓等十四人之合疏糾五虎也，將寘之死；以起恆數爲丁時魁、金堡所指摘，意必乘機下石，而起恆顧力救之，因大惡起恆，合詞請召王化澄入閣。給事中雷得復劾起恆二十餘罪，比之嚴嵩。王不悅，奪得復官，起恆力求罷斥，王挽留至再，不得，放舟竟去。

明朱成功攻揭陽之新埠寨，降之。

成功以施郎爲左先鋒鎮，弟顯貴爲右先鋒鎮，黃廷爲援勦右鎮，王秀奇戎旗鎮，甘輝親丁鎮。是月，

復至揭陽，攻新埠寨。寨長乞輸餉，許之。尋詔安人萬禮有衆數千，因施郎以降。〔考曰：萬禮即張禮，辨見後。〕

五月，明鄖國公高必正、興平侯黨守素、南陽伯李元胤朝於梧州，詔嚴起恆入閣。

時興國公李赤心已死，兵權歸必正、守素二人，以兵五千入衛，於五月十三日抵梧，朝臣郊迎四十里，牛酒犒師，必正大悅。貞毓欲藉以傾起恆，爲言：「朝事壞於五虎，主之者嚴起恆。公入見，請除君側奸，數語即決矣。」庶吉士錢秉鐙，起恆門生也，時在坐，笑謂必正曰：「五虎攻嚴公，嚴公翻力救五虎。此長者，柰何以爲奸！」必正大悟，次日對水殿，言：「起恆虛公可任，金堡等處分過當，請手敕追還起恆入閣。」越二日，元胤自肇慶來，慈寧王太后垂簾，王東向，召三帥同對。元胤伏地請死，曰：「金堡等非臣私人，有罪不處分於端州，必俟到此地，是以臣與堡等爲黨也。向以封疆事急，不敢請罪；今事稍定，請正臣罪。」王慰勉再三，曰：「卿大忠大孝，朕不疑卿。」元胤曰：「皇上即不疑臣，何爲以處四臣之故賜臣敕書，令臣安心辦事乎？」太后遽曰：「卿莫認堡等爲好人，卿如此忠義，他卻謗卿謀反。」元胤曰：「謗臣謀反有本乎？面奏乎，抑傳言乎？」王不能答。必正曰：「皇上重處堡等是也。但處堡等之人不如堡等，處堡等之後亦無勝於堡等之事。」太后曰：「只滇封一事豈非金堡誤國！」諸臣乃不敢對。已復面質王化澄徇私置黨，化澄窘甚，申訴不能成語，王爲解之。

明改戍金堡於清浪衛。

王召對廷臣，忽曰：「金堡畢竟是君子是小人？」再問無對者。明日，錢秉鐙疏言：「臣昨侍班次，惡堡者皆在列。而皇上再問無對者，則天良難滅，堡之不爲小人可知。堡受刑最重，左腿已折，相隨一僕，復墮水死。今復戍金齒，以孑然殘廢之身，蹴躃於荒郊絕域之外，去必不到，到亦必死，雖名生之，實殺之也，乞量改近邊。」乃改清浪衞。高必正贈堡百金爲藥資，不受。馬寶自德慶來，親爲洗創。堡竟不死，爲僧二十餘年而終。

徐鼒曰：堡謇謇自命，循資格，拘小數，僨事有餘，救時無濟。仁傑昌宗云云，出語不倫，尤失人臣之禮。孔子曰：「好信不好學，其蔽也賊；好直不好學，其蔽也絞。」其堡之謂歟！

明詔中書科，非軍國大事本章不許封進。

科臣張孝起、李用楫與御史廖永亨互訐。太后語王，傳諭中書科，科道本章不許封進。王曰：「是絕言路也。軍國大事許非時進，其餘不許擅封。」

明陳邦傅襲高必正營，必正西走。

必正朝回，邦傅嗔其不附己，潛遣兵襲其老營。必正請援於桂林，瞿式耜命滇營總兵劉崇貴駐柳、慶，遙爲聲援。王聞之，敕邦傅諭以和好。

明馬寶襲清遠以救廣州，不克。

時清遠參將鄺文龍、東莞總兵張道瀛、參將張善、南雄副將覃養志等俱降。

明以兵部左侍郎萬翺掌部事，起復魯可藻爲兵部侍郎。

明晉封焦璉宣國公，胡一青衞國公，曹志建保國公。

萬翱久爲五虎所抑，可藻亦以瞿式耜疏劾失職。五虎敗，翱掌中樞，可藻以附吳貞毓升樞貳，思結援於諸勳，因有是命。時諸帥喪師失地，朝廷不能問，惟寬假之而已。

明封廣州總督杜永和等爲侯。

廣州東南二面距珠江，惟西城爲山麓，永和樹木城，疊石守之，濬三濠通海潮，泥淖不能攻。王師長圍困之，暑雨蒸溽，弓弦解膠，幾欲退師。而高必正兵已西走，陳邦傅、馬寶戰敗，李元胤駐兵三水，觀望不敢前。圍愈急，萬翱、魯可藻一籌莫展，惟請晉封諸將以慰勞之。

六月，明文安之朝於梧州，命入閣辦事。

時嚴起恒爲首輔，王化澄、朱天麟次之，安之至，起恒讓爲首輔。

明朱成功討蘇利於碣石衞，不克，旋師圍潮州。

蘇利，饒平人，流落海豐爲盜，嘗與碣石衞民搆釁，民乞援於同安之號大目公蘇秦者，秦擊利敗之，遂入碣石。利依秦爲裨將，戰輒勝，秦以其同姓益重之。秦偶疾，利刺秦自代。明末五虎亂潮之一也，懼爲成功所併，投誠於我大清，爲左都督，而陰持兩端，不薙髮。成功率舟師討之，風逆失利，反師圍潮州。陳斌燒斷廣濟橋，晝夜攻擊，郝尚久死守不下，乞救於漳州總兵王邦俊。

我大清兵復取雲霄、詔安，進攻盤陀嶺，明朱成功部將柯宸樞死之。

王邦俊聞潮州圍急，統大隊至長橋，守羅山嶺之黃廷、洪政棄城走，而宸樞據險扼守，王師不能進。邦俊以騎兵往來誘敵，而令副將王之剛自盤龍小路度嶺，游擊張勝由杜潯過雲霄，宸樞分兵逆戰，砲矣盡，全軍皆沒。宸樞，晉江人，隆武帝授以參軍，督軍出關，屢有奇謀。成功聞其死，大痛曰：「吾不恨失浦、詔，恨亡宸樞耳。」遂解圍，軍於潮陽。

明朱成功部將甘煇擊斬叛將黃亮釆。

亮釆見雲、詔之失，與其黨陳拔五、李英等叛攻行營，煇擊斬之，軍乃定。

秋八月中秋節，明從臣朝賀於水殿。

自春至秋，嚴起恆、王化澄隨駕逍遙河上，民間爲之謠曰：「漢宮秋也，昭陽愁也。」蓋起恆字秋冶，化澄字昭陽也。中秋節，御舟泊梧州之繫龍洲，王與三宮置酒簫鼓，起恆手書水殿二字爲扁額，濯纓唱和，中宵不樂而罷，以聞清遠、惠、莞敗報也。

徐鼒曰：特書何？吾無譏乎爾，傷之也。

明朱成功襲殺鄭聯，取廈門，遂取金門。

廈門、金門兩島爲鄭彩、鄭聯所據，芝鵬說成功取之。成功曰：「取之不得，反結爲仇。」芝莞曰：「建國遠行，惟聯在廈，此其時也。」施郎曰：「聯嗜酒無謀。藩主以四巨艦揚帆回師，寄泊鼓浪嶼。彼見船少，必無猜疑。餘船假爲商賈，分駐旁港，登岸拜謁，相機而動，此呂蒙賺荆州之計也。」成功曰：「吾欲善取之，庶免殺兄之名。」芝莞曰：「恐其部卒生心，殺之爲是，不見唐太宗之於建成、元吉乎？」成功乃率甘煇、施郎、洪政、杜煇精兵五百，船四隻，於中秋夜泊舟鼓浪嶼。聯方醉臥萬石巖，巖踞城東數里，鑿石成洞，聯所造也。報至，不得通，詰朝酒醒，櫛髮出迎。成功笑曰：「師屢敗，兄能以一軍相假乎？」聯未及答，諸執鋭者突前挽其舟，聯唯唯惟命。成功麾軍過聯船，聯將士讋伏莫敢動。邀聯飲於虎坑巖，投壺角勝，聯歸途至半山塘，伏起刺殺之。成功勒兵入城，佯搥胸大哭曰：「誰殺吾兄？」令兵守聯與彩宅門，飭無令不許擅入，斬其用事者章雲飛。於是聯部將陳俸、藍衍、吳豪等咸歸焉。彩之將楊朝棟、王勝、楊權、蔡新等聞聯死，亦率全隊舟師降，舊將藍登亦來歸，乃遣洪政持書折矢招彩。初，彩之出師也，戒聯曰：「國姓帆船來往，宜備之。」聯曰：「少年乳臭，何足介意！」既聞聯死，嘆曰：「所託非人，吾之咎也。」彩既敗於沙埕，乞援舟山，不獲，無所歸，而政適至，因嘆曰：「吾年老，諸子弟能繼志者大木耳，吾願全軍解付。」令弟斌偕政復命，成功遂兼有兩島，威震海上。

九月，我大清兵克灌陽，明知縣李遇昇死之，曹志建奔恭城。

先是，龍虎關之敗，志建兵潰，入恭城、陽朔，聲言將至桂林。焦、滇諸營皆洶洶，瞿式耜發犒金五千兩，命兵科吳其靁往撫之，而王師亦退，駐衡州，事少定。至是，再失利，志建奔恭城，馬進忠亦退於瓜里，走入武岡山中，桂林大震。

我大清兵復取全州，明趙印選、胡一青、王永祚入於桂林。

于元燁督兵桂林，有女許聘王永祚子矣，印選爲其子强委禽焉；又與胡一青爭總統大閫。一青出守榕江，從事獨勞，而印選居城内老營，擁姬妾自娛，諸帥心不平。焦璉兵在安樂，猝呼之不能至。王師破全州，長驅入嚴關，諸帥託分餉入桂林，榕江遂成空壁，故莫有堵禦者。

孫可望由雲南東襲貴州，明總兵皮熊走清浪衛，追執之。

可望自稱秦王之後，諸軍悉曰行營，設護衛曰駕前官，自稱曰孤，曰不穀，文書下行曰秦王令旨，各官上書則曰啓，稱李定國、劉文秀曰弟安西李、弟撫南劉，其下稱之曰國主。皮熊畏其逼也，遣官李之華通好請盟。可望致書曰：「貴爵坐擁貔貅，戰則可以摧堅虜，守則可以資保障。獨是不肖有司，罔知邦本，征派日煩，民生日蹙。黔中乃兵出之途，寧無救災卹鄰之念，以爲假道長發之舉，若滇若黔，總屬朝廷封疆，留守留兵，綢繆糧糗，惟欲與行在通聲息。若祇以一盟了事，爲燕雀處堂之計，非不穀所望於君子矣。」熊得書益懼，避之清浪衛，追執之，奪其兵，旣而釋之。

孫可望入貴州，執明僉都御史巡撫郭承汾，襲平越，執威清道黃應運，皆不屈，暨總兵姚某、劉某等死之。

貴州院司道官會請可望之前軍都督白文選入省，可望因下教安定之，令所屬文武呈繳濫劄，文職之監軍督餉部卿僉憲，武職之總制參遊各銜名概行裁革，無敢抗拒者，惟承汾、應運、總兵姚某、劉某等六人詬賊求死。可望怒曰：「爾願死，不與爾良死。」縛六人於地，驅劣馬數十蹴踏之，籍其家，陳尸四門，以怖不順己者。姚、劉諸人姓名鄉貫不可詳，惟承汾、應運爲最著。承汾，字懋袞，晉江人，崇禎癸未（一六四三）進士，由淮安府推官入爲浙江道御史。隆武帝命以原官巡按貴州，與定番侯皮熊、總兵范爌協力勦撫。福京亡，粵中命未下，熊、爌疏留之，晉太僕卿，兼僉都巡撫。可望之納款也，令李定國會盟於龍里。可望入貴州，承汾貽書責之，謂牛耳之血未乾，北門之師夜至，君父可欺，天地神明不可昧也。可望兵劫之，遂與應運等先後被執。應運，字際飛，福建歸化人。邑令楊鼎甲奇其才，拔爲童子試第一。隆武二年（一六四六），鼎甲已易名鼎和，官雲、貴部院，朝於福州，怪應運久滯經生，題爲監紀推官，攜之入滇，委管貴陽府刑務。永曆改元（一六四七），思州苗叛，鼎和謂應運曰：「不遇盤錯，何知利刃，子努力爲之。」授應運思州司理，兼監軍僉事。甫抵任，而平越所屬黃平諸苗交叛，應運由思州率兵抵黃平，苗解圍去。承汾時爲巡按，以平苗功，題應運平越知府，加參議銜。既復令攝威清道事，以備可望。應運置家口於平越，而輕騎赴安順。値川將王祥兵潰，掠食遵義，居民詣滇求救，撫按議遣官撫之，莫如應運才。可望聞應運遠出，遣李定國襲安順，據之。應運歸途聞報，徑詣定國說之曰：「將軍有事於安順，何不尺一相報，乃騷動貴部邪。」定國曰：「將出兵從，此武夫本色，勿怪也。」應運曰：「恨安順偃陋耳，若可屯駐車騎，何不啓聞天子，請此彈丸爲牧地。天子方懸爵賞以網羅英雄，未有不許將軍者；應運便當解職，以鎖鑰相付矣。」定國色益和，遽曰：「正欲與貴道商之。」應運知其心動，又難之曰：「宿聞將軍神勇敵萬人，又所部精鋭，一當百，乃前此所據地旋得旋失，何邪？」定國曰：「兵家得失無恆，不足論也。」應運曰：「不然，當是名義不正，人人得睥睨之耳。若藉三百年天子之名號，加以將軍之神威，統率羆虎，掃蕩不庭，而聞風義從者又絡繹交助，天下誰敵將軍者。他日分茅胙土，傳之奕世，中山、開平不足比也。今將軍舍萬世不朽之功業，而不王不霸，傳舍州郡，非良圖也。」定國欣然曰：「貴道言是，卽當與平東謀之。」應運曰：「平東在滇，遠未可期，應運當捧盤敦與將軍定約耳。」定國許之，乃歃血，誓扶明室無二心。可望聞之，不善也。偵知應運赴平越，遣馮雙禮襲而執之，執送貴陽，厲聲詰曰：「爾以茅土許安西，便當以九五尊我，何爲不舞蹈乎！」應運曰：「平東誤矣，平東不嘗貢獻天子，求册封乎？同僚耳，何拜爲？」可望曰：「吾據滇、黔，帝制有餘，於册封何有！」應運曰：「如是，則平東叛天子，卽亂賊矣，王臣豈拜亂賊乎！」承汾亦笑曰：「頭可斷，膝不可屈也。」可望怒，同下之貴陽獄。可望猶惜應運才，使護衞再三諭降，應運語益厲，乃同遇害，時庚寅（一六五〇）九月也。定國聞二人死，心惡之，自是不受可望節制矣。平虜將軍許盡忠目擊而嘆曰：「猘犬飢狠，逢人卽噬，何分賢愚！吾肉喂犬狠何益。」賂張護衞使說可望曰：「大王將建大業，四門宜祓除不祥，陳尸横衢，非禮也，曷瘞之。」乃於貴陽南郊之毛家菴側，列葬六棺。葬畢，盡忠潛入頂耙苗洞，不復出。辛丑（一六六一）之春，應運子培鼎扶櫬歸，辭盡忠，見盡忠率卒屯田，自食其力，猶服舊時衣冠云。〔考曰：參陳蓼崖紀略、李世熊寒支集。〕

臣鼒曰：紀年於明季東南士大夫之殉義者，若浙若閩，能詳哉言之，此外或佚之不能言，言之不能詳，蓋黃宗羲、毛奇齡、全祖望、李世熊之徒皆國初碩學，見聞親切，紀述足傳；而窮鄉僻壤之文獻無徵者歸於泯沒，良足悲矣！

孫可望遣其將王自奇、劉文秀、白文選分道取四川。

可望聞袁韜、武大定之殺楊展也，始有圖蜀心，上書爲展訟寃，使自奇將兵向川南，而別遣文秀、文選取遵義。

明綦江伯王祥與劉文秀戰於烏江，敗績死之，遵義陷。

祥戰於烏江，不勝，自刎死。文彥降其衆，盡收遵義地。初，獻賊入蜀，畏祥不敢窺遵義，前後拒守凡八年。

劉文秀攻建昌衞，明在籍前長沙知縣高明死之。

文秀遣別將盧名臣取重慶，而己引兵渡金沙江，攻建昌，明集士民拒於焦家屯，兵敗自焚死。

劉文秀陷明越巂衞。

寇攻城，指揮王自敏妻周氏知不免，謂所親唐氏曰：「等死耳，他日恐其遲也。」遂挽唐氏闔室自焚死。同時王氏、俞氏、宋氏、唐氏俱焚火死，皆受聘於人而未嫁者。

劉文秀陷黎州，明土千戶馬亭、李華宇等死之。

亭、華宇及楊起泰等之佐馬京破賊龍觀川也，沈黎不被寇者數年。京卒，亭襲爲千戶。文秀至，竭力拒守，被執，不屈死。華宇苦戰，賊擒而冎之，年八十四矣。指揮丁應選亦以年老歿於陣。同時起兵之姜、黃、李、柰、蔡、包、張七姓子弟頭人俱戰死，無一降者。

劉文秀陷滎經，明知縣黃儒死之。

儒，福建舉人，城陷，巷戰被獲，磔死。

劉文秀陷明雅州。

曹勛初敗賊於雅州，與楊展爲聲援。展死，而劉道貞以病卒，范文光痛楊展之死，入山不視事。勛勢益孤，文秀突至，出勛不意取之。

劉文秀屯兵洪雅之天生城，明義民余飛戰死。

城在洪雅花溪口，賊踞之，飛單騎被圍，力殺十數人死。

明監國魯王命周瑞、周鶴芝分屯溫州之三盤。

監國以舟山孤立，命瑞、鶴芝以樓船三百艘，屯溫之三盤爲犄角。亡何，瑞與鶴芝有隙，監國命武陵人胡明中往解之。至則搆之益甚，瑞遂南依鄭彩，鶴芝亦結於阮進。彩之爲成功所窘也，乞援於舟山，鶴芝既怨瑞，而名振亦欲結好成功，反擊，破彩衆，彩遂歸成功，後終於廈門。

我大清兵克四明山寨，明魯兵部右侍郎王翊以其衆入海，御史馮京第爲叛將王昇所殺。

王師將攻舟山，惡翊中梗，謀曰：「不洗山寨，無以塞內顧。」乃大舉，將軍金礪由奉化，提督田雄由餘姚，會於大蘭山。軍幌三十里，遊騎四出，搜剔伏藏，翊累戰不能抗，避之入海。京第以病不能行，居灌頂山中，爲降將王昇所殺。京第字躋中，慈谿諸生也。〔考曰：航海遺聞謂京第爲庚辰進士。按題名碑是科無京第名，浙江通志亦不載。全祖望謂其與華夏、王家勤諸公同爲過情之舉，則諸生無疑。〕

我大清兵克大皎山寨，明魯御史張夢錫死之。

夢錫，字雲生，鄞縣六狂生之一也。董志寧、華夏之徒皆文弱士，司書檄，奔走聯絡。夢錫則於弓矢戈矛皆習之，翻城之獄既幸免，誓守山寨。大皎之軍與平岡之軍相望，故諸營呼煌言爲大張軍，夢錫爲小張軍。王師既克四明山寨，大張軍航海入衞，獨小張軍五百人相守不去。王師合圍，夢錫挾長矛出鬭，夷傷略相等，力盡死。五百人從之死，呼之降，無一應者。有三人突圍出，翌日，大皎之南麓，有負夢錫屍以葬者，卽此三人也。

臣鼐曰：孟子云：「可以死，可以無死，死傷勇。」諸生草莽之臣，未受一命，所謂可以死，可以無死者乎！而欲奮博浪之椎，齒睢陽之劍，以至赤族湛身而不悔，其忠義可以激頑懦，而不得謂非過情之舉也。然則紀年何以錄之？明之亡也，臺省大僚，封疆專閫，視宗社如傳舍，奉君父如弈棋。至有平居高談名節，自附淸流，蒙面事仇，甘心唾罵；而窮山絕谷，布衣韋帶之士，乃或裹糧跰蹠，流涕書檄，此其志氣皜皜乎與日月爭光。論者謂土崩瓦解之秋，支撑一隅，海濱蠻島，浪楫風帆，保其冠裳數十載，則皆諸義士之風聲所激而起者，豈不諒哉！鄞縣前有六狂生，後有五君子。五君子者死於翻城之獄。六狂生則董志寧以舟山破死，陸宇燝以應海上軍死，張夢錫以大皎寨破死，華夏、王家勤亦五君子之二也，同時死。惟毛聚奎以亡命，老死牖下，所著有吞月子集，多不傳，惟輿人、皁人、丐人傳，爲稗官家所錄焉。

冬十月辛巳朔，日有食之。

嚴起恆疏請修省。

蘇利陷惠來，明朱成功部將盧爵、知縣汪匯死之。

利偵知成功回廈門，攻破惠來，爵戰死，匯自刎死。

明朱成功取銅山、南澳、閩安諸島。

成功命洪政招安諸島，悉聽約束。乃分其軍爲五，而自爲中軍。〔考曰：臺灣外記謂以林察爲左軍，周瑞爲右軍，張名振爲前軍，周鶴芝爲後軍。是時舟山未亡，名振、鶴芝無由歸成功，當是名振與成功相約結，因遙授是號耳。

志之俟考。」以舉人馮澄世、潘庚鍾、紀舉國、〔考曰：三人皆泉州人，庚鍾、舉國壬午舉人，澄世隆武舉人。〕林俞卿、林奇昌〔考曰：俞卿，同安人；奇昌，漳州人；皆隆武舉人。〕恩貢諸葛倬、諸生蔡鳴雷〔考曰：皆晉江人。〕爲參謀，以圖進取。

十一月辛亥，我大清兵克廣州，明杜永和走瓊州。

十月初十日庚寅，爲永曆帝誕辰，永和率文武朝賀於五層樓，守西門外城主將范承恩在焉。承恩舊爲淮安府皁役，目不識丁，衆號爲草包，永和於班中呼之，以是大恨，潛通於我平南、靖南二王。戊申（二十八日），王師攻外城，令軍士舍騎徒步，涉淖冒矢石奮戰，承恩退入內城。王師毀木柵，砲擊西北隅。是日未刻，城陷，承恩降。永和航海保瓊州，久之，降於我大清。

甲寅（初四日），我大清兵入桂林，執明督師瞿式耜、總督張同敞。

是日寅刻，報王師大舉入嚴關。式耜檄趙印選爲戰守計，不應；再促之，則盡室逃。寧遠伯王永祚迎降，衞國公胡一青、武陵侯楊國棟、綏寧伯蒲纓、寧武伯馬養麟等馳出小路勒兵，兵自潰，乃皆逃。式耜危坐府中，總兵戚良勳操二騎至，跪而請曰：「公爲元老，係國安危，身出危城，尚可號召諸勳，再圖恢復。」式耜曰：「四年忍死留守，其義謂何？我爲大臣，不能禦敵，以至於此，更何面目見皇上提調諸勳乎！人誰不死，但願死得明白耳。」家人泣請曰：「次公子從海上來，一二日卽至，乞忍死須臾，一面訣也。」蓋式耜次子元錡間關入粤，時已至永安州矣。式耜揮家人出曰：「毋亂我心，我重負天子，尙念及兒女邪！」俄總督張同敞自靈川回，入見曰：「事急矣，將柰何！」曰：「封疆之臣將焉往！子無留守責，曷去諸！」同敞曰：「死則俱死耳。」乃呼酒對飲，四顧茫然，惟一老兵不去，命呼中軍徐高至，以敕印付之，曰：「完歸皇上，勿爲敵人所得也。」是夜，雨不止，城中寂無聲，兩人張燈相向。黎明，有數騎腰刀挾弓矢入，式耜曰：「吾兩人待死久矣。」偕之出，見定南王孔有德。有德踞地坐，舉手曰：「誰爲瞿閣部先生？」式耜曰：「我是也。」顧曰「坐。」式耜曰：「我不慣地坐，城陷，求一死耳。」有德曰：「甲申之變，大清國爲明復仇，葬祭成禮。今人事如此，天意可知，吾斷不殺忠臣，閣部毋自苦。吾掌兵馬，閣部掌糧餉，一如前朝事，何如？」式耜曰：「我明之大臣，豈與汝供職邪！」有德曰：「我先聖後裔，勢會所迫，以至今日；閣部何太執？」同敞厲聲曰：「汝不過毛文龍家提溺器奴耳，毋辱先聖！」有德怒，自起批其頰，叱左右刀杖交下。式耜叱之曰：「此宮詹張司馬，國之大臣，死則同死耳，不得無禮。」有德遽命還其衣冠，因曰：「某年二十，起兵海上，南面稱孤。投誠後，擁旄節，爵名王，公今日降，明日亦然矣。語曰：識時務者爲俊傑。清自甲申（一六四四）入中國，五年之間，南北一統，至縣縣破，至州州亡，天時人事蓋可知矣。公守一城扞天下，屢挫强兵，能已見於天下，不轉禍爲福，建立非常，空以身膏原野，誰復知之？」式耜曰：「汝爲丈夫，既不能盡忠本朝，復不能自起逐鹿稱孤，爲人鷹犬，尚得以俊傑時務欺天下男子邪？昔少康、光武恢復中興，天時人事，未可知也。本閣部受累朝大德，位三公兼侯伯，常願殫精竭力掃清中原。今大志不就，自痛負國，刀鋸鼎鑊，百死莫贖，尚何言邪！」有德知不可屈，館兩人於別所，供帳飲食如上賓。有臬司王三元、蒼梧道彭爌皆式耜里人，說以百端，不應；勸以薙髮爲僧，亦不應。曰：「爲僧者，薙髮之漸也。」兩人日賦詩唱和。〔考曰：詩名浩氣吟。自序云：庚寅十一月初五聞警，諸將棄城去，城亡與亡，余誓必死。別山張司馬自東江來城，與余同死。被刑不屈，累月幽囚，漫賦數章，以明厥志；別山司馬從而和之。其一曰：藉草爲茵枕塊眠，更長寂寂夜如年；蘇卿絳節惟思漢，信國丹心只告天。九死如飴還惜苦，三生有石只隨緣；殘燈一室羣魔繞，寧識孤臣夢坦然。其二曰：已拚薄命付危疆，生死關頭豈待商；二祖江山人盡擲，四年精血我偏傷。羞將顏面尋吾主，剩取忠魂落異鄉；不有江陵眞鐵漢，腐儒誰爲剖心腸。其三曰：正襟危坐待天光，兩鬢依然勁似霜；願仰須臾階下鬼，何愁慷慨殿中狂。須知榜辱神無變，旋與衣冠語益莊；莫笑老夫輕一死，汗靑留取姓名香。其四曰：年年索賦養邊臣，曾見登陴有一人，上爵滿門皆紫綬，荒郊無處不靑燐。僅存皮骨民堪畏，樂□妻孥國已貧；試問怡堂今在否，孤存留守自捐身。其五曰：邊臣死節亦尋常，恨死猶銜負國傷；擁主竟成千古罪，留京翻失一隅疆。罵名此日知難免，厲鬼他年詎敢忘；幸有顚毛留旦夕，魂兮早赴祖宗旁。」其六曰：拘幽土室豈偸生，求死無門慮轉淸；勸勉煩君多苦語，癡愚嘆我太無情。高歌每羨騎箕句，灑淚偏爲滴雨聲；四大久拚同泡影，英雄到底護皇明。其七曰：嚴疆數載盡臣心，坐看神州已陸沈；天命豈同人事改，孫謀爭及祖功深。二陵風雨時來繞，歷代衣冠何處尋；衰病餘生刀俎寄，還欣短鬢尙蕭森。其八曰：年逾六十復奚求，多難頻經渾不愁；劫運千年彈指去，綱常萬古一身留。欲堅道力頻魔力，何事俘囚學楚囚；了却人間生死事，黃冠莫擬故鄉遊。同敞詩自序云：被刑一月餘，兩臂俱折，忽於此日，右臂復能微動，左臂不可動矣。歷三日，書得三詩，右臂復痛不可忍，此其爲絕筆乎！敢煩留守師寄雪公、道公兩師，如別山之左右手也。末署明柱國少師兵部尙書前詹事府詹事翰林院侍讀學士江陵文忠公嫡孫同敞囚中草。詩曰：一日悲歌待此時，成仁取義有誰知；衣冠不改生前制，名姓空留死後詩。破碎山河休葬骨，顚連君父未舒眉，魂兮懶指歸鄉路，直往諸陵拜舊碑。」同時抗節者：靖江王亨歅棄城走，其世子某及長史李某自縊於宮中。又鄞縣余鯤起初與主事李甲春起兵復寶慶，會何騰蛟下長沙，騰蛟死，重趼至桂林，城破，入野寺絕粒死。棄官爲僧者，方以智、金堡而外，有嚴煒、錢秉鐙、陳純來焉。煒、秉鐙事詳秉鐙所知錄。陳純來者，字孝標，奉化人，以監生赴桂林，官工部主事，監造興陵。嘗奉詔誅佟養甲，城破，或勸之走，曰：「吾守陵寢以待吾君之還，死且未敢，況行乎！」爲浮屠裝，居陵下以終。

臣鼒曰：所知錄云：湖州山中有松仙者，授式耜錦囊數封，諭臨危始發。擒靖江，用焦璉，守桂林，皆錦囊中策。末一封則標曰：「庚寅元旦發」，中有「扶公榮歸」四字，秉鐙親見之，非妄語也。數果不可逃哉！

己未（初九日），明桂王出奔，陳邦傅叛王走南寧。〔考曰：紀略載王於乙卯日出奔。所知錄云初十日始發梧州，始安事略亦云初十日鬨報移蹕，說當不妄。粵事紀載，十月初七日辛巳，出奔。按當日情事既不合，且十月初七日亦非辛巳，謬誤已極。〕

報至梧州，倉卒幸潯。初，邦傅欲留王以自重，不果，懷異志而未發也。聞廣州破，飛帆先歸，謀劫駕，王舟衝雨而過，不及發，乃劫百官鹵簿之舟在後者。部郎潘駿觀、董英、許玉鳳墮水死，內閣王化澄、吏部尚書晏清走北流入容縣港，嚴起恆、馬吉翔、李元胤追扈及於南寧。百官稍集，飢凍無人色，乃括行橐並吉翔所獻四千金散給之。

明趙印選、胡一青之師駐賓州。〔考曰：亦作濱州。〕

十二月〔明閏十一月〕丙申（十七日），明督師大學士臨桂伯瞿式耜、江廣總督兵部尚書張同敞猶在桂林，諭降不屈，死之。

兩人在桂林四十日，求死不獲。式耜謂同敞曰：「偷生未決，爲蘇武邪，李陵邪，人其謂我何？」乃草檄諭焦璉曰：「城中滿兵無幾，若勁旅直入，孔有德之頭可立致也。」有降臣浙人魏元翼者，曾任桂平督糧道，以貪墨爲兩人所劾，布邏卒獲其檄，獻之有德。十七日丙申，數騎至繫所。式耜曰：「乞少緩，待我完絕命詞。」援筆書曰：「從容待死與城亡，千古忠臣自主張；三百年來恩澤久，頭絲猶帶滿天香。」一肅衣冠南向拜訖，步出門，遇同敞曰：「吾兩人多活四十一日，今得死所矣。」同敞手出白綢巾於懷，曰，「服此以見先帝。」行至獨秀岩，式耜曰：「吾生平愛山水，願死於此。」遂同遇害。同敞屍不仆，首墜地，躍而前者三。頃刻大雷電，雪花如掌，空中震擊者亦三。有德股栗，觀者靡不泣下。同死者，旗鼓陳希賢、錦衣衞楊芬齡。家人陳祥先齎印之徐高，被獲於陽朔山中，亦同死焉。金堡時已爲僧，名性因，上書有德曰：「山僧梧水之罪人也。承乏掖垣，奉職無狀，繫錦衣獄，幾死杖下。今夏編戍清浪，以路道之梗，養痾招提，皈命三寶，四閱月於茲矣。車騎至桂，咫尺階前，而不欲通，蓋以罪人自處，亦以廢人自棄，又以世外之人自恕也。今且有不得不一言於左右者，故總師大學士瞿公，總督學士張公皆山僧之友，爲王所殺，可謂得死所矣。敵國之人，勢不並存，忠臣義士，殺之而後成名。兩公豈有遺憾於王，卽山僧亦豈有所私痛惜於兩公哉！然聞遺骸未殯，心竊惑之。古之成大業者，表揚忠節，殺其身而敬且愛其人，若唐高祖之於堯君素，周世宗之於劉仁贍是也。我明太祖之下金陵，於元御史大夫福壽旣葬之矣，復立祠以祀之，又曲法以赦其子，盛德美名，於今爲烈。

至如元世祖祭文天祥，伯顏卹汪立信之家，豈非與聖人禮敎共植彝倫者邪。山僧嘗私論之：衰世之忠臣與開國之功臣皆受命於天，同分砥柱乾坤之任。天下無功臣則世道不平，無忠臣則人心不正，事雖殊軌，道實同源。兩公一死之重，豈輕於百戰之勳哉！王旣已殺之，則忠臣之忠見，功臣之功亦見矣，此又王見德之時也。請具衣冠，爲兩公殮。瞿公幼子，尤宜存卹，張公無子，益可矜哀，並當擇付親知，歸葬故里，則仁義之舉，王且播於無窮矣。如其不爾，亦許山僧領屍，隨緣槀葬，豈可視忠義之士如盜賊寇仇然，必滅其家，狼藉其支體而後快邪？夫殺兩公於生者，王所以自爲功也；禮兩公於死者，天下萬世所共以王爲德也。山僧以生死之交情，不忍默然，於我佛寃親平等之心，王者澤及枯骨之政，聖人維護綱常之敎，一舉而三善備矣。山僧跛不能履，敢遣侍者以書獻，敬候斧鉞，惟王圖之。」書上未報。而吳江義士楊藝字碩甫者，服衰絰，懸楮錢肩背間，叩軍門，號哭，請殮故主屍。有德嘆曰：「有客若此，不愧忠良矣！」許之。藝撫屍哭曰：「忠魂儼在，知某等殮公乎？」忽張目左右視，藝撫之曰：「次子來見邪？長公失所邪？」目猶視。門下士御史姚端叩首曰：「我知師心矣。天子已幸南寧，師徒雲集，焦侯無恙。」目始瞑。遂具衣冠，淺葬兩人於風洞山之麓，端與陽羨清凝上人廬墓不去。先是，式耜知桂林不守，遣其孫中書舍人昌文詣梧州陳狀，辭世襲爵。王授昌文翰林院簡討，賜式耜黃鉞龍旌，節制公侯伯大小文武。甫撰敕文，而東西省垣齊陷。昌文走山中，叛將王陳策挾之至梧州，大學士方以智時爲僧於大雄寺，言於我鎮將馬蛟麟曰：「瞿閣部精忠，今古無兩，其長孫來，汝以德綏之，義聲重於天下。」蛟麟厚遇之，魏元翼恨不已，搆昌文於有德，將甘心焉。一日，聞鐵索鏗然，繞室有聲。元翼伏地請罪，忽吳語曰：「汝不忠不孝，乃欲殺我孫邪！」七竅流血死。有德嘗以事遣一卒禱於城隍，恍惚見同敞南面坐；有德聞而大駭，爲雙忠神位祀之，因厚禮昌文，遷式耜柩而改葬之。清凝上人亦遷同敞柩與夫人合葬焉。〔考曰：東明聞見錄、庚寅始安事略、寒支集所載皆同，詳載之以見忠義之感神人也。〕

徐鼒曰：紀年於左懋第、袁繼咸、黃道周、瞿式耜之死，書曰猶在何？士有一時血氣之激，蹈死不悔，遲之久而畏葸之心生，遲之久而富貴功名之念動，蓋無直養無害之氣，義襲而取之。一時金蝕而渝，石磨而泐，理勢然也。文山之言曰：「慷慨捐軀易，從容就義難。」數君子者，庶幾聖賢知命之學哉！

明大學士王化澄、戶部尚書董天閱俱降於我大清。

明擢兵科給事中張孝起爲副都御史，巡撫南寧。

孝起原名起，吳江人，舉於鄉，爲廉州推官。舉兵謀恢復，兵敗被獲，妻妾投海死，遂羈軍中。李成棟歸明，孝起得脫去，王以爲吏科給事中，孤峭不與流俗伍。王幸梧州，五虎失勢辭職，乃以孝起掌印。高必正爲劉湘客鄉人，疾孝起之排湘客黨也，怒罵於朝，王爲解之始已。王再幸南寧，趙臺避陳邦傅之逼，遁入土司，乃擢孝起爲巡撫，兼巡撫高、廉、雷、瓊四府。城破，走入龍門島，被執，不食七日死。

明高必正、李來亨之衆走川東。

高、李之衆久竄賓、橫、南寧間，食且盡，畏王師之逼，率衆渡瀘，自黎州出掠嘉、眉，分據川、湖間，耕田自給。川中舊將王光興、譚宏等附之，衆猶數十萬。來亨，赤心養子也。赤心死，推必正爲主；必正死，而來亨代之焉。

明封孫可望爲冀王，猶不受。

王師已逼，乃遣編修劉蒞封可望爲冀王。至平越，不得入。楊畏知言於可望曰：「秦、冀等耳，假何如眞！」不聽。李定國請令畏知終其事，故畏知得至南寧。〔考曰：明史稿以爲是年十一月事，與諸書同，紀略以爲明年三月事。〕

明朱成功率舟師南下，援粵東。

時奉粵中詔，命成功率舟師從虎門入，成功乃以黃大振〔考曰：即前擒黃斌卿於王朝先者。〕爲援剿前鎮，守海壇，撥水師阮引、何德、陸師藍登屬鄭芝鵬守廈門，自率諸鎮南下勤王。至潮陽，而施郎與陳斌不睦，因止不進。有首黃海如通於我定南王孔有德者，成功遣林習山襲殺之，宥其餘黨，分配各鎮。

辛卯，我大清順治八年（一六五一），春正月己酉朔。〔明永曆四年十二月朔，自二月以後爲明永曆五年，魯監國六年。〕

明永曆三年大統曆於庚寅（一六五〇）十一月置閏，而我大清則於辛卯（一六五一）閏二月也。時兩廣州郡內附，我道府州縣官抵任者，皆以是日爲辛卯元旦，行拜賀禮；而鄉鎮居民，未奉大清時憲書，仍永曆舊曆，則以是年二月乙卯朔日爲元旦，守除拜歲，有鄉城之別焉。〔考曰：繹史勘本及粵事記言之甚詳，而黃宗羲行朝錄則言永曆是日升殿受朝賀，十日祀太廟者，宗羲仕於魯而未仕於粵，故紀粵事多舛也。〕

明命大學士文安之總督川、湖諸路軍務，賜尚方劍，便宜行事，進王光興、郝永忠、劉體仁、袁宗第、李來亨、黨守素、王友進、塔天寶、馬雲翔、郝珍、李復榮及譚宏、譚詣、譚文等爵爲公侯。〔考曰：十六營姓名可考者十四人，與初降時亦殊異，蓋子弟部將之代領衆者也。體仁亦作體純，非二人也。〕

王師日逼，雲南又爲孫可望所據。安之念川中諸鎮兵頗强，欲結之，共奬王室，自請督師，加諸鎮封爵，王從之。加太子太保兼吏兵二部尚書，總督川、湖諸路軍務，進王光興等十六營爵皆公侯，命齎敕行。孫可望聞而惡之，遣兵邀於都勻，奪諸將敕印，留數月。安之乘間走貴州，將謁王於安隆，可望坐以罪，戍之畢節衞。可望之謀僭號也，以安之爲東閣大學士，安之不爲用，走川東依劉體仁以居焉。

二月己卯朔〔明永曆五年正月朔〕，明桂王在南寧。

正月後，警報少息，舊臣有間道奔赴行在者，文武兩班，位列楚楚，王以國家多難，免朝賀。

明監國魯王在舟山。

閏二月〔明二月〕乙卯（初八日），明魯張名振殺平西伯王朝先。

初，黄斌卿之破也，朝先收其陸兵，軍資甲仗一不以付名振。鄭彩之敗，名振與阮進因而墮之，朝先又不與合，顧不虞名振之見襲也，散遣士卒於民舍，名振猝至，朝先手格數十人而死。其部將張濟明跳城奪哨船，投誠於我大清，願充先鋒，定海氛，於是舟山虚實盡洩，我總督陳錦決計大舉焉。

臣鼒曰：蜀事之壞，壞於李乾德之殺楊展，舟山之壞，壞於張名振之殺王朝先，所謂與人鬬而自斷其右臂者，殆天奪之魄歟。

明監國魯王設醮於舟山。

我台州分守道耿應衡遣奸細入舟山，託於日者，謂監國祿命宜禳災星，張名振設醮禳之，兵部郎中朱養時上疏爭曰：「如此舉動，貽笑敵人。」

徐鼒曰：何以書？譏也。君無楚昭王，臣無晏平仲，吾於黃皓巫鬼何責焉！傳曰：國將亡，聽於神，是之謂與。

癸亥（十六日），我大清兵取明梧州。

癸酉（二十六日），我大清兵取明柳州。

明朱成功師次平海衛，我大清兵襲破廈門，守將鄭芝莞遁，前東閣大學士曾櫻死之。

成功舟師至白沙湖，遇風，收入鹽洲港，尋至天星所，敗我惠州援兵，攻其城，下之，進次平海衛，慮廈門單弱，屬鄭鴻逵回師，助芝莞固守。未至，而我福建巡撫張學聖信降臣黃澍之謀，偵成功遠出，檄總兵馬得功率師從五通掩渡，水師鎮阮引不戰而遁，芝莞聞報，席捲珍寶，棄城下船。學聖督大隊繼至，適潮大漲，登五通山，望波濤萬頃，島嶼孤懸，愕然曰：「此絕地也，設有緩急，豈能飛渡。」即日引還。得功方領騎馳騁，聞後軍已退，不敢坐鎮，走篔簹港。而鴻逵部將楊朽素、吳渤已至截諸港，渤戰死，施郎復率陳壎、鄭文星從廈門港登岸促之。得功嘗爲鴻逵標下守備，故相識也。計窮，乃冒死駕小船見鴻逵，說之曰：「得功奉令過島，未曾擾一草一木，今無舟可渡，必死，但恐得功死，此島人民萬不能全耳。公兄在京，眷口在安平，乞熟思之。」鴻逵乃逸之去。初，閩中亡，大學士曾櫻避居廈門，城將陷，家人促之登舟。纓曰：「此一塊淸淨土，吾死所也。」於是月晦日，自縊死。其門人陳泰、阮文錫謀收遺骸，泰痛哭曰：「有吾在，無庸子，子出而不返，則老父倚閭而望，吾孤身，死則死耳。子効力於親，吾効力於師，不亦可乎？」泰乃匍匐負纓屍，走三十里，付其家人殯之，歸不食三日卒。文錫後爲僧，名超全，論者比之鄭所南、謝皐羽焉。〔考曰：本夕陽寮存稿。〕

孫可望遣兵至南寧，殺明大學士嚴起恆、尚書楊鼎和、給事中劉堯珍、吳霖、張載述，乃封可望爲秦王。

可望怒起恆等之阻秦封也，聞王在南寧，遣其將賀九儀、張勝、張明志等率勁兵五千迎扈，直上起恆舟，怒目問王封是秦非秦。起恆曰：「君等遠迎主上，功甚偉，朝廷當有隆恩；若專問此，是挾封，非迎主上也。」九儀怒，格殺之，投屍江中。遂殺堯珍、霖、載述，追殺鼎和於崑崙關。鼎和、堯珍以阻議故，而霖與載述則曾劾主秦封者也。起恆屍流三十里，泊沙渚間，突有虎負之登崖，守視不去。九儀等驚悸累日，乃禮而葬之山麓，至今人稱虎墳云。

徐鼒曰：起恆之忠格猛獸，而不能化盜臣，可慨也。然使早從堵胤錫之言，何至長賊氛而損國威若是，謀國者，貴識時哉。

孫可望殺明東閣大學士楊畏知。

畏知入朝，見賀九儀等凶悖，痛哭自刎，因留爲東閣大學士。可望怒，遣使召之，王欲執其使，畏知曰：「臣聞猛獸當人則止，若得臣而止其逆，臣焉避之。」王揮涕爲別，手賜金章，鐫「忠貞直諒」四字。畏知泣謝曰：「苟利社稷，死生以之，願陛下廓清天地，正位二京，臣卽瞑目。」至貴陽，繫獄，士民數萬哭請，乃出畏知黑神廟調疾。先是原河南道御史任僎諂附可望，議尊爲國主，以干支紀年，鑄「興朝通寶」錢。可望生男，乞恩如生皇太子例。原揚州副使龔彝亦希可望旨，啓陳十事，欲租外增賦，賦内編馬。畏知憤甚，輒抵掌謾駡，二人亟搆之。可望呼畏知詰曰：「遣汝作何事，反作宰相邪！」畏知曰：「爲大明宰相而死，不愈於從亂賊而生乎！」可望令杖之。畏知除頭上冠撞可望曰：「誰敢辱大臣，有死而已。」乃被害。楚雄人以其有守城功，立祠以祀焉。

三月，我大清兵取明高州。

提督李明忠之師潰於岈口，王師追至電白，明忠遁，遂克高州。道臣郭光祖、吳人龍、知縣文振義、副將王邦友俱降。

明永州諸生鄧光遠被執不屈死。〔考曰：行在陽秋載爲是歲事，而月日不可考，姑以事次。〕

夏四月丁未朔，明朱成功復取廈門。

成功聞廈門有警，旋師抵廈門，而馬得功已去五日矣。成功大悔恨，移師屯金門之白沙，親歷各要口，以鄭肇柱爲知州，築砲臺，撥勁旅守之。丙辰（初十日），大會文武，議廈門功罪，賞施郎銀二百兩，陳繐、鄭文星各百兩，厚卹吳渤家，杖阮引、何德各五十。鄭芝莞以失機論罪當斬，芝莞方欲辯，而成功已冠帶出隆武帝所賜尙方劍斬之，縣首示衆，有「本藩鐵面無私，爾勳臣鎭將，各宜努力」之語，衆軍股栗，兵勢復振。成功恨鴻逵之縱得功也，飭鎭將不許赴鴻逵衙署。而鴻逵見成功能行其法，亦將所部付之，謝權歸隱，築寨白沙，構亭沼，藝花木，笙歌自娱。後爲我將王進功所攻，成功移之居金門以老。方芝莞擁貲棄城，成功妻董氏抱神主出，舵工林禮負之登芝莞舟。芝莞遽曰：「此戰艦也，非夫人所居。」再三促之，董氏堅坐不動，積藏得無恙，軍餉獲充。董氏素無寵，以是見禮於成功焉。

甲寅（初八日），**明兵部右侍郎傅鼎銓招兵廣信，被執。**

程鄉之敗，諸軍皆散，惟平西伯張自盛走保閩界，有衆數萬。鼎銓入其軍，約廣信威武侯曹大鎬並進。庚寅（一六五〇）冬，自盛掠邵武，兵敗，就俘瀘溪山中。鼎銓走廣信，四月八日，俗稱浴佛日也，山中作浴佛會，鼎銓與焉。爲守將所執，諭降不從，令作書招揭重熙，亦不從。在獄閱月，巾服賦詩，朝夕不輟。或欲爲薙髮，曰：「留此與頭俱去也。」〔考曰：詩云：浴佛傳名日，孤臣殉節時；棘荆羈彩鳳，□□護靈麟。斷頸玉寧碎，剖心山不移；爭傳巾履□，昭取漢威儀。見行朝錄。〕

戊午（十二日），**明太后王氏殂於田州。**〔考曰：行朝錄云：慈寧皇太后馬氏崩於田州，誤也。〕

五月，葬南寧，上尊謚曰孝正莊翼康聖皇太后。

明朱成功部將施琅降於我大清。

琅本名郎，投誠後改今名。郎之事成功也，年最少，風宇魁梧，號知兵。凡樓櫓旗幟，伍陣相離之法，皆郎啓之，然頗恃才而倨。有標兵曾德犯法當死，匿成功所，郎偵擒之，成功馳令勿殺。郎曰：「法者非琅敢私，藩主何可自徇其法乎。」促斬之。持令者歸而搆焉，成功怒，收郎並其父大宣、弟顯貴，命林習山之副將吳芳守之。郎謂顯貴曰：「兄弟豈可俱斃，弟速爲計。」顯貴曰：「兄雄略勝弟十倍，且無子，速行，勿多語。」郎起，佯喜笑，語芳曰：「吾以藩主欲殺我，乃別有事邪！」取酒與芳歡飲曰：「伴我登岸往見當事。」芳見郎舉動雀躍，又以父與弟在船信焉，令三人隨之，至草仔寮，郎出鐵椎椎死三人而走，匿曾厝垵石洞中。飢且死，適佃兵鋤園老矣，見五花豹隱臥，大怖，頃之，傫然施郎也，則大驚。郎告之故，佃兵餉以簞食魚羹，然已憊甚，肌革慘慄。時成功購之急，曰：「此子不來，必貽吾患。」令島中舍匿者族。郎夜叩其部將蘇茂門，激之曰：「聞藩主購我千金高爵，賢弟與我厚，故以贈也。」茂曰：「茂豈賣公以求榮者乎？」敕門者秘之。居二日，跡至茂家，乃伏郎臥內，令妻隅坐，以衣覆之。夜以小舟載郎渡五通去，而席稾請罪於軍門，成功赦茂而授以郎職。久之郎改名，降於我大清。黃梧薦之總督李率泰，題授副將，後爲水師提督，卒平鄭氏，取臺灣焉。

臣鼐曰：特書何？爲平臺灣張本也。覽施琅歸國之事，蓋與伍大夫相侔。荆平昏庸，無責焉耳；成功傑士，胡亦以淫刑失國士乎？蓋天將爲聖主驅除之資，彼成功者，顛倒於其中而莫自主也。

五月，孫可望疏請明桂王移蹕雲南。

王亟召廷臣集議，閣臣吳貞毓、御史王光廷、徐極等勸幸欽州依元胤。閣臣朱天麟力請幸滇，言：「元胤屢敗之餘，衆不滿千，棲依海濱，其不足恃明矣。雲南山川險阻，雄師百萬，北通川、陝，南控荆、楚，亟宜移蹕，以堅可望推戴之心，慰中外臣民之望。」貞毓等力持不可，遂寢其議。

明命大學士朱天麟經略左、右兩江。

天麟幸滇之議既不用，乃奉命經略左、右兩江土司，以爲勤王之助。

明命翰林院舉堪任日講記注官。

詔曰：「頃以大行孝正莊翼康聖皇太后喪，憂戚之中，不遑視事，今值服除，當與大臣商決政事。」即傳工部修中極殿，翰林院舉堪任日講記注員名，以二十七日舉行。

徐鼒曰：特書何？譏也。梁元帝之談老子，陸秀夫之進講義，畸正雖殊，迂疏則一。高瓊折楊億曰：「敵騎充斥，公能賦一詩以退敵邪？」每思之輒失笑也。

明朱成功與我大清兵戰於漳浦之南溪。

成功憤廈門金穴之覆，率中提督甘煇、左先鋒鎮蘇茂、中衝鎮藍登、宣毅左鎮杜煇、援勦後鎮陳魁、左衝鎮郭義、右衝鎮蔡祿、後衝鎮林明、前衝鎮統領余新、奇兵鎮楊祖、智武鎮藍衍等從南溪登岸，我漳州總兵王邦俊列陣於磁竈以待。杜煇、藍登奮勇爭先，矢將盡，少怯，余新、楊祖、蔡祿、陳魁左右夾擊之，邦俊遂潰，閉城不出。

明兵部尚書總督江西軍務揭重熙會師貴溪之百丈磜，兵潰被執。

張自盛既敗死，重熙乃走依曹大鎬。至百丈磜，適大鎬還軍鉛山，惟空營在，衆乃就營炊食；游騎偵得，猝招大軍圍之。射重熙，中頂。大呼曰：「我揭閣部也。」擁去，至崇安，邑令勸之降，叱曰：「小子亦讀書，不識綱常名教邪！」抵建寧，兵備道某者與有舊，出迎之，俯揖不敢仰視。重熙瞪目詈之，遂下獄。大鎬兵敗入閩，亦被執於岑陽關，械至南昌，殺之。

明星子生員吳江兵潰，前督師余應桂死之。

應桂既敗於落星湖，復傾貲募衆，聞吳江兵潰，往援之。我潯帥楊捷以步騎奄至城下，應桂與子諸生顯臨同被執見殺。江，星子諸生也，戊子（一六四八）起兵，應南昌。王師克九江，江返南康，謀據湖，結壘開先寺。已敗走都昌，得舊鎮將張士彥之標將黃才兵二百人，部勒之，將復舉。才陰款於我，執江以獻，論死。

臣鼒曰：金、王之亂，託名恢復故國，一時耆宿如揭重熙、傅鼎銓、余應桂之徒褰裳相從，冀得一當。金、王死，其黨張自盛、洪國玉、曹大鎬、李安民收殘卒入山，出沒邵武、廣信間，與揭、傅諸公相應和，所謂四大營之亂也。顧攻取無策，摽掠爲生，不二年間，敗亡略盡。而玉石雜糅，繁有節俠，讀李世熊所著畫網巾先生傳，而知有明二百年之士氣，蓋不與鐘簴同銷滅也夫！

秋七月，我大清兵分道取舟山。

張天祿出崇明，馬進寶出台州，海門陳錦總督全師出定海。監國會諸將議堵禦之策，阮進獨當蛟關，張名振督總兵張晉爵、葉有成、馬龍、英毅將軍阮美、阮驥遏南師，張煌言、阮駿率總兵顧忠、羅蘊章、鮑國祥、阮驊、鄭麟、都督僉事李英傑斷北洋，都督僉事任麟爲監督，留定西中軍金允彥巡城，主事邱元吉、安洋將軍劉世勳、中鎮馬泰三標營守城。

我大清兵克台州，明魯督餉御史沈履祥死之。

履祥號復菴，慈谿人，崇禎丁丑（一六三七）進士，知侯官縣，調繁甌寧。南都立，上治安、責成二疏，頗見採納。魯王監國，授御史，督餉台州。時王師攻舟山，道出台州，城陷，走山中，被獲，不屈，殺於野。家人求其屍，得首於桑園，得身於積屍中，以有服帶可據，遂合而紉之以葬焉。

明張名振奉監國魯王攻吳淞。

名振以蛟關天險，又海上諸軍熟於風信，敵必不能猝渡，乃留阮進守横水洋，大學士張肯堂以兵六千守舟山，自率兵奉監國擣吳淞以牽制之。或謂曰：「物議謂公藉此避敵。」名振曰：「吾母妻子弟皆在城中，吾豈有他心哉！」遂發，既而舟山不守，大學士沈宸荃每咎其恃險輕出，以致敗。後宸荃飄舟南日山，遭風失維，不知所之，故時有疑名振覆之以弭謗者。

徐鼒曰：全祖望云：論者謂定西挾監國以逃，而特覆沈公以弭謗。是時一門眷屬盡在危城，斷斷挾王以逃，則必無是理。鼒嘗讀汪光復航海遺聞而知名振奉監國航海之行，不可以成敗論也。方舟山戒嚴，監國攜世子欲登舟，名振諫曰：「臣母耄年，不敢輕去，恐寒將士心。主上督率六師，躬擐甲冑，是爲有辭，世子豈可遽去，將爲民望邪！」夫人情莫不樂生惡死，監國既有登舟之行，不可以援而止之而止，而君臣死守孤城，勢將坐困，不得已而出擣吳淞，既不逆監國遠避之旨，且批亢擣虛，形格勢禁，於彼此犄角之謀亦較得。名振所云躬擐甲冑，是爲有辭者，蓋亦死中求生之策也，彼耳食者何知哉！

八月乙巳朔，明兵部右侍郎傅鼎銓猶在南昌獄，諭降不屈，死之。

是日，得處決旨，衆爲涕泣，鼎銓揚揚如平時，聞吹角聲，曰：「可以行矣。」語左右曰：「我不畏死，不可縛。」徐行至順化門，南向再拜，行刑者請跪，叱曰：「自被擒來，爲誰屈膝者。今日欲我跪邪？」坐橋上，手整領衣就刃，行刑者手顫墮淚。初，鼎銓以北都之亡污賊命，爲鄉人所鄙，嘗欲求一死所以自滁，先置木主書死年，而空其月日，死後搜笥得之。

丙辰（十一日），明魯兵部右侍郎王翊招兵奉化，被執不屈，死之。

七月，翊聞王師三道下卅山，乃復入山，集散亡為援，而諸將死亡殆盡，旁皇故寨。二十四日夜，有大星墜地，野鳥驚噪，父老憂之。詰朝，將由奉化出天台至北溪，為團練兵所執，部下參軍蔣士銓從之。過奉化，題絕命詩，每日束幘掠鬢，謂守者曰：「使汝曹見此漢官威儀也。」八月十三日，我羣帥畢集於定海，總督陳錦訊之。翊坐地抗聲曰：「毋多言，成敗利鈍天也。汝又何知！」羣帥憤其積年倔强，聚射之，中肩、中頰、洞脅者三，如貫植木，不少動，斧其首始仆，時年三十有六。從翊者二僕，一曰石必正，一曰明知，不肯跪，掠之，則跪而向翊，並殺之。梟翊首於寧波之西門。故按察副使陸宇燝，亦鄞縣六狂生之一也，與錢肅樂故部將江漢、翊部下毛明山以計竊其首歸，藏之密室，每寒食重九，招同志祭之，賦詩慟哭，雖家人莫知其為誰祭也。越十二年，為康熙癸卯（一六六三），宇燝以海上事牽連入獄，有司籍其家，既去，其女屏當遺棄，於櫃中得一錦函，啓之，則赫然人頭也。宇燝之弟宇爆，哭之曰：「此王侍郎頭，而得不為有司所錄，天也。」束蒲為身，瘞之。宇燝出獄，不及家而死。翊死，遺一女，年十三，許嫁黃宗羲子，以例沒入勳貴家，參領某憐其為忠臣女，撫之如所生。有劉弁者求之，女不可。參領難之，女突出所佩劍自刎死。參領大驚，以劍殉葬焉。

丙寅（二十一日），明魯蕩湖伯阮進與我大清兵戰於定海之螺頭門，敗績，與岐陽王裔孫李錫祚皆死之。

王師試舟海口，阮進邀擊之，以三舟突陣，奪樓船一，戰艦十，馘十一人而縱之還。丙寅大霧，咫尺不相睹。頃之，王師悉抵螺頭門，〔考曰：卽蛟門，亦名定關。〕守隩者方覺。適進自海門還，遇之橫水洋，以火毬擲我舟，風反師熠，進面爛焉。錫祚往救之，被創力竭，同投水死。〔考曰：紀略謂進投水死，而汪光復航海遺聞云：進墮水被擒，我督臺命舁進招撫守城將士，不從，攻之不下，被砲傷以二千計。似進未嘗死者，存之俟考。〕

九月丙子（初二日），舟山星隕如雨，是日城陷。明魯元妃張氏及大學士張肯堂、禮部尚書吳鍾巒、兵部尚書李向中、吏部侍郎朱永佑等皆死之，定西侯張名振遂奉監國魯王航於海。

安洋將軍劉世勳、左都督張名揚統精兵五百，義勇數千，與王師背城戰，殺傷過當。名揚，名振弟也。九月初一日乙亥，中軍金允彥、主事邱元吉以城中火藥盡，跳城降，城中縋其子而呼，名振還救。王師知救兵到，攻益急，夜半星隕如雨，遠近大駭。午刻，諸軍力不支，城陷。時名振會師，火燒門外，離城六十里，候潮長進發，突見城中烟焰蔽天，知不可救，乃解維去。尋聞母范氏、妻馬氏、弟名揚偕其幼弟及妾闔門舉火自焚死，慟哭曰：「臣誤國誤家，死不足贖。」奮身欲投海，監國與諸將救之，乃止，乃復扈監國航海。明年春，次於鷺門，事詳後。元妃張氏者，鄞人，初以丙戌（一六四六）春入宮，次會稽張妃下。江上之潰，總兵張國柱劫宮嬪於海，妃在副舟中獲免，伏荒島數日，飄泊至舟山，而監國已入閩，張肯堂遣官護之，達長垣，監國册爲元妃。嘗言會稽張妃父國俊事，妃嘆曰：「是何國家，是何勳戚，而尙爾爾乎？」凡親族之至者悉遣之。劉世勳之出戰也，議分兵送宮眷出，妃傳諭辭曰：「將軍意良厚，然蠣灘黥背之間，懼爲奸人所賣，則張妃之續也，願得死此淨土。」城陷，整簪服，北向拜，投井死。義陽王妃杜氏、宮娥張氏並從之。錦衣指揮王朝相、內臣劉朝昇亘石塡井，即共列其旁。張肯堂嘗於邸中築雪交亭，夾一梅一梨，花開則兩頭相接，嘆謂部將都督汝應元、門生禮部主事蘇兆人曰：「此吾止水也。」兆人曰：「公死，兆人必不獨生。」又撫孫茂滋，顧應元曰：「下官一綫之託，其在君乎。」應元曰：「諾。」於是藹然去，披緇普陀寺爲僧，而兆人始終相從。城陷之先一夕，吳鍾巒至，相與作永訣詞，〔考曰：肯堂詞云：「虛名廿載誤塵寰，晚節空餘學圃閒；難賦歸來如靖節，聊歌正氣續文山。君恩未報徒長恨，臣道無虧在克艱；寄語千秋青史筆，衣冠二字莫輕刪。」後制府以二十金購此手蹟，一老兵得之以獻，賞之不受，曰：我志在表揚忠義，豈爲金邪？附志之。〕因謂家屬曰：「毋爲人辱。」比晨，集雪交亭，蟒玉南向坐，視其四妾方氏、周氏、姜氏、畢氏及冢婦沈氏即茂滋母、女孫茂漪先後就縊投井死，諸婢僕婦之從死者復十九人。呼茂滋曰：「汝可不死。」甫自引繯，家人報蘇儀部縊廡下，〔考曰：兆人絕命詞曰：「保髮嚴臣節，扶明一死生；孤忠惟自許，義重一身輕。」又黃毓祺之死，舟山傳其獄中詩，自肯堂、鍾巒以下皆和之，兆人有句云「不改衣冠可爲士，誤移頭面即成魔」之句。附錄之。〕亟呼酒往酹之，曰：「君少待我。」遂復入繯以卒。中軍將林志燦、林桂掖茂滋行，甫出門，而亂兵集，茂滋脫去，而志燦、桂與守備吳士俊、家人張俊、彭歡皆格鬭死。明日，應元自普陀奔入城，請於大帥瘞之普陀之茶山，後茂滋卒，應元築菴墓旁以終。鍾巒初見朝政盡歸武臣，嘆曰：「當此之時，惟見危授命，是天下第一等事，避世深山，亦天下第一等事。」都御史黃宗羲嘗招之居四明山，答以書曰：「故人有母，固應言歸，老生從王所在，待盡而已。」遂退居普陀，聞舟山師潰，乃慷慨謂人曰：「昔吾師高忠憲公、〔考曰：謂高攀龍。〕吾弟子李仲達〔考曰：謂李應昇。〕死璫禍，吾友馬君常〔考曰：謂馬世奇。〕死國難，吾皆爲詩哭之，吾門生錢希聲〔考曰：謂錢肅樂。〕從亡死，吾子福之倡義死，吾亦爲詩哭之。今老矣，不及此時尋一塊乾淨土，即一旦疾病死，得以見先帝，謝諸君於地下哉？」乃渡海入城，與肯堂訣曰：「吾於前途待公。」至文廟右廡，奉先師神位，舉火自焚死。〔考曰：鍾巒絕命詞有云「只因同志催程急，故遺臨行火浣衣」之句。〕李向中既晉尙書，見悍帥迭起，事不可爲，嘆曰：「此所謂是何天子，是何節度使者也！」問左右絕粒幾日可死，曰：「七日。」曰：「何緩也？」城陷，嘆曰：「先帝以治行拔向中，曩不死，希得當以報耳。今不如一決之愈也。我死幸投我海中以志恨。」召之不至，捕之則衰絰入見。我大帥問曰：「召君不來捕始來，何也？」曰：「召則恐諭降，捕則僅就戮耳。」翊武而出，乃就戮。朱永祐時病不能起，被執，令薙髮，曰：「我髮可薙，何待今日！」斫其脅死。僕負屍出城，血涔涔不止，僕哭曰：「主生前好潔，今無知邪！」血應聲止。同時殉難者多於南北兩都，論者謂王師南下，所不易拔者，江陰、涇縣合舟山而三。文臣可紀者：通政使會稽鄭遵儉，兵科給事中鄞縣董志寧，六狂生之一也；定西監軍御史餘姚梁隆吉俱全家自殺；吏部主事福建林瑛與妻陳氏分梁自縊死；楊鼎臣投井死；戶部主事蘇州江用楫、禮部主事會稽董元、兵部郎中江陰朱養時、主事福建朱萬年、長洲顧珍、臨山衞李開國、〔考曰：航海遺聞作楊開國。〕工部主事長洲顧宗堯、〔考曰：一作中堯。〕所正鄞縣戴仲明、中書舍人山陰顧玢、陳所學、〔考曰：航海遺聞又有江中氾、顧行、翁健三人，而南疆繹史摭遺則云陳所學字顧行，亦無江中氾，翁健名，是否顧行爲陳所學字，非另一人，存之俟考。〕副使馬世昌或全家投井死，或全家自焚死；太醫院副使章有期率御醫童廣等自焚死。武臣則自安洋將軍劉世勳以下，錦衣衛李向榮、總兵馬泰、副將單登雲、杜芳、夏霖、解龍、朱起光、沈雲、曹維周、韓紹琦、夏時霖、張聖治、薛三胄、任則治、童自齡等，率兵民巷戰死。諸生則張名甲，定西侯名振之兄也；順天顧明楫，名振之幕賓也。名甲奉祖先木主自焚死。明楫衣巾入太廟，題詩壁上，〔考曰：詩有「愁魂應傍孝陵歸」之句。〕扼吭死。又有福建林世英，亦諸生也，馬呈圖、貢圖，名振妻馬氏之姪也。此外則湮沒無可考焉。魯世子被獲，或曰有義士申毅者，潛挾以去，然亦莫知所終云。

明陳邦傅誘殺宣國公焦璉，率潯州總兵李時、方有聲、副總兵鄧景、監軍道楊兆文、知府何允中等以叛，降於我大清。

慶國公陳邦傅與其子文水伯陳曾禹遣使至梧州，通於孔有德，璉不知也。邦傅與璉爲兒女戚，誘之來而說降，璉不屈，自刎死，邦傅乃率潯州文武降。有寧端伯茅文憲者，亦爲邦傅所脅，繳印降，尋悔恨死。

臣鼒曰：書誘殺，書率何？誅首惡也。

陳邦傅以我大清兵取平樂，明左軍都督朱閔如死之。

閔如，臨桂人，官左軍都督，掛鎮西將軍印，攖城堅守。城陷，南望再拜，先殺妻子，自刎死。

陳邦傅以我大清兵取清遠衞，明指揮白常燦死之。

常燦本衞人，邦傅以兵至，常燦不知其叛也，迎之。旣知，則大怒，唾其面，罵不絕，遂死於亂刃下。

壬寅（二十八日），明桂王自南寧出奔。

初，王欲移蹕，羣臣以兩江瘴癘，秋甚於夏，請俟霜降後。會潯州報至，遂倉卒登舟

明朱成功復攻漳浦。

我鎭將王邦俊赴援，爲成功部將甘煇所敗，追至馬口，始退。

冬十月辛亥（初七日），明桂王次新寧。

明册尊生母馬氏爲太后。

上徽號曰昭聖仁壽皇太后。

明立子慈烜爲太子。

劉文秀取嘉定，明總督李乾德死之。

初，王自奇至川南，袁韜、武大定拒之，聞文秀至，撤兵還戰，六戰六勝，有輕敵心。俄而文秀以大兵壓其前，自奇泝流擊其尾，大敗就擒，遂降。乾德以其父明舉死於西充之難也，語其弟升德曰：「吾不可以再辱。」闔家赴水死，而蜀人惡其殺楊展，曰：「賊入川，實彼召之。」雖死無稱之者。

明于大海降於我大清。

劉文秀旣取嘉定，順流東下。而前破遵義時，所遣别將盧名臣者，入涪州，李占春逆戰於羣豬寺口而敗。大海在忠州聞之，知不支，遂放舟出夔門，入楚，降於王師。諸將盡散，無敢應敵者。譚宏、譚

詣、譚文皆降於文秀。

我大清兵取眉州，明向成功死之。

成功以衆五千，據石佛棧；王師破其柵，成功中流矢卒。

十一月丙子（初二日），明兵部尚書兼右副都御史總督江西軍務揭重熙猶在建寧獄，諭降不屈，死之。

〔考曰：三藩紀事本末以爲初三日事。〕

重熙在獄，門人舉人陳士道、貢生朱國龍隨之，賦詩慷慨，日整衣冠，拜呼高皇帝祈死，同斬於市。僕人戴貴、戴鳳亦殉之，臨刑，雙瞳如生。重熙好談兵，知調度，而所部多紈袴子弟，事剽掠。張自盛一軍尤暴横，流毒村落者幾二年，當時固多怨也，及其歿而無不哀之。

徐鼒曰：方曾留守之以揭、傅並薦也，隆武帝以傅汚賊命，故抑之；而揭每事與傅偕，同入閩，同入贛，同入山，傅能改過，揭能知人，其交誼有古風焉。夫吳起何以見絶於子輿，匡章何以禮貌於孟子？蓋觀過有術，取友必端，故鋤金細事也，而割席不爲褊；纍囚刑餘也，而納交不爲濫。

明李元胤疏請桂王駐防城，不許。

明朱成功與我大清兵戰於少盈嶺。

我提督楊名高聞王邦俊馬口之敗，統興、泉諸營進勦。時天氣嚴寒，名高謂諸將曰：「海賊赤脚，可乘凍溧擊之。」麾兵進至小盈嶺，勝負未分，忽成功營連發三砲，嶺左右伏兵齊起，名高隊大亂，死者甚多，遂退駐泉州。

十二月甲辰朔，我大清兵取明賓州。

庚戌（初七日），我大清兵取南寧，明趙印選、胡一青敗走，〔考曰：紀略云庚午破南寧，按庚午是二十七日，於時事不合。行朝錄以爲初七日事，當得實也，則庚午乃庚戌之譌。〕孫可望遣兵迎桂王入雲南。

報至，馬吉翔請王速行。乃由水道走土司，抵瀨湍，二將報王師逼近止百里，上下失色，從官多散去。乃更焚舟登陸，已次羅江，追騎相距纔一舍，會日晡引去。乃由安平、下雷、歸順一路進發，諸蠻供糧餉並從官夫役。時可望既受秦封，乃遣其將狄三品、陳國能、高文貴率兵三千迎駕。

明故少傅朱國楨之孫某起兵湖州之南潯鎮，與大清兵戰於白龍橋，敗績死之。

朱某者，失其名，烏程朱國楨之孫也，〔考曰：明史有傳。〕起兵南潯，有衆數千，出沒吳淞、泖、澱間，與王師轉戰白龍橋北，被執，語不屈。我大帥斷其喉，友人某潛抱屍，以楮封喉殮之。妻某氏，一慟而絕，旣蘇，日夜哭，竟斷腸死。〔考曰：本繹史引鄭元慶湖錄。〕

明朱成功取漳浦，遣使通好於日本國。

成功乘勝進攻漳浦，守將楊世德、陳堯策出降，授世德英兵鎮、堯策護衛前鎮英義將軍。阮駿自舟山來歸，我海澄守將郝文興亦遣人通款。成功以人多餉之爲憂，參軍馮澄世曰：「方今富足莫如日本。前翁太夫人來歸，國王意甚厚，若以甥禮通之，借彼地產，以足吾用，然後下販呂宋、暹羅、交阯諸國，源源不絕，則糧餉足而進取易矣。」成功然之。既獲日本鉛銅之助，又以黃愷爲徵餉官，督徵泉、漳、福、興沿海軍餉。

小腆紀年附考卷第十八

前翰林院檢討加詹事府贊善銜六合 徐鼒 譔

壬辰，我大清順治九年（一六五二），春正月。〔明永曆六年，魯監國七年。〕

癸酉朔，明桂王次龍英。

乙亥（初三日），次皈朝。甲申（十二日），次富川。乙酉（十三日），次沙斗。丙戌（十四日），次西洋江。丁亥（十五日），次寶月關。

甲戌（初二日），明朱成功取海澄。

成功乘潮大漲，航海直抵中權關，郝文興迎成功入城。有同安浯州人周全斌投謁，成功問策將安出，全斌對曰：「以大勢論之，藩主志在勤王，必先通廣西，達行在。會孫可望、李定國，連師粵東，出江西，從洞庭直取江南，是爲上策。今李成棟已沒，廣州新破，是粵西之路未得通，徒自勞也。今且固守各島，上踞舟山，以分北來之勢，下守南澳，以遏南邊之侵，興販洋道，以足糧餉，然後取漳、泉以爲基業，由汀郡、福、興水陸並進，則八閩可得矣。」成功大悅，授房宿鎮。

戊子（十六日），明桂王次廣南，孫可望遣兵迎扈。

十六日戊子，王次廣南，可望遣總兵王愛秀迎駕，表言：「臣以行在孤露，再次迎請，未奉允行，然預慮聖駕必有移幸之日，故遣兵肅清道路。廣南界鄰交阯，夷情叵測，惟安隆所爲滇、黔、粵三省會區，城郭堅固，行宮修葺，糧儲完備，朝發夕至，莫此爲宜。」王許之。

徐鼒曰：書孫可望遣兵迎扈何？嘉之也。可望叛逆之徒，何嘉乎爾？春秋於秦、晉之君，僭則誅之，尊王則褒之，蓋不欲以逆詐億不信之心，絕人悔過之路，成人之美，不成人之惡，其垂教至深遠也。綱目之於曹操、劉裕、高歡、宇文泰、李克用之徒，片善必錄，此物此志也夫！

丁酉（二十五日），明桂王發廣南。

是日，次童卜。戊戌（二十六日），次晒利。己亥（二十七日），次鼎貴。庚子（二十八日），次加蒲。辛丑（二十九日）次那羊，壬寅，（三十日）次姪堂。

徐鼒曰：諱紀何？傷之也。眢井魚枯，紇干雀凍，求爲黔首，何可得哉！殷鑒不遠，敢告僕夫！

明魯定西侯張名振、大學士沈宸荃、兵部左侍郎張煌言等奉監國魯王次廈門。

監國至廈門，朱成功召諸參軍議接見禮。潘庚鍾曰：「魯王雖監國，而藩主奉粵西正朔，均臣也，相見不過賓主。」成功曰：「不然。外藩於諸王非敵體，況監國乎！用賓主則紀綱混矣，吾以宗人府府正之禮見之，則於禮兩全矣。」衆是之。〔考曰：此本臺灣外紀，言當得實，而航海遺聞則謂成功朝見行四拜禮，稱主上，身自稱罪臣，恐傳聞之謬。〕贄千金，紬緞百端，安插諸宗室從官，月致餼焉。〔考曰：航海遺聞載從官有侍郎曹從龍、太常卿任廷貴、太僕卿沈文光、副使馬星、俞圖南、少司馬蔡登昌、任穎眉、主事傅啓芳、錢肅遴、陳藎卿，張斌、葉時茂、林泌、侍讀崔相、中書邱子章，賜蟒玉侍郎張沖符、行人張吉生、張伯玉，總兵張子先、錦衣衛楊燦、內官陳進忠、劉玉、張晉、李國輔、劉文俊等數十人。〔蕭按從亡諸臣，勳業雖無足紀，然瑣尾間關，始終不貳，較之褰裳他就者，奚啻天淵，附志之以不朽焉。〕

二月戊申（初六日），明桂王至安隆所，改名安龍府。

可望歲以銀八千兩、米六百石上供，從官皆取給焉。王尋遣太常寺卿吳之俊齎璽書至滇。

丁卯（二十五日），降將吳三桂以我大清兵取嘉定，明川南巡撫范文光死之。

劉文秀還雲南，留白文選守嘉定，劉鎮國守雅州。我平西王吳三桂以王師南下，文選、鎮國不能支，挾曹勛走敍州。范文光，內江舉人，由南京戶部員外郎擢右僉都御史，巡撫川南。李乾德之殺楊展也，文光憤入山，不視事。聞嘉定不守，賦詩一章，仰藥死。

降將孔有德以我大清兵出河池，向貴州。

我定南王孔有德聞孫可望將窺伺楚、粵，乃自以七百騎出河池州向黔，而疏請續順公沈永忠重兵扼沅州門戶，總兵線國安、馬雄、全節分守南寧、慶遠、梧州。

我大清兵入欽州，明開國公趙印選棄城走。

明杜永和以瓊州降於我大清。

明朱成功攻長泰。

成功從江東入攻長泰，王邦俊率兵援之，遇於溪西，邦俊失利。我副將王進，大名人，號老虎，與成功部將甘輝皆健鬭聞於軍。念欲一決雌雄，乃奮撾傳矢，兩馬相當，輝戢進則隱之，進彀輝亦落之，自辰至午，縱橫跌宕，觀者竦踊，以爲神亭之技；迨兩家兵至，乃解。進入長泰，輝攻之，弗克。

三月壬申朔，明建行在太廟。

己卯（初八日），湖北大風霾，晝晦。

明遣李定國進取桂林，劉文秀進取成都。

孫可望遣李定國出楚，征虜將軍馮雙禮副之，步騎八萬，由武岡出全州以攻桂林；遣劉文秀入蜀，討虜將軍王復臣副之，步騎六萬，分出敘州、重慶以攻成都。

明李定國復取沅州及平溪衞、藍田縣。

我大清兵克佛圖關，遂取重慶。

甲申（十三日），明朱成功與我大清兵戰於江東橋，我兵退守泉州，成功遂取長泰，進攻漳州。

成功攻長泰，部將吳世珍先登，死於砲，成功乃遣火器鎮何明鑿地道攻之。俄報我總督陳錦至，成功乃移營江東。錦欲擊之，游擊張玉諫曰：「海賊國姓，少年英勇，多詭計，見扎江東，未可遽進。且深溝固壘，密通漳鎮，遣一旅由長泰小路擊之，使彼首尾不顧，乃可破也。」錦喝曰：「此蝥賊，何足掛齒！」麾軍逼戰，大敗，退駐泉州。王進聞之，以數十騎棄長泰，走漳州。於是平和、詔安、南靖皆下，進圍漳州。陳錦之敗歸也，懟憤，偶食不如意，鞭奴庫成棟幾死，成棟刺殺之，以其首奔成功。〔考曰：賜姓始末：陳錦爲內豎李進忠五人所刺，當是庫成棟之黨。〕成功嘆曰：「僕隸之人而皆戕其主，是天下無刑也。」厚給其家，而梟成棟首示衆，島民是以大服。〔考曰：臺灣外紀以刺陳錦爲三月十三日事，而東

華錄、行朝錄均以爲七月七日事，未知孰是，附志之。〕

夏四月，我大清兵取敍州，明提學道任佩弦降。

時劉文秀兵未至，王復臣、白文選退守永寧，佩弦降於吳三桂。

五月，德州大雨雹。

大者如瓜，殺三人，沈漕舟一。

明南陽侯李元胤、安肅伯李建捷被執至廣州，諭降不屈，死之。

陳邦傅之劫駕也，百官星散，元胤命所部護駕憩南寧，而身至南海檄舊旅至欽州，爲士兵王勝常所劫，械送廣州。見孔有德，不屈膝，令作書招杜永和，亦不從。既聞永和降，慟哭三日夜，有德怒，殺之，投屍江中。建捷亦成棟養子，與元胤義兄弟也，嘗從杜永和先登陷陣，廣州破，走蒼梧，與元胤同護蹕，時已登舟出海，聞元胤被執，遂歸，與同死。

徐鼒曰：人可不自立哉！方二人之爲成棟養子，一叛黨耳，旣而盡忠所事，臨難忘身，雖古烈丈夫無以加焉，故亟表之以爲臣鵠。

明李定國復取靖州，進攻湖南。

定國破靖州，殺我總兵楊國勛，遂自靖州攻湖南，我續順公沈永忠遣張國柱逆戰，定國敗之。〔考曰：陽秋以爲孫可望事。按時攻靖、沅、武岡，皆定國督兵，以調遣皆歸可望，故紀事者言可望云。

我大清兵救漳州。

成功圍漳州，我金、衢總兵馬逢知率兵赴援，成功召諸將問計，甘煇請戰。成功曰：「不然。凡用兵之道，豈可全恃勇力，當明彼此之情。今陳錦新喪，提調無人，以素驍勇之逢知來，必以一當百。今且勿戰，縱之入城，然後圍之。城內人多，糧必乏，外調既遲，內勢窘促，破之必矣。」乃撤萬松關及龍江兵，令避援兵勿阻，逢知率精騎一千，步兵三千，馳至灌口，不見敵，將安營，而四面搖旗吶喊，終夜不敢卸甲。登高見營柵布滿山谷，惟往漳一路無阻，引軍入城，成功進兵圍之。逢知開東門，出擣敵壘，成功令陳勝、陳斌、蘇茂、蕭泗迎戰，而自與甘煇、周全斌、陳堯策、郝文興雲梯攻城，逢知棄陣奔回，死傷甚多，外援遂絕。

六月，明晉張先璧沅國公，馬進忠鄂國公。

時先璧等朝行在也。

我大清兵取石泉，明川北巡撫詹天顏死之。

天顏，永定人，以貢生起家，歷官安綿道，擢右僉都御史，巡撫川北，被執不屈死。

秋七月庚午朔，明李定國復取寶慶。

辛未（初二日），明李定國復取全州。

癸酉（初四日），明李定國復取桂林。

沅、靖、武岡連陷，沈永忠自寶慶告急，孔有德遣桂林兵分援之。甫至全州，而永忠已棄寶慶，退保湘潭。定國時駐兵武岡，馮雙禮駐兵寶慶，偵知桂林空虛，乃分遣西勝營張勝、鐵騎右營郭有名率精兵由西延大埠頭便道趨嚴關，而令馮雙禮率前軍都督高存恩、鐵騎前營王會、武安營陳國能、天威營高文貴、坐營靳統武合兵先進，敗王師於驛湖，斬驍將李四進，薄全州。定國自率右軍都督王之邦、金吾營劉之講、左協營吳子聖、武英營廖魚、標騎左營卜寧合兵繼進。途接驛湖之報，慮全州之衆奔逸，并力於桂林也，傳令全州傅城者無急攻。令未至而全州已下，乃令己軍過全州者急過毋入，雙禮諸軍亦出城合進。時張勝、郭有名已至嚴關，與定國軍相距十里，約曰：「敵至則舉砲傳警。」薄暮聞砲，諸軍欲赴之，定國曰：「無庸。」俟之寂然，蓋有德遣救全州之兵，見明兵已營關上，旋退去也。明日，王師至關下，勝傅砲，定國令諸軍蓐食傅壘，甫交鋒，象僨歸，定國斬馭象者，諸軍奮勇前進，象亦突陣，王師大奔，死亡不可勝計。天大雷雨，橫屍遍野，及於大榕江。有德入桂林，閉城而守。忽見明兵營城北山顛，守陴者驚潰，有德奔入府中，悵然無一言。久之，謂其妻曰：「不幸少入軍中，漂泊鐵山、鴨綠間，冀垂名竹帛，及大將軍（考曰：謂毛文龍。事詳明史。）以忠受戮，歸命本朝，爵以親王，錫之藩社，受恩深厚，有死而已。若輩早自爲計。」其妻曰：「毋慮我不死，第兒曹何罪，亦遭此劫乎？」屬子庭訓於老嫗，泣而送之曰：「苟得脫，度爲沙彌，無效乃父一生作賊，下場有今日也。」與妾同就縊，有德縱火自焚死，家口百二十人皆遇害。庭訓尋死於安隆。（考曰：有德遺一女，名孔四貞，詳國史逆臣孫延齡傳，及某氏四王合傳。）降將陳邦傅及其子曾禹被獲，送貴州，孫可望數其劫駕害從官誘殺焦璉之罪，剝皮戮之。其曾盛、祖祕希、孔承先、孫龍、孫延世、董英、袁道先等並爲定國所誅。

庚辰（十一日），明兵復取永州；是日，黄霧四塞。

我守將紀國相、鄧胤昌、姚杰等數十人皆被殺。

孫可望殺明山東道御史李如月。

如月，東莞人。可望之殺叛將陳邦傳並其子曾禹也，去其皮，傳屍至安龍。如月疏劾可望不請旨擅殺勳鎮，有不臣心，罪同莽、操。又請加邦傳以惡謚，俾爲不忠者戒。疏入，王知可望必怒，留不發，召如月入，諭以謚本褒忠，無惡謚理，小臣妄言亂制，杖四十除名，意將以解可望也。可望輒大怒，遣人至王所，執如月至朝門外，抑之使跪，如月向闕叩頭，大呼太祖高皇帝。又極口罵，乃剝其皮，斷其首及手足，揎草於皮，紉而懸之市。

徐鼒曰：叛將也，而名曰勳；伏誅也，而請加謚；名不正而言不順，有如是乎！好直不好學，其蔽也絞，如月有焉。

明劉文秀復取敘州。

文秀善撫士卒，蜀人聞其至，所在響應，諸郡邑爲吳三桂所克者次第失陷，戰於敘州，被圍數重，三桂走緜州。

明劉文秀復取重慶。

我都統白含貞、白廣生兵敗被禽，三桂斂軍退守保寧。

徐鼒曰：書之曰明李定國、明劉文秀何？進之也。二人起家擾攘之中，卒能束身歸正，感激馳驅，圖存危難，人臣之義，蓋無愧焉。吾故表出之，以告夫勳戚大臣之忘其君者。

我大清命敬謹親王尼堪、貝勒屯齊進征楚、粵。

明封李定國爲西寧王，馮雙禮爲興國侯。

方捷書發自桂林，其人窮日夜易馬而奔，旣至貴陽，直入殿墀，下馬臥地不能起，灌以湯藥，乃甦。探懷中出捷書，於是大宴三日，可望題請封定國爲西寧郡王兼行軍都招討，馮雙禮爲興國侯。遣檢討方于宣、中書楊惺光齎敕犒軍，行有日矣，而諸軍之入楚與蜀也，獨可望之護軍稱駕前軍者不發。駕前軍者固選鋒，聞桂林之捷，生妒心，曰：「北兵本易殺，我輩獨不得一當。」又定國多取金帛，上所鹵獲，惟孔有德金印金册人蔓數捆，官庫財物估價僅盈萬。馮雙禮以是不服，密啓可望，言「定國專，後恐難制。」諸往來使命者又多增飾喜怒，謂定國聞郡王封，滋不悅，曰：「封賞出自天子，柰何以王封王！」於是可望益忌定國矣。

明封劉文秀爲南康王。〔考曰：李定國、劉文秀之封，紀略載於三月出兵時誤也，今以行朝錄考之，定爲賞功事。〕

八月，明兵復取夷陵。

明建極殿大學士朱天麟卒。

天麟奉命經略，兵未集而王師逼南寧，倉皇隨扈，比至廣南，而王已幸安隆，天麟病劇不能入覲，於是月十八日卒於廣南之西坂邨。蔭一子中書舍人，謚文靖。

明朱成功兵猶在漳州。

我巡撫宜永貴初接塘報，稱馬逢知所向無敵，以爲旦夕圍解，迨聞逢知入城被困，乃以舟師攻廈門牽制之，與成功將陳煇遇於崇武而敗。成功急攻城，逢知虞內變，令所部兵雜守陴堵，隨壞隨築，久未克。時秋霖盛漲，成功塞鎮門山，激水灌之，城中食盡，人相食，枕藉死者七十餘萬。門巷洞開，落落如遊墟墓，饑鼠飢鳥白晝蹲几上，解圍後存者才一二百人。〔考曰：行朝錄：有士人素慷慨，率妻子一慟而絕，鄰舍兒竊煮食之，見腸中纍纍皆故紙，字畫隱然可辨，鄰舍兒亦廢箸而絕。臺灣外紀云：有公姑欲殺其媳，媳逃歸，告父母，父母曰：吾生汝，且不得食，反與彼邪！殺其女食之。獨一家舂米粉成塊，抹以泥，更深糊食之，得不死。守道周亮工嘗爲清漳城上詩，紀其事，酸楚不忍卒讀。」

臣鼒曰：書猶在何？本春秋傳楚師猶在宋之詞也。以成功之善攻，歷七月之久，析骸易子，人無二心，則當日我國家將士用命，衆志金湯，洵足嘉已。粵自洪逆鴟突嶺南，豕食楚北，蹂皖省，陷金陵，半載之中，毒流數千里，何賊之輸攻而我無墨守哉！追念前烈，能勿愴懷。〕

九月，明博興侯張月執提督李明忠以叛，降於我大清。

我大清兵復取梧州。

我大清兵敗明朱成功於九龍江，漳州圍解。

我固山金礪奉命救漳，謂諸將曰：「成功行兵有法，若以大隊齊進，恐墮術中，當以騎兵從大路攻擊，而分遣步卒間道邀擊之。彼兵疲意沮，挫其銳氣，則勢如破竹矣。」成功令周全斌禦之九龍江之東，兩軍酣戰，箭如雨下，忽報我兵從長泰抄出江東，全斌急鳴金收軍，礪捲旗疾追，全斌陣亂，橋關盡失，成功撤圍屯古縣。

明川、陝總督樊一蘅卒。

自楊展、王祥相繼敗死，列鎮兵多散，一衡遂謝事居山中，繼聞范文光、詹天顏之歿，憂鬱遘疾卒。

冬十月，明劉文秀進攻保寧，敗績，討虜將軍王復臣死之。

吳三桂之退保寧也，文秀追躡之，惟恐失敵。復臣諫曰：「三桂勁敵也，我軍驕矣，以驕軍當勁敵，能無失乎！」不聽。至保寧，又諫曰：「毋圍城，圍則師分而弱。」文秀曰：「三桂坐守孤城，計日可下，將軍何怯也！」令張先璧軍其西南。先璧驍將也，號黑神，然勇而輕敵。三桂登城見之，曰：「是可襲而破也。」出精騎犯其壘，果驚潰，轉戰而南，復臣營爲亂軍所擾，又阻以水，勢不支。三桂乘勝奮擊，復臣手斬數人，曰：「大丈夫不能生擒名王，豈可爲敵所辱！」遂自刎。文秀撤圍退，三桂不敢追，曰：「生平未嘗見如此惡戰，令如復臣言，吾軍休矣。」報至貴陽，可望擬詔曰：「不聽良謀，捐大將，劉撫南罪當誅，念有復城功，罷職閒住。」文秀歸，雲南諸軍或分守蜀，或調征楚，從者百餘人而已。諸將以廢處文秀太過，咸有怨心，不樂爲可望用矣。

我大清兵敗明朱成功於古縣，成功退屯海澄。

金礪與馬逢知、王邦俊議曰：「郡圍雖解，而成功尚在古縣，有覬覦心，倘由三汊河截踞江東橋，別隊從赤嶺港登岸，豈不復如前轍乎，當急除之。」督騎兵分三隊而進，成功以火軍迎敵，忽西北風起，火筒槍砲皆自焚，遂潰，退屯海澄。是役也，成功不去其蓋，是以大崩。

十一月辛巳（十三日），明李定國復取衡州。

明白文選復取辰州。

桂林之破也，明兵屯荔溪，距辰州四十里，我總兵徐勇渡江迎戰，斬明總兵張景春。章皇帝加勇左都督銜，晉男爵，尋命敬謹親王尼堪進勦，未至而明兵攻掠益急，勇援絕，餉匱，堅不下。可望自至沅州，遣白文選以儸倮兵五萬列象陣進攻，我參將張鵬、游擊吳光鼐迎戰，並敗歿。勇方督戰北門樓，明兵已自東門入，勇巷戰中創墮馬，復手刃數人，旣死猶握刀不釋，一門遇害者三十九人。勇，遼東人，嘗官明總兵，隸左良玉部下，亦降將也。

丁亥（十九日），我大清兵至湘潭，明馬進忠走寶慶。

辛卯（二十三日），我大清兵復取衡州。〔考曰：紀略以爲辛未日事。按行在陽秋及東華錄定遠大將軍敬謹親王奏，俱云十九日抵湘潭，二十三日抵衡州，是爲辛卯日無疑，紀略誤也。〕

王師遇李定國於衡州城下，大戰竟日，定國不能支，遂敗走，總兵馬某戰死。

我大清敬謹親王尼堪追明李定國，歿於陣，定國遂屯武岡。

尼堪乘勝逐北，遇伏，歿於陣。定國乃收兵屯武岡，駕前軍聞之，益輕我師，遂議明年秦王親出師矣。

明桂王密敕西寧王李定國以兵入衛。

王在安龍，宮室卑陋，服御麤惡，將吏罕人臣禮，王已不堪其憂。時馬吉翔掌戎政，龐天壽督勇衞營，謀逼王禪位可望，而惡大學士吳貞毓之不附己也，嗾其黨冷孟銋、吳象鉉、方祚亨交章劾之，王知貞毓忠，寢不行。吉翔曰：「此徒費紙筆，今具啓秦王，以內外事盡付戎政、勇衞兩司，大權歸我兩人，公等爲羽翼，貞毓何能爲邪！」厲門生郭璘說武選司主事胡士瑞曰：「今大勢已去，我輩追隨至此，無非爲爵祿計耳。今秦王宰天下，馬公甚親重，欲以中外事屬之，公能達此意於諸當事，何愁不富貴。不然，我輩無死所矣。」士瑞叱之退。他日又求武選司郎中古其品畫堯舜禪受圖以獻可望，其品拒不從，譖於可望而殺之。已而可望果有劄諭吉翔、天壽，內外機務歸戎政、勇衞兩衙門，中外惶懼。於是士瑞與吏科給事中徐極、兵部員外郎林青陽、主事張鐫、工部員外蔡縯連章發其奸，王怒，兩人求救於太妃以免。自知不爲朝士所容，諂附可望益甚。先是王在肇慶，詔令未及滇、黔，有御史任僎、主事方于宣議尊可望爲國主，定朝儀，將設六部翰林官，而慮人議其僭，乃以范鑛、馬兆儀、任僎、萬年策爲吏戶禮兵尚書，並加行營之號。後又以程源代年策，而僎最寵，與方于宣屢勸進，可望令待王入黔議之。王久駐安龍，可望遂自設內閣六部官，鑄八疊印，盡易舊印，于宣又爲之立太廟，享太祖高皇帝主於中，張獻忠主於左，而右則可望祖父也，擬國號曰後明。王聞之，益憂懼，密謂中宮張福祿、全爲國曰：「聞西寧王李定國已定廣西，俘叛逆，軍聲丕振，出朕於險者必此人也。欲下一敕，令統兵入衞，若等能密圖之否？」二人言徐極、林青陽、張鐫、蔡縯、胡士瑞宜可與謀，趣告之，皆諾，以白貞毓。貞毓曰：「今主上阽危，正我輩致命之秋，然機事不密則害成，諸君中誰充此使者？」青陽請行，乃令佯乞假歸葬，屬員外蔣乾昌撰敕，主事朱東旦書之，福祿等持入用寶，青陽即日間道馳出，於歲盡抵定國所。定國接敕感激，許以迎王。

徐鼒曰：聞之魏源曰：李定國初與孫可望爲賊，有蜀人金公趾者，在定國軍中，爲說三國演義，斥可望爲董卓、曹操，而期定國以諸葛。定國大感動，曰：「孔明不敢望，關、張、姜伯約不敢不勉。」自是與可望左，其後努力報國，殉身緬甸，爲有明三百年忠臣之殿，固由定國有傑士風，而非金公趾有以感動之，胡能若是！當時盛誇柳敬亭，而不知有金公趾，附錄之以廣虞初之采焉。

明坤寧宮常在郭氏以罪誅。

常在，女官名，其階出近侍上。安隆行宮庳隘，奄寺宫人寓居於外，分班入衞。郭氏名良璞，故奄夏國祥之對食也。年十九，妍麗捷敏，能擊劍走馬。巴東王妃某氏與之善。有張應科者，孫可望之私人也，窺見良璞，心好之，移居近巴東王第，晨夕致殷勤，巴東王亦暱就之，呼王妃爲嫂，因得通於良璞。事覺，王命杖殺良璞並內監李安國，賜巴東王與妃悉自裁。璽書與可望言應科事，可望不得已，杖應科於朝門外。

徐鼒曰：特書何？嘉勝朝家法之嚴也。楚莊絕纓之會，開元戰袍之詩，雖曰恢闊大度，而牆茨之醜，實自貽之。孟嘗君人情以色相愛之言，豈可爲訓哉！有明三百年，暬御無射鳥之兒，彤史無控鶴之紀，李瑤摭遺曰：播越之慘已如此，而宮令之肅猶如彼。則有明一代帷簿修，衽席辨，始之終之，罔或佚蕩，又誰得致疑於燕歸龍帳之春、犬吠羊車之影哉！

十二月，我大清兵復取藤縣，明總兵羅超死之。

我大清兵復取平樂，明守將彭俊死之。

明封莫宗文爲安仁伯。

是歲，孫可望殺明宗室之在貴州者。

癸巳，我大清順治十年（一六五三），春正月。〔明永曆七年。是歲三月，魯王去監國號。〕

戊辰朔，明桂王在安龍府。

二月，我大清兵復取永州，明李定國走龍虎關。

　我敬謹親王尼堪之歿也，章皇帝以貝勒屯齊代領其軍，敗李定國兵四萬於永州。

孫可望謀襲明李定國，定國走廣西。

　定國自破桂林後，不復受可望約束，可望惡之。西寧王之封也，詔使已出黔境，復追還之，曰：「孤今出師入楚，當面會安西，大慶宴，奉皇上敕書以光寵之。」召定國赴沅州議事，說者曰：「此僞遊雲夢計耳。」龔彝亦致書定國曰：「來必不免。」定國因止不行，率所部走廣西，涕泣謂其下曰：「不幸少陷軍中，備嘗險難，思立尺寸功，匡扶王室，垂名不朽。今甫得斬名王，奏大捷，而猜忌四起。且我與撫南弟同起雲南，一旦絓誤，輒遭廢棄，忌我當必尤甚，我妻子俱在雲南，我豈得已而奔哉！」諸營聞之，有引軍從者。

我大清兵復取廉州，明守道王道光死之。

　道光，江西庚午（一六三〇）舉人，由雲南太和知縣，歷擢是職，被執，不屈死。

三月，明魯王自去監國號。

有搆魯王於朱成功者，成功禮儀漸疏，王乃自削其號，飄泊島嶼，賴舊臣王忠孝、郭貞一、盧若騰、沈佺期、徐孚遠、紀石青、林復齊之徒調護之。

明楊國棟、莫宗文合兵攻常德，不克。

孫可望自將追明李定國，與大清兵遇於寶慶，大敗。

可望不意定國之奔也，悵然久之。欲止軍東下，然業已督師在道，又信駕前軍言，謂敵殊易殺，欲親立大功，以服衆心。諜知王師屯寶慶之岔路口，馮雙禮將左，白文選將右，可望自將中軍，輕騎來襲。時陰雨連緜，行三日始至，王師出不意，驚欲潰，明兵易之，甫斬數人，便掠馬。我貝勒還軍搏戰，望見可望中軍建龍旂，列鼓吹，麾兵急攻之，可望大敗，走保峒口，惟馮雙禮軍不動。王師亦鑒於衡州之失，引還。於是以武、慶之間爲界。是役也，可望以定國去，慮諸軍有圖己者，既不敢嚴督諸軍前戰，諸軍亦以駕前軍奮欲立功，不願與併力，以致於敗。既而李定國亦敗於肇慶，白文選亦敗於辰州，凡所得州縣，皆爲王師所復取，於是楚事大變矣。〔考曰：行朝錄以此爲四月事，茲從陽秋。〕

臣鼒曰：聞之黃宗羲曰：越、閩之事，方國安以累敗之餘，鄭芝龍以黿鼉魚鼈之衆，而欲使新造之唐、魯力征，經營天下，此必不得之數也。惟粵當李成棟、金聲桓反正之際，向非阨於贛州，則江左偏安之業成矣。逮夫李定國桂林、衡州之敗，兩蹶名王，天下震動，此萬曆戊午（一六一八）以來全盛之天下所不能有，功垂成而物敗之，可望之肉其足食乎！鼒謂宗羲明之遺臣，惓惓故主，黍油麥秀，箕子亡國之悲，鐵馬金戈，放翁中原之夢，情多憤懣，語涉張皇，成棟、聲桓反覆小人，胡言匡復。惟定國仗子房報韓之劍，焚世傑存趙之香，比諸唐之李克用、元之王保保，蓋無慙焉。然謂揮戈可以返日，銜石可以塡海，呵壁之言，詎有當辨亡之論也。

明魯定西侯張名振以朱成功之師入長江。

往歲名振收拾餘燼，往見朱成功。成功大言曰：「汝爲定西侯數年，所作何事？」名振曰：「中興。」成功曰：「安在？」名振曰：「濟則徵之實勳，不濟則在方寸間耳。」成功曰：「何據？」袒而示之背「赤心報國」四字，長徑寸，深入肌膚。成功愕然，謝曰：「久仰老將軍大名，柰多憎之口何！」出歷來謗書厚尺許，名振遽火之。成功待以上賓，行交拜禮，指腹聯姻，贈以萬金、哆囉呢五十匹、日本刀一口，爲名振聘王氏女，拜爲總制，犯漳、泉。是年春，名振請兵北上，與之兵二萬，糧三艘，獲叛將金允彥於金塘山，磔之。平原將軍姚志倬、誠意伯劉孔昭偕其子永錫以衆來依，號召舊旅，破京口，截長江，駐營崇明。〔考曰：航海遺聞以登金山望祭孝陵爲此時事，按南略引諸書則爲甲午正月，登山題詩之日，歷歷可據。〕尋被讒，撤回廈門，長陽王術桂〔考曰：即寧靖王也，說見後。〕爲力辨於成功。及相見，語至夜分，更益以兵，而令陳輝、王秀奇、洪旭、周全斌偕行，至羊山，颶風折兵十之一，惟名振全軍無恙。九月，復駐平陽，糧絕。名振與士卒同餓，有「太師枵腹，我輩忘飢」之謠，用是軍得不散焉。

徐鼒曰：不曰朱成功遣張名振，而曰名振以朱成功之師何？明名振之忠於明室，而非成功之私人也。兩賢相得，偕作同仇，有秦、晉同盟之好，無孫、劉寄寓之嫌，蓋加人一等哉。

夏四月，降將郝尚久以潮州叛我大清，復歸於明。

尚久自恃殺軍任重有功，虐於潮，我惠潮道沈時、知府薛信辰每事與抗，尚久憤甚，會朝命以劉伯祿代之，乃執時、信辰翦辮，反挾明故南京禮部尚書黃錦、〔考曰：題名碑載錦爲壬戌進士，臺灣外紀誤作壬辰。〕襄陽知府鄒鎏、〔考曰：臺灣外紀誤作鄒蚉，茲據題名碑改正。〕參議梁應龍〔考曰：臺灣外紀誤作梁猶龍，茲據題名碑正。〕奉永曆正朔，稱新泰伯，踞潮屬各縣。尙久慮城中有變，於金城山頂築一寨，高聳堅固，鑿兩井，深百尺，源通韓溪，可飲萬人不竭。又修倉庫積糧餉，爲久遠計。我平南王尙可喜、靖南王耿繼茂、饒平總兵吳六奇、碣石總兵蘇利、南洋總兵許龍合兵圍之。

五月，明封楊時清征定侯。

我大清兵攻海澄，明朱成功禦卻之。

我固山金礪以全軍駐祖山頭，成功令王秀奇、郝文興、陳堯策守鎭遠寨，甘輝、黃廷守關帝廟木寨，爲犄角勢，親登天姬宮將臺督戰。我師大砲擊之，後衝鎭葉章戰死，後勁鎭陳魁傷於矢，城壞十餘丈，成功坐將臺指揮自若。曰：「砲避吾，吾豈避砲。」甘輝翼之下，甫離臺，而座已碎矣。王師以不拔鎭遠寨，則城終不可下，乃移兵擊之，短牆皆陷，如平地，士卒無可容身，秀奇掘地爲窩藏之，不可克。忽一夕，礪營空砲遞發，成功咋謂諸將曰：「是將臨城矣。」勒兵持斧以待，令曰：「敵至方砍。」王師渡濠，入其郛，大呼登城。有廝養卒舉巨斧砍，衆從之，萬斧齊下，隨砍隨墮，濠爲之平。東方將白，王師始退，而地道火藥發，燒死無算。礪走回漳州，自是城守益堅，廝養卒拜都督焉。

六月，明桂王復密敕趣西寧王李定國以兵入衞。

王以林青陽久未還，將擇使往促，吳貞毓舉翰林孔目周官以對。都督鄭允元曰：「吉翔晨夕在側，假事出之外，庶有濟也。」王命吉翔往梧州謁祭興陵，而密遣周官齎敕詣定國，官涕泣受命而行。

明封朱成功爲漳國公。

閏六月，明李定國攻肇慶，敗績，退駐柳州。

明總兵周金湯復取遂溪。

秋七月，明李定國復取化州、吳川、信宜、石城。

以施尙義守化州，踰月，化州、石城復陷。

明李定國復取賀縣、樂平。

明李定國攻桂林，不克。

初，我廣西守將線國安、馬雄乘定國與湖南大兵相持，盡復平樂、桂林，敗胡一靑、王應龍、陳經猷之衆於象州、賓州，廣西復爲我大淸所有。定國之再攻桂林也，圍七晝夜，聞我師自武岡州至，遂解圍去。

明趙文貴執道臣孫允乾以叛，降於我大淸。

孫可望遣兵襲明李定國，不克。

可望聞定國敗，駐柳州，命馮雙禮襲之。定國燒糧走，雙禮謂其怯也，追之，遇伏被擒，定國禮而釋之。由是雙禮傾心於定國焉。

九月，我大淸兵克潮州，郝尙久伏誅，明朱成功遣兵救之不及。

尙久惑信巫術，巫者每降神語，自當佑庇。會大雨暴漲，尙久虞王師灌城，巫降神言當用鐵鎖數百觔鎖蛟龍則安。諸巫讓之曰：「何事不可言，而爲此險語。」鐵索成，尙久鳴金鼓與諸巫送前巫者，沈之江，頃之，竟不死。尙久惑之愈深，遂疏提防。領旗王安邦忖其必敗，遣人約降，於是月十一日夜二鼓，我師從西南角雲梯登城，城中大亂。尙久急抽兵入金城山寨，而大隊突至，門弗及閉，遂與子堯投井死。初，尙久求救於朱成功，成功惡其前拒會師援李成棟之請也，不欲援之，周全斌曰：「倡義原當納降，尙久悔罪來歸，拒之則失天下勤王之心。」令陳六御統兵自揭陽港入，甫至南澳，而潮已破，引還。

冬十月，我大清兵復取明吳川。

陳彝典、陳其策俱被殺。

十二月癸亥（二字原缺，今補）朔，明魯定西侯張名振與我大清兵戰於崇明之平陽沙。

是日寅刻，我崇明駐防兵萬餘，馬三百匹，乘凍涉江，入平陽沙，名振鼓衆迎之。浴日將軍王善良挺矛當先，姚志倬、任麟、王有才以三百人衝其左，張煌言、王浚以三百人突其右，崇明兵大敗，無一返者。

我大清兵復取郴州，明巡撫朱俊臣死之。

明桂王親行考選。

馬吉翔奉命祭陵，聞有密敕至李定國營，遣人偵之主事劉遇新，意其必預謀也。告以兩使齎赴狀。吉翔大懼，屬其弟雄飛出家貲賂提塘王愛秀求援。時吉翔黨與布列，王孤立自危，乃以臺省員缺，飭部考選，於月之二十四日臨軒親試，授蔣乾昌、李元開簡討，張鐫給事中，李頎、胡士瑞御史，楊鍾、徐極等亦以貲深加秩。羣小益危懼，蒲纓曰：「周官之行，皆此輩密謀馬公，以報秦王則此輩死無日矣。」吉翔、愛秀先後白可望，可望疑吉翔亦與謀，遣鄭國往南寧偵之，吉翔證青陽、周官事甚亟。於是徐極、楊鍾、趙賡禹、蔡縯、張鐫、李頎、胡士瑞交章劾吉翔欺君賣國，天壽表裏爲奸。王敕廷臣議罪，天壽懼，與雄飛連騎逃至貴陽，而十八人之獄成矣。

甲午，我大清順治十一年（一六五四），春正月。〔明永曆八年。〕

壬辰朔，明桂王在安龍府，改雲南府爲雲興府，辰州爲沅興府，沅州爲黔興府。

明以劉文秀爲大招討都督諸軍東伐。

時有言招李定國者，南寧鎮朱養恩言之尤切，可望終忌之，乃謀起劉文秀。文秀見可望言己下劣恐不勝，可望強起之，疏請爲大招討。可望尋單騎按沅、靖諸營，觀險隘，勞軍吏，十日而畢。

明魯定西侯張名振復以朱成功之師入長江，望祭孝陵。

名振以上游有蠟書爲內應，率海船數百，遡流而上，再入京口，掠儀眞，至觀音門。十三日，泊金山，偕誠意伯劉孔昭登山，從者五百人。寺僧持簿募化，名振笑曰：「大兵到此，秋毫不擾，尚募化乎！」助米鹽各十石。次日，紗帽青袍角帶，向東南遙祭孝陵，設醮三日，揮淚題詩。〔考曰：詩云：「十年橫澥一孤臣，佳氣鍾山望裏眞；鶉首義旗方出楚，燕雲羽檄巳通閩。王師桴鼓心肝噎，父老壺漿涕淚親；南望孝陵兵縞素，會看大纛禡龍津。」前云：「予以接濟秦藩，師泊金山，遙拜孝陵有感。」後云：「甲午年孟春月定西侯張名振同誠意伯題。時劉孔昭同來也。」〕越二日，掠輜重東下。四月，復以海艘上鎮江，焚小閘，至儀眞，索鹽商助餉金不得，焚六百艘而去。尋以沙船六十入山東登、萊諸處，直抵高麗，乃還。

明朱成功遣兵攻崇明，敗績，仁武伯平原將軍姚志倬、定南伯徐仁爵死之。

成功令其戎政司馬陳六斌、都督程應璠率兵次平陽，攻崇明，戰敗，志倬、仁爵俱死之。旋犯吳淞，掠戰船二百。〔考曰：佚史據遺謂崇明之敗，郁離公子劉永錫與仁爵同日死。按汪光復航海遺聞，永錫死於丙申八月舟山之失，豈仁爵亦死於舟山乎！姑兩存之。〕

明前監國魯王移居南澳。

去歲鄭芝龍遣其私人李德招降成功，有「如未投誠，先獻監國魯王」之語，乃送魯王於粵中行在以避之。王躊躇不欲行，成功强之，始揚帆出海。遇風，回居南澳。〔考曰：舊傳魯王在金門，成功禮意寖衰，王不能平，移居南澳，成功使人要於道，而沈諸海。今以臺海紀事、魯春秋、鮚埼亭集考之，則此說舛謬之甚。據臺灣外紀云云，當得實也。今從之。〕自是居海上者七年，己亥（一六九五）秋，永曆帝手敕命仍監國，而成功不欲，遷之澎湖，尋復悔之，迎歸金門，供給如初。

我大清兵克廣信之九仙山寨，明進士徐敬時等死之。

有楊文、李克升者，與敬時同舉兵，寨破，皆被殺。

二月，明開科取士。取四十八，以四川熊渭爲第一，授庶吉士，餘授知縣、教職有差。

明李定國取高州，降將張月叛我大清，復歸於明。

我大淸遣使册封明朱成功爲海澄公，成功不受。

鄭芝龍復遣李德同鄭、賈二使臣齎海澄公敕印招成功，我總督劉淸泰致書略曰：「一時曠蕩之恩，出自宸聰懷柔之略，眞千載一時矣。今天意所在，不待智者而決，川、湖之捷屢奏，兩粤之叛盡歸。足下以孑然一旅，孤懸海外。縱使樓櫓是憑，亦無分茅割地之實際；將謂踞島而守，終屬依山傍海之游魂。今固山開鎮於漳濱，江南勁旅，北地滿兵，絡繹奔赴，餘波一日不靖，全師一日不班。無論揚帆擊楫，可以滅跡犂庭，卽安坐以折窺岸之謀，密布以塞通津之徑。想足下此中之生聚教訓，萬不得以暫待久，以勞待逸，以不足待有餘，不幾望洋而成竭澤，遶樹而致焚林，此非不佞震喝之言，而確乎理勢之談也。若肯毅然來歸，翻然號泣，召族黨部曲而諭之，各鼓化其心，以了立命安身之局，既不棄令親萬里銜書之苦，亦以慰尊公數年欲斷之腸，上而朝廷之德意，下而不佞之苦心，可謂不相負矣。然更有爲足下思者，將懼投誠而孤注，何妨擁衞其子弟以歸；倘懷赴闕爲畏途，何妨請命於桑土而守。以不佞半生忠樸，見諒於聖明，皆能一一代足下剖心呼籲，從此樹奇勳以酬遇，拜爵而分封矣。」成功以未有地方安插兵將爲辭，不受敕印，尋大擾福、興、泉、漳四郡。

三月，孫可望殺明大學士吳貞毓等十八人。

初，林青陽還至南寧，爲守將常榮所留，令親信劉吉復命於王。王喜，改青陽給事中。諭貞毓再撰敕，鑄屏翰親臣金印賜定國，卽遣劉吉還付青陽送廉州。定國拜受命，而是時鄭國械馬吉翔至安龍，與諸臣面質，挾貞毓入文華殿，脅王索主謀者。王不敢質言，謂必外人假敕寶所爲。國怒目出，與龐天壽至朝房，械貞毓並刑科給事中寧國張鐫、中軍都督府左都督歙縣鄭允元、大理寺丞湖廣林鍾、太僕寺少卿袁州趙賡禹、翰林院檢討晉江蔣乾昌、善化李元開、吏科給事中贛州徐極、江西道御史錢塘周允吉、廣西道御史南昌朱議泑、福建道御史進賢胡士瑞、兵部郎中四川朱東旦、工部郎中九江蔡縯、內閣中書廬陵易士佳、吏部員外郎直誥敕房事鄞縣任斗墟等十四人繫私室。福祿、爲國求救於太妃，天壽直入禽二人於坤寧宮外，太妃與妃稍問之，天壽怒目訶之，徑出。逆黨冷孟銋、朱企鋘、蒲纓、宋德亮逼王速具主名，王大悲憤曰：「汝等逼朕認出，朕知是誰！」翌日，國嚴刑考掠，以貞毓大臣免刑，執貞毓妻父戶部員外裴廷謨，叱之跪，廷謨曰：「我是朝廷五品大夫，如何跪爾！」國怒，亂棍交下，兩臂幾斷，廷謨不肯承。乃以次考鐫等，諸臣不勝楚，號呼二祖列宗。會日暮，風雷忽震，蔡縯厲聲曰：「今日吾等直承此獄，少見臣子報國苦衷。」由是衆皆自承。國又問：「皇上知否？」縯大聲曰：「未經奏明。」乃復收繫，以欺君誤國、盜寶矯詔爲罪報可望，可望請王親裁，王不勝憤，下廷議，吏部侍郎張佐辰、刑部主事蔣御曦及孟銋、纓等耳語國曰：「此輩留一人，將爲後患。」於是御曦執筆，佐辰票旨，以鐫、福祿、爲國三人爲首，淩遲，餘爲從，斬；惟貞毓以大臣賜絞。吉翔、天壽謂王妃必知情，將廢之，嗾主事蕭尹陳往古廢后事，妃泣訴，事得已。乃矯詔曰：「朕以眇躬，纘茲危緒，上承祖宗，下臨臣庶，閱今八載，險阻備嘗，朝夕焦勞，罔有攸濟。自武、衡、肇、梧以致邕、新，播遷不定，茲冬瀨湍，倉卒西巡，苗截於前，敵迫於後。賴秦王嚴兵迎扈，得以出險，定蹕安隆，獲有寧宇。數月間，捷音疊至，西蜀、三湘以及八桂洊歸版圖。憶昔封拜者纍纍若若，類皆身圖富貴，惟秦王力任安攘，毘予一人，二年以來，漸有成緒，朕實賴之。乃有罪臣吳貞毓等，包藏禍心，內外連結，盜寶矯敕，擅行封賞，貽禍封疆。賴祖宗之靈，奸謀發覺，隨命朝臣審鞫，除賜輔臣吳貞毓死外，其張鐫、張福祿、全爲國等同謀不法，無分首從，宜加伏誅。朕以頻年患難，扈從無幾，故馭下之法，時從寬厚，以至奸回自用，盜出掖廷，朕德不明，深自刻責。此後大小臣工，各宜洗滌，廉法共守，以待升平。」是日，諸臣賦詩就刑，神色不變，（考曰：吳貞毓詩云：「九世承恩愧未酬，憂時惆悵乏良謀；躬逢多難惟依漢，夢繞高堂亦報劉。忠孝兩窮嗟百折，匡扶有願賴同儔；擊奸未遂身先死，一片丹心不肯休。」（按各本皆脫末兩句，茲據紀載彙編本安龍紀事補。）蔣乾昌詩云：「天道昭然不可欺，此心未許泛常知；奸臣禍國從來慘，志士成仁自古悲。十載辛勤爲報國，孤臣百折只憂時；我今從此歸天去，化作河山壯帝畿。」李元開詩云：「憂憤呼天洒酒危，六年辛苦戀王畿；生前只爲忠奸辨，死後何知仆立碑。報國癡心容易死，還家春夢不須期；汨羅江上逢人舊，自愧無能續楚詞。」朱東旦詩云：「邕江昔日五君子，隨扈安龍十八人；盡瘁鞠躬今已矣，忠臣千載氣猶生。」朱議混詩有「精忠貫日吞河岳，勁氣凌霜砥浪濤」之句。以上見安龍紀事。）雖三尺童子無不垂涕者。其家人合瘞於安龍北關之馬場。林青陽逮至，亦被殺，獨周官走免。定國之奉王入雲南也，疏請表章十八人。貞毓妻裴氏、子戩穀、鄭允元妻鄧氏扶兩人柩改葬於城西海源寺，廷臣白衣冠往送之。戶部郎中吳鼎、御史陳起相弔之以詩。〔考曰：鼎詩曰：「國運如絲繫暴秦，鬚眉那得有完人；智稱武簡知名重，美謚文忠見道眞。千古史傳雙烈士，一山石伴兩孤臣；黃冠釃酒臨風弔，愁說中興志未伸。」起相詩曰：「爐灰冷作一瓶收，送上荒原源海頭；天府星殘埋二曲，遼東鶴返泣千秋。雨中昏夜催人去，夜裏空山付鬼愁；眼底鬚眉今略盡，更將忠義向誰籌。」以上詳楊在孫可望犯闕始末。〕議者謂可望之不至於篡弒者，貞毓諸人護持之力也。〔考曰：南略謂貞毓丙辰生，時年九十七。按貞毓中崇禎癸未進士，是時年已八十六，焉能從亡閩、粵，歷事唐、桂哉！當是傳聞之謬。〕

徐鼒曰：覽密敕之獄，與漢獻帝衣帶詔事相類，然伏后就牽，而王妃獲免，則華子魚之罪浮於龐天壽矣。國勢雖移，士氣猶振，際茲顚沛，獲免篡弒，斯固漢、唐末造所不如哉！

夏四月，明李定國復取羅定、新興、石城、電白、陽江、陽春等縣。

可望旣殺十八人，復奏言：「皇上旣將諸奸正法，李定國〔考曰：陽秋作李頎，豈定國本名頎乎？而安龍紀事載汪辰初浩氣歌中列李頎、陳謦瑞、劉議新名，豈李頎另是一人乎？何以有勦虜失律云云也。如此之類，多不可解，附之俟考。〕臣弟也，勦敵失律，法自難寬，方責圖功，以贖前罪，而敢盜寶行封，是臣議罰諸奸以爲應賞矣。臣部諸將士比年來艱難百戰，議賞議罰，惟臣專之，前疏付楊畏知奏明，可復閱也。憶兩粵並陷時，駕蹕南寧，國步旣已窮蹙，加之叛爵焚劫於內，强敵彎弓於外，大勢岌岌，卒令駿喙潛迹，晏然無恙，不可謂非賀九儀等星馳入衞之力也。又憶瀨湍移蹕時，諸奸力阻幸黔，堅請隨元胤敗死，使果幸防城，則誤主之罪，寸磔豈足贖乎！茲蹕安龍三年矣，纔獲寧宇，又起風波，豈有一防城一元胤可以再陷聖躬乎！臣累世力農，未叨一命之榮、升斗之祿，亦非原無位號不能自雄者也。沙定洲以雲南叛臣，滅定洲而有之，又非無屯兵之地難於進攻退守者也。總緣孤憤激烈，冀留芳名於萬古耳。如卽秦王之寵命，初意豈覬此哉！臣關西布衣，據彈丸以供駐蹕，願皇上臥薪嘗膽，毋忘瀨湍之危。如以安隆僻隅，欲移幸外地，當備夫馬錢糧護送，斷不敢阻，以蒙要挾之名。」時可望憾定國益深，定國亦恐其來襲，因出掠雷、廉以避之。

五月，明朱成功誅其督餉官黃愷。

愷才能滑稽，苛刻聚斂，沿海受其塗毒，成功收殺之，衆心乃安。

徐鼒曰：同時殺者有海壇守將黃大振，何以不書？大振無可殺之罪，亦無可錄之功，無足書也。

六月，明李定國遣兵攻梧州，不克。

秋七月，我大清兵復取平遠。

八月，我大清復遣使招明朱成功。〔考曰：諸書俱云冬十月事。按臺灣外紀載成功與芝龍書中有八月十九日招使抵省，九月初四日辰時送禮云云，確鑿可據，諸書當據二使復命時書也。〕

章皇帝封鄭芝龍同安侯、鄭鴻逵奉化伯、鄭芝豹左都督，遣內院學士葉成格、理事官阿山偕芝龍四子名渡者，齎四府安插兵將敕命入閩。成功既遣渡侯二使臣於安平，乃命水陸軍將列營數十里，設伏據險，自偕諸參軍詣安平，而我二使臣亦嚴軍衞以待之。成功請先開詔書，我使臣謂未薙髮，非臣也，焉可輕出詔書，徑回泉州。成功笑曰：「忽焉而來，忽焉而去，意可知矣。」遂作書報其父曰：「兒隻字不敢相通，懼有貽累也。修稟聊述素志，和議非本心也，不意海澄公之命突至，兒不得已按兵以示信。繼而四府之命又至，兒又不得已接詔以示信。至於請益地方，原爲安插數十萬兵將，何以曰詞語多乖，徵求無厭。又不意地方無加增，四府竟爲畫餅，欲效前賺吾父故智。嗟嗟！自古英雄豪傑，以德服其心，利不得而動之，害不得而怵之，清朝之予地方，將以利餌乎！兒之請地方，將以利動乎！在清朝羅人才以輩封疆，當不吝土地，在兒安兵將以綏民生，將必藉土地。今以薙髮爲詞，豈有未稱臣而輕薙髮者乎！豈有彼不以實許，而此以實應者乎！豈有事體未明，而可胡塗者乎！大丈夫作事，磊磊落落，毫無曖昧，若能信兒言，則於吾父爲孝，不信兒言，則於吾君爲忠。前詔使到省，兒屬渡弟約期相見，盛設供帳於安平之報恩寺，乃二使不敢信宿，哨馬四出，布帳山坡，舉動疑忌，敕書委之草莽。且奉敕堂堂正正而來，安用生疑！彼既生疑，兒安能無疑乎！葉、阿身爲大臣，奉敕入閩，不惟傳宣德意，亦且奠安兆民，百姓如此困苦，將士如此蕃多，目睹情形，不相商搉，徒以薙髮二字來相逼挾。兒一薙髮，即令諸將薙髮乎！即令數十萬兵皆薙髮乎！一旦突然盡落其形，能保其不激變乎！二使不爲始終之圖，代國家虛心相商，而徒躁氣相加，能令人無危懼乎！況兒名聞四海，苟且作事，亦貽笑於天下。吾父已入彀中，得全至今，幸也。萬一不幸，惟有縞素復仇，以結忠孝之局耳，他何言哉！」又與弟渡書曰：「兄弟隔別數載，聚首幾日，忽然被挾而去，天耶命耶！弟之多方規諫，繼以痛哭，可謂無所不至矣。而兄之忠貞自待，不特利害不足動吾心，即斧鉞亦不能移吾志。何則？決之已早，而籌之已熟矣。夫鳳凰翱翔千仞之上，悠悠於宇宙之間，任其縱橫所之者，超然脫乎世俗之外也。兄用兵老矣，豈有舍鳳凰而就虎豹者哉！惟吾弟善事父母，勿以兄爲念！」二使復命，章皇帝怒成功之逆命也，安置芝龍於高牆，戍芝豹於寧古塔焉。〔考曰：芝豹因黨於施琅，成功怒之。後見芝莞被殺，乃乘招撫之令，挈芝龍妻顏氏入泉州投誠，移居京都。〕

臣鼐曰：書再遣使何？見我國家以德綏天下之心，惓惓無已也。成棟、聲桓之叛，赫怒致討，不聞一介行李往來其間，惟於成功則降尊就卑，至再至三，時其敎告，豈兩島之地大於江、廣，海船之師强於鐵騎哉！成棟、聲桓有無君之心而動於惡罪，不待敎而誅，成功則懷故主之恩，守孤臣之節，伍員不奔父命，懼墜其宗，田橫自居島中，恥爲亡虜，磊磊落落，有國士風。昔明太祖謂王保保爲奇男子，我聖祖仁皇帝亦曰成功明室遺臣，非朕之亂臣賊子，蓋聖人大公無我之心，前後一揆。若執趙苞不孝之義，律以馬超背父之條，則敝屣之棄，大舜可處海濱；杯羹之分，漢祖忍於置俎。英雄之事，非聖賢之心歟！

冬十月，明李定國圍廣州。

十一月，明改都康、萬承、安平、龍安諸州爲府。

明朱成功遣兵援李定國於廣東。

成功遣林察督王秀奇、蘇茂配戰艦送林雲瑢齎奏詣行在，並會定國合師。

十二月，明李定國攻新會。

我大清兵援廣州，明李定國敗走。

我大帥尚可喜、耿繼茂急請滿兵會勦，朝命都統朱瑪喇爲靖南將軍，率江寧駐防兵赴之，可喜結營山巔，伏兵江隘，與朱瑪喇合兵，敗定國於珊洲。

明李定國攻肇慶，不克。

明朱成功取漳州，以劉國軒爲護衞後鎮。

國軒，汀州人，雄偉魁梧，有將略，我漳鎮左營遊擊林世用委爲城門樓總。樓總者，專司城門者也。國軒鬱鬱不得志，說世用歸海，世用惑之，遣國軒至廈門，見參軍馮澄世，澄世與語，大悅之，收爲養子，薦之成功，令歸漳爲內應。成功督諸將自海澄至浦頭襲之，總兵張世耀、副將魏標、知府房星燦、知縣周瓊等倉卒降，十邑俱下。成功以國軒爲護衞後鎮，餘仍原職。

臣鼒曰：國軒何以不書叛降？樓總微乎微者也。微則何以書？張元、李昊之走西夏，范公之失計也，鄭氏猖獗海上，國軒實左右之，與甘煇、吳淑之徒，同爲鄭氏興衰所繫，非碌碌無足比數者也。施琅、黃梧之投誠大清，紀年謹志之，猶此志也。

乙未，我大清順治十二年(一六五五)，春正月。〔明永曆九年。〕

丙戌朔。明桂王在安龍府。

明朱成功取仙遊。

漳州既下，泉州屬邑望風瓦解，獨泉州城守韓尙亮與施琅結爲刎頸交，敎其開壕築壘，堅守不下。郝文興請擊之，成功曰：「善戰不如善守，姑置之，毋損士卒。」令甘煇統諸鎮取仙遊，知縣陳有虞率兵民拒之，砲石雨下，不能克，煇大悒怏。有神器鎮洪善獻計曰：「此城乃葫蘆穴，可用滾地龍破之。」〔考曰：按滾地龍法，開地道作葫蘆口，直通城下，安放火藥在內，再用大竹通其節目，藏藥線作心而透於外，然後堆土塡石，以塞其口，燒著火心，火然藥發，城立破矣。見臺灣外紀。〕從之。城破，有虞自縊死。先是有丐者以快擊碗，〔考曰：俗名箸爲快子。〕從北門走南門者三，忽不見，人以爲狂。及城破，始悟快擊碗而走者，蓋指人快走也。

徐鼒曰：昔公輸善攻，墨子善守，力敵勢均，智勇俱困。洪善滾地龍之法，得之仙遊，而失之饒平，其左證也。成功嘗令右都督黃廷攻潮之饒平，有烏石樓小而堅，平和人朱亮守之，百計攻之，不下。時洪善亦在軍中，一日，亮登城見海師緩攻，訝曰：「此必用滾地龍法也。」樓四周置缸盛水，擇缸水動處，鑿地視之，得火桶地雷無數，復塡塞之，及發火，寂然無聲，廷知城中有人，遂撤師歸。附志之以廣武備焉。

明朱成功自置官屬，改中左所爲思明州。

成功雄視海上，分所部爲七十二鎮，立儲賢館、儲才館、察言司、賓客司、印局、軍器局，設六官分理庶事，以壬午（一六四二）舉人潘賡鍾〔考曰：一作賡昌。〕兼吏戶官，隆武丙戌（一六四六）舉人陳寶鑰爲禮官，世職張光啓爲兵官，武進士程應璠爲刑官，丙戌舉人馮澄世爲工官，改中左所爲思明州，以鄧會知州事。勸學取士，得黃帶臣、洪初闢等四十人，次第轉六官屬，或爲監紀推官通判。奉前監國魯王暨盧溪王、寧靖王居金門，禮待避地遺臣王忠孝、盧若騰、沈佺期、辜朝薦、徐孚遠、紀許國等爲上客，軍國大事，悉以諮之。凡便宜封拜，輒朝服北向稽首，望永曆帝座抗手焚疏，以煽誘沿海士民，稱恢復之師焉。

二月，江南地震。〔考曰：本顧亭林年譜。〕

明李定國自高州退入南寧。

珊洲之敗，定國悉其精銳據山峪，列砲象拒戰，我索倫勁騎突陣，潰之。定國復出兵四千，自巔馳下，橫截我師，我師夾擊，奪其山，定國且戰且走，敗於興業，又敗於橫州，遂退守南寧。

明劉文秀駐兵川南。

夏四月，明朱成功築浯州城。

五月，祭旗，大演陸師，戈甲耀日。六月，大演水師。

明朱成功援粤之師失利。

林察、周瑞等舟次虎頭門，偵知李定國戰敗，梧州失守，乃還師。成功責其遲滯失策，各戴罪立功。

〔考曰：黄宗羲行朝錄云：援粤之師失利，統兵黄梧降級，而臺灣外紀則云林察、周瑞爲小異耳。〕

五月，明劉文秀攻常德，敗績。

文秀率衆六萬，戰艦千餘，出川峽，遣盧名臣、馮雙禮分犯岳州、武昌，爲我都統辰泰所扼，不得進。回舟攻常德，我荆州、長沙之師設伏城外，俟其過半，突出夾擊，大敗之，六戰皆捷，火其戰艘。名臣赴水死，文秀及雙禮遁回貴陽。

明魯定西侯張名振以朱成功之師復取舟山。

成功拜名振爲元帥，陳煇、洪旭、陳六御副之，統二十四鎮入長江，我寧波守將張洪德降，名振養爲義子，進攻舟山。我鎮臣巴臣功之中軍陳虎力戰死，臣功降，授爲鐵騎鎮，改名臣興。名振徒步入城，痛哭祭其母，哀動三軍。〔考曰：航海遺聞云：八月攻舟山，而行朝錄、臺灣外紀則云五月，今從之。〕

六月，江南地震。〔考曰：本顧亭林年譜。〕

明朱成功取揭陽，遂取普寧。

成功以前提督黃廷爲帥，萬禮副之，統二十鎮南下。廷從揭陽登岸，屯兵桃花山。我潮州總兵劉伯祿列營鷹嘴浦，海師塡壕砍柵。伯祿無備，倉卒遁，廷遂合忠勇侯陳霸之師圍揭陽，守將棄城走，普寧亦降。

我大淸命鄭親王世子濟度率師平海，明朱成功隳安平鎮及漳州府惠安、南安、同安三縣城，回師廈門。

我總督劉淸泰復致書成功曰：「激切再書，無非欲早定海上之議，早報聖明之念，以早結尊公父子忠孝之局耳。何足下舉動依然毫釐千里邪！天下事，情理與勢耳，尊公位列大臣之上，令祖母年迫風燭之期，念漳、泉寸土爲足下脈絡所關，祖宗廬墓所依，足下咫尺弄兵，荊棘其上，在尊公之魂夢一刻未安，令祖母之寢食一刻不樂，足下將泰然波濤之間，自謂功名富貴之計得乎！此情理之絕無者也。更有慮者，固山枕戈久矣，大帥駐馬於漳畔，勁旅露刃於泉南，有不能頃刻待。蓋不佞意主於撫，固山力主於攻，在足下夸浮恍惚，不佞焉敢執爲必撫而止其攻，倘一攻而緩撫局之成，猶可言也，一攻而遂成撫局之變，則尊公前後之綢繆，與不佞前後之挽回，俱無所用矣，此又勢之了然者也。足下家報所陳，皆足以啓羣疑之誹，而激聖明之怒，繕疏而入，幾費躊躇，然一片苦心，不得不再爲披瀝。足下所云不知有父久矣，此言一出，不但傷天性之恩，且貽後世之刺。尊公身爲明季重臣，國亡而擇主，非背國而事仇也。足下前無顧命，今無共主，何得滅不可易之親，而從不必然之議也。古之求忠臣於孝子者，幾無據矣。至今猶屢執三省相畀之說，胡爲乎來哉！今天下中外帖然十載，足下身羈海甸，猶欲招徠之，以大一統之勢，誰敢取臣服之版圖惟正之則訾而輕議之！且從來無此廟算，無此邊籌也。卽如足下所云，亦可笑矣。無三省則舍我而忠於彼，將有三省卽棄彼而忠於我，此皆拂情影借之言，知非足下之心也。但念朝廷加恩一番，尊公經營一番，不佞來此區畫一番，天下事寧可瓦全，勿爲玉碎。足下或謀之族黨，或謀之老成，務爲開心見誠，勿得藏頭露面，勿再以必不可告之言，必不可爲之事，徒費口舌，徒滋議論，而終於坐失機會也。不佞言至此，力已竭矣，他日見尊公於班聯之間，亦可告無罪矣。至進止之事，則有固山並諸大人，成敗之局，則關乎足下一門父子兄弟，不佞雖膺其職，豈肯盡任其咎乎！惟足下裁之。」成功覽書笑曰：「彼以勁旅挾吾，吾豈懼一固山哉！」不報書。我朝命濟度爲定遠大將軍，赴閩防勦。成功集將佐問策，郝文興、陳堯策請戰，馮澄世曰：「彼弓馬嫻熟，糧餉充足，一失銳氣，則人心搖動，不如全師退廈門，堅守各島。水戰非彼所長，波恬浪靜，猶有頭眩暈吐之苦，安能敵我，此以逸待勞之法也。」成功然之，乃墮安平鎭、漳州惠安、南安、同安諸城，斂兵回島，遣郝文興統所部守海澄。

秋七月。

徐鼒曰：無事何以書？春秋之例，書首月，具四時以成歲也。

冬十一月丁未（二十七日），明魯太師定西侯張名振卒。

我台州副將馬信降於名振，納母爲質，許之。將入見，而名振已寢疾。是日戌刻，有大星隕海，光芒如電，有聲。亥刻，名振起坐擊牀，連呼先帝數聲而逝。葬於蘆花嶴，有白鶴成羣，盤旋數日；遺言以所部歸張煌言。論者謂陶謙之讓豫州，不是過也。〔考曰：航海遺聞云：以陳六御代名振，任士多散去，蓋成功不知名振已以後事畀煌言，故有六御之命，而士之願從煌言者衆，故又有煌言代領名振軍，軍容始盛云云也。〕

徐鼒曰：備書爵何？嘉之也。名振惟殺王朝先一事是其失策，要其瑣尾從王，百散而志不折，不可謂非鞠躬盡瘁之藎臣也。傳說騎箕之異，宗澤渡河之呼，生氣凜然，聞者興起，安可以一眚掩大德哉！」

丙申，我大清順治十三年（一六五六），春正月。〔明永曆十年。〕

庚辰朔，〔考曰：南疆繹史作丙戌朔，誤也。按曆法乃庚辰朔，行朝錄作庚辰朔。〕明桂王在安龍府。

王在安龍，塗葺薄以處，日食脫粟。守將承可望意，更相凌逼，挾彈騎馬入宮門，文吏乘輿呵殿過之不下，仍改安龍爲安隆，歲造開銷銀米冊報可望，稱皇帝一員，皇后一口，月支若干。王亦隱忍之，苟延喘息而已。

明西寧王李定國敗孫可望兵於田州，進扈安龍。

定國駐兵南寧，衰弱不振，可望遣總兵張明志、關有才襲之。定國計無所出，中書金維新、曹延生曰：「明志等兵雖多，皆帥主舊部下，安敢相敵！今以奇兵襲之，彼不虞我之至也，且驚而潰，我乘勝至安龍，迎皇上入雲南，美名厚實，兼收之矣。」定國然之，率靳統武、高文貴等集兵萬人，拔寨從小路行五日，出明志營後，猝衝之，明志軍大亂，降其衆三千人，進趨安龍。

徐鼒曰：書爵何？嘉之也。

明朱成功部將蘇茂與我大清兵戰於揭陽，敗績。

我平南王尚可喜遣左翼總兵徐有功、潮州總兵劉伯祿駐營揭陽城西，哨騎挑戰，追之卽退。援勦右鎮黃勝、殿兵鎮林文燦、前衝鎮黃梧操演浦上，報伯祿騎兵過西門，左先鋒鎮蘇茂欲出戰。金武鎮郭遂第曰：「列鎮過橋，倘小失利，橋狹難以退兵，且柰何！」梧曰：「戰則必勝，何退之有！」茂麾兵進敵，忽徐有功從旁衝擊，茂陣大亂，溺水死者無算，黃勝、林文燦咸死焉，獨郭遂第所部近橋，得不敗。

二月壬子（初三日），明舟山城哭。

凡五日，聲若風箏而咽，雞犬上屋，日夕號叫，已而王師逼近，陳六卿請之成功，毀其城。

三月，孫可望遣將白文選犯明安龍。文選與李定國連和，遂共扈王入雲南，劉文秀納之。改雲南府爲滇都。

初，可望乞秦封，錢邦芑時爲四川巡撫，察其部將白文選忠誠可用，私語之曰：「忠義美名也，叛逆惡號也，孺子且辦之，丈夫可身陷不義乎！」文選大感動，與忠國公王祥盟於烏江，邦芑爲執牛耳。既而可望襲遵義，祥走死，文選唔邦芑，愧汗不能仰視。邦芑曰：「非公賣國，他人賣公耳。」因言帝在安龍，士辱臣死，泣數行下，文選折箭誓必殺可望。及可望聞田州之敗，知定國必至安龍，疾召文選將兵迎王入貴州，太妃聞之哭，從官皆哭。文選因以情告曰：「姑遲行，且俟西府至。」西府者，定國也。遂以輿徒不集報，陰留候之數日。定國至，遂奉王由安南衞西走雲南，抵曲靖。時劉文秀守滇，亦素怨可望，聞定國至，陽與都督王尙禮、王自奇、賀九儀等議守城，而私以數騎詣定國曰：「我輩以秦王爲董卓，但恐誅卓又有曹操耳。」定國指天自誓，因偕奉王入雲南，黔國公沐天波迓之馬龍驛。王入城，居可望第，改爲滇都。

徐鼒曰：詳書何？嘉文選、文秀之棄逆從順也。

明進封李定國爲晉王，劉文秀爲蜀王，白文選爲鞏國公，王尙禮爲保國公，王自奇爲夔國公，賀九儀爲保康侯，張虎爲淳化伯，餘進職有差。

明以金維新爲行在吏部侍郎兼左都御史，龔銘爲行在兵部侍郎。

明加黔國公沐天波柱國少師。

明馬吉翔入閣辦事如故。

李定國初命斬統武執馬吉翔拘禁之，將請詔治罪，吉翔乃日夜媚統武，會金維新、龔銘來統武家，吉翔則又媚之，三人者信吉翔爲佳士，爲之訟寃。吉翔言：「前事皆他人所爲，嫁禍於我，願見晉王，訴明心事，死不恨。」三人益信之，言於定國，定國猶不以爲然。召之見，則叩首頌定國「千古無兩，青史流芳，吉翔得望見顏色，死且不朽，其他是非寃苦，俱無足辨。」定國於是大悅，握手恨相見晚。吉翔旣日在左右，媚之無不至，一日謂金維新、龔銘曰：「晉王功高，皆兩公爲之提挈，今晉王進封，兩公亦當不次封賞，若吉翔得侍皇上，當爲兩公言之。」兩人則又大悅，言於定國，疏薦吉翔入閣辨事，王不得已從之。吉翔挾定國以要王，又假王之寵以動定國，不一月而內外大權在掌握焉。

徐鼒曰：書曰如故何？傷小人之易進而難退也，伯嚭寵於句踐，德彝容於太宗，英主猶惑之，況定國一武夫乎！

明除光祿寺少卿高勣、御史鄔昌琦名，尋復官。

吉翔旣媚定國入閣，與龐天壽握中外權，定國、文秀每飲二人家，爲長夜驩，勣、昌琦合疏言二王功高望重，不當往來權佞之門，蹈秦王故轍，定國、文秀怒之，不入朝。馬吉翔激王杖勣、昌琦各百五十，除名。金維新言於定國曰：「勣誠有罪，但不可有殺諫官名。」定國悟，偕文秀救之，得復官。

徐鼒曰：書尋復官何？嘉定國之從善如轉圜也。勣、昌琦復官，而李如月慘死，則可望、定國之賢愚天壤，豈不諒哉！

明以扶綱爲東閣大學士，張佐辰爲吏部尚書，王應龍爲工部尚書。

時以龔彝爲戶部左侍郎，彝言在雲南受可望十年厚恩，辭不受，舉朝大譁，詰之曰：「爾在本朝中戊辰(一六四〇)進士，官至司道，可望入滇，爾首迎降，忍忘明朝三百年之恩，而不忍忘可望十年之恩，何也？」彝恬然不之恥也。

明命雷躍龍入閣辦事。

躍龍在崇禎時爲吏部左侍郎，北都陷，爲賊所掠，仕可望爲僞宰相，時以來朝，命入閣，人頗笑之。

明遣白文選還貴州，慰諭孫可望。

文選回貴陽，可望欲興兵與定國決戰，文選曰：「天子在彼，戰非策也，盍兩和之。」乃復遣文選入雲南。〔考曰：諸書言可望恨文選有二心，盡撤所部而拘之。今以楊在孫可望犯闕敗逃始末參考之，則文選二次自滇回黔事也。〕

夏四月，我大清兵攻明廈門，復攻金門，尋引還。

我大帥見各澳船隻已備，令韓尚亮爲先鋒，進略廈門，朱成功令林順等以大熕船十四隻駐圍頭上風以待，尚亮出洋失利，我大帥聞之，亦率諸船寄椗於圍頭。是夜狂風大作，滿、漢兵苦顛播眩暈，迫命舵工移船近岸，舵工以海船不比河船告，旣而風益甚，大雨淋漓，斷椗壞𦪇之聲震蕩魂魄，天曙始定。被風飄至金、廈兩島者，成功斷其手掌，縱之歸，蓋以壓嘉禾斷人種之讖也。有獻計於我大帥者，謂金門白沙寨爲鄭鴻逵所居，多積蓄，掠之可必克，乃令王進功攻之，甫出港而遇洪旭哨船，乘波酣戰，又海艘齊至，進功知不敵，退入泉港。

五月，明朱成功殺其部將蘇茂。

茂之縱施琅也，成功欲殺之而無由。會揭陽之敗，論其拒諫出兵斬之，罰黃梧鎧甲五百。諸將以茂罪不至於死，咸有後言，成功乃厚養其妻孥，自製文祭之，有「王恢非不忠於漢而武帝不能爲之赦，馬謖非無功於蜀而武侯不能爲之解，國無私法，余敢私恩」之語。擢周全斌爲左先鋒鎭，改郭遂第之名爲華棟，擢後衝鎭，命黄梧代王秀奇守海澄。

六月，明朱成功部將黄梧以海澄降於我大清。

梧雖受鐙甲之罰，而心終不安，適奉令守海澄，乃遣其心腹賴玉通我大帥，請以海澄降；帥大喜，檄提督馬得功應之。謀既定，梧飲蘇明於東門樓，酒酣言蘇茂事，明嘆焉。梧曰：「本藩養將士如芻槽，肥則啖之。」明復嘆焉。梧又曰：「我等飄泊海上，未有所歸，天之眷清久矣，吾已納款於總督，公不相從，禍且旋至。」明以爲戲也，起而免冑，髮已薙矣，左右悉露刃，明愕然，亦懼茂罪之及也，頃之曰：「兄能爲之，弟何不爾！若依海，若歸清，亦惟命。」乃挾以俱行。梧之將降也，王秀奇之領兵張協審狀有異，遣哨船稟之秀奇，夜三鼓，秀奇叩轅門言之成功，令甘煇駕快哨洪旭駕趕繒救之。天明至海門，見居民奔竄，煇頓足曰：「事不濟矣。」張協請速援五都土城，煇乃令陳斌、陳鵬分伏要道，而運土城之糧餉入船。諸將欲乘人心未定，進攻奪城，煇與旭謀曰：「梧謀已久，非猝降無備者，徒傷士卒，無益也。」乃收軍回廈門。我大帥請之朝，以前封成功海澄公之印授梧，梧薦施琅爲副將，而陳勦寇五策：一、屯沿海以堵登岸，二、造小舟以圖中左，三、清叛產以裕招徠，四、鋤奸商以絶接濟，五、剗僞墳以洩衆憤。朝議以蘇明有母在海，調入京，授多理幾昂邦内大臣。成功亦以明爲梧所脅，非本有叛心，月給以養其母焉。

秋七月，明義寧伯龍韜駐柳州，尋敗死。

韜與李定國爲應援，尋被獲死。

明朱成功取閩安，進攻福州。

成功與諸將議曰：「本藩欲北上爭衡，因失海澄中止，今貝勒與總督駐漳，福州必虛，我乘南風抵閩安，取福州，則漳、泉下游悉爲我有，彼還師救應，疲於馳驅，是徒勞也。」以中提督甘煇爲帥，後提督萬禮副之，統杜煇、陳斌等十五鎮大熕船四十隻，快哨二十隻北上，攻閩安，守將望風遁。成功聞報，命前提督黃廷率陳鵬、周全斌守廈門，洪旭同兄泰守金門，親帥王秀奇等將大隊舟師入南臺，奪其橋，再戰再勝，進圍福州。分兵東守烏龍江以禦泉、漳救援之師，西據洪塘水口以截延、建餉道，北守連江北嶺，以遏溫、台，惟南面近水，故不爲備焉。

八月，明朱成功退屯閩安。

我巡撫宜永貴與副將田勝議分兵守烏樓，以爲犄角，成功每攻城，輒爲烏樓砲石所傷，乃并力攻烏樓，破之，城中益懼。參將張國威請於宜永貴，出原任藩司周亮工副將王進於獄，〔考曰：亮工時爲督臣佟岱所劾，進以失守漳州下獄。〕問以破敵之策，亮工曰：「城外營壘相連，獨東南一角疏防，今令王進將步騎暗過鼓山，出路通橋以襲南臺海船，令田勝伏南門，李武伏西門，出不意突擊，破之必矣。」是月十六日夜三鼓，我師開水部門，繞鼓山而出，天明鳴螺喊殺，城上發大砲，伏兵齊起，成功諸營出不意，拋棄旗幟器械下船，乘潮解椗，退屯閩安。

我大清兵復取舟山，明守將英義伯阮駿、〔考曰：東華錄貳臣傳俱作阮思。〕總督陳六御、總兵張晉爵、太常

卿陳九徵、副使俞師範、誠意伯裔孫劉永錫皆死之。

我大將軍伊爾德將提督田雄由定海大洋攻舟山，是月二十三日駿等連兵迎戰，左右衝突，王師失利。二十六日，駿復扼橫洋、金塘乘濤出戰，忽南風大發，王師張兩翼薄之，駿大舟膠淺不得脫，與永錫跳水死，六御與張洪德自刎死。晉爵大戰兩日夜，殺傷甚衆，力竭自刎死。九徵、師範被執不屈死。駿，蕩湖伯進之從子也。〔考曰：說見前。〕晉爵，定西侯名振之水師總兵也。永錫，孔昭子，世所謂郁離公子者也。九徵，字青麟。

臣鼒曰：詳書之何？甲午（一六五四）乙未（一六五五）以後，舟山之事，稗官家不得而詳之。島嶼殘破，君臣流寓，式微載賦，傳聞異詞，英義將軍與蕩湖之名互舛，郁離公子以孔昭之子而淹。夫籍爲咸叔，本不同名，充有勁兒，足徵幹蠱，任其埋蝕，胡云闡幽，詳稽舊聞，蓋其愼也。又有焦文玉者，善射，以膽略聞，負傷自刎，妻張氏殉之，有夫忠婦烈之褒。有楊復揆者，標將挾之投誠，赴水死。兩人皆山西人，死之時日不可聞，附志之。

明前魯戶部主事王江復起兵四明山，敗績，死之。

王翊之敗也，江母被縛，江剃其髮，以僧服見，得安置杭州。未幾母病卒，江置一妾，昵之甚，控妻於官，出之，妻亦攘臂數其隱微之過，登車去，聞者駭焉。一日，江出遊湖上，守者以妾在不疑，久之不返，始知向者以術脫其妻也。江得逸，攜其妻復入海，朝監國於金門，張名振請爲監軍，再入長江。名振卒，江鬱鬱不得伸其志，有沈調倫者，復起山中，江赴之，王師恐其重爲舟山犄角，急攻之，調倫見殺，江中流矢卒。時復有休寧趙立言者，亦以餘衆棲山中，約江山縣諸生李國楹共取江山。明年元旦，立言以三百人攻克之，國楹失期不至。越日，王師大集，立言獨戰，殺數十人，馬蹟墜水死。其子楨恨國楹，詣其家，欲手刃之，捕者掩至，同伏法死。

九月，我大清兵復取辰州。

冬十月，明夔州巡撫鄧希明、總兵張元凱降於我大清。

希明自獻賊亂蜀後，與元凱屯墾開縣，入覲安隆，授是職。

十二月，明朱成功攻羅源，復攻寧德。

我大清再遣使招明朱成功。

鄭芝龍再遣家人謝表謁我大帥，請勸成功投誠，巡撫佟岱致書曰：「我皇上定鼎以來，不專用兵，德威所迄，無遠弗屆，東至高麗、濯兒哈、魚皮，西至察罕、緬甸，南至土苗、洞蠻，北至河套、海西，率皆慕義向化，稽顙恐後。至於孔、耿、尚、吳諸藩封，躬膺茅土，任專一面，君臣之情，親於父子。邇來惓惓於詐信之間，是自疑貳也。天時人事，侈口而談，驕蹇滿紙，殊堪憤恨，不佞略一折之。大凡開創之初，久而後定，如周武一戎衣，猶因小腆未靖，作多士、多方以曉告之，楚、越弄兵，不過地方，殺運未終，敢煩王師戡定耳。近報執馘獻俘，風飄籜卷，至西人入河州一事，全無影響，而台臺伏處海隅，見聞不遠，一二浮食之輩，造言生事，以相簧鼓，此乃山野郁落，傳説稱奇，而不知其無稽也。至於河北水溢，關中地震，事實有之，董子謂天之仁愛聖主，故時出災異，以見天之愛人君也。自古殷憂啓聖，毋論堯、湯之世水旱尤甚，漢文帝時日中有王字，然太平稱最；宣帝時，鳳五出，麟一至，究仁慈不振，卒以短祚；災異之驗，果何如乎！從來竊發海上者，不乏人矣，其不能離於海者，猶魚之不能脫於淵也。廟堂妙算，以爲興師動衆於烟波浩渺之中，勞民而費財，不若收其英傑，使相統馭，居民得以永逸，此不過以海治海之策。今恩綸頻頒，詔使疊至，而台臺錯認，以爲窮洋孤島，艟艨檣櫓，洵足爲萬里長城，而意益驕，念益侈，不亦疏乎！聖天子車書一軌，海宇率濱，猶溫詔慰勉，推心置腹，台臺倔強於鷺島之中，期期不奉詔，偃蹇恣肆，眞夜郎王問使者曰「漢比我何大也？」若夫豪傑舉動，似不如是。不佞以爲尙可與言者，台臺不反覆於旣撫之後，而徘徊於未撫之先，洵骯髒男子哉！今若斂兵而退，以待天朝之命，不佞亦當代劉制臺擔其事，補牘上請，全天倫之恩，膺帶礪之錫，鐵劵金章，如取如攜，爾公爾侯，爰及苗裔，不特珥筆文臣不敢望，即從龍諸勳策血戰數十年未易致者，台臺一旦得之，此誠布衣之極致，匹夫之偉業矣。若夫擁烏合之衆，逞螳臂之勢，九重之上，赫然一怒，六師南至，豈顏有逆行者哉！抑或懸五等之賞，以待海濱之士，而肘腋之間，豈無懷我好音者乎！存亡利害，間不容髮，願高明熟思而審處之！」謝表齎書見成功於寧德，曰：「天下已定，徒勞無益。」成功叱曰：「小人焉敢鼓脣舌！」表悚然不敢復言。尋護國嶺之戰，阿克襄爲成功所殺，乃遣謝表歸，而致書其父曰：「嗟嗟，曾不思往見貝勒之時，好言不聽，自投虎口，毋怪其有今日也。吾父禍福存亡，兒料之熟矣，前言已盡。」但謝表日夜跪哭，謂無可回覆，不得不因前言而申明之。蓋自古治天下，惟德可以服人，三代無論矣，漢光武恢闊大度，推誠竇融，唐太宗於尉遲敬德，朝爲仇敵，一見而待以腹心，宋太祖時，越王俶全家來朝，二月遣還，羣臣乞留章疏，封固錫之，皆有豁達規模，故英雄樂爲之用。若專用詐力，縱可服人，而人未必心服，況詐力之必不能行乎！自入閩以來，喪人馬，費錢糧，百姓塗炭，赤地千里，已驗於往時。茲世子傾國來已三載，殊無奇謀異能，一弄兵於白沙而船隻覆沒，再弄兵於銅山而全軍殲滅，揚帆所到而閩安便得，羅源殿後而格商授首，此果有損邪益邪，不待析而明矣。且姜瓖、金聲桓、海時行豈非薙髮之人哉！大丈夫磊磊落落，光明正大，皎如日月，肯效詐僞之所爲？苟就機局，取笑當時，試思損無數之兵馬，費無稽之錢糧，死億萬之生靈，區區爭頭上數莖之髮，大爲失策，且亦量之不廣也。誠能略其小而計其大，益地足食，插我弁衆，罷兵息民，彼無詐，我無疑，如此則奉清朝正朔，無非爲民生地也，爲吾父屈也。文官聽部選，錢糧照前約，又非徒爲民生計，爲吾父屈也。將兵安插得宜，則清朝無南顧之憂，海外別一天地，兒效巢由、嚴光，優游山林，高尙其志耳。兒志已堅，而言尤實，毋煩再役，乞赦不孝之罪焉。」

丙申（二十三日），明朱成功部將甘煇與我大清兵戰於護國嶺。我梅勒章京阿克襄〔考曰：臺灣外紀作阿格商，蓋繙譯字不同耳。〕歿於陣。

我大帥聞羅源、寧德之警，遣阿克襄往援，成功亦恐王師假招撫爲名，乘間攻廈門，令甘煇殿後，自率諸鎮回島。阿克襄偵知成功已去，麾軍追之，甘煇與戰終日，勝負未分。馬信曰：「藩主命公殿後，非言戰也，公何過勞？」煇曰：「彼追則不得不禦耳。」信曰：「素聞公善戰，明日觀公退敵。」詰晨，阿克襄整隊出，則見敵人運糧者紛紛入船，揮騎近橋，則火武鎮魏進功接戰，交綏輒退，中協鎮陳謙繼之，進功則已渡橋矣。謙亦退，阿克襄進追之，則見謙分隊伏橋之左右，疑未敢進，而謙亦過橋矣。益怒，追之，遇伏起，分隊接戰，則皆敗走。我副將柯如良驟馬呼曰：「賊兵賣戰，速退勿追。」阿克襄弗聽。煇踞高視阿克襄至，出不意剿之，阿克襄墜馬弗殊，猶擊殺數十人而死。煇斬其首，重鈞有奇，勒兵轉戰，王師棄馬匹輜重器帳無算。煇回營，信曰：「今日始知公之眞勇略也！」

小腆紀年附考卷第十九

前翰林院檢討加詹事府贊善銜六合 徐鼒 撰

丁酉，我大清順治十四年（一六五七），春正月。（明永曆十一年）

甲辰朔，明桂王在滇都。

明朱成功攻溫州。

二月甲申（十一日），明王子出閣講學。

三月，明定國公鄭鴻逵卒於金門。

鴻逵中崇禎庚午（一六三〇）武舉人，爲天津巡撫鄭宗周部將，以芝龍平紅夷功，蔭錦衣衞千戶。尋中庚辰（一六四〇）武進士，故事勳衞射策甲科加三級，進都指揮使。癸未（一六四三），授副總兵。弘光即位，檄守采石，掛鎮海將軍印，以擊高傑、張天祿亂兵功，進封伯。隆武時，以定策功，晉封侯；尋封定國公。芝龍之投誠也，依成功入海，謝兵權，老於白沙寨。爲我將王進功所攻，移居金門，遘疾卒。

徐鼒曰：鴻逵碌碌庸人耳，於其卒也何以書？駒齒未落，識龍文爲英奇，葵衷自營，無鴞室之恐懼，較之李克泰之流，倜乎遠矣！故賢之。

夏四月癸酉朔，明上弘光帝、隆武帝、王考桂端王謚號，大赦。

上弘光廟號曰安宗簡皇帝，后曰簡皇后；隆武廟曰紹宗襄皇帝，后曰襄皇后；皇考端王廟曰禮宗端皇帝，嫡母王氏曰端皇后。

明朱成功部將施舉與我大清兵戰於定海關，敗績死之。

時成功謀大舉入長江，令舉招撫松門一帶漁船爲鄉導。舉至定海關，遭風入港，遇水師，力戰而死。

五月，明遣張虎送孫可望妻孥還貴州。

可望以妻子在滇，未敢爲逆。僞翰林方于宣言於可望曰：「皇上在滇，定國輔之，人心漸屬於彼，國主宜正大統，則人心自定矣。」可望遂日夜謀犯闕，王欲歸可望妻孥以安之。時王尚禮、王自奇、張虎皆可望心腹，而虎奸黠尤用事，自以位在人下，甚怏怏。白文選謂定國、文秀曰：「今尚禮、自奇擁重兵在輦轂下，虎尤詭，日伺左右，禍且不測，今與可望議和，必皇上親遣張虎行，乃無反覆耳。」王召虎至後殿，拔頭上金簪賜之曰：「和議成，卿功不朽，必賜公爵，此簪賜卿爲信，見簪如見朕也。」虎至黔，見可望曰：「上雖在滇，端拱而已，大權盡歸定國，定國所信者，文則金維新、龔銘，武則靳統武、高文貴，人無固志，可唾手取也。」繳所封伯印於可望，曰：「在彼處不受，恐生疑忌，臣受國主厚恩，豈敢貳哉！白文選受國公之封，已爲彼用矣。」出賜簪曰：「皇上賜此簪命臣刺國主，許封臣二字王，臣何敢不以聞！」可望信之，怒益甚。于宣侍側，因請間，左右遙窺之，但見于宣叩頭跪奏，可望點頭許可之狀，莫知其所獻何策也。于宣出，謂其私人曰：「國主登九五，我爲首相，已親許我矣。」

王又命白文選來議和，可望因拘留之，奪其兵，而遣其通政司朱運久入滇。運久大轎黃蓋，無復人臣禮，名爲議和，實與倘禮、自奇輩謀內應也。

秋七月，明朱成功攻興化，遂取台州。

成功以洪旭、陳煇守金、廈兩島，自領舟師北上，屯興化之狠崎，命護衛前鎮陳斌、神器鎮盧謙、提督右鎮余程代黃廷守閩安之羅星塔，〔考曰：行朝錄作牛心塔。〕攻黃巖。我守將王戎戰敗，執知縣劉登龍以降，登龍投江死。成功進圍台州，總兵李泌、知府齊維藩、知縣黎嶽詹獻城降。天台、太平、海門衛相率投降。

我大淸兵復取閩安，明朱成功退師廈門。

永春縣林永聚衆據城，我總督李率泰討平之，乘勝攻閩安。先遣標下降將張蘊玉〔考曰：蘊玉，武岡州人，隸劉承胤麾下爲總兵，投誠，隨征福建。性極敏，凡經水程，便記憶礁線淺深，積功至澳門副總兵。〕以兵三千潛度長樂港，過羅星塔，截海師歸路，而後合兵進攻，余程戰死，陳斌、盧謙援絕投誠。至福州，率泰醉以酒而殲之，凡五百餘人。成功聞閩安不守，慮失兩島，乃命陳堯策屯狠崎，自率舟師回廈門。

八月，孫可望舉兵犯明滇都。〔考曰：紀略諸書皆云七月事，而楊在孫可望犯闕始末則云八月初一日，可望誓師。〕

時錢邦芑拘於大興寺，聞可望謀犯闕，心憂之。兵部尚書程源、都察院鄭逢元雖自同於可望，而不忘朝廷，輒以言詞激發鎮將。此輩朴魯武人，無避忌，酒酣耳熱，罵可望曰：「剝一張賊皮，又生一張賊皮邪！」邦芑知其可用也，與二人計曰：「馬寶、馬進忠、馬維興雖隸可望麾下，然皆朝廷舊勳，圖報無路，至白文選決不相負，今可望入滇，從中計圖之，如反掌耳。」源以告文選，與逢元私見馬寶定約，從容謂可望曰：「使功莫如使過，將才無出文選右者。」可望乃留馮雙禮守貴州，以文選爲大總統，馬寶爲先鋒，合兵十四萬入滇，十八日渡盤江，滇中大震。

九月，明削孫可望爵，命晉王李定國、蜀王劉文秀與白文選連師進討，戰於交水，大破之。

先是，王自奇在楚雄，醉後殺定國營將而懼，引其衆渡瀾滄江，據永昌，去雲南二千餘里，以故可望入滇時不相聞。可望至交水，列三十六營，去曲靖三十里，定國、文秀衆纔數千人，相顧失色，文秀議走交阯，定國欲由沅江、景東取土司，躊躇兩日不能決。忽白文選率所部拔營逃至曲靖，單騎走雲南，見定國、文秀於朝曰：「宜速出兵交戰，諸將已有約，稍遲則事機露，不可爲矣。」且誓之曰：「誑皇上、負國家者，身死萬箭下，我當先赴陣前。」言畢，卽上馬馳，文秀率祁三昇、賀九儀、胡一青、趙印選、吳子金、李本高之師繼之。初可望見文選逃，議退兵，諸將未敢應，馬寶慮回黔謀洩，大言曰：「我衆十倍於彼，若以一人爲進退，豈我輩非人乎？」張勝亦曰：「某一人足擒定國矣。」可望大悅曰：「諸將如是，吾復何憂。」語張勝曰：「雲南兵馬盡出，城內空虛，爾率武大定、馬寶選鐵騎七千，連夜走間道襲之，定國、文秀知家口已失，不戰自走矣。」馬寶遣其私人入定國營言之，且曰：「明日決戰，遲則無及。」定國大驚，夜告諸將。十九日天未明，拔寨起，甫交綏，而本高馬蹶被殺，定國、文秀色懼欲退。文選怒曰：「張勝已往雲南，我退則彼精騎躡吾後，不烏散亦蹂爲肉泥耳。死於陣不愈死於走乎！況馬維興、袁韜輩必相應也。」定國、文秀未答，而文選已率所部鐵騎直沖馬維興營，維輿開陣迎之入，合兵繞出可望陣後。定國、文秀見敵陣亂，麾兵大進，諸營皆歡呼迎晉王，所向瓦解。定國乃命文秀、文選追可望，而自還師救雲南。

孫可望遣其黨張勝襲滇都，明中書科中書朱斗垣被執不屈，死之。

斗垣，輔臣天麟子也，奉命齎敕書賜白文選於曲靖，中途遇賊，被害。〔考曰：陽秋以此爲九月二十一日事。〕

明李定國還師援滇都，擊張勝於渾水塘，擒之；王尚禮自殺，勝伏誅。〔考曰：陽秋以爲二十二日事。〕

勝至雲南，尚禮將內應，黔國公沐天波知其情，以兵守之，不得發。時交水捷聞，王命插報捷旗於金馬碧雞坊下。勝見之大驚，拔營去。回至渾水塘，遇定國，列陣死戰，定國幾不支，而馬寶於陣後連發大砲，勝衆亂，遂潰走益州。部將李承爵誘而縛之，勝罵曰：「汝何叛我？」承爵曰：「汝叛天子，吾何有於汝乎！」解雲南，告廟獻俘，與其黨趙珣皆伏誅。尚禮於張勝之退兵也，知情已露，自縊死。

冬十月，孫可望走長沙，降於我大清。

可望逃至貴州，從騎十餘人，命馮雙禮守威清要隘，約曰：「追至則發三砲。」文秀追至普安，尚遲疑不敢進。雙禮欲可望逃，劫其輜重，乃發砲以紿之。可望遽挈妻子出城，輜重婦女悉被掠，過鎮遠、平溪、沅州，守將閉門不納，惟靖州道吳逢聖率所部迎之。可望狼狽走長沙，遣使投誠於我經略洪承疇軍前，章皇帝封爲義王，十七年（一六六〇）十一月病死。

明論反正功，晉封白文選鞏昌王，馮雙禮慶陽王，馬進忠漢陽王，馬維興敍國公，賀九儀廣國公，馬寶淮國公，其餘進侯伯有差。

明論從逆罪，誅淳化伯張虎，降荆江伯張光翠、德安侯狄三品、岐山伯王會等爵，程源、鄭逢元等降級有差。

文秀至貴州數日，虎率殘兵自滇逃回，文秀詰之曰：「皇上賜汝金簪議和，何有行刺之說！」虎無以答。解赴雲南，王告廟，御門獻俘磔之。光翠、三品等降爵，源、逢元、萬年策、劉泌降級，其安隆諸文武久反正，不之及也。方于宣時爲提學，試沅靖諸屬表題有擬秦王出師討逆大捷語，既聞可望敗，馳書於錢邦芑，欲糾義旅擒可望以獻。邦芑答以詩曰：「修史當年筆削餘，帝星井度竟成虛；秦宮火後收圖籍，猶見君家勸進書。」蓋于宣嘗爲可望修史，奉獻賊爲太祖，作太祖本紀。又嘗言帝星明於井度，秦王當有天下故也。其終事不可聞。

十一月，明追贈安龍死難大學士吳貞毓以下十八人謚廕有差，遣祭立廟。

李定國率文武疏請表章安龍死難十八忠臣，詔贈貞毓少師兼太子太師吏部尚書中極殿大學士，謚文忠，廕子錦衣衛僉事。鄭允元武安侯，謚武簡。張鐫、徐極兵部右侍郎，林鍾、蔡縯、趙賡禹大理寺卿，蔣乾昌、李元開、陳壆瑞侍讀學士，周允吉、朱議混、胡士瑞、李頎副都御史，易士佳、任斗墟太常少卿，朱東旦、劉議新太僕少卿，各廕一子，入監讀書。張福祿、全爲國弟姪一人錦衣衛指揮僉事。遣官諭祭文曰：「卿等乾坤正氣，社稷忠臣，早傾捧日之忱，共効旋天之力。詎意叛逆生忌，禍起蕭牆，梟獍橫行，頓忘君父。安龍之血，終當化碧，九原汗青之書，各自流芳千古。今日移蹕滇雲，鵷鸞駢列，回思卿等簪履趨蹌，杳不可見；夫獨何心，能不悲哉！將茲俎豆，慰彼泉臺。」尋遣通政使尹三聘往安龍，即馬場建廟，勒碑大書曰：「十八先生成仁處。」

明朱成功攻甌汀寨，克之。

成功統師南下，至南澳，陳霸請先取甌汀寨以足糧。值冬旱，壕寨乾燥，火攻克之。戎旗鎮林勝恨其屢次截劫，屠戮殆盡。

十二月，明復取南寧。

戊戌，我大清順治十五年（一六五八），春正月。〔明永曆十二年。〕

戊戌朔，明桂王在滇都。

明遣使册封朱成功爲延平王、招討大將軍，賜尚方劍，便宜行事。〔考曰：自此至徐孚遠朝滇皆同時事，故以次書之。〕

初，成功以閩安之失詢諸將佐，吏官潘庚鍾曰：「漳、泉沿邊，民苦爭戰，且偏隅不足號召天下，藩主將戰艦，從瓜、鎮取江南，金陵破，則閩、粤、黔、蜀之豪傑自響應矣。」甘煇曰：「我空國出，兩島豈不危乎！」庚鍾曰：「清所以未攻兩島者，慮滇、黔牽制耳。倘會天下之兵而來，豈能獨全乎！今統貔貅之衆入據長江，截糧道，彼自顧不暇，奚暇攻兩島哉！」工官馮澄世曰：「不取江南，清亦未必忘兩島也。」參軍陳永華曰：「取江南而兩島自安，偷安歲月，自老其師，非策也。」煇堅執以爲不可。成功慨然曰：「吾亦有心久矣，武侯言勢不兩立，清其肯每飯忘我邪！我當間道請旨會滇、黔、粵、楚之師出洞庭，會江南，使天下跂足相從耳。」乃遣楊廷世、劉九皋泛海從龍門間道詣行在。王下廷臣集議，兵部左侍郎冷孟銋曰：「成功執大義，拒父命，遠隔海濱，貢問不絕，實有桓、文尊周之義，宜晉封秩，以鼓響義之心。祖制外臣無封王例，今擾攘之際，豈可守經！況成功係先帝賜姓，以郡王爵之，亦與祖制無違。俟平江南，則晉封一字王可耳。」乃封成功延平郡王，以六部郎中各一員，隨師紀錄，賜上方劍，便宜行事。手詔令進師江南，伸大義於天下，遣漳平伯周金湯、太監劉國柱齎印册航海至廈門，成功始設長史、審理、典寶、典杖、典儀、典膳諸官焉。

明册封朱成功部將王秀奇爲祥符伯，馬信爲建威伯，甘煇爲崇明伯，黃廷爲永安伯，萬禮爲建安伯，陳煇爲忠靖伯，洪旭爲忠振伯，郝文興爲慶都伯，餘拜爵有差。

徐鼒曰：封爵必詳書何？重封爵也。賞賚之班，莫過五等之錫，史家年表之作，蓋特筆也。沙中偶語而什方侯，邯鄲用兵而千戶賞，權宜之計，非法也。故刓印之弊則無恩，傳書之封則已濫，敝袴猶惜之，況名器乎！亂世之君，威權已去，不得已而以爵賞勸之，此蓋事勢迫而使然，褒與譏兩無庸也。直書其事而世變可知焉。曰朱成功部將何？以别於粵、魯諸臣也。

明授魯兵部右侍郎張煌言爲兵部左侍郎兼翰林院學士，我大清再遣使招之，煌言不受。

辛卯（一六五一）之歲，王師將下舟山，命降將田雄以書招煌言，峻拒之。監國入金門，朱成功以唐、魯舊怨於監國，修寓公之敬而已，賴煌言與定西侯張名振以軍爲衞，成功因之有加禮。煌言嘗極言：「成功始終爲唐，眞純臣也。」成功亦曰：「侍郎始終爲魯，與吾豈異趨哉！」故兩人交甚睦。尋間行入吳淞，招軍天台。明年，再會張名振之師，入長江，還駐舟山。名振卒，遺言以所部歸煌言，於是軍容始盛。丙申（一六五六），舟山再失，駐天台，尋駐秦川。王師遷舟山之民而空其地，煌言還駐軍焉。魯王既去監國號，煌言通表滇中，與成功同日拜命。將會師大舉，我江督郎廷佐以書招之，煌言復以書曰：「夫揣摩利鈍，指畫興衰，庸夫聽之或爲變色，而貞士則不然，其所持者天經地義，所圖者國恨君仇，所期待者豪傑事功、聖賢學問，故每氈雪自甘、膽薪彌厲而卒以成功，古今來何可勝計。若僕者，將略原非所長，祗以讀書知大義，痛憤國變，左袒一呼，甲盾山立，峗峗此志，濟則顯君之靈，不濟則全臣之節，遂不惜憑履風濤，縱橫鋒鏑之下，迄今餘一紀矣。同仇漸廣，晚節彌堅，練兵海宇，祗爲乘時。此何時也，兩越失守，三楚露布，八閩羽書，雷霆飛翰，僕因起而匡扶帝室，克復神州，此忠臣義士得志之秋也。即不然，謝良、平竹帛，捨黃、綺衣冠，一死靡他，豈諛詞浮說足以動其心哉！乃執事以書通，視僕僅爲庸庸末流，可以利鈍興衰奪者，譬諸虎僕戒途，雁奴守夜，旣受其役，而忘其哀。在執事固無足怪，僕聞之怒髮衝冠。執事固我明勳舊之裔，遼陽死事之孤也，念祖宗之恩澤，當何如怨憤，思父母之患難，當何如動念！稍一轉移，不失爲中興人物。執事諒非情薄者，敢附數行以聞焉。」初煌言之航海也，倉卒不得盡族行，我章皇帝以煌言有父，命勿籍其家，但令其父以書諭之，煌言復書云：「願大人有兒如李通，弗爲徐庶。」父亦陰寄聲曰：「汝勿以我爲慮也。」父卒，有司强其妻子書招之，煌言不發，趣焚之。己亥（一六五九），家始被籍，章皇帝猶命鎮江將軍善遇之，勿囚辱焉。

明授魯左僉都御史徐孚遠爲左副都御史。孚遠朝於滇都，失道安南國，不屈，還廈門。〔考曰：臺灣外紀以孚遠失道安南爲順治十八年正月從滇朝見歸廈事，而黃宗羲行朝錄則云朝滇時不得過安南，遂回廈門。〕

辛卯（一六五一）舟山之破也，孚遠扈魯監國航海，時朱成功啓疆禮士，老成耆德之避地者多歸之。孚遠領袖其間，每以忠義相鏃厲，成功娓娓聽至終夕不倦，有大事輒咨而後行。嘗自嗟曰：「司馬相如入夜郎敎盛，此平世事也，以吾亡國大夫當之，傷如之何？」時滇使册封成功，晉將佐爵，魯遺臣之在兩島者自張煌言以下皆量遷。孚遠轉左副都御史，隨滇使入覲，失道安南，其國王要以臣禮，孚遠大罵。或曰：「且將以相公也。」則愈罵。國王嘆曰：「忠臣也。」厚資之，得完節歸。與葉后詔、鄭郊輩結爲方外七友，浮沈島上，卒遺一子，竟以餓死。〔考曰：諸書載孚遠事互異。明史謂其因松江破，死島中。泉州府志謂居廈之曾厝鞍卒。龍溪縣志謂遊龍溪後，不知所終，南疆繹史謂歿於臺灣，鷺江、同安兩志說亦略同，而野乘謂康熙癸卯，廈門破，諸搢紳多東渡，獨孚遠歸華亭。明詩綜引靜志居詩話亦有「乘桴遠引，騎鶴重歸」語，似孚遠未渡臺者。鼒按孚遠交行摘稿後附林霍、王澐所撰二傳，言癸卯之變，擬歸故鄉，不果，轉徙入潮之饒平山以歿，其稱說年月及死狀甚悉。又賜姓始末云：廈門破，孚遠遁跡，爲北帥吳六奇所藏，完髮以死，海外生一子，扶櫬至松江，未葬，子亦死。按六奇爲潮之饒平人，與入潮說合，當得實也，附志之。〕

明以前兵部尚書程源爲禮部尚書，前四川巡撫都御史錢邦芑掌都察院事。

邦芑拒可望不屈，源則可望所親信，然離間逆黨，激發忠義，於交水之戰，咸有功焉，王故擢用以旌之。時馬吉翔用事，頗忌二人，源功名自許，入朝卽發吉翔奸狀，吉翔嗾言者劾源曾臣事可望，非純臣，源發憤杜門不視事。邦芑雖掌憲，而督理晉王軍事者爲金維新，秩左都御史，位在邦芑上；邦芑亦鬱鬱浮沈，朝請而已。

我大清兵復取橫州，明知州鄭雲錦被執不屈死。

雲錦字子素，莆田人。以明經起家，知靈山、合浦縣事，粵東陷後，漳平伯周金湯委署廣西左州知州，南寧再復，廣國公賀九儀又委署橫州。是月十五日，城破，雲錦被執送潯陽，作馬上吟，旋下肇慶獄，作從西山義士遊詩，絕食七日不死，乃復食。在獄三年，吏民勸其薙髮，雲錦曰：「吾辦死久矣，所未卽死者，留一日鬢髮，卽頂一日君恩，爲一日南冠之楚囚，卽爲一日大明之臣子耳。」就刑之日，飲酒談笑如平時，觀者莫不悚嘆焉。〔考曰：馬上吟曰：「昨朝刺史出見客，騎馬城上點軍冊，今夜穹廬作楚囚，不信雄心旋落魄。熹微帳外獨徘徊，依依斜傍霜華白，笳吹倏動二人愁，聲聲催促營炊迫。獰狰扶我上馬行，簇簇護持無間隙，天地寬大難可量，此時伸展不盈尺。濃嵐橫抹斷城腰，慘淡烟雲天壁額，北風拂面任欺凌，古樹棲禽驚振翮。孤臣馬上嘯一聲，曉山失曉顏如墨，回首羊腸路渺漫，我軍創病何狼籍。猶喜人人不攢眉，各向虜兒雄咤叱，朝廷豢養三百年，雖敗志氣不蕭索。河水縈環馬足遲，羨煞一派寒光碧，鳥聲上下叫黃昏，斜陽落浦荒郵僻。此宵夢醒何處也，瀟瀟風雨穿古驛。」從西山義士遊詩云：「虎豹山之獸，猶思文其身，皮骨蒸雲霧，耐飢過七晨。鬚眉丈夫子，忠孝以成名，時數值陽九，血軀何用生。君不見蘇武海上十九年，沙漠齧雪與吞氈。又不見常山舌，罵賊聲不絕。又不見文山三載坐小樓，正氣衝寒低斗牛。古人已往名存耳，時地各殊肝膽似。逍遙躡步首陽山，義士一去不復還，惟有青青薇蕨隨風長，歲久無人采自蕃。我居山巔拜孤竹，不茹烟火洗心腹。一日二日不食粟，慷慨能歌西山曲。三日四日不食粟，斥罵獄吏無休息。五日六日果何如，曉來曾把髮鬢梳。整冠理衣行躞蹀，作詩遂向壁間書。七日八日枯胃腸，忠魂直到白雲鄉。帝廷從陟降，渣滓委道傍。任教飢肉啄鳶烏，到底何曾失故吾。人生自古誰無死，覓得死所幾人乎！」以上詳李世熊寒支集。」

二月，我大清命貝子洛託爲寧南靖寇大將軍，都督卓布泰爲征南將軍，偕降臣洪承疇、吳三桂、線國安等分道取雲南。

孫可望之未降也，我四川總督李國英駐保寧，大將軍辰泰、都統阿爾津駐荆州，承疇以經略駐長沙，尙可喜等分駐肇慶、廣州，遇出犯湖南、川北、廣東之寇則擊卻之，出境亦不窮追，以孫、李皆百戰之餘，地險兵悍，姑以雲、貴、川東南爲其延喘地。及可望降，知敵人內訌，於是承疇、三桂疏請大舉。章皇帝以貝子洛託爲寧南靖寇大將軍，偕承疇由湖南進；三桂爲平西大將軍，偕都統墨爾根、李國翰由漢中、四川進；都督卓布泰爲征南將軍，偕國安由廣西進；約期會於貴州。

明李定國遣其將劉正國、楊武等分守四川之三陂、紅關，馬進忠駐貴州。

三月，我大清吳三桂等兵至合州，明重慶總兵杜子香棄城走。

吳三桂由沔陽至朝天驛，順流擊楫，月之四日抵保寧，具舟艦糧糗，過南部、西充，猶見數家烟火，自順慶而前，則枳棘叢生，箐林密布，雖嚮道莫知所從，伐木開道，十四日至合州。杜子香以輕舟哨至江口，見三桂揮軍跨馬而渡，子香駭而逃。三桂偕墨爾根由銅梁、璧山進發，至重慶時，房、竹、歸、巫有郝搖旗、李來亨、袁宗第、黨守素，施州有王光興，長壽有劉體仁、譚詣、譚宏、譚文，達州有楊秉允等，連兵防守，三桂策其無能爲，惟令總兵嚴自明、程廷俊以重兵扼重慶，固根本而已。

明光祿寺少卿高勣、部郎金簡疏言時事。

定國自敗孫可望後，宴飲恬愉，頗弛武備，二人次第疏諫，謂內患雖除，外憂方棘，伺我者頓刃以待兩虎之一斃，而我酣歌漏舟之中，熟寢薪之上，能旦夕安乎！二王老於兵事者也，胡亦泄泄如是！定國愬於王，詞頗激，王擬杖二臣以謝之，朝士爭執不可，移時未決，而敗報踵至，定國逡巡引罪。簡字禹藏，勣同里人，後扈王入緬，死於道。

夏四月，明王自奇、關有才反，李定國自將討平之。

自奇舊封夔國公，有才封永壽伯，皆孫可望黨也。懼而反，定國擒而誅之。時王師入貴州，不及援，故逆黨平而貴州已不守矣。

我大清貝子洛託等兵取貴陽，明馬進忠遁，巡撫冷孟銋死之。

孟銋被執，諭薙髮，大罵，不屈死。

臣鼒曰：按楊氏安龍紀事，冷孟銋蓋馬吉翔之黨也，及殉節貴陽，怒裂睢陽之眥，憤銜溫序之鬚，又何烈也！豈楊氏褒譏失實，抑孟銋固兩截人歟！君子取節焉可也。

庚辰（十四日），我大清吳三桂等兵至三陂，明劉正國遁，遂克遵義。

三桂以浮橋濟黄葛江，溽暑薰蒸，軍士多病。翌日，渡綦江，歷滴溜、三陂、紅關、石壺關之險，皆峭壁重淵，一夫可守，正國望風由水西逃入雲南。於是將軍郭李受、總兵王友臣並以衆降，獲糧三萬石，兵五千，王師遂克遵義。

庚寅（二十四日），明大招討蜀王劉文秀卒。

文秀之追孫可望至貴陽也，收潰卒，得三萬人，屯守邊隘。李定國聞而忮之，召之還，並召諸將之在邊者，論功小大爲分兵多寡之地。及王師猝至，兵失其將，將不得兵，迄於大潰。文秀在滇，鬱鬱不自得，每屏人語曰：「退狠進虎，晉王必敗國。」病革，下遺表曰：「臣精兵三萬人，在黎、雅、建、越之間，窖金二十萬，臣將郝承裔知之，臣死之後，若有倉猝，請駕幸蜀，臣妻操盤匜，臣子御羈靮，以十三家之兵，出營陝、洛，庶幾轉敗爲功也。」

臣鼒曰：書爵何？嘉之也。文秀起家草澤，乃心王室，恂恂退讓，有名將風，情勢既迫，猜嫌頓起，豈天必欲訖明命歟？何兩賢不相得也！

五月，我大清吴三桂等兵敗明楊武於開州之倒流水，與寧伯王興、水西宣慰使安坤、酉陽宣慰使冉奇鑣、藺州宣慰使奢保受等降。〔考曰：王興疑卽王光興，與入蜀事合。另有廣寧伯王興者，守文邨不降，事見後。〕

秋七月丙申朔，明命李定國爲招討大元帥，賜黄鉞。

有妖人賈自明者，持幻術，大言上帝以某日助兵，爲木偶人數百，長丈許，執旛幢爲行陣，定國惑之，四方促師期者，輒云有待，久之無驗，怒斬之，戒期出師。王授以黄鉞，凡古命將之禮，無不備焉。

我大清卓布泰等兵抵獨山州。

戊戌（初三日），明大學士文安之督川東諸軍襲重慶，不克。

安之率劉體仁、袁宗第、李來亨十三家暨譚宏、譚詣、譚文等由水道襲重慶，而吳三桂留防之師嚴於他路，故不克。

明延平王朱成功、兵部左侍郎張煌言會師大舉北上。甲辰（初九日），次羊山，颶風作，旋師舟山。

成功將大舉攻南京，以黃廷爲前提督，洪旭爲兵官，鄭泰爲戶官，留守金、廈。從行甲士十七萬，以五萬習水戰，五萬習騎射，五萬習步擊，以萬人往來策應。選力能舉五百觔者，披鐵鎧，畫以朱碧彪文，留兩目，執斫馬大刀立陣前砍馬足，號曰鐵人，望者以爲神兵，左虎衛陳魁統之。中提督甘煇請俟滇中會師而進，成功曰：「會師之舉，不過牽制其勢耳，兵馬雲集，日費萬金，豈可稽延，自老其師哉！」乃命煇爲前部，馬信、萬禮繼之，自統大衆爲合後，侍郎張煌言爲監軍，揚帆北上。平陽守將單任暹、瑞安守將艾誠祥獻城降。次羊山，其山多羊，故名之，相傳其下有龍宮，戒震驚，成功曰：「本藩欲馳驅天下，百神賓服，奚畏一孽龍乎！」令放砲鳴金。不移時，颶風發，挾雷電，水起立，成功冠帶起祝曰：「成功統率三軍，恢復中原，如天命有在，即將諸船沈滅，神其鑒諸！」祝畢，風頓止。是日碎巨艦數十，漂沒士卒八千人，成功之四子濬、七子浴、八子溫暨義陽王某皆溺焉。乃旋泊舟山理楫，以爲後圖。〔考曰：一云羊山故多羊，見人馴擾，然不可殺，殺之則風濤立至。軍士不能戒，烹之，羊熟而禍作，與放砲驚龍說小異。疑成功既放砲，而軍士又殺羊，致此奇禍歟！〕

八月，明授前江西總兵鄧凱爲隨扈總兵。

凱，吉安人。父某，死國難。凱初隨楊廷麟、劉同升起兵江西，事敗而逃。是年朝滇都，授隨扈總兵，守大明門，尋遣內臣李崇貴召之入朝，諭曰：「爾忠義老成，可即隨扈東宮。」賜銀百兩，銀鼎杯一事，蓋王師日迫，將移蹕也。

九月，明朱成功取象山。

成功舟師至象山，知縣徐福率父老降。時兵士逃者甚衆，訛言新附北將盡投誠。援勦右鎮賀世明朱粉其檣，成功益疑之，令他將統其衆，而盡解新附北將之兵權。後衝鎮劉進忠乃入黃巖之海門所投誠，成功令周全斌追之。進忠夜半開西門突圍走，全斌拔其城以歸，尋破磐石衞。

冬十月，我大清信郡王鐸尼會師平越府。

章皇帝命信郡王鐸尼爲安遠靖寇大將軍，總統三路。諭諸將克取貴州，如雲南機有可乘，即乘勢進取，兵馬疲弱，則候鐸尼進止。比信郡王入黔境，吳三桂自遵義馳六百里，會諸平越府之楊老堡，訂期進兵。信郡王統三路兵入滇，而留貝子洛託偕洪承疇理餉貴陽。

明李定國遣馮雙禮守雞公背，張先璧守黃草壩，白文選守七星關。

定國聞王師戒期入滇，以北盤江爲滇、黔之界，南盤江爲滇、粵之界，乃使馮雙禮扼雞公背，拒中路，〔考曰：雞公河出廣順州，歷清鎮、修文入烏江，距貴陽數十里，盤江即牂牁江，有南北二源，故曰南盤江、北盤江。〕使張先璧扼南盤江之黃草壩，拒東路，自守北盤江之鐵索橋，圖復貴州。別遣白文選出西路，率衆四萬守七星關，抵生界立營，若欲攻遵義者，以牽制三桂之師。先是，三桂駐遵義，信郡王駐武陵，卓布泰駐獨山州，惟洛託一軍駐貴陽，大衆未集，其勢可乘，定國逡巡觀望，比楊老堡戒期，定國始悉衆出拒，而事機已不可爲矣。先由中路出關嶺，東路告急，乃移師黃草壩，久之踰石關營於遮炎河，而中路雞公背之絕頂糧少運艱，士不宿飽，右路之生界孤懸滇、蜀之表，聲援不及，識者俱以爲憂。

〔考曰：諸書皆云馮雙禮扼雞公背，張先璧扼黃草壩，而求野錄則云命李承爵壁黃草壩，祁三昇壁雞公背，豈始則命李承爵、祁三昇爲兩路帥，事急而改命馮雙禮、張先璧乎？抑李承爵本張先璧之副將，祁三昇本馮雙禮之副將，作書者各以見聞著之篇乎！又求野錄右路之孫界壩亦作孫家壩，卽生界也，音轉字異。〕

十二月甲子（初二日），我大清吳三桂兵過天生橋，明白文選棄七星關，走霑益。

三桂自遵義出師，文選於十一月二十日自生界回七星關守險，四山壁立，水勢洶湧，山上樹木參天，名曰天生橋，實未嘗有橋也。三桂厚養嚮導，由苗疆繞渡，出天生橋之背，扼七星關大路。文選偵知，棄關走可渡橋，而守橋之馬寶亦奔，乃焚橋走霑益。三桂進抵烏撒軍民府。

我大清卓布泰等兵取安龍府。甲戌（十二日），明李定國拒戰於炎遮河，敗績，退保北盤江，馮雙禮之師亦潰於雞公背，我大清兵進次曲靖，知府蓋世祿降。

我廣西軍至盤江之羅顏渡，明兵扼險沈船，我軍得泗城土司岑繼祿爲嚮導，由間道入安龍，懷仁侯吳子聖禦之，敗績，我軍取所沈船以濟。定國聞之，以兵三萬人，倍道趨戰於炎遮河；王師初戰不利，詰朝，悉師壓其營而陣，南兵槍砲，北兵弓矢，日中不決，忽大風北來，砲火及茅葦，野燎滔天，王師乘火馳射，兵火俱烈，定國驚懼，棄營保北盤江。我廣西兵遂由普安州入滇，而信郡王中路兵亦潰馮雙禮於雞公背，追至北盤江，諸將北走不相顧，定國焚鐵索橋而遁，王師遂抵曲靖，蓋世祿降。

丁丑(十五日)，明桂王出奔。

李定國微服還滇，請王出幸。十四日丙子，王召諸臣議之；劉文秀之部將陳建舉文秀遺表請王幸蜀，太僕寺正卿辜延泰亦請幸蜀開荒屯練，中書金公趾極言入蜀之不利。定國曰：「蕞爾建昌，何當十萬人之至，不如入湖南之峒，烏車里、里角諸蠻不相統攝，我今臨之，必無所拒。安蹕峒內，諸將設禦於峒口，勝則六詔復爲我有，不勝則入交趾，召針羅諸船，航海至廈門，與延平王合師進討。」難之者曰：「清兵乘勝踰黃草壩，則臨沅、廣南道路中斷，且喪敗之餘，焉能整兵以迎方張之敵乎！」沐天波曰：「自迤西達緬甸，其地糧糗可資，且出邊則荒遠無際，萬一追勢稍緩，據大理兩關之險，猶不失爲蒙段也。」馬吉翔、李國泰咸是天波議，定國不敢爭，而泣請留太子督師，以牽制緬甸，王猶豫不忍，定國謂天波曰：「公其努力，願無生後悔而追憶余言也。」明日，發滇都。定國以大兵殿後，國勢既搖，人心思叛，艾能奇之子承業糾狄三嗖等以驍卒伏大寺中，謀劫定國而北，定國嚴隊西走，承業等不敢發。百官扈從男婦馬步數十萬人，日行不過三十里。兵士乏食，取之民間，所在逃避，御前供頓缺，而庶僚貧病離次不前。從古乘輿奔播，未有若此之艱難者。

己亥，我大清順治十六年(一六五九)，春正月。〔明永曆十三年。〕

癸巳朔，明桂王次永平。

乙未（初三日），我大清兵取明滇都，明衞國公胡一青、提學道徐心箴、光祿寺少卿黄復生、提督劉之扶、土司龍世榮等降，戶部主事劉之謙死之。

我信郡王命心箴署臨沅道，復生管洱海道。此外降臣可紀者，有總兵許大元、王宗臣、王有德、副將朱文彩、朱文盛數人，無抗節者。惟戶部主事劉之謙，廷標子也，以父死國難，授趙州學正，遷戶部主事，被執，主者索賂，之謙曰：「父子二十年苦節，漱滇南杯水耳，安得賂！」復令薙髮，曰：「禿頭鬼，可見吾父乎！」遂炮烙死。〔考曰：本寒支集。〕

丙申（初四日），明桂王駐永昌，下詔罪己。李定國還黃鉞，自請削秩，不許。

王崎嶇西行，定國留守大理，數日，白文選以潰兵至，列陣下關，衆倘萬餘，定國以數百騎赴之，文選憤涕叱定國曰：「主上以全國全師畀王，一旦至此，誰執其咎！」定國南向叩首，願一死以贖前罪。文選收涕謝曰：「王幾許人，死敵何益！王行矣，文選以一身當之耳。」定國乃追扈至永昌，王下詔罪己，定國還鉞待罪，王曰：「是國之禍，王何罪焉。」不許。

徐鼒曰：書還鉞自請削秩不許何？嘉之也。何嘉乎爾？造次顛沛之間，君臣相待以禮，此漢、唐以來所不易有也。論語曰：「必不得已，去兵，去食。自古皆有死，民無信不立。」尚論者毋忽諸！

明新津侯譚宏、仁壽侯譚詣殺譚文以叛，降於我大清。

宏等悉衆再犯重慶，爲王師所敗，自相猜忌，殺譚文。督師文安之將率劉體仁、袁宗第、李來亨等十三家之兵討之，宏、詣懼，率所部降，諸鎮皆散，安之鬱鬱遘疾卒。我大清封宏爲慕義侯，詣爲向化侯。

二月（明閏正月）辛未（初十日），明總兵王國勛敗績於普洱。〔考曰：洱亦作㴦，音馮河之馮。〕

丙子（十五日），明白文選敗績於大理之玉龍關，走木邦。

王師至玉龍關，文選與張先璧、陳勝之師皆敗，獲鞏昌王金印，追至瀾滄江，文選由沙木和走右甸，尋走鎮康，入木邦。

丁丑（十六日），明李定國遣其將靳統武扈桂王奔騰越。

是日，聞玉龍關之敗，定國使總兵靳統武以兵四千扈王入騰越，沐天波、馬吉翔隨行，文武官尙四百餘人。

己卯（十八日），明桂王至騰越。

辛巳（二十日），明李定國兵渡潞江，大理寺卿盧桂生叛降於我大清。明日，戰於永昌之磨盤山，明兵大敗，泰安伯竇民望、〔考曰：亦作名望。〕總兵王璽〔考曰：求野錄作王國，誤也。〕皆死之，我大清兵尋引還。

定國聞白文選之敗，遂渡江潞。江潞卽古怒江，江不甚寬而水勢洶惡，每歲清明至霜降有青草瘴，雖土人亦惡之。過江二十里有磨盤山，鳥道窔箐，屈曲僅通一騎。定國度王師累勝，窮追必不戒，設柵數重其間，三伏以待之，泰安伯竇民望爲初伏，廣昌侯高文貴爲二伏，總兵王璽爲三伏，每伏兵二千，約俟王師度山顚，號砲起，首尾橫突截攻，必無一馬返。而吳三桂之追白文選至瀾滄江也，編筏而渡。再渡潞江，逐北數百里，無一夫守拒，謂定國遠竄，不復慮，隊伍散亂，上山者已萬有二千人，忽明大理寺卿盧桂生來降，泄其計，三桂則大驚。時前驅已入二伏，急傳令舍騎而步，以砲發其伏，叢莽中矢砲雨下，民望不得已，舉砲出戰，三伏亦發砲趨下救之。自卯迄午，短兵相接，僵屍如堵牆，民望血戰不已，槍彈穿脅過，戰如故，持刀潰圍走，不數里血湧仆地死。定國坐山顛聞號砲失序，大驚，忽飛砲落其前，擊土滿面，乃奔。明兵死林箐者三之一，鏖戰死者亦三之一，王璽陣歿，而王師亦亡都統以下十餘人，喪精卒數千，追至騰越西百二十里，中原界盡矣。明兵初猶踞險守，聞定國走，乃夜遁。王師亦懲是役之罹不測，不復窮追矣。

臣鼒曰：不曰明兵大敗，盧桂生降，而曰盧桂生叛降，明日戰，明兵大敗者，何也？著桂生非因明兵之散而始降，乃明兵因桂生之降而始敗也。降臣不皆書叛，桂生獨書叛何？惡之同於賊也。降有辱義，叛則亂稱，兵敗途窮而崩角馬前者，迫於畏死之念，非有無君之心，誅其降而赦其叛，春秋不爲已甚之義也。至若輸情敵國，貪一日之榮利，滅其國喪其君而不悔，此禽獸所不肯爲，靦然人面而爲之，其蛇虺梟獍之性，烏可以降臣例哉！我純皇帝於國史貳臣傳甲乙以等差之，創史家未有之例，實聖人精義之學也。

壬午（二十一日），明桂王自騰越出奔。丁亥（二十六日），至鐵壁關，扈將孫崇雅叛。戊子（二十七日），抵緬甸之囊木河，靳統武亦棄王去。

時李國泰、馬吉翔輜重甚厚，趣王乘夜走南甸，王南行二日，尚未知磨盤之敗也。二十四日，野次未定，忽總兵楊武至，言定國遠逃，追者將及。王遂接淅踉蹌行，昏黑迷路大谷中，羣臣妻子不相顧，亂兵乘機刦掠，火光燭天，驚擾奔馳。及天明，仍在故處也，而貴人宮女已失去過半，扈將平陽侯孫崇雅刦殺尤烈。王以從臣多叛，決意入緬，遂出鐵壁關，關外即緬甸境矣。

庚寅（二十九日），明桂王入緬甸之銅壁關，次蠻漠。

緬酋之自稱於國也，曰金樓白象王，蓋處則樓居，出則乘象，足不履地也。進表中國，則稱緬甸宣慰使臣某。王命沐天波諭之，緬人奉迎，具表如常儀。復奏曰：「天王遠臨，百蠻驚畏，請從官以下勿佩戎器。」馬吉翔遽傳旨從之。從臣皆諫曰：「猛虎所以威百獸者，有爪牙也，柰何自棄其防以啓戎心！」不聽。晦日，至蠻漠，土司思縣迎入城，執禮甚恭，進衣衾食物。蓋蠻漠舊爲宣撫司，屬永昌府，自萬曆中始爲緬有也。時沐天波與外戚華亭侯王維恭、典璽李崇貴謀擁太子入關，由茶山出鶴麗，調度各營爲聲援，王后不可，乃不果行。

明雅州伯高承恩率諸土司斂兵拒守。

是月，明昆明諸生薛大觀舉家赴水死。

大觀聞王之入緬也，喟然歎曰：「生不能背城一戰，以君臣同死社稷，顧欲走蠻邦，圖苟活，不重可羞邪！」謂其子之翰曰：「吾不惜七尺軀，爲天下明大義，汝其勉之！」之翰曰：「大人死忠，兒當死孝。」大觀曰：「爾有母在。」其母則謂之翰妻曰：「彼父子死忠孝，吾兩人不能死節義邪！」侍女抱幼子立戶外，曰：「主人皆死，何以處我五人？」偕赴城外黑龍潭死。次日，諸屍相牽浮水上，幼子在侍女懷中，兩手猶堅抱如故也。大觀次女已適人，避兵山中，相去數十里，亦同日赴火死。

三月（明二月）壬辰朔，明桂王抵緬甸之大金沙江。

大金沙江自西藏貫緬甸，爲禹貢黑水入南海之路。緬甸之國都曰阿瓦，東北二路近中國，東路木邦、孟艮在耿馬土司滾龍江南，直普洱邊外，地稍平。李定國等趨阿瓦之路也，北路孟密之蠻莫、新街、老官屯爲金沙江達阿瓦之道，卽王舟行入緬路也。王至金沙江，緬人艤四舟以待，王一，后及太子一，司禮監李國泰一，馬吉翔一。　初六日丁酉，浮江東下，從行者纔千四百七十八人，自買舟者六百四十六人，故岷王世子及總兵潘世榮、內監江國泰等九百人，馬九百四十餘匹，陸行紆道入，期會於緬都。

明晉王李定國駐兵猛緬。

定國之敗於潞江也，踰險走，求王所在，知者曰：「帝西行去騰越已百里，界茶山、緬甸之間。」定國曰：「我從扈，而追者及之，君臣俱死，無益也，姑他往以圖再舉。」旣聞白文選屯兵木邦，就之謀曰：「主上入緬，我深入，恐禍生不測，此地無險要可扼，莫若擇邊境屯集，作後圖。」而文選以王左右無重兵，請身入捍衞，意不合，定國遂自引所部從孟定府過耿馬抵猛緬駐劄，各營潰兵陸續集，勢稍振。

徐鼒曰：自桂王入緬後，凡李定國事皆書爵以褒之，何也？國滅矣，君亡矣，收合餘燼，圖存萬一，崎嶇以死，百折不回，事更難於匡山，節不讓乎孤竹，尊鄉董氏謂爲古之烈丈夫，諒哉！

丙申（初五日），明鞏昌王白文選以兵迎桂王於緬甸之阿瓦城，不得。〔考曰：阿瓦諸書亦作啞哇，音轉字

異。〕

文選由間道渡隴川、潞江，踵王所在而求之。以王且入阿瓦城矣，以兵臨之，而不得實耗，乃罷。時去王所在纔六十里，寂無知者。

己酉（十八日），明桂王駐緬甸之井梗，〔考曰：亦作井亙。〕議遣使齎敕如白文選等營，馬吉翔阻之，不果。

王至井梗，緬人報我兵四集，請敕阻之，諸臣會御舟前議所使，總兵鄧凱、行人任國璽請行，馬吉翔恐二臣暴其過惡，私謂緬人曰：「此二人無家，去則不還矣。」旋報各營撤去，輟不行。〔考曰：此事載鄧凱也是錄，而劉湘客行在陽秋誤以爲議遣二人使緬，吉翔止之，其實二十四日乙卯，緬酋來邀大臣過河議事，始有使緬之議。其十八日己酉緬人之請，則爲敕止各營兵，而設議遣使者，乃齎敕諭各營止兵之使，非與緬議事之使也，湘客得之傳聞，鄧凱則躬親其事，孰是孰非，不辨自明，故大書以正之。〕

徐鼒曰：自阻之不果何？惜之也。緬甸之行，易所謂需于泥也。白文選以反首茇舍之從，冀出其君於坎窞，使二臣者齎敕至軍，消息可通，拯援及早，厮養之御一乘入於魯師，市人之呼法章保於莒邑，則黎侯之寓衞，不賦式微，而楚昭之入隨，終以復國，又何至君有青衣之辱，臣煩丹穴之求哉！習坎入坎，失道凶也，小人之禍國，可忍言歟！

乙卯，明命馬吉翔之弟雄飛偕御史鄔昌琦使於緬甸。

緬酋來邀大臣過河議事，王命雄飛、昌琦往，至則緬酋不出，令譯者傳言，問神宗時事，二臣不習中朝典故，不能答，出所藏神宗敕書與今敕書較，璽文小異，以爲僞。又以黔國公征南將軍印驗之乃信，蓋緬人於萬曆二十二年（一五九四）因亂來滇請救，廷議卻之，遂絕朝貢，故出敕書，以示彼國之未嘗受恩也。又二使臣不才，遂開蠻人以不恭之漸。

閏三月，（明三月）我大清吳三桂兵至姚安。明大學士張佐辰、尚書孫順、侍郎萬年策、翰林劉茝、布政司宋企鏌等皆降。

又有少卿劉泌、兵科胡顯等一百五十九人先後降。〔考曰：本入雲南始末。又中有左副都御史錢邦芑。按邦芑實以僧終，號大錯，未嘗降也。當日降表中，諸臣銜名倉卒據仕滇者姓名塡列，不必人人與聞其事也。〕

我大清兵還至雲南，明大學士扶綱、侍郎尹三聘、淮國公馬寶、敍國公馬維興、武靖侯王國璽、懷仁侯吳子金、〔考曰：亦作子聖。〕宜川伯高啓隆、公安伯李如碧及各土官先後降。

臣鼒曰：馬寶以下書爵何？春秋傳曰：美惡不嫌同辭，顧名思義，愧之也。土官不名何？略之也，吾無責焉耳。

明德安侯狄三品執慶陽王馮雙禮以叛，降於我大清。

三品受吳三桂密指，執馮雙禮，並戡定大將軍金印、慶陽王金册赴軍前降，於是白文選部將王安等自建昌衞至雲南，繳文選蕩平大將軍金印，心膂藩臣金章，聞風降者相繼矣。

明延長伯朱養恩、總兵龍贊陽以嘉定州降於我大清。

明黔國公沐天波、綏寧伯蒲纓、總兵王啓隆謀奉桂王出緬甸，馬吉翔阻之，亦不果。

三人集大樹下，邀吉翔議曰：「緬酋遇我不如前，及此時走護臘撒、孟艮，以就晉王之軍，庶可圖存乎？」吉翔曰：「如此我不能復與官家事，諸公爲計可耳！」衆默然，遂散。

徐鼒曰：亦不果何？重惜之也，一之已甚，其可再乎！

緬甸戕明從官之自陸行者。

陸行者不知王之尚在井梗也，竟抵阿瓦城，緬人疑其有陰圖也，發兵圍之，總兵潘世榮降於緬，通政使朱蘊金、中軍姜承德自縊死，副總兵高陞、千戶謝安祚、向鼎忠、范存禮、溫如珍、李勝、劉興隆、段忠皆被殺，餘安置遠方，久之無存焉，惟岷王子等八十人流入暹羅國。

夏四月，明咸陽侯祁三昇以兵迎桂王於緬甸，馬吉翔遣使以敕書止之。

三昇上表迎蹕，緬人請敕止之。諫者曰：「此我君臣出險之一恃也。」而吉翔請遣錦衣衛丁調鼎、考功司楊生芳持敕書止之，曰：「朕已航閩，將軍善自爲計。」三昇痛哭撤師，吉翔復與緬官之守隘者敕曰：「後有一切官兵，都與截殺。」進生芳文選司郎中，加調鼎五級，以獎其敕止迎扈之功焉。

〔考曰：本求是錄，而陽秋亦誤以丁調鼎、楊生芳爲使緬，今正之。〕

五月乙丑（初五日），明桂王發井梗。戊辰，駐緬甸之者梗。〔考曰：者梗亦作赭硜。〕

阿瓦城下有地名者梗，卽大鵾鵠城舊地也，界大金沙、小盈沙之間，地墝而險，緬人自祁三昇奉敕止師之後，知王威令尚行，慮後得罪，乃優奉之，爲緩急自救之策，且以阻內外聲聞。於初四日甲子，遣其都官備龍舟鼓樂迎王於井梗。乙丑，移蹕。丁卯（初七日），至阿瓦城，距河止焉。阿瓦者，緬酋所居城也。戊辰（初八日），陸行五六里，至者梗，草廬十餘間，王居之，編竹爲城，守兵百餘人，從臣自備竹木，結宇而聚處焉。緬婦來貿易者，雜沓如市，從臣久亦習之，屏禮貌，短衣跣足，闌入緬婦隊中，踞地喧笑，呼盧縱酒，緬人頗哂之。其譯者爲大理人，私語人曰：「前者入關若不棄兵器，緬王猶備禮，今又廢盡中國禮法，異時不知何所終也。」

癸酉（十三日），明延平王朱成功、兵部左侍郎張煌言復會師大舉北上以援滇。

成功聞王師三路攻雲南，乃約煌言大舉北上，以圖牽制。戊寅（十八日），抵崇明，我總兵梁化鳳斂兵堅守。成功欲順風取瓜洲，煌言曰：「崇明爲江海門戶，有懸洲可守，先定之以爲老營，脫有疏虞，進退可據。」馮澄世亦言取之便，成功曰：「崇明城小而堅，取之必淹日月，今先取瓜洲，破其門戶，截其糧道，腹心潰則支體隨之，崇明可不攻而破也。」乃遣監紀劉澄密通我江南提督馬進寶，（考曰：即馬逢知。）而請煌言以所部兵爲前軍鄉導。己卯（十九日），經江陰，舟楫蔽江而上。六月丁酉（初八日），至丹徒。壬寅（十三日），泊焦山祭天，旗蓋、袍服用赤色，望之如火。癸卯（十四日），祭地望祀山川嶽瀆，用黑色，望之如墨。甲辰（十五日），吉服祭太祖畢，縞素祭崇禎、隆武帝，用白色，望之如雪，慟哭誓師，三軍皆泣下焉。

六月丙午（十七日），明朱成功攻瓜洲，克之；癸丑（二十四日），克鎮江。

我師於江之上流設木城，亦名木浮營，結大木爲筏，覆以土，上可馳馬，旁有木柵，穴之而置砲焉。自上流浮下，船遇之立碎。又於金、焦兩山間鐵鎖斷之，謂之滾江龍。都司羅明昇以五百人守譚家洲，朱成功與諸將議曰：「瓜、鎮爲金陵門戶，宜先破之。」令右提督馬信、前鋒鎮統領余新進奪譚家洲，材官張亮督泅水者斬滾江龍，自督親軍與中提督甘煇、左提督翁天祐建大將旗鼓，直搗瓜洲。我操江朱衣佐、〔考曰：亦作衣助。〕城守左雲龍率兵一萬拒之，見海舟外蒙白絮，揚帆直上，近滾江龍則復下。王師砲擊之，不傷一艘，循環者數次，而滾江龍已斷，蓋海舟內藏泅水人，且以誘我砲矢也。度砲且盡，成功麾兵大進，右武衞統領周全斌率兵士帶甲浮渡登岸，直破我陣，身中五矢，氣益奮，斬雲龍於橋下，擒衣佐，正兵鎮韓英奪門而入，登城樹幟，全斌望見之，陷西北隅以入，我譚家洲及木城之兵望風奔潰。成功以援勦左鎮劉猷守瓜洲，監紀柯平督理江防，而悉師趣鎮江，守將告急於南京，將軍羅某，以鐵騎千人赴援，被甲如雪，大言海賊不足殺也。時蘇、常四郡兵畏敵如虎，聞京軍欲居前隊則大喜。京軍慓躁欲戰，而海舟忽上忽下，我駐南則泊於北，駐北則泊於南，王師隨之三日夜不息，酷暑遇雨，人馬飢疲。海師亦分五隊，五色旗第一，蜈蚣旗第二，狼烟三，銃四，大刀五，每隊有滾被二人。滾被者，棉被厚二寸，以蔽箭，箭過卽捲被，持刀滾進斫人馬足，一人敲鼓，鼓聲緩則兵行亦緩，急則亦急。然皆步卒，王師甚輕之。凡我騎兵遇步卒，勒馬退數丈，加鞭突前，敵陣動則乘勢衝之，步卒自相踐踏，以此常勝。至是施之海師，則嚴陣屹然不動，團牌自蔽，望之如堵。王師三卻三進，方欲卻馬再衝，而海師疾走如飛，突犯我陣，合戰良久，見白旗一揮，兵卽兩開如退避狀，或伏於地。王師謂其將遁也，馳馬突前，忽彼陣發大砲擊死千餘人，乃退保銀山。成功以銀山爲必爭地，二十二日辛亥夜，令陳魁統鐵人軍逼柵，守兵見之駭然，不敢出戰，射之則箭不能入，鐵人冒死進，柵遂破。遲明，王師復分五路三疊壓其壘而軍，成功令發大砲，多鼓鈎聲，江水騰沸，廊瓦皆震，我兵士下馬殊死戰。薄午，海師益奮，我提督管效忠身衝其陣，入之而陣變，首尾相應，效忠自負旗而走，遂大敗，喋血塡濠。效忠部衆四千人，存者百四十人，走南京，嘆曰：「吾自滿洲入中國十七戰，未有此慘戰也。」我鎭江守將高謙、知府戴可進〔考曰：亦作可立。〕獻城降。癸丑，成功饗將士於京峴山，命全斌及援勦後鎭黃昭守鎭江，馮澄世爲常鎭道兵都事，李徵知鎭江府，分徇屬邑，皆下之。

臣鼒曰：計六奇明季南略載成功入鎭江時，我大清將彭某引兵五百還，六合士民拒不納；已而有阮春雷者至，稱明兵部職方司，武生王寅生、文生夏志宏、徐三峰率衆執香迎之。阮明決有文武才，湖賊劉青海率百二十人歸之，阮問何能？曰：「團牌。」試之畢，阮置紗帽几上，自起舞牌，身隱不可見，劉大服，從之往滁州。我鳳泗道砲斃其執旗者，衆失色，阮怒，持大刀直前，殺五十餘人。王師敗入城，阮以兩大釘釘壁而登，遂克滁州，王寅生持阮檄至天長，百姓開門降。既而江寧捷聞，阮以鹽舟揚帆去，或曰衣冠投龍津橋下，泗水逸。寅生走鄉莊酣飲怒歌，殺其妻子，短甲草履，持槍馳騎遁，拘之不及。巡按韋某奏六合拒兵獻城，天長殺官獻城，儀眞逐官獻城，衆兇懼，已而章皇帝批郎廷佐奏云：「俱免屠戮，府縣官更加培植。」批巡撫蔣國柱奏云：「此非百姓之罪，乃汝失守封疆之罪也。」衆情乃安。鼒嘗舉以告我里人，俾知我國家覆載之恩同於天地，毋耕田鑿井而忘帝力也。

我大清兵取馬湖、敍州。明提督陳希賢降。

我大清兵取成都，明總兵趙友鄢、御史龐之泳、主事賀奇等皆降。

明雅州伯高承恩爲其弟承裔所殺。

秋七月，明張煌言徇江南、北府州縣，下二十九城。

瓜洲之破也，成功欲趨金陵，煌言欲先取鎭江。成功曰：「我頓兵鎭江，金陵援騎朝發夕至，且柰何！」煌言曰：「我以偏師水道薄觀音門，金陵自救不暇，豈能他顧。」成功然之。煌言泝長江而上，未至儀眞五十里，吏民迎降。七月庚申朔，哨卒七人掠江浦，取之。蕪湖以降書至，成功謂煌言曰：「蕪湖上游門戶，留都不能旦夕下，則江、楚之援師日至，控扼要害，非公不可。」煌言乃率所部至蕪湖，相度形勝，一軍出溧陽，窺廣德，一軍鎮池州，截上流，一軍拔和州以固采石，一軍入寧國以圖徽州，傳檄郡邑，大江南北，相率送款，府則太平、寧國、池州、徽州，州則和州、廣德、無爲，縣則當塗、蕪湖、繁昌、宣城、寧國、南陵、太平、旌德、涇縣、貴池、銅陵、東流、建德、青陽、石埭、含山、巢縣、舒城、廬江、建平、高淳、溧陽，凡四府三州二十二縣。煌言考察官吏，黜陟廉明，江、楚、魯、衞人士多詣軍門受約束，歸，許起兵相應，我淮安漕督亢得時以援鎮江兵敗，投水死，自巡撫而下，倉皇欲走，東南大震。

壬午（二十三日），明朱成功敗績於江寧，崇明伯甘煇等死之，成功退入於海，瓜洲、鎮江皆復歸於我大清。

成功既連克瓜鎮，甘煇進曰：「瓜鎮爲南北咽喉，但坐鎮此，斷瓜洲則山東之師不下，據北固則兩浙之路不通，南都可不勞而定矣。」成功召諸參軍議之，潘庚鍾曰：「未可驟進，當暫住瓜鎮，分據淮、揚諸郡，扼其咽喉，收拾人心，觀釁而動，北都滿、漢兵民不下數百萬，斷其糧道，兩月之間必生內變，此曹公之所以取勝於官渡也。」馮澄世亦言進攻不易。成功曰：「不然，時有不同耳。昔漢祚改移，羣雄分據，故曹操常以算勝。我明朝歷年三百，德澤已久，不幸國變，百姓遭殃，大兵一至，自然瓦解，恢復舊京，呼召天下豪傑，千載一時也。若自老其師，援兵四集，首尾受敵，我勢豈不自孤？昔太祖得廖永忠、俞通海水師，奪采石，取金陵，破竹摧枯，正貴神速耳。」癸亥（初四日），登舟傳檄；丙寅（初七日），至觀音門。以黃安督水師，守三汊河口。戊辰（初九日），由儀鳳門登岸，軍於獅子山，偕諸將登閱江樓，望建業王氣，令諸舟一字列於江東門外，親率十餘騎歷城下，度營壘。令馬信、黃昭、蕭拱宸營於漢西門，以連林明、林勝、黃昌、魏雄、楊世德之壘；令陳鵬、藍衍、蔡祿、楊好屯東南角，依水爲營，劉巧、黃應、楊正、戴捷、劉國軒屯西北角，傍山爲營；令張英、陳堯策、林習山屯岳廟山，連諸宿鎮，爲成功大營，護衞設鹿角望樓，深溝木柵；而留甘煇、余新屯獅子山，萬禮、楊祖屯第二大橋山，翁天祐屯儀鳳門之要路。乙亥（十六日），王師以千騎薄余新營而敗，城中益懼。我操江朱衣佐之被擒也，成功曰：「此腐儒也，殺之汚吾劍。」釋之歸，言於總督郎廷佐曰：「海賊衆不過數萬，船不過數百，請卑詞寬限以驕其志。」乃遣人說成功曰：「我朝有例，守城過三十日，罪不及妻孥，乞寬三十日之限。」潘庚鍾曰：「孫子有云：卑詞者，詐也，無約而請和者，謀也。降則降，豈戀內顧，此緩兵之計也。」成功曰：「自舟山興師至此，戰必勝，攻必取，彼焉敢緩吾之兵邪！攻城爲下，攻心爲上，今既來降，驟攻之，何足以服其心哉！」甘煇曰：「兵貴先聲，彼衆我寡，及其熠且未定，其勢宜拔，俟彼守禦固，則難圖也。」張煌言亦自蕪湖貽書諫之，而成功以累捷自驕，但命八十三營牽連困守，以待其降，釋戈開晏，縱酒捕魚爲樂。庚辰（二十一日），有閩人林某犯法逃歸於我，具言二十三日爲成功誕辰，諸將卸甲飲酒，乘之可破，且請爲導。我副將梁化鳳自崇明繞道赴援，與城守聞之，夜穴神策門，引五百騎突犯余新營，海師出不意，驚潰，余新敗入蕭拱宸營。化鳳乘之，拱宸亦敗遁，新被擒，翁天祐馳援之，而化鳳已收兵入城矣。王師既敗前鋒營，乃盡出騎兵列城外，甘煇、潘庚鍾勸成功退屯觀音門，以圖再舉。成功曰：「小挫豈便思退，明日正欲觀諸君建功耳。」調姚國泰、楊祖、藍衍、楊正屯山上，甘煇、張英伏谷內，林勝、陳魁列山下，陳鵬、蔡祿往來接應，倉卒移帳，壘竈未安。二十三日壬午，質明，化鳳率驍騎薄楊祖營，祖奮力迎戰，三合三卻，正與國泰敗走，藍衍戰死，山高行遲，陳鵬、蔡祿救之不及，而化鳳已從山上馳下突之，鵬與祿軍亦大潰。我總督登城望見都統哈哈木兵少卻，大驚，急麾勁騎自小東門出成功大營之後。俄見山上旗，喜曰：「吾家兵上山，勝矣。」王師乘勝掩殺，海師營壘咸搖動，望山上成功麾蓋，不敢退，未奉號令，亦不敢相救援。林勝咋謂中協金岸領兵康龍曰：「敵人雖勝，實無多騎，藩主之不發號令而齊擊者謬也，爾二人擊之，吾爲爾援焉。」二人方敵化鳳，而東門騎兵驟至如風雨，勝轉頭禦之，而魏雄戰死，衆潰，勝不能止，遂俱沒焉。成功在山上觀戰，見蔡祿等敗，屬潘庚鍾曰：「爾立蓋下，代吾指麾，吾往催水軍也。」駕船至江心，望諸軍披靡不堪，乃飛帆去。庚鍾揮劍督護衞戰，至死不去其蓋，陳魁見王師逼成功營，趨援之，中箭死，鐵人軍殲焉，鎧重不可砍，則輿以去，或斧以斮之。潰兵走江邊，不得船，悉赴水死。是時甘煇、張英在谷內，未得號令，遂大困，英中矢死，煇且戰且走，左右皆盡，所擊殺亦數十百人，馬躓被獲。至城南金水橋，見余新方屈膝，煇怒蹴之曰：「我甘國公頭可斷，志不可易也。」戟手罵不絕，遂遇害。萬禮力戰於大橋山，亦覆沒。是役也，自甘煇、潘庚鍾、萬禮、張英、林勝、藍衍、陳魁外，又有副將魏標、林世用、洪復等，咸陣亡焉。惟左右提督、右虎衞、右衝鋒、援勦後鎮軍得全。癸未（二十四日），成功至鎮江，黃安全隊亦至，成功大慟曰：「是我欺敵，非爾等之罪也。」遂棄瓜鎮，出泊排沙嶼，令馬信、韓英督舟師堵江口，周全斌、黃昭、吳豪爲後殿，餘軍次第登舟焉。方梁化鳳之穴城出也，有以通賊報總督者，總督曰：「梁將軍忠貞，必無是事，其有謀乎！」既收軍，迎而勞曰：「前夜穴城出，何不相聞也？」化鳳曰：「成功積寇，瓜、鎮新亡，人心搖動，桀黠之徒，多有異念，保無城內爲之偵探者乎？不請命者，懼洩其機耳，所謂出其不意，攻其無備也。請即乘勢復瓜、鎮，順途歸崇明，以防餘燼。」總督然之，報曰：「江南之捷，破成功者，崇明總兵梁化鳳也。」章皇帝方幸南苑，集六師議親征，聞報大悅，命圖化鳳形以進，擢爲江南提督。

臣鼒曰：成功江寧之敗，論者惜其拒甘煇坐守瓜、鎮之言，庚鍾分扼淮、揚之策，恃銳輕進，以喪其師，此事後成敗之論耳。天之喪明若穡夫，我國家日月光華，風霆震盪，揮戈何足以返舍，簣土何足以移山，就使坐守瓜、鎮，而山東之師衝其左，江、楚之援掣其右，金陵郎廷佐、梁化鳳搗其中堅，豈能全師而返哉！孤軍深入，自老其師，昭烈所以敗於猇亭也。違衆獨斷，孤注一擲，成功非無所見哉！兵驕者破，理固然也。覽其全局，豈非天邪！

八月，我大清再遣使招明張煌言，煌言不受，走英山，尋入於海。

煌言方詣徽郡受降，而江寧之敗聞，郎廷佐復以書來招，煌言拒之，廷佐乃發舟師扼其歸路。煌言召諸將議將入鄱陽，招集故楊、萬諸子弟，號召江、楚。八月初七日乙未，與王師自楚來者遇於銅陵，戰不利。慈谿秀才魏耕請赴英霍山寨，乃焚舟登陸，士卒尚數百人，甫度東溪嶺，而追者至，衆皆散，茫茫無所歸。念皖有故人賣藥於高淳埠，姑投之，則故人無在也。有自江上來者，識爲張司馬，憐其忠義，敎之由樅陽渡黃溢，抵東流之張家灘登岸，走建德、祁門山中，又病瘧，力疾趨休寧，買棹入嚴陵。浙之人熟其貌，仍作山中行，自東陽、義烏出天台，達海壖，復樹纛鳴角，招集散亡。成功聞之，亦遣兵來助，海上有長亭鄉，多田而苦潮，募義民築塘捍之，且耕且屯。遣使告敗於緬甸行在，王專敕慰問，晉本部尚書。

己亥（十一日），明朱成功攻崇明，不克。

城崩數十丈，梁化鳳隨時堵築，造木馬釘，抛置崩處。十一日己亥夜，海師倚雲梯上，正兵鎭韓英、監督王起鳳〔考曰：亦作起俸。〕傷砲死。周全斌曰：「城小而堅，徒損士卒耳。」會有自馬進寶所來者，知密謀不就，乃回島。

癸卯（十五日），明黔國公沐天波以夷禮見於緬酋，禮部郎中楊在、行人任國璽疏劾之。

緬俗八月十五日羣蠻贊見，緬酋張嘉會以享之，時將誇示諸蠻，來招天波渡河，並索禮物。王欲爲好於酋，命天波往。至則脅令白衣椎髻跣足，領諸海郡夾夷酋而拜，天波不得已從之。歸而泣曰：「我所屈者，恐驚憂皇上耳。否則彼將無狀，吾罪滋大矣。」禮部楊在、行人任國璽劾天波屈節於夷，疏留中不發。王患足疾，旦夕呻吟，而從臣酣歌縱博，馬吉翔、李國泰呼梨園黎應祥者演劇慶中秋。應祥泣曰：「行宮密邇，聖體不安，此何時而行此忍心之事乎！」吉翔怒而鞭之。〔考曰：求野錄、也是錄、行在陽秋、永曆紀年所紀略同，而南疆佚史、三藩紀事本末謂羣蠻來朝，王欲夸示之，亦將爲好於緬酋也，命從官效其裝，椎髻跣足，用臣禮見，審爾，則楊在、任國璽何以疏劾天波屈節於夷哉！傳聞之誤也。」

九月，明頒緬穀於從官。

緬人進新稻，王命給各官之窘迫者，馬吉翔據爲己物，私所親，總兵鄧凱詈之於朝。有吳承爵者，吉翔之旗鼓也，仆凱於地，損一足，後咒水禍作，吉翔死，而凱以病足免焉。

明朱成功部將劉猷敗績於溫州，死之。

猷徵餉溫州，水淺舟膠，我溫州總兵以騎兵突至，力戰不支，全軍皆歿。

明朱成功回師廈門，上表待罪，立廟祀死事諸人。

成功留陳輝、阮美、羅蘊章分守舟山，於初七日甲子回駐廈門，以江南出師無功，修表遣使從龍門間道達滇，自貶王爵，仍用招討大將軍印，立忠臣廟，祀死難諸臣，以甘煇爲第一。哭之曰：「早從將軍之言，吾不至此夫。」初甘煇之破仙游也，聞有活閻羅王志章者能前知，齋戒往謁，志章書「位至崇明，壽至崇明」八字示之，旣封崇明伯，而江南之役，道經崇明，心疑其驗，阻之不獲，竟死焉。

冬十月戊子朔，明頒曆於緬甸。

從鄧凱請也。

我大淸吳三桂以兵圍沅江，明土知府那嵩悉力固守。

嵩世爲沅江土知府，循法敬事。王之入緬也，過沅江，嵩與子燾供奉甚謹，設饌用金銀器，宴畢，即斂以獻。曰：「聊以佐缺乏耳。」及李定國用敕印招土司，嵩受總督銜，密爲傳布，各土司亦有聽命者。

延長伯朱養恩、將軍高應鳳、總兵許名臣、土司龍贊陽皆既降而復與嵩合，三桂統滿、漢大兵自雲南至石屏州，土司龍燊率贅壻黔國公之子沐忠顯赴軍前降，嵩固守不下，進圍其城。

明晉王李定國駐軍孟艮。

定國移營孟連，賀九儀及文選部將張國用、趙得勝來歸，乃承制加各土司勳爵，令內應，孟艮有女酋糾夷衆與定國爲梗，定國破滅之，據其城。

明郝承裔以邛、眉等州降於我大清。

明鎮寧侯王友進降於我大清。

十一月癸亥（初六日），我大清兵克沅江，明總督銜土知府那嵩死之。

嵩闔室自焚，士民巷戰死。那氏藏書甲於滇中，灰燼無一存焉。〔考曰：本殉節錄。〕

十二月，明鞏昌王白文選移軍猛壞。

小腆紀年附考卷第二十

前翰林院檢討加詹事府贊善銜六合　徐鼒　撰

庚子，我大清順治十七年（一六六〇），春正月。〔明永曆十四年。〕

丁巳朔，明桂王在緬甸之者梗。

明德陽王至濬降於我大清。

至濬初與太監王應遴同匿交阯之高平，而是時安南都統使莫敬耀已入貢於我大清，勢益孤危，遂出降。

三月，明潁國公楊武降於我大清。

明大學士方端士降於我大清。

明廣國公賀九儀將降於我大清，晉王李定國誅之。

九儀妻子在滇，吳三桂以書招之，將出降，定國杖殺之。張國用、趙得勝同來歸者也，始鞅鞅有二志。

臣鼒曰：將者且然而未必之辭也，何以言誅？春秋傳曰：人臣無將，將則必誅，所以大亂臣賊子之防也。君子謂定國於是能用刑矣。

明兵部尚書張煌言駐師林門，尋移駐桃渚。〔考曰：林門在象山縣南，臨海縣東北有桃渚千戶所。〕

夏四月，明鞏昌王白文選移軍景線。

五月甲子（初十日），我大清兵攻廈門，明延平王朱成功禦卻之。

朝命將軍達素、總督李率泰搜金、廈兩島，大船出漳州，小船出同安，而檄碣石總兵蘇利、南洋總兵許龍、饒平總兵吳六奇會師島上。成功以右虎衞陳鵬督諸部守高崎遏同安，鄭泰出浯州遏廣東，自勒諸部遏海門。我總督旗牌張應熊之小功弟德爲成功廚人，應熊以孔雀膽遺德，屬俟大會宴飲時，殺成功並諸將佐。德許諾，而屬其徒王四爲之。四下藥則身戰栗，捧盤敦者環立，迫促弗及下，捧者去則心安，如是者屢，乃告其父耀。耀大驚曰：「事主而害之，不忠也，受託而背之，不信也，寧爲負信，不可不忠。」乃首之。率泰聞德誅，嘆曰：「成事在天，果不虛也。」忽陳鵬密書投誠，請自五通渡師襲廈門，率泰納之，飛催粵師合擊。初十日甲子，漳船乘風出海門，成功令五府陳堯策傳令諸將碇海中流，候中軍號砲迎敵，妄動者斬。令未畢，漳船猝至，諸將倉卒受令，莫敢先發，閩安侯周瑞爲王師所乘，與堯策死之。陳輝見事急舉火，王師之躍入舟者焚焉，疑不敢逼，輝跳而免。日向午，成功執旗劍顧問左右曰：「流平否？」曰：「流平矣。」曰：「流平則潮轉，潮轉則風隨之。」令舉砲起椗。俄東風大盛，成功手自搴旗，引巨艦橫擊之，泰自浯嶼回擊，風吼濤立，一海皆動，軍士踏浪如飛，北人不諳水性，眩暈顛仆嘔逆不成軍，遂大敗，僵屍滿海。有滿洲精卒數百人棄船登圭嶼，成功折箭招之，乃降。其出同安，趣高崎以赴陳鵬約者，恃有內應，涉水爭先，鵬部將陳蟒不與謀，曰：「事急矣。」麾部下迎擊。殿兵鎮陳璋聞砲以爲鵬令也，亦鼓譟乘之，我兵被重鎧，退陷於淖，十死六七。鵬愕然計之左也，不得已，齊出，遂大捷。王師死者千六百人，首領哈喇土星被擒。成功收殺鵬，擢爲右虎衞，統其軍。蘇利等聞閩師之失利也，望太武山而還，達素自殺於福州。竟成功之世，無敢言覆島者。

秋七月，明鞏昌王白文選以兵迎桂王於緬甸之阿瓦城，不得。

文選由木邦舉兵，薄阿瓦。阿瓦有新舊二城，王居舊城之者梗，而緬酋自居於新城。緬人謀以敕止之，乃招沐天波過河，至則遇之有加禮，始知諸將臨緬迎駕疏前後至三十餘道。而是時從臣燕雀自安，無以出險爲念者，第草草與之敕，令毋進兵。文選不奉詔，謂使者曰：「前者祁將軍來詔云已航閩，若前詔爲眞，則今敕爲贋，使今敕爲眞，則航閩後何自而來，君非臣何以威衆，臣非君何以使人，蠻人不足信也。」急攻新城，垂克矣，緬人紿之曰：「三日後出新城讓王。」文選信之，卻兵十里，城中得固備，攻之反爲所敗，望鷓鴣城痛哭而去。緬人知其必復來，益修戰守備焉。

八月，降將郝承裔以雅州叛我大清，復歸於明。

明年四月，爲王師所獲，伏誅。

九月，太白經天，凡十有五旬。

明太常寺博士鄧居詔疏陳時事。

時馬吉翔請以湖廣道御史鄔昌琦掌六科，烏撒知府王祖望以醫中宮疾，授禮部主客司行人，任國璽謀轉江西道，舉朝夢夢，招權納賄如平時。居詔疏中語侵之，國璽亦劾居詔，王將面質之，不果。惟馬吉翔、李國泰傳旨云：「鄧某當學好。」

明碎御璽以給從官。

先是，楊武、孫崇雅之叛，乘輿輜重散亡殆盡，惟中宮餘金盃銀盌各一事，與夫又竊以逃。庶僚之貧者飢寒藍縷，大臣有三日不舉火者。馬吉翔、李國泰以語激王，王擲皇帝之寶，令碎之以給從臣，典璽太監李國用叩頭不奉詔，吉翔、國泰竟鏨以分餉，攤貲自贍，不顧也。時綏寧伯蒲纓大開賭肆，晝夜呼盧。王怒，焚其居，纓賭如故。華亭侯王惟恭與楊太監拳毆，喧嘩聲徹內外，用是緬人益輕之。

辛丑，我大清順治十八年（一六六一），春正月。（明永曆十五年。）

辛亥朔，明桂王在緬甸之者梗。

丁巳（初七日），我大清世祖章皇帝崩。

己未（初九日），我大清聖祖仁皇帝卽皇帝位，以明年爲康熙元年。

二月，明晉王李定國、鞏昌王白文選再以兵迎桂王於緬甸，不得，擊緬兵於錫箔（考曰：求野錄作錫波。）江，大敗之。進駐大金沙江。

定國據孟艮，諸將稍集，軍聲復振。文選居木邦之南甸，相去二千里，不相聞也。既攻緬不克，知定國取孟艮，幷有賀九儀之衆，移書責以大義，定國遂全師而西，中途遇文選，購緬人密奏，請王速計，且曰：「臣等兵不敢深入者，激則生內變也。諭令扈送出關，方爲上策。何諸臣泄泄，不以爲意也？」王璽書慰勞。文選造浮橋迎蹕，距行在纔六七十里，緬人斷其橋，計不行，乃刑牲歃盟，誓必克緬。緬酋拔其豪邊牙鮓、邊牙猓爲大將，集兵十五萬遇於錫箔江，巨象千餘，夾以槍砲，陣橫二十里，鳴鼓震天，呼噪而進。定國、文選兵不及十一，且戎器耗散，惟操長刀手絜白棓以鬭，定國前隊稍卻，文選警衆橫截之，緬兵大敗，僵死萬計，邊牙猓死於陣，而邊牙鮓猶收餘衆栅大榕樹林中，蔭翳百里，鳴鼓竟夜，曉視之則已走，空無一人，遂渡錫箔江，旣濟，乃謀渡大金沙江焉。〔考曰：定國、文選之兵，或曰戰於錫箔，或曰桐堉，言人人殊，茲從鄧凱求野錄。〕

明咸陽侯祁三昇降於我大淸。

三昇與李定國不和，走戶臘，吳三桂招之，乃率孟津伯魏勇、總兵劉芝林、王有功、邵文魁等來降。

我大淸吳三桂兵克馬乃，〔考曰：行在陽秋作爲乃麻衣，亦有作磨芀者。按磨芀爲唐宗堯所守，似另是一地。或曰卽麻哈州。邊地遼闊，方音轉紐，雖志書不能別白，姑闕疑焉。〕明土司龍吉兆、龍吉佐死之。

三桂遣馬寶、高啓隆、趙良棟攻馬乃，吉兆等守七十餘日，栅破被執。三桂問何反？兩人曰：「我受國恩三百年，仗義守死，何名爲反！」又問：「獨不畏死邪！」曰：「我兩人盡忠而死，不賢於爾之不忠不孝而生邪！」同聲極罵，三桂怒，截其舌斬之。

臣𤅊曰：聞之李瑤曰：那氏父子，龍氏兄弟，不以蠻荒自鄙，論者美之。時吳三桂戎車所及，狐兎不存，逼索諸蠻婦女，行歌侑酒，諸蠻恨刻骨，攖鋒畢命正自有人，而邊陲荒遠，虞初缺如，那、龍之外，無可考焉。其言曰：「受國恩三百載，仗義守死。」吁，當南都覆日，不聞劉孔昭、柳祚昌輩作斯言也，亦可以風勵備世祿之臣矣。

三月，明錦衣衛趙明鑑等謀誅馬吉翔、李國泰，奉世子出緬甸，不克。

明鑑謀奉世子逸出，並殺吉翔、國泰以弭後患。事洩，坐以結盟投緬，捕沐天波家人李姓，王啓隆家人何愛，付本主殺之。〔考曰：南疆繹史摭遺曰：明鑑與同官十七人俱死之。按求野錄、也是錄、滇緬日記諸書，俱得之目見，無十七人同死事，當是傳聞者涉安龍之獄而誤傳也。明鑑死咒水之禍。〕

徐鼒曰：特書何？其忠同於安金藏，其事賢於鄭虎臣，天不祚明，忠良喋血，書之史册，以志萇弘化碧之恨焉。

明朱成功進兵臺灣，克赤嵌城。

臺灣爲吐蕃部族，在南紀之曲，當雲漢下流，東倚層巒，西迫巨浸，北之雞籠城，與福州對峙，南則河沙磯，〔考曰：亦作沙馬碕。〕小琉球近焉，周袤三千餘里，孤嶼環瀛，相錯如繡，物產之利，果蓏螺蛤，硫磺水籐，糖蔗鹿皮，一切日用之需，無所不有。土番椎髻爲羣，裸體束腰，射飛逐走，自鷺門、金門迤邐東南，以達於澎湖，風濤噴薄，瞬息萬狀，子午稍錯，皆有不測之憂。又東至臺之鹿耳門旁夾以七鯤身北線尾，海道紆折，僅容數武，水淺沙膠，雖長年三老不能保舟之不碎，餘乃山羅礁擁，無所由入，中國人無至其地者。隋大業中，虎賁將陳稜一至澎湖，東向望洋而返。宋史謂澎湖東有毗舍那國，即其地也。元置巡司於澎湖，明初廢之。嘉靖中，海賊林道乾遁入臺灣，都督俞大猷追之，哨鹿耳門外以歸，道乾尋爲琉球所逐。天啓中，日本倭逐琉球而踞之，海澄人顏思齊者，謀奪日本國，計洩，與其黨楊天生、陳衷紀等二十八人竄臺灣，鄭芝龍附焉。思齊死，芝龍領其衆，尋就撫。荷蘭紅毛夷遭風，泊臺灣，乞於日本以臺灣爲互市地，不許，則曰願得地如牛皮，多金不惜，許之。乃剪皮爲絲，圈城里許入居之。旋誘以天主敎，逐日本倭而有之。崇禎中，閩地大旱，芝龍請於巡撫熊文燦以船徙飢民數萬至臺灣，人給三金、一牛，使墾島荒。時芝龍已去臺灣，而荷蘭專治市舶，不斂田賦，故荷蘭夷二千踞城中，流民數萬屯城外，耦俱無猜，鴻荒甫闢，土膏墳盈，一歲三熟，厥田惟上上，漳、泉之人赴之如歸市。久之，荷蘭築城曰臺灣，曰雞籠，曰淡水，築砲臺沈夾板於鹿耳門之港口，置揆一王守之，與南洋、呂宋、占城諸國互市，成都會焉。成功自江南敗歸，地蹙軍孤，謀拓土爲巢穴計。有臺灣通事何斌者，南安人也，爲揆一王主會計，負帑二十萬，懼發覺，無以償，遣其私人郭平駕小舟僞爲釣魚者，順鹿耳門至赤嵌城，往來探視，得港路一條。走廈門謁成功曰：「臺灣沃野千里，雞籠、淡水硝磺有焉，橫絕大海，肆通外國，耕種可以足食，興販銅鐵可以足用，十年生聚，十年敎養，眞霸王之區也。」出袖中地圖如指諸掌，成功嘆曰：「此亦海外之扶餘也。」集僚佐議之，終日不決，惟馬信、楊朝棟然之，乃令洪旭、黃廷、王秀奇輔世子經監守各島，捩舵束甲而行。初四日未刻，抵澎湖之娘媽宮，〔考曰：諸書皆云三月泊澎湖，而臺灣外紀云二月初一日祭江，初三日放洋，初四日抵澎湖，疑二月乃三月之譌。〕下令曰：「視吾鷁首所向。」見鹿耳門，焚香祝曰：「成功受先帝眷顧，寸土未得，孤島危居，今冒波濤，闢不服之區。天如佑我，假我潮水，行我舟師。」竹篙視之，則加漲丈餘，以手加額曰：「此天所以哀孤而不委之壑也。」令何斌坐斗頭，按圖轉舵，發砲鳴金，赤嵌城酋長實叮驚怖出降。先數夕風潮驟振，聲振雲霄，揆一王率諸酋登城望海，見一人襆頭紅衣，騎長鯨，從鹿耳門游漾紆回，繞赤嵌城而沒。是日砲聲轟天，登高以千里鏡視之，見鹿耳門船隻旌旗，笑謂唐船近砲臺，則無遺類。俄見首船樹旗纛，倏北倏東，餘船以次銜尾魚貫，悉遠砲臺而行，駭爲兵自天降，呼酋長黎英三集衆截擊，倉卒間見大隊已達赤嵌矣。次日，荷蘭擊鼓吹笛出兵七鯤身，成功部將楊祥領籐牌手跳舞橫衝，荷蘭兵大敗，退守王城，攻之不克，多損傷，乃斬竹爲籧篨，設門戶，置砲臺，環七鯤身以逼之。

夏四月，明晉王李定國、鞏昌王白文選謀渡大金沙江，不克，移軍亦渺賴山。

定國等臨大金沙江，諭緬人假道入覲，並責其象馬糧糗，爲入邊之計，緬人不從，盡燒其江船，據險設砲以守。定國等糧少氣沮，緬中耆老曰：「從此而北至鬼窟山，有大芭蕉林，伐之作筏，則可渡，上流有大居江，地饒材木，居民數百家，燒鑛冶鐵，舟可立具也。」定國從之，令都督丁仲柳浮蕉爲梁，設廠造船。緬人偵知之，以正兵綴定國，而別遣奇兵擣船廠，仲柳棄船走，船悉被焚。時軍中挈眷行，老幼纍纍，疫作軍飢，死亡相繼，不得已，議還軍孟艮。或曰：「緬中瘴癘夏秋爲甚，加以千里無烟，人何以濟，孟艮不可得而返矣。西南海上有地高涼，產魚稻，月餘可至，盍往諸。」從之。行至亦渺賴山下，山亙數百里，登岸一覽竟西南大海，乃暫駐焉。

五月，明御史任國璽、禮部主事王祖望、太常寺博士鄧居詔疏劾馬吉翔、李國泰，不報。

初，任國璽因東宮開講，纂宋末賢奸利害，爲書進呈，吉翔見而切齒，王覽一日，竊袖以出。已而吉翔復與國泰進講，國璽言：「上年開講，遷延不行，今勢如累卵，禍急燃眉，泄泄然不思出險，而託言講貫。夫日講須科道侍班，議軍務則有皇親沐國，豈翔、泰二人之私事哉！」得旨，著國璽獻出險策。國璽言：「能主入緬者，必能出緬，今乃卸肩於建言之人，抑之使箝口乎！」祖望、居詔各疏劾之，有內官曰：「爾上千萬本，亦何益也。」尋命禮部侍郎楊在講書，賜之坐。在以東宮典璽李崇貴侍立爲嫌，乃並賜崇貴坐。崇貴曰：「今雖亂亡，不敢廢禮，異日將有謂臣欺幼主者。」每講，崇貴出外，畢而入。一日，東宮問哀公何名，在不能對，聞者笑之。

緬酋之弟莽猛白弒其兄而自立。

自潰兵入緬，其民罹兵火之厄，死者幾半，懟其酋曰：「王迎帝，故階之禍也。」酋曰：「我迎帝，不迎賊，賊禍我，帝不禍我，奈何以是爲怨乎！」於是上下相猜。既而李定國等以兵來，酋之弟莽猛白守景邁、景線，引蠻衆五萬人入援，大出金帛犒衆，諸蠻歸心焉。會吳三桂檄緬人獻王自効，酋不可，曰：「因人之危而爲之利，不義，且彼天之所立，中土之所戴，我不能助而反爲之害，是逆天也。逆天不祥，不如全之以爲後圖。」莽猛白因衆怒，縛酋偃輿中，投之江，而自立爲緬王。來索賀禮，且言供給之勞，茫無以應，於是咒水之禍作矣。

秋七月，緬甸戕明從官。〔考曰：行在陽秋、求野錄以爲六月十九日事，永曆紀年、也是錄以爲七月十九日事，桂王紀略則云七月丁亥事。按曆法是年七月無丁亥日，而六月十九日亦非丁亥，故不日以闕疑焉。〕

月之十六日，緬人來邀當事大臣渡河，辭不行。踰二日，緬使再至，曰：「我王慮諸君立心不好，請飲咒水，令諸君得自便貿易，否則我國安能久奉芻粟邪！」沐天波欲辭焉，馬吉翔、李國泰曰：「蠻俗敬鬼重誓，可往也。」乃行。日向午，緬人以兵圍行帳，呼諸臣出，諸臣倉卒無寸兵可持，又慮震驚宮闈，不得已，相將並出，出則縛而駢殺之。王聞，與中宮將自縊，時總兵鄧凱以足疾免於行，與內侍之僅存者勸王曰：「上死固當，如國母年高何？且既亡社稷，又棄太后，後世其謂皇上何！」乃止。已而緬人入宮，搜財帛，貴人宮女及諸臣妻女縊於樹者，纍纍如瓜果，王與太后以下二十五人，聚一小屋中，如待決之囚。忽通事引一緬官大呼曰：「毋得驚害皇帝及沐國公，麾其衆移王於沐天波之室，大小存三百四十餘人，樓居聚哭，聲聞一二里外。寺僧哀之，進以粗糲。王驚悸成疾，緬人慮王死，且無以致詞三桂，乃汛潔行宮，迎王復入居之，貢衣被錦布什物，曰：「我小邦王子無他意，無介介也。」諸臣之被戕者，自松滋王某以下，黔國公沐天波、文安侯馬吉翔、華亭侯王維恭、綏寧伯蒲纓、侍郎鄧士廉、楊在、御史任國璽、鄔昌琦、部司王祖望、裴廷謨、郭璘、張崇伯、楊生芳、鄧居詔、學錄潘璜、典簿齊應選、總兵魏豹、馬雄飛、王起隆、王自京、〔考曰：起隆亦作啓隆，自京亦作自金。〕龔勳、陳謙、吳承爵、安朝柱、任子信、張拱極、劉相、宋宗宰、劉廣寅、宋國柱、丁調鼎、內監李國泰、李茂芳、楊宗華、楊强益、李崇貴、沈由龍、周某、曹某、盧某凡四十有一人；自縊死者，吉王慈煃偕其妃某氏、貴人楊氏、劉氏、松滋王妃某氏、總兵姚文相、黃華宇、熊相賢、馬寶二、差官錦衣衞趙明鑑、王大雄、王國相、吳承允、朱文魁、吳千戶、鄭文遠、李既、白凌雲、嚴麻子、尹襄、宗臣朱議漆、戚臣王國璽凡二十三人。兵退，姜承德妻自縊死。王啓隆妻吳氏妾周氏既投繯，太監李從龍見而救之，吳曰爾與吾夫厚，當促我死，反來救邪！卒自縊。吳承爵妻某氏先縊子女，乃自縊，齊環妻某氏抱子赴水死。馬吉翔之第四女哭曰：「我父在日，不知作何等人，今已死，人猶罵之。」縊數次乃絕。蓋從王者幾無噍類，惟鄧凱生還，爲人述其狀焉。

徐鼒曰：巨奸大憝如馬吉翔、李國泰者，何以不別白書之？曰：不爲已甚之詞也。自古無天子爲寓公於異域者，卽無翔、泰，庸得全乎！而例之以馬、阮，則已苛矣。求野錄曰：諸臣雖賢不肖間殊，其崎嶇守死則一。同爲一邱之貉，亦足悲矣！

明朱成功部將郭義、蔡祿劫忠匡伯張進以叛，降於我大清，進死之。〔考曰：國史逆臣傳、東華錄俱云萬義、萬祿投誠者，時諸人同盟，以萬人合心，以萬爲姓，故張禮亦名萬禮也。〕

郭義、蔡祿守銅山，祿通於黃梧，謀投誠大清，成功在臺灣，微聞之，密諭洪旭調二將全師過臺，遲延觀望則急除之。義聞命卽整船欲東，祿曰：「藩主疑我二人；我投誠，汝能無恙乎！」義沈吟未決，有萬五者，擊榻曰：「君臣不可相疑，疑則必離，今召過臺，是疑之漸也。當斷不斷，婦人之仁耳。」乃插刀立誓，詐言許龍兵上山，分據四門，劫忠匡伯張進同叛。進佯許諾，而稱病不出。部將呂簇入請之，進泣曰：「進海濱一匹夫耳，受先帝恩，〔考曰：張進，隆武舉人。〕位至伯爵，藩主委以土地之寄，失守已不容誅，尙何面目屈膝他人乎！」簇曰：「何不圖之？」進曰：「二賊用意深久，險阻必周，謀洩則爲禍愈慘，爲丈夫羞。」曰：「然則坐以待斃乎？」進曰：「惟爾義俠可託，吾火藥環布臥室，請二賊入議事，擲火與之偕亡耳。」義祿行至府門，心忽動，辭不入。進嘆曰：「計不成矣，天也，吾盡吾心而已。」遂冠帶揮左右出，投火自燒殺。祿、義出八尺門渡海投誠，黃廷、陳豹追之不及，乃設守以歸。

明朱成功擊臺灣土番，平之。

營將楊高淩削土番，大肚番阿德狗讓殺高反，成功令楊祖征之，中標槍死，其鋒益熾。將出援荷蘭，黃安設伏誘之，斬阿德狗讓，餘黨悉平。

八月，明晉王李定國復以舟師攻緬甸，不克。

定國與白文選分兵進次桐塢，以十六舟攻之，緬人鑿沈其五。張國用、趙德勝以賀九儀之死也，銜定國，謂文選曰：「王毋爲九儀之續。」挾文選入山，據險自保。定國不得已，引餘兵三千還孟艮。

明晉王李定國部將吳三省駐軍耿馬。

吳三省於安龍之敗，尋獲定國家口，送之孟艮。至則定國已移營，乃走磨乃。守將唐宗堯者，奸弁也，凡以奮勇投孟艮者，悉收隸麾下，客商至則劫之，由是南北道梗，滇、緬消息不通。三省察其奸，收而殺之，而兵弱不敢深入，流連孟定、耿馬之間。

九月，降將吳三桂以我大清兵追明桂王於緬甸。

自王入緬甸後，李定國、白文選分竄孟艮、木邦，日與緬鬨，無能患邊，我朝亦置之度外，議撤兵節餉。而三桂貪擅兵權，必欲俘王爲功，乃於十七年有渠魁不翦三患二難之疏，謂：「李定國、白文選以擁戴爲名，引潰衆窺我邊防，患在門戶；土司反覆，惟利是趨，一被煽惑，患在肘腋；投誠將士軫念故主，聞警生心，患在腠理。且滇中米糧騰踊，輸輓耕作，因荒逃亡，養兵難，安民亦難。惟勦盡根株，乃一勞永逸。」朝命內大臣愛星阿爲定西將軍，率禁旅會勦，頒敕印於南甸、隴川、千崖、盞達、車里諸土司，檄緬人擒王自効。十八年正月，我副都統何進忠、總兵沈應時出騰越，至猛卯，以瘴發還師入邊，奏俟霜降後大舉。是時滿、漢士司兵及降卒七萬五千，並炊汲餘丁凡十萬人，由大理、騰越出邊，三桂、愛星阿將五萬人，出南甸、隴川、猛卯，分兵二萬，命總兵馬寧、王輔臣、馬寶將之出姚關。

臣鼒曰：不曰我大清命降將吳三桂追明桂王，而曰三桂以我大清兵追明桂王何？伏讀純廟之諭曰：「立意殄滅由榔，三患二難之議發自三桂，檄緬甸毆李定國，降白文選，皆出自三桂之籌畫。然其籌畫豈實爲我國家哉？三桂之必欲滅由榔，實猶近日之阿睦爾撒納之必欲滅達瓦齊，則彼之爲我宣力，皆所以自爲也。」臣鼒詳觀入緬始末，遊魂塞外，國家已度外置之，三桂惑於營窟之謀，爲此斷草除根之舉。厥後稱兵搆逆，自斬其宗，安知非天誘其衷，以爲明室諸孫之報乎！

冬十月，我大清誅降將鄭芝龍，徙沿海居民，禁舟出海。

從降將黃梧請也。棄芝龍於市，鄭氏在京者無少長，皆伏誅。沿海居民三十里，界外者盡徙內地，禁漁舟商舟出海。

臣鼒曰：不曰殺明提督吳勷，而曰殺三桂之父者，罪三桂也。不曰殺成功之父芝龍，而曰誅降將者，罪芝龍也。

十一月。吳三桂分兵追明白文選於茶山，降之。

張國用、趙得勝之挾文選北走也，路過耿馬，文選見吳三省，不言而涕出，三省察有變，因言雲南軍降者皆怨恨不得所，人心思明，甚於往日，張、趙復心動，與三省合屯於錫箔江。聞王師至木邦，文選遣副將馮國恩偵之，被獲，軍情盡洩。三桂選前鋒疾馳三百里，至江濱。文選毀橋走茶山，三桂慮其竄木邦後路，乃自與愛星阿結筏渡江，而令馬寶分兵追文選，及於孟養，單騎赴文選營說之，乃降。宮嬪某氏者，從王入緬，中途相失，入文選營，端謹持禮，文選甚敬之。既降，將挾以北走，氏聞之，自散髻，以髮結喉而死。

十二月丙午朔，吳三桂駐兵緬甸之舊晚坡。

舊晚坡在阿瓦城東六十里，緬相錫真持貝葉文降於三桂，願送駕出城，乞王師退駐錫箔，而別遣兵百人進蘭鳩江扞衞。王知不免，遺書責三桂曰：「將軍新朝之勳臣，舊朝之重鎮也。世膺爵秩，藩封外疆，烈皇帝之於將軍可謂甚厚。詎意國遭不造，闖賊肆惡，突入我京城，殄滅我社稷，逼死我先帝，殺戮我人民，將軍志興楚國，飲泣秦庭，縞素誓師，提兵問罪，當日之本衷原未泯也。奈何憑藉大國，狐假虎威，外施復仇之虛名，陰作新朝之佐命，逆賊授首之後，而南方一帶土宇非復先朝有也。南方諸臣不忍宗社之顛覆，迎立南陽，何圖枕席未安，干戈猝至，弘光殄祀，隆武就誅，僕於此時幾不欲生，猶暇爲社稷計乎！諸臣強之再三，謬承先緒。自是以來，一戰而楚地失，再戰而東粵亡，流離驚竄，不可勝數。幸李定國迎僕於貴州，接僕於南安，自謂與人無患，與世無爭矣，而將軍忘君父之大德，圖開創之豐功，督師入滇，覆我巢穴。僕由是渡沙漠，聊借緬人，以固吾圉，山遙水遠，言笑誰歡，祇益悲矣！既失世守之河山，苟全性命於蠻服，亦自幸矣。乃將軍不避艱險，請命遠來，提數十萬之衆，窮追逆旅之身，何視天下之不廣哉！豈天覆地載之中，獨不容僕一人乎！抑封王錫爵之後，猶欲殲僕以邀功乎！第思高皇帝櫛風沐雨之天下，猶不能貽留片地，以爲將軍建功之所，將軍既毀我室，又欲取我子，讀鴟鴞之章，能不慘然心惻乎！將軍猶是世祿之裔，即不爲僕憐，獨不念先帝乎！即不念先帝，獨不念二祖列宗乎！即不念二祖列宗，獨不念己之祖若父乎！不知大清何恩何德於將軍，僕又何仇何怨於將軍也！將軍自以爲智，而適成其愚，自以爲厚，而反覺其薄。奕禩而後，史有傳，書有載，當以將軍爲何如人也！僕今者兵衰力弱，煢煢孑立，區區之命懸於將軍之手矣。如必欲僕首領，則雖粉身碎骨，血濺蒿萊，所不敢辭。若其轉禍爲福，或以遐方寸土仍存三恪，更非敢望。倘得與太平草木同沾雨露於聖朝，僕縱有億萬之衆亦付於將軍，惟將軍是命。將軍臣事大清，亦可謂不忘故主之血食，不負先帝之大德也。惟冀裁之！」〔考曰：書見東華錄。〕

戊申（初三日），緬酋執明桂王以獻於王師。

是日未刻，緬人紿王以李定國兵至，即舁王暨太后中宮以行，後宮號哭震天，步從五里許。渡河，已昏黃，不辨徑路。有負王登岸者，問之則平西王前鋒高得捷也。王入三桂營，南面坐，達旦，三桂標下官入見者，猶跪拜如禮。頃之，三桂入，長揖。王問爲誰，三桂噤不能對。再問之，不覺膝之屈也。問之數四，始稱名以對。王切責良久，嘆曰：「今亦已矣，朕本北人，欲還見十二陵而死，爾能任之乎？」對曰：「能。」王麾之出，三桂伏地不能起，左右挽之出，面如死灰，汗浹背，自是不復見。越日，鄧凱匍匐帳前曰：「事至此，皇上當行一烈事，使老臣得其死所。」王曰：「有太后在，吳某世受國恩，未必毒及我母子也。」初九日甲寅，三桂擁王北旋，沿途供膳華腆，宮眷皆騎從，蓋欲生致王爲獻俘地也。

明延平王朱成功取臺灣，改爲東都，以赤嵌城爲承天府，置天興、萬年二縣。

揆一王嘗大出兵攻赤嵌、鯤身，不利。十一月，成功乘風縱火，燒其夾板，荷蘭益困，猶死守王城。其城亂石疊砌，火煅成灰，融爲石城，堅不受砲。有土人獻計曰：「城內無井，塞城外水源，三日必亂。」從之。且告之曰：「此地乃先人故土，珍寶不急之物聽爾載歸，土地倉庫歸我。」揆一王乃罷兵約降，以大舶遷其國。成功以臺灣平，祭告山川神祇，改爲東都，置一府二縣，巡視社里，土番錫以烟布，慰以好言，咸受約束。謂諸將曰：「此膏腴之土也，可寓兵於農。」諸將請其法，成功曰：「古者量人受田，量地取賦，自兵民分而轉輸者始有仰屋之苦，故善爲將者興屯以富兵。諸葛屯斜谷，司馬屯淮南，姜維屯漢中，杜預屯襄陽，皆用以備敵。元之分地立法，太祖設衞安軍，非無故也。今僻處海濱，安敢忘戰。按鎭分地，按地開荒，插竹爲社，斬茅爲屋，教生牛以犁，其火兵無貼田者，正丁出伍，火兵補之，三年定其上中下，則以立賦稅。有警則荷戈以戰，無警則負耒而耕，野無曠土，軍有餘糧，用此法也。」諸鎭咸曰：「善。」即日貼分地方，督兵開墾。時成功用法過嚴，馬信以爲言。成功曰：「立國之初，法貴嚴，俾後之守者自易治耳。子產治鄭，孔明治蜀，用嚴乎，用寬乎？」信服其論。旣聞遷界令下，成功嘆曰：「使吾徇諸將意，不自斷東征得一塊土，英雄無用武之地矣。沿海幅員上下數萬里，田盧邱墓無主，寡婦孤兒，望哭天末，惟吾之故。以今當移我殘民，開闢東土，養精蓄銳，閉境息兵，待天下之清未晚也。」乃招漳、泉、惠、潮流民以闢汙萊，制法律，定職官，興學校，起池館，以待故明宗室遺老之來歸者。臺灣之人，是以大和。

是歲，明兵部尙書張煌言駐師福建之沙關。

煌言聞成功師抵澎湖，遣幕客羅子木以書責之，謂：「軍有寸進，無尺退，今一入臺，則將來兩島並不可守，是孤天下之望也。」不聽，爲詩刺之，曰：「中原方逐鹿，何暇問虹梁。」曰：「圍師原將略，墨守亦夷風。」曰：「只恐幼安肥遯老，杖藜皁帽亦徒然。」曰：「寄語避秦島上客，衣冠黃綺總堪疑。」成功一笑而已。遷界之令，沿海流亡失所，煌言頓足嘆曰：「棄此十萬生靈而爭島夷乎！」復以書招成功，謂可乘機取閩南，不見聽，乃遺書故侍郎王忠孝、都御史沈佺期、徐孚遠，監軍曹從龍，勸其力挽成功。既聞滇中事急，再遣子木入臺，苦口責之。成功以臺灣初定，不能行。乃別遣職方郎吳鉏挾帛書入鄖陽山中，說十三家軍，使之撓楚救滇，而十三家已衰敝不敢出，乃以孤軍徘徊金、廈兩島之間。

我大清聖祖仁皇帝康熙元年（一六六二） 壬寅，春正月，乙亥朔。

臣鼒曰：自元年至二十二年癸亥，臺灣鄭氏猶稱永曆正朔，明統已亡，僭竊何數，削其號，春秋大一統之義也。錄其事，綱目存唐天復、天祐之例也。變文起例，義有攸歸。自兹以往，無事則歲時不具書何？紀年，紀明事也。事不係於明者，例不書。

二月，明朱成功部將忠勇侯陳霸降於我大清。

霸，南安石井人，亦名豹，鎮南澳十餘年，與許龍、蘇利數百戰，粵人畏之如虎。性傲多怨，有譖之成功者，言豹通於我平南王尚可喜，成功命周全斌擊之。豹集部將告曰：「此必有奸人反間，且奈何？」

曰：「盍往辨之。」曰：「不及矣。」曰：「然則禦之。」曰：「禦之則情眞矣。我從□公芝龍數十載，肝膽唯天可表，辨之弗能及，禦之非本心，此藩主自壞長城，非我背恩也。」乃率衆入廣州降，朝命封爲慕化伯，不數月，豹雙目俱瞑。

三月丙戌（十三日），吳三桂以明桂王由榔還雲南。

三桂居王於故都督府，嚴兵守之。明前戶部尚書龔彝具酒肴進謁，守者不許，彝厲聲曰：「此吾君也，君臣之義，南北皆同，拒我何爲！」三桂許之入，設宴堂上，行朝禮畢，進酒，王痛哭不能飲。彝伏地哭，再勸，王三釂，彝拜不止，觸地死，王撫之慟幾絕。彝卽孫可望之私人也，其死也，論者予之。

夏四月戊午（十五日），明桂王由榔殂於雲南。〔考曰：紀略云戊午望日，諸書或云四月二十五日事。〕

仁皇帝命恩免獻俘，三桂輦王及太子出，以弓弦絞於市。太子時年十二，大罵曰：「黠賊，我朝何負於汝，我父子何仇於汝，乃至此邪！」是日大風霾，雷電交作，空中有二龍蜿蜒而逝，軍民無不悲悼者。叢葬於滇城之北門外。〔宋光伯謹按：伯幼時，聞先曾王母云：吳三桂絞桂王於滇省篦子坡，天晦黑七日，計時相隔不遠，傳言當不誤也。〕三桂之稱兵反也，乃服明衣冠，慟哭拜之，稱爲故君之陵寢焉。〔考曰：見四王合傳。〕

臣鼒曰：紀年於福王由崧、桂王由榔之被執也，名之何？春秋諸侯失國名，所以爲有國家者警也。唐王聿鍵之死於汀州也，何以不名？大其死社稷也。史稱由榔豐頤偉貌似神宗，性惡繁華，不飲酒，無聲色玩好，不甚學而喜聞講論忠義事，兩宮盡孝，蓋亦隆平之令主也。身爲俘虜，不自引決，鞠場亡身，燈檠化骨，求爲安樂公而不可得，悲夫！

吳三桂歸明太后馬氏、后王氏於京師，道殂。

三桂遣麾下送明兩宮歸北京，行次黃茆驛，兩宮推輪相望，彼此禁不得語，各以手示，同時扼吭死。〔考曰：行在陽秋云：太后於王未死之前，不食數日崩。皇后、公主至北京，命禮部養贍別室。紀略則云后與王子從王死，太后及餘宮眷皆北去。傳聞互異，蓋我朝雖有禮部養贍之旨，而兩宮則皆道殂也。茲從南疆繹史摭遺宮壺妃御列傳正之。〕

明沅江總兵皮熊被執，諭降不屈，死之。

熊聞永曆帝被執，走避水西，絕粒七日不死。吳三桂遣騎執至，背立不順命，積十三日不食，始瘖，越日乃絕，戮其屍。熊女夫趙默被執，令具供，書絕命詞與之，並見殺。三桂以總兵鄧凱隸滿洲鑲黃旗，不受，入昆陽普照寺爲僧。

我大清兵取敍州馬湖，明石泉王聿鍷死之。〔考曰：世表唐藩無石泉王，當是隆武時所封。〕

五月庚辰（初八日），明招討大將軍延平郡王朱成功卒。

成功駐臺灣，令長子經監守兩島。經謙恭慈讓，好學善射，而頗躭聲色，聘尚書唐顯悅之女孫爲妻，不相能，通於四弟之乳母陳氏，生男，詭報侍妾所出。成功賚經母董氏暨生子者金錠花紅，頒賞臺灣諸將士。顯悅發其奸，成功大怒，令黃毓〔考曰：毓亦作昱。〕持令箭諭兄泰監斬經、陳氏與其所生孫並董氏，以教兒不謹也。洪旭等接令大驚曰：「主母小主其可殺乎？」乃議殺陳氏及孫以復命，成功不許。部將蔡鳴雷以罪懼責，乞假來廈搆之曰：「藩主誓必盡誅，否且及監斬諸公，已密諭南澳周全斌以兵來矣。」旭等益駭，既聞成功有疾，謂此亂命也，謀曰：「世子，子也，不可以拒父；諸將，臣也，不可以拒君；泰於藩主爲兄行，拒之可也。」調兵守大担，誘全斌而執之。成功接諸將公啓，有「報恩有日，候闕無期」之句，知金、廈諸將拒命，心大恚恨，疾遂革，猶日强起登將臺，持千里鏡望澎湖諸島。初八日庚辰，登臺罷，冠帶請太祖祖訓出，坐胡牀進酒，讀至第三帙，嘆曰：「吾有何面目見先帝於地下也！」兩手掩面而逝。計成功自隆武丙戌（一六四六）起兵，凡十有七年而卒，年三十有九。

臣鼒曰：成功拒父投誠之命，匿影海濱，袒臂一呼，羣雄聽約。以我國家之謀臣如雲，猛將如雨，至五省遷界以避其鋭，且江南喪師，喘息未定，又能鎮定强戰，轉敗爲功，闢海外之扶餘，存天復之正朔，迹其忠義自奮，仇親兼用，臨幾決策，賞罰無私，亦可謂人傑矣哉！

六月，明招討大元帥晉王李定國卒。〔考曰：紀事本末云：六月二十七日，卒於交阯境上。紀略云：卒於猛臘。行在陽秋則云：七月二十九日，卒於景線。〕

緬自萬曆中絕貢，據有木邦、麓川及八百媳婦之地，雄視西南，然與古剌、暹羅爲世仇。永曆帝之舟行入緬也，從官雲散，馬九功入古剌江，國泰入暹羅，暹羅以女爲定國妃，間道通殷勤，謀連兵攻緬，九功亦爲古剌招潰兵三千人，致書定國相犄角。方剋期進兵，而滇訃聞，定國躃踊號哭，自擲於地，不食三日，表於上帝以祈死。於六月十一日生辰病作，謂其子嗣興、部將靳統武曰：「任死荒徼，無降也。」越數日，定國卒。未幾，統武亦卒，嗣興竟以所部降；古剌、暹羅之師失望而返。後有自緬至者，曰定國所葬地至今春草不生，蠻人過之，輒跪拜而去云。

徐鼒曰：聞鄉董氏言，定國拔身羣盜之中，秉忠反正，盡瘁事國，乃至崎嶇而死，呼天以明其心，亦古之烈丈夫哉！屈大均題李獻武王祠云：「從來賜姓者，只有晉王賢。」執鞭欣慕之情，溢於言詞之表。全祖望謂明史桂王傳於王死後，大書李定國卒其子嗣興降而後終卷；然則定國之關於明者大矣，定國亦可以瞑目夫！

秋八月，明光澤王儼鐵、〔考曰：世表云：光澤王術堨於萬曆三十四年襲封，儼鐵豈其子歟？〕大學士郭之奇、總兵楊祥被執至桂林，諭降不屈，死之。

之奇字仲常，揭陽人。崇禎戊辰（一六二八）進士，選庶吉士，以忤溫體仁，左遷禮部主事，久之遷福建提學副使，南都擢詹事。隆武帝立，之奇與鄭芝龍、張肯堂有夙嫌，家居不詣朝。永曆三年（一六四九），起故官，兼禮部右侍郎，王親試劉茝等八人，之奇與同官黃奇遇俱教習庶吉士。之奇謂黃由推知考選，安知庶吉士典故，奇遇亦以他事相訐，輔臣黃士俊解之乃已。明年，王幸梧州，進東閣大學士。孫可望之殺嚴起恆也，之奇知事不可爲，行遯交阯。暨王入緬甸，光澤王儼鐵、總兵楊祥亦亡入其地，交人懼禍及，並執送廣西。兩司以下官多之奇門下士，委曲諭降，不屈，飲酒賦詩而已。祥，蜀人，不識字而以忠義自許，同日遇害，望西叩頭謝恩，危坐就刑，神色不變，觀者無不流涕焉。

〔考曰：行在陽秋載之奇絕命詩曰：「十載艱虞爲主恩，居夷避世兩堪論；一聲平地塵氛滿，幾疊幽山霧雨翻。曉澗哀泉添熱血，暮烟衰草送歸魂；到頭苦節今方盡，莫向西風灑淚痕。」「成仁取義憶前賢，異代同心著幾鞭；血比萇弘新化碧，魂歸望帝久爲鵑。曾無尺寸酬高厚，唯有孤丹照簡編；萬卷詩書隨一炬，千秋霜管俟他年。」按陽秋以爲已

亥九月事，而李世熊寒支集則云壬寅八月十九日，莆田薛生親見之，當得實也，今從之。〕

冬十一月辛未（初一日），明故延平王朱成功之子經入於臺灣。〔考曰：臺灣外紀以爲十月十七日事，茲從行朝錄。〕

成功之沒也，建威伯馬信以哭泣過哀，尋亦卒。臺灣人心洶洶，諸將舉成功弟襲護理國事以安之。襲之私人蔡雲、李應清、曹從龍、張驥四人者說黃昭曰：「護理計臺灣戰功，公居最，恐世子不知耳。」昭有怨詞，驥因曰：「金、廈、臺灣業成水火，公握重兵，扶護理於臺，護理肯忘公乎！」昭曰：「俟與中衝謀之。」〔考曰：時蕭拱宸爲中衝鎭。〕驥以告襲，襲大喜，割衣襟與昭，結爲姻。昭夜告蕭拱宸曰：「世子可治兵以拒父，護理不可承兄以繼統乎！」拱宸然之，從龍卽矯爲成功遺命，數世子罪狀，奉襲爲東都主，分兵守險。黃安不與謀，陽附之而密請經速治兵過臺。經聞報大駭，謀之洪旭，出周全斌爲五軍都督，以陳永華爲諮議參軍，馮錫範爲侍衞，遣楊來嘉通款於我靖南王耿繼茂、總督李率泰以緩王師之進討，乘間整師，而東抵澎湖之娘媽宮。遣禮官鄭斌齎諭布告臺灣，以世子親統六師，抵臺奔喪。衆皆陰持兩端，無顯言拒命者。黃昭、蕭拱宸曰：「世子亂倫，先王再命賜死，不悔過自新而反統兵據國，使先王飮恨而死。護理仁慈勇敢，承兄遺命繼統，誰敢逆之！」使者復命，經謂全斌曰：「諸將未經此土，敢問進兵之路！」全斌曰：「紅毛所恃者安平砲臺，黃昭必以兵守之，此天險不可過也。我軍當從潦港洲仔尾登岸擊之。蕭、黃二賊久從先王征戰，臺灣又所熟悉，必能設險守固。但以全斌策之，護理輭懦，諸將觀望，潦港洲仔尾之險，二賊不敢信人，必自守之。今差快哨齎諭從安平而入，過亦嵌城，遍告諸將，以叔姪至親，蕭、黃搆煽，將士逼脅之情，令悔過倒戈，共扶王室，則可安反側而亂賊心。」經從之。進至潦港，掩旗息鼓。初三日辛未，大霧晝冥，對面不相見。全斌謂經曰：「黃昭智勇，堤防必周，今乘霧而上，昭不及防，此天佑我也。」統兵銜枚而上，甫成列而昭已破營入，經衆潰，幾爲所窘。全斌大呼曰：「今背水而戰，大丈夫寧死於戰，豈死於水乎！」身先陷陣。諸軍聞之，悉反戰，呼聲震天。經射昭，中之，殪，其衆大亂。俄而霧消，日向午矣。全斌疾呼世子已到，黃昭已死。黃安於陣後出曰：「此吾君之子也。」經免冑相示，諸將悉解甲投戈，經慰諭之。全斌請急據大營敵拱宸，復呼於陣前曰：「罪在蕭賊一人，與將士無干。」拱宸軍聞之各星散，遂被擒。經收蔡雲等四人，同拱宸斬之，餘不問。抱襲而哭曰：「幾爲奸人離間。」待之如初，衆大悅服。乃命統領顏望忠守安平鎮，黃安提調軍務，而率舟師回廈門。

辛卯（二十一日），明前監國魯王殂於臺灣。

閩南遺老聞滇中之訃，謀復奉王監國，會島上多事，不果行。二十三日辛卯，王殂於臺灣，諸舊臣禮葬之。是年二月，陳妃生世子；臺灣之入版圖也，世子繳金册降焉。〔考曰：臺灣外紀施琅奏魯監國世子朱桓降，蓋國變後不能復依世系之二十字矣。〕

是歲，明兵部尚書張煌言還軍林門，我大清再遣使招之，煌言不受。

煌言以成功之沒，與復無望，還駐林門，我朝安撫使暨浙督各以書相招。煌言復書，略曰：「不佞所以百折不回者，上則欲匡扶宗社，下則欲保捍梓桑，乃因國事之靡寧，而致民生之愈蹙。十餘年來，海上芻茭糗糒之供，樓櫓舟航之費，敲骨吸髓，可爲惕然。況復重以遷徙，訖以流離，哀我人斯，亦已勞止。今執事既以保兵息民爲言，則莫若盡復濱海之民，即以濱海之賦畀我。在貴朝既捐棄地以收人心，在不佞亦暫息爭端以俟天命，當與執事從容羊、陸之交，別求生聚敎訓之區於十洲三島間，而沿海藉我外兵以禦他盜，是珠厓雖棄，休息宜然，朝鮮自存，艱貞如故，特恐執事之疑且畏耳。則請與幕府約，但使殘黎朝還故土，不佞卽夕掛高帆，不重困此一方也。」又復督府書曰：「執事新朝佐命，僕明室孤臣，區區之誠，言盡於此。」會閩南遺老有復奉魯王之約，大喜，書約鄭經，勸以亞子錦囊三矢之業，擬詔書一道，厲兵秣馬以待。既而島中消息杳，魯王旋殂，哭曰：「孤臣之栖栖有待，徒苦部下，相依不去者以吾主在也，今更何望乎！」悒悒日甚，越二年甲辰（一六六四），乃散軍居南田之懸山嶴焉。

我大清康熙二年（一六六三）癸卯，冬十月。王師取金門、廈門。

鄭經之討黃昭也，搜獲伯父泰與昭交通書，密之不言。海澄有密獻城者，經整舟師援之，泰疑其圖己，舉家登舟。旋海澄事覺，經不果行，聞泰情狀，益惶惑。乃僞稱臺灣新創，親往安插，鑄金、廈總制印以屬泰，泰喜詣廈門稱謝，經殺之。子纘緒、弟鳴駿及部將蔡鳴雷、蔡協吉、陳輝、楊富等先後投誠，紅毛人亦修臺灣之憾，願爲前鋒，仁皇帝始銳意南征。耿繼茂、李率泰率投誠諸軍合紅毛夾板出泉州，提督馬得功出同安，黃梧、施琅出漳州，分道進攻。經議分兵禦之，周全斌曰：「海澄之師猝未敢前，惟泉州會合紅毛夾板而來，其勢甚銳，破之則各港氣奪，不戰自退矣。」洪旭曰：「先王破達素，悉空廈門，背城一戰。」乃出眷口，暨流寓之宗室紳兵寄椗各嶼，而列舟師於大担，以爲全斌援。癸丑，遇於金門烏沙，時紅毛夾板十餘舟歸巨如山，泉州之船三百箕張而下，全斌以二十艨艟往來奮擊，剽疾如馬，紅夷砲無一中者。投誠之軍，雲翔而不敢進，忽楊富船至，全斌喝曰：「叛賊！今日是汝死日！」衝入逼之。富落水，馬得功轉舵援之，全斌以爲鄭鳴駿也，夙所仇怨，揮船合攻，得功不支投海死。全斌訊降卒知之，嘆曰：「吾欲擒獐，乃中一虎，豈是賊未合死邪！」已而守高崎將陳昇密款於我漳州軍，施琅、黃梧乘潮落援之，耿繼茂、李率泰亦各濟師，經衆寡不敵，退守銅山。王師入兩島，墮其城，收其寶貨婦女而北。梧勸率泰乘勝逼銅山，率泰曰：「窮寇勿追，急之則逸入臺灣，後難圖矣。乘彼人心未定，招撫以散其黨羽，計之上也。」乃遣使至銅山，宣布朝廷德意，密通諸將，許生擒鄭經者，封同安侯，鎮守泉州，如海澄公例，惟洪旭笑而卻之。明年春，林順自鎮海，杜煇自南澳先後投誠。旭謂經曰：「金、廈新破，差官僕僕前來，非爲招撫，實窺探以散人心；當速過臺灣，遲則變生肘腋矣。」經乃悉衆東徙，命周全斌、黃廷斷後，過澎湖，設重鎮守之。改東都爲東寧，天興、萬年二縣爲州，分諸將耕屯荒地，造亭館以處宗室遺老之相從者，度曲徵歌，示無西意，以與民休息焉。經之東徙也，周全斌以與黃廷不協，先後來降，李率泰盡徙諸島遺民於內地，開界溝，築界牆五里，設砲臺烟墩二十里，設營將守之，弁兵得賄縱出入，或睚眦殺人，失業流離之狀，不可言矣。

十二月，我大清兵克川東，明東安王盛蒗〔考曰：世表東安王英燧於萬曆二十四年襲封，後無可考。〕及劉體仁、郝永忠、袁宗第、李來亨等先後敗死，總督洪清轡死之。

時川東十三家分據夔、歸、房、竹諸隘，犯巫山，我總督李國英奏：「蜀寇逋川、湖、陝邊界，偏攻則易遁，小急則互援，請三省會勦。」於是以荊昌、宜昌兵勦遠安、興山、巴東、歸州一路，以興安、鄖陽兵勦房縣、竹山一路，以四川兵勦夔州、建始、巫山、大寧、大昌一路，伐山開徑以入。於是年正月元日，國英進奪羊耳山，宗第遁入茶園坪，尋走巴東。王師克巫山，衆議移軍守夔門。國英謂巫山雖地勢卑狹，然馳驟不便，於是深溝高壘爲固守計。俄而體純、永忠合數萬衆來攻，戰敗退走，遇我陝西會勦軍於陳家坡，狼狽入天地寨，我都統杜敏擊之，體仁自縊死，追至黃草坪，永忠、宗第皆授首，生擒東安王盛蒗於小尖寨。是時川東略定，惟李來亨猶擁衆茅麓山，地名通梁，羊腸懸絕，王師圍之而不能攻。明年八月，乘霧奪通梁，來亨窮蹙，焚其妻子，自縊死。於是十三鎮之降明者盡矣。洪清鼇者，字六生，晉江拔貢生，謁隆武帝於閩，授衡州通判，督師何騰蛟奇之，請改知道州。體仁、永忠等之初降也，清鼇迎說曰：「兵所以異賊者，畏法受官節制，今縱劫則依然賊耳。」諸將皆瞋目，獨永忠曰：「子非百里才，行當佐吾軍。」請於永曆帝，擢御史，監諸鎮軍，駐湖南。騰蛟死，滇、黔道絕，清鼇與諸軍退入西山，屯田固守。久之，得安龍信，間道上書，言：「十三鎮公忠無二，今扼險據衝，觀釁而動。」議者多其功，加清鼇總督粵、滇、黔、晉、楚、豫軍務。諸軍既潰，或曰：「子未可以去乎？」清鼇曰：「師亡與亡，去將何之？」被執，諭降不從，臨刑之日，神色不變，投屍巫山三峽中。〔考曰：洪清鼇事見陳大萊紀略、福建續志。〕

臣鼒曰：自劉體仁以下皆盜也，繫之明何？進之也。進之何？何騰蛟、堵胤錫受其降矣，朱天麟、文安之督其師矣，隆武、永曆錫以官，封以爵矣，迹其竄伏楚、蜀，守死不降，有李萬慶、劉國能之捐軀，無孫可望、狄三品之叛逆，而據成敗衆著之迹，沿官書盜賊之稱，則彼高傑、李定國者，非皆闖、獻部將哉！自亂其例，胡以勸懲。淸藿之死，特書何？殊之於體仁輩也。

我大淸康熙三年（一六六四）甲辰，秋七月。明兵書尙書張煌言被執，至杭州，諭降不屈，死之。懸山嶴在海中，荒瘠無人烟，惟山南有汊港通舟楫，其北則峭壁巉巖，人不能及。煌言結茅以居，從者祗故參軍羅子木、門生王居敬、侍者楊冠玉將卒數人，舟子一人。我寧波提督張杰募得煌言故校，使投滃州之普陀寺，僞爲行脚僧以偵之。煌言告羅之人至，呢其故人，且爲僧，不之忌。故校遽出刀脅之，殺數人，最後者乃告之曰：「雖然，公則不可得也。公畜雙猿覘動靜，船在十里外，猿輒鳴樹杪，公得爲備矣。」故校乃夜半攀蘿緣山背而入，暗中執煌言並子木、居敬、冠玉三人，時七月十七日也。越二日至寧波，杰以肩輿迎，舉酒屬曰：「遲公久矣。」煌言曰：「父死不能葬，國亡不能救，死有餘罪，求速死而已。」杰遣官護之入省，出寧波城，再拜曰：「某不肖，有負故鄉父老二十年之望。」登舟危坐，夜半，篷下〔有〕唱蘇武牧羊曲者，煌言披衣起，扣舷和之，酌酒勞曰：「爾亦有心人也，吾志已定，爾無慮。」叩其姓名，則防卒史丙也。渡泉塘，舟中拾一箋，句云：「此行莫作黃冠想，靜聽先生正氣歌。」煌言笑曰：「此王炎午後身耳。」比至杭州，供帳如上賓。舊時部曲許存問，官吏願見亦弗禁，有賂守兵以一睹顏色爲幸者。九月七日，赴市，見鳳皇山，曰：「大好山色。」索筆賦絕命詩三首，〔考曰：行朝錄載絕命詞云：「義幟縱橫二十年，豈知閏位在于闐，桐江空繫嚴光釣，笠澤難回范蠡船。生比鴻毛猶負國，死留碧血欲支天，忠貞自是孤臣事，敢望千秋青史傳。」「國亡家破欲何之，西子湖頭有我師，日月雙懸于氏墓，乾坤半壁岳家祠。慚將赤手分三席，特為丹心借一枝，他日素車東浙路，怒濤豈必盡鴟夷。」「何事孤臣竟息機，魯戈不復挽斜暉，到來晚節慚松柏，此去清風笑蕨薇。雙鬢難容五嶽住，一帆仍向十洲歸，疊山遲死文山早，青史他年任是非。」又南略所載另有二首，諸書所無，備錄之。詩曰：「揶揄一息尚圖存，吞炭吞氈可共論，復望臣靡興夏祀，祗憑帝眷答商孫。衣冠猶帶雲霞色，旌旆仍留日月痕，贏得孤臣同碩果，也留正氣在乾坤。」「不堪百折播孤臣，一望蒼茫九死身，獨挽龍髯空問鼎，姑留螳臂強當輪。謀同曹社非無鬼，哭向秦庭那有人，可是紅羊剛換劫，黃雲白草未曾春。」按行朝錄謂詩詞貯一布囊，為邏卒所焚。而南疆繹史勘本謂煌言所著有奇零草、水槎集、北征錄、釆薇吟。又謂詩文集皆防卒史丙所藏，有購之者，曰：公之眞蹟，吾日夕焚香拜，安得付子。或丙死後，遂無傳歟？〕挺立受刃，年四十五。子木、冠玉同斬。一振臂，綁索俱斷，屍不仆。行刑者，跪而拜之。初，煌言之入海也，風飄至一荒島，夢金甲神告曰：「贈君千年鹿，遲十九年還我。」果得一蒼鹿，食一臠，積日不飢。比羅人未返，占課大凶，徘徊假寐，又夢金甲神來。方呼居敬告之，言未既，而兵入，蓋十九年云。浙人張文嘉、萬斯大葬諸南屏山麓，子木等祔焉。子木，名綸，以字行，己亥（一六五九）見煌言於江上。嘗參朱成功軍，不樂，奉父復就煌言，中道與王師遇，格鬬墜水，比救起，則父已被縛去，思出奇計救之，不得，嘔血瀕死。煌言勉以立功報仇，遂相依，以及於死。冠玉，鄞人，制府以其年少，將脫之，固請從死。居敬，字畏齋，黃巖人，以計逸為僧。故校以誘執煌言功，授千戶，奉令巡海，猝遇煌言舊將，憤其害主也，突刺殺之。〔考曰：煌言久抗朝命，竄伏海隅，有謂己亥之役，兵敗，出赴官軍曰：「我侍郎張煌言也，死當於明處。」遂遇害。李世熊寒支集張元著先生傳則誤以元著爲定西侯張名振，所敍事蹟亦誤合名振、煌言爲一人，傳聞異詞，謬誤如是，賴黃宗羲、全祖望、萬斯大諸人表章之，有功先生不淺。〕

臣鼒曰：煌言仗劍起義，跋涉海隅，部卒僅三百人，歷年幾二十載；痛匡門之流離，私草文山之檄，憤錢鏐之玩愒，再投羅隱之詩。迨至𡽪樹鳴猿，信孚異類，荒島𧷤鹿，誠格皇天，戍兵錄零丁之詩，弟子志西臺之慟，史傳忠義，如公幾人！純皇帝之諭曰：「諸臣瑣尾間關，有死無二，人臣忠於所事，實爲無愧。」大哉王言，垂敎萬世，而明史不爲煌言立傳，謂非史臣之不職哉！

明廣東文邨守將虎賁將軍廣寧伯王興自焚死。〔考曰：淡歸留須子傳謂桂王入緬後，興負固踰十一年。則興自殺文邨事當在康熙九年。然按陳恭尹獨漉堂集王將軍輓歌云：始從戊戌夏，兩及中秋期。則興死當在庚子、辛丑之間，是時王入緬不二、三年，何云十一年乎？細按繹史摭遺云，於平粵後堅守文邨十一年，計王以辛卯春自粵入滇，十一年之踰，當是辛丑癸卯，留須子入緬云云，蓋入滇之譌也。疑事毋質，姑次張煌言後。淡歸者，金堡披緇後別名也。〕興，漳州人。其先以勳臣裔開鎭海疆，駐文邨，爲藩籬之臣。文邨處萬山中，左聯戈壁，右挹大洋，惟鳥道一線，略可通人，而灌木叢莽，連陰翳天，雖健卒短兵不能入。當永曆帝播遷，興帥蠻部屢抗王師，晉爵廣寧伯。及永曆入緬，興乃還守文邨，且耕且屯，負固踰十一年，王師屢購之，終不得要領。我平南王尙可喜幕下客金光者，奇士也；興聞其名，使將卒嫚駡曰：「若陳兵百萬，奚益，金某來，則我出矣。」金聞之請行，諸大吏詫曰：「此蠻語耳，烏乎信！」金請之堅，大吏欲以兵從，曰：「兵則吾豈敢，吾無生還矣。」乃呼老兵一，跨羸馬爲導，至郇口，守者見之匆匆入，有頃，令易筍輿進，徑數里，與出迓，問：「騎幾何！」曰：「一。」「從者幾何？」曰：「一。」與笑曰：「子何信之深也！」升堂開讌，歡若平生。酒半，與揮涕曰：「吾累世受明恩，於今二百八十餘年矣，曩者借兵雪故主仇，今天不祚明矣，然與豈能爲降將軍邪！」語次，突一人啓扉出，則故侍郎王應華也。金與有舊，攜手載拜，於邑不能聲。金留郇飲凡三日，與復舉酒曰：「吾之所以必乞君蒞茲土者，將以明吾不背故主之誠耳。子謹厚有膽，吾當踐所說。」命其五子出拜，洗盞更酌，撚鬚裂眥，大呼曰：「與不能回天，命也，死而有靈，藉子以『大明虎賁將軍王興之墓』作十字碑，則幸矣。」乃召妻妾登樓，手爇連珠砲焚死。金攜其五子，納敕印田土戶籍。其衆願降者，軍前聽用；然浮海去者蓋大半焉。

〔考曰：詳留須子傳。〕

臣鼒曰：鼒書勝國忠義之士，至虎賁將軍王興而止，此外無可錄乎？稗官家所載儒林隱逸方外獨行之流，其行潔，其迹奇，其幽隱鬱結之衷，可以召鬼神而泣風雨，大者遼東幼安之節，小亦西臺皋羽之流，吾方欲搜彼井史，光我竈觚，蓋闕如也。胡云闡幽？夫紀年一書，本春秋依經立傳之例，或大書特書，或連類而書，其連而不相及者，則又不可勝書，不可勝書而不書之不可也，史家編年紀傳之書並行不廢，紀年之不勝書者，吾將以紀傳書之。

我大清康熙八年（一六六九）己酉春，遣使招諭臺灣。

康熙四年（一六六五），水師提督施琅會降將周仝斌進討，遇颶風，不克而歸。朝命大臣明珠、蔡毓榮入閩，與靖南王耿繼茂遣使招撫，加興化知府慕天顏卿銜，偕都督僉事季佺齎詔往，鄭經開明珠書函，而不肯開詔，謂天顏曰：「本藩念生靈荼苦，遠避海外，苟能倣朝鮮事例，不削髮稱臣，納貢盡事大之義則可耳。」遣其禮官葉亨、刑官柯平隨使臣報命，復明珠書曰：「蓋聞麟鳳之姿，非藩樊所能囿；英雄之見，非遊說所能惑。但屬生民之主，宜以覆載爲心，使跂行喙息咸潤其澤，匹夫匹婦有不安其生者，君子恥之。頃自遷界以來，五省流離，萬里邱墟，是以不穀不憚遠引，建國東寧，庶幾寢兵息民，相安無事。而貴朝尚未忘情於我，以致海濱之民，流亡失所，心竊憾之。閣下銜命遠來，欲爲生靈造福，流亡復業，海宇奠安，爲德建善。又陪使所傳，有不削髮登岸置貿衣冠等語，言頗有緒，而臺諭未曾詳悉，惟諄諄以迎敕爲辭。事必前定而後可以寡悔，言必前定而後可以踐迹，大丈夫相信以心，披肝見膽，磊磊落落，何必遊移其說。不穀躬承先訓，恪守丕基，必不敢棄先人之業以圖一時之利。惟是生民塗炭，惻焉在懷。倘貴朝果以愛民爲心，不穀不難降心相從，遵事大之禮。至通好之後，巡邏兵哨，自當調回。若夫沿海地方，俱屬執事撫綏，非不穀所與焉。不盡之言，惟閣下教之！」

我大臣欲令二使由角門入見，柯平、葉亨曰：「國有大小，使實一體，執行客禮。」數日不定，天顏乃議相見於聖廟，二使不得已由角門入，終執朝鮮不薙髮例。我大臣再遣天顏、季佺齎書，略曰：「聖天子明見萬里，曲體人情，但以閣下爲中國之人，不宜引朝鮮之例，以荒外自居。且君臣義猶父子，豈有父子而異其衣冠者。」經謂天顏曰：「朝鮮非箕子後乎！如朝鮮例，則敢從議，削髮則雖死不可。」

復李率泰書曰：「蓋聞佳兵不祥之器，其事好還，是以禍福無常倚，强弱無定勢，恃德者昌，恃力者亡。曩歲思明之役，不佞深憫民生疾苦，暴露兵革，連年不休，故遂全師而退，遠絶大海，建國東寧，於版圖疆域之外別立乾坤。自以爲休兵息民，可相安於無事矣。不謂閣下猶有意督過之，欲驅我叛將，再啓兵端，豈未聞陳軫蛇足之喻，與養由基善息之說乎？夫苻堅寇晉，力非不强也，隋煬征遼，志非不勇也，此二事閣下之所明知也。況我之叛將逃卒，爲先王撫養者二十餘年，今其歸貴朝者，非必盡忘舊恩而慕新榮也，不過憚波濤，戀鄉土，爲偷安計耳。閣下所以驅之東侵而不顧者，亦非必以才能爲足恃，心迹爲可信也，不過以若輩叵測，姑使前死，勝負無深論耳。今閣下待之之意，若輩亦習知之矣。而況大洋之中，晝夜無期，風雷變態，波浪不測。閣下兩載以來，三舉征帆，其勞費得失，既已自知，豈非天意之昭昭者哉？所引夷、齊、田横等語，夷、齊千古高義，未易齒冷，即如田横不過齊之一匹夫耳，猶知守義不屈，而況不佞世受國恩，恭承先王之訓乎！倘以東寧不受羈縻，則海外列國如日本、琉球、呂宋、廣南，近接浙、粤，豈盡服屬。若虞敵哨出沒，實緣貴旅臨江，不得不遣舟偵邏。至於休兵息民，以免生靈塗炭，此仁人之言，敢不佩服。然衣冠吾所自有，爵祿亦吾所自有，而重爵厚祿，永世襲封之語，其可以動海外孤臣之心哉！」又復耿繼茂書曰：「日在鷺、銅，多荷指敎，讀『誠來誠往，延攬英雄』之語，雖不能從，然心異之。閣下中國名豪，天人合徵，金戈鐵馬之雄，固自有在。然頃辱賜敎，諄諄所言，尚襲游說之後談，豈猶是不相知者之論乎！東寧偏隅，遠在海外，與版圖渺不相涉，雖夷落部曲日與爲鄰，正如張仲堅遠絶扶餘，以中土讓太原公子，閣下亦曾知其意乎！所云貴朝寬仁無比，遠者不問，以耳目所聞見之事論之，如方國安、孫可望豈非竭誠貴朝者，今皆何在？往事可鑑，足爲寒心！閣下倘能以延攬英雄、休兵息民爲念，即靜飭部曲，慰安邊鄙，羊、陸故事，敢不勉承。若夫疆埸之事，一彼一此，勝負之數，自有天在，得失難易，閣下自知之，毋庸贅也。」是時海內無事，我仁皇帝以臺灣險遠，釋弗誅。經以其間踞步頭互市，廣集亡命，興販貨物 辛亥（一六七一），秋禾大熟，兵民相安，臺灣日以盛焉。

我大清康熙二十二年（一六八三），癸亥，秋八月。王師取臺灣，明故延平王朱成功之孫克塽以明宗室諸王降，寧靖王術桂死之。明朔始亡。

鄭氏自東遁臺灣，偷安惕日，甲兵鈍敝，船不滿百，軍不滿萬，不敢內犯者十年。康熙十二年（一六七三）冬，我平西王吳三桂反，明年，靖南王耿精忠據福建反，告援於鄭氏，許以漳、泉二府給之。經大喜，以陳永華爲東寧留守，率侍衞馮錫範、左武衞薛進思、右武衞劉國軒、〔考曰：國軒降於成功之世，諸書以爲此時與趙得勝同降，誤也。〕兵官陳繩武、吏官洪磊等，奉永曆二十八年正朔，渡海而西，而精忠見鄭氏衰弱，不欲踐漳、泉之約。經怒，攻同安，守將張學堯降。閩中故多鄭氏舊部曲，海澄總兵趙得勝、潮州總兵劉進忠皆降於經。於是經自取泉、取漳、取潮。精忠懼，使張文韜入島議和，以楓亭爲界，始通好也。十四年（一六七五），夏五月，劉國軒入潮，與何祐、劉進忠徇屬邑之未下者，我平南王尚可喜帥兵十萬，盡銳來攻，國軒食盡，議退保潮，可喜麾轂騎晨掩祐軍，戰於鱟母山，祐以身先旗，矯尾厲角，直貫我騎兵出其左右，國軒繼之，大敗官軍，追奔四十餘里，斬首二萬有奇，捕虜七千，轔藉死者徧山谷。當是時，劉國軒、何祐之名震於南粵。六月，圍漳州，我海澄公黃芳度之部將吳淑獻城降，芳度投井死。經斲黃梧之棺，戮其屍，報海澄也。十五年（一六七六）春，嗣平南王尙之信降於吳三桂，三桂檄之信割惠州與經連和，國軒入據之，與吳、尙畫疆而守。經旋敗盟，乘精忠與王師抗，尾其後，取汀州。始，精忠思與經併力，既不相能，我擊其外，經擊其內，前後跋疐，於是年九月，復降於王師。精忠既反正，怨經實深，導王師攻經。經將許耀雄聲寡謀，王師間渡，方偃蹇醉淫尼菴，已而倉皇遁，棄軍資鎧仗無算。吳淑亦敗於邵武。十六年（一六七七）春正月，趙得勝、何祐拒王師於興化。祐疑得勝貳於我，得勝指天自誓，祐不之信，登臺以望趙師，師潰，得勝抽菆注射，應弦皆倒。既見祐軍之不動也，喟曰：「吾不幸與若輩同事，死固宜也。」下馬據胡牀，挽強殺數十人以死。祐蓬髮而奔，興化遂陷。二月，泉、漳陷，經遁入廈門，國軒亦棄惠州去，凡七府一時俱潰。經既崩剝，不知所爲，國事盡委之國軒。明年春，國軒復出，沿海洲堡連下十數處。我總督郎廷相、嗣公黃芳世、都統胡兔按兵漳州，檄官軍四路合勦，提督段應舉自泉州，寧海將軍喇哈達、都統穆赫林自福州，平南將軍賴塔自潮州，先後並集，國軒及吳淑、何祐等兵僅數千，飄驟馳突，鋒銳不可當，當事者委股咋舌，莫敢枝梧。閏三月，黃芳世、穆赫林敗於灣腰樹，胡兔敗於鎭北山，段應舉敗於祖山頭，國軒遂取平和、漳平，進圍海澄三匝，數塹星椿，飛鳥不能渡，城陷，段應舉暨總兵黃藍死之，官軍死者三萬餘，馬萬餘匹，鄭氛益熾。詔逮郎廷相，以姚啓聖代之，以吳興祚爲巡撫，楊捷爲提督。時國軒乘勝下漳平、長泰、同安，略取南安、惠安、安谿、永春、德化諸邑。國軒自圍漳，遣兵圍泉，而斷漳州之江東橋及泉州之萬安橋以拒王師，康親王駐軍福州，不敢進。已而楊捷復惠安，吳興祚、賴塔復漳平，捷遣兵襲破陳山壩，以出萬安橋之背，奪其橋，而賴塔軍之阻江漲者，亦得在籍學士李光地爲嚮導，由安溪間道出同安，泉州圍解。國軒乃率二十八鎮還漳州，築十九寨，吳淑，何祐亦帥十一鎮軍於溪西。九月，戰於龍虎山，精忠爲右拒，賴塔爲左拒，胡兔在前，戰小卻，姚啓聖援之亦不利。精忠故仇鄭，拔劍斫地曰：「吾得與此賊俱殲，死不恨矣！」斬退者三人，大呼馳蹂，平西將軍馬某繼之，陣斬鄭英、吳正璽等，破營十六座，斬首四千，捕虜千二百人，亡溺以萬數，國軒泅河遁入海澄。海澄三面環海，其陸地一面復掘濠引潮以阻我軍。時出犯江東橋諸營窺漳州，相持一年不決。十八年（一六七九），冬十月，官軍攻蕭井寨，吳淑以牆壞壓死，啓聖乃大招撫，開第於漳州，曰修來館，以官爵銀幣餌來歸者，令華轂鮮服，炫耀於漳、泉之郊，相喧遝送款者無虛日。當是時，吳三桂死於湖南，水師破岳州，詔水師提督萬正色督湖南、江、浙戰艘三百由海赴閩，而姚啓聖、吳興祚新修三百艘亦告成。正色謀於興祚曰：「予沿海與之上下，吾張水師。以諸將之銳，方船以逼海壇，子攻其陸，吾薄諸水，破之必矣。」十九年（一六八〇）正月，大集舟師伐島，經命左武衛林陞、督授勦左鎮陳諒、左虎衛江勝、樓船左鎮朱天貴禦之。陞畏我軍之衆也，棄海壇退守遼，羅天貴爭之不得，乃率所部降。諸戈船望風而潰，國軒不得已，亦棄海澄遁入廈門，啓聖乘勝復十九寨。國軒度廈門不可守，乃奉經遁入臺灣。經之母董氏召經而數之曰：「馮、陳之業衰矣，猶有先君黃、洪之刃，若輩其庸可赦乎！不才子徒累維桑，則如勿往也。」是年，我貝子賴塔與經書曰：「自海上用兵以來，朝廷屢下招撫之令，而議終不成，皆由封疆諸臣執泥削髮登岸，彼此齟齬。□□□□□□□，足下父子自闢荊榛，且睠懷勝國，未嘗如吳三桂之僭妄，本朝亦何惜海外一彈丸地，不聽田橫壯士逍遙其間乎！今三藩殄滅，中外一家，豪傑識時，必不復思噓已灰之焰，毒瘡痍之民。若能保境息兵，則從此不必登岸，不必薙髮，不必易衣冠，稱臣入貢可也，不稱臣不入貢亦可也。以臺灣爲箕子之朝鮮，爲徐市之日本，於世無患，於人無爭，而沿海生靈，永息塗炭，惟足下圖之！」經報書請如約，惟欲留海澄爲互市公所，姚啓聖不可，議遂格。而經自兵敗東歸，潦倒抑鬱，日近醇酒婦人，於二十年（一六八一）春正月壬午（二十八日），卒於臺灣，臺人所稱永曆三十五年也，年三十九，凡嗣位十九年。長子克𡒉，乳婢出也，或曰螟蛉子，經以陳永華女配之。經之西寇也，用永華言，命克𡒉監國，禮賢下士，謹法令，物望歸之。而羣小憚其明察，經諸弟亦不利其立也，侍衞馮錫範先以計罷永華兵柄，永華鬱鬱死，克𡒉失助，遂共讒諸董氏，收監國印而殺之，以次子克塽嗣爲延平王。幼弱不能莅事，諸務皆決錫範，人心益離。方經在廈門時，姚啓聖賂其嬖人施亥，令禽經以自歸。及克塽立，其行人傅爲霖密約十三鎮同日發難，事洩，並不果。國軒居臺而被刺者再，鄭氏益惶駭不知所爲，姚啓聖奏鄭經死，子少國亂，時不可失，水師提督施琅習海道可用。內閣學士李光地奏亦同。二十二年（一六八三）癸亥六月，施琅以王師發銅山，窺澎湖。國軒帥兵屯風櫃嶼牛心灣，而別遣林陞等屯兵雞籠嶼，沿岸築壘，環二十餘里間，壘列砲，星羅碁布。丁亥（十六日），質明，微風起，烺令藍理、曾誠、吳啓爵、張勝、許英、阮欽爲、趙邦試等七船突入，縱火焚舟，風發潮湧，我前鋒簸蕩飄散。琅親督大綜衕闖赴援，國軒分兩翼夾擊，矢集琅目，幾殆，力戰始解。越七日癸巳（二十二日），琅申嚴號令，分兵爲三路，以五十艘出牛心灣，以五十艘出雞籠嶼，爲奇兵，分敵勢，自督五十六艘分八隊，攻其中堅，以八十艘繼後，每路中復各分三隊，不列大陣，惟約以五艘攻其一艘，人自爲戰。酣鏖竟日，聲聞數百里。國軒發火矢噴筒，毒焰漲天，降將朱天貴戰死。我軍士裹創力戰，陣斬林陞、邱煇、江勝、陳啓明、吳潛、王隆等，兵士死者萬餘人，焚大小戰艦三百餘艘，國軒由吼門逸去。先是有道士黃性震，自言能得國軒要領，啓聖官以千戶，使奉密書招之，國軒以書報，性震故洩之，於是上下解體。

王師乘勝逼臺灣，至鹿耳門，膠淺不得入，泊海中十有二日。忽大霧，潮高丈餘，舟浮而過。臺人駭曰：「先王得臺灣，鹿耳門漲，今復然，天也。」七月，遣使齎延平王金印一，招討大將軍金印一，公侯伯將軍銀印五，籍土地戶口府庫軍實詣軍門降。其故明監國魯王世子桓、瀘溪王慈曠、巴東王江、樂安王俊、舒城王著、奉南王熺、益王宗室鎬亦詣軍門降。寧靖王術桂嘆曰：「是吾歸報高皇之日也。」具冠服設賓禮於庭，北面再拜二祖列宗，招臺人別飲，舍所居爲佛寺，從容投繯死，妾袁氏、王氏，秀姑梅姐、荷姐殉之。〔考曰：臺灣府志云：術桂字天球，太祖九世孫遼王後，長陽郡王次支也。初授輔國將軍，流寇破荆州，術桂偕惠王避湖中。弘光時，晉鎮國將軍，令同長陽王守浙之寧海縣。乙酉，我師平浙西，長陽王入閩，術桂留寧海。魯監國之在紹興也，傳云長陽王死，監國以術桂襲封，閩中封亦如之。已聞其兄襲封遼王，術桂疏請以長陽之封讓兄次子，隆武帝不許，改封寧靖王。嘗監方國安、鄭鴻逵軍，而黃宗羲行朝錄鄭成功傳以爲寧王權之裔，臺灣外紀又以爲宣宗九世孫，俱亂後傳聞錯謬，附辨之。」先十日，臺灣有大星如斗殞於東南。自成功初起，迄克塽，奉永曆正朔三十七年，而明朔始亡。越日，施琅刑牲告於延平王朱成功之廟曰：「自同安侯入臺，臺地始有居人，逮賜姓啓土，始爲巖疆，莫敢誰何。今琅賴天子威靈，將帥之力，克有茲土，不辭滅國之誅，所以忠朝廷而報父兄之職分也。獨琅起卒伍，與賜姓有魚水之歡，中間微嫌，釀成大戾。琅於賜姓翦爲仇讎，情猶臣主，蘆中窮士，義所不爲，公義私恩，如是則已。」語畢，投地大慟。疏請經略臺灣，禮待克塽及諸將帥，歸之京師，授克塽漢軍公，錫範漢軍伯，國軒天津總兵，何祐梧州副將。收其地，置臺灣府，臺灣、鳳山、諸羅三縣，西爲澎湖廳。逮康熙三十九年，（一七〇〇）仁皇帝詔曰：「朱成功係明室遺臣，非朕之亂臣賊子。」敕遣官護送成功及子經兩柩歸葬南安，如田橫故事，置守塚，建祠祀之。〔考曰：云歸葬者，蓋挈棺入京，行獻俘禮。〕

臣鼒曰：紀年一書，紀福、唐、桂三王事也，終之以臺灣事何？要其終也。桂藩之亡二十餘年矣，鄭氏負嵎抗拒，久稽天誅，事亦何與於明乎！夫漢亡而孫、劉割據，唐亡而閩、蜀僭立；大統絕續之交，魁壘桀驁，狡焉竊名位而擅正朔者，何代蔑有。朱成功憑賜姓之寵，王扶餘之國，使劉淵以漢甥自許，尉佗假帝號自娛，夫誰得而禁之。而乃田橫恥爲亡虜，克用靡失臣節，彤弓之錫，拜命遐荒，縞素之師，灑淚宮闕，附共和之義，用天復之年，亡國逋臣，於義無愧。讀仁皇帝明室遺臣非朕賊子之諭，聖人大公無我之心，宣昭義問，蓋以爲萬世爲人臣者勸哉！經與克塽，俘馘之餘耳，書曰明朱成功之子經、明朱成功之孫克塽者，絕經、克塽之僞託，而嘉成功之遺烈也。曰：古有之乎？春秋終獲麟之歲，而左氏附悼之四年，猶此志也。

參校諸同人跋語

自來修史皆廣延名宿，合數十人之見聞精力，方成一書。而先生以一人之力兼之，集諸稗史，博採諸家文集、各地志書，訂譌求是，至博至精，成此巨製，以爲修正史者之助。此絶大史才，又非馬、鄭所能兼矣。拜服拜服！泰順林鶚謹跋。

咸豐己未（一八五九）先生奉命守溫麻，宗善獲遊先生幕，公餘之暇得讀所箸小腆紀年一書，覼縷甲申以後顛末正史所不及載者。先生獨能博採海內遺書，訂墜闡幽，滙衆流而成巨浸，絶大手筆也。夫名節重則冠履嚴，廉恥亡則人心壞，覩夫板蕩黍離之際，或爲疾風勁草，或爲竊柄奸回，先生諄諄然嚴褒貶，愼予奪，正綱常而維風尚，此作書之微意也。先生通籍詞垣，服官中秘，無書不讀，經術淵深。惜戎馬干戈，舊述半湮，兵燹蒞閩，行篋僅存此本，因請急付剞劂，以示來者，蓋有關世道之文也。後之論史者，當楷模奉之矣！福州謝宗善謹跋。

小腆紀年一書，詳敍福、唐、桂三王始末，自南都立國，至臺灣鄭氏止，皆我朝定鼎以後事，有明史所未及載，而其人其事不容湮沒而不彰者，固人人所欲目而覩之，而又不敢筆而書之者也。先生仰遵純廟諭旨，獨能搜羅野史，博採稗官諸家之說，實事求是，會萃而成此書，筆削本之春秋，褒貶衷諸綱目，而於每條後自爲評語，華衮鈇鉞，不爽毫氂，則劉友益之書法，尹起莘之發明，又兼而有之。煌煌巨製，實擅才學識三長，此書一傳，必與河山並壽，蓋所紀皆忠義節烈之事，賢奸勸懲之端，其有關於世道人心正非淺鮮也。先生箸作如林，文集詩集外，讀書雜釋十四卷，考據詳明，洵堪羽翼經傳。其周易舊注、四書廣義、度支輯略、務本論若干卷，皆以卷帙繁多，未付剞劂。見刻者小腆紀年二十卷，又小腆紀傳卷倍之，指日合刻成書，允稱全璧。後之秉筆修史者，將有所遵循而奉爲指南之鍼也，豈第獨出機杼，自成一家而已哉！鎭寧宋光伯謹跋。

癸丑（一八五三）之春，粤匪竄距金陵，犯六合，夫子奉命團練，爲桑梓衞，謂士民必知忠義而後可爲國家用，登陴之暇，輒舉所箸小腆紀年中之忠義城守事，及純廟褒謚祠祀之典，慷慨陳說，衆多感奮。書中寓褒貶，別善惡，俾孤忠不至以微賤沒草萊，大慈不得假名號逃斧鉞，自敍所謂正人心以維世運之愚衷也。紫陽踵事春秋，是書則又踵事綱目，范蔚宗曰：「體大思精，天下奇作。」是書殆無愧夫！同里受業汪達利謹跋。